Barbara Paech

**Requirements Engineering
für die agile Softwareentwicklung**

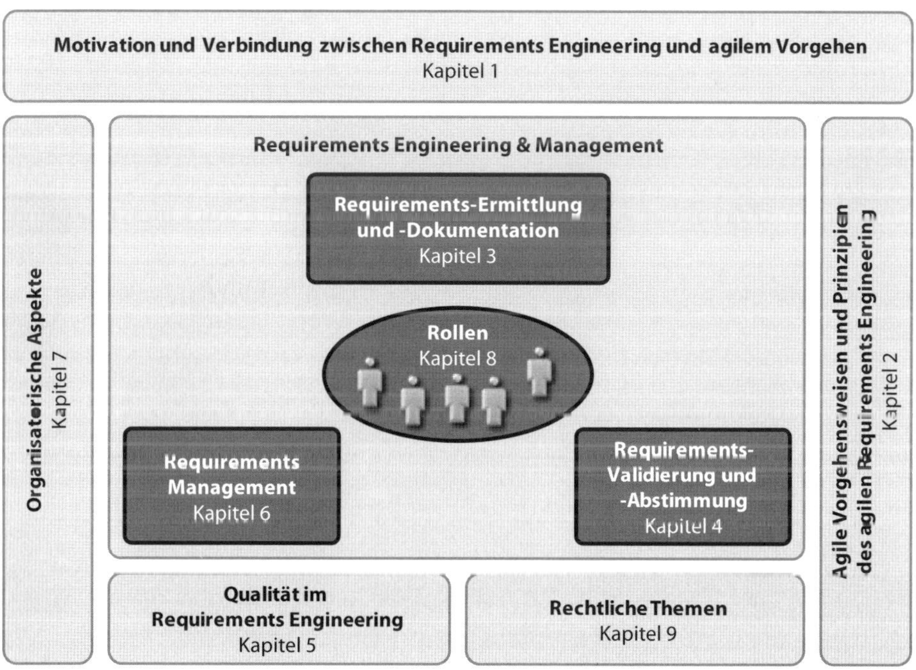

Johannes Bergsmann hat technische Informatik studiert und arbeitete ca. 11 Jahre als Softwareentwickler, Projektleiter, Technischer Leiter, Architekt, Produktmanager und Berater in einem internationalen Systemhaus und als selbstständiger Unternehmer. Im März 2003 gründete er »Software Quality Lab« und begleitet seither als Berater und Trainer viele Unternehmen im Bereich Requirements Engineering und Prozessgestaltung.

Johannes Bergsmann ist zertifizierter Scrum Master, Sachverständiger für Informatik bei Gerichten, als Lehrbeauftragter an Fachhochschulen im Bereich Softwarequalitätsmanagement tätig, ist Autor vieler Fachartikel und hält Fachvorträge bei verschiedenen Veranstaltungen und Konferenzen.

Unter Mitwirkung von Markus Unterauer:

Markus Unterauer hat Wirtschaftsinformatik studiert. In seiner Berufspraxis war er in vielen Bereichen der Softwareentwicklung wie Architektur, Entwurf, Entwicklung, Testen, Testautomatisierung bis zu Deployment tätig. Er lernte dabei sowohl klassische als auch agile Projekte und Methoden intensiv kennen.

Seit 2012 arbeitet Markus Unterauer bei Software Quality Lab als Berater und Trainer. Er ist zertifizierter Scrum Master und hat sich auf die Bereiche Softwareprozesse und Anforderungsmanagement spezialisiert. Markus Unterauer ist auch als Vortragender in diesen Themenbereichen immer wieder auf Konferenzen tätig.

Johannes Bergsmann

Requirements Engineering für die agile Softwareentwicklung

Methoden, Techniken und Strategien

Unter Mitwirkung von Markus Unterauer

3., überarbeitete und aktualisierte Auflage

dpunkt.verlag

Johannes Bergsmann
johannes.bergsmann@software-quality-lab.com

Markus Unterauer
markus.unterauer@software-quality-lab.com

Lektorat: Christa Preisendanz
Lektoratsassistenz: Julia Griebel
Copy-Editing: Ursula Zimpfer, Herrenberg
Layout & Satz: Birgit Bäuerlein
Herstellung: Stefanie Weidner
Umschlaggestaltung: Helmut Kraus, *www.exclam.de*
Druck und Bindung: mediaprint solutions GmbH, 33100 Paderborn

Bibliografische Information der Deutschen Nationalbibliothek
Die Deutsche Nationalbibliothek verzeichnet diese Publikation in der Deutschen Nationalbibliografie; detaillierte bibliografische Daten sind im Internet über *http://dnb.d-nb.de* abrufbar.

ISBN:
Print 978-3-86490-929-0
PDF 978-3-96910-953-3
ePub 978-3-96910-954-0
mobi 978-3-96910-955-7

3., überarbeitete und aktualisierte Auflage 2023

Wieblinger Weg 17
69123 Heidelberg

Hinweis:
Dieses Buch wurde auf PEFC-zertifiziertem Papier aus nachhaltiger Waldwirtschaft gedruckt. Der Umwelt zuliebe verzichten wir zusätzlich auf die Einschweißfolie.

PEFC zertifiziert
Das Papier für dieses Buch stammt aus nachhaltig bewirtschafteten Wäldern und kontrollierten Quellen.
PEFC/04-31-0810 www.pefc.de

Schreiben Sie uns:
Falls Sie Anregungen, Wünsche und Kommentare haben, lassen Sie es uns wissen: *hallo@dpunkt.de.*

5 4 3 2 1 0

Vorwort

Viele Projekte werden aus verschiedenen Gründen nicht so effizient und effektiv abgewickelt, wie dies möglich wäre: Zum Beispiel wenn die Fachexperten zwar wissen, dass sie mit den Entwicklerinnen täglich kommunizieren sollten, dies jedoch nicht können,

- weil sie im Tagesgeschäft schon zu stark involviert und überlastet sind,
- weil sie von ihrer Persönlichkeit her keine aktiv kommunizierenden Typen sind,
- weil sie mitten im Projekt andere Aufgaben zugewiesen bekommen,
- weil sie die Abteilung oder Firma wechseln,
- weil es schwierig ist, das Wissen in den Köpfen der Beteiligten bewusst zu machen und an andere zu kommunizieren,
- weil Kommunikation zwischen zwei Personen immer auch mit einer Interpretation und evtl. mit einer Veränderung der Information einhergeht oder
- aus verschiedensten anderen Gründen.

Als Berater habe ich in meiner bisherigen beruflichen Tätigkeit mehr als 200 verschiedene Projekte begleitet oder auch selbst in unterschiedlichen Rollen (Entwickler, Tester, Projektleitung, Architekt, Produktmanager, Analytiker, Coach, Berater etc.) mitgearbeitet. Viele dieser Projekte – vor allem in den letzten 20 Jahren – waren agile Projekte oder Projekte, in denen die Mitwirkenden zumindest versuchten, einige der agilen Prinzipien umzusetzen.

Am erfolgreichsten und effizientesten waren in dieser langen Zeit immer diejenigen Projekte, bei denen ich agile Vorgehensweisen mit Elementen aus dem klassischen Requirements Engineering und Projektmanagement ergänzte und so die Stärken jeder Methodik voll ausnutzen konnte.

Man könnte alle diese Softwareprojekte mit einer Autofahrt von München nach Rom vergleichen. Im Idealfall fahren wir auf gerader Strecke mit konstanter und optimaler Geschwindigkeit mit unserem Auto alleine auf der Straße. In der Praxis aber hat die Straße Kurven, es gibt Verkehrsbeschränkungen, in den Bergen ist evtl. auch Eis auf der Straße, es gibt Staus, andere Autofahrer, die rücksichtslos unterwegs sind und nur ihr eigenes Ziel im Blick haben, unser Auto hat eine Panne etc.

Auf alle diese individuellen Situationen sollten wir vorbereitet sein und unser Vorgehen der jeweiligen Situation entsprechend anpassen, damit wir unser Ziel auch erreichen. Generell werden wir grob planend vorgehen, z. B. den Startzeitpunkt bestimmen, den ungefähren Zeitrahmen der Fahrt abschätzen und den Streckenverlauf z. B. für die Alpenüberquerung über den Brenner planen. Wir sollten auch ungefähr wissen, welches Wetter zu erwarten ist, und abhängig davon die Reifen, den Frostschutz, die Klimaanlage etc. entsprechend vorbereiten. Im Verlauf der Fahrt wird es vielleicht zu Änderungen kommen, z. B. wenn der Brennertunnel wegen eines Unfalls gesperrt ist. In diesem Fall werden wir agil darauf reagieren müssen und die Umleitungsstrecke über den Pass nehmen (schließlich haben wir ja Google Maps dabei 😉). Wenn wir im Vorfeld in der »Architektur« unseres Autos diese Situation mangels vorausschauender Planung nicht berücksichtigt haben und beim ersten kurzen Anstieg der Passstraße feststellen, dass wir ohne Winterreifen und Schneeketten auf der verschneiten Straße nicht weiterkommen, müssen wir wiederum agil reagieren und nun einen großen Umweg über die Tauernautobahn nehmen. Beide Vorgehensweisen haben daher ihre Berechtigung. Als Softwareentwicklerin, Projektleitung, Scrum Master, Product Owner – oder welche Verantwortlichkeit auch immer wir im Projekt innehaben – sollten wir viele unterschiedliche Methoden im Köcher haben und diese für unser Projekt zur optimalen Vorgehensweise kombinieren.

Das Agile Manifest

Das Agile Manifest [Agile Manifesto] (siehe auch Abschnitt 1.2) beschreibt in seinen vier Leitsätzen und zwölf Prinzipien die Eckpfeiler, an denen sich praktisch alle agilen Vorgehensweisen orientieren. Darin wird unter anderem festgehalten, dass funktionierende Software und Zusammenarbeit mit den Kunden wichtiger sind als umfassende Dokumentation und Vertragsverhandlungen, wobei im Zusatz angeführt ist, dass umfassende Dokumentation und Vertragsverhandlungen auch als wichtig angesehen werden. So sollten Projekte idealerweise ablaufen. Wenn man die Praxis in vielen Softwareprojekten erlebt hat, wird man dem Agilen Manifest begeistert zustimmen und die Aussage und Sichtweise uneingeschränkt unterstützen.

Die aus dem Agilen Manifest entstandenen verschiedenen Vorgehensweisen wie z. B. Scrum greifen bestimmte Aspekte und Themen daraus auf und lassen andere Themen bewusst offen und unkonkret. Unter Berücksichtigung der Projektsituation und Rahmenbedingungen müssen diese offenen Themen selbst passend definiert werden.

Wenn Requirements zum Problem werden

Sehr oft wurde und wird in verschiedenen Stadien eines Projekts das Requirements Engineering und Requirements Management zum Thema, z.B. wenn …

- … eine externe Kundschaft schon bei Projektstart einen Festpreis vereinbaren will und seine Juristen oder Einkäufer vorab wissen wollen, was denn schlussendlich für den vereinbarten Preis geliefert wird.
- … bei der Abnahme eines Produkts durch die Kundschaft plötzlich wichtige Personen fehlende Funktionen bemängeln und nicht klar ist, ob dies vom Lieferanten noch als Auftragsbestandteil geschuldet wird oder ob das nun ein kostenpflichtiger Change Request ist.
- … im Laufe des Projekts eine auf Basis von User Stories (siehe Abschnitt 3.4.2) entwickelte Eingabemaske schon zum x-ten Mal über mehrere Iterationen hinweg wieder und wieder angepasst und verändert wird, weil der Kunde sich immer wieder etwas anderes als Ergebnis vorstellt.
- … Entwicklungsverantwortliche, die auf die Frage »Was kann denn das Produkt, das Sie entwickeln, nun eigentlich alles?« nur sagen können, dass sie Tausende User Stories in ihrem Request-Tool dokumentiert haben und dort nachzulesen ist, was umgesetzt wurde.
- … das Projektteam zwar weiß, was es die letzten zwei, drei Iterationen entwickelt hat und was es die kommenden zwei Iterationen entwickeln wird, jedoch keinen Überblick mehr darüber hat, welche Funktionalität das Produkt insgesamt hat.
- … »der Wald vor lauter Bäumen nicht mehr erkannt« wird und die Zusammenhänge für die Beteiligten möglicherweise schon verloren gegangen sind.

Alle diese geschilderten Fälle sind primär auf mangelndes Requirements Engineering und Requirements Management zurückzuführen. Tendenziell treten solche Probleme in Projekten auf, in denen ein Vorgehensmodell gewählt wurde, das viele thematische Freiheiten bietet, die offengelassenen Teile aber nicht vorab zwischen den beteiligten Personen festgelegt wurden oder das Modell nicht an die gegebene Situation angepasst wurde.

Gerade agile Vorgehensweisen überlassen die konkrete Ausgestaltung des Requirements Engineering (RE) zum Großteil der Entscheidung des Teams. RE wird in den verschiedenen agilen Methoden nur sehr grob beschrieben. In der Begeisterung der ersten Stunde mochten viele Teams möglichst rasch starten und erste Erfolge zeigen und beginnen mit einem sehr intuitiven Ansatz, wie z.B. einer einfachen Liste von User Stories. User Stories sind eine sinnvolle Technik aus den agilen Vorgehensweisen und ich baue in vielen Abschnitten dieses Buches auf dieser Technik auf. Es gibt jedoch auch viele Techniken aus dem Requirements Engineering, die in agilen Vorgehensweisen angewendet werden können. Aus meiner Erfahrung bietet die Kombination der verschiedenen Herangehensweisen gute Lösungen für die Requirements-Herausforderungen, nicht nur in agilen Projekten.

In diesem Buch werden daher viele verschiedene Techniken und Methoden aus den agilen Vorgehensweisen vorgestellt, mit klassischen Methoden verknüpft und ergänzt und in einen strukturierten und systematischen Zusammenhang mit Requirements Engineering gebracht.

Über dieses Buch

In meiner Beratungspraxis habe ich über viele Jahre hinweg Management und Teams hinsichtlich Requirements Engineering beraten und gecoacht und gesehen, wie schwierig es den Beteiligten in vielen Projekten fällt, agil und RE in Einklang zu bringen. Daher entschloss ich mich im Jahr 2014 dazu, die erste Auflage dieses Buches zu schreiben.

Der Fokus dieses Buches liegt darauf, gute Methoden und Techniken – egal aus welchem Zeitalter oder mit welcher Ausrichtung – unvoreingenommen aufzugreifen und sie nicht von vornherein auszuschließen, nur weil es sich dabei um »plangetriebene« oder »agile« Methoden oder Techniken handelt. Aussagen wie »klassische plangetriebene Methoden sind überfrachtet, ineffizient und schlecht« oder »agile Methoden sind was für Individualisten oder Dokumentationsverweigerer« gehören für mich nicht zu einer weitsichtigen und nachhaltigen Denkweise.

Jede genannte Methode und Technik stellt ein Werkzeug im Werkzeugkasten der Softwareentwicklung dar und soll hier mit ihren Vorteilen und Nachteilen in bestimmten Projektsituationen betrachtet werden. Es soll klar werden, wo und wie diese Methoden und Techniken in agilen Projekten eingesetzt werden können, um einen Nutzen für das Projekt zu stiften. Es werden daher auch sinnvolle Anwendungsmöglichkeiten und Fallstricke der einzelnen Methoden und Techniken dargestellt und im Kontext eines nachhaltigen, systematischen und praxisorientierten Requirements Engineering in der agilen Softwareentwicklung betrachtet.

Ziel ist es, einen Überblick und einen Werkzeugkasten anzubieten, der zeigt, welche Methoden und Techniken zusätzlich zu den sehr oft angewendeten User Stories noch sinnvoll sind und welche Hindernisse und Problemstellungen im Zusammenhang mit Requirements Engineering in agilen Projekten auftreten können.

Abgerundet wird das Thema durch die Behandlung von Qualitätsaspekten für Requirements, durch organisatorische Aspekte, einen Blick auf die Zusammenhänge der RE-Techniken und durch rechtliche Aspekte sowie durch Tipps und Tricks bei der konkreten Anwendung von Requirements-Themen im agilen Umfeld.

Das Buch richtet sich an Product Owner, Produktverantwortliche, Projektleitung, Softwareauftraggeber, Scrum Master, Entwicklerinnen, Tester und alle anderen Personen, die sich mit nachhaltigem und systematischem Requirements Engineering und Requirements Management in der agilen Softwareentwicklung beschäftigen oder davon betroffen sind.

Dieses Buch ist keine komplette Einführung in agile Methoden. Kapitel 1 und 2 geben zwar einen kurzen Überblick über das Agile Manifest, wesentliche agile Konzepte und Scrum, als den am häufigsten eingesetzten Vertreter agiler Methoden. Der Hauptfokus des Buches liegt jedoch auf dem Requirements Engineering und Requirements Management.

Hilfreich beim Lesen ist ein grundlegendes Verständnis im Bereich Requirements Engineering und insbesondere die Kenntnis der allgemein anerkannten Begriffe, Techniken und Vorgehensweisen dieses Themenbereichs. Die Inhalte und die Begriffe, die das International Requirements Engineering Board (IREB®) [IREB] für die Ausbildung zum »Certified Professional for Requirements Engineering (CPRE) – Foundation Level« in seinem Lehrplan [IREB CPRE FL] vorgibt, stellen den derzeitigen Stand der Technik zum Thema Requirements Engineering dar, der als Grundlage für das Lesen dieses Buches empfohlen wird.

Das Buch soll Einführungslektüre sowie Praxisleitfaden sein und ist nicht als wissenschaftlich komplette Abhandlung über das Thema Requirements Engineering in der agilen Softwareentwicklung gedacht. Es kann daher sequenziell oder auch auszugsweise gelesen werden. Als Autor ist es mir natürlich am liebsten, wenn Sie dieses Buch ständig an Ihrem Arbeitsplatz griffbereit haben und bei Fragen oder Unklarheiten zu Requirements-Engineering-Techniken oder -Vorgehensweisen darin einen schnellen Rat und brauchbare Infos finden.

In der Praxis hat man leider oft nicht die Zeit, beim Auftauchen einer Frage ein ganzes Buch z.B. zu Use Cases, User Stories oder Behavior Driven Development zu lesen. Ich habe daher auf eine möglichst große Unabhängigkeit der einzelnen Themen und Kapitel geachtet, sodass das Buch auch als Nachschlagewerk in der täglichen Arbeit verwendet werden kann. Mit entsprechendem Vorwissen in agilen Methoden und Requirements Engineering kann es auszugsweise gelesen und verstanden werden. Für die Leserschaft aus der Praxis müssen das Wichtigste und die Zusammenhänge in Kürze ersichtlich sein. Daher gibt es in vielen Kapiteln eine tabellarische Übersicht über wesentliche Punkte und verschiedene Überblicksgrafiken, die die Zusammenhänge auf einen Blick darstellen.

Auch wenn in vielen Kapiteln Begriffe aus Scrum verwendet oder zitiert werden, so wurde darauf geachtet, die einzelnen Themenbereiche möglichst allgemeingültig zu halten. Das Buch adressiert nicht »Requirements Engineering in Scrum-Projekten«, sondern behandelt generell das Thema Requirements Engineering im agilen Umfeld. Die beschriebenen Techniken und Methoden können auch in anderen agilen Vorgehensweisen angewendet werden.

Beispiele werden mit einem grauen Hintergrund versehen:

In diesem Buch werden verschiedene Beispiele und Formulierungen aus der Praxis und für die Praxis aufgeführt. Die meisten dieser Beispiele sind abgeleitet aus einem Projekt zum Thema »Zeiterfassung«. Es geht in diesem Beispielszenario darum, dass die Tagesarbeitszeiten inklusive der Pausen und Abwesenheitszeiten von Mitarbeitenden eines Unternehmens erfasst, ausgewertet und verwaltet werden können und dass auch die Erfassung, Auswertung und Verwaltung von Projektarbeitszeiten durchgeführt werden kann – also von einzelnen Zeitblöcken der Tagesarbeitszeit, die bestimmten Projekten zugeordnet werden.

Weiterführende Literatur zum Thema Requirements Engineering und agile Vorgehensweisen ist im Anhang E zu finden.

Ich freue mich, wenn dieses Buch für Sie als Anwenderin oder Experte in Ihrer täglichen Praxis eine Unterstützung und Anregung ist und für Sie als an der Schulung und Zertifizierung RE@Agile interessierte Person eine gute Informations- und Lerngrundlage darstellt.

Für die Weiterentwicklung dieses Themas hoffe ich natürlich auch auf zahlreiches Feedback und interessante Diskussionen (bitte direkt an *johannes@bergsmann.at*).

Johannes Bergsmann
Linz, im November2022

Hinweise zur 2. Auflage

2017 wurde der Lehrplan RE@Agile für eine Ausbildung des International Requirements Engineering Board (IREB®) herausgegeben, der die Lücke zwischen Requirements-Engineering-Methoden und agilen Methoden schließt. Sehr viele Inhalte dieses Lehrplans deckten sich bereits mit der ersten Auflage dieses Buches und die Motivation hinter diesem Lehrplan ist dieselbe, wie sie hinter meinem Buch steht.

Daher waren eine Anpassung und Überarbeitung der ersten Auflage ein logischer und sinnvoller Schritt zur zweiten Auflage dieses Buches, damit dieses nun auch als Lernunterlage für am RE@Agile interessierte Personen verwendet werden kann.

Hinweise zur 3. Auflage

Nachdem Mitte 2022 auch der Advanced Level RE@Agile in der Version 2 herausgegeben wurde, habe ich dies zum Anlass genommen, dieses Buch erneut entsprechend anzupassen, viele Bereiche auf den neuesten Stand zu bringen und einige Stellen auch wesentlich zu überarbeiten.

Die Struktur und die Inhalte dieses Buches orientieren sich am Lehrplan RE@Agile des International Requirements Engineering Board (IREB®). Damit bietet es den an dieser Ausbildung und Zertifizierung interessierten Personen nun eine praxisnahe Vorbereitung und Lerngrundlage sowie noch viele ergänzende Inhalte, die über den Lehrplan hinausgehen. In Abschnitt 1.1.3 ist angeführt, welche Kapitel zur Berücksichtigung des Lehrplans Advanced Level RE@Agile neu hinzugenommen bzw. wesentlich ergänzt wurden. Da die Ausrichtung und der Umfang der in diesem Buch behandelten Themen jedoch weiter gefasst sind, war es erforderlich, einige wenige Abschnitte in unterschiedlicher Reihenfolge zu behandeln (insbesondere der Themenblock »Skalierung von RE@Agile«) sowie zusätzliche Inhalte aufzunehmen, die für den Gesamtfokus des Buches relevant sind.

Ende 2020 wurde der Scrum Guide an einigen Stellen wesentlich angepasst und diese Änderungen wurden in dieser Auflage ebenfalls eingearbeitet.

Danksagung

Ich bedanke mich bei allen Personen, mit denen ich im Laufe der letzten Jahre zum Thema Requirements Engineering und agile Methoden diskutieren durfte und die schlussendlich dazu beigetragen haben, dass ich mich zum Schreiben der 1. Auflage und auch weiterer Auflagen dieses Buches entschlossen habe und entsprechende Sichtweisen aus der Praxis mit einfließen lassen konnte. Insbesondere auch dem IREB® und seinen Mitgliedern, die dieses Thema weiter vorantreiben, den Lehrplan stetig weiterentwickeln und anpassen, um den Anforderungen in der Praxis gerecht zu werden.

Ein besonderer Dank gilt Markus Unterauer, der mich als Koautor bei der Erstellung der ersten Auflage dieses Buches maßgeblich unterstützt hat und wesentliche Teile vor allem im Kapitel 4 »Requirements-Validierung und -Abstimmung«, Kapitel 6 »Requirements Management« und Kapitel 8 »Requirements-Engineering-Rollen« beigetragen und viele gute Anregungen gegeben hat.

Vielen Dank auch dem dpunkt.verlag – insbesondere Christa Preisendanz – für die initiale Anregung und für die wertvolle Unterstützung im Laufe der Ausarbeitung dieses Buches sowie für die Motivation zur Überarbeitung und Erstellung der Neuauflagen.

Und schlussendlich gilt ein ganz großer Dank meiner Frau Petra und meinen Kindern Beate und Barbara, die mich dadurch unterstützt haben, dass sie mir die Zeit zum Schreiben dieses Buches gegeben haben.

Inhaltsübersicht

Inhaltsverzeichnis

1 Einleitung und Motivation

1.1 Fokus dieses Buches

Der Fokus dieses Buches liegt auf einer unvoreingenommenen Betrachtung von guten Methoden und Techniken – egal welchen Alters oder welcher Ausrichtung – für die Anwendung des Requirements Engineering in agilen Projekten, um einen Nutzen für die Projektarbeit zu stiften.

Nachhaltiges, systematisches und praxisorientiertes Requirements Engineering in der agilen Softwareentwicklung steht dabei im Vordergrund und nicht die wissenschaftlich vollständige Aufarbeitung.

Abgerundet wird das Buch durch die Behandlung von Qualitätsaspekten für Requirements, organisatorische Aspekte sowie durch rechtliche Aspekte bei der Anwendung von Requirements im agilen Umfeld.

1.1.1 Zielgruppen

Das Buch richtet sich an Product Owner, Produktverantwortliche, Projektleitung, Softwareauftraggeberin, Scrum Master, Entwicklerinnen, Tester und alle anderen Personen, die sich mit nachhaltigem und systematischem Requirements Engineering und Requirements Management in der agilen Softwareentwicklung beschäftigen oder davon betroffen sind.

Folgende Zielgruppen werden primär durch den Lehrplan [IREB RE@Agile Primer] wie auch [IREB RE@Agile AL] adressiert:

- Requirements Engineers, die sich mit agiler Entwicklung befassen und ihre Techniken in dieser Umgebung erfolgreich anwenden möchten.
- Requirements Engineers, die etablierte Konzepte und Techniken agiler Ansätze anwenden und ihre Requirements-Engineering-Prozesse verbessern möchten.
- Fachkräfte für agile Entwicklungsprozesse, die die Werte und Vorteile des Requirements Engineering in agilen Projekten verstehen möchten.
- Fachkräfte für agile Entwicklungsprozesse, die die agile Entwicklung durch bewährte Requirements-Engineering-Techniken und -Methoden verbessern möchten.

- Personen aus verwandten Disziplinen – IT-Management, Tester, Entwicklerinnen, Architekten und andere Vertreter im Bereich der Entwicklung (überwiegend, aber nicht ausschließlich Softwareentwicklung) –, die verstehen möchten, wie sie Requirements-Engineering- und agile Ansätze in Entwicklungsprozessen erfolgreich kombinieren können.

1.1.2 Abbildung des Lehrplans IREB CPRE RE@Agile Primer

[IREB RE@Agile Primer]

Seit 2017 gibt es den Lehrplan CPRE RE@Agile Primer des International Requirements Engineering Board (IREB®), der die Lücke zwischen Requirements-Engineering-Methoden und agilen Methoden schließt.

Einerseits wird die Sicht des IREB-Standards auf agile Werte abgebildet und andererseits wird eine agile Sicht auf die Werte des Requirements Engineering dargestellt. Zum Inhalt des Lehrplans CPRE RE@Agile Primer gehören Klassifizierung und Beurteilung von Requirements-Engineering-Artefakten und -Techniken im Zusammenhang mit Agilität, agilen Artefakten und Techniken, Requirements Engineering und wesentlichen Prozesselementen in der agilen Produktentwicklung. Das Modul RE@Agile Primer zeigt die Motivation für die Verwendung agiler Methoden in Entwicklungsprozessen auf und betont die Synergie zwischen Requirements Engineering und Agilität.

Da dieses Buch viele ergänzende und vertiefende Inhalte umfasst, die nicht im Lehrplan CPRE RE@Agile Primer enthalten sind, ist in einigen Bereichen eine andere Strukturierung gegeben. Nachfolgend sind ein erster Überblick und einige Hinweise angeführt, wo in diesem Buch die wichtigsten Inhalte des Lehrplans zu finden sind:

Lehrplan RE@Agile Primer	LE	in diesem Buch
LE 1 **Motivation und Denkweisen**	1.1 1.2	- Abschnitt 1.2 - Abschnitt 1.2.1
	1.3	- Abschnitt 1.1.4 und 1.2.2
	1.4	- Abschnitt 1.2.5, 1.2.6 und 1.2.7
	1.5	- Abschnitt 2.1.3
LE 2 **Grundlagen von RE@Agile**	2.1	- Abschnitt 2.1 und 3.2.2
	2.2	- Abschnitt 2.1.2
	2.3 – 2.7	- Abschnitt 2.2
LE 3 **Artefakte und Techniken in RE@Agile**	3.1	- Abschnitt 3.1 mit den Abschnitten 3.1.1 bis 3.1.8 - Abschnitte 3.2.2 und 3.2.3
	3.2	- Abschnitt 3.1 mit den Abschnitten 3.1.9 und 3.1.10 - Die Einleitungen von Kapitel 4 und 6

→

Lehrplan RE@Agile Primer	LE	in diesem Buch
LE 4 Organisatorische Aspekte von RE@Agile	4.1	■ Abschnitt 7.1
	4.2	■ Abschnitt 7.2
	4.3	■ Abschnitte 7.3 und 7.4
LE 5 Begriffsdefinitionen, Glossar		■ Siehe auch [IREB Glossar] und [IREB RE@Agile Glossar]

Die für den Lehrplan [IREB RE@Agile Primer] relevanten Kapitel und Stellen werden mit »[IREB RE@Agile Primer]« sowie ggf. mit der Ergänzung »LE xxx« gekennzeichnet und sind prüfungsrelevant. LE xxx referenziert auf die jeweilige Lerneinheit (LE = Lerneinheit) des Lehrplans. Bei allen anderen Unterkapiteln handelt es sich um ergänzende Informationen und Hinweise oder Anregungen für die Praxis.

Wenn die Bezeichnung »RE@Agile« als Kurzbegriff verwendet wird, so bezieht sich dies immer auf den Lehrplan [IREB RE@Agile Primer].

Weiterführende Literatur zu den Themen Requirements Engineering und agile Vorgehensweisen ist im Literaturverzeichnis im Anhang E des Buches zu finden.

1.1.3 Abbildung des Lehrplans IREB CPRE Advanced Level RE@Agile – Practitioner/Specialist

[IREB Advanced Level RE@Agile – Practitioner/Specialist]

Der Lehrplan IREB CPRE Advanced Level RE@Agile wurde in Version 2 im Sommer 2022 veröffentlicht und richtet sich an Requirements Engineers und Experten für agile Entwicklungsprozesse. Der Schwerpunkt liegt auf dem Verständnis und der Anwendung von Verfahren und Techniken aus der Disziplin des Requirements Engineering in agilen Entwicklungsprozessen sowie auf dem Verständnis und der Anwendung von Konzepten, Techniken und essenziellen Prozesselementen agiler Ansätze in Requirements-Engineering-Prozessen. Die Zertifizierung versetzt Personen mit Requirements-Engineering-Kenntnissen in die Lage, in agilen Umgebungen zu arbeiten, und Experten für agile Entwicklungsprozesse erlaubt sie, bewährte Requirements-Engineering-Verfahren und -Techniken in agilen Projekten anzuwenden.

Wie bei allen anderen Advanced-Level-Modulen des IREB CPRE-Ausbildungsmodells ist das Zertifikat CPRE FL (Foundation Level) eine Voraussetzung für die Teilnahme an den Advanced-Level-Zertifizierungsprüfungen zum RE@Agile – Practitioner und RE@Agile – Specialist. Zudem wird dringend angeraten, dass Teilnehmende mindestens über ein Zertifikat für agile Entwicklung (d.h. RE@Agile Primer oder ein Scrum-Zertifikat) verfügen oder vergleichbare Kenntnisse über agile Ansätze besitzen.

Da dieses Buch viele ergänzende und vertiefende Inhalte umfasst, die nicht im Lehrplan IREB CPRE Advanced Level RE@Agile – Practitioner/Specialist enthalten sind, ist in einigen Bereichen eine andere Strukturierung gegeben. Nachfolgend sind ein erster Überblick und einige Hinweise angeführt, wo in diesem Buch die wichtigsten Inhalte des Lehrplans für das Modul Advanced Level RE@Agile zu finden sind:

Lehrplan Advanced Level RE@Agile – Practitioner/Specialist	LE	in diesem Buch
LE 1 **Was ist RE@Agile**	1	■ Abschnitt 1.2.3
LE 2 **Projekte erfolgreich starten**	2.1	■ Abschnitt 3.2.2
	2.2	■ Abschnitt 3.2.3
	2.3	■ Abschnitt 3.2.4
	2.4	■ Abschnitt 3.2.1
LE 3 **Umgang mit funktionalen Anforderungen**	3.1	■ Abschnitt 3.9, Einleitung
	3.2	■ Abschnitt 3.1.9, zweiter Teil
	3.3	■ Abschnitte 3.4.2 und 5.1.3
	3.4	■ Abschnitt 3.4.2, erster Unterabschnitt
	3.5	■ Abschnitt 3.4.2, zweiter Unterabschnitt
	3.6	■ Abschnitt 3.1.10
LE 4 **Umgang mit Qualitätsanforderungen und Randbedingungen**	4.1	■ Abschnitt 3.4.3
	4.2	■ Abschnitt 3.4.3.1
	4.3	■ Abschnitt 3.4.3.3
	4.4	■ Abschnitt 3.4.3.2
LE 5 **Priorisieren und Schätzen von Anforderungen**	5.1	■ Abschnitt 4.3
	5.2	■ Abschnitt 4.4, Einleitung
	5.3	■ Abschnitte 4.5.2 und 4.5.4, zweiter und dritter Unterabschnitt
LE 6 **Skalierung von RE@Agile**	6.1	■ Abschnitt 7.3.4
	6.2	■ Abschnitt 7.3.6
	6.3	■ Abschnitt 6.4.2
	6.4	■ Abschnitt 5.5
Begriffsdefinitionen, Glossar		■ Siehe auch [IREB Glossar] und [IREB RE@Agile Glossar]

Die für das Modul Advanced Level RE@Agile relevanten Kapitel und Stellen werden mit »[IREB Advanced Level RE@Agile – Practitioner/Specialist]« sowie ggf. mit der Ergänzung »LE xxx« gekennzeichnet und sind prüfungsrelevant. LE xxx referenziert auf die jeweilige Lerneinheit (LE = Lerneinheit) des Lehrplans. Bei allen anderen Unterkapiteln handelt es sich um ergänzende Informationen und Hinweise oder Anregungen für die Praxis.

Generell gilt für Verweise auf die IREB-Lehrpläne: Wenn der Verweis direkt unter einer Kapitel- oder Unterkapitelüberschrift steht, ist das ganze Kapitel oder Unterkapitel von Bedeutung. Wenn der Verweis im Fließtext steht, ist dies bis zum nächsten Verweis bzw. zur nächsten Kapitel- oder Unterkapitelüberschrift relevant.

1.1.4 Allgemeine Begriffseinordnung

[IREB RE@Agile] LE 1.3

Das umfangreiche Wissen in der Softwarebranche wird in unterschiedlichen Abstraktionsebenen beschrieben: [Meyer 2014] unterscheidet zwischen Prinzipien, Praktiken/Verfahren und Techniken. Diese Ebenen werden durch die Begriffe »präskriptiv« (vorschreibend), »abstrakt« und »falsifizierbar« (widerlegbar) unterschieden (siehe auch das Glossar im Anhang D des Buches).

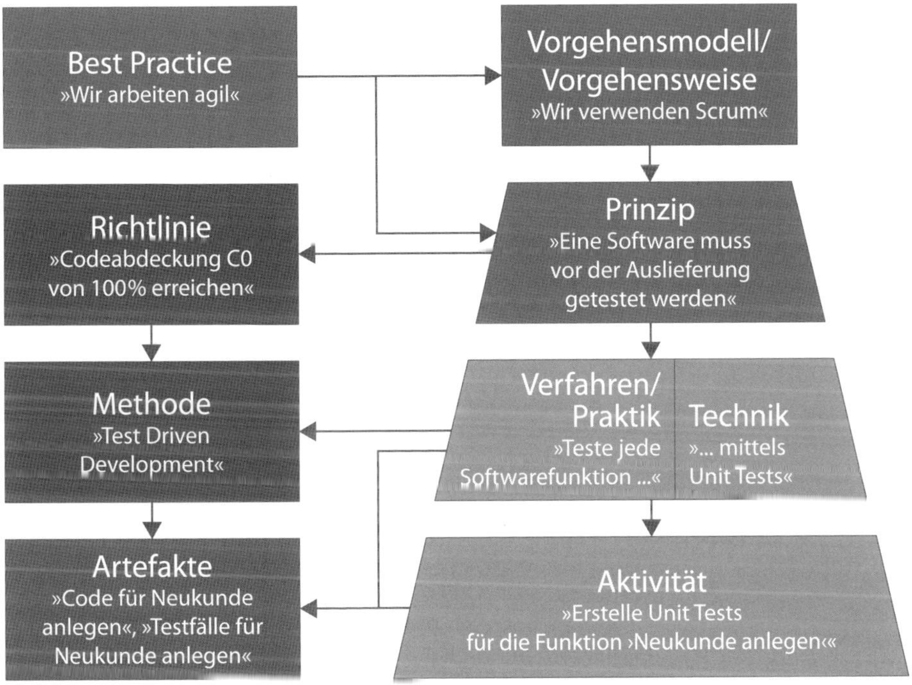

Abb. 1–1 Abstraktionsebenen beim Wissen über die Softwareentwicklung

- Ein »Prinzip« ist eine präskriptive Aussage, die abstrakt und falsifizierbar ist. Ein Prinzip ist z.B. »Prüfe die Requirements vor der Implementierung auf ausreichende Qualität«. Dies ist präskriptiv, da eine Aktion vorgegeben wird. Und es ist abstrakt, da keine konkreten Praktiken oder Techniken, die verwendet werden sollen, vorgegeben werden. Diesem Prinzip kann in bestimmten Situationen auch widersprochen werden. Zum Beispiel könnte es in einer Forschungssituation sinnvoll sein, ohne vorherige Requirements-Spezifikation mehrere Prototypen zu erstellen und diese gegeneinander zu validieren. Dieses Prinzip ist somit auch falsifizierbar. Die Kenntnis der Prinzipien ist wichtig, um bewusste Entscheidungen treffen zu können. Die Falsifizierbarkeit ist wichtig, um Diskussionen und Nachdenken über Prinzipien und auch Praktiken in Gang zu bringen und zu entscheiden, ob diese in einem bestimmten Kontext angewendet werden sollen.

- Ein »Verfahren« oder auch »Praktik« ist ebenfalls präskriptiv, jedoch nicht so abstrakt, sondern eine konkretere »Instanz« des Prinzips in einem bestimmten Kontext, die Hinweise auf die Umsetzung des Prinzips gibt, ohne jedoch die tatsächliche Durchführung einer Aktivität zu beschreiben. Zum Beispiel »Prüfe jedes Backlog Item gegen die ›Definition of Ready‹, bevor es in das Sprint Backlog eingefügt wird« ist eine allgemeine Praktik, die schon konkret bestimmte Artefakte (Backlog Items, DoR und Sprint Backlog) zur Verwendung anspricht (die Begriffe werden in den Kapiteln dieses Buches erläutert – siehe auch den Index im Anhang des Buches). Abhängig von der jeweiligen Situation und Kontext können auch jeweils unterschiedliche Praktiken zur Erfüllung eines Prinzips angewendet werden.
- Eine »Technik« ist eine Konkretisierung der Umsetzung des Verfahrens bzw. der Praktik wie z.B. »Teste durch die Verwendung von Unit Tests«.
- Eine »Aktivität« ist die reale Umsetzung eines Verfahrens/einer Praktik bzw. Technik wie z.B. »Erstelle die Unit Tests für die Funktion ›Neukunden anlegen‹«.

Sowohl der Lehrplan [IREB RE@Agile] als auch dieses Buch mit seinen erweiterten Ausführungen und Inhalten vermitteln Wissen von Requirements Engineering im Kontext der agilen Vorgehensweisen und stellen diese Abstraktionselemente in sachlicher Form vor bzw. regen zum Nachdenken und zur Diskussion über deren Anwendbarkeit an.

1.2 Verbindung zwischen RE und agilem Vorgehen

[IREB RE@Agile Primer] LE 1.1

Heute ist die Software und IT ein »Enabler« und Treiber in vielen Bereichen. Viele über lange Jahre etablierte plangetriebene Entwicklungsmethoden wurden nicht für ein sich schnell änderndes Umfeld ausgelegt. Agile Methoden (siehe auch Abschnitt 2.1) haben sich hier mittlerweile etabliert und schließen diese Lücke.

»Agile« oder »Agilität« wird in [Sheppard & Young 2006] wie folgt definiert: »A rapid whole-body movement with change of velocity or direction in response to a stimulus.«

Die Motivation für die Verwendung agiler Methoden ist hier definiert als Reaktion (z.B. eine schnelle Veränderung der Ausrichtung oder der Umsetzungsgeschwindigkeit) auf eine Stimulation (z.B. aus dem Projektumfeld).

Wenn man sich das Agile Manifest [Agile Manifesto] und die agilen Methodenbeschreibungen durchliest, dann geht es darin um mehr als nur Schnelligkeit. Im Grunde fokussieren alle agilen Prinzipien und Vorgehensweisen auf eine Lieferung von für die Kunden nützlichen Ergebnissen in kurzen, kontrollierten Intervallen.

Agile Methoden oder Agilität sind jedoch kein Selbstzweck. Nicht in allen Situationen passt dieses Vorgehen gleich gut. Wenn z.B. längerfristige Planung, Vorhersagbarkeit oder Nachvollziehbarkeit erforderlich ist, müssen ggf. andere Vorgehensweisen oder Anpassungen der agilen Methoden angewendet werden.

Es ist daher wichtig, im Vorfeld darüber nachzudenken und ein passendes bzw. angepasstes Entwicklungsvorgehen zu wählen. Dies kann grundsätzlich auch dazu führen, dass in unterschiedlichen Teams entsprechend dem jeweiligen Bedarf unterschiedliche Vorgehensweisen oder auch Kombinationen aus agilen und plangetriebenen Vorgehensweisen angewendet werden (z.B. wenn im Maschinenbau in der Hardwareentwicklung plangetriebenes Vorgehen und in der dazugehörenden Softwareentwicklung agiles Vorgehen in Kombination eingesetzt werden). Gartner hat dafür den Begriff »bimodale IT« geprägt. Dieses angepasste pragmatische Vorgehen ist auch einer der wesentlichen Erfolgsfaktoren der Softwareentwicklung und IT in dem heute sehr dynamischen Umfeld.

1.2.1 Denkweisen und Werte im RE und agilen Vorgehen

[IREB RE@Agile Primer] LE 1.2 und Einleitung

Requirements Engineering (RE)

In der IREB-Definition von Requirements Engineering sind Denkweisen und Werte von Requirements Engineering angegeben:

Requirements Engineering ist eine systematische und disziplinierte Herangehensweise zur Spezifikation und zum Management von Anforderungen mit den folgenden Zielen:

1. Die relevanten Anforderungen kennen, einen Konsens zwischen den Stakeholdern dieser Anforderungen erreichen, konform zu vorgegebenen Standards dokumentieren und die Anforderungen systematisch managen.
2. Die Wünsche und Bedürfnisse der Stakeholder verstehen und dokumentieren.
3. Die Anforderungen spezifizieren und managen, um ein System auszuliefern, das möglichst weitgehend den Wünschen und Bedürfnissen der Stakeholder entspricht.

Im Lehrplan des IREB CPRE Foundation Level sind die vier Hauptaktivitäten des Requirements Engineering definiert:

- Ermittlung,
- Dokumentation,
- Validierung und
- Verwalten von Anforderungen.

Diese bilden keinen Prozess oder eine vorgegebene Folge von Aktivitäten, sondern stellen einen prozessunabhängigen Ansatz dar. Es sind Aktivitäten, die unabhängig von der gewählten Vorgehensweise durchgeführt werden sollen. In jeder dieser Aktivitäten des Requirements Engineering gibt es verschiedene Methoden und Techniken, die in allen Vorgehensweisen – sowohl in nicht agilen als auch in agilen – angewendet werden können. Dabei gibt es natürlich Unterschiede in den Detailausprägungen der angewandten Methoden und Techniken.

Zu beachten ist auch, dass im Requirements Engineering grundsätzlich von »System« gesprochen wird und nicht von Software, Produkt, Hardware, Prozess oder sonstigen spezifischen Begriffen. »System« umfasst all diese Begriffe und bedeutet, dass dieses System eine Gruppe von Teilen oder Elementen umfasst, die in einer Umgebung (»Systemkontext«) zusammenwirken.

Agiles Umfeld

Der Ausdruck »agile Methoden« referenziert auf ein umfangreiches Set an Vorgehensweisen, die sich im Umfeld von »Agile« entwickelt haben (siehe auch Kap. 2). Für andere Entwicklungsmethoden wird auch der Ausdruck »plangetrieben« oder »nicht agile Methoden« verwendet.

Die verschiedenen Methoden sind in unterschiedlichen Kontexten unterschiedlich wirksam und haben jeweils Anwendungsbereiche, in denen sie sinnvoll und wertschöpfend anzuwenden sind.

Das Mindset von »Agile« ist im »Agilen Manifest« [Agile Manifesto] und den darauf basierenden zwölf Prinzipien definiert. Im Februar 2001 traf sich eine Gruppe von 17 Personen in den Bergen von Utah, um über die Gemeinsamkeiten von verschiedenen Ansätzen der Softwareentwicklung zu diskutieren. Diese Gruppe nannte sich »The Agile Alliance« [Agile Alliance] und das Ergebnis dieses Meetings waren der Begriff »agil« und das »Agile Manifest« [Agile Manifesto].

Das Agile Manifest besteht aus vier Leitsätzen und zwölf Prinzipien, die die Leitsätze erläutern. Es ist das Fundament für agiles Arbeiten und damit für alle agilen Methoden.

Manifest für Agile Softwareentwicklung:

Wir erschließen bessere Wege, Software zu entwickeln, indem wir es selbst tun und anderen dabei helfen.

Durch diese Tätigkeit haben wir diese Werte zu schätzen gelernt:

- **Individuen und Interaktionen mehr als Prozesse und Werkzeuge**
- **Funktionierende Software mehr als umfassende Dokumentation**
- **Zusammenarbeit mit dem Kunden mehr als Vertragsverhandlung**
- **Reagieren auf Veränderung mehr als das Befolgen eines Plans**

Das heißt, obwohl wir die Werte auf der rechten Seite wichtig finden, schätzen wir die Werte auf der linken Seite höher ein.

Kent Beck, Mike Beedle, Arie van Bennekum, Alistair Cockburn, Ward Cunningham, Martin Fowler, James Grenning, Jim Highsmith, Andrew Hunt, Ron Jeffries, Jon Kern, Brian Marick, Robert C. Martin, Steve Mellor, Ken Schwaber, Jeff Sutherland, Dave Thomas

Die zwölf Prinzipien hinter dem Agilen Manifest:

Wir folgen diesen Prinzipien:

- Unsere höchste Priorität ist es, die Kunden durch frühe und kontinuierliche Auslieferung wertvoller Software zufrieden zu stellen.
- Heiße Anforderungsänderungen selbst spät in der Entwicklung willkommen. Agile Prozesse nutzen Veränderungen zum Wettbewerbsvorteil des Kunden.
- Liefere funktionierende Software regelmäßig innerhalb weniger Wochen oder Monate und bevorzuge dabei die kürzere Zeitspanne.
- Stakeholder und Entwickler müssen während des Projekts täglich zusammenarbeiten.
- Errichte Projekte rund um motivierte Individuen. Gib ihnen das Umfeld und die Unterstützung, die sie benötigen, und vertraue darauf, dass sie die Aufgabe erledigen.
- Die effizienteste und effektivste Methode, Informationen an und innerhalb eines Entwicklungsteams zu übermitteln, ist im Gespräch von Angesicht zu Angesicht.
- Funktionierende Software ist das wichtigste Fortschrittsmaß.
- Agile Prozesse fördern nachhaltige Entwicklung. Die Auftraggeber, Entwickler und Benutzer sollten ein gleichmäßiges Tempo auf unbegrenzte Zeit halten können.
- Ständiges Augenmerk auf technische Exzellenz und gutes Design fördert Agilität.

→

- Einfachheit – die Kunst, die Menge nicht getaner Arbeit zu maximieren – ist essenziell.
- Die besten Architekturen, Anforderungen und Entwürfe entstehen durch selbstorganisierte Teams.
- In regelmäßigen Abständen reflektiert das Team, wie es effektiver werden kann, und passt sein Verhalten entsprechend an.

Das Agile Manifest ist ein Meilenstein in der Geschichte der Softwareentwicklung. Es gab bisher nur wenig Literatur, die so große Auswirkungen auf die Softwareentwicklung hatte wie dieses kurze Dokument. Heute kann man sagen, dass das Agile Manifest und seine Prinzipien praktisch alle Bereiche der Softwareentwicklung erreicht haben. Auf Basis des Agilen Manifests haben sich verschiedene Vorgehensweisen etabliert wie z.B. Scrum, Kanban, Extreme Programming, Feature Driven Development oder Test Driven Development.

Bei den agilen Vorgehensweisen stehen das Ergebnis und der Wert für die Kunden im Vordergrund. Anstelle einer einmaligen umfassenden Vorausplanung wird eine ständig rollierende Planung in Verbindung mit schnellem Feedback durch kurze Iterationen zur Risikominimierung verwendet. Dies zielt darauf ab, dass der Kunde möglichst rasch ein erstes Ergebnis ansehen und am besten auch gleich verwenden kann. Ein starker Fokus liegt auf Transparenz, Kommunikation und einem Team, das sich selbst steuert.

Neben diesen im Agilen Manifest und in Vorgehensmodellen wie Scrum explizit genannten Werten und Themen gibt es viele weitere Aspekte in der Softwareentwicklung, die in einem Projekt berücksichtigt werden müssen, auch wenn sie nicht durch die agilen Basiskonzepte explizit abgedeckt sind. Bereiche wie Risikomanagement, Testen und eben auch Requirements Engineering sind nach wie vor kritisch für den Erfolg von Softwareprojekten.

Für die erfolgreiche Einführung und den Einsatz agiler Vorgehensweisen ist es daher wichtig, dass einerseits eine Ausrichtung des Teams bzw. der Organisation an den agilen Werten und einer disziplinierten Anwendung der Regeln der von der Organisation gewählten agilen Vorgehensweise erfolgt und andererseits auch alle anderen für den Erfolg wesentlichen Themen berücksichtigt werden, sodass diese in einer sinnvollen Art und Weise zu einem effektiven Framework für die Softwareentwicklung integriert werden.

1.2.2 Zusammenhang zwischen RE und Agile

[IREB RE@Agile Primer] LE 1.3

Die Aussagen, Methoden und Werte zwischen Requirements Engineering und agilen Vorgehensweisen stehen nicht im Widerspruch zueinander, auch wenn dies manchmal so vermutet wird oder dies aus manchen Grundprinzipien heraus so interpretiert wird.

Requirements Engineering hat wie oben erwähnt den Fokus auf der systematischen Ermittlung, Spezifikation und dem Management von Anforderungen unabhängig vom Detaillierungsgrad und der Phase, in der man sich im Projekt befindet.

Agile Vorgehensweisen fokussieren primär auf ein lauffähiges Produkt und stellen Individuen und Kommunikation höher als einen Prozess und Tools. Sie bieten ein Mindset und Methoden in der Projektabwicklung und Teamsteuerung, ohne spezifisch auf das Thema Requirements einzugehen – so enthält z.B. der [Scrum Guide] nichts zum Thema Spezifikation von Anforderungen. Dies besagt nicht, dass in agilen Projekten keine Spezifikation erforderlich oder sinnvoll ist. Es wird ja im Scrum Guide auch nichts zu Risikomanagement, Versionsverwaltung, Konfigurationsmanagement, Continuous Integration und anderen Themen vorgegeben und doch ist es sinnvoll, auch in agilen Softwareprojekten diese Themen in den Projekten zu berücksichtigen.

Eine übertriebene bzw. dogmatische Betrachtung von Grundsätzen und Prinzipien führt typischerweise zu Konflikten. Es ist daher eine sehr eingeschränkte Sichtweise, wenn man meint, dass es durch Requirements Engineering möglich ist, ein vollständiges, konsistentes und abgestimmtes Requirements-Dokument zu erstellen, das dann noch ohne künftige Änderungen umgesetzt wird. Dies ist außer bei ganz kleinen Projekten in der Praxis nicht der Fall.

Eine ebenso eingeschränkte Sicht ist es, wenn man meint, dass durch agile Prinzipien ein Entwicklungsprojekt ohne irgendwelche vorbereitenden Arbeiten oder begleitenden Prozesse gestartet und ausschließlich durch regelmäßige Auslieferung von Software und Verbesserungen aufgrund des Feedbacks durch die Stakeholder erfolgreich implementiert werden kann. Auch hier gelingt dies nur unter »Laborbedingungen« und in sehr kleinen Projekten.

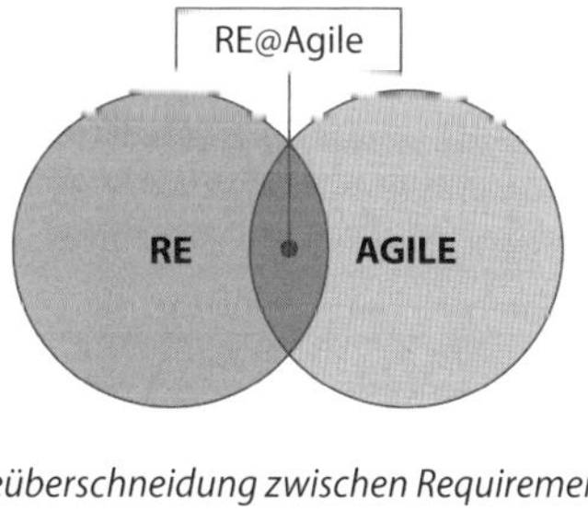

Abb. 1–2 *Mindset- und Werteüberschneidung zwischen Requirements Engineering und Agile (nach [IREB RE@Agile Primer])*

Requirements Engineering und agile Vorgehensweisen fokussieren grundsätzlich auf verschiedene Bereiche und sind damit in großen Teilen nicht überschneidend. Das Verbindende zwischen ihnen ist jedoch ganz klar der Fokus darauf, dass eine bedarfsgerechte und nützliche Lösung entwickelt und der Kunde zufriedengestellt wird.

Der [IREB RE@Agile Primer] fokussiert auf diese Gemeinsamkeiten zwischen Agilität und RE und nennt einige wesentliche verbindende und zentrale Prinzipien:

- *Requirements-Engineering- und agile Ansätze können voneinander profitieren*
- *Schlanke und in hohem Maße adaptive Prozesse*

  Wichtig ist die Differenzierung zwischen prädiktiven und adaptiven Entwicklungsprozessen sowie ein schlanker und hochgradig adaptiver Ansatz für die Durchführung von Requirements-Engineering-Aktivitäten im Rahmen agiler Entwicklungen.

- *Enge Zusammenarbeit mit dem Team und mit zentralen Stakeholdern und »Just-in-Time-Anforderungen«*

  Häufiger Austausch und enge Zusammenarbeit zwischen allen Teammitgliedern und wichtigen Stakeholdern sowie die Analyse, Verfeinerung und Dokumentation der Anforderungen auf hochgradig interaktive Art und Weise sind für den Erfolg relevant.

- *Situative und selektive Anforderungsermittlung, Analyse, Spezifikation und Verfeinerung*

  Nicht jede Anforderung muss präzise und in einem hohen Detaillierungsgrad vor der Implementierung eines Systems spezifiziert werden, sondern nur sehr komplexe oder kritische Anforderungen.

- *Weniger relevante Aktivitäten und Funktionalitäten vermeiden und das Minimum Viable Product sicherstellen*

  »Einfachheit« ist das Prinzip in der ersten Phase einer System- oder Produktentwicklung. Das MVP (Minimum Viable Product) ist ein klar abgegrenztes, bereitstellbares System mit hinreichendem betriebswirtschaftlichem Wert, das lediglich grundlegende Merkmale aufweist, um validiertes Lernen zu ermöglichen. Überflüssiges soll vermieden und schnelleres Kundenfeedback eingeholt werden. MMP (Minimum Marketable Product) ist eine Weiterführung des MVP mit mehr Fokus auf Nutzung und Vermarktung. RE@Agile [IREB RE@Agile Primer] beantwortet zwei sehr wichtige Fragen: »*Wie lassen sich das Release-Management und der Produktdefinitionsprozess vereinfachen?*« und »*Wie definiert man das MVP oder das MMP auf Basis der Anforderungen?*«.

Requirements Engineering und die agilen Vorgehensweisen widersprechen sich nicht und überlappen sich nur in wenigen Punkten. Beiden gemeinsam ist, dass für die Kunden Wert in Form von lauffähiger, qualitativ guter Software geschaffen wird und sie zufriedengestellt werden.

Agile Methoden helfen dabei, dass lauffähige Software effizient und schnell erstellt wird. Requirements Engineering stellt gute Techniken zur Verfügung, um die Bedürfnisse der Stakeholder zu verstehen, damit gute Software im Sinne der Stakeholder entwickelt wird.

Agilität macht die Softwareentwicklung effizient, Requirements-Entwicklung macht die Softwareentwicklung effektiv!

Unter diesem Gesichtspunkt liefert Requirements Engineering einen wesentlichen Beitrag für folgende agile Prinzipien:

- **1. Prinzip**
  Requirements Engineering erleichtert das Verstehen der Wünsche und Bedürfnisse, um eine für die Kunden wertvolle Software zu entwickeln.
- **2. Prinzip**
  Requirements Engineering erleichtert durch passende Tools das Erkennen von Veränderungen bei Kunden bzw. im Markt, damit die Stakeholder einen Vorteil haben.
- **4. Prinzip**
  Requirements Engineering erleichtert durch passende Tools und Techniken die Zusammenarbeit zwischen den Stakeholdern und Entwicklern.
- **6. Prinzip**
  Requirements Engineering erleichtert durch passende Tools und Techniken die Kommunikation.
- **10. Prinzip**
  Requirements Engineering erleichtert das Verständnis der Stakeholder-Wünsche und -Bedürfnisse und hilft, die Entwicklung von nicht notwendiger Software zu minimieren.

Diese Überlappung und der Zusammenhang von Requirements Engineering und Agilität ist der Bereich, der in diesem Buch und im Lehrplan [IREB RE@Agile Primer] adressiert wird.

Hinweis: Im Lehrplan RE@Agile wird der Begriff »RE@Agile« über den Begriff »agiles Requirements Engineering« gestellt, um damit klarzumachen, dass Requirements Engineering prozessunabhängig ist.

1.2.3 Was ist RE@Agile

[IREB Advanced Level RE@Agile – Practitioner/Specialist] LE 1

RE@Agile ist nach [IREB] ein kooperativer, iterativer und inkrementeller Ansatz, der **vier Ziele** adressiert:

1. Kenntnis der relevanten Anforderungen auf einem angemessenen Detaillierungsgrad (jederzeit während der Systementwicklung)
2. Erreichen einer ausreichenden Übereinstimmung über die Anforderungen unter den relevanten Stakeholdern
3. Erfassen (und Dokumentieren) der Anforderungen gemäß den Rahmenbedingungen der Organisation
4. Durchführung aller anforderungsbezogenen Aktivitäten nach den Prinzipien des Agilen Manifests [Agile Manifesto]

Die **Kerngedanken** dieser Definition sind:

- **RE@Agile ist ein kooperativer Ansatz:**
  Das Produkt häufig überprüfen, Feedback geben und dann basierend auf den neuen Erkenntnissen Anpassungen und Klärungen vornehmen, betont den agilen Gedanken der intensiven Stakeholder-Interaktion [Agile Manifesto].
- **RE@Agile ist ein iterativer Prozess:**
  Dies legt die Idee von »Just-in-time-Anforderungen« nahe. Anforderungen müssen nicht vollständig sein, bevor mit der technischen Konzeption und Implementierung begonnen wird. Stakeholder können iterativ jene Anforderungen im erforderlichen Detaillierungsgrad definieren (und verfeinern), die zeitnah umgesetzt werden sollen.
- **RE@Agile ist ein inkrementeller Prozess:**
  Jene Anforderungen, die den höchsten Geschäftswert liefern oder zur Reduzierung der größten Risiken dienen, sollen in den ersten Inkrementen umgesetzt werden. Hier wird ein Minimum Viable Product (MVP) oder ein Minimum Marketable Product (MMP) angestrebt. Danach fügt man dem Produkt in den weiteren Inkrementen diejenigen Anforderungen hinzu, die den nächsthöheren Nutzen versprechen und somit den Gesamtwert des Ergebnisses bestmöglich steigern.

Das **erste Ziel** (relevante Anforderungen sind in angemessener Detailtiefe bekannt) bezieht sich wieder auf das iterative Vorgehen: »Relevant« sind jene Anforderungen, die zeitnah umgesetzt werden sollen. Diese müssen sehr genau verstanden werden (einschließlich ihrer Akzeptanzkriterien) – insbesondere von den Entwicklerinnen und sie müssen der »Definition of Ready« (DoR) entsprechen. Sonstige Anforderungen mit einer niedrigeren Priorität können allgemeiner beschrieben und erst dann näher betrachtet und spezifiziert werden, wenn sie an Bedeutung gewinnen und die geplante Umsetzung absehbar ist.

Voraussetzung für das **zweite Ziel** (ausreichende Übereinstimmung unter den relevanten Stakeholdern) ist es, alle Stakeholder und deren Relevanz für das zu entwickelnde System zu kennen. Die für die Anforderungen verantwortliche Person (normalerweise der Product Owner) muss die Anforderungen mit den relevanten Stakeholdern verhandeln und die Reihenfolge der Umsetzung festlegen.

Agile Ansätze legen mehr Wert auf eine intensive und kontinuierliche Kommunikation über die Anforderungen als auf ihre Dokumentation. Dennoch betont das **dritte Ziel** (Erfassen und Dokumentieren der Anforderungen gemäß den Rahmenbedingungen) die Bedeutung von Dokumentation in einem angemessenen Detaillierungsgrad (der von Situation zu Situation unterschiedlich ist). Es gibt verschiedene Situationen (für rechtliche Zwecke, zur Rückverfolgbarkeit, für die Wartung usw.), in denen die Dokumentation von Anforderungen hilfreich ist oder auch zwingend existieren muss. Hier müssen auch die agilen Ansätze sicherstellen, dass dies der Fall ist. In vielen Fällen ist es nicht notwendig, die gesamte Dokumentation im Voraus zu erstellen. Wenn die benötigte Dokumentation parallel zur Implementierung oder sogar danach erstellt wird, kann Zeit und Aufwand gespart werden, indem viele Anpassungen von Dokumenten während der Entwicklung des Produkts vermieden werden.

Das **Anforderungsmanagement** (siehe auch Kap. 6) umfasst alle durchzuführenden Aktivitäten für die fertig vorliegenden Anforderungen und anforderungsbezogenen Artefakte. Dazu gehören:

- Versionsverwaltung
- Konfigurationsmanagement
- Rückverfolgbarkeit zwischen Anforderungen
- Rückverfolgbarkeit zu anderen Entwicklungsartefakten

Ein sorgfältiges Management dieser Aktivitäten ist wichtig, um den Aufwand im Rahmen zu halten und ein ausgewogenes Kosten-Nutzen-Verhältnis zu erreichen. Zum Beispiel:

- Wenn der Änderungsverlauf der Anforderungen von geringerem Interesse ist als der aktuell gültige Status, dann kann umfangreiches Versionsmanagement mitunter durch schnelle Iterationen zur Erstellung von Produktinkrementen ersetzt werden.
- Das iterative Erstellen der einzelnen Sprint Backlogs (also die Gruppierung der Anforderungen, die aktuell den meisten Geschäftswert haben) umfasst auch das Konfigurationsmanagement (Baselining).[1]

1. Das Konfigurationsmanagement kann durchaus komplex sein und auch Aspekte umfassen, die durch einfaches Backlog-Management nicht abgedeckt werden, sondern ein komplexeres Vorgehen oder spezielle Tools erfordern. Die individuellen Rahmenbedingungen und Notwendigkeiten sollten daher möglichst frühzeitig erfasst und berücksichtigt werden.

Verschiedene der zeit- (und papier-)intensiven Anforderungsmanagement-Aktivitäten in nicht agilen Vorgehensweisen können durch Aktivitäten nach agilen Prinzipien ersetzt werden. Damit wird das **vierte Ziel** (»Durchführung aller anforderungsbezogenen Aktivitäten nach den Prinzipien des Agilen Manifests«) adressiert.

Der **Product Owner** (PO) trägt die Verantwortung für gutes Requirements Engineering in einem agilen Umfeld. Andere Stakeholder wie Business-Analysten, Requirements Engineers und die Entwicklerinnen sollen den Product Owner bei diesem Prozess unterstützen und erledigen möglicherweise sogar die meiste Arbeit im Zusammenhang mit Requirements Engineering. Im Lehrplan RE@Agile wird der Kürze halber nur der Product Owner als verantwortliche Person für anforderungsbezogene Aufgaben genannt. Dies soll die genannten weiteren Beteiligten dabei keinesfalls ausschließen.

1.2.4 RE im Kontext des Agilen Manifests

Im Agilen Manifest selbst steht wenig über Requirements Engineering. Trotzdem haben seine Leitsätze großen Einfluss darauf, wie ein agiles Team mit Anforderungen umgeht:

- **Individuen und Interaktionen zählen mehr als Prozesse und Werkzeuge**
  Aus Sicht des Requirements Engineering bezieht sich diese Aussage auf die Interaktion und Kommunikation zur Ermittlung und Abstimmung von Anforderungen sowie auf den Prozess und die Tools zu deren Verwaltung und Dokumentation.

  Dass die Interaktion und Kommunikation der Beteiligten und Betroffenen der wichtigste Faktor im Requirements Engineering ist, ist seit Langem bekannt. Wichtig ist es aber auch, die Aussagen der Individuen und die Ergebnisse im Rahmen der Interaktion auf angemessene Art und Weise zu dokumentieren.

  Eine große Herausforderung in der Praxis ist die Definition des Requirements-Engineering-Prozesses. Dieser wird oft zu formal und sequenziell beschrieben. Um die Agilität zu gewährleisten, ist es hilfreich, wenn man bei der Prozessdefinition nicht den Prozess insgesamt, sondern nur die einzelnen Teilprozesse und Techniken, wie z.B. Erhebungstechniken, Darstellungstechniken, einzelne Artefakte, Analysemethoden und Managementtechniken, beschreibt und dies dann zu einem modularen, flexibel einsetzbaren Methodenbaukasten zusammenstellt. In Kapitel 4 ist ein Teil eines solchen Baukastens zu finden.

  Flexible Requirements-Werkzeuge helfen, das Requirements Engineering agil umzusetzen. Vor allem auch die Integration mit anderen Werkzeugen und das Vermeiden von Brüchen im Entwicklungsprozess sind essenziell für das effiziente Funktionieren des Requirements-Engineering-Prozesses. Microsoft Word und Excel als die am meisten verwendeten Requirements-Werkzeuge sind nicht gerade dazu geeignet, das Requirements Engineering nachhaltig und effizient zu gestalten. Aber auch »echte« Requirements-Management-Werkzeuge haben oft zu starre Prozesse implementiert oder ergehen sich in einer Attributierungsorgie. Die Integration mit anderen Werkzeugen im Entwicklungsprozess ist ebenfalls oft mangelhaft. Insofern ist die Werkzeugfrage auch im agilen Umfeld sehr wichtig.

Funktionierende Software zählt mehr als umfassende Dokumentation

[IREB RE@Agile Primer] LE 1.3

Diese Darstellung führt immer wieder zu der Meinung, dass Dokumentation in agilen Projekten generell nicht befürwortet wird. Das ist eine falsche Interpretation, denn Dokumentation, die einen klaren Zweck und Nutzen für die Kunden hat, wird auch in agilen Methoden befürwortet. »Dokumentation« kann jegliche Art von Anforderungsspezifikation, Architekturdokumenten, Designvorgaben, Prozessdefinitionen, Benutzerdokumentation, Entwicklerkommentaren im Sourcecode etc. sein.

Leider wurden und werden aber in vielen Projekten immer wieder Dokumente erstellt, die keinen klaren Zweck oder Nutzen haben. Dies gilt es zu vermeiden.

Eine lauffähige, für die Kunden nützliche Software zu erstellen, ist natürlich wichtiger, als sich zu stark auf die Dokumentation zu fokussieren und vielleicht ein Produkt zu liefern, das nicht ausreichend funktioniert.

Eine interessante Erkenntnis ergibt sich, wenn man die Kosten der Erstellung einer funktionierenden Software inkl. Sourcecode im Vergleich zu den Dokumentationskosten inkl. Sourcecode-Kommentare in Abhängigkeit vom Dokumentationsgrad betrachtet. Dabei kommt man zu folgendem Ergebnis: Eine umfassende Dokumentation vor der Erstellung der ersten Codezeile macht aus Zeit- und Kostengründen keinen Sinn. Auf die Dokumentation komplett zu verzichten, ist aber ebenfalls keine gute Lösung. Die Kommunikationskosten und die Kosten für zusätzliche unnötige Iterationen werden sonst wegen vergessener Informationen, Spätfolgen durch fehlendes Verständnis für Umsetzungsentscheidungen und fehlende Nachvollziehbarkeit ebenfalls sehr hoch sein (siehe Abb. 1–3).

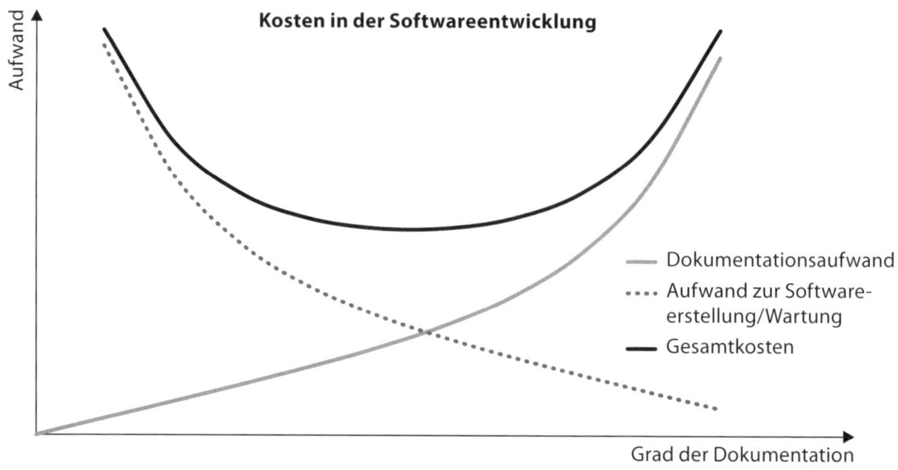

Abb. 1–3 *Kostenkurve in der Softwareentwicklung abhängig vom Dokumentationsgrad*

> Jede Dokumentation unterstützt bis zu einem gewissen Grad die Flexibilität und die Effizienz und bremst diese ab einem gewissen (übertriebenen) Grad.

Es ist daher im Sinne der Flexibilität und Effizienz bei jeder Dokumentation zu überlegen, was der für das jeweilige Projekt optimale Grad ist. Nachfolgend sind beispielhaft einige zentrale Dokumentationsarten angeführt, für die dies gut überlegt werden sollte:

- Requirements
- Risikoanalysen
- Spikes[2] und Machbarkeitsanalysen
- Architekturspezifikation
- Codekommentare
- Testspezifikation und Testdokumentation
- Benutzerdokumentation
- Prozessdefinition
- Methodenbeschreibungen, Guidelines und Checklisten

> Dokumentation, speziell Anforderungen, komplett wegzulassen, verursacht zusätzliche Kosten im Projekt! Den richtigen Grad an Dokumentation zu treffen, ist die Kunst guter agiler Projektabwicklung.

2. Eine Definition des Begriffs Spike ist in Abschnitt 3.8.1 zu finden.

- **Zusammenarbeit mit Kunden zählt mehr als Vertragsverhandlung**
  Hier geht es um externe Kunden-Lieferanten-Verhältnisse, die typischerweise auf einem Vertrag – welcher Art auch immer – basieren. Die Interpretation des Agilen Manifests ist in diesem Kontext sehr stark von der jeweiligen Projektsituation abhängig. In Projekten, in denen die Kundschaft selbst nicht genau weiß, was sie will, muss die Zusammenarbeit mit ihr sehr intensiv sein. In Projekten, in denen schon ziemlich klar ist, was der Kunde benötigt und dies auch schon vorab gemeinsam definiert wurde, kann die Zusammenarbeit weniger intensiv sein.

  Die Intensität der Zusammenarbeit wird auch von der Grundhaltung zwischen Kundschaft und Lieferant stark beeinflusst. Bei Kunden, die partnerschaftlich agieren und zu denen man als Lieferant aufgrund langjähriger Beziehungen großes Vertrauen hat, werden auch kaum intensive Vertragsverhandlungen nötig sein. Umgekehrt ist es genauso. Kundenorientierte Lieferanten werden im Sinne der Kundschaft denken und handeln. Ist dies jedoch nicht der Fall, so sind auch in agilen Projekten gute Verträge hinsichtlich der Risikominimierung und wechselseitigen Klarheit sehr wichtig. Wesentlich ist in allen Fällen, dass der Vertrag und die Spezifikation aufeinander abgestimmt sind (siehe auch Kap. 9).

- **Reagieren auf Veränderung zählt mehr als das Befolgen eines Plans**
  Änderungen sind die Normalität in Projekten. Wenn der Kundennutzen durch eine Änderung größer wird, ist eine Änderung auch zu befürworten. Es gibt jedoch Änderungen, die zwar von Kunden gewünscht werden, die aber aufgrund von fehlendem Wissen auf Kundenseite evtl. den Gesamtkundennutzen des Systems reduzieren würden. In solchen Fällen ist es besser, den Kunden die bisher gewählte Umsetzung und die Konsequenzen der Änderung zu erklären und den ursprünglichen Plan weiterzuverfolgen.

Beispiel:

Eine Kundin wünscht sich nach Sichtung des ersten Prototyps, der von der Entwicklung selbstständig mit einfachen Bedienelementen umgesetzt wurde, nun in einer Webmaske eine spezielle Drag-and-Drop-Funktionalität. Dies wäre jedoch nur sehr aufwendig mit den zur Verfügung stehenden Technologien umzusetzen. Möglicherweise würde dadurch der Teil ihrer Systembenutzer ausgeschlossen, der eine ältere Browserversion verwendet oder auf mobilen Geräten arbeitet. Die Änderung nicht umzusetzen ist in diesem Fall die bessere Alternative für die Kundin. Sie stellt in der Bedienung nur unwesentlich mehr Aufwand dar, spart jedoch die hohen Zusatzkosten der Implementierungsänderung und berücksichtigt außerdem alle potenziellen Benutzergruppen. Für die Kundschaft wäre die Änderung aus ihrer Sicht durchaus mit einem Nutzen verbunden. Auch für den Lieferanten, der durch die Zusatzanforderung mehr verrechnen könnte. Für die Kundin insgesamt und für den längerfristigen Nutzen aus dem System hätte es jedoch nachteilige Auswirkungen.

In allen Projekten sollen Änderungen systematisch analysiert und bewertet werden, bevor sie akzeptiert und in das Backlog eingefügt werden. Die Kundschaft sollte auch immer eine Rückmeldung erhalten, ob und warum die Änderung von den anderen Beteiligten (Entwicklung, IT-Betrieb, Marketing etc.) als nutzensteigernd oder nutzenverringernd eingeschätzt wird. Sie kann ja auch im nicht sinnvollen Fall die Änderung trotzdem durchführen lassen – es ist ja schließlich ihr Geld, das dann zusätzlich ausgegeben wird! Diese Tatsache sollte allen Beteiligten bewusst sein.

In der Praxis gibt es kaum Projekte, bei denen Zeit und Geld keine Rolle spielen und die Entwicklerinnen ohne Vorgaben einfach drauflos entwickeln oder Änderungen durchführen können. Es besteht daher in jedem Projekt die Notwendigkeit, zu Beginn zumindest eine grobe Planung und Spezifikation zu erstellen. Die Releaseplanung und das Product Backlog stellen genau solche Pläne dar (siehe Abschnitte 6.4.4 und 6.5.1). So kann man erkennen und nicht nur ahnen, ob bzw. wie weit vom ursprünglich vorgesehenen Ziel und Rahmen abgewichen wird.

Es gilt jedoch auch hier wieder das schon oben erwähnte Prinzip: Nur wenn die Kosten für die Erstellung und Pflege des Plans geringer sind als die Kosten, die sich durch eine unsystematische und schlecht abgestimmte Softwareentwicklung ohne Plan ergeben, sollte ein Plan erstellt und gewartet werden.

Dass sich Pläne ändern, ist ein Faktum. Gute Produkt- und Projektverantwortliche wissen dies und sehen in Änderungen auch nichts Negatives und schon gar kein Versagen ihrer planerischen Fähigkeiten.

> *Laufende Änderungen sind ein Naturgesetz in der Softwarewelt, das gute Produkt- und Projektverantwortliche akzeptieren und berücksichtigen.*

Ein Grundsatz der Planung lautet: Entweder gut oder gar nicht! Wobei hier mit guter Planung nicht gemeint ist, dass das System vorab bis in die letzte Zeile Quellcode vorauszuplanen ist, sondern es geht hier darum, die Wegpunkte auf der Reise zum Ziel festzulegen, an denen man sich immer wieder orientieren kann. Wenn aber ein Plan erstellt wird, dann muss er auch bis zum Ende laufend gepflegt, angepasst und konsistent gehalten werden. Wenn Nachlässigkeit aufkommt und der Plan von den Beteiligten als nicht konsistent angesehen wird, dann ist er wertlos.

1.2.5 Nutzen von RE im agilen Vorgehen

[IREB RE@Agile Primer] LE 1.4.1

- **Übergabeaufwände im Team werden reduziert**
  Das agile Team soll alle Fähigkeiten und Kompetenzen besitzen, die für die Erlangung der definierten Entwicklungsziele auf Basis der Kundenanforderungen notwendig sind. Dazu gehören neben den Entwicklungs- und Qualitätssicherungskompetenzen auch Fähigkeiten zur Durchführung von Requirements-Engineering-Aufgaben. Durch die direkte Kommunikation im agilen Team erfolgen große Teile des Requirements Engineering und das Beseitigen von Unklarheiten auf direkter Ebene zwischen den Teammitgliedern, wodurch Übergabeaufwände reduziert werden und es vermieden wird, im Voraus eine umfassende Spezifikation der Anforderungen zu erstellen.
- **Laufende Optimierung bestehender Anforderungen**
  Das iterativ inkrementelle Vorgehen im agilen Kontext mit seinen regelmäßigen Feedbackschleifen fördert die laufende Anpassung der Ideen und Anforderungen. Bei jeder Sprint-Planung oder jedem Refinement, bei jeder Sprint-Retrospektive und auch zwischendurch wird die Diskussion über die bestehenden Anforderungen durch die Kommunikation in den Iterationen gefördert. Dies kann z. B. nur als grobe Idee oder schon als detailliertere Ausarbeitung in Form von Artefakten stattfinden, wie z. B. einem Prozessmodell, einer User Story, einem Epic, einem Screendesign oder einer Ablaufbeschreibung (siehe auch Kap. 3). Dies führt einerseits zu einer passenden Detailliertheit der Requirements entsprechend dem jeweiligen Bedarf und andererseits auch zu besserer Qualität und Nutzen für die Kunden, da ihre Erwartungen mit jedem Inkrement abgeholt und überprüft werden und das weitere Vorgehen entsprechend angepasst werden kann.
- **Anforderungen reifen und werden validiert**
  In Scrum (siehe Abschnitt 2.1.2) werden Requirements regelmäßig in den Refinement-Meetings weiterentwickelt und durch die Beteiligten hinterfragt und überprüft. Um in das Backlog einer Iteration aufgenommen zu werden, müssen die Requirements den vorab in der Definition of Ready (siehe Abschnitt 5.2) festgelegten Qualitätskriterien entsprechen.

Sowohl im agilen Vorgehen als auch im Requirements Engineering stehen die Wünsche und Bedürfnisse der Stakeholder im Fokus. Das agile Vorgehen und dessen Prinzipien unterstützen, fördern und systematisieren die laufende Anpassung und Veränderung der Sichtweise der Stakeholder. Requirements Engineering ist kein einmaliger Prozess, sondern eine Aktivität, die sowohl im agilen als auch im nicht agilen Vorgehen kontinuierlich durchgeführt werden und dadurch diese verändernden Anforderungen und Bedürfnisse der Stakeholder erkennen und entsprechend abbilden soll.

- **Definition des initialen Product Backlog**
  In agilen Projekten muss zu Beginn ein initiales Product Backlog erstellt werden (siehe auch Abschnitt 6.5.1). Dies erfolgt oft intuitiv. Die Praxis des Requirements Engineering bietet aber ein gutes Set an Techniken und Methoden, um hier effektiver und effizienter vorzugehen und die Erstellung des initialen Backlogs zu erleichtern. Es geht dabei nicht um eine komplett vollständige Spezifikation, sondern um ein ausreichendes Verständnis für das umzusetzende System, den Kontext und die Wünsche der Stakeholder. Darauf basierend kann ein komplexer Sachverhalt (z.B. ein zu digitalisierender Geschäftsprozess) dann in verständliche Anforderungen aufgeteilt werden. Dies kann für jeden einzelnen Teil bzw. jede Anforderung im Backlog auch auf unterschiedlichen Abstraktions- und Spezifikationsebenen passieren (siehe Abschnitte 3.2 bis 3.6).

1.2.6 Vorurteile und Probleme beim RE im agilen Umfeld

[IREB RE@Agile Primer] LE 1.4.2

Manchmal haben sich aufgrund der früher oft zu einseitigen Betrachtungen sowohl im Requirements Engineering als auch im agilen Umfeld einige Gedankenmuster und Vorurteile festgesetzt, die irreführend sind:

- **Requirements Engineering ist immer vorgelagert (upfront)**
  Es gibt Leute, die denken heute noch, dass Requirements Engineering nur als vorgelagerte Tätigkeit stattfindet und die ganzen Spezifikationstätigkeiten am Beginn eines Projekts erfolgen.

  Tatsächlich ist Requirements Engineering jedoch unabhängig vom gewählten Vorgehensmodell und unabhängig von den Phasen im Prozess eine Aktivität, die ständig stattfindet. Natürlich gibt es abhängig vom Vorgehensmodell unterschiedliche Schwerpunkte (siehe auch Abschnitt 2.4), aber es ist eine Tatsache, dass Requirements Engineering – ob nun explizit definiert oder implizit – in der Praxis ein integraler Bestandteil eines jeden Projekts ist und vom Beginn bis zum Abschluss in allen Phasen bzw. Iterationen eines Projekts geschieht.

  Requirements Engineering ist grundsätzlich eine prozessunabhängige Disziplin, die sowohl in nicht agilen als auch in agilen Vorgehensweisen gleichermaßen angewendet werden kann. Sie kann bzw. sollte auch jeweils an die Erfordernisse und den Bedarf angepasst werden, wie dies ja typischerweise auch beim Programmieren, Testen etc. gemacht wird.
- **Vorgelagert ist schlecht**
  Vor einem Vorhaben oder Projekt darüber nachzudenken, wie man es angehen möchte und was die Anforderungen und Randbedingungen sind, ist jedenfalls unabhängig von der gewählten Vorgehensweise zu empfehlen und hat sich bewährt.

Dies bedeutet nicht, dass dies sehr lange dauern muss oder bestimmte Dokumente in bestimmten Phasen in einem großen Umfang erstellt werden müssen. Dies kann abhängig vom Projektkontext sehr unterschiedlich sein.

Das Agile Manifest und die agilen Prinzipien sagen nicht, dass vorausschauendes Denken schlecht ist, und sie sollten auch nicht so interpretiert werden. Es gibt genügend Methoden und Praktiken, die sich im agilen Umfeld entwickelt haben und vorausschauendes Denken unterstützen, wie z.B. Story Maps (siehe Abschnitt 6.5.3), Prototyping (siehe Abschnitt 3.7) oder Test Driven Development (siehe die Abschnitte 2.1.3 und A.2 im Anhang). Test Driven Development ist überhaupt eine der restriktivsten Vorabspezifikationstechniken, bei der zuerst die Testfälle spezifiziert bzw. sogar programmiert werden – was im Grunde nichts anderes ist als eine sehr detaillierte Requirements-Spezifikation – und danach erst der eigentliche Produktcode programmiert wird.

Gute und effizient durchgeführte Projekte nehmen bei der Wahl der Methoden und Techniken und deren sinnvollem Anwendungszeitpunkt immer Rücksicht auf den jeweiligen Projektkontext und benutzen vor allem auch den gesunden Menschenverstand, um zu beurteilen, welche Methode zu welchem Zeitpunkt gerade passend ist oder auch nicht. Zumindest in diesem einen Punkt ist es im Sinne eines guten Projekts daher zwingend erforderlich, vorab nachzudenken, welche Methode und Vorgehensweise man im Projektkontext anwenden soll.

- **Requirements Engineering – Dokumente bzw. Dokumentation**
  Leider wird unter dem Begriff Requirements Engineering oft nur das Erstellen von (umfangreichen) Anforderungsdokumenten verstanden. Diese Sichtweise greift deutlich zu kurz und macht nicht bewusst, was Requirements Engineering eigentlich bedeutet und umfasst. Durch die Aktivitäten des Requirements Engineering, die primär auf die Kommunikation mit den Kunden und das Schaffen von Wissen fokussieren, können (nicht: müssen) Dokumente als Ergebnis produziert werden. Dies ist dann sinnvoll, wenn es für das weitere Vorhaben nützlich ist (z.B. für Rechtskonformität, Erhalt von Informationen oder Unterstützung der Kommunikation und des Nachdenkens). Gutes Requirements Engineering wird in dem Wissen durchgeführt, dass auch bei noch so großem Bemühen und Aufwand die Dokumente nicht vollständig sein werden. Der notwendige oder auch noch akzeptable Grad der Unvollständigkeit wird wiederum durch den Projektkontext bestimmt.

- **User Stories sind ausreichend für das RE im agilen Umfeld**
  User Stories (siehe Abschnitt 3.4.2) sind im agilen Umfeld die beliebteste Spezifikationstechnik. Es ist jedoch unzureichend, wenn man sich beim Erfassen der Kundenanforderungen alleine auf User Stories fokussiert. User Stories zu erstellen ist nur eine von vielen Spezifikationsarten und deckt nur eine Ebene und Sichtweise ab. Um ein möglichst realistisches Verständnis von den Wünschen und der Sichtweise der Kundschaft zu bekommen und in weiterer Folge

auch eine passende Systemarchitektur und entsprechendes Systemdesign zu entwerfen und das passende lauffähige Produkt erstellen zu können, müssen noch weitere Abstraktions- und Beschreibungsebenen betrachtet werden (siehe Abschnitte 3.2 bis 3.6).

Vor allem die übergeordneten Zusammenhänge und die Prozesssicht gehen verloren, wenn man sich ausschließlich auf die Erstellung von User Stories konzentriert.

- **Dokumente sind wertlos, nur Code hat bleibenden Wert**
  In der Vergangenheit wurde durch verschiedene Projekte, in denen Spezifikationen in dicke unlesbare Textdokumente ausgeartet sind, ein negatives Image der Spezifikationsdokumente erzeugt. Das bedeutet aber nicht, dass alle Spezifikationsdokumente wertlos sind. Zum richtigen Zeitpunkt, im angemessenen Umfang und in der passenden Art erstellte Dokumente (z.B. Anforderungsspezifikationen, Testdokumente, Risikoanalysen, Schulungsunterlagen, Architektur- und Designdokumente) sind für eine nachhaltige Softwareentwicklung jedenfalls notwendig. Neben dem Code sind dies ebenfalls wichtige Artefakte im Entwicklungsprozess.
- **Anforderungen können nur durch lauffähige Software validiert werden**
  Auch wenn im Agilen Manifest lauffähige Software über die Dokumentation gestellt wird, so bedeutet dies nicht, dass man nur aufgrund einer lauffähigen Software beurteilen kann, dass die Anforderungen valide umgesetzt werden. Es gibt verschiedene andere Möglichkeiten im Requirements Engineering, um auch ohne lauffähige Software und ohne eine einzige Zeile Code die Anforderungen der Kunden zu validieren, wie z.B. Wireframes, Sketches, Story Boards oder szenariobasierte Spezifikation der Benutzeroberfläche und des Verhaltens des Systems (siehe auch Abschnitt 3.5).

1.2.7 Fallstricke bei RE@Agile

[IREB RE@Agile Primer] LE 1.4.3

- **Requirement = nur eine Art bzw. Ebene von Information**
  In der Praxis erlebt man es oft, dass unter dem Begriff »Requirement« genau eine Art oder Ebene von Information verstanden wird. Dies wird schnell deutlich an Aussagen wie z.B. »Eine User Story ist kein Requirement«, »Ein Requirement ist eine viel genauere Spezifikation und verfeinert eine User Story« oder umgekehrt: »Ein Requirement wird mit einer User Story verfeinert.« Diese und ähnliche Aussagen zeigen große Lücken im Verständnis des Requirements Engineering und bedeuten, dass mit dem Begriff Requirement genau nur eine Ebene der Spezifikation verbunden wird.

  Dabei wird übersehen oder negiert, dass die Vision und Ziele auf hoher Ebene, die User Stories auf einer mittleren Detaillierungsebene sowie Use-Case-Szenarien oder sogar ausführbare Prototypen auf einer detaillierten Ebene allesamt Requirements darstellen können, jedoch mit einem jeweils unterschiedlichen Detail- bzw. Abstraktionsgrad.

Je höher die Abstraktion, desto langlebiger und desto weniger Änderungen unterworfen sind die Requirements und deren Artefakte. In diesem Zusammenhang sind auch die Dokumentationsmittel und Tools wichtig, die passend zur jeweiligen Ebene und Requirements-Art gewählt werden sollten, damit das Arbeiten mit den Requirements auch effizient möglich wird.

- **Der Blick auf »das große Ganze« fehlt**
Wenn man die agilen Grundsätze oder den Scrum Guide liest, sind die Texte (scheinbar) recht einfach und schnell verständlich. Oft wird dies fälschlicherweise auch so interpretiert, dass nur die Themen, die in diesen Beschreibungen erwähnt werden, umgesetzt werden müssen, um eine erfolgreiche Softwareentwicklung zu betreiben. Aus Sicht mancher Entwicklerinnen ist dies möglicherweise so, da sie sich nicht mit dem Projektumfeld und langfristigen Themen auseinandersetzen müssen (und wollen) und sich auf die reine Entwicklungstätigkeit konzentrieren. Wichtig ist auch, dass nicht zu schnell in die konkrete Lösung eingetaucht wird, bevor noch der eigentliche Bedarf oder das Problem der Kunden untersucht wird.

  Nachhaltig und langfristig denkende und agierende agile Teams berücksichtigen daher auch weitere mittel- und langfristige Aspekte und setzen diese in ihrem Vorgehen um z.B. mit Release- & Roadmap-Meetings, Visions-Workshops, Risikoanalyse-Workshops, Refinement-Meetings etc.

  Aus Sicht des Projekts, des Unternehmens und der Kundschaft ist es notwendig, auch andere Themenbereiche im Kontext mit dem agilen Vorgehen zu betrachten. Wenn etwas nicht im Scrum Guide steht, bedeutet dies ja nicht, dass es nicht sinnvoll ist und nicht gemacht werden muss.[3]

- **Informationsüberlastung**
Bei einem agilen Vorgehen soll am Ende eines Sprints ein für die Kunden brauchbares Ergebnisartefakt präsentiert werden. Wenn die Stakeholder zu diesem Zeitpunkt nicht mit einem lauffähigen Produkt (Prototyp), sondern nur mit evtl. auch recht umfangreichen Spezifikationsartefakten konfrontiert werden, so kann dies zu einer Informationsüberlastung der Stakeholder im Review-Meeting am Ende des Sprints führen, da sie eine große Informationsmenge in recht kurzer Zeit durchsehen und beurteilen müssen. Dies passiert vor allem dann, wenn die Stakeholder im Laufe des Sprints nur unzureichend eingebunden werden. Es ist durchaus legitim, auch Sprints zu planen, die primär Dokumentationsartefakte erzeugen. Jedoch sollte hier darauf geachtet werden, dass die Stakeholder sehr eng im gesamten Sprint-Verlauf in die Kommunika-

3. Der Scrum Guide sagt z.B. nichts oder wenig aus über Requirements Engineering, Risikomanagement, Architektur & Design, Codequalität und Wartbarkeit, Testvorgehensweisen, Build-Automatisierung, Deployment, Support & Wartung, Security etc. All diese Themen müssen jedoch auch in agilen Projekten berücksichtigt werden.

tion und Erarbeitung eingebunden sind und dass vor allem nicht nur reine Textartefakte erzeugt werden, bei denen meist der Kontext und die Zusammenhänge schwerer erkennbar sind oder verloren gehen. Zu empfehlen sind Techniken und Artefakte wie Modelle, Prototyping (auch wenn es nur auf Papier ist), Bilder etc., die mehr Überblick schaffen und den Stakeholdern ein besseres Produktverständnis und einen Wert bieten.

- **Alles inkrementell entwickeln**
  Themen, die in ihrem Umfang und der Komplexität schrittweise wachsen oder auch in voneinander unabhängige Teile oder Schritte aufgeteilt werden können oder die von vornherein unklar bezüglich des Ergebnisses sind, eignen sich typischerweise für inkrementelle Umsetzung (z.B. Forschungsprojekte, Website-Projekte, Projekte mit unklaren Anforderungen). Hier ist die inkrementelle Annäherung auch vorteilhaft, weil sich mit jeder Iteration neue Erkenntnisse ergeben können und die Kunden durch die ersten Ergebnisse zu neue Anforderungen animiert werden oder erst dann verstehen, was sie eigentlich wollen.

  Themen, die nur in sich geschlossen oder als gesamte Einheit funktionieren, sind hingegen für eine iterative Umsetzung schlecht geeignet. Beispiel ist hier eine komplexe Berechnungsfunktion, die ein korrektes Ergebnis liefern soll. Wenn hier zuerst nur Teile der Berechnung spezifiziert und umgesetzt werden, kann das Ergebnis nicht korrekt berechnet werden. Gleiches gilt für eine Maschinensteuerung, bei der die Maschine insgesamt auch nur dann korrekt arbeitet, wenn alle notwendigen Sensoren und Aktoren richtig abgefragt und angesteuert werden.

  Für das Verständnis und die korrekte Umsetzung der Kernfunktionen ist es in diesem Fall notwendig, zumindest diese Kernfunktionen auch vorab komplett durchzudenken und zu spezifizieren.

  Natürlich bezieht sich dies nur auf die im Kern für die Korrektheit notwendigen Anforderungen. Darstellungs-, Komfortfunktionen oder ähnliche »Wunsch-Anforderungen« können auch später noch inkrementell entwickelt werden.

- **Inkrementelle Entwicklung behindert Innovation**
  Agile Vorgehensweisen verfolgen einen Prozess der ständigen inkrementellen Verbesserung. Damit wird eine kontinuierliche Innovation begünstigt. Disruptive oder radikale Innovationen fördert dies jedoch nicht primär, da in den kurzen Iterationen eher kleine lokale Verbesserungen entstehen. Große Innovationen entstehen durch Betrachtung, Bewertung und Rekombination verschiedener Ideen. Die Entwicklung alternativer Ideen wird bei agilen Vorgehensweisen typischerweise als »Waste« (Verschwendung) betrachtet (vgl. das 10. Prinzip hinter dem Agilen Manifest »Einfachheit – die Kunst, die Menge nicht getaner Arbeit zu maximieren – ist essenziell«). Für disruptive oder radikale Innovationen müssen daher zusätzliche Praktiken wie z.B. Design Thinking oder Lean Startup berücksichtigt werden (siehe auch [IREB RE@Agile Primer] LE 1.5).

- **Agilität bedingt einen Kulturwandel (der wichtigste Punkt)**
  Die Art und Weise, wie in agilen Organisationen gearbeitet wird, fördert kollektive Verantwortung, bringt aber auch den Verlust an »Eigentum« mit sich (Arbeitsprodukte, Ergebnisse, Prozesse etc.).
  Durch kontinuierliche Retrospektiven wird die laufende Verbesserung der Arbeitsweisen und evtl. auch der gesamten Organisation angestoßen. Diese ständigen Veränderungen benötigen Zeit und auch qualifizierte Personen, die die Teams und die Organisation in diese Richtung lenken. Dies sind Rahmenbedingungen, die bei der Anwendung agiler Vorgehensweisen beachtet werden müssen.

1.2.8 Resümee

Die Requirements-Engineering-Aktivitäten wie Ermittlung, Dokumentation, Validierung und Verwalten von Anforderungen müssen normalerweise auch in der agilen Entwicklung durchgeführt werden. Welche Techniken man für die Ermittlung und Dokumentation anwendet, kann durchaus zwischen agiler und nicht agiler Entwicklung unterschiedlich sein.

Es sollte die Chance genutzt werden, voneinander zu lernen, um damit schlussendlich eine bessere Lösung zu erreichen. Damit können die Stärken der Agilität und des Requirements Engineering kombiniert und Verschwendung oder Overhead verringert werden.

Damit werden auch die fünf Scrum-Werte unterstützt (Commitment, Fokus, Offenheit, Respekt und Mut) und ihre Repräsentation in den empirischen Scrum-Säulen (Transparenz, Überprüfung und Anpassung) [Scrum Guide]. Offenheit und Respekt sind nützlich, wenn man Requirements Engineering in die agile Welt bringt bzw. die agilen Ideen und Prinzipien in die Welt des Requirements Engineering einführt.

Zusammengefasst kann man sagen, dass das agile Requirements Engineering mehr ist, als nur User Stories im Backlog zu erstellen und zu verwalten, und dass die Kern-Requirements-Engineering-Aktivitäten auch in agilen Projekten nicht vernachlässigt werden dürfen, sondern basierend auf den agilen Prinzipien mit unterschiedlichen Schwerpunkten und Methoden durchgeführt werden müssen.

2 Grundlagen

2.1 Methodenüberblick

[IREB RE@Agile Primer] LE 2.1

Das Agile Manifest [Agile Manifesto] (siehe Abschnitt 1.2.1) beschreibt in seinen vier Leitsätzen und zwölf Prinzipien die Eckpfeiler, an denen sich praktisch alle agilen Vorgehensweisen orientieren.

Davon ausgehend wurden verschiedene Vorgehensweisen entwickelt, die meist keine umfassenden Entwicklungsmodelle sind, sondern bestimmte Aspekte und Themen bewusst offenlassen. Dies erfordert unter Berücksichtigung der Projektsituation und Rahmenbedingungen entsprechende Anpassungen und Ergänzung um weitere Themen wie Requirements Engineering, Architektur, Testen usw., damit die Projekte auch erfolgreich durchgeführt werden können.

Nachfolgend werden einige agile Vorgehensweisen überblicksweise angeführt. Die Übersicht erhebt keinen Anspruch auf Vollständigkeit.

2.1.1 Allgemeine agile Vorgehensweisen

Scrum

Scrum ist eine Vorgehensweise für die iterative und inkrementelle Entwicklung von Produkten. Es gibt dabei drei Hauptverantwortlichkeiten: den Product Owner (um das Product Backlog, das im Wesentlichen die Requirements enthält, zu verwalten), die Entwickler*innen (zur Umsetzung der Requirements in den Sprints) und den Scrum Master (zum Sicherstellen der Prozessqualität). Weitere Informationen zu Scrum sind in Abschnitt 2.1.2 zu finden.

Kanban

Das japanische Wort Kanban bedeutet »Signalkarte« (kan »Signal«, ban »Karte«) und ist eine Technik aus dem Toyota-Produktionssystem, mit der ein gleichmäßiger (Arbeits-)Fluss (Flow) in der Fertigung sichergestellt werden soll.

Kanban als Vorgehensweise in der Softwareentwicklung ermöglicht es, durch eine Begrenzung der Anzahl paralleler Arbeiten im »Work in Progress« (WIP) Probleme – insbesondere Engpässe – schnell sichtbar zu machen und damit kürzere Durchlaufzeiten zu erreichen.

Es werden dabei einige grundlegende Prinzipien aus der Lean Production und dem Lean Development übernommen und durch die Theory of Constraints und das klassische Risikomanagement ergänzt. Als Begründer von Kanban in der IT gilt David J. Anderson, der das Gesamtkonzept erstmals 2007 der Öffentlichkeit vorstellte [Wikipedia: Kanban].

Kanban kann als gute Methode zur Steuerung von Ressourcen in einem Entwicklungsprozess verwendet werden. Ähnlich wie bei Scrum werden zur Visualisierung auf Kanban-Boards auch Karten verwendet.

Scrum und Kanban können daher auch gut miteinander kombiniert werden. Diese Mischform wird als »ScrumBan« bezeichnet [Wikipedia: Scrumban].

Lean Development

Lean Development [Poppendieck & Poppendieck 2003] und Kanban basieren auf Prinzipien, die in den 1940er-Jahren erstmals in der Automobilproduktion eingesetzt wurden. Sie wurden für IT-Projekte im Rahmen agiler Methoden adaptiert [Anderson 2011] und dazu verwendet, die sieben Arten von Verschwendung in der Produktion (unvollendete Zwischenprodukte, Überproduktion, Defekte etc.) zu entdecken und schrittweise bis zur Auslieferung zu beseitigen. Darüber hinaus wird versucht, eine Beschleunigung der Lieferung zu erreichen.

Crystal

Crystal ist eine Familie von Methoden, die von Alistair Cockburn entwickelt wurden [Cockburn 1998]. Er empfiehlt für jedes Projekt ein eigenes maßgeschneidertes Prozessmodell. Abhängig von Größe, Komplexität und Kritikalität schlägt Cockburn angemessene Rollen, Aktivitäten und Artefakte vor. Crystal Clear – die Methode für kleine und weniger kritische Projekte – ist XP sehr ähnlich. Crystal Orange und Crystal Red enthalten ein bisschen mehr Formalismus, um größere Projekte zu bewältigen. Aus Requirements-Engineering-Sicht schlägt Cockburn vor, z.B. mit Low-Ceremony Use Cases (weniger formale Use Cases) und Mock-ups zu arbeiten.

XP (Extreme Programming)

XP ist ein Vorgehensmodell, das auf kontinuierlichen Iterationen basiert und die direkte Kommunikation zwischen der Kundschaft und dem Programmierer unterstreicht. XP geht davon aus, dass die Anforderungen der Kunden zu Beginn noch nicht komplett bekannt sind und sich im Projektverlauf auch oftmals ändern. Der Kunde ist vor Ort und sitzt direkt neben dem Programmierer (»On-Site-Customer«), bespricht laufend die Anforderungen und erhält sofort Feedback in Form von implementierten Funktionen. Neue Funktionen werden laufend entwickelt und getestet. Ein Ziel ist es, Software schneller und vor allem passend an die Kunden zu liefern [Beck 2004].

2.1.2 Scrum »in a Nutshell«

[IREB RE@Agile Primer] LE 2.2

Von den vorher genannten Methoden wird Scrum nun etwas genauer beschrieben, da es die derzeit am weitesten verbreitete agile Methode ist und sich viele andere Inhalte in diesem Buch primär auf Scrum oder die Anwendung im Kontext von Scrum beziehen.

Scrum wurde von Ken Schwaber und Jeff Sutherland entwickelt und ist ein Framework für die agile Produktentwicklung und agiles Projektmanagement. Durch seine einfache Struktur ist es schnell verständlich und erleichtert dadurch die Umsetzung der täglich gelebten Prozesse (siehe Abb. 2–1).

Der Begriff »Scrum« wurde aus dem Rugby entlehnt und bedeutet »Gedränge«. Dies steht für den Teamgeist und die selbstorganisierende Weise, mit der die Teams ein gemeinsames Ziel erreichen. Offenheit, Respekt und Transparenz sind in Scrum die Basis, um gute Arbeitsergebnisse zu erzielen.

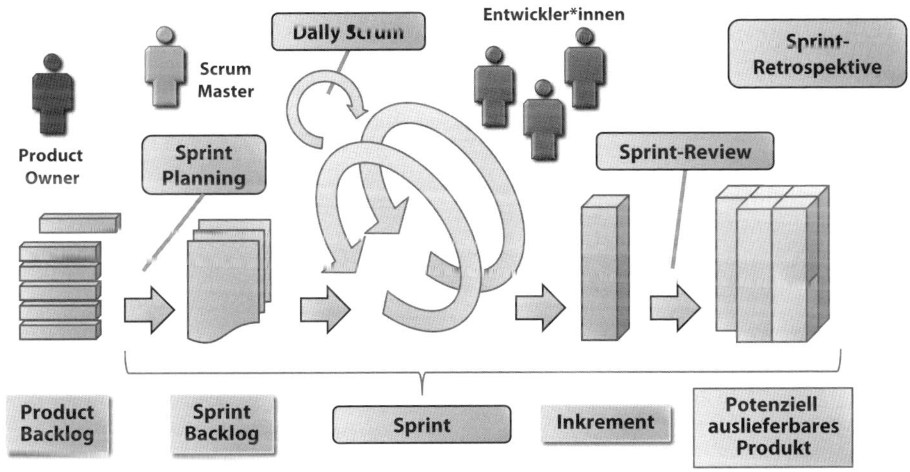

Abb. 2–1 *Überblick über Scrum*

Das Scrum-Regelwerk basiert auf der Theorie der empirischen Prozesssteuerung und verändert den in klassischen Vorgehensweisen angegebenen Planungsansatz grundlegend. Scrum nutzt kurze zeitlich festgeschriebene Iterationen (»Sprint«), die immer gleich lang sind (»timeboxed«). Typischerweise werden kurze Sprint-Längen zwischen zwei und maximal vier Wochen gewählt. Das Scrum-Team soll in dieser Zeit möglichst ungestört arbeiten können. Jeder Sprint sollte zu einem

»potenziell auslieferbaren (Produkt-)Inkrement« führen. Diese Vorgehensweise wird daher auch als »iterative inkrementelle Entwicklung« bezeichnet. Damit wird laufend messbarer Nutzen für die Kunden generiert und das Projektrisiko minimiert. Die kurzen Sprints in Scrum ermöglichen Vorhersagbarkeit, weil spätestens alle paar Wochen eine formelle Überprüfung des Fortschritts der Entwicklung und gegebenenfalls Anpassungen zur Erreichung des Produktziels erfolgen.

Der wesentliche Fokus in Scrum ist das selbststeuernde Team, bei dem es keine Projektleitung gibt. Es gibt in Scrum nur einige wenige Regeln (drei Verantwortlichkeiten, vier Ereignisse) und einige Artefakte, die nachfolgend beschrieben werden.

Das Scrum-Team besteht aus **drei Verantwortlichkeiten**:

- Der **Product Owner** ist der Produktverantwortliche und zuständig für das Product Backlog. Er definiert, priorisiert und ändert die Anforderungen (siehe Abschnitt 8.1). Er bestimmt auch am Ende des Sprints, ob die Anforderungen erfüllt sind oder nicht (ob die Backlog-Einträge als »done« angesehen werden oder nicht). Er ist daher derjenige, der die Requirements für das Produkt definiert und koordiniert.
- Der **Scrum Master** kümmert sich um die Einhaltung der vorgegebenen Regeln und hält Störfaktoren vom Team fern. Er mischt sich inhaltlich nicht ein, sondern sorgt dafür, dass das ganze Scrum-Team im Sinne der Gesamtorganisation möglichst produktiv ist (siehe Abschnitt 8.4).[1]
- Die **Entwickler*innen** setzen die Backlog-Einträge zu einem neuen Produktinkrement um. Es sind typischerweise mehrere Personen, die ihre Aufgaben im Team professionell wahrnehmen können. Sie haben alle Kompetenzen, die notwendig sind, um ein Produktinkrement fertigzustellen. Die Anzahl sollte zwischen drei und neun Personen liegen. Zwischen ihnen gibt es keine weitere Unterscheidung. Alle Personen werden als »Entwickler« bzw. »Entwicklerin« bezeichnet (siehe Abschnitt 8.3).

Es gibt in Scrum folgende explizit definierte **Artefakte**:

- Im **Product Backlog** werden alle anstehenden Anforderungen an das umzusetzende System erfasst. Es wird nicht erwartet, dass alle Anforderungen schon von Beginn an bekannt sind und sich im Projektverlauf nicht mehr ändern. Das Product Backlog enthält die im Moment bekannten Anforderungen in der notwendigen Feinheit, die erforderlich ist, um die nächsten Sprints zu planen. Je weiter die Umsetzung einer Anforderung in der Zukunft liegt, desto gröber sind die Informationen. Die Anforderungen im Product Backlog sollen eindeutig gereiht (priorisiert) sein.

1. Im Verlauf des Buches wird anstelle des Begriffs »Scrum Master« der übergeordnete Begriff »Agile Master« für eine Person verwendet, die sich um die Prozesse und Regelwerke in einer agilen Methodik (z.B. Scrum, Kanban oder andere) kümmert (siehe Abschnitt 8.4).

- Im **Sprint Backlog** werden die für einen konkreten Sprint ausgewählten Product-Backlog-Einträge festgehalten (»Sprint-Ziel«). Die Einträge werden nicht vom Product Owner, sondern von den Entwicklerinnen aus dem Product Backlog ausgewählt (»Pull«-Prinzip). Das Sprint Backlog macht die in einem Sprint umzusetzende Arbeit sichtbar und zeigt laufend den Status der Arbeiten im Sprint.
- Das **Produktinkrement** ist das Ergebnis der Arbeiten eines Sprints inkl. der Ergebnisse aus allen vorangegangenen Sprints. Das Inkrement muss am Ende des Sprints die »Definition of Done« (DoD) erfüllen (siehe Abschnitt 5.3) und potenziell auslieferbar sein.

Der Ablauf eines Sprints ist durch die folgenden **vier Ereignisse** gekennzeichnet:

- **Sprint-Planung**
  Am Beginn jedes Sprints steht das Sprint-Planungs-Meeting von maximal acht Stunden, in dem im Wesentlichen folgende große Themen behandelt werden:
  - *Was ist das Sprint-Ziel?*
    Die Frage nach dem Ziel des aktuellen Sprints sollte zu Beginn gestellt und während des gesamten Sprints im Blickpunkt sein.
  - *Welchen Wert hat dieser Sprint?*
    Die Vorschläge für die Nutzen- und Wertsteigerung kommen vom Product Owner und werden vor dem Ende des Sprint-Planungs-Meeting festgelegt.
  - *Was wird im bevorstehenden Sprint abgeschlossen (»done«)?*
    Die Antwort auf diese Frage besteht aus der Auswahl von Einträgen aus dem Product Backlog, die zunächst ins Sprint Backlog übernommen werden. Diese Auswahl wird von der Entwicklung eigenständig getroffen. Zur Verbesserung des Verständnisses kann das Scrum-Team die Einträge auch noch verfeinern.
  - *Wie wird es umgesetzt?*
    Zum Teil bereits mit Designentscheidungen angereichert wird die zweite Frage der Planung behandelt, nämlich wie die Entwicklerinnen vorhaben, die Anforderungen umzusetzen, sodass diese schlussendlich der Definition of Done entsprechen.
- **Daily Scrum**
  Dies ist ein tägliches Meeting für die Synchronisation im agilen Team. Innerhalb von maximal 15 Minuten werden von jedem Mitglied drei Fragen beantwortet: Was habe ich seit gestern fertiggestellt? Was werde ich heute machen, um dem Sprint-Ziel einen Schritt näherzukommen? Was behindert mich in meiner Arbeit?
- **Sprint-Review**
  Am Ende eines Sprints wird ein informelles Review-Meeting von maximal vier Stunden zur Analyse und Bewertung der erreichten Ergebnisse abgehalten. Im Fokus stehen die Ergebnisse des vergangenen Sprints. Wenn möglich erfolgt auch

eine Vorführung des Produkts. Es liegt in der Entscheidung des Product Owners, die Sprint-Ergebnisse zu akzeptieren oder abzulehnen. Teilnehmende sind das Scrum-Team und die wichtigsten Stakeholder. Das Sprint-Review-Meeting sollte auch Input für die kommenden Sprints liefern. Ergebnis ist daher auch ein überarbeitetes Product Backlog sowie angepasste Prognosen über die Fertigstellung.

- **Sprint-Retrospektive**
  Dieses Meeting wird vom gesamten Scrum-Team durchgeführt und steht im Zeichen der Prozessverbesserung. Es findet zwischen Sprint-Review und nächster Sprint-Planung statt. Hier wird zurückgeschaut auf den Ablauf des vergangenen Sprints, um daraus zu lernen. Es werden Verbesserungspotenziale (beim Prozess, in der Zusammenarbeit, bei Methoden, Werkzeugen, Techniken etc.) identifiziert und die Umsetzung der Verbesserungen sofort entschieden und eingeplant (siehe auch »Inspect & Adapt« in Abschnitt 2.2).

Die laufende Arbeit wird in Scrum gut visualisiert. In der Praxis hat sich für das operative Projektcontrolling in Scrum ein »Taskboard« bewährt (siehe Abschnitt 6.5.5). Ebenso hat sich eine grafische Veranschaulichung der Menge an insgesamt noch offenen Arbeiten im Verlauf des Sprints und im Projekt in einem »Burndown-Chart« als geeignet erwiesen.

Die Arbeitsplanung erfolgt durch jedes Teammitglied für sich selbst nach dem »Pull«-Prinzip. Das heißt, Teammitglieder bekommen keine Aufgaben von irgendjemandem zugeteilt, sondern jedes Teammitglied holt sich eigenständig seine Arbeit.

Scrum beinhaltet alle Merkmale von guten agilen Praktiken, die in [IREB RE@Agile Primer] LE 1 erwähnt werden. Es werden alle im Agilen Manifest aufgeführten Prinzipien adressiert.

Zusammengefasst definieren Schwaber und Sutherland in ihrem [Scrum Guide] Scrum als »ein leichtgewichtiges Rahmenwerk, welches Menschen, Teams und Organisationen hilft, Wert durch adaptive Lösungen für komplexe Probleme zu generieren«.

Wichtig für die erfolgreiche Anwendung von Scrum ist auch, dass sich alle Beteiligten bewusst sind, dass Scrum kein fertiges Prozessmodell ist, sondern primär (Projekt-)Managementthemen fokussiert. Scrum macht keine Vorgaben für Themen wie Requirements Engineering, Risikomanagement, Architektur, Programmierung oder Testen. Diese sind bei komplexen Produktentwicklungen jedoch notwendig und sollten explizit definiert und mit den Vorgaben von Scrum kombiniert werden. Gemeinsam mit diesen Ergänzungen bringt die Anwendung von Scrum nachhaltigen Nutzen für die Organisation.

Scrum aus Sicht des Requirements Engineering

Es gibt in Scrum keine klaren Vorgaben hinsichtlich der Anforderungsspezifikation. Dies wird manchmal dahingehend missverstanden, dass man keine Anforderungen spezifizieren muss.

Aus Spezifikationssicht gibt Scrum lediglich vor, dass es ein Backlog (Product Backlog und Sprint Backlog) mit priorisierten Einträgen geben soll. Diese Einträge können Requirements sein oder auch andere Artefakte. Das Backlog ist auch die einzige Quelle von Anforderungen. Wie detailliert diese sind, bleibt jedem selbst überlassen. Die Anforderungen im Backlog werden in den Sprints nach Bedarf verfeinert und bewertet.

Grundsätzlich werden folgende Verfeinerungsstufen vorgeschlagen: Zerlegung der Anforderungen in Epics, optional evtl. Features und User Stories (in Kap. 3 wird dies noch etwas erweitert und im Kontext anderer Artefakte betrachtet).

Des Weiteren sollte zwischen funktionalen Anforderungen (Möglichkeiten), Qualitätsanforderungen (Verhalten) und Randbedingungen (Umwelt) unterschieden werden.

Zur Gruppierung der Anforderungen im Backlog können »Themes« (siehe auch Abschnitt 3.9.1) verwendet werden.

Es gibt zwei Schemata, mit denen die Qualität (und damit implizit auch der Umfang) des Backlogs und der Requirements vorgegeben wird: DEEP (das Backlog sollte angemessen detailliert, emergent, geschätzt (estimated) und priorisiert sein – siehe auch Abschnitt 5.1.2) und INVEST (die Backlog Einträge sollen unabhängig (independent), verhandelbar (negotiable), werthaltig (valuable), schätzbar (estimable), klein genug (small) und testbar (testable) sein – siehe auch Abschnitt 5.1.3). Diese beiden Schemata sind zwar nicht Teil der offiziellen Scrum-Definition, sie haben sich jedoch im Laufe der Zeit dazu entwickelt und als hilfreich bewährt.

Das [IREB] definiert noch weitere Qualitätskriterien wie abgestimmt, eindeutig, notwendig, konsistent, überprüfbar, machbar, nachverfolgbar, vollständig und verständlich.

Verantwortlich für die Anforderungen (von der groben Idee über die Visualisierung bis zur detaillierten Spezifikation) ist der Product Owner. Er ist ebenso zuständig für die Akzeptanzkriterien und die Tests, die die Anforderungsspezifikation ergänzen. Da es in einem Projekt oder einer Produktentwicklung meist mehrere Stakeholder gibt, muss der Product Owner die Wünsche, Anfragen und unterschiedlichen Sichten konsolidieren bzw. auch als Vermittler und Konfliktlöser zwischen Stakeholdern agieren.

Wenn es in der Umsetzung im Sprint Unklarheiten gibt, sollten diese Unklarheiten laufend zwischen den Entwicklerinnen und dem Product Owner geklärt werden. Der Product Owner muss für das Team angemessen in Bezug auf Zeit und Umfang zur Verfügung stehen. Dies erweist sich in der Praxis oft als schwierig, ist aber der »Preis«, den man für das informelle Vorgehen in Scrum bezahlt. Jede offene Frage muss kurzfristig vom Product Owner geklärt werden, um den Fortschritt im Sprint nicht unnötig zu verzögern.

In Scrum gibt es auch explizit ein Commitment zur Änderung von Anforderungen (Hinzufügen, Ändern oder Entfernen). Der Product Owner kann Anforderungen im Backlog ändern, wobei jedoch darauf zu achten ist, dass keine Sprint-Ziele bzw. die Qualität gefährdet werden.

Aus Requirements-Engineering-Sicht ist festgelegt, dass der Product Owner das Product Backlog verwaltet und die Entwicklerinnen für das Füllen des Sprint Backlog (im Rahmen der Sprint-Planung) zuständig sind. Der Product Owner priorisiert die Anforderungen und legt den Wert für die Auftraggeberin fest. Dadurch wird bestimmt, welche Anforderungen zuerst entwickelt werden und welche erst später. Bei der Aufwandsschätzung werden alle Personen aus der Entwicklung einbezogen. Die für die nächsten Iterationen eingeplanten Backlog Items müssen die DoR erfüllen.

Als finale Prüfung und gemeinsames Verständnis des Teams, ob ein Requirement fertig und passend umgesetzt wurde, wird die Definition of Done (DoD) verwendet.

2.1.3 Methoden zur Unterstützung des Requirements Engineering

[IREB RE@Agile Primer] LE 1.5

Die agilen Vorgehensweisen entstanden in der Softwareentwicklung. Herausforderungen wie eine anspruchsvolle Kundschaft und schnelle Innovationszyklen gibt es jedoch auch in anderen Branchen. Mit der Zeit entwickelten sich weitere Ansätze für die konzeptionelle Arbeit oder Spezifikation von Systemen, wie z.B. Design Thinking, Design Sprint und Lean Startup, die agile Denkweisen beinhalten, in unterschiedlichen Domänen anwendbar sind und sich für die Entwicklung von Innovationen und Produktvisionen eignen. Diese Methoden können sowohl im Vorfeld zur eigentlichen agilen Entwicklung als auch für Aktivitäten im agilen Entwicklungsprozess selbst genutzt werden und somit das Innovationspotenzial in der agilen Softwareentwicklung erweitern (vgl. auch Abschnitt 1.2.7). Die genannten Beispiele zeigen, dass es auch passende methodische Ansätze für die konzeptionelle Arbeit im Rahmen des Requirements Engineering in agilen Projekten gibt.

Die hier angeführten Methoden können und sollten im Rahmen einer agilen Softwareentwicklung (z.B. innerhalb einer oder mehrerer Iterationen) verwendet werden, um verschiedene und spezielle Aspekte zu berücksichtigen, die durch andere (agile) Methoden nicht abgedeckt werden.

Bei den meisten Methoden in diesem Kapitel sind verschiedene Artefakte die Treiber bzw. Grundlage für die Umsetzung durch die Softwareentwicklung. Das kann z.B. das Verhalten in Behavior Driven Development (BDD) sein oder die Testfälle in Test Driven Development (TDD) oder auch Beispiele in Specification by Example (SBE).

Diese Artefakte können daher im Grunde als Requirements angesehen werden (vgl. auch [Adzic 2011, S. 23]: »Tests are specifications; specifications are test!«).

Insofern können die nachfolgend beschriebenen Methoden auch als Vorgehensweisen betrachtet werden, um Requirements möglichst einfach, schnell und leicht verwendbar zu spezifizieren. Sie zeigen, dass Agilität mehr ist als nur Scrum.

> *Jedes Artefakt, das eine Grundlage bzw. Definition für die Umsetzung in der Entwicklung ist, kann als Requirement oder Rahmenbedingung für diese Softwareentwicklung angesehen werden, egal wie auch immer es in der jeweiligen Methode heißt (z.B. Verhalten, Anwendungsfall, User Story, Kontextdiagramm, Beispiel, Testfall).*

Design Thinking

[IREB RE@Agile Primer] LE 1.5

Design Thinking ist ein Innovationsansatz, der zum Lösen von sogenannten »Wicked Problems«[2] und zur Entwicklung neuer Ideen geeignet ist. Ziel ist dabei, Lösungen zu finden, die aus Anwendersicht (Nutzersicht) überzeugend sind. Entwickler und Vertreter der Methode sind der Informatiker Terry Winograd, Larry Leifer und David Kelley, der Gründer der Design- und Innovationsagentur IDEO (*https://designthinking.ideo.com*), die das Konzept auch vermarkten. Es existieren verschiedene Ausprägungen von Design Thinking. In der Regel wird dies der Tatsache zugeschrieben, dass Design Thinking ein multidisziplinärer Ansatz ist und nicht nur von einer Wissenschaft dominiert wird [Wikipedia: Design Thinking].

Nach IDEO ist Design Thinking »ein menschenzentrierter Innovationsansatz, der aus dem Werkzeugkasten des Designers schöpft, um die Bedürfnisse der Menschen, die Möglichkeiten der Technologie und die Anforderungen für den Geschäftserfolg zu integrieren«

Abb. 2–2 *Der Design-Thinking-Prozess*

2. »Wicked Problems« (dt. »Schlimme Probleme«) sind Probleme mit vielen voneinander abhangigen Faktoren, die es unmöglich erscheinen lassen, sie zu lösen. Da die Faktoren oft intransparent sind, eine Eigendynamik haben und schwer zu definieren sind, erfordert die Lösung von Wicked Problems ein tiefes Verständnis der beteiligten Stakeholder und einen innovativen Ansatz, der durch Design Thinking bereitgestellt wird.

Aus der Requirements-Engineering-Sicht ist Design Thinking eine Kombination von Erhebungs- und Validierungstechniken. Im Mittelpunkt dieser Methode steht (a) ein multidisziplinäres Team, das an dem Problem arbeitet und ein breites Spektrum an Wissen hat, das zur Lösung des Problems notwendig ist, (b) ein Arbeitsumfeld, in dem das Team an den Ideen arbeiten kann, und (c) ein iteratives Verfahren, das aus den folgenden Phasen besteht:

- **Empathie schaffen**
  In dieser Phase entwickelt das Team Empathie, um die Menschen hinter dem Problem, das gelöst werden soll, zu verstehen.
- **Definieren**
  In dieser Phase formuliert das Team das Problem, damit es ein gemeinsames Verständnis über die Details des Problems erhält, das gelöst werden soll.
- **Idee**
  In dieser Phase konzentriert sich das Team auf Ideengenerierung. Das Ziel ist nicht, die *eine* Idee zu entwickeln. Stattdessen generiert das Team so viele Ideen wie möglich. Am Ende dieser Phase wählt das Team die vielversprechendsten Ideen für das Prototyping aus
- **Prototyp**
  In dieser Phase schafft das Team sehr einfache Prototypen (dies muss nicht unbedingt Software sein!) aus den entwickelten Ideen. Das Prinzip ist, dass der Prototyp realistisch und zugleich so billig wie möglich sein soll.
- **UX-Test**
  In dieser Phase testet das Team den Prototyp mit echten Kunden, um Feedback zu ihren Ideen zu erhalten. Ein Hauptprinzip für die Testphase ist »zeigen, nicht reden«, d.h., dass der Prototyp »selbsterklärend« sein sollte, sodass die Benutzerin ein echtes Feedback für die Umsetzung liefern kann. In dieser Phase erhält man auch wertvolles Feedback über die User Experience (UX) des Prototyps.
- **Umsetzung**
  In dieser Phase werden die Ideen auf Basis der Prototypen und des User-Feedbacks umgesetzt. Dies ist ein wichtiger Teil von Design Thinking, denn es wird von den »kreativen Köpfen« oft vergessen, dass das Ziel nicht ein gutes Design ist, sondern das Produkt schließlich auch funktionieren muss. Gemäß einem Zitat von Don Norman[3]: »We need more design doing.« Diese Phase ist jedoch nicht Bestandteil des Requirements Engineering, sondern wird in den Umsetzungsprozess der agilen Vorgehensweisen eingebettet.

3. *https://de.wikipedia.org/wiki/Donald_Norman*, Zugriff am 5.6.2022

Die Phasen des Design-Thinking-Prozesses sind skalierbar und können in Projekten von wenigen Tagen bis zu mehreren Wochen durchgeführt werden. Darüber hinaus definieren die Phasen keine strenge Sequenz. Wann immer es notwendig ist, kann das Team entscheiden, zurück oder weiter vorwärts zu gehen.

Das Ergebnis eines Design-Thinking-Prozesses (aus Sicht des Requirements Engineering) ist ein Satz von Prototypen, die validierte und innovative Ansätze für die definierten Probleme darstellen. Dies kann als gute Anforderungsbasis und Ausgangspunkt gesehen werden, um Ideen für hochwertige Systeme zu entwickeln. Es wird hier das erste Prinzip hinter dem Agilen Manifest [Agile Manifesto] unterstützt. Durch das multidisziplinäre Team und die Arbeitsumgebung als Kernpunkte des Prozesses wird das fünfte Prinzip adressiert. Das zehnte Prinzip der Einfachheit wird durch das Ziel der Prototypenphase, kostengünstige und leichte Prototypen herzustellen, berücksichtigt.

Design Sprint

[IREB RE@Agile Primer] LE 1.5

Ein Design Sprint ist ein zeitlich eingeschränkter 5-Phasen-Prozess, der Design Thinking nutzt, um das Risiko zu reduzieren, wenn ein neues Produkt, eine Dienstleistung oder ein Feature auf den Markt gebracht wird [Wikipedia: Design Sprint].

Der Design-Sprint-Ansatz ist im Google-Umfeld entstanden. Jake Knapp betreute zahlreiche der 150 Start-ups im Portfolio von Google Ventures. Aus seinen Erfahrungen mit verschiedenen Start-ups hat er einen Prozess mit »berechenbar guten Ergebnissen« auf die Beine gestellt: den Design Sprint [Knapp et al. 2016].

Es handelt sich dabei um einen typischerweise fünftägigen Prozess zur Entwicklung von Ideen, basierend auf den Aktivitäten:

- Verstehen bzw. Teamwissen nutzen
- Skizzieren bzw. Lösungsansätze finden
- Entscheiden bzw. Auswahlprozess der Ideen
- Prototypen
- Validierung/Test mit »echten« Benutzern.

Der Kern dieser Methode ist eine Arbeitsweise mit Timeboxen, d.h., jeder Tag ist einer dieser Aktivitäten gewidmet.

Aus Requirements-Engineering-Sicht ist der Design Sprint eine Kombination von Erhebungs- und Validierungstechniken. Der wesentliche Unterschied zu Ansätzen aus der agilen Softwareentwicklung besteht darin, dass der Prototyp nicht Software sein muss.

Hinweis: Es ist wichtig, zu verstehen, dass der Begriff »Sprint« (im Titel) nicht identisch mit dem Scrum-Sprint ist.

Lean Startup

[IREB RE@Agile Primer] LE 1.5

Als Folge der vielen teilweise spektakulär gescheiterten Start-ups nach dem Platzen der Dotcom-Blase im Jahr 2000 hat der amerikanische Investor Steve Blank eine neue Vorgehensweise eingeführt, die viele der damaligen Probleme vermeiden sollte. Dieser Ansatz wird von seinem ehemaligen Studenten und heutigen Geschäftspartner Eric Ries in Anlehnung an die Lean Production unter dem Namen »Lean Startup« popularisiert (»lean« im Sinne von »schlank«) [Wikipedia: Lean Startup].

Lean Startup [Ries 2011] ist ein Ansatz für die Entwicklung von Unternehmen und das Management von Start-ups, der sich in der agilen Community sehr gut bewährt hat.

Aus Requirements-Engineering-Sicht enthält Lean Startup auch einige Ideen, die sehr interessant sind. Zwei Beispiele sind der spezielle Produktentwicklungsansatz und das »Minimum Viable Product« (MVP).

Der Produktentwicklungsansatz nennt sich »Build-Measure-Learn« und konzentriert sich vor allem auf das kontinuierliche Lernen über die Bedürfnisse des Kunden. MVP ist »eine Version eines neuen Produkts, das es einem Team ermöglicht, das Maximum an validiertem Lernen über Kunden mit dem geringsten Aufwand zu sammeln« [Ries 2011].

Ein weiteres wichtiges Konzept von Lean Startup ist der »Pivot«, eine strukturierte Kurskorrektur, die eine neue Grundhypothese über das Produkt, die Strategie und den Wachstumstreiber prüfen soll [Ries 2011].

Aus einer Requirements-Engineering-Perspektive stellen diese Ideen eine Kombination von Erhebungs- und Validierungstechniken dar. Anstatt die Anforderungen auf der Grundlage von umfangreichen Konzepten oder Dokumenten zu ermitteln und zu validieren, erfolgt die Auswertung und Validierung mit einem realen Produkt bzw. Prototyp. Nach Ries muss das MVP nicht unbedingt eine vollwertige Software sein. Ziel ist es, möglichst schnell und kostengünstig vom Markt Feedback zu erhalten und dann erst die größeren Investitionen zu tätigen.

Test Driven Development (TDD)

[IREB RE@Agile Primer] LE 2.1

Testgetriebene Entwicklung [Beck 2003] basiert auf der Idee, zuerst den Test zu schreiben, bevor das entsprechende Verhalten bzw. die Funktionalität programmiert wird.

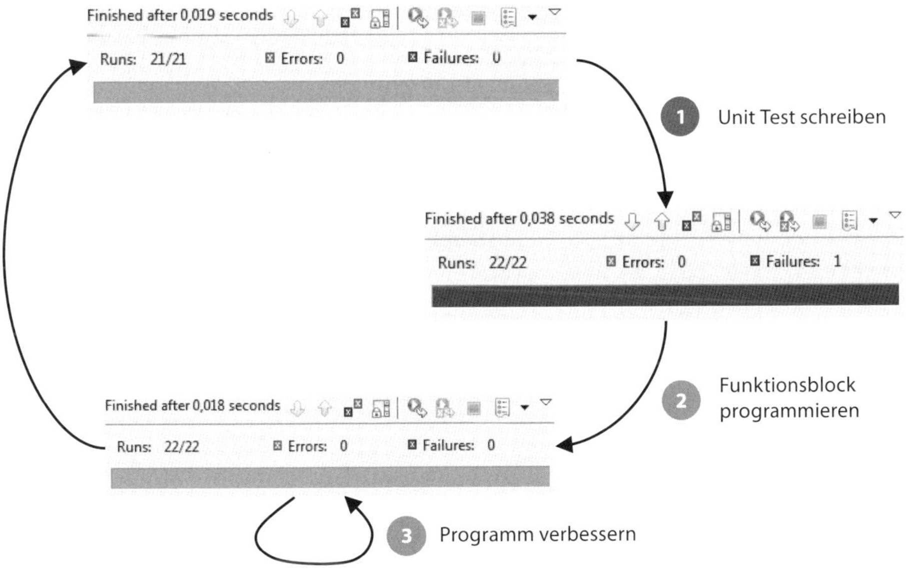

Abb. 2–3 *Test Driven Development (TDD)*

Die Programmierer erstellen dann so lange Code, bis alle definierten Testfälle abgedeckt sind. Des Weiteren ist das regelmäßige Refactoring von Code ein integraler Bestandteil dieser Vorgehensweise. Die Testfälle sind dabei eine detaillierte und exakte Spezifikation der Produktanforderungen. Weitere Informationen hierzu finden sich auch im Abschnitt A.2 »Test Driven Development« im Anhang.

Testgetriebene Entwicklung ist auf jeder Ebene der Entwicklung möglich (Akzeptanztests, Systemtests und auch Unit Tests). Grundsätzlich wird eine möglichst hohe Testautomatisierung angestrebt, um bei der Testausführung die Aufwände für die Regressionstests zu reduzieren.

Aus Sicht des Requirements Engineering ist es jedoch auch möglich, testgetriebene Entwicklung ohne Testautomatisierung zu nutzen (siehe auch nachfolgenden Abschnitt »Acceptance Test Driven Development (ATDD)«). Die vorab spezifizierten Testfälle sind ja eine gute und meist auch detaillierte Spezifikation der Anforderungen, die das Produkt erfüllen muss. Damit ergibt sich durch die Testspezifikation eine sinnvolle Ergänzung und Verfeinerung der Requirements-Spezifikation.

Um eine »lebende« Spezifikation zu erhalten, ist es empfehlenswert, von Beginn an geeignete Tools zu verwenden und auch die Testautomatisierung voranzutreiben. Andere Ansätze wie Behavior Driven Development (BDD) und Specification by Example (SBE) (siehe unten) basieren auf diesem Prinzip.

Acceptance Test Driven Development (ATDD)

Acceptance Test Driven Development (ATDD) wurde von Gojko Adzic beschrieben, um die Kommunikationslücke zwischen Kunden, Testern und Entwicklerinnen zu schließen. Es ist eine Technik zur Verbesserung der Kommunikation mit Leuten, denen Programmiersprachen fremd sind [Gärtner 2013].

ATDD ist mit testgetriebener Entwicklung verwandt, unterscheidet sich jedoch in der Vorgehensweise. Sie soll sicherstellen, dass die Anforderungen gut beschrieben sind. Dabei wird keine Automatisierung der Testfälle verlangt, auch wenn diese für die Regressionstests hilfreich sind. Die Tests bei akzeptanztestgetriebener Entwicklung müssen auch für Nichtentwickler lesbar sein. Die Tests der testgetriebenen Entwicklung können in vielen Fällen aus den Tests der akzeptanztestgetriebenen Entwicklung abgeleitet werden.

Hinweis: ATDD ist in ähnlicher Form unter verschiedenen Begriffen bekannt z.B. als Specification By Example (SBE), Behavior Driven Development (BDD), Example Driven Development (EDD), Support Driven Development bzw. Story Test Driven Development (SDD).

Behavior Driven Development (BDD)

Behavior Driven Development (BDD) wurde 2003 von Dan North als Antwort auf Test Driven Development entwickelt. Hier werden Anwendungsfälle erstellt und zusätzlich wird dazu auch das Verhalten (Behavior) mit Vor- und Nachbedingungen erfasst. Die Beschreibung erfolgt in »natürlicher Sprache«, sodass auch Nichtprogrammierer »Code« vor der eigentlichen Entwicklung schreiben können.

Dies ist ein Ansatz, um eine enge Kopplung und Kommunikation zwischen den Beteiligten zu erreichen. Er eignet sich gut, um »lesbare« (Test-)Spezifikationen zu schreiben, die dann auch gleich automatisierbar sind. Automatisierte Regressionstests geben ein schnelles Feedback und dies führt zu einer »lebenden« Spezifikation und Dokumentation. Bei BDD wird die Testautomatisierung abstrahiert bzw. gekapselt und »anwendertauglich« gemacht.

Weitere Informationen sind auch in Abschnitt A.3 im Anhang zu finden.

Specification by Example (SBE)

Specification by Example (SBE) wurde von Gojko Adzic [Adzic 2009] beschrieben, um die Anforderungen an Produkte nicht nur durch abstrakte Begriffe zu spezifizieren, sondern anhand konkreter Beispiele.

Aus Requirements-Engineering-Sicht ist Specification by Example eine sehr gute Unterstützung in der Anforderungserhebung. Nichtprogrammierer denken oft leichter in Beispielen und können diese auch besser kommunizieren und beschreiben. Somit ist es für die Entwicklung einfacher und schneller möglich, mit dem Kunden über sein Problem zu sprechen und ihn zu verstehen.

Weitere Informationen sind auch in Abschnitt A.1 im Anhang zu finden.

2.2 Requirements Engineering im agilen Umfeld

Vergleich von Requirements Engineer und Product Owner

[IREB RE@Agile Primer] LE 2.3

Die Kernaufgaben eines Requirements Engineers nach [IREB CPRE FL] sind:

- Anforderungserhebung
- Anforderungsdokumentation
- Anforderungsvalidierung
- Anforderungsmanagement

Die Hauptaufgaben eines Product Owners (PO) sind:

- **Sicherstellen, dass die Entwicklerinnen einen konstanten Geschäftswert liefern**
  Das bedeutet z.B., die langfristige Vision für das Produkt in kurzfristig umsetzbare, passende Anforderungen herunterzubrechen, das Backlog zu priorisieren und die Ergebnisse am Ende jedes Sprints zu reviewen und zu bewerten.
- **Die Stakeholder managen**
  Der PO ist verantwortlich für die Weiterleitung von konsistenten Anforderungen an das Team. Er sammelt, klärt und bereinigt (z.B. bei Widersprüchen) die Anforderungen von den Stakeholdern. Meinungsverschiedenheiten zwischen Stakeholdern werden durch den PO gelöst und von den Entwicklerinnen ferngehalten.
- **Die Entwicklerinnen laufend mit hoch priorisierten Backlog-Einträgen versorgen**
  Jede dieser granularen Anforderungen muss in einen Sprint passen. Gegebenenfalls muss die Anforderung auf mehrere passende Teilanforderungen aufgeteilt werden. Fragen, die nach dem Sprint-Planungs-Meeting entstehen, muss der PO frühestmöglich klären und dem Team für Auskünfte zur Verfügung stehen.

Im Vergleich der beiden Rollen zeigt sich, dass sowohl für den Requirements Engineer als auch für den PO (mit den Stakeholdern) die Hauptaufgaben in der Erhebung, Dokumentation, Validierung und Verwaltung von Anforderungen liegen.

Im agilen Umfeld sind die verwendeten Notationen und Werkzeuge weniger formal wie z.B.:

- Story Cards statt Requirements-Dokumente
- Mehr Diskussion zur Schaffung eines gemeinsamen Verständnisses und weniger Schriftlichkeit
- Stärkeres Augenmerk auf aktuelle Anforderungen und weniger auf Versionierung und Historie

Die Rolle des PO im Requirements Engineering ist weiter gefasst als beim klassischen Requirements Engineer. Die Gesamtverantwortung für die Anforderungen ist in beiden Rollen vorhanden. Der PO ist jedoch zusätzlich auch auf den geschäftlichen

Erfolg fokussiert und muss sich auch um die Aktualisierung und Priorisierung des Backlogs kümmern.

Requirements Engineering als kontinuierlicher Prozess

[IREB RE@Agile Primer] LE 2.4

Requirements Engineering ist in agilen Methoden eine iterative und kontinuierliche Tätigkeit und keine abgegrenzte Phase. Es ist kein Ziel, alle Anforderungen gesammelt und analysiert zu haben, bevor Design, Implementierung und Test beginnen können. Ganz im Gegenteil: Anforderungen (und Produkte) sollten iterativ und inkrementell erstellt werden.

Dies macht Requirements Engineering zu einer kontinuierlichen Tätigkeit bzw. zu einem Prozess, der so lange andauert, wie das Produkt lebt und gepflegt oder verbessert wird.

In diesem Prozess gibt es gut definierte Zwischenergebnisse: Die Anforderungen, die den größten Geschäftswert versprechen, sollten zuerst bereitgestellt, verfeinert und qualitätsgesichert werden (im Sinne der Definition of Ready – siehe auch Abschnitt 5.2). Diese werden dann von den Entwicklerinnen umgesetzt. Andere Anforderungen, die aus betriebswirtschaftlicher Sicht nicht so dringend sind, werden erst verfeinert, wenn die dringenden Anforderungen umgesetzt sind und der Kunde diese zusätzlichen Anforderungen ebenfalls noch haben möchte.

Trotz des kontinuierlichen Prozesses gibt es einige wichtige vorgelagerte Aktivitäten. Auch wenn Anforderungen erst dann geklärt und verfeinert werden, wenn es notwendig ist, gibt es doch einige Aspekte, die früher im Lebenszyklus definiert werden sollten (z.B. Visionen oder Ziele, die Stakeholder, wesentliche Randbedingungen bzw. das Umfeld). Zu beginnen, ohne diese Punkte geklärt zu haben, wird für die meisten Projekte sehr risikoreich sein.

Wertorientierte Entwicklung

[IREB RE@Agile Primer] LE 2.5

Value Driven Development bzw. wertorientierte Entwicklung ist eines der Grundprinzipien der agilen Vorgehensweisen. Der Wert für den Kunden soll kontinuierlich gesteigert werden. Dies kann z.B. direkt in Geld, besseren Marktanteilen oder höherer Kundenzufriedenheit ausgedrückt werden. Eine andere Art von Wert ist die Risikominderung. Gute agile Methoden versuchen, den Geschäftswert und die Risikominderung in den Iterationen auszugleichen.

Um den optimalen Wert zu bestimmen, versuchen agile Methoden oft, sich am minimal lebensfähigen Produkt (MVP) oder minimal marktfähigen Produkt (MMP) zu orientieren (siehe nächsten Abschnitt).

Einfachheit als wesentliches Konzept

[IREB RE@Agile Primer] LE 2.6

In einer komplexen Welt ist Einfachheit ein Weg, um Komplexität zu begegnen, indem man folgende Punkte berücksichtigt:

- Erstellen einer einfachen (möglicherweise auch bewusst unvollständigen) Antwort auf ein Problem. Dadurch wird zumindest ein kleiner Wert geschaffen.
- Verbesserung der Fähigkeit, mehr über den Kontext zu erfahren, basierend auf den realen Praxiserfahrungen.
- Kontinuierliche Anpassung und Wertsteigerung in Iterationen in einem nachhaltigen Tempo.
- Schnelles Scheitern und Lernen nutzen, um Ressourcen einzusparen, indem passende Aspekte aus einer nicht profitablen Idee zu neuen Ideen führen bzw. in neue Ideen einfließen.

Einfachheit ist in gewisser Weise ein Gegensatz zu »Perfektion«. Einfachheit muss aber nicht »schlechte Qualität« bedeuten, sondern »minimaler Umfang« oder »minimaler Service« jedoch immer mit hoher Qualität.

Qualität ist nicht verhandelbar!

Es gibt zwei Möglichkeiten, »einfachere« Produkte zu entwickeln: MVPs und MMPs.

Ein Minimum Viable Product (MVP) ist ein Konzept aus »Lean Startup« und ist als das kleinste Produkt definiert, das eine gute Endbenutzererfahrung (User Experience) ermöglicht und dem Team Feedback gibt, wodurch ein wichtiger Beitrag zur Weiterentwicklung des Produkts entsteht. Für viele Start-ups ist diese Vorgehensweise essenziell, da sie einen raschen Return on Investment mit geringem Risiko ermöglicht und die Wahrscheinlichkeit des Scheiterns einer Idee minimiert.

Beim Minimum Marketable Product (MMP) steht ebenfalls eine frühe Rückmeldung im Fokus, um die nächsten Anforderungen definieren zu können. Zusätzlich soll aber sofort Wert für den Kunden geschaffen werden. Viele Produkte können in einer einfachen »Version 1.0« eingesetzt werden, ohne bereits alle gewünschten Eigenschaften und Qualitäten aufzuweisen. Damit kann bereits Umsatz erzielt und die kontinuierliche Verbesserung des Produkts finanziert werden.

Inspect & Adapt

[IREB RE@Agile Primer] LE 2.7

Viele agile Methoden (einschließlich Scrum) unterstreichen die Wichtigkeit von häufigem Feedback. Nach jeder Iteration (manchmal auch öfter) diskutiert das Team, ob der Entwicklungsprozess angemessen funktioniert oder verbessert werden muss.

In diesem Prozess hinterfragen alle Beteiligten den aktuellen Entwicklungsprozess, die eingesetzten Methoden, die Werkzeuge, die Zusammenarbeit im Team usw. und beantworten folgende Fragen: Was hat gut funktioniert? Was hat nicht gut geklappt? Was sollten wir in der nächsten Iteration anders machen oder neu versuchen?

Es ist wichtig, dass das Ergebnis am Ende jedes Sprints bewertet wird. Dies gilt auch für den Anforderungsprozess. Basierend auf diesen Erkenntnissen werden regelmäßig kurzfristige Anpassungen und Verbesserungen des Prozesses vorgenommen.

2.3 Grundprinzipien des RE in der agilen Softwareentwicklung

Für die Handhabung von Requirements in der täglichen Projektpraxis werden nachfolgend einige Grundprinzipien beschrieben (siehe Abb. 2–4). Diese gehen auf die spezifischen Situationen im agilen Umfeld ein und berücksichtigen zusätzlich anerkanntes Requirements-Engineering-Wissen.

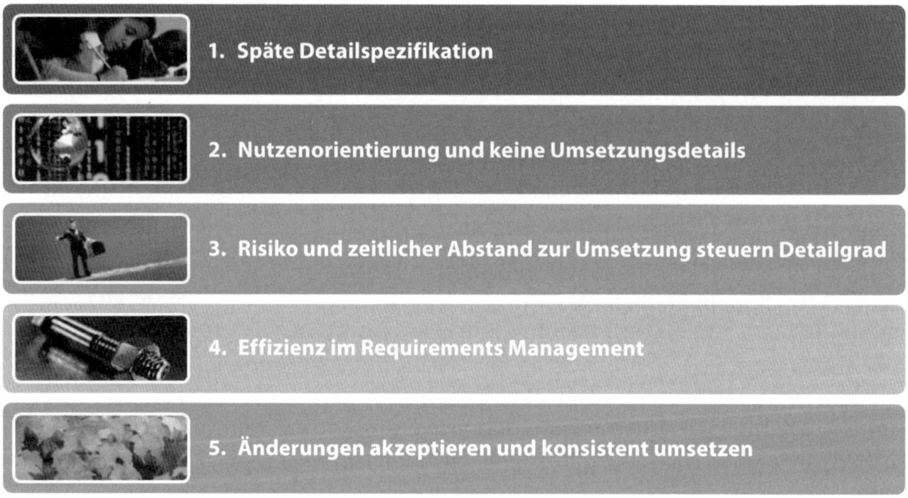

Abb. 2–4 *Die fünf Grundprinzipien des Requirements Engineering in agilen Projekten*

Grundprinzip 1: Späte Detailspezifikation

Die schriftliche Spezifikation zum spätest sinnvollen Zeitpunkt erstellen

Der spätestmögliche sinnvolle Zeitpunkt ist jener Zeitpunkt, zu dem der Aufwand für das Erstellen und nachträgliche Ändern der Spezifikation möglichst klein ist gegenüber dem Aufwand, der mit anderen Kommunikationsformen aufgewendet würde, wenn die Spezifikation nicht schriftlich erstellt wird. Ziel ist immer, mit einer schriftlichen Spezifikation genauso viel Informationsgehalt für die effiziente Erstellung des Systems zwischen den Beteiligten zu transportieren, dass dabei das Risiko und die Kosten über den gesamten Lebenszyklus minimiert werden.

Ein Erstellen der Spezifikation vor diesem Zeitpunkt führt zu einem unnötigen Mehraufwand in der Dokumentation, z.B. weil sich in der Zwischenzeit schon die Voraussetzungen geändert haben oder weil aufgrund unklarer Vorstellungen noch ein laufender Diskussions- und Änderungsprozess stattfindet.

Ein Erstellen der Spezifikation nach diesem Zeitpunkt ist aus Informationssicht unnötig, weil in vielen Bereichen die Kommunikation dann schon auf andere Art und Weise stattgefunden hat, die entsprechenden Systemteile schon programmiert sind und damit kein Informationsgewinn durch die Spezifikation erreicht wird. Der Spezifikationsaufwand wäre damit verlorener Aufwand. Trotzdem könnte eine nachträgliche Spezifikation bzw. Dokumentation evtl. aus rechtlicher Sicht erforderlich sein, um z.B. einen vorgeschriebenen Standard oder ein Gesetz einzuhalten oder das Haftungsrisiko zu minimieren.

Um die benötigten Spezifikationsteile zum spätest sinnvollen Zeitpunkt zu erstellen, kann die Testspezifikation als Detailspezifikation genutzt und so Detailanforderungen dann z.B. erst kurz vor Beginn des Umsetzungs-Sprints als Testfälle formuliert werden. Für vertraglich besonders kritische Punkte wie z.B. K.-o.-Kriterien (siehe Abschnitt 9.2) müssen alle relevanten Details, die notwendig sind, um die Machbarkeit der Anforderungen festzustellen, noch vor Vertragsabschluss geklärt sein. Bei größeren Projekten oder wenn mehrere Teams zusammenarbeiten, muss außerdem noch berücksichtigt werden, dass Detailspezifikationen (z.B. bei Schnittstellen) aus einer koordinativen Sicht auch schon zu einem früheren Zeitpunkt sinnvoll sein können, um Reibungsverluste durch abweichendes Vorgehen oder unterschiedliche Sichten der Teams (z.B. hinsichtlich der Schnittstellen) zu vermeiden.

Details in die Testspezifikation verlagern

Oft werden Details, die am Anfang festgelegt wurden, sehr schnell wieder geändert oder gar überflüssig. Der Aufwand in der Anfangsphase des Projekts kann daher reduziert werden, wenn hier keine Details, sondern nur die grundlegenden Ziele und Anforderungen spezifiziert werden.

Da sich Anforderungsspezifikation und Testspezifikation zu einer Gesamtspezifikation ergänzen, kann es hilfreich sein, im Rahmen der Detailspezifikation nicht die Anforderungsspezifikation detailliert zu erstellen, sondern die Details gleich in einer Testspezifikation festzuhalten. Tests sind hier nichts anderes als eine Requirements-Spezifikation aus einer anderen Sicht. Modellbasierte oder abstrakte Testfallspezifikationen sind sehr ähnlich zu einer herkömmlichen Requirements-Spezifikation. Testdatenbasierte konkrete Testfallspezifikationen sind auch vergleichbar mit Specification by Example (siehe Abschnitt A.1 im Anhang).

Auch in der Testspezifikation können die grundlegenden Requirements-Spezifikationstechniken angewendet werden. Beispielsweise können im Rahmen des Model Based Testing Diagramme und Prozesse spezifiziert und dann durch entsprechende Testsichten und Testdaten ergänzt werden.

Der Vorteil der Erstellung einer Testspezifikation gegenüber der herkömmlichen Requirements-Spezifikation ist, dass Testfälle mit einer größeren Wahrscheinlichkeit aktuell und konsistent gehalten werden, da diese einerseits regelmäßig für die Regressionstests benötigt werden und hier andererseits die Abweichungen zum Code bei der Testdurchführung sofort auffallen und dann angepasst werden müssen. Voraussetzung dafür ist, dass die Tests bei Änderungen an den dazugehörenden Codeteilen auch durchgeführt werden. Darüber hinaus kann man durch geschickte Gestaltung der Requirements- und Testspezifikation auch die Benutzerdokumentation (halb-)automatisch daraus erstellen und damit den Aufwand im Projekt zusätzlich verringern.

Grundprinzip 2: Nutzenorientierung und keine Umsetzungsdetails

Nur das spezifizieren, was einen Nutzen und zusätzlichen Informationsgehalt für den Kunden bringt. Das WIE möglichst den Entwicklerinnen überlassen.

Relevant für die Anforderungsspezifikation sind jene Punkte, die der Auftraggeberin wichtig sind und ihr einen Nutzen bringen, sowie die Hintergründe, die zu deren Verständnis erforderlich sind. Schriftlich sollen nur diejenigen Inhalte festgehalten werden, die auch einen Mehrwert und zusätzlichen Informationsgehalt für den Kommunikationsprozess zwischen Kunde und Entwicklung bringen.

Das WIE – also Entwicklungs- und Umsetzungsvorgaben, z. B. wie die Datenbank intern aufgebaut sein soll oder andere Tool- und Architekturthemen – sollte in der Anforderungsspezifikation der Auftraggeberin vermieden werden. Es schränkt die Entwicklerinnen nur unnötig ein und verhindert gute alternative Lösungsansätze. Außerdem kann und will der Kunde technische Details meist nicht beurteilen.

Grundprinzip 3: Risiko und zeitlicher Abstand zur Umsetzung steuern Detailgrad

Den Detaillierungsgrad passend zum Haftungsrisiko und potenziellen Wissensverlust wählen

Menschen vergessen in kurzer Zeit sehr viel von dem, was besprochen wird. Nach fünf Tagen sind nur mehr ca. 25–50 % des Wissens vorhanden [Wikipedia: Vergessenskurve]. Daher ist es notwendig, die wichtigen Dinge schriftlich festzuhalten, um nachträglich unnötige Probleme oder Diskussionen, wie das denn nun wirklich vereinbart war, zu vermeiden. Sinnvoll ist es, nicht nur aufzuschreiben, WAS die Auftraggeberin haben möchte, sondern auch das WARUM festzuhalten.

Auch bei Punkten, die haftungsrelevant sein können, z.B. Funktionen, die eine Gefährdung von Personen bewirken oder einen großen finanziellen Schaden verursachen können, ist es ratsam, die Wünsche und dahinter liegenden Gründe der Auftraggeberin schriftlich festzuhalten. Dies gilt insbesondere dann, wenn aus Kostengründen sicherheitsrelevante Funktionen oder Schritte geändert, reduziert oder gar weggelassen werden.

In jedem Fall – egal ob haftungsrelevant oder nicht – kann eine Risikoanalyse helfen, den Aufwand im Projekt zielgerichtet dort zu platzieren, wo es sinnvoll ist. Dazu sollte jedes Requirement einer Risikoklasse (im einfachsten Fall: High, Medium, Low) zugeordnet werden. Die als risikoreich eingestuften Requirements müssen genauer spezifiziert werden als die unkritisch eingestuften. Diese Einstufung ist nicht nur für die Requirements-Spezifikation hilfreich, sondern im gesamten weiteren Projektverlauf, z.B. auch für die Erstellung von Testfällen.

Grundprinzip 4: Effizienz im Requirements Management

Die Beziehungen zwischen Artefakten effizient verwalten!

Abbildung 3–3 auf Seite 75 zeigt, dass in jedem Projekt viele Abhängigkeiten zwischen den Artefakten vorhanden sind. Die Abhängigkeiten bestehen zumindest zwischen Kundenanforderungen, Testfällen und Code. Zusätzlich kommen je nach Dokumentationsgrad noch Prozess- und Architekturelemente oder andere Artefakte dazu. Neben diesen zwingenden Abhängigkeiten ergeben sich oft auch Abhängigkeiten innerhalb einer Artefaktart, also zwischen verschiedenen Requirements oder zwischen mehreren Architekturelementen.

Wenn man sich dafür entscheidet, Artefakte und deren Beziehungen zu erstellen und zu verwalten, dann ist es zwingend nötig, bei allen Änderungen auch alle Abhängigkeiten zu aktualisieren und das gesamte Beziehungsnetzwerk immer aktuell zu halten.

> *Sobald auch nur eine Änderung in den Beziehungen zwischen Projektartefakten nicht aktualisiert wurde, ist das Beziehungsgeflecht wertlos, da die Beteiligten nicht mehr darauf vertrauen können, dass die gespeicherten Informationen noch gültig sind.*

Exkurs: Passende Detailliertheit der Beziehungsdokumentation

Implizit wird durch die oben stehende Aussage der passende Grad der Detailliertheit gesteuert, und zwar bis zu dem Grad, wo es noch sinnvoll ist, die Beziehungen zu verwalten:

Auf sehr oberflächlicher Ebene macht es keinen Sinn, weil hier der Informationsgewinn, der in einer konkreten Beziehung steckt, nicht gegeben ist. Zum Beispiel haben die Beteiligten recht wenig davon, wenn sie wissen, dass eine sehr grobe Anforderung (siehe auch Abschnitt 3.2.5) wie »Die Zeiterfassung wird effiziente Erfassungs- und Auswertungsmöglichkeiten für alle Zeitarten bereitstellen« mit der Testspezifikation »Test aller Zeiterfassungsarten« zusammenhängt.

Viel eher würde es einen Nutzen darstellen, wenn die Betroffenen wissen, dass die Story »Als Mitarbeiterin möchte ich meine Tagesarbeitszeit und die Pausen erfassen, damit ich ...« mit den Testfällen »Kommt-/Geht-Zeit«, »Pauseneingabe«, »Tagesarbeitsdauerberechnung« und »Interne Arbeitszeitregelungen« zusammenhängt. Damit wissen dann die Entwicklerin und der Tester, was bei einer Änderung an dieser Story neu zu testen ist bzw. welche Testfälle evtl. angepasst werden müssen. Wenn nun noch die dazugehörigen Codestellen verknüpft werden, dann hat auch die Entwicklerin zusätzliche Infos, die sie verwerten kann.

Insgesamt wird der Nutzen in einer Zeitersparnis bestehen, die bei allen Betroffenen erzielt werden kann, indem Fragen, Unklarheiten und zusätzlicher Rechercheaufwand reduziert werden.

Auf zu **detaillierter Ebene** macht das Dokumentieren der Beziehungen jedoch auch keinen Sinn. Der Aufwand für die Erstellung und Pflege der Beziehungsdokumentation steigt hier exponentiell an und kostet dann schnell mehr als der Nutzen, den die detaillierte Dokumentation bringt.

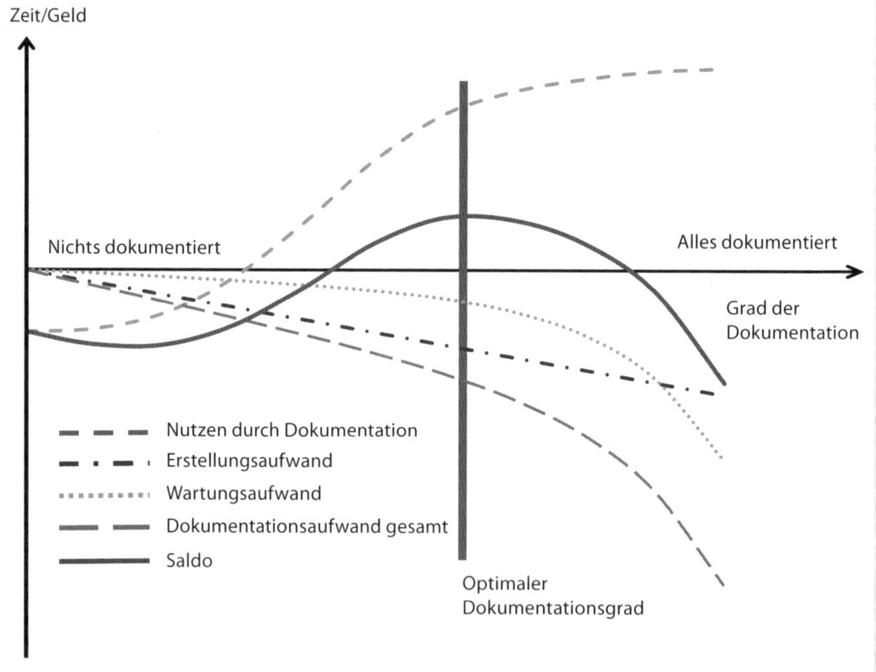

Abb. 2-5 *Nutzen der Dokumentation abhängig vom Detaillierungsgrad*

→

Die Kosten für die explizite Beziehungsdokumentation steigen exponentiell mit dem Grad der Detailliertheit. Dabei steigt der Erstellungsaufwand ungefähr linear mit dem Umfang der zu dokumentierenden Elemente, der Wartungsaufwand steigt jedoch exponentiell mit zunehmendem Dokumentations- und Beziehungsumfang und verursacht so den starken Anstieg der Kosten in der Dokumentation.

Wenn **keine Dokumentation** vorhanden ist, bedeutet das nicht, dass dies nichts kostet. Es werden bei Nichtdokumentation erhöhte Kosten verursacht durch Fragen, Unklarheiten und zusätzlichen Rechercheaufwand, der im Team nötig wird. Ebenso muss berücksichtigt werden, dass das Vergessen und evtl. Wiederherstellen nicht dokumentierter Informationen auch Aufwand verursachen. Diese Aufwände sind in der Grafik als negativer Nutzen dargestellt. Bei Fehlen der Beziehungen zwischen Anforderungen und Testfällen wird zusätzliche Zeit für nicht notwendige Tests verschwendet.

Der Nutzen verhält sich leider nicht exponentiell, sondern ist eine Art Hysterese-Funktion (siehe Abb. 2–5). Das heißt, er steigt am Anfang langsam an (sehr geringer Detailgrad bringt wie oben erwähnt kaum einen Nutzen), hat dann einen Bereich, in dem er stark zunimmt, und flacht ab einer gewissen Detailliertheit wieder ab, weil durch die stärkere Detailliertheit kaum ein zusätzlicher Zeit- und Informationsgewinn für die Betroffenen erreicht wird und zusätzlich der Aufwand für das Überblicken und Nachvollziehen der vielen Detailzusammenhänge für den Betroffenen auch zu groß wird.

Es gibt daher ein Gesamtoptimum für den Dokumentationsgrad.

Der (zugegeben unscharf formulierte) beste Zeitpunkt, um die weitere Detaillierung der Dokumentation zu beenden, ist aus Sicht des Autors dann gegeben, wenn der Wartungsaufwand für die Beziehungen und abhängigen Artefakte einen Wert von ca. 20% des Erstellungsaufwands eines Artefakts überschreitet.

Wenn man z.B. eine Anforderung und deren Beziehungen zu anderen Artefakten mit einem Aufwand von einer Stunde erstellt und danach bei einer Änderung für die Anpassung des Requirements inkl. seiner Beziehungen maximal ca. 10–15 Minuten benötigt, wird dies noch angemessen sein. Wenn der Aufwand für die Anpassung des Requirements und seiner Abhängigkeiten in diesem Beispiel deutlich mehr als 15 Minuten in Anspruch nimmt, sollte man darüber nachdenken, ob es nicht besser ist, die Dokumentationstiefe des Requirements und der Beziehungen wieder zu reduzieren.

Jede nicht explizit verwaltete Beziehung bedeutet eine Aufwandseinsparung. Andererseits hilft jedoch auch jede explizit dokumentierte Beziehung, Aufwand zu sparen, indem man z.B. schneller und zum Teil sogar automatisiert erkennen kann, welche Codeteile oder Testfälle bei einer Anforderungsänderung anzupassen sind. Eine Möglichkeit der Aufwandsreduktion ist, schon möglichst wenige Beziehungen entstehen zu lassen. Das ist mitunter nicht ganz so einfach. In manchen Unternehmen artet dies dazu aus, dass dann nur mehr die Überschriften bzw. große Gruppen von Requirements verlinkt werden. Zum Beispiel steht dann das Thema »Reporting« mit der Testfallgruppe »Reporting« in Beziehung. Das ist zwar sehr wartungsarm, bringt jedoch wie schon erwähnt praktisch keinen Nutzen mehr und macht daher auch wenig Sinn. Andererseits gelingt es meist nicht, alle Abhängigkeiten vollständig darzustellen, da dann der Wartungsaufwand der Beziehungen den Nutzen übersteigt.

Hier hilft eine pragmatische und risikobasierte Vorgehensweise: Für Hochrisiko-Requirements sollte versucht werden, möglichst alle Abhängigkeiten zu erfassen und darzustellen. Für alle anderen Risikoklassen sollte dies entsprechend reduziert durchgeführt werden, z.B. nur Anforderungen zu Testfällen und Anforderungen zu Quellcode.

Im Bereich des Beziehungsmanagements gilt der Grundsatz, dass alles, was einfach, automatisch und toolunterstützt verwaltet und gemanagt werden kann, auch einen Mehrnutzen für das Projekt bedeutet. Beziehungen, die manuell gepflegt werden müssen, sind oft inkonsistent und den investierten Aufwand nicht wert. In diese Kategorie fallen Abhängigkeiten, die z.B. mittels Word oder Excel gepflegt werden. Eine Traceability-Matrix als Excel-Dokument oder direkt eingefügte Verweise in Word- oder Excel-Dokumenten stimmen meist nicht und können nur mit unverhältnismäßig großem Aufwand konsistent gehalten werden.

Es wird daher empfohlen, alle Projektartefakte strukturiert in passenden Werkzeugen abzulegen, die auch das Beziehungsmanagement zwischen den Artefakten einfach ermöglichen.

> Alle Artefakte und deren Beziehungen sollten in geeigneten datenbankgestützten Werkzeugen verwaltet werden, da dies die Wartung deutlich vereinfacht und eine effiziente Handhabung überhaupt erst möglich macht.

Grundprinzip 5: Änderungen akzeptieren und konsistent umsetzen

Änderungen an Spezifikationen zulassen!

Im Laufe des Projekts ändern sich Anforderungen und evtl. auch Randbedingungen. Lässt man Änderungen zu, ist dies meist mit zusätzlichem Aufwand verbunden. Dies zu ignorieren oder sich dagegenzustellen, hilft leider nicht. Im Gegenteil: Spätestens wenn das Ergebnis der Auftraggeberin präsentiert wird oder das System in Betrieb geht und die Benutzer feststellen, dass es nicht so funktioniert, wie sie sich das vorgestellt haben, werden die Änderungen wieder diskutiert.

Je später eine Änderung erkannt und umgesetzt wird, desto mehr Aufwand entsteht. Der Versuch, Änderungen nicht zuzulassen, wird meist nicht gelingen bzw. dann zulasten der Beziehung zwischen Auftraggeberin und Lieferant gehen.

Der Grundsatz kann also nur lauten: Änderungen sind eine gute Sache, wenn wir professionell und effizient mit ihnen umgehen! Solange noch nicht mit der Umsetzung begonnen wurde, sind Änderungen an der Spezifikation vergleichsweise kostengünstig.

Bei Änderungen alle abhängigen Artefakte konsistent halten

Änderungen sind in einem Projekt unvermeidlich. Die Konsequenz daraus ist, dass sie möglichst effizient behandelt werden müssen. Wenn zum Zeitpunkt einer Anforderungsänderung noch nichts programmiert wurde, ist es meist einfach, die

Konsistenz herzustellen. Problematisch wird es, wenn Änderungen an schon umgesetzten Teilen erfolgen. Hier wurde schon spezifiziert, programmiert, getestet, eine Benutzerdokumentation erstellt etc. Das bedeutet, dass mit einem nachträglichen Änderungswunsch nicht mehr nur die Spezifikation angepasst werden muss, sondern auch die Architektur, der Code, die Testfälle und die Benutzerdokumentation. Wenn dies nicht gemacht wird, werden alle davon abhängigen Artefakte ungültig und wertlos für das Team und das Vertrauen in die Dokumentation wird generell untergraben.

2.4 Umfang des Requirements Engineering

In der nicht agilen Softwareentwicklung nach V-Modell oder Wasserfall treten die Requirements-Engineering-Aufwände sehr stark konzentriert am Anfang auf und in weiterer Folge wird noch ein gewisser Teil für das Änderungswesen aufgewendet (siehe Abb. 2–6). Insgesamt geht man von einem empfohlenen Aufwandsanteil von 15–20 % des gesamten Projektaufwands aus (in kritischen Projekten auch höher), um das Requirements Engineering auf einem angemessenen Niveau zu betreiben.

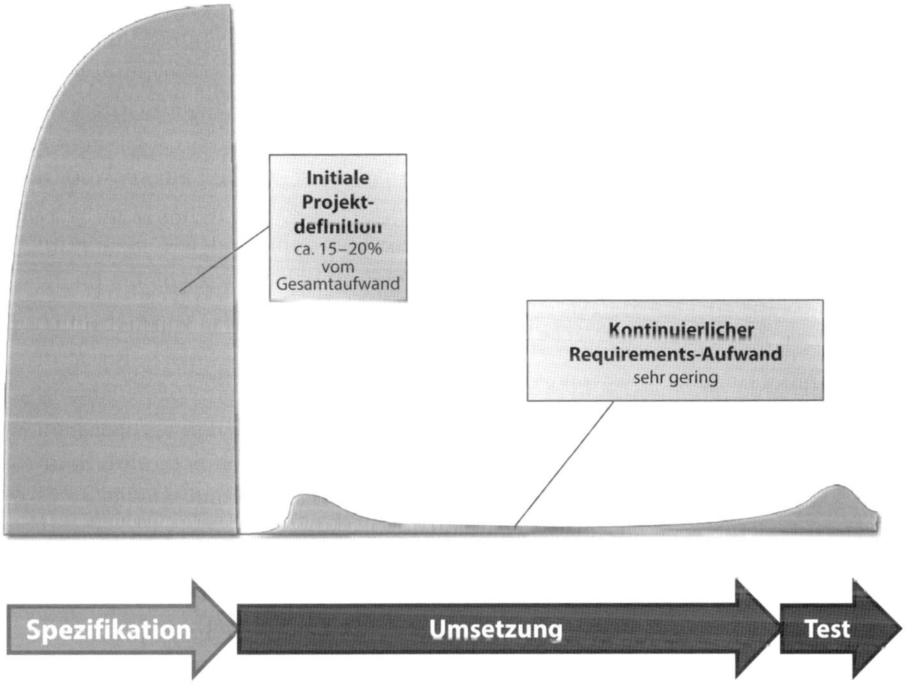

Abb. 2–6 Requirements-Aufwandsverteilung in nicht agilen Projekten

In vielen nicht agilen Projekten wird diese Empfehlung leider ignoriert und der Aufwand für Requirements Engineering oft auf 5 % oder weniger gedrückt. Das ist eine der Hauptursachen vieler Projektmisserfolge.

In agilen Projekten verteilt sich der Requirements-Aufwand in der Regel anders: Man geht von einer geringfügigen Spitze am Beginn des Projekts für Projektsetup und Definition der groben Anforderungen aus (siehe auch Abschnitt 6.4.3). Oft werden je nach Komplexität und Größe des Vorhabens ein bis drei Startiterationen angesetzt, die zu einem guten Teil für Anforderungsklärung verwendet werden. Um nicht in das nicht agile Schema »möglichst alles vorab spezifizieren« zu kommen, wird der initiale Aufwand für Requirements Engineering und Projektsetup bewusst niedrig gehalten und einen Anteil von ca. 5–10 % des Gesamtaufwands nicht übersteigen.[4]

Der restliche Requirements-Aufwand ist über alle folgenden Iterationen gesehen ziemlich gleichverteilt, da in jedem Sprint Definition, Klärung und Änderung von Anforderungen stattfinden (siehe Abb. 2–7). Hier sind sowohl die Analyse und Spezifikation der Anforderungen für den bzw. die kommenden Sprints gemeint als auch die Requirements-Aufwände in der Sprint-Planung sowie die dann im laufenden Sprint selbst stattfindende Kommunikation zwischen Product Owner und Team zur Klärung der vielen auftauchenden Fragen. Es wird geschätzt, dass sich das gesamte Team ca. 10 % seiner Zeit über die gesamte Projektlaufzeit mit der Analyse neuer und geänderter Anforderungen beschäftigt.

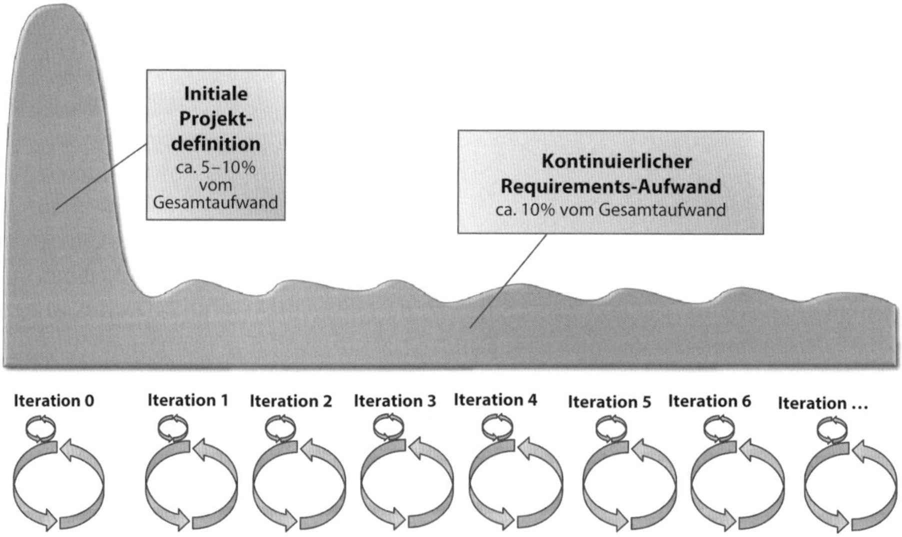

Abb. 2–7 *Requirements-Aufwandsverteilung in agilen Projekten*

4. Wenn es sich nicht um ein Projekt, sondern um eine kontinuierliche Produktentwicklung handelt, kann man von einer gleichmäßigeren Aufwandsverteilung ausgehen. Jedoch gibt es auch hier Aufwandsspitzen z.B. bei großen Umstellungsvorhaben und Neuentwicklungen.

Auch in agilen Vorgehensweisen kann davon ausgegangen werden, dass man durch die Anfangsiterationen und die kontinuierlichen Aufwände für die Requirements-Aufgaben über die gesamte Projektlaufzeit auf einen Aufwand von ca. 15–20% des Gesamtprojektaufwands kommt. Das ist in etwa gleich oder etwas geringer als bei nicht agilem Vorgehen. Der wesentliche Unterschied ist, dass die Aufwände anders verteilt sind und zielgerichtet genau dort anfallen, wo sie den größten Nutzen haben.

3 Requirements-Ermittlung und -Dokumentation

3.1 Ein kurzer Überblick

[IREB RE@Agile Primer] LE 3.1.12

Gutes Requirements Engineering hilft, dass keine relevanten Aspekte vergessen werden. Bei nicht agilen Methoden erfolgt dies oft durch eine Dokumentation aller potenziellen Anforderungen der Stakeholder. In agilen Ansätzen nutzt man dagegen die direkte Kommunikation und rasche Feedbackschleifen, z. B. durch inkrementelle Produktentwicklung oder Prototypen. Der oft zitierte zweite Leitsatz des Agilen Manifests beinhaltet genau dieses Thema: »Funktionierende Software mehr als umfassende Dokumentation« [Agile Manifesto].

Jede Organisation kann profitieren, wenn bewusst überlegt wird, was schriftlich erfasst und was besprochen oder was in Form von Prototypen oder Inkrementen gezeigt werden kann. Die besten Ergebnisse werden erzielt, wenn Dokumentation, Kommunikation und Prototyping bzw. inkrementelle Entwicklung entsprechend den Rahmenbedingungen und der Kultur einer Organisation und der Art des umzusetzenden Projekts ausgewogen und mit gesundem Menschenverstand angewendet werden.

Es gibt einige Artefakte und Vorgehensweisen, die für eine erfolgreiche Entwicklung sowohl im nicht agilen als auch im agilen Requirements Engineering sehr wichtig sind und die in den nächsten Abschnitten behandelt werden:

- Mit Visionen oder Zielen beginnen
- Immer die wichtigsten Stakeholder identifizieren und kennen
- Den Umfang explizit festlegen und vom Kontext abgrenzen
- Ein Verständnis der Funktionalitäten und der Geschäftsbegriffe schaffen, um funktionale Anforderungen zu erfassen (einschließlich Funktionalität und Daten)
- Qualitätsanforderungen und Randbedingungen berücksichtigen, da sie Designentscheidungen stark beeinflussen. Werden diese ignoriert oder erst zu spät erkannt, kann viel Überarbeitungsaufwand entstehen oder ein Produkt, das den Erwartungen des Kunden nicht entspricht.

3.1.1 Anforderungsarten

[IREB RE@Agile Primer] LE 3.1.4

Die Anforderungen werden auf Basis der Vision und der Ziele erfasst und sind durch das Kontextmodell begrenzt.

IREB definiert drei unterschiedliche Anforderungen: funktionale Anforderungen, Qualitätsanforderungen und Randbedingungen (Constraints), die in den nachfolgenden Abschnitten dieses Kapitels näher erörtert werden (siehe auch [IREB CPRE FL]).

3.1.2 Requirements-Dokumente vs. Product Backlog

[IREB RE@Agile Primer] LE 3.1.1

Requirements-Ermittlung und -Dokumentation gehören zu den Kernaufgaben des Requirements Engineering (vgl. Kap. 2). Anforderungen können nicht für sich alleine stehen, um passende Produkte oder Lösungen daraus zu schaffen. Alles, was im weiteren Verlauf als Anforderung an das Produkt benötigt wird, soll in einer priorisierten Liste organisiert und dokumentiert werden.

Die Requirements-Sammlung in Form einer priorisierten Liste ist das zentrale Artefakt für Product Owner, Requirements Engineers oder Business-Analysten unabhängig von der verwendeten Methode. Diese Sammlung muss nicht unbedingt dokumentenbasiert sein, sondern kann Repository-basiert, in einer Datenbank oder auch auf Papier erstellt werden. Auch die Darstellungsart kann nach Bedarf variieren zwischen Text, Bildern, Diagrammen, Modellen etc. Die Bezeichnungen sind ebenfalls vielfältig wie z.B. je nach Detaillierungsgrad: Benutzeranforderungsspezifikation, System- oder Softwareanforderungsspezifikation, Product Backlog, Sprint Backlog. Allen diesen Artefakten liegt gemeinsam zugrunde, dass sie für Ermittlung, Dokumentation, Abstimmung, Validierung und Management der Anforderungen verwendet werden.

Im agilen Umfeld wird als Requirements-Sammlung typischerweise das Product Backlog und das Sprint Backlog eingesetzt, die mit einer geeigneten Software oder in ganz einfacher Form auch mit Karteikarten oder Haftnotizen gemanagt werden können. Verschiedene Techniken unterstützen den Product Owner beim Management der Anforderungen wie z.B. die DEEP-Qualitätskriterien für die Formulierung, Priorisierungstechniken, Schätzmethoden oder Detailbeschreibungstechniken.

Wichtig für das Verständnis des Requirements Engineering ist es, zu erkennen, dass ein Requirement kein bestimmtes Artefakt auf einer definierten Granularitätsebene ist. In der Praxis tauchen oft Aussagen auf wie »Ein Requirement ist immer eine sehr detaillierte Beschreibung, eine User Story ist dagegen eine grobe

Beschreibung« oder »Ein Requirement ist die übergeordnete grobe Beschreibung und der PO bzw. die Entwicklerin leitet sich daraus die Use Cases und User Stories ab«. Solche und ähnliche Statements sind nicht korrekt. Ein Requirement ist jede Anforderung an das System, unabhängig davon, auf welcher Abstraktionsebene oder in welcher Detailliertheit diese beschrieben ist. In diesem Sinne sind z.B. User Stories, Epics, Features, Use Cases, aber auch die übergeordneten Ziele gleichermaßen als Requirements zu bezeichnen.

> Ein Requirement (Anforderung) ist ...
> 1. Ein Bedürfnis, das von einem Stakeholder wahrgenommen wird.
> 2. Eine Fähigkeit oder Eigenschaft, die ein System haben soll.
> 3. Eine dokumentierte Darstellung eines Bedarfs, einer Fähigkeit oder Eigenschaft.
>
> [IREB Glossar]
>
> Diese Definition gilt für ALLE Artefakte, die diese Inhalte repräsentieren, unabhängig von ihrer Bezeichnung oder Darstellungsform.

Unabhängig davon, wie die Requirements dokumentiert werden, ist es erforderlich, alle Arten von Requirements zu erfassen:

- Visionen und Ziele (siehe Abschnitt 3.2.2)
- Umfang und Kontext des Systems (siehe Abschnitt 3.2.3)
- Funktionale Anforderungen (siehe Abschnitte 3.4.1 und 3.4.2)
- Qualitätsanforderungen (siehe Abschnitt 3.4.3.1)
- Randbedingungen (siehe Abschnitt 3.4.3.2)
- Glossar (Definition von relevanten Begriffen und Abkürzungen)

Der Detaillierungsgrad kann natürlich auch je nach Situation variieren.

Es ist keine gute Alternative, wenn nur eine verbale Kommunikation zwischen den Stakeholdern erfolgt und keine schriftlichen Anforderungen vorhanden sind, da schriftliche Dokumente oft die Grundlage für Verhandlungen, Akzeptanztests, rechtliche Belange und vieles mehr sind. Je mehr die beteiligten Personen miteinander kommunizieren, desto weniger Schriftlichkeit ist in der laufenden Kommunikation notwendig. Die Ergebnisse aus der Kommunikation (die Anforderungen) müssen jedoch in einer passend gewählten Form erfasst werden.

3.1.3 Granularität funktionaler Requirements

[IREB RE@Agile Primer] LE 3.1.5

Funktionale Anforderungen können (und sollten) auf verschiedenen Abstraktionsebenen diskutiert und dokumentiert werden, da die Stakeholder Anforderungen auch auf verschiedenen Ebenen der Granularität von sehr grobkörnig bis sehr detailliert und feinkörnig spezifizieren.

Nicht agile und agile Methoden verwenden unterschiedliche Begriffe für diese Artefakte auf den verschiedenen Abstraktionsebenen.

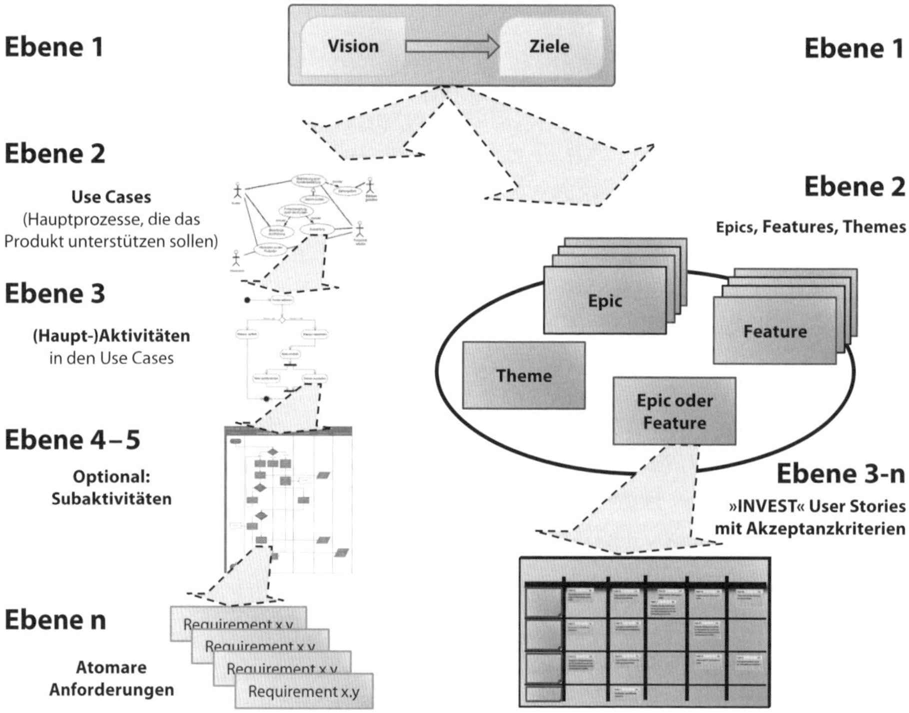

Abb. 3–1 *Anforderungsgranularität (nach [IREB RE@Agile Primer])*

Wenn man den nicht agilen Ansatz (linke Seite der Abbildung) betrachtet, wird das System z.B. in Use Cases zerlegt, um Visionen und Ziele zu verfeinern (Ebene 2). Ein Use-Case-Diagramm bietet eine übergeordnete verhaltensorientierte Sicht über die benötigte Funktionalität bzw. auch über die Akteure oder Benutzer. Bei umfangreichen Anwendungsfällen wird man eine weitere Zerlegung durchführen und weitere Details auf untergeordneten Ebenen definieren (siehe Ebene 3, 4, 5 etc.). Dies ist ein mögliches Beispiel. In der Praxis nutzt man zur Verfeinerung nach Bedarf z.B. auch Features, Businessobjekte, Datenflüsse, Prozessabläufe oder Komponenten bestehender Systeme.

Für die genaue Festlegung und Beschreibung der Schritte und Funktionalität eines Use Case gibt es verschiedene Möglichkeiten:

- Mündliche Beschreibung (Klartext)
- Anwendungsfallvorlagen (halbstrukturiertes Format oder in Form von narrativen[1] Abläufen)
- Aktivitätsdiagramm (oder jede andere Art von grafischem Funktionsmodell wie Datenflussdiagramme, BPMN, Kontextdiagramm, Kontrollflussdiagramm, Zustandsdiagramm, Geschäftsobjektmodell usw.). Ebene 3 in Abbildung 3–1 könnte beispielsweise den Use Case mit UML-Aktivitätsdiagrammen weiter verfeinern.

Je nach Problemkomplexität können und sollen weitere Granularitätsebenen verwendet werden, beispielsweise die Zerlegung in Teilaktivitäten (siehe Ebene 4 in Abb. 3–1) oder mit textbasierten Anforderungsbeschreibungen einzelner Aktivitäten (siehe Ebene 5 in Abb. 3–1). Mit diesem Vorgehen werden grobkörnige Kundenanforderungen schrittweise verfeinert hin zur erwarteten Lösungsfunktionalität.

Der oben genannte Ansatz ist ein Top-down-Prozess der Anforderungsanalyse und Zerlegung. In der Realität werden Requirements oft auch zuerst auf einer detaillierten Lösungsebene geäußert und spezifiziert und die allgemeineren Ziele kristallisieren sich erst später heraus. Daher kann der Requirements-Entstehungsprozess in der Realität durchaus verschieden sein: top-down, bottom-up, outside-in, inside-out oder eine Kombination daraus.

Der entscheidende Punkt ist, dass es Methoden und Techniken im Requirements Engineering gibt, um alle diese Diskussionen und Spezifikationen an ihren unterschiedlichen Ebenen und Zeitpunkten zu unterstützen. Dadurch wird mit fortschreitendem Wissen über die Anforderungen auch eine sinnvolle Hierarchie der Anforderungen erstellt, die hilft, den Überblick zu bewahren.

Bei geringer Komplexität der Use Cases kann auch nur eine der Optionen angewendet werden (z.B. konnten nur ein paar Sätze zur Beschreibung ausreichen). Bei mittlerer Komplexität können weitere Optionen wie z.B. Use-Case-Templates mit einer genaueren Beschreibung der Prozessschritte innerhalb des Use Case verwendet werden (siehe auch Abschnitt 3.3.3). Dies erleichtert das Verstehen der Anforderungen. Bei komplexen Anforderungen können grafische Formate wie z.B. Aktivitätsdiagramme eingesetzt werden, um mehrere Szenarien oder komplexe parallele oder verzweigte Abläufe oder Sequenzen darzustellen.

Wenn man den agilen Ansatz (rechte Seite der Abb. 3–1) betrachtet, findet man eine ähnliche Struktur nur mit anderen Begriffen aus der agilen Terminologie wie z. B. Epics (siehe auch Abschnitt 3.2.5), Themes (siehe auch Abschnitt 3.9.1), Features (siehe auch Abschnitt 3.4.1) oder User Stories (siehe auch Abschnitt 3.4.2).

Hier werden übergeordnete Geschäftsziele und komplexe Funktionalität als Epics oder Features zusammengefasst. Themes unterstützen die Gruppierung.

1. Von lateinisch narrare »kundtun, erzählen«.

Wenn die Anforderungen komplexer sind und z.B. mehr als einen Sprint zur Umsetzung benötigen würden, müssen diese komplexen Anforderungen ebenfalls in kleinere Einheiten zerlegt werden. Die Kriterien für gute User Stories sind auch in den Abschnitten 2.1.2 und 3.4.2 angeführt. Generell sollen diese der Definition of Ready entsprechen (siehe auch Abschnitt 5.2).

Hinsichtlich der Erfüllung der INVEST-Qualitätskriterien (siehe Abschnitt 5.1.3) sind besonders »E« (schätzbar/estimable), »S« (klein genug/small)) und »T« (testbar/testable) wichtig.

Auch im agilen Umfeld ist es so, dass das Vorgehen nach Bedarf eine strenge Top-down-Verfeinerung von Epics in Features und dann in User Stories sein kann oder umgekehrt auch zuerst eine Sammlung von User Stories, die dann bottom-up durch Themes gruppiert werden und von denen dann die Epics zur besseren Übersicht später abgeleitet werden. Wie auch immer, es hängt von der Art eines Projekts und der beteiligten Akteure ab, welches Vorgehen schlussendlich sinnvoll und zielführend ist.

Die agile Vorgehensweise bietet Artefakte für das Requirements Engineering, um sowohl das »Big Picture« als auch detaillierte »umsetzungsbereite« Anforderungen zu spezifizieren, zu diskutieren und zu priorisieren.

3.1.4 Grafische Modelle und textuelle Beschreibungen

[IREB RE@Agile Primer] LE 3.1.6

Die Wahl der passenden Granularität bzw. Detaillierungsebene ist ein wichtiger Aspekt im Requirements Engineering. Ein anderer wichtiger Aspekt ist die Wahl der passenden Notation für die Beschreibung der funktionalen Anforderungen. Dies ist unabhängig voneinander.

Es gibt (ebenfalls wieder unabhängig vom gewählten Vorgehensmodell) verschiedene Möglichkeiten der Beschreibung von Requirements:

- **Textform (natürliche Sprache)**
  Zum Beispiel mit der User-Story-Satzschablone oder als einfacher natürlichsprachlicher Satz oder auch als etwas formellere textbasierte Struktur (wie z.B. Gherkin – siehe auch Abschnitt A.3 im Anhang), die klar ausdrücken, was das System tun soll. Das Problem bei natürlicher Sprache ist, dass sie manchmal nicht ausreichend genau und eindeutig ist und daher von anderen Lesern auch leicht fehlinterpretiert werden kann.

  Andererseits sind textbasierte Anforderungen in der Regel schneller zu spezifizieren, einfacher zu verwalten und werden von vielen Stakeholdern auch (vermeintlich) leichter verstanden.

Grafische Notationen
Grafische Modelle sind formaler und vermeiden so unterschiedliche Interpretationen oder Missverständnisse.

Es gibt viele unterschiedliche grafische Darstellungsformen wie z.B. UML-Aktivitätsdiagramme, BPMN-Diagramme, Flussdiagramme, Zustandsdiagramme oder Sequenzdiagramme. Die jeweiligen grafischen Notationen decken typischerweise unterschiedliche Aspekte ab: Aktivitätsdiagramme oder BPMN-Diagramme sind für eher lineare Prozesse geeignet, die aufeinanderfolgende Schritte, Alternativen oder Schleifen darstellen. Zustandsdiagramme eignen sich sehr gut, um asynchrone Ereignisse und Abläufe darzustellen. Sequenzdiagramme bieten sich für Schnittstellenspezifikationen und auch für »Specification by Example« an, da sie konkrete Szenarien für eine Interaktion zeigen, ohne jedoch zu versuchen, vollständig zu sein.

Beide Varianten (Textform und grafische Notation) haben ihre Vor- und Nachteile. Die Wahl sollte durch das Umfeld des Projekts und die zentralen Ziele des Requirements Engineering bestimmt werden. Die Darstellungsformen können auf jeder Ebene und auch bei jeder einzelnen Ausprägung eines Requirements nach Bedarf gewählt werden (z.B. einen Use Case grafisch beschreiben und den nächsten textuell) und lassen sich auch mischen (einen Teil eines Use Case als Text spezifizieren und einen anderen grafisch). Wichtig ist, dass man sich in der Wahl der Beschreibungstechniken nicht zu stark einschränkt, sondern nach Bedarf aus dem vollen Spektrum der Möglichkeiten schöpft.

> *Es ist alles erlaubt, was hilft, ein gemeinsames Verständnis aller Stakeholder zu erreichen sowie Unvollständigkeit und Missverständnisse zu vermeiden.*

3.1.5 Definition von Begriffen, Glossare und Informationsmodelle

[IREB RE@Agile Primer] LE 3.1.7

> *Es ist wichtig, dass ein klares Verständnis aller Begriffe in der Spezifikation von Anforderungen (egal ob Text und grafisches Modell) erreicht wird.*

Bei vielen einschlägig fachlichen, betriebswirtschaftlichen oder technischen Begriffen zur Beschreibung der Anforderungen und anderen Artefakten haben die Beteiligten eine sehr klare Vorstellung davon, was der jeweilige Begriff zu bedeuten hat. Bei manchen ist die Auslegung jedoch unterschiedlich. Daher ist für eine erfolgreiche Zusammenarbeit ein klares Verständnis der Begriffe erforderlich.

Gerade im Product Backlog beim agilen Vorgehen steht oft die Spezifikation der Funktionalität im Vordergrund und die Definition von Geschäftsbegriffen tritt in den Hintergrund.

Es ist daher notwendig, ein Verzeichnis aller relevanten Begriffe, die in den Prozessen, Epics, User Stories oder anderen Artefakten verwendet werden, zu erstellen. Dies gilt für alle Arten von Projekten (sowohl agil als auch nicht agil) und wird leider oft vergessen.

Die minimale Form ist eine Liste von (textlich geschilderten) Begriffen und Abkürzungen, die in der Regel zum leichten Auffinden und Ändern alphabetisch sortiert werden. Bezeichnungen, die dafür verwendet werden, sind »Glossar«, »Wörterbuch« oder einfach »Liste von Definitionen«.

Bei komplizierten Zusammenhängen oder sehr umfangreichen Anwendungsdomänen kann es helfen, dieses Glossar zu strukturieren. Dazu kann man im einfachsten Fall Begriffe in Kategorien, Klassen oder Entitäten gruppieren oder bei komplexeren Zusammenhängen diese Beziehungen dann auch grafisch darstellen. Dazu können Datenmodelle, Informationsmodelle, Entity-Relationship-Diagramme oder UML-Klassendiagramme verwendet werden. Zusätzlich zu der Definition von Begriffen umfassen diese grafischen Modelle auch die relevanten statischen Beziehungen zwischen den Begriffen.

3.1.6 Akzeptanz- und Abnahmekriterien

[IREB RE@Agile Primer] LE 3.1.9

Anforderungen müssen validiert, geprüft oder getestet werden können. Andernfalls ist die Anforderung nur von beschränktem Nutzen bzw. führt meist zu Mehraufwänden, weil dann typischerweise noch Missverständnisse oder Unklarheiten auftreten.

Daher benötigt jede Anforderung, egal ob im nicht agilen oder agilen Umfeld, eine Reihe von Kriterien, die getestet werden können, um festzustellen, ob die Anforderung auch erfüllt ist.

Im nicht agilen Umfeld werden dafür oft Begriffe wie »Qualitätskriterien«, »Abnahmekriterien« oder auch nur »Testfälle« verwendet. Beim agilen Vorgehen sind es häufig Begriffe wie »Akzeptanzkriterien« (für User Stories) oder »Erfolgskriterien« (für Epics oder Themes).

Im Grunde sind diese Kriterien oder Testfälle auch nichts anderes als Requirements (siehe auch Abschnitt A.2 im Anhang). Die ursprünglichen Anforderungen und die dazu passend definierten Testfälle ergänzen sich und ergeben zusammen eine sinnvolle Gesamtspezifikation.

Abhängig von der Granularität der Anforderungen müssen entsprechende Akzeptanzkriterien definiert werden:

- Auf höheren Ebenen (Vision, Ziele und Epics) werden in der Regel Erfolgskriterien definiert, da man manchmal nur feststellen kann, ob die benötigte Funktionalität/Fähigkeit vorhanden ist oder nicht – was bedeutet, dass die Anforderung erfüllt wurde.
- Auf niedrigeren Abstraktionsniveaus können Akzeptanzkriterien verwendet werden, um zu beschreiben, wie die Lösung getestet werden soll, damit sie schließlich vom Kunden akzeptiert wird.

Tipp: Es ist auch auf höheren Abstraktionsebenen zu empfehlen, sich Gedanken über sinnvolle Akzeptanzkriterien zu machen. Dies kann sehr hilfreich für die weitere Spezifikation und Vervollständigung von Anforderungen sein. Die Frage, die man sich immer stellen sollte, ist: »Wie wird diese Anforderung nach Fertigstellung vom Kunden getestet?« Wenn man selbst oder der Kunde darauf keine Antwort weiß, sollte man folgende Anschlussfrage stellen: »Ist es Ihnen egal, wie diese Anforderung am Ende der Entwicklung umgesetzt oder aussehen wird? Wenn nicht, nennen Sie mir bitte die wesentlichen Punkte, die Ihnen nicht egal sind.«

Beispiel für die Ermittlung von Akzeptanzkriterien auf höheren Ebenen:

Ausgangspunkt ist eine Sammlung von Epics, bei denen z.B. folgendes Epic enthalten ist:
Epic: »Die Zeiterfassung wird effiziente Erfassungs- und Auswertungsmöglichkeiten für alle Zeitarten (Tagesarbeitszeit, Fehlzeiten etc.) bereitstellen.«

Die Frage an die Kundin ist: »Wie werden Sie diese Anforderung nach Fertigstellung testen bzw. abnehmen?«

Kundin: »So genau weiß ich das nicht. Ich werde schauen, ob ich die Zeiten eingeben und einen Bericht über die Tagesarbeitszeit inkl. Angabe der Fehlzeiten ausdrucken kann.«

Frage an die Kundin: »Ist es Ihnen egal, wie die Maske zur Erfassung der Arbeitszeit aussieht?«

Kundin: »Nein, ich möchte gerne eine Listenansicht, in der ich die Zeiten für mehrere Tage gleichzeitig eingeben kann. Außerdem soll automatisch eine Warnung kommen, wenn nicht die erforderliche Pausenzeit eingegeben wird.«

Frage an die Kundin: »Ist es Ihnen egal, wie der Bericht, der ausgedruckt wird, aussieht?«

Kundin: »Nein, ich möchte gerne eine Spaltenansicht mit Datum, Kommt-Zeit, Geht-Zeit, Pausendauer sowie Fehlzeiten. Außerdem möchte ich die Liste nach Mitarbeitende und Monat sortieren und gruppieren können und unten soll noch eine Summe der Zeiten über den Kalendermonat ausgegeben werden.«

Diesen Dialog könnte man noch beliebig weiter fortsetzen.

Er soll zeigen, dass durch einige wenige gezielte Fragen aus einer recht unklaren übergreifenden Anforderung in Form eines Epics durchaus hilfreiche Erkenntnisse gewonnen werden können, was sich die Kundin letztendlich darunter vorstellt.

→

Diese binnen weniger Minuten gesammelten wertvollen Zusatzinformationen könnten nun auf zwei Arten weiterverarbeitet und dokumentiert werden:

a) Wenn sich das Projekt noch in einer Phase der Ideenfindung oder groben Spezifikation befindet, könnten diese Punkte als Akzeptanzkriterien formuliert zum Epic dazu notiert und vorerst nicht weiter verfeinert werden (um sich nicht in Details zu verlieren).
b) Wenn diese Fragen im Rahmen der Anforderungsverfeinerung (z.B. als Vorbereitung für ein klar definiertes Sprint Backlog) stattfinden, dann ist es sinnvoll, diese Hinweise z.B. als User Stories zu notieren und auch noch durch weitere Fragen zu ergänzen und zu verfeinern.

3.1.7 Definition of Ready & Definition of Done

[IREB RE@Agile Primer] LE 3.1.10

Die »Definition of Ready« (DoR) und »Definition of Done« (DoD) sind Artefakte, die den Prozess der Entwicklung unterstützen und die Qualität der Anforderungen und Produktinkremente sicherstellen sollen.

Die DoR ist ein Quality Gate für den *Eingang* des agilen Entwicklungsprozesses. Sie soll helfen, die Qualität, den Wert und auch den Detaillierungsgrad und Informationsgehalt der Anforderungen, die im Sprint umgesetzt werden, zu verbessern und eine Überlastung des Teams mit unqualifizierten Anforderungen zu vermeiden.

Die DoD ist im [Scrum Guide] als »Commitment« definiert. Sie ist ein Quality Gate für den *Ausgang* des agilen Entwicklungsprozesses.

Detailliertere Informationen finden sich in den Abschnitten 5.2 und 5.3.

3.1.8 Prototyp vs. Inkremente

[IREB RE@Agile Primer] LE 3.1.11

Viele Stakeholder wollen keine Dokumente schreiben oder lesen, sie möchten kurzfristige Erfolge in Form von etwas »Greifbarem« sehen. Hierzu bieten sich Demonstrationen eines lauffähigen (Teil-)Systems an, um Feedback einzuholen und die Bedürfnisse zu erkennen. Dabei können Prototypen eingesetzt und mit Produktinkrementen gearbeitet werden (siehe auch Abschnitt 3.7).

Der Begriff »Spike« (siehe auch Abschnitt 3.8.1) wird im agilen Kontext für eine Entwicklungsiteration (oder einen Teil davon) verwendet, die sich explizit damit befasst, das Verständnis für einen komplexen Bereich zu verbessern (z.B. Systemarchitektur oder Integration von Fremdkomponenten) und damit das Risiko zu reduzieren. Es kann sich auf die Validierung einer oder mehrerer Aufgaben oder einer ganzen Iteration beziehen.

Prototyping ist eine mögliche Technik innerhalb von Spikes. Hier stehen das Sammeln von Wissen und Erfahrungen im Vordergrund und nicht das Erstellen von funktionierendem Code.

3.1.9 Ermittlung

[IREB RE@Agile Primer] LE 3.2.1

Für die Ermittlung (engl. »Elicitation« [IREB Glossar]) von Anforderungen[2] gibt es viele verschiedene Techniken: Interviews, Fragebögen, Beobachtungstechniken, artefaktbasierte Nachforschung (Systemarchäologie, Dokumentenanalyse, Wiederverwendung von bestehenden Systemen etc.), Prototyping und auch Kreativitätstechniken wie Brainstorming oder Design Thinking.

In der agilen Entwicklung setzt man beim Requirements Engineering oft auf eine intensive Kommunikation zwischen allen Stakeholdern (einschließlich der Entwicklung), um Anforderungen zu ermitteln. Dies kann als gute Mischung zwischen Interviews und kreativem Brainstorming angesehen werden. Techniken wie der »On-Site-Customer« fokussieren z.B. durch Besprechungen zwischen dem Product Owner und den Entwicklerinnen im Rahmen des Backlog Refinement ebenfalls auf eine gute Anforderungsermittlung. Ziel ist es in allen Fällen, besser zu verstehen, was der Kunde wirklich will und benötigt. Es kann hilfreich sein, beim agilen Vorgehen neben der direkten Kommunikation nach Bedarf auch andere der oben genannten Techniken anzuwenden.

Der Einsatz von Prototypen und Produktinkrementen ist ebenfalls eine gute Möglichkeit, mehr über die Anforderungen zu erfahren (siehe auch Abschnitt 3.7). Durch die Präsentation eines Produktinkrements im Sprint-Review werden die Beteiligten zu neuen Ideen angeregt, die dann wieder in das Product Backlog aufgenommen werden können.

Das Requirements Engineering in der agilen Entwicklung kann viel von den bereits etablierten Vorgehensweisen des RE, wie z.B. verschiedenen Ermittlungstechniken, profitieren. Das agile Team kann diese Techniken bewusst nach Bedarf auswählen und anwenden, um schneller und effektiver Anforderungen zu erkennen und zu ermitteln. Die intensive Kommunikation zwischen Team und Stakeholdern sowie das schnelle Feedback über das Bereitstellen von Produktinkrementen in agilen Vorgehensweisen sind grundsätzlich gute Basistechniken. Für gutes Requirements Engineering benötigt es jedoch mehr. Man sollte nicht übersehen, dass es noch weitere Aspekte zu beachten gibt: Bei Projekten mit Hunderten oder Tausenden von Stakeholdern wird eine rein verbale Kommunikation nicht mehr ausreichen. Für die Anregung zu und Ermittlung von innovativen unterbewussten Anforderungen sind oft zusätzliche Kreativitätstechniken erforderlich. Um neue Technologieideen zu generieren und zu untersuchen, sind Spikes hilfreich (siehe Abschnitt 3.8.1). Wenn man nicht genug Zeit für intensive verbale Erhebung und Diskussion hat (z.B. unter Zeitdruck), dann können ergänzende Techniken wie

2. Das Thema »Anforderungsermittlung« wird nur implizit in einzelnen Stellen im Text angesprochen. Für allgemein gebräuchliche Techniken und Methoden zur Anforderungsermittlung wie Brainstorming, Interviews etc. wird hier auf die einschlägige Literatur, z.B. [Pohl & Rupp 2021], verwiesen.

z. B. Requirements-Erhebungstabellen (Listen mit den wichtigsten zu erhebenden Requirements-Attributen) oder Requirements-Erhebungskarten (vorbereitete Karten, die ebenfalls die wichtigsten Requirements-Attribute enthalten – von manchen Methodenberatern auch Snowcards genannt) angewendet werden. Dies hilft Zeit zu sparen durch strukturiertes Vorgehen beim Erheben der Requirements.

Ein wichtiger Aspekt bei der Requirements-Ermittlung besteht darin, alle Quellen von Anforderungen zu kennen und diese in die Ermittlung einzubeziehen. Dies wird durch eine klare Zieldefinition (siehe auch Abschnitt 3.2.2) die Stakeholder-Analyse (siehe auch Abschnitt 3.2.4) und die Systemkontextanalyse (siehe auch Abschnitt 3.2.3) sichergestellt.

[IREB Advanced Level RE@Agile – Practitioner/Specialist] LE 3.2

RE@Agile strebt »Just-in-Time-Anforderungen« an [IREB RE@Agile Primer]. Um zu bestimmen, welche Anforderungen ausreichend detailliert definiert werden sollten, ist eine Übersicht erforderlich.

Die Vision und die Ziele (siehe Abschnitt 3.2.2) reichen möglicherweise nicht aus, um solche Entscheidungen zu treffen. Daher sollte sich der Product Owner einen möglichst breiten Überblick über alle Anforderungen des Systems verschaffen und nur bei den wichtigsten Anforderungen auch in die Tiefe gehen. Dies wird oft als »T-Ansatz« bezeichnet, da dieser breite Überblick dem horizontalen Balken des Buchstabens T entspricht, während der Drilldown[3] der Anforderungen, die den höchsten Geschäftswert versprechen, dem vertikalen Balken des Buchstabens T gleichkommt.

Unterschiedliche Kriterien können verwendet werden, um die Vision oder die Ziele zu zerlegen und daraus Anforderungen auf hoher Ebene zu erhalten, die – zusammen betrachtet – den beabsichtigten Umfang abdecken. Manche Methoden schlagen eine prozessorientierte Dekomposition vor, d. h. die Aufteilung der Funktionalität in Geschäftsprozesse, Anwendungsfälle oder große Stories (siehe auch Abschnitt 3.3). Diese Art der Dekomposition erfüllt die ersten drei Kriterien von INVEST (siehe Abschnitt 5.1.3), d. h., die resultierenden Prozesse sind unabhängig (independent), verhandelbar (negotiable) und – am wichtigsten – werthaltig (valuable).

Alternative Dekompositionsstrategien könnten auf Geschäftsobjekten, auf Subsystemzerlegung eines bestehenden Systems (d. h. ein versionsbasierter oder designbasierter Ansatz), Hardware- oder geografische Verteilung von Subsystemen basieren.

Während die Ergebnisse einer prozessorientierten Dekomposition meist als Use Cases oder User Stories bezeichnet werden, werden die resultierenden Teile der alternativen Dekomposition oft Epics, Themes oder Features genannt.

3. Als Drilldown wird im Allgemeinen die Navigation in hierarchischen Daten bezeichnet.

Wie auch immer die großen Funktionsbrocken heißen, sie bieten eine gute Grundlage für eine (grobe) Schätzung und können möglicherweise auch schon eingeplant werden, wodurch eine Roadmap oder ein vorläufiger Zeitplan für Iterationen (oder Sprints – in der Scrum-Terminologie) erstellt wird.

Alle diese High-Level-Anforderungen müssen detailliert werden, bevor sie von den Entwicklerinnen implementiert werden können (siehe auch Abschnitt 3.4 ff.).

Für die Kommunikation und Dokumentation werden Stories, Epics, Features oder Themes häufig auf physischen Karten festgehalten, die im Product Backlog gesammelt werden. Alternativ stehen viele Tools zur Verfügung, um diese Anforderungen elektronisch zu erfassen. Sobald Anforderungen auf höherer Ebene in eine Reihe von Anforderungen auf niedrigerer Ebene verfeinert werden, werden Anforderungshierarchien erstellt. Im Idealfall kann der Product Owner die verschiedenen Ebenen verwalten, ohne dass die übergeordneten Gruppierungen danach verloren gehen.

Story Maps (siehe Abschnitt 6.5.3) sind eine Möglichkeit, Karten zweidimensional anzuordnen und zu visualisieren, sodass Epics und Features auch dann noch sichtbar sind, wenn sie zu User Stories verfeinert wurden.

3.1.10 Dokumentation

[IREB RE@Agile Primer] LE 3.2.2

Agile Methoden verwenden oft den Begriff »Backlog« (siehe auch Abschnitt 6.5.1) für das Requirements-Management-Artefakt, das die Anforderungen der Requirements-Dokumentation erfüllt.

Im agilen Kontext kann das Backlog als ein Kern der Dokumentation von Requirements gesehen werden. Im Vergleich zu nicht agilen Projekten ist dies jedoch durch die Dokumentation der Anforderungen als Story Cards, die eine Priorität, einen Geschäftswert und ggf. weitere Informationen enthalten, ein eher informeller Ansatz.

Für die Förderung und Verbesserung der Kommunikation zwischen allen Stakeholdern ist die Dokumentation der Anforderungen eine wichtige Aktivität. Gerade im agilen Umfeld wird der Formalismus für die Dokumentation minimiert, indem Details verbal kommuniziert werden. Das Team sollte sich abhängig vom Projektumfeld auf einen adäquaten Dokumentationsgrad verständigen. Dies kann von vielen Faktoren abhängen, wie Größe der Projekte, Anzahl der beteiligten Akteure, rechtliche Einschränkungen oder Kritikalität des Projekts.

Ziel sollte sein, eine übermäßige Dokumentation zu vermeiden, aber trotzdem ein Mindestmaß an nützlicher Dokumentation sicherzustellen.

Die Arbeit mit einem »lebenden« Backlog ist zwar ein effizienter Weg der Dokumentation, aber nicht immer ausreichend. Wenn z.B. aufgrund rechtlicher Rahmenbedingungen eine langfristige Rückverfolgbarkeit zwischen Anforderungen, Design, Quellcode und Testdaten erforderlich ist, ist eine entsprechende Archivierung und Nachvollziehbarkeit auch im Backlog notwendig. Backlog-Objekte dürfen dann nicht gelöscht werden und müssen zur Dokumentation aufbewahrt werden. In diesen Fällen ist es empfehlenswert, anstatt physischer Tafeln und Karten zur Backlog-Verwaltung eine passende Software zu verwenden.

Generell ist das Dokumentieren von Anforderungen kein Selbstzweck. Es sollte die Kommunikation zwischen allen Beteiligten, insbesondere zwischen der Kundschaft (oft durch den Product Owner repräsentiert) und der Entwicklung, erleichtern. Gerade in agilen Projekten ist eine gute verbale Kommunikation ein wichtiges Mittel, um Dokumentationsaufwände zu minimieren. Dennoch muss auch bei agilen Projekten eine angemessene Dokumentation von Anforderungen und begleitenden Informationen (z.B. über Entscheidungen und Annahmen) vorhanden sein. Es gibt noch weitere Dokumentationsarten und -zwecke.

Aus der Requirements-Engineering-Sicht kann man folgende Arten von Dokumentationen unterscheiden:

- **Dokumentation für rechtliche Zwecke**
  In bestimmten Projekten oder Branchen (z.B. in einem sicherheitskritischen Umfeld wie Medizin, Bahntechnik, Automotive, Flugbranche) ist es notwendig, gewisse Dokumentationsvorschriften einzuhalten (z.B. der Nachweis von spezifizierten Anforderungen und Testfällen für ein System sowie deren Zusammenhang), um sich rechtlich abzusichern und die Haftungen zu reduzieren.

  Hier gilt: *Die rechtlich notwendige Dokumentation muss von den zugrunde liegenden Normen oder Gesetzen abgeleitet werden und ist ein untrennbarer Bestandteil des Produkts.*

- **Dokumentation zum Zweck der Nachhaltigkeit (Bewahrung)**
  Gewisse Informationen über ein System sind es wert, erhalten zu bleiben, damit diese für spätere Aufgaben (z.B. Wartung) verfügbar sind. Dies können z.B. die zentralen Ziele oder Anwendungsfälle oder auch Nichtanwendungsfälle des Systems sein (inkl. Begründung).

  Diese Dokumentation kann zum gemeinsamen »Wissensspeicher« werden, der dem Team oder der Organisation hilft, eigene »Speicherkapazitäten« freizubekommen oder die Diskussionen über früher getroffene Entscheidungen zu vereinfachen (»Warum haben wir uns damals entschieden, das nicht zu implementieren?«).

  Hier gilt: *Das Team entscheidet, was zum Zweck der Nachhaltigkeit dokumentiert wird.*

- **Dokumentation für Kommunikationszwecke**
  Verbale oder direkte Face-to-Face-Kommunikation ist durch die Interaktivität ein wichtiges Werkzeug agiler Methoden. In der Praxis gibt es aber verschiede-

ne Situationen, die verbale Kommunikation verhindern oder erschweren (z.B. verteilte Projekte, Zeitrestriktionen der involvierten Personen). Außerdem sind Informationen manchmal so komplex, dass verbale Kommunikation ineffizient ist. Ein geschriebener Text oder ein Diagramm kann immer wieder gelesen werden (z.B. wenn ein komplexer Algorithmus nicht gleich verstanden wird oder auch wenn einzelne Punkte von den Lesenden wieder vergessen wurden). Manchmal bevorzugen Stakeholder es auch, eine schriftliche Dokumentation zu lesen, anstatt den Sourcecode oder die laufende Software zu reviewen.

Das Prinzip der Dokumentation für Kommunikationszwecke:
Diese Dokumentation wird dann erstellt, wenn Stakeholder oder die Entwicklerinnen darin einen Wert für die Kommunikation sehen. Das Dokument kann wieder verworfen werden, wenn die Kommunikation erfolgreich durchgeführt wurde.

- **Dokumentation zum Zweck des Nachdenkens**
  Ein oftmals vergessener Aspekt der Dokumentation ist, dass diese auch immer ein Mittel ist, um den Denkprozess der Person, die den Text verfasst, zu verbessern und zu unterstützen. Auch wenn die Dokumentation später im Prozess weggeworden wird, so bleibt doch der Nutzen der Verbesserung und Unterstützung. Zum Beispiel zwingt das Schreiben von Use Cases dazu, über konkrete Interaktionen zwischen dem System und den Aktoren nachzudenken, die dann z.B. auch Ausnahmen und alternative Szenarien umfassen. Das Niederschreiben von Use Cases kann daher auch als Werkzeug verstanden werden, um das eigene Wissen und Verständnis für das System zu überprüfen.

  Das Prinzip der Dokumentation zum Zweck des Nachdenkens:
  Die Person, die den Text schreibt, entscheidet, welche Form der Dokumentation für ihren Prozess des Nachdenkens am besten geeignet ist. Sie muss dies auch nicht anpassen. Wenn der Prozess beendet ist, kann die Dokumentation wieder verworfen werden.

Agile Methoden können wesentlich davon profitieren, wenn diese vier Arten der Dokumentation unterschieden und im entsprechenden Kontext angewendet werden. Vor allem die Unterstützung für die Kommunikation und das Nachdenken werden oftmals unterschätzt.

[IREB Advanced Level RE@Agile – Practitioner/Specialist] LE 3.6

Für das Projektteam sind Story Cards oft ausreichend zur Erinnerung an die laufenden Diskussionen, um als Grundlage für die Entwicklung zu dienen [Cohn 2010]. Für Entwicklerinnen, die kontinuierlich an einem Projekt beteiligt waren, reicht oft der Code selbst aus, um zu verstehen, was zuvor getan wurde.

Neben den direkt an der Projektentwicklung Beteiligten gibt es jedoch viele andere Stakeholder – der Kunde, das Unternehmensumfeld, Supportteams, verwandte Projektteams usw. –, denen Code und User Stories nicht genügend Kontext und

Struktur bieten, um zu verstehen, wie das Produkt schließlich aussehen bzw. sich auf sie auswirken wird. Diese Stakeholder repräsentieren daher unterschiedliche Zielgruppen für die Dokumentation.

Darüber hinaus wird das Produkt, das aus einem Entwicklungsprojekt hervorgeht, selbst (hoffentlich) ein Leben über das Projekt hinaus haben und kann sich tatsächlich über mehrere Entwicklungsprojekte hinweg weiterentwickeln.

Requirements-Engineering-Artefakte können in der Regel nur dann als relevant für das Projekt oder als Teil der Produktdokumentation klassifiziert werden, wenn sie für die zukünftige Verwendung aufbewahrt werden sollen. Die Trennung von Produktbelangen und Projektbelangen kann eine gute Ausgangsbasis für eine nachhaltige Dokumentation darstellen.

In Übereinstimmung mit den agilen Prinzipien sollte nur dann Aufwand für die Dokumentation getrieben werden, wenn diese Dokumentation einen Stakeholder hat, der diese benötigt und von dem bei der Entwicklung dieses Artefakts regelmäßig Feedback eingeholt wird. Techniken zur Minimierung des Dokumentationsaufwands insbesondere für produktorientierte Artefakte können z.B. die Erstellung dedizierter, Wiki-orientierter Dokumentationssysteme sein, die sich im Laufe der Zeit weiterentwickeln.

> Dokumentation soll kein Selbstzweck sein, sie soll die Kommunikation zwischen den Stakeholdern, die Nachhaltigkeit und rechtliche Anforderungen unterstützen!

3.1.11 Artefakte

Die in diesem Buch beschriebenen Artefakte, Techniken und Methoden zur Ermittlung und Dokumentation von Anforderungen sind bewusst in mehreren Blöcken zusammengefasst und in einer Reihenfolge angeführt, die bei ihrer Verwendung einer Vorgehensweise vom Groben ins Detail entspricht.

Die Verfeinerung von Anforderungen erfolgt in fünf Ebenen:

- **Übergeordnete Sicht und Kontext**
  (Abschnitt 3.2, »Übergeordnete Artefakte«)
- **Prozesse**
  (Abschnitt 3.3, »Geschäftsprozesse und Systemverhalten«)
- **Funktionen und Qualitätsanforderungen**
  (Abschnitt 3.4, »Funktionale und nicht funktionale Sicht«)
- **Gestaltung des User Interface**
  (Abschnitt 3.5, »Benutzerschnittstelle«)
- **Technische Anforderungen**
  (Abschnitt 3.6, »Systemschnittstelle« und Abschnitt 3.8, »Entwicklersicht«)

In einem Projekt ist es oft zielführend, in dieser Reihenfolge vorzugehen, da eine zu frühe und vielleicht noch nicht notwendige Festlegung auf Details den möglichen Lösungsraum für die Umsetzung zu stark einschränkt. Dies ist auch eine gute Herangehensweise, um sich nicht schon am Anfang durch eine zu starke Detailsicht zu »zerfransen« oder den Projektfokus zu verlieren.

In der Praxis können und sollen die Techniken und Methoden nach Bedarf an jeder beliebigen Stelle und zu jedem beliebigen Zeitpunkt im Entstehungsprozess angewendet werden, und zwar so, wie es für die jeweilige Situation am effektivsten ist. Erfahrungsgemäß sind zusätzlich zum erstmaligen Durchlauf durch die genannten Spezifikationsebenen zumindest ein bis zwei Iterationen über die Ebenen Prozesse, Funktionen und User Interface erforderlich, um die Requirements vollständig und konsistent zu erhalten.

Eine Frage ist auch oft, welche Beschreibungsebene man für eine von einem Stakeholder genannte Anforderung wählen soll? Soll man z.B. die Anforderung »Tagesarbeitszeit buchen« als Prozessschritt, als Szenario, als User Story oder Use Case oder schon als GUI-Element spezifizieren? Es gibt hier keine eindeutige Regel, denn dies hängt von der Komplexität des Systems ab und zusätzlich auch davon, welche Bedeutung das Element im Gesamtkontext des Systems hat.

Nachfolgend sind für diese Fragestellung zwei kleine Beispiele und Möglichkeiten zur Spezifikation beschrieben:

Situation A: ERP-System-Implementierung

Das ERP-System besteht aus vielen Modulen, von denen die Zeiterfassung nur ein kleines ist. Es gibt viele übergeordnete Businessprozesse, in denen das Requirement »Tagesarbeitszeit buchen« als eines von Tausenden anderen Requirements vorkommt. Die »Zeiterfassung« wird als untergeordneter, wenig kritischer Systemteil eingestuft.

In diesem Fall wäre es empfehlenswert, das Requirement »Tagesarbeitszeit buchen« als Schritt in einem Subprozess oder Szenario zu modellieren. Eine weitere Verfeinerung vor der Implementierung wird in diesem Fall wahrscheinlich nicht durchgeführt, sondern die Details dieses »kleinen« Punkts werden der Entwicklung überlassen.

Situation B: Zeiterfassungssystem-Implementierung

In einer Produktentwicklung soll explizit ein neues Zeiterfassungssystem als Kernprodukt entwickelt werden. Im neu zu implementierenden System gibt es einige Businessprozesse. Die Anforderung »Tagesarbeitszeit buchen« ist dabei eine Kernfunktion.

In diesem Fall wird »Tagesarbeitszeit buchen« möglicherweise sogar ein Hauptprozess oder Hauptszenario sein und zum besseren Verständnis grafisch modelliert und mit einer Textspezifikation detaillierter beschrieben werden. Des Weiteren wird man sich hier auch noch Gedanken darüber machen, wie denn das Design dieser Funktion auf der Benutzeroberfläche aussehen soll, und auch schon die Maskengestaltung zumindest grob vorgeben.

3.1.12 Ein Blick auf das große Ganze

Zur Strukturierung und Einordnung von Requirements-Artefakten kann man grundsätzlich drei Ebenen unterscheiden:

- Die High-Level-Sichtweise, um den Überblick über das Vorhaben zu erlangen bzw. zu behalten
- Die Strukturierungsebene, auf der unterschiedliche Artefakte in einen Zusammenhang gebracht werden
- Die Detailebene mit den feingranularen Inhalten

In Abbildung 3–2 werden diese drei Ebenen dargestellt und mit den drei Sichten »Kunde«, »Entwickler*in« und »Management« kombiniert. In dieser Matrix werden die wichtigsten in der agilen Softwareentwicklung verwendeten Requirements-Artefakte im Überblick angegeben.

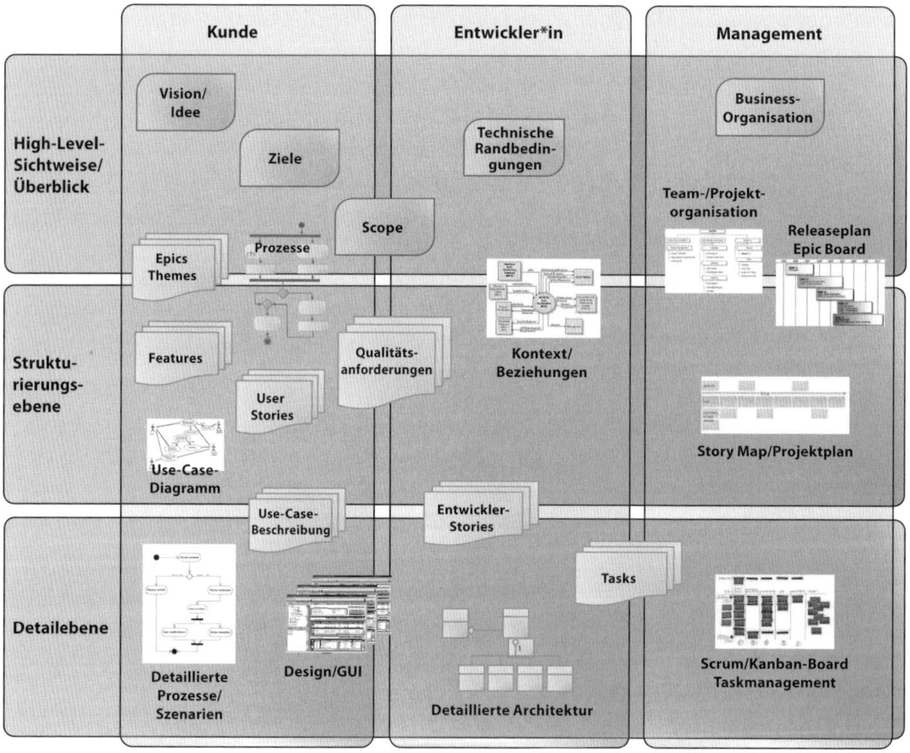

Abb. 3–2 *Überblick über Requirements-Artefakte im agilen Umfeld*

Die Zusammenhänge im Requirements Engineering sind fast immer komplexer, als es auf den ersten Blick aussieht (siehe Abb. 3–3). Um teamübergreifende Anforderungen, Einsatzszenarien bei den Anwendern und das große gemeinsame Ziel optimal im Blick behalten zu können, müssen die oft verwendeten User Stories sinnvoll um weitere Requirements-Artefakte ergänzt werden. Jedes Artefakt steht dabei mit vielen verschiedenen anderen Artefakten in Beziehung.

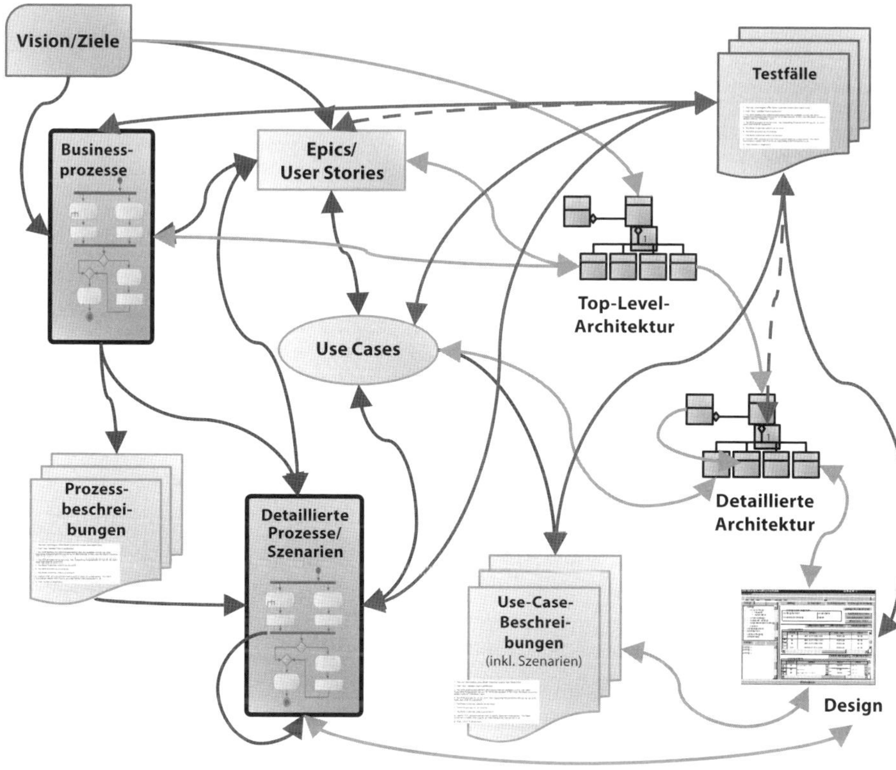

Abb. 3–3 *Komplexe Zusammenhänge im Requirements Engineering*[4]

Diese Artefakte und Beziehungen sollten in jedem Projekt berücksichtigt und gemanagt werden. Passiert dies nicht, sind sie zwar nicht mehr explizit sichtbar, aber trotzdem immer noch vorhanden. Das Nichtbeachten dieser Situation führt dann oft dazu, dass Ineffizienzen wie z.B. Leerlaufzeiten und Fehler, vergessene Anpassungen und Testfälle oder Inkonsistenzen zwischen Artefakten entstehen. Die Folge ist, dass dann z.B. der Tester nicht oder erst verzögert informiert wird, wenn sich an den Anforderungen etwas ändert, und daher die Testfallerstellung erst verspätet beginnen kann oder die falschen Testfälle erstellt werden.

4. Aus Gründen der Übersichtlichkeit sind in dieser Grafik nur die wichtigsten Requirements-Artefakte und Beziehungen dargestellt. Code-Artefakte, externe Rechtsgrundlagen und andere ggf. noch relevante Artefakte wurden weggelassen, müssen in der Praxis jedoch ebenfalls berücksichtigt werden.

Unabhängig davon, ob eine agile oder nicht agile Vorgehensweise in einem Projekt angewendet wird: Die komplexen Beziehungen zwischen den Projektartefakten bestehen in jedem Projekt und müssen entsprechend berücksichtigt werden.

In agilen Projekten versucht man, diese Zusammenhänge und Komplexitäten weniger durch explizite Dokumentation in passenden Artefakten und durch Verwaltung in geeigneten Tools zu beherrschen, sondern durch intensive persönliche Kommunikation. Die Kommunikationstheorie hat jedoch festgestellt – und auch in der Praxis zeigt sich dies immer wieder –, dass sich der Kommunikationsaufwand mit der Anzahl der Kommunikationsknoten und Beziehungen exponentiell erhöht. Schon bei einer einfachen und nicht alle Beziehungen eines Projekts umfassenden Abbildung wird ersichtlich, dass es nicht einmal mit sehr großem Kommunikationsaufwand möglich ist, alle Zusammenhänge zwischen den Kundenanforderungen und den restlichen Projektartefakten zu bewahren und konsistent zu halten. In der Praxis wird dies kaum ausschließlich auf Basis der persönlichen Kommunikation funktionieren.

Was in Projekten ohne explizite Dokumentation der Artefaktbeziehungen oft passiert, ist, dass ein Großteil der eigentlich für eine nachhaltige Entwicklung notwendigen Informationen nur unzureichend oder inkonsistent vorhanden ist. Speziell für Nichtteammitglieder sind diese Informationen nicht nutzbar, da sie zwar in den Köpfen von Teammitgliedern vorhanden sind, jedoch nur mit großem Aufwand an andere weitergegeben werden können. Außerdem können sie nicht strukturiert analysiert und geprüft werden. Das Wissen ist in den Köpfen »eingebunkert«. In vielen Projekten führt dies dann zu Problemen.

Die wesentlichen Beziehungen und Inhalte der durchgeführten Kommunikation sollten daher auch dokumentiert werden, um dem Wissensverlust entgegenzuwirken (siehe Grundprinzip 3 »Risiko und zeitlicher Abstand zur Umsetzung steuern Detailgrad« in Abschnitt 2.3 sowie Abschnitt 3.1.3). Des Weiteren sollten Aufwände, die zur Aufrechterhaltung der Beziehungen zwischen den Artefakten nötig sind, durch den Einsatz von passenden Werkzeugen (Requirements Management, Modellierung, Codeverwaltung, Testmanagement, Prozessautomatisierung etc.) reduziert oder vermieden werden.

3.2 Übergeordnete Artefakte

3.2.1 Zusammenhänge und Abhängigkeiten

[IREB Advanced Level RE@Agile – Practitioner/Specialist] LE 2.4

Bei der Definition von Vision und Zielen, Stakeholdern und Systemgrenze (siehe nachfolgende Abschnitte) sind wechselseitige Abhängigkeiten zu berücksichtigen:

- Die relevanten Stakeholder formulieren die Vision und die Ziele. Daher kann die Identifizierung eines neuen relevanten Stakeholders Auswirkungen auf die Vision oder die Ziele haben.
- Vision und Ziele können verwendet werden, um die Identifizierung neuer Stakeholder durchzuführen, indem Sie z.B. fragen: Welcher Stakeholder könnte an der Erreichung der Vision/der Ziele interessiert sein oder ist von der Erreichung der Vision/der Ziele betroffen?
- Vision und Ziele können verwendet werden, um einen ersten Umfang zu definieren, indem gefragt wird: Welche Elemente sind notwendig, um die Vision/die Ziele zu erreichen?
- Eine Änderung der Systemgrenze (und damit des Scopes) kann Auswirkungen auf die Vision/die Ziele haben. Wird ein Aspekt aus dem Anwendungsbereich entfernt, muss überprüft werden, ob das System noch in der Lage ist, die Vision/die Ziele zu erreichen.
- Stakeholder definieren die Systemgrenze. Daher kann sich die Identifizierung eines neuen relevanten Stakeholders auf die Systemgrenze und Scope auswirken.
- Eine Änderung des Scopes (z.B. zur Erfüllung eines Ziels) erfordert die Zustimmung der relevanten Stakeholder.

Diese gegenseitigen Abhängigkeiten sollten genutzt werden, um alle drei Elemente auszubalancieren und die Auswirkungen der Änderung eines der drei Elemente auf das andere zu untersuchen.

Aufgrund dieser engen Abhängigkeiten zwischen Vision und Zielen, Stakeholdern und Umfang sollten alle diese Elemente zeitgleich und auf kohärente Weise behandelt werden.

3.2.2 Vision und Ziele

[IREB RE@Agile Primer] LE 3.1.2
[IREB Advanced Level RE@Agile – Practitioner/Specialist] LE 2.1

Definition	Die **Vision** (lat. visio, »sehen«) ist als kreatives Wunschbild oder »Gesamtziel« eine sehr allgemeine, oft noch unkonkrete Darstellung oder Richtschnur dessen, was erreicht werden soll. Ein **Ziel** ist ein künftig angestrebter definierter Zustand bzw. ein Sachverhalt, den der Stakeholder erreichen möchte. Ziele sind konkreter gefasst und sollen klar messbar formuliert sein.
Anwendung	Vision und Ziele werden verwendet, um die strategische Ausrichtung und die groben Leitlinien des zu entwickelnden Produkts oder einer übergreifenden Produktlinie oder eines Produktportfolios zu beschreiben. Vision und Ziele sollen in jedem Entwicklungsprojekt vorhanden sein und sind im Grunde Requirements-Engineering-Artefakte auf höchster Ebene, wobei auf dieser Ebene oft nur grobe Aussagen möglich sind, die dann in tieferen Ebenen in detailliertere Sichten aufgeteilt werden.[a] Die Vision und Ziele sollen so früh wie möglich zwischen allen relevanten Stakeholdern vereinbart werden und sind für alle Entwicklungsaktivitäten von höchster Bedeutung.
Mitwirkende	▪ Projektentscheider*innen auf Businessebene (z.B. Geschäftsführer*in, CEO, Portfoliomanager*in) ▪ Entscheider*innen des Auftraggebers bzw. der Auftraggeberin ▪ Produktmanager*in, Product Owner
Eigenschaften	▪ Oberste Ebene ▪ Grobe, übergreifende Aussagen ▪ Leicht verständliche und umfassende Orientierung (»gemeinsame Mission«) für das gesamte (agile) Projekt ▪ Inhaltliche Anforderungssicht und planende Sicht manchmal gemischt ▪ **Wichtig als Leitplanken für alle untergeordneten Ebenen** ▪ In jedem Projekt erforderlich ▪ Anzahl: Eine Vision und ca. 3–7 übergeordnete Ziele, die sich alle Projektbeteiligten merken können ▪ Achtung: Ziele können auch widersprüchlich sein und in Konflikt zueinander stehen. Dies sollte aufgelöst werden.
Testbarkeit	▪ Vision: nein ▪ Ziele sollten prüfbar oder zumindest bei der Abnahme nachvollziehbar formuliert sein.
Zeitpunkt	**Zum Projektstart**, nach Bedarf zwischendurch Anpassung
Vorlaufzeit bis Umsetzung	Wenige Monate bis ein Jahr **Hinweis:** Längere Zeiträume als ein Jahr sind meist nicht sinnvoll. Hier empfiehlt es sich, das Vorhaben in kleinere Einheiten aufzuteilen, die binnen max. einem Jahr zur Umsetzung gelangen können.

→

Hinweise	Vision und Ziele können auch als sogenanntes »Elevator Statement«[b] – also eine kurze knackige Aussage über Inhalt und Zweck des Vorhabens – verfasst werden. Im agilen Umfeld wird oft auch der Begriff »Produktvision« oder »Produkt-Vision-Statement« verwendet, um zu betonen, dass jedes Ergebnis des Entwicklungsprozesses einen eigenen Geschäftswert haben sollte, der die Produktvision unterstützt. Jede Anforderung soll zum Erreichen der Vision und Ziele beitragen [Scrum Guide]. **Tipp:** Erstellen Sie ein Plakat oder veröffentlichen Sie die Vision und Ziele auf der Startseite der Projekt-Website, um sie laufend präsent zu haben. Manchmal wird anstelle des Begriffs »Ziel« auch der Begriff »Problem« (das von einem bestimmten System gelöst werden soll) verwendet. Aus RE-Perspektive sind die Begriffe direkt miteinander verbunden: Ein Problem ist eine Aussage über eine unerwünschte vorhandene Eigenschaft, während ein Ziel die gewünschte Zukunft ausdrückt.

a. Im RE@Agile sowie [IREB Glossar] wird explizit unterschieden zwischen Ziel und Anforderung (Aussage über eine gewünschte Systemeigenschaft). Die Unterscheidung ist in der Praxis oft nicht ganz klar und vielfach »Geschmackssache«, daher sehen wir hier der Einfachheit halber Vision und Ziele als High-Level-Anforderungen.

b. Als »Elevator Statement« oder auch »Elevator Pitch« (dt. etwa »Aufzugsgespräch«) werden kurze, informative Darstellungen einer Idee, eines Vorhabens, einer Leistung oder auch eines Produkts bezeichnet. Der Begriff verdeutlicht, dass die Darstellung so effektiv erfolgen soll, dass die Aussage innerhalb einer Fahrt in einem Aufzug (also in ca. 30–45 Sekunden) wiedergegeben werden kann.

Vision und Ziele sind die »Leitplanken« für das Projekt und alle weiteren Requirements.

In jedem Entwicklungsprozess sollten die Vision und Ziele die Ausgangsbasis für die Produktdefinition sein. Die Lösung ist dann erfolgreich, wenn Vision und Ziele umgesetzt bzw. erreicht sind.

Bei Vision und Zielen kann man zwischen verschiedenen Sichtweisen, z.B. technische Sicht, Geschäftssicht, unterscheiden. Die technische Sichtweise berücksichtigt Aspekte, die meist produktbezogen sind, wie z.B. Technologie, Architektur, Wartbarkeit oder Betriebsinfrastruktur. Die Geschäftssicht betrachtet primär die Organisation, Prozesse und wirtschaftlichen Aspekte.

Beispiele für Visionen:

- **Technische Vision**
  »Mit der neuen Softwarelösung für die Arbeitszeiterfassung werden wir technologisch gegenüber unserem direkten Mitbewerber führend sein.«
- **Wirtschaftliche Vision**
  »Die Nutzer können durch den Einsatz des Systems die Produktivität im Bereich Zeiterfassung vervielfachen.«

→

Beispiele für Ziele:

- **Technisches Ziel**
  »Bis Ende des nächsten Jahres ist das neue System auf Microsoft Windows und iOS verfügbar.«
- **Wirtschaftliches Ziel**
  »Durch die Ablösung der papierbasierten Zeiterfassung werden die Aufwände für die Zeiterfassung und monatliche Analyse und Auswertung der Daten um mindestens 50% reduziert.«

Vision und Ziele beziehen sich in der Formulierung grundsätzlich auf das Gesamtsystem bzw. Gesamtvorhaben.

Abgeleitet von den übergeordneten Zielen werden manchmal auch Ziele mit unterschiedlicher Granularität und Zeitintervall vereinbart (z.B. Ziele für die Roadmap von einem Jahr, Ziele für das nächste Release von drei Monaten und Ziele für einen Sprint für die nächsten zwei bis vier Wochen (abhängig von der Sprint-Länge). Wichtig dabei ist, dass die untergeordneten (Teil-)Ziele immer im Einklang mit dem Gesamtziel bzw. der Gesamtvision stehen.

In Vision und Zielen können organisatorische, zeitliche, finanzielle, qualitative und funktionale Aspekte enthalten sein. Eine Trennung ist auf dieser Ebene nicht so wichtig. Viel wichtiger ist, dass die wesentlichen Ziele dargestellt und an alle Stakeholder klar kommuniziert werden (z.B. auch zeitlich eingeordnet auf einer Visions-/Ziele-Roadmap). Eine saubere Aufteilung in eine inhaltliche Sicht (Prozesse, Funktionen, Qualitätseigenschaften etc.) und eine Managementsicht (Projektorganisation, Aufwand, Aufgabenplanung etc.) soll dann auf den untergeordneten Ebenen erfolgen.

Die Ziele von verschiedenen Stakeholdern können zueinander widersprüchlich sein. Hier ist ein Ausgleich zwischen den Beteiligten erforderlich, um eine gemeinsam vereinbarte Vision oder ein gemeinsames Ziel zu erreichen. Alternativ kann man auch entscheiden, Varianten eines Produkts anzubieten (z.B. ein Zeiterfassungssystem für Projektdienstleister und eine Variante für Produktionsbetriebe) oder eine Trennung in verschiedene Produkte vorzunehmen (z.B. eine eigene Desktop-Zeiterfassung und eine mobile App zur Zeiterfassung).

Vision und Ziele für das aktuelle Entwicklungsvorhaben sind normalerweise abgeleitet aus einer übergeordneten Vision und Zielen, wie z.B. Businessvision und -ziele, Geschäftsstrategie, können aber auch durch eine persönliche Vision und Ziele maßgeblicher Stakeholder beeinflusst werden. Sie sind wichtig, um allen Beteiligten und insbesondere auch den Entwicklerinnen deutlich zu machen, worauf bei dem Vorhaben besonders Wert gelegt wird und was die wichtigsten Bedürfnisse und Anliegen der Auftraggeberin sind. Außerdem können hier evtl. auch schon Vorgaben für grundlegende Architektur- und Designentscheidungen abgeleitet oder in eine bestimmte Richtung gelenkt werden.

Jedes weitere inhaltliche Requirement und jeder Managementaspekt im weiteren Projektverlauf soll implizit oder explizit gegen die definierte Vision und vereinbarten Ziele geprüft werden, um festzustellen, ob ein Beitrag dazu geleistet wird.

Eine Anforderung ohne Beziehung zu einem Ziel liegt außerhalb des Scopes und sollte bewusst ausgegrenzt bzw. ggf. in ein Nachfolgevorhaben ausgelagert werden. Wenn solche Anforderungen trotzdem bestehen bleiben und von Stakeholdern »verteidigt« werden, ist dies entweder ein Indikator für »Goldplating«[5] oder dafür, dass die Ziele bzw. der Scope des Projekts noch nicht richtig definiert ist. In beiden Fällen ist Anpassungsbedarf gegeben.

Vision und Ziele sind daher sehr wichtige Artefakte für den Projekterfolg und müssen sehr sorgfältig formuliert werden. Sie bestimmen den Rahmen für alle Projektaktivitäten, ohne die Kreativität in der Umsetzung unnötig einzuschränken.

Ändern von Vision und Zielen

Wichtig ist, dass auch Vision und Ziele nicht als »in Stein gemeißelte« Gebote gesehen werden. Die Projektsituation (z.B. andere oder neue Stakeholder oder gravierende Änderungen am Systemkontext) oder die Sichtweise der Auftraggeberin kann sich durchaus ändern und auch die Vision und Ziele können und sollen angepasst werden. Dabei ist zu beachten, dass bei einer Änderung der obersten Vision und Ziele alle untergeordneten Requirements und auch der Zusammenhang mit der übergeordneten Vision und den Zielen neu geprüft werden muss. Dies kann bei komplexen Systemen mit viel Aufwand verbunden sein und dazu führen, dass viel bereits getane Arbeit umsonst gemacht wurde.

Vision und Ziele können durchaus auch eine gewisse Dynamik haben und sich an Veränderungen oder ein anderes Verständnis der Stakeholder anpassen. Dies soll jedoch kein Freibrief zum laufenden Ändern der Produktvision sein, sondern mit Bedacht und nur bei wirklich relevanten Änderungen durchgeführt werden.

> Da es sich bei Vision und Zielen um sehr zentrale und übergeordnete Elemente für das gesamte Vorhaben handelt, sollte die Visions- und Zielformulierung wohl überlegt sein und – soweit dies möglich ist – auch durch Reviews und Diskussionen mit den Stakeholdern möglichst frühzeitig am Beginn eines Projekts festgelegt und abgesichert werden.

Es muss den Entscheidungsträgern klar sein, dass Änderungen an zentralen Projektgrundlagen oder Zielen – vor allem dann, wenn sie massive Auswirkungen auf die technische Architektur des Systems haben – mit sehr hohen Kosten verbunden sind!

---

5. Der Begriff »Goldplating« wird verwendet, wenn an einem Projekt oder einer Aufgabe über den Punkt hinaus gearbeitet wird, an dem der Nutzen wieder abnimmt. Es bedeutet das Hinzufügen von Funktionen, die im ursprünglichen Plan oder in der Produktspezifikation nicht vorgesehen waren. Grundsätzlich heißt das jedoch nicht, dass keine neuen Features mehr hinzugefügt werden dürfen; sie können jederzeit hinzugefügt werden, solange sie dem definierten Entwicklungsprozess folgen und die Auswirkungen der Änderung im Projekt berücksichtigt werden (in Anlehnung an [Wikipedia: Goldplating]).

Beispiel für eine gravierende Zieländerung:

- **Geändertes technisches Ziel**
  »Bis Ende des nächsten Jahres wird das neue System auf Microsoft Windows und iOS **sowie auf Android, Windows Phone und Linux** verfügbar sein.«

Zur Vereinfachung des Änderungsmanagements bei Vision und Zielen kann man auch mit unterschiedlichen Zeithorizonten und daran angepasst auch unterschiedlichen Änderungsverhalten arbeiten. So kann zum Beispiel mit unterschiedlichen Visions- und Zieldokumenten für Sprints, Releases und einen langfristigen Produktausblick gearbeitet werden. Auch das bewusste Fokussieren auf einen bestimmten abgegrenzten Zeitraum von z.B. einem ½ Jahr und das anschließende Evaluieren und ggf. auch komplette Ändern der Entwicklungsrichtung ist legitim, wenn dies allen Beteiligten klar ist (z.B. bei Lean-Startup-Ansätzen).

Wie auch immer man bezüglich Vision und Zielen vorgeht, es sollte möglichst klar und frühzeitig mit allen Stakeholdern abgestimmt sein.

Definition und Messbarkeit

Eine Vision kann durchaus auch »visionär« sein und muss nicht immer klar messbar formuliert sein. Sie soll vielmehr auch einen motivierenden Charakter haben. Aus der oft allgemein und unkonkret angegebenen Vision leiten sich dann konkrete Ziele ab. Diese Ziele sollen im Gegensatz zur Vision »SMART« formuliert sein. Leider gibt es in der Literatur keine einheitliche Definition dafür. Nachfolgend einige gängige SMART-Varianten:

	[Wikipedia: SMART]	[Scrum.org]	[Wolf & Roock 2021] [IREB RE@Agile AL]	Beschreibung
S	Specific	Specific	Specific	Ziele müssen eindeutig definiert sein (nicht vage, sondern so präzise wie möglich).
M	Measurable	Measurable	Measurable	Ziele müssen messbar oder zumindest überprüfbar sein (Messbarkeitskriterien).
A	Achievable, Accepted, Attainable	Assignable	Achievable	Ziele müssen von den Empfängern akzeptiert werden (auch: angemessen, attraktiv, ausführbar) und sie müssen erreichbar sein.
R	Reasonable, Relevant	Realistic	Relevant	Das gesteckte Ziel muss relevant, angemessen und realistisch sein.
T	Time bounded	Time related	Time based	Zu jedem Ziel gehört eine klare Terminvorgabe, bis wann das Ziel erreicht sein muss.

Die gute Formulierung der Ziele wird am einfachsten über eine Checkliste geprüft, die die Kriterien für die Formulierungsansätze beinhaltet. Die Verwendung von Schablonen oder Formularen mit entsprechend vorbereiteten Feldern ist auch möglich.

Neben dem SMART-Schema gibt es noch verschiedene andere Ansätze zur Zielformulierung:

- **PAM-Zielformulierung** [Robertson2003]
  Die Stakeholder beantworten folgende Fragen nach ihren Zielen:
  - P = Purpose
    Eine Ein-Satz-Beschreibung des Zwecks des Vorhabens.
  - A = Advantage
    Was ist der Geschäftsvorteil/Mehrwert?
  - M = Measure
    Wie würden wir den Geschäftsvorteil messen?
- **Product Vision Box/Design the Box** [Highsmith2004]
  Nach diesem Ansatz wird eine (physische) Box für das Produkt erstellt, die die zentralen Vorteile/Ideen des Produkts für potenzielle Kunden präsentiert. Der visionäre Anteil spielt hier eine große Rolle.

  Der Ursprung liegt bei Bill Shackelford und Jim Highsmith (einer der ursprünglichen Unterzeichner des Agilen Manifests und Vater des »Adaptive Software Development« (ASD)). Die Vision-Box-Technik wird auch »Design the Box«-Technik genannt und wird als Teil der Visionsphase (engl. Envision Phase) der Produktentwicklung gesehen.

  Zur Vereinfachung des Prozesses können sich die Teilnehmenden bzw. Teammitglieder auch an den klassischen W-Fragen orientieren. Die Ergebnisse werden dann auf bzw. mit der Box präsentiert:
  - Wer ist der Zielkunde?
  - Was will das Produkt erreichen? Wie macht es das Leben der Benutzerin einfacher oder besser?
  - Wann wird erwartet, dass das Produkt geliefert wird?
  - Wo wird das Produkt verwendet? Unter welchen spezifischen Umständen?
  - Warum sollten Benutzerinnen dieses Produkt anstelle anderer Softwarelösungen für das Problem verwenden, das es anspricht?
  - etc.

  Eine andere Möglichkeit zur Unterstützung sind Textschablonen (in Anlehnung an Highsmith):

  > Zur Lösung von *[Warum, Bedarf, Problem]*
  > für *[Zielkunde]* benötigen wir
  > das *[Produktname]* mit der *[Produktkategorie]*,
  > weil es *[wesentlicher Vorteil, Kaufgrund, Feature]*
  > und sich von *[primäre Wettbewerbsalternative]*
  > unterscheidet durch *[Erklärung der primären Differenzierung]*.

  Da die Box nur einen begrenzten Platz bietet, hat dies den Vorteil, dass man sich fokussieren muss. Dies hilft, die erarbeiteten Inhalte knapp und aussagekräftig darzustellen.

- **Nachrichten aus der Zukunft**
  Diese Technik gibt es in verschiedenen Ausprägungen. Zum Beispiel kann man einen kurzen Artikel schreiben, der am Tag nach einer erfolgreichen Produkteinführung veröffentlicht wird. Darin stehen die Gründe, warum das Produkt entwickelt wurde und was es so einzigartig macht. Man kann auch ein fiktives Interview in der Zukunft gestalten, um sich gedanklich aus der Realität zu lösen und visionäres Denken zu ermöglichen.

  Ein fiktiver Bericht über eine negative Produktentwicklung oder das Scheitern des Projekts, in dem angegeben ist, welche Gründe oder fehlende Features zum Scheitern geführt haben, kann ebenfalls hilfreich sein.

  Generell wird damit ein Ändern der Denkmuster bewirkt.

- **Vision Board**
  Ein Vision Board ist eine in vielen Lebensbereichen und Branchen verbreitete Methode, um Vision und Ziele zu visualisieren. Typischerweise ist es eine grafische Collage mit Zielen, die evtl. auch nach kurz-, mittel- und langfristigen Visionen sortiert ist.

  Eine mögliche Vorgehensweise zur Erstellung eines Vision Board ist nachfolgend dargestellt:

  - Brainstorming/Ideen sammeln
  - Grobe Strukturierung (z. B. Mindmap)
  - Visualisierung (z. B. in Schlüsselworten, Merksätzen, Zitaten, Skizzen, Grafiken, Fotos etc.)
  - Board gestalten: analog/digital, Hochformat/Querformat, zeitlich (kurz-, mittel, langfristig) horizontal/vertikal etc.
  - Unübersehbar platzieren (räumlich oder auch digital z. B. als Bildschirmhintergrund)

- **Canvas-Techniken**
  Es gibt verschiedene Techniken mit Canvas (= »Leinwand«) wie Business Model Canvas, Project Canvas, Chancen-Canvas oder auch Product Canvas. Es sind alles Techniken, mit denen man fokussierte, strukturierte und leicht verständliche visuelle Darstellungen erstellen kann. Meist sind sie jedoch größer angelegt und beinhalten mehr Informationen als reine Vision Boards. In [Pichler 2013] wird ein einfaches Canvas-Schema vorgestellt:

Vision:	**Produktname:**	
Kundenpersonas bzw. deren Probleme, die gelöst werden sollen:	**Big Picture:** ▪ Benutzerinteraktionen ▪ Features ▪ Epics ▪ Szenarien ▪ Storyboards ▪ Workflows ▪ etc.	**Produktdetails:** ▪ Priorisierte Ziele ▪ Umsetzungen bzw. Stories zur Zielerreichung

Für ein Projekt bzw. eine Produktentwicklung sollten nicht mehr als fünf bis sieben übergeordnete Ziele formuliert werden. Wenn es notwendig erscheint, kann auch abstrahiert und mehrere Ziele zu einer übergeordneten Vision bzw. einem Ziel zusammengefasst werden.

Die Produktvision oder -ziele sind die abstraktesten Anforderungen und eine grundsätzliche Orientierungshilfe für das ganze Entwicklungsvorhaben. Sie können nicht ohne weitere Verfeinerung (z.B. Befragung und Bedarfsermittlung von Stakeholdern) in die Umsetzung aufgenommen werden. Bei der Verfeinerung soll jede Detailanforderung dahingehend bewertet und geprüft werden, ob sie auch einen Beitrag zur Erfüllung der definierten Ziele leistet. Wenn nicht, deutet das auf einen geringen Nutzen bzw. wirtschaftlichen Wert hin. Vor allem in agilen Vorgehensweisen mit ihrer starken Nutzen- und Wertorientierung sind Zieldefinitionen daher ein sehr wichtiges Artefakt.

Abschließend zeigt Abbildung 3–4 noch einen Überblick über die Zusammenhänge von Vision und Zielen.

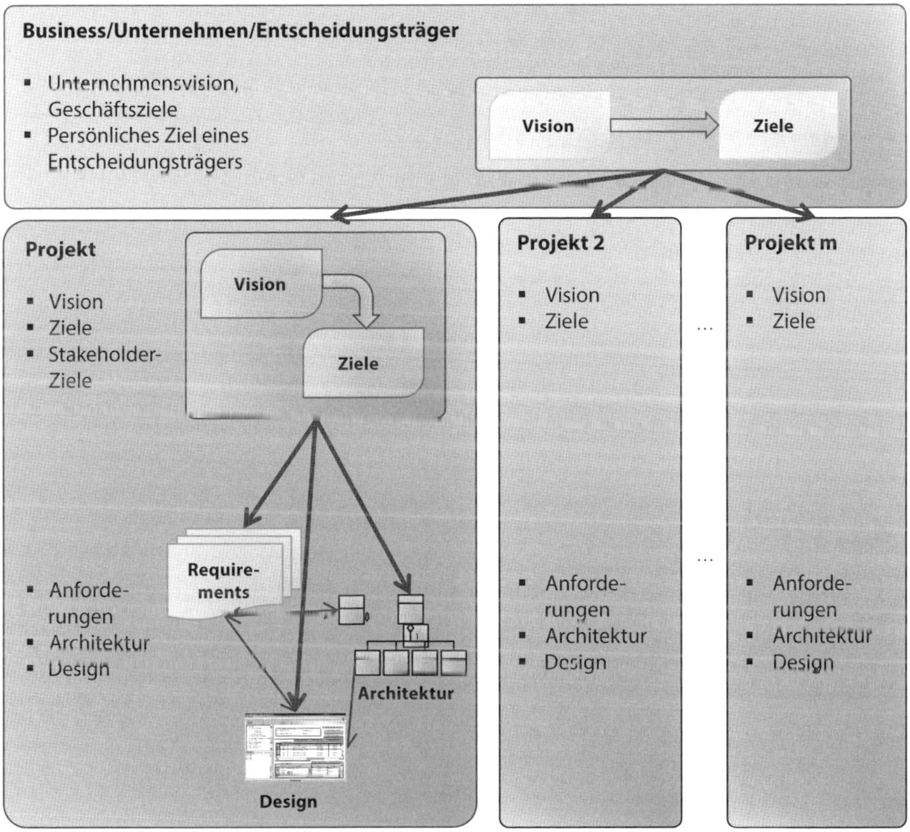

Abb. 3–4 *Vision und Ziele im Zusammenhang*

3.2.3 Systemgrenze und Kontext

[IREB RE@Agile Primer] LE 3.1.3
[IREB Advanced Level RE@Agile – Practitioner/Specialist] LE 2.2

Definition	Die Systemgrenze ist »die Grenze zwischen einem System und seinem umgebenden Kontext« [IREB Glossar]. Der Systemkontext ist »der Teil einer Systemumgebung, der relevant ist für das Verständnis des Systems und seiner Anforderungen« [IREB Glossar]. Der Systemumfang (»Scope«, »Geltungsbereich«) ist »die Bandbreite von Aspekten, die bei der Entwicklung eines Systems geformt und konzipiert werden können« [IREB Glossar].
Anwendung	Die **Systemgrenze** grenzt das System ab, so wie es nach seiner Implementierung und Auslieferung sein soll. Die externen Schnittstellen zwischen dem System und seinem Kontext liegen an der Systemgrenze und müssen im Idealfall frühzeitig im Projekt definiert werden. Der **Kontext** ist wichtig, um die Zusammenhänge zwischen dem zu realisierenden System und seiner Umgebung zu beschreiben. Aus diesen Zusammenhängen ergeben sich dann in weiterer Folge Schnittstellendefinitionen und Anforderungen. Der Systemkontext leitet sich aus der Stakeholder-Analyse, den übergeordneten Zielen und Anforderungen (z.B. Epics) und auch der übergeordneten Prozessanalyse ab. Modelliert und dargestellt wird der Systemkontext im Kontextdiagramm. Kontextmodelle stellen einen unterschiedlichen Standpunkt dar, um bestimmte Eigenschaften der Umgebung (Kontext) zu beschreiben, in denen das System oder Produkt arbeitet [IREB RE@Agile Primer].
Mitwirkende	▪ Programm-/Portfoliomanager*in ▪ Produktmanager*in ▪ Product Owner und ggf. Stakeholder ▪ Übergeordnete*r Systemarchitekt*in
Eigenschaften	▪ Spezifikationsebene unterhalb der Vision/Ziele, Epics und übergeordneten Businessprozesse ▪ Strukturorientierte und schnittstellenorientierte Sicht auf das System ▪ Kostenschätzung meist noch nicht sinnvoll möglich ▪ Zur Umsetzung werden aus der Kontextdarstellung detailliertere Schnittstellenanforderungen abgeleitet.
Testbarkeit	Bedingt: Das Vorhandensein von Schnittstellen kann geprüft werden, Inhalte nicht.
Zeitpunkt	Primär vor und in den ersten Iterationen zur groben Modellierung des Systems und um den Gesamtzusammenhang besser zu verstehen. Danach laufend Erweiterung und Verfeinerung in den Umsetzungsiterationen vor dem Start der Programmierung (z.B. in der Sprint-Planung).
Vorlaufzeit bis Umsetzung	Mehrere Wochen bis zu Monate

→

Hinweise

Beim Systemkontextmodell [Balzert 1998] stehen die Schnittstellen und Datenflüsse des umzusetzenden Systems mit seiner Umwelt im Mittelpunkt (Außensicht).

Tipp: Erstellen Sie ein Plakat oder veröffentlichen Sie das übergeordnete Kontextmodell auf der Startseite der Projekt-Website, um es laufend präsent zu haben.

Zu beachten ist, dass der Systemkontext theoretisch unendlich sein kann. Die *Kontext*grenze (Achtung: nicht die *System*grenze) wird daher immer unvollständig sein, da die Kontextgrenze nur dadurch definiert werden kann, indem man explizit Bereiche aus dem Systemkontext ausschließt. Weitere wichtige Aspekte des Systemkontexts sind insbesondere auch die Stakeholder (siehe auch Abschnitt 3.2.4).

Abgrenzung. In Abschnitt 3.3.2 wird das Use-Case-Diagramm beschrieben. In der Praxis kommt es immer wieder vor, dass das Use-Case-Diagramm auch als Systemkontextmodell verwendet wird. Das Use-Case-Diagramm beschreibt zwar auch Interaktionen des Systems mit seiner Umgebung (Akteure, Rollen oder andere Systeme), allerdings ist der Fokus hier primär auf die Use Cases innerhalb des Systems gerichtet und nicht auf die Schnittstellen. Es ist daher meist besser, zur Beschreibung des Systemkontexts ein explizites Systemkontextmodell zu verwenden und das Use-Case-Diagramm zur Beschreibung des Systemverhaltens einzusetzen.

Im Sinne der Requirements-Spezifikation betrachtet man beim Systemkontext die Umwelt des Systems bzw. Annahmen über den Kontext und leitet davon die Struktur bzw. grobe Architektursicht ab.

Der Systemkontext ist im Requirements-Spezifikationsprozess ein sehr wichtiges Element, um den Überblick und die Zusammenhänge darzustellen und die Brücke zur Systemarchitektur zu schlagen. Kontextmodelle sind eine gute und strukturierte Möglichkeit, um relevante Annahmen über den Kontext zu dokumentieren.

Es ist wichtig, diese Annahmen explizit zu machen, um eine gemeinsame und abgestimmte Sicht auf das Umfeld des Systems oder Produkts für die gesamte Entwicklung und andere relevante Stakeholder zu erreichen. Das Kontextmodell begrenzt den Bereich (innerhalb des Projektumfangs), in dem die Beteiligten frei entscheiden können, während die externen Schnittstellen (d.h. die Grenze zwischen dem eigenen Systemumfang und dem Kontext) mit den benachbarten Systemen (bzw. deren Verantwortlichen) abgestimmt werden müssen.

Die Systemgrenze fällt häufig mit dem Scope eines Systems zusammen. Es gibt jedoch Ausnahmen: Es kann Komponenten innerhalb der Systemgrenze geben, die so wie sie sind wiederverwendet werden müssen (d.h., sie können nicht nach eigenen Anforderungen gestaltet werden). Dies sind daher im Wesentlichen vorgegebene Randbedingungen (siehe Abschnitt 3.4.3.2).

Auch im Kontext kann es Dinge geben, die neu gestaltet werden können oder müssen, wenn das System entwickelt wird. Dies bedeutet, dass sie dann zwar außerhalb der Systemgrenzen, aber innerhalb des Scopes des Projekts liegen und daher in der Abwicklung entsprechend berücksichtigt werden müssen.

Wenn Unsicherheiten bestehen, sind die spezifizierten Anforderungen im Zweifelsfall nur dann als korrekt anzusehen, wenn sie den in den Kontextmodellen dokumentierten Annahmen entsprechen. Das heißt, die Kontextmodelle stellen den tatsächlichen Kontext des Systems oder Produkts korrekt dar und die untergeordneten Requirements müssen daran ausgerichtet sein. Dies ist ähnlich wie bei der

Vision und den Zielen eine gute Möglichkeit für eine Plausibilitätsprüfung der Requirements: Wenn ein Requirement nicht zum Kontextmodell passt, ist dies ein Indiz dafür, dass dieses Requirement außerhalb des Projektumfangs liegt oder der Kontext bzw. der Scope des Projekts noch nicht richtig definiert ist. In beiden Fällen ist Anpassungsbedarf gegeben.

Mit den Kontextmodellen wird eindeutig zwischen dem zu entwickelnden System oder Produkt und seinem Kontext (z.B. angebundene Fremdsysteme und auch Benutzer bzw. Gruppen) unterschieden. Dadurch kann zwischen den Verantwortlichkeiten des Systems oder Produkts selbst und den Verantwortlichkeiten benachbarter Systeme oder Benutzer im Kontext differenziert werden. Ein ganz wesentlicher Anwendungsbereich der Kontextmodelle ist daher auch die Klärung und Spezifikation externer Schnittstellen des zu entwickelnden Systems oder Produkts.

Das Kontextmodell ist der Einstieg in die Struktur und Architektur des zu entwickelnden Systems und wird im Rahmen der Kontextanalyse erstellt. Untergeordnete Requirements müssen am Kontextmodell ausgerichtet und mit diesem konsistent sein.

Wie kommt man nun zu einem passenden Systemkontextmodell? Die Ausgangsbasis können die Ziele und Epics, die grobe Prozessdarstellung sowie eine ergänzende Stakeholder-Analyse sein. Man ermittelt aufgrund der in den Zielen und Epics und den einzelnen Schritten der Prozessdarstellung genannten Fremdsysteme und evtl. durch ergänzende Befragung der vom System betroffenen Stakeholder, welche anderen Systeme in welcher Weise mit dem umzusetzenden System in Beziehung stehen. Bei dieser Befragung werden am besten auch gleich Stichworte zu den über die Schnittstelle übertragenen Daten notiert.

Die Definition des Scopes und des Kontexts basieren im Wesentlichen auf der Definition der Systemgrenze und der Kontextgrenze. Bei der Definition der System- und Kontextgrenze können folgende Fragestellungen helfen:

- Welche Features oder Funktionalitäten muss das System bereitstellen und welche müssen durch den Kontext bereitgestellt werden? (Definition der Systemgrenze)
- Welche technischen Schnittstellen oder Benutzerschnittstellen müssen vom System zum Kontext bereitgestellt werden? (Definition der Systemgrenze)
- Was ist für das System irrelevant, d.h. beeinflusst dessen Umfang in keiner Weise?
- Welche Aspekte des Systemkontexts können während der Systementwicklung modifiziert werden? (Definition des Scopes)

Beispiel zur Systemkontextanalyse:

Ergebnisse aus dem Brainstorming im Rahmen der Kontextanalyse (in Klammern stehen die Stichworte zu den übertragenen Daten).

Fremdsysteme rund um die Zeiterfassung:

- Projekt-/Releaseplanungssystem (Planungsdaten-Update)
- E-Mail-System (relevante Infos für Vorgesetzte*n)
- Personalverwaltung (Urlaubsdaten)
- Mobile Endgeräte (Zeiterfassungsdaten)

Diese Fremdsysteme definieren die *Systemgrenze* und die *Systemschnittstellen.*

Wenn nun bei der Analyse des Kontexts festgestellt wird, dass z.B. auch am Personalverwaltungssystem Anpassungen notwendig sind, weil die Schnittstelle z.B. um ein weiteres Feld, das von der Zeiterfassung benötigt wird, erweitert werden muss, dann wird dadurch der Scope des Entwicklungsprojekts entsprechend erweitert.

Aus diesem Brainstorming wird ein Kontextdiagramm bzw. eine Schnittstellendarstellung erstellt (siehe Abb. 3–5):

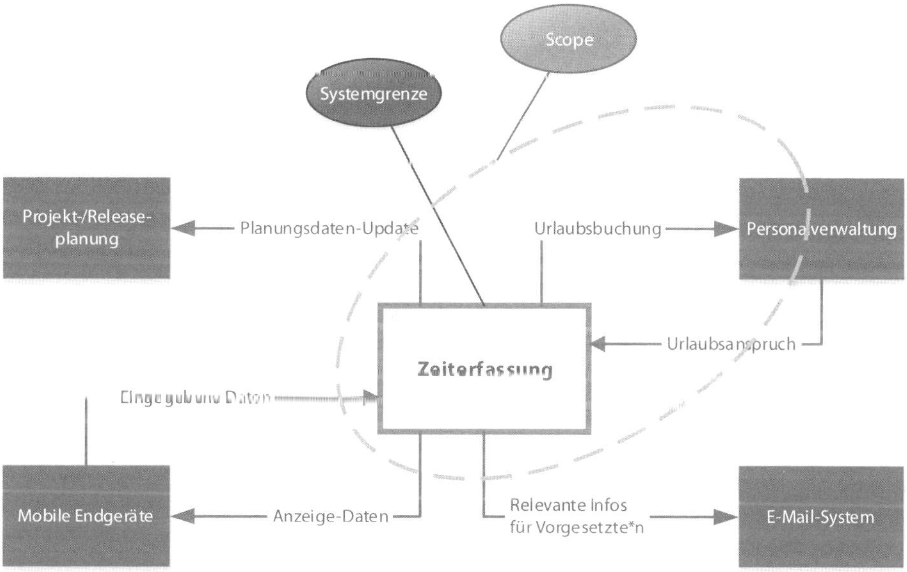

Abb. 3–5 *Systemkontextdiagramm für das Zeiterfassungssystem*

Systemgrenzen und Kontext können in verschiedener Form und unterschiedlichen Techniken dokumentiert werden z. B. als

- Kontextdiagramme im Rahmen der strukturierten Systemanalyse, die das System, Elemente des Kontexts und ihre Beziehung dokumentieren.
- Anwendungsfalldiagramme z. B. entsprechend der UML, mit denen die Akteure und die Anwendungsfälle eines Systems modelliert werden. Hier wird der Kontext/Scope auf einer detaillierteren Ebene als beim Kontextdiagramm beschrieben, was hilfreich ist, um Scope und Kontext zu verdeutlichen.
- SysML-Blockdefinitionsdiagramme, UML-Komponentendiagramme, UML-Klassendiagramme oder andere passende Strukturdiagramme.
- Story Map (siehe auch Abschnitt 6.5.3): eine zweidimensionale Anordnung von User Stories in einem nützlichen Modell, um die Funktionalität des Systems zu verstehen. Es beschreibt den Kontext/Geltungsbereich auf einer detaillierten Ebene und bietet sich besonders an, um den Scope zu verdeutlichen.
- Natürliche Sprache, d.h. eine Liste von Merkmalen, Funktionalitäten, Aspekten des Kontexts und des Scopes und weiteren Aspekten außerhalb des Kontexts.

Jede Darstellungsform ist geeignet, wenn sie klar unterscheidet zwischen dem zu entwickelnden System oder Produkt und externen Schnittstellen zu den Personen oder Systemen im Kontext. Auch einfache Handzeichnungen mit Kästchen und Linien können ein pragmatisches und nützliches Mittel sein.

Unabhängig von der Form der Dokumentation ist ein Kontextmodell ein sehr wertvolles Artefakt und sollte während des gesamten (agilen) Entwicklungsprozesses eingesetzt werden.

Es gibt Situationen, in denen Teile des Scopes, Kontexts oder Systemgrenzen nicht verändert werden können. Das ist z. B. dann der Fall, wenn das Zeiterfassungssystem ein Teil eines schon länger bestehenden großen ERP-Systems ist und nun aufgrund gesetzlicher Regelungen verändert oder ersetzt werden muss. Der Rest des ERP-Systems soll jedoch nicht verändert werden, da das System laufend genutzt wird und viele komplexe Zusammenhänge auch zu weiteren Systemen und externen Firmen bestehen.

Vielfach können jedoch die Systemgrenze und der Scope verhandelt und damit verändert werden. Änderungen an den Systemgrenzen oder dem Scope des Projekts können sehr weitreichende Auswirkungen haben. Daher soll dies schon von Beginn des Projekts an klar sein bzw. auch überlegt werden, welche Teile verhandelbar sind und welche Teile nicht.[6]

6. Oft werden zu Beginn eines Projekts Dinge als unverhandelbar definiert. Wenn dann Kostenschätzungen vorliegen, werden manch unverhandelbare Dinge dann doch verhandelbar, weil es sonst zu teuer wäre. Es sollte daher sorgfältig abgewogen werden, was *wirklich* »nicht verhandelbar« ist. Wenn dies dann nicht erfüllt werden kann, bedeutet dies nämlich automatisch das Ende des Projekts!

Die Definition eines initialen Scopes muss zu Beginn eines Projekts erfolgen. Teile von Scope und Kontext können unveränderbar sein. Andere Teile von Scope und Kontext können sich während eines Projekts jedoch auch ändern z. B. aufgrund eines neuen oder geänderten Verständnisses des Systems oder Kontexts oder aufgrund von Verhandlungen zwischen den Beteiligten. Die Dokumentation des Scopes und Kontexts sollte daher auch regelmäßig aktualisiert werden!

3.2.4 Stakeholder

[IREB Advanced Level RE@Agile – Practitioner/Specialist] LE 2.3

Definition	»Ein Stakeholder ist eine Person oder Organisation, die einen direkten oder indirekten Einfluss auf die Systemanforderungen hat. Indirekter Einfluss ist, wenn die Person oder Organisation durch das System beeinflusst wird« [IREB Glossar].
Anwendung	**Stakeholder** sind die wichtigste Quelle für Requirements. Es ist daher enorm wichtig, die Stakeholder vollständig zu kennen. Stakeholder-Analysen sollten möglichst bald am Anfang eines Projekts durchgeführt und dann nach Bedarf zwischendurch aktualisiert werden. Stakeholder-Listen sollten möglichst umfassend sein. Es sollte darauf geachtet werden, dass kein wichtiger Stakeholder und dessen Sichtweise unberücksichtigt bleibt.
Mitwirkende	▪ Programm-/Portfoliomanager*in ▪ Produktmanager*in ▪ Product Owner und ggf. Stakeholder
Eigenschaften	▪ Stakeholder-Analyse und Befragung ist wichtig, um alle Sichtweisen und Anforderungen zu erhalten. ▪ Personen- und Organisationssicht
Zeitpunkt	Bei Projektstart, primär vor und in den ersten Iterationen, danach bei Bedarf Anpassungen vornehmen

Werden Stakeholder übersehen, fehlen deren Anforderungen. Es kann passieren, dass dies dann nachträglich große und kostspielige Änderungen nach sich zieht. Schlimmstenfalls kann ein unbrauchbares System entwickelt werden, wenn relevante Stakeholder erst nach der Einführung bekannt werden und das System für diese Stakeholder nicht geeignet ist.

Das Identifizieren der Stakeholder ist eine Schlüsselaktivität des Requirements Engineering.

Das »Zwiebelmodell« von Ian Alexander [Alexander 2005] ist ein einfaches Werkzeug zur Identifikation und Klassifizierung von Stakeholdern. Das Modell besteht aus drei Arten von Stakeholdern:

- Stakeholder des Systems,
- Stakeholder des umgebenden Kontexts und
- Stakeholder aus dem weiteren Kontext.

Stakeholder des Systems werden auch *direkte Stakeholder* genannt. Stakeholder aus dem Umfeld und weiteren Kontext werden auch als *indirekte Stakeholder* bezeichnet.

Nach [Leffingwell 2011] gibt es im Wesentlichen zwei Gruppen von Stakeholdern in Bezug auf die Anforderungen:

1. **Stakeholder, die Wünsche (Anforderungen) haben (Requirements-Provider oder System-Stakeholder)**
   Zu dieser Gruppe zählen typischerweise alle Auftraggeberinnen, Kunden oder Benutzerrollen wie z.B. Entscheider bei der Auftraggeberin, Endbenutzer in verschiedenen Ausprägungen, Fachleute, beratende Personen der Auftraggeberin.
   Dabei ist zu beachten, dass dies sowohl extern als auch intern zu sehen ist. So werden in einem Softwarehaus, das ein Standardprodukt für den weltweiten Consumer-Markt entwickelt, das interne Marketing, eine interne Fachspezialistin oder Produktmanagerin evtl. stellvertretend im eigenen Haus die Anforderungen für die Endbenutzer formulieren.
2. **Stakeholder, die Randbedingungen vorgeben (Constraint-Provider oder Projekt-Stakeholder)**
   Zu dieser Gruppe gehören typischerweise viele Rollen beim Softwareersteller, bei externen Organisationen oder auch bei der Auftraggeberin, die nicht direkt Systemanforderungen vorgeben, wie z.B. Architekt, Entwicklerin, Tester, Behörden, Security-Spezialisten, IT der Auftraggeberin, Einkauf, Marketing, Verkauf.
   Diese Gruppen definieren keine Anforderungen, sondern prüfen die Anforderungen auf Realisierbarkeit, Testbarkeit oder andere Eigenschaften oder geben Randbedingungen vor wie z.B. Programmiersprache, Systemumgebung, Budget und Zeiträume.

In jedem Fall ist es wichtig, dass keine relevanten Stakeholder oder Stakeholder-Gruppen vergessen werden.

Wenn ein System einen »echten« Benutzer hat, ist dieser einer der wichtigsten direkten Stakeholder. Die Benutzer eines Systems decken typischerweise ein breites Spektrum von Personen mit unterschiedlichen Erwartungen, Einstellungen und Voraussetzungen ab. Das Verständnis des Benutzerspektrums für ein bestimmtes System ist ein wichtiger Schritt. Ist die Zahl der Nutzer gering, empfiehlt es sich, diese (bzw. deren Vertreter) durch persönliche Gespräche kennenzulernen.

Für (größere) Stakeholder-Gruppen, vor allem wenn kein persönlicher Repräsentant vorhanden ist, können als Hilfsmittel Personas definiert werden, die beispielhafte Benutzer mit zum Teil extremen Eigenschaften darstellen. Im Zeitalter von Data Analytics, Google Analytics und Big Data lässt sich das Online-Nutzerverhalten auch oft direkt für eingesetzte Produktinkremente mit automatisierten Tools analysieren.

Indirekte Beteiligte lassen sich im umgebenden Kontext des Systems finden und können für eine Entwicklungsanstrengung genauso wichtig sein wie die Benutzer selbst. Beispiele hierfür sind gesetzliche Vertreter, Regierungs- oder Normungsgremien, Auditorganisationen zur Konformitätsprüfung in regulierten Märkten (Medizin, Automotive, Luftfahrt, Eisenbahn) oder wenn man es noch weiter betrachtet auch NGOs, Gewerkschaften oder Wettbewerber.

Bei der Stakeholder-Analyse und Anforderungserhebung sollen alle dafür relevanten Stakeholder einbezogen werden.

Wie kommt man nun zu einer möglichst vollständigen Stakeholder-Liste? Grundlage für die Ermittlung der Stakeholder sind die Ziele des Projekts, Systemgrenzen, Kontext und Anwendungsbereich.

In diesem Rahmen kann man sich folgende Fragen stellen:

1. **Stakeholder, die Anforderungen an das System haben (Requirements-Provider oder System-Stakeholder)**
   - Wer liefert den fachlichen Input für die Erstellung bzw. Konfiguration des Systems?
   - Wer gibt die Projektvision vor?
   - Wer gibt die inhaltlichen Ziele vor?
   - Wer macht Vorgaben hinsichtlich der Qualitätseigenschaften (Usability, Performance, Security, Zuverlässigkeit etc.)?
   - Wer benutzt das System (unterschiedliche Benutzergruppen)?
   - Wer verwendet die Artefakte, die durch die Systembenutzung erstellt werden?
   - Wer liefert Artefakte, die für die Systembenutzung benötigt werden?
   - Wer kann/darf/soll sonst noch Anforderungen an das System stellen?
   - Welche anderen Systeme interagieren mit dem System? (Für diese anderen Systeme stellen sich dieselben Fragen wie zum eigenen System.)

2. **Stakeholder, die Randbedingungen vorgeben (Constraint-Provider oder Projekt-Stakeholder)**
   - Wer definiert den groben Rahmen für das Projekt bzw. die Entwicklung?
   - Wer trifft Entscheidungen?
   - Wer stellt Anforderungen an den Projektablauf?
   - Wer wartet, betreut und betreibt das System?
   - Wer kümmert sich um die Kommunikation und Beziehung zu Kunden und Lieferanten?
   - Wer definiert, wann das System an den Kunden ausgeliefert werden darf?
   - Wer gibt den finanziellen und zeitlichen Rahmen vor?
   - Wer sind die Projektmentoren bzw. Unterstützer (bzw. evtl. auch die Gegner)?
   - Wer ist für die Entwicklungsprozesse und deren Einhaltung zuständig?
   - Wer kann/soll/darf/muss sonst noch Randbedingungen vorgeben?

Aus der Beantwortung dieser oder ähnlicher Fragen ergibt sich die Stakeholder-Liste, die zur Anforderungserhebung als Ausgangsbasis verwendet werden kann (siehe Tab. 3–1). Sie kann aber auch für das Projektmanagement und die Projektkommunikation zum Team und mit dem Kunden eine gute Übersicht sein, wenn man jeweils noch ein paar Eckdaten von Ansprechpartnern der jeweiligen Stakeholder-Gruppen dazuschreibt (z.B. E-Mail und Telefonnummer der Stakeholder-Repräsentanten).

ID	Stakeholder-Bezeichnung[a]	Organisation	Stakeholder-Kontakt-person/ Repräsentant	Erreichbarkeit
1	AG Geschäftsführer	Auftraggeberfirma	Sigi Sorgsam	chef@kunde.com +49 333 43214320
2	Product Owner	Auftraggeberfirma	Klara Kümmerer	kk@kunde.com +49 333 4321321
3	Entwicklerin	Good Code GmbH	Petra Programmer	pp@goodcode.com +44 123 456789
4	Support	Good Code GmbH	Hanna Hilfsbereit	hh@goodcode.com +44 123 999999
5	Testmanager	Software Quality Lab	Johannes Bergsmann	johannes.bergsmann @software-quality-lab.com +43 676 840072 420
6	Benutzergruppe Pensionisten	Privatnutzer weltweit	Persona: Willi Wunderlich	–
7	Benutzergruppe Jugendliche	Privatnutzer weltweit	Persona: Lucy Lässig	juju@goodcode.com +44 123 4321342

a. Der Begriff »Stakeholder« wird hier sowohl für eine einzelne Person verwendet als auch für eine spezifische Gruppe von Personen wie z.B. »Pensionisten« oder »Entwicklerin«.

Tab. 3–1 *Beispiel für Stakeholder-Liste*

Hinweis: In der Stakeholder-Liste sollten auch die definierten Personas erfasst werden, da diese eine symbolische Stellvertretung für Stakeholder-Gruppen sind, die in der Stakeholder-Analyse nicht übersehen werden dürfen. Wenn eine konkrete Person vom Kunden oder Lieferanten die Vertretung für eine Persona übernimmt, so können für Auskünfte auch deren Kontaktdaten eingetragen werden.

Die systematische Identifizierung der wichtigsten Stakeholder sollte zu Beginn einer Entwicklungsarbeit erfolgen und die Ergebnisse während der gesamten Entwicklungsarbeit als kontinuierliche Aktivität verwaltet werden. Änderungen an der Stakeholder-Liste können jederzeit erfolgen, entweder weil ein Stakeholder zunächst übersehen wurde oder aufgrund von Änderungen im Kontext. Alle Beteiligten eines Projekts (z. B. Entwicklerin oder Product Owner) sollten sich der Bedeutung von Stakeholdern bewusst sein und nach Anzeichen für neue oder fehlende Stakeholder suchen.

Je nach System und Domäne können auch bestehende Dokumentationen und Legacy-Systeme wichtige Quellen für Stakeholder und Anforderungen sein.

3.2.5 Epics

Definition	Im Rahmen der agilen Vorgehensweisen wird als **Epic** (gr. »Epos«, »Geschichte«, »Erzählung«, »Prosa«) eine große, übergeordnete Anforderung bezeichnet, von der dann in weiterer Folge User Stories abgeleitet werden.
Anwendung	Epics sind grobe übergeordnete Requirements bzw. Stichworte für Requirements. Es sollen ausschließlich inhaltliche Aspekte beschrieben werden. Aus Epics werden in nachfolgenden Verfeinerungen untergeordnete Epics, Features, User Stories oder andere Requirements-Artefakte abgeleitet.
Mitwirkende	■ Programm-/Portfoliomanager*in ■ Produktmanager*in ■ Product Owner und ggf. Stakeholder ■ Systemarchitekt*in
Eigenschaften	■ Spezifikationsebene(n) unterhalb der Vision bzw. Ziele und oberhalb der User Stories ■ Umsetzung innerhalb einer Umsetzungsiteration bzw. eines Sprints nicht möglich ■ Ausschließlich inhaltliche Anforderungssicht ■ evtl. auch nur Stichworte/Merker für spätere Verfeinerung ■ Kostenschätzung sehr grob oder noch gar nicht möglich
Testbarkeit	Eingeschränkt, manchmal kann nur das Vorhandensein getestet werden
Zeitpunkt	Laufend, vor den Umsetzungsiterationen, Schwerpunkt am Anfang des Projekts
Vorlaufzeit bis Umsetzung	Mehrere Wochen bis zu Monate

Da in der Requirements-Spezifikation nicht alle Anforderungen gleich detailliert erhoben werden können, ist es notwendig, für alle Granularitätsstufen entsprechende Techniken der Spezifikation bereitzustellen. Epics sind eine Möglichkeit der Spezifikation für noch unklare oder sehr grobe Anforderungen. Sie eignen sich auch dazu, Ideen und Punkte festzuhalten, von denen man noch nicht genau weiß, ob man sie einmal umsetzen wird.

Epics können nach dem gebräuchlichen User-Story-Schema formuliert werden: »Als <Benutzerrolle> möchte ich <Aktion>, sodass <Ziel, Grund, Nutzen>«. Sie können aber auch nur Stichworte sein, die eine Idee repräsentieren, die dann in weiteren Iterationen noch verfeinert wird. Beispiele für Epics: »Mobile Endgeräte« oder »Alle Endgeräte unterstützen«.

Epics können zwar ins Product Backlog übernommen werden, jedoch nicht direkt in das Sprint Backlog, da sie bezüglich Inhalt und Aufwand zu unklar und meist zu groß für die Umsetzung im Sprint sind. Natürlich können und sollen Epics auch priorisiert werden, da sie ein wichtiges Element beispielsweise für die Releaseplanung sind (siehe Abschnitt 6.4.4). Wenn ein Epic von Beginn an eine sehr hohe Priorität hat und unmittelbar umgesetzt werden soll, muss rechtzeitig vor dem nächsten Sprint-Planungs-Meeting eine Verfeinerung und Ableitung detaillierterer Requirements vorgenommen werden oder das Epic muss niedriger priorisiert werden, da es in der unpräzisen Form nicht in das nächste Sprint Backlog übernommen werden kann.

Je näher ein Epic der Realisierung kommt, desto wichtiger ist es, aus dem Epic dann auch konkrete Requirements, z. B. in Form von User Stories, abzuleiten, die in die Iteration eingeplant und dort umgesetzt werden können.

Man kann zur Systematisierung der Spezifikation bzw. des Backlogs auch verschiedene Arten von Epics unterscheiden:

Business Epics

Business Epics beschreiben fachliche Anforderungen aus der Geschäftswelt. Sie können organisations- oder prozessübergreifend sein. Business Epics betreffen oft mehrere Produkte bzw. beziehen sich auf mehrere Organisationseinheiten. Diese groben Anforderungen sind üblicherweise aus den Geschäftszielen und der Vision abgeleitet.

Beispiel für ein Business Epic:

»Die Zeiterfassung wird effiziente Erfassungs- und Auswertungsmöglichkeiten für alle Zeitarten (Tagesarbeitszeit, Fehlzeiten etc.) bereitstellen.«

Dieses Epic wurde aus der wirtschaftlichen Vision: »Die Nutzer können durch den Einsatz des Systems die Produktivität im Bereich Zeiterfassung vervielfachen« abgeleitet.

Beispiel für ein Business Epic:

»Die Zeiterfassung ist mit dem Rechnungswesensystem und dem Projektmanagementsystem integriert.«

Dieses Epic wirkt sich dahingehend aus, dass der Zeiterfassungs- und Auswertungsprozess auf zwei weitere Systeme ausgeweitet wird. Die Prozesse müssen in weiterer Folge übergreifend über alle involvierten Systeme betrachtet werden, um die passenden Requirements ableiten zu können.

Architectural Epics

Architectural Epics sind umfangreiche oder weitreichende technische Vorhaben oder Anforderungen, die produktübergreifend sein können und wesentliche Architekturfragen betreffen.

Beispiel für ein Architectural Epic:

»Die neue Softwarelösung für die Arbeitszeiterfassung wird auf allen Typen von Endgeräten zur Verfügung stehen und wir werden damit technologisch führend sein.«

Eine Auswirkung dieses Epics könnte sein, dass eine andere Programmiersprache oder ein anderes Programmierframework verwendet werden muss, um alle geforderten Endgeräte möglichst effizient und ohne Mehrfachprogrammierung abdecken zu können.

Eigenschaften von Epics

Da Epics Anforderungen auf hoher Ebene sind, sollten sie entsprechend strukturiert beschrieben werden. Nachfolgend ist ein Vorschlag angegeben, wie ein Epic mit der oben formulierten rein inhaltlichen Beschreibung durch weitere Attribute ergänzt werden kann:

- **Titel**
  Kurz und knackig den Inhalt auf den Punkt gebracht
- **Ziel/Grund/Wert für den Kunden**
  Was wollen wir erreichen? Warum benötigen wir das überhaupt? Beschreibung, was der Kunde davon für einen Nutzen hat.
- **Beschreibung**
  Kurze, aber aussagekräftige Beschreibung des Gewünschten
- **Epic-Art** (optional)
  Gegebenenfalls kann man das Epic einer bestimmten Art zuordnen wie Business Epic, Architectural Epic, Non-functional Epic etc.
- **Requirements-Provider**
  Wer wünscht sich das?
- **Zuständiger Product Owner**
  Wer ist für die weitere Spezifikation und Steuerung der Umsetzung verantwortlich?

- **Gewünschte Priorität/Fertigstellungstermin (optional)**
  Durch die Priorität kann die zeitliche Relevanz des Epic dargestellt werden. Wenn ein spezieller Terminwunsch oder eine Notwendigkeit der Realisierung bis zu einem bestimmten Zeitpunkt besteht, kann auch ein Termin angegeben werden. Dadurch kann eine Gewichtung oder Reihenfolge zwischen mehreren Epics erfolgen.
- **Grobe Aufwandsschätzung (optional) und mögliche Abweichungsbandbreite**
  Soweit sich der Aufwand abschätzen lässt, kann hier schon ein grober Richtwert angegeben werden. Andernfalls sind evtl. weitere Detailüberlegungen oder Untersuchungen zur Ermittlung des ungefähren Aufwands nötig. Hier sollten keine Fantasiezahlen stehen, sondern nur dann ein Aufwand angegeben werden, wenn dieser auch mit einer hinreichenden Genauigkeit geschätzt werden kann.
- **Anmerkungen (optional)**
  Themenspeicher, was alles noch notierenswert erscheint

Beispiel für ein attributiertes Epic:

Titel	Arbeitszeiterfassung auf mobilen Endgeräten
Ziel	Vorsprung gegenüber dem Mitbewerber ausbauen, mehr Flexibilität beim Einsatz der Zeiterfassung
Beschreibung	»Die neue Softwarelösung für die Arbeitszeiterfassung wird auf allen Typen von Endgeräten zur Verfügung stehen und wir werden damit technologisch führend sein.«
Art	Architectural Epic
Provider	Frau Huber, Leiterin Marketing
Product Owner	Herr Schmidt
Priorität	Mittel
Termin	Zur Herbst-Fachmesse
Aufwand	noch nicht schätzbar

Anmerkungen/To-do-Liste:

- Spike zur Ermittlung von technischer Machbarkeit und Aufwand
- Zielgruppenanalyse

Epics können auch in einem übergeordneten Backlog, je nach Organisationsform z.B. Programm-Backlog, Product Line Backlog, Portfolio-Backlog, gesammelt und von dort nach Bedarf in untergeordnete Backlogs verschoben werden.

Um von den Epics in weiteren Iterationen zu verfeinerten Requirements, z.B. User Stories, zu kommen, kann man sich verschiedener Techniken bedienen. Eine gute Sammlung an Techniken zur Verfeinerung von Epics ist in [Wirdemann 2011, S. 111 ff.] zu finden. Hier wird unter anderem beschrieben, welche Techniken man zum Schneiden (= Aufteilen) von Epics und User Stories anwenden kann (siehe auch Abschnitt 3.4.2.1).

Natürlich kann es auch Epics geben, die keine direkt funktional umzusetzenden Punkte beschreiben, z.B. ein Epic »Usability erhöhen« oder »Performance verbessern« oder »Security«. Dies sind wichtige Dinge, die nicht vergessen werden dürfen und die typischerweise auch einen großen Einfluss auf die funktionalen Anforderungen haben. In Abschnitt 3.4.3 wird auch darauf näher eingegangen.

Abbildung 3–6 zeigt die Zusammenhänge der Epics mit anderen Artefakten.

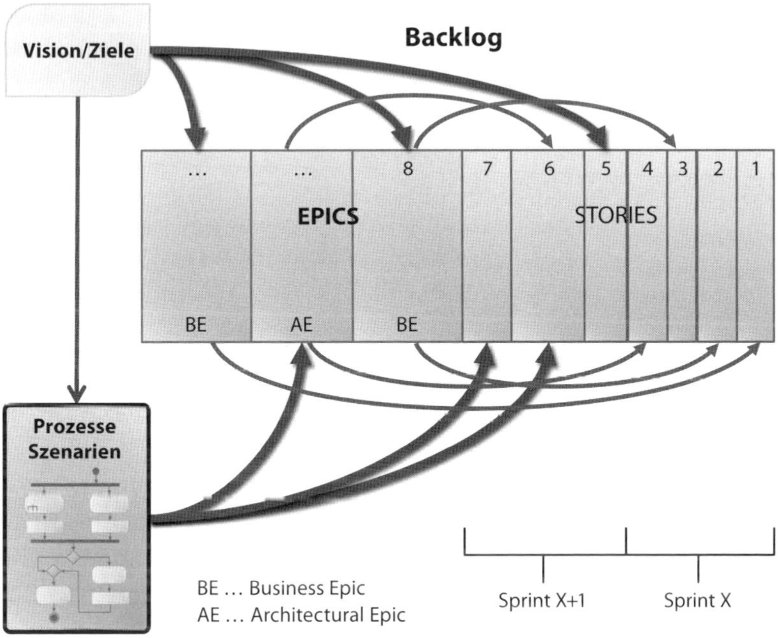

Abb. 3–6 *Epics im Zusammenhang*

3.2.6 Personas

Definition	Eine **Persona** (lat. Maske) ist ein Modell aus dem Bereich der Mensch-Computer-Interaktion (MCI). Die Persona stellt einen Prototyp für eine Gruppe von Nutzern dar, mit konkret ausgeprägten Eigenschaften und einem konkreten Nutzungsverhalten [Wikipedia: Persona]. Eine Persona ist keine reale, sondern eine hypothetische Person, die die Ziele, Verhaltensweisen und Eigenschaften einer Benutzergruppe verkörpert.
Anwendung	Personas stellen Quellen für Requirements dar. Im Gegensatz zum Vorgehen bei realen Stakeholdern werden die Requirements hier jedoch nicht aus einer Befragung, sondern durch Analyse und Hineinversetzen in die Repräsentantenrolle der jeweiligen Persona ermittelt.
Mitwirkende	■ Programm-/Portfoliomanager*in ■ Produktmanager*in ■ Product Owner und ggf. Stakeholder
Eigenschaften	■ Personen- und Organisationssicht ■ Durch Hineinversetzen in Personas werden Anforderungen gefunden.
Zeitpunkt	Im Rahmen der Stakeholder-Analyse und im Rahmen von Usability-Analysen

Personas sind Repräsentanten von Benutzergruppen, die ausführlich portraitiert werden. Bei der Erstellung von Personas sollten einige einfache Grundregeln beachtet werden:

- Gute Personas sind nicht »durchschnittlich«, sondern repräsentieren eine spezifische Ausprägung, die auch verschiedene Auswirkungen auf die Systemgestaltung haben soll.
- Der Mehrwert von Personas liegt in der Qualität der beschriebenen Eigenschaften.
- Personas sind keine Marktsegmente, sondern Repräsentanten einer Stakeholder-Gruppe.
- Nicht alle Stakeholder-Gruppen müssen durch Personas charakterisiert werden.

Personas eignen sich sehr gut, um spezielle Ausprägungen von Stakeholdern oder schlecht greifbare Stakeholder zu berücksichtigen und in den Diskussionen der Anforderungen nicht zu vergessen.

Eigenschaften, die bei der Erstellung von Personas angegeben werden können, sind z.B.:

- Name, Alter, Geschlecht, Bild (auch als Skizze oder Porträt möglich)
- Beruf, Funktion, Verantwortlichkeit und Aufgaben
- Fachliche Ausbildung, Wissen und Fähigkeiten, Computerkenntnisse
- Verhaltensmuster und Vorgehensweisen
- Ziele für das neue System, Erwartungen an eine neue Lösung
- Werte, Ängste, Sehnsüchte, Vorlieben
- Kenntnisse über Vorgängersysteme, Konkurrenzprodukte
- Mögliche Zitate aus Interviews
- Ein Tag im Leben von ...

Für die Beschreibung kann ein »Steckbrief« wie in Tabelle 3–2 verwendet werden:

Lucy Lässig	
Repräsentantin für:	Benutzergruppe Jugendliche
Alter:	17
Land:	Deutschland
Soziales Leben:	Viele Freunde, vor allem über Facebook, viel im Chat, Wochenende in der Disco und bei Freunden privat
Arbeitsleben:	bislang nur kleinere Ferienarbeiten (3–6 Wochen)
IT-Erfahrungen:	Apple-User (iPad, iPhone, MacBook), Social-Media Plattformen, Webdesign, Grafikprogramme, Office-Programme, keine Programmiererfahrung
Zeit am Computer pro Tag:	2–4 Stunden
Ausbildung und Fähigkeiten:	Derzeit noch in der Schule (Schwerpunkt Grafik- und Designausbildung)
Erwartungen an die neue Software:	Hält das System für ein notwendiges Übel und eigentlich für überflüssig. Muss über Web, iPad und iPhone bedienbar sein, und zwar einfach und ohne viel Zeitverlust.

Tab. 3–2 *Beispiel/Vorlage für »Steckbrief« einer Persona*

3.3 Geschäftsprozesse und Systemverhalten

3.3.1 Prozesse

Definition	Ein **Prozess** ist nach [ISO 9000] definiert als »Satz von in Wechselbeziehung oder Wechselwirkung stehenden Tätigkeiten, der Eingaben in Ergebnisse umwandelt«. Ein **Geschäftsprozess**, auch Unternehmensprozess oder Businessprozess genannt, besteht aus einer Anzahl von Aktivitäten, die durchgeführt werden, um die Wünsche eines Kunden zu befriedigen [Balzert 1998].
Anwendung	Prozesse stellen die Zusammenhänge zwischen Requirements (z.B. User Stories) dar. Sie sind wichtig, um die Benutzungsabläufe zu beschreiben. Sie zeigen, in welches fachliche Umfeld das zu entwickelnde System eingebettet ist. Prozesse beschreiben also, was die Anwender in ihrem fachlichen Alltag machen. Diese Fachprozesse gilt es nun, mit Software zu unterstützen. Aus den Abläufen ergeben sich Subprozesse und Requirements (z.B. Epics und User Stories). Prozesse auf hoher Ebene können gleichwertig zu Epics spezifiziert oder auch von Epics abgeleitet werden.
Mitwirkende	▪ Programm-/Portfoliomanager*in ▪ Produktmanager*in ▪ Product Owner und ggf. Stakeholder ▪ Businessprozess-Manager*in/-Owner ▪ evtl. übergeordnete*r Testmanager*in
Eigenschaften	▪ Spezifikationsebene(n) unterhalb Vision/Ziele und evtl. Epics, oberhalb oder auch parallel zu Epics und oberhalb von User Stories ▪ Prozess- und ablauforientierte Sicht ▪ Kostenschätzung je nach Ebene grob oder schon detailliert möglich ▪ Zur Umsetzung werden aus den Prozessen und Szenarien dann detailliertere Requirements abgeleitet wie z.B. User Stories.
Testbarkeit	Ja, grobe Testabläufe
Zeitpunkt	Primär vor und in den ersten Iterationen zur groben Modellierung des Systems, danach laufend Erweiterungen und Verfeinerungen in den Umsetzungsiterationen vor dem Start der Programmierung (z.B. in der Sprint-Planung)
Vorlaufzeit bis Umsetzung	Mehrere Wochen bis zu Monate
Hinweise	Im Rahmen der Verfeinerungen können Prozesse in weitere Subprozesse aufgeteilt werden.

In der Requirements-Spezifikation betrachten wir bei Prozessen typischerweise die Geschäftssicht. Wenn in diesem Zusammenhang das Wort »Prozess« verwendet wird, ist daher ein Geschäftsprozess gemeint. Ein Geschäftsprozess ist eine Folge von Aktivitäten, die schrittweise ausgeführt werden, um ein geschäftliches Ziel zu erreichen. Sinnvoll ist es daher, in den Prozessdiskussionen und -definitionen immer auch die Ziele und die Vision und die evtl. davon schon abgeleiteten Epics zu beachten und die Prozesse daran auszurichten.

Prozesse sind im Requirements-Spezifikationsprozess ein sehr wichtiges Mittel für die effektive Kommunikation, da die Beschreibung von Abläufen, evtl. auch in der Variante des »Storytelling« (siehe das Glossar im Anhang D des Buches), eine natürliche und effektive Art und Weise ist, wie der Benutzerbedarf erläutert werden kann.

> *Geschäftsprozesse sind der Einstieg in die Modellierung und das Design des gesamten zu erstellenden Systems.*

Wie kommt man nun zu passenden Prozessen? Die Ausgangsbasis für die Ermittlung der Prozesse sind die Vision, die Ziele, die Stakeholder und bereits definierte Epics. Als typische Techniken zur Ermittlung der Prozesse kommen primär Interviews, Beobachtung, Analyse vorhandener Dokumente oder die gemeinsame Erarbeitung von Prozessen in Workshops zur Anwendung.

Es sollte nicht nur ein einziger Prozess analysiert und beschrieben werden. In den meisten Fällen gibt es folgende Arten von Prozessen, die beschrieben werden sollten:

- **Hauptprozess** (Normalfall, Standardfall, Erfolgsfall)
  Oft deckt dieser Prozess den überwiegenden Teil des Geschäfts oder der Vorfälle ab. Mit diesem Prozess soll in der Spezifikation begonnen werden.
- **Negativprozess** (Fehlerfall)
  Der Negativprozess beschreibt einen Ablauf, bei dem das Geschäftsziel nicht erreicht wird. Dies kann ein bewusst in Kauf genommener und vorab bekannter Fehlerfall sein oder aber auch die Vorgehensweise bei noch unbekannten Fehlern, wenn der Prozess aus irgendwelchen unbekannten Gründen vom Normalfall abweicht und dies im Prozess erkannt werden kann. Wichtig: Prozessvarianten und Spezialfälle sind keine Negativprozesse, da sie – wenn auch auf Umwegen – das Geschäftsziel immer erreichen.
- **Prozessvarianten** (Spezialfall, Sonderfall)
  Prozessvarianten und Spezialfälle beschreiben die vorab bekannten Abläufe, die ebenfalls der Erreichung des Geschäftsziels in dieser speziellen Situation dienen, jedoch keine Negativprozesse sind und auch nicht dem normalen Ablauf folgen.

> *Jedes System unterstützt Prozesse. Prozessbeschreibungen sind daher eines der besten Mittel, um die Anwendersicht zu beschreiben. Es ist empfehlenswert und auch notwendig, Prozesse zu spezifizieren.*

Tipps für die Spezifikation von Prozessen:

- Mit einem Hauptprozess starten
- Start- und Endpunkt des Prozesses sowie Ergebnisse und Zielsetzungen klären
- Beteiligte Personen und Systeme identifizieren
- Den Prozess so übersichtlich wie möglich halten. Bei Abläufen mit mehr als 7–10 Teilschritten sollte der Prozess in Subprozesse aufgeteilt werden.
- Verschiedene Betrachtungsebenen einnehmen (Stakeholder) und sich der Ebene der Prozessmodellierung bewusst sein (ist es eine kleine abgeschlossene Aktion, ein Subprozess, Businessprozess, ein systemübergreifender Prozess etc.)
- Varianten und Spezialfälle berücksichtigen
- Negativprozesse nicht vergessen

Ein textuell beschriebener Prozess mit all seinen Varianten und Negativfällen ist meist schlecht lesbar und schwierig zu verstehen. Besser ist es, einen Prozess grafisch durch ein Prozessdiagramm zu visualisieren und bei Bedarf durch erklärenden Text zu ergänzen (siehe Beispiele weiter unten).

Prozesse sollten wann immer möglich grafisch modelliert werden!

Für die Prozessmodellierung kann folgende Vorgehensweise empfohlen werden, um zielgerichtet zu passenden Prozessmodellen zu kommen:

- **Schritt 1:**
  Brainstorming zu den übergeordneten Prozessen
  Es werden hier nur Prozessthemen gesammelt, ohne auf Sonderfälle einzugehen. Ausgangsbasis dafür sind die Vision, Ziele und Epics. Je nach Systemgröße können die groben Prozessbezeichnungen auch den Charakter von Epics oder User Stories annehmen. Wenn im ersten Schritt sehr viele Prozesse ermittelt wurden, dann ist es sinnvoll, diese zu priorisieren und zunächst nur mit den wichtigsten zu beginnen (z.B. mit den Kerngeschäftsprozessen). »Keep it simple!«
- **Schritt 2:**
  Aus dem Brainstorming die Kernprozesse auswählen und deren grobe Prozessschritte (Normalfall) ermitteln
  Danach die restlichen Prozessschritte und weiteren Prozesse grob beschreiben.
  Hier sollten ebenfalls noch keine Sonderfälle berücksichtigt und nicht zu detailliert modelliert werden. Es geht hier noch darum, einen breiten Überblick über die Systemprozesse zu bekommen.

- **Schritt 3:**
  Erste grafische Modellierung der Prozesse

  Diese ersten Modelle sollten nur die wichtigsten Schritte des Normalfalls darstellen. Empfehlenswert ist evtl. auch der Einsatz der »Swimlane«-Technik (siehe das Glossar im Anhang D des Buches) *im Prozessdiagramm, um die Zusammenhänge zwischen den einzelnen Systemen und Rollen über den Prozessablauf sichtbar zu machen.*

- **Schritt 4:**
  Brainstorming zu Normalfall, Varianten und Sonderfällen

  Primär werden hier Stichworte bzw. Überschriften gesammelt, ohne auf die einzelnen Prozessschritte im Detail einzugehen.

- **Schritt 5:**
  Strukturierung des Normalfalls und der Varianten in einzelne Prozessschritte und Aktivitäten

  In diesem Schritt bietet es sich an, eine erste Sammlung von User Stories anzulegen, die in diesem Prozess stattfinden. Als Methode können Kärtchen (z.B. Story Cards) verwendet werden, auf die jeweils ein Prozessschritt geschrieben wird.

- **Schritt 6:**
  Grafische Modellierung des gesamten Prozessablaufs

  Je nach Komplexität der Prozesse können hier der Normalfall und alle Varianten im Prozessdiagramm dargestellt werden, um die Zusammenhänge deutlich zu machen. Oder aber die Varianten werden in eigenen Prozessdiagrammen dargestellt.

- **Schritt 7:**
  Die Prozesse könnten hier weiter verfeinert werden.

  Es ist jedoch nicht effizient, die Prozesse schon am Anfang zu sehr im Detail zu spezifizieren, da die Gefahr besteht, sich dabei mit Varianten, Fehlerfällen und diversen Prozessverknüpfungen und Subprozessen zu verzetteln.

Nach einer ersten grafischen Modellierung auf hoher Ebene sollte in der nächsten Spezifikationsiteration zunächst der Systemkontext abgegrenzt und die funktionale Sicht durch User Stories verbreitert werden.

Beispiel zur Vorbereitung einer grafischen Prozessmodellierung:

Schritt 1:
Brainstorming zu groben Businessprozessen

- »Zeiten erfassen«
- »Monatsbericht für die Mitarbeiterin erstellen«
- »Controlling-Auswertung für Personalmanagement erstellen«

→

Schritt 2:
Businessprozess grob modellieren

Prozess »Zeiten erfassen«

- Prozessschritt 1: »Tagesarbeitszeit und Projektzeit erfassen«
- Prozessschritt 2: »Planungsdaten anpassen«

Schritt 3:
Erste grobe grafische Modellierung des Prozesses

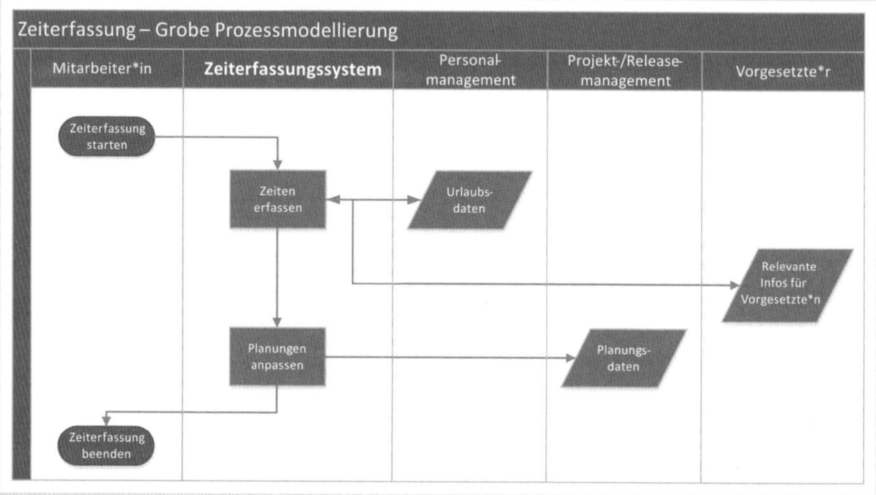

Abb. 3–7 *Grobe Prozessmodellierung*

Die »Swimlane«-Technik zeigt, mit welchen Fremdsystemen und Rollen das Zeiterfassungssystem in Beziehung steht (siehe Abb. 3–7).

Schritt 4:
Brainstorming zu Normalfall und Varianten

- Normalfall: »Tagesarbeitszeit und Projektzeit erfassen«
- Variante: »Fehlzeit erfassen«
- Variante: »Urlaub erfassen«

Schritt 5:
Normalfall und Varianten in einzelne Schritte strukturieren (Kärtchentechnik)

Normalfall: »Tagesarbeitszeit und Projektzeit erfassen«

Hinweis: Die Zahlen in den Abbildungen sind die eindeutigen Kennzeichnungen dieser Elemente in einem Ablaufdiagramm. Als Darstellungssymbole wurden die Definitionen aus der DIN 66001 gewählt, die für die Prozessdarstellung sehr verbreitet sind: Rechtecke sind Aktivitäten im Prozess und Parallelogramme stellen Daten dar.

→

- Tagesarbeitszeit buchen

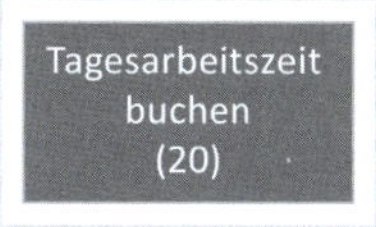

- Tagesarbeitszeit auf Projektzeiten zuordnen

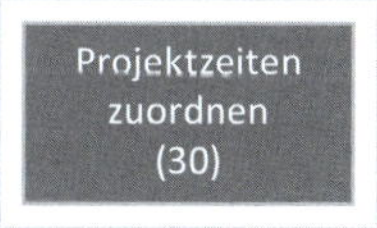

- gegebenenfalls relevante Infos an Vorgesetzte*n mailen

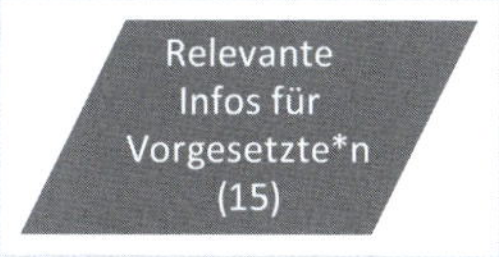

- Projekt-/Releaseplanungen anpassen

Variante »Urlaub erfassen«

- Urlaub eintragen unter Berücksichtigung der Urlaubsdaten aus HR
- gegebenenfalls relevante Infos an Vorgesetzte*n mailen
- Projekt-/Releaseplanungen anpassen

Variante »Fehlzeit erfassen«

- Fehlzeiten eintragen
- gegebenenfalls relevante Infos an Vorgesetzte*n mailen
- Projekt-/Releaseplanungen anpassen

Schritt 6:
Grafische Modellierung des Prozessablaufs

In der vorherigen Brainstorming-Phase hat sich gezeigt, dass es zwei gemeinsame Elemente in jeder Prozessvariante gibt (»E-Mail senden« und »Planungen anpassen«). Dies wurde in der Prozessmodellierung durch einen Container (Box in der Mitte) gelöst, in dem die Prozessvarianten dargestellt sind und aus dem dann die gemeinsamen Schritte erfolgen.

In einem Modellierungs-Workshop ist es einfacher, wenn der Prozess nicht gleich mit einem Modellierungstool modelliert wird, sondern die Kärtchen auf ein Flipchart oder eine mit großem Papier behängte Pinnwand gesteckt werden. Dies fokussiert die Teilnehmenden auf den Inhalt und man ist nicht durch diverse Tool-Features abgelenkt.

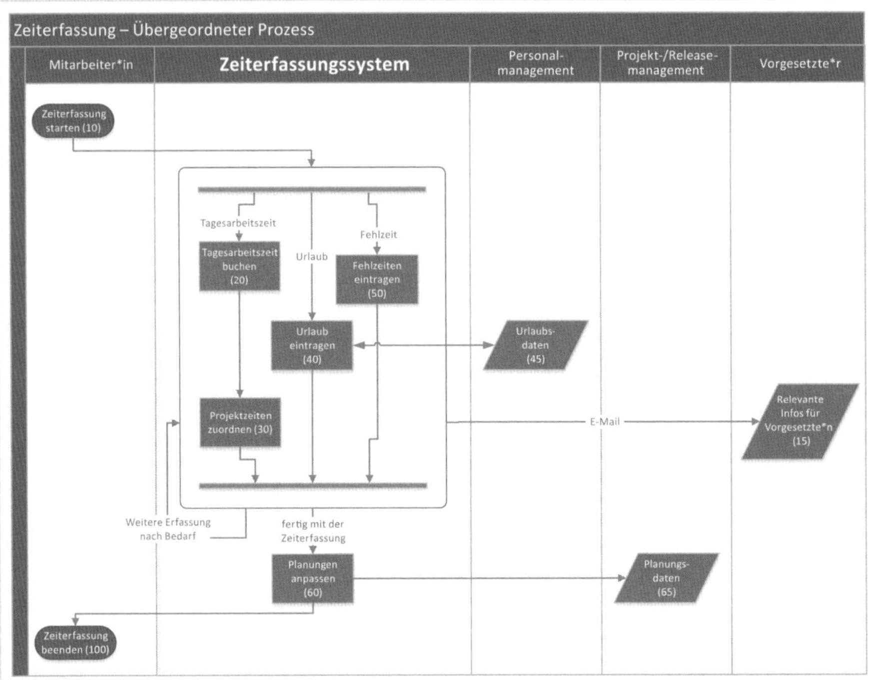

Abb. 3–8 *Grafische Modellierung des Prozessablaufs*

In diesem Beispiel wurden aufgrund der Überschaubarkeit alle Varianten in einem Diagramm dargestellt.

Im Diagramm in Abbildung 3–8 wurden die einzelnen Prozessschritte in Zehnerschritten nummeriert, sodass nachträglich noch das Einfügen von Zwischennummern möglich ist. Alternativ dazu ist es auch möglich, in jedem Diagramm einen eindeutigen textuellen Bezeichner für jedes Element zu finden und über diesen Namen zu referenzieren. Das hat den Vorteil, dass die Referenzen dann auch »sprechend« sind und man nicht nur die Nummer sieht.

Anmerkung: In modellbasierten Spezifikationstools entfällt die eindeutige Kennzeichnung der Elemente für die Referenzierung, da dies typischerweise automatisch durch das Tool übernommen wird.

Hinweise und Anmerkungen: Bei der grafischen Prozessmodellierung könnte man in einem einzigen Prozessdiagramm den Normalfall und alle Sonderfälle gleichzeitig darstellen. Dies ist in der Praxis nur bedingt sinnvoll, nämlich wenn die Komplexität eines Prozesses nicht besonders groß ist oder eine große Komplexität evtl. auch besonders betont werden soll. Wenn es mehrere Varianten oder Sonderfälle eines Prozesses gibt, ist es normalerweise besser, den Normalfall sowie die einzelnen Sonderfälle als eigene Modelle darzustellen.

Es empfiehlt sich, bei der Prozessdarstellung ein möglichst kleines Set an leicht verständlichen Darstellungselementen zu verwenden. Die Praxis zeigt, dass Prozessmodelle ohne weitere Erläuterungen meist nicht ausreichend sind. Es sollte daher die Prozessspezifikation mit dem Prozessmodell begonnen werden. Parallel dazu werden bei auftauchenden Unklarheiten bzw. Fragen oder für Aktivitäten, die nicht selbsterklärend sind, beschreibende Texte zum einfacheren Verständnis als Ergänzung hinzugefügt.

> *Für Prozessmodelle sollten wenige und leicht verständliche Darstellungselemente verwendet und die Modelle bei Bedarf zur Vermeidung von Unklarheiten durch Textspezifikationen ergänzt werden!*

Entsprechend aufbereitete Prozessmodelle können auch direkt in eine Workflow-Engine importiert und dort ausgeführt werden. Dazu müssen sie aber zuvor in einer maschinenlesbaren Notation erstellt werden (z.B. BPMN). In der Praxis hat sich aber gezeigt, dass derartige Prozessmodelle, die maschineninterpretierbar gestaltet werden, durch die notwendige Darstellung jeglicher Details, Ausnahmesituationen, Fehlerszenarien etc. so komplex sind, dass eine Lesbarkeit nicht mehr gegeben ist.

Abschließend werden der Überblick über die Prozesse und die Zusammenhänge der Artefakte rund um Prozesse dargestellt (siehe Abb. 3–9).

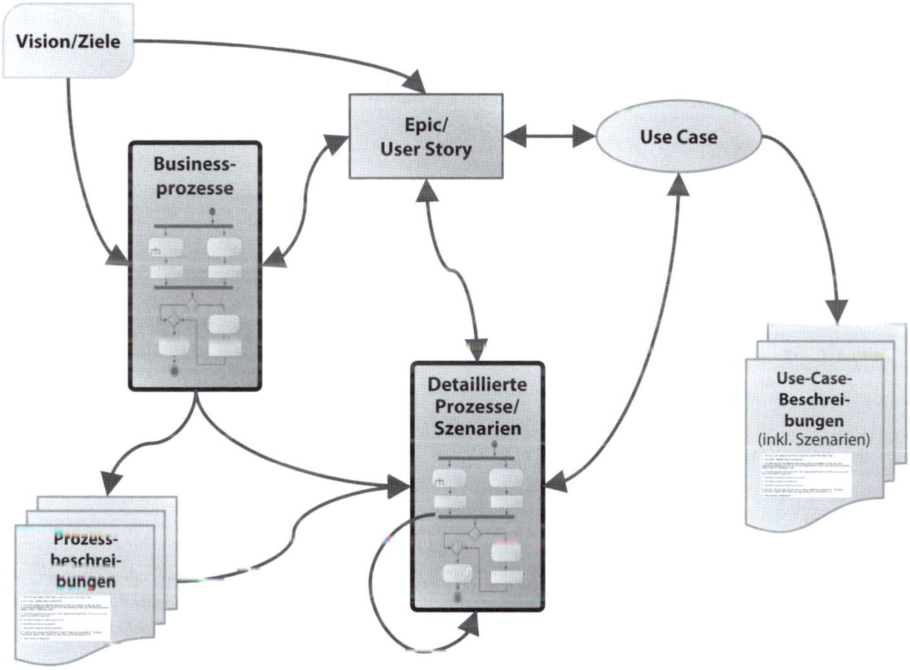

Abb. 3–9 *Prozesse im Zusammenhang*

- Businessprozesse werden aus Vision und Zielen oder übergeordneten Epics bzw. User Stories unter Berücksichtigung der Stakeholder-Sichten abgeleitet.
- Prozesse können durch ergänzende Prozessbeschreibungen detailliert beschrieben werden.
- Komplexere Prozesse sollen in Subprozesse weiter unterteilt werden.
- Subprozesse werden wiederum durch User Stories oder weitere Unterteilung in Subprozesse verfeinert und beschrieben.
- Aus den Prozessen können bei Bedarf wiederum neue Epics und User Stories abgeleitet werden.

3.3.2 Use Cases

Definition	Ein **Use Case** beschreibt die Interaktion mit dem System bzw. das Verhalten des Systems aus Benutzersicht. In der Use-Case-Beschreibung bzw. im Use-Case-Szenario wird dieses Verhalten bzw. die zur Erledigung einer bestimmten Aufgabe notwendigen Detailschritte näher beschrieben.
Anwendung	Use Cases erfüllen mehrere Aspekte aus Sicht des Requirements Engineering: Als Use-Case-Diagramm sind sie Strukturierungs- und Kommunikationstechnik auf einer hohen Ebene. Als Use-Case-Beschreibung bzw. Use-Case-Szenario (siehe Abschnitt 3.3.3) sind sie detaillierte Ablauf- und Requirements-Spezifikationen. Use Cases können bei Bedarf auch gut zur Darstellung der Ablaufsicht innerhalb einer User Story oder auch als Subprozess bzw. Detaillierung eines übergeordneten Geschäftsprozesses verwendet werden.
Mitwirkende	- Product Owner - Businessprozess-Owner - Mitarbeitende des Fachbereichs - Key User und ggf. Stakeholder - evtl. übergeordnete*r Systemarchitekt*in - evtl. übergeordnete*r Testmanager*in
Eigenschaften	- Beschreiben Interaktionen mit dem System - Systemverhalten (Ablauf-/Aktivitätenbeschreibung) aus Benutzersicht - Spezifikationsebene(n) parallel oder auch unterhalb der User Stories und Geschäftsprozesse - Oberhalb von Detailspezifikation wie Use-Case-Beschreibungen bzw. Use-Case-Szenarien, User Interface oder Datenstrukturbeschreibungen - Gut als Strukturierungstechnik geeignet - Aufwandsschätzung je nach Detailliertheit grob oder mit guter Genauigkeit möglich
Testbarkeit	Ja
Zeitpunkt	Laufend vor der ersten Umsetzungsiteration, Verfeinerung in den Umsetzungsiterationen vor dem Start der Programmierung (z.B. in der Sprint-Planung)
Vorlaufzeit bis Umsetzung	Tage bis Wochen

Bei den Use Cases muss man zwei grundlegende Beschreibungstechniken unterscheiden:

Use-Case-Diagramm

Das Use-Case-Diagramm ist eine einfache grafische Notation zur Darstellung mehrerer Use Cases im Systemkontext (siehe Abb. 3–10).

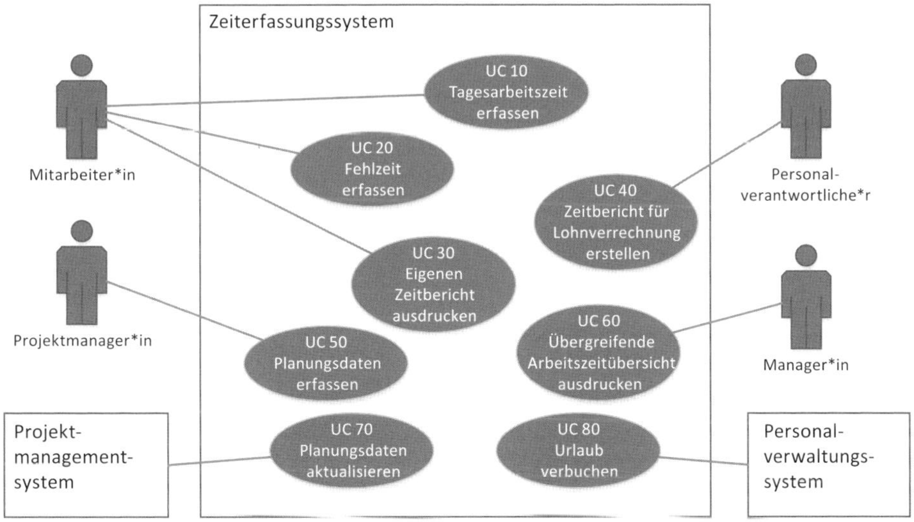

Abb. 3–10 *Use-Case-Diagramm – Beispiel für Zeiterfassung*

Das Use-Case-Diagramm besteht aus folgenden Elementen:

- **System**
  Ein Rechteck mit der Bezeichnung des Systems. Dies stellt das zu betrachtende System dar.
- **Akteure**
  In der Abbildung als Personensymbole dargestellt. Sehr oft handelt es sich dabei auch um personenbezogene Rollen. Es kann jedoch auch ein Fremdsystem oder eine Organisationseinheit als Akteur angegeben werden. In diesem Fall wählt man dann ein anderes Symbol, z. B. ein kleines Rechteck mit der Fremdsystembezeichnung.
- **Use Cases**
  Die einzelnen Use Cases werden als Ellipsen dargestellt. Jeder Use Case sollte mit einer eindeutigen Nummer und mit einer sprechenden Bezeichnung versehen werden.
- **Verbindungen**
  Verbindungen werden als Linien dargestellt. Einfache Linien ohne besondere Kennzeichen verbinden die Akteure außerhalb des Systems mit einem oder mehreren Use Cases. Zwischen Use Cases sind speziell gekennzeichnete Verbindungen möglich (z. B. Extend und Include), auf die jedoch in diesem Buch nicht näher eingegangen wird. Es ist empfehlenswert, diese speziellen Beziehungen im

Rahmen der Requirements-Spezifikation nicht zu verwenden, da gerade Mitarbeitende aus den Fachbereichen durch solche speziellen Elemente meist mehr verwirrt werden, als dass sie Klarheit in die Darstellung bringen.

Zweck des Use-Case-Diagramms ist es, auf einfache und leicht verständliche Weise darzustellen, wie die Umwelt mit dem System interagieren kann. Das Use-Case-Diagramm ist daher auch eine Form von Kontextdiagramm, jedoch mit einem klaren Fokus auf dem Verhalten des Systems. Man könnte das Use-Case-Diagramm auch als grafisches Inhaltsverzeichnis der Use Cases sehen.

> Ein Use Case in einem Use-Case-Diagramm sollte immer in der Form <Substantiv><Verb/Prozesswort> (z.B. »Arbeitszeit erfassen«) oder <Verb/Prozesswort><Substantiv> (»Buche Urlaub«) geschrieben werden.

Eine Orientierung bei der Use-Case-Formulierung an der Formulierungsschablone macht einen Use Case leicht lesbar und es wird dadurch auch klar, was gemacht wird und womit und in Bezug auf was es gemacht wird. Empfehlenswert ist auch die eindeutige Nummerierung der Elemente im Diagramm.

Use-Case-Beschreibung

Die Use-Case-Beschreibung ist eine textuelle Beschreibung des Use Case. Sie kann teilweise sehr umfangreich und komplex werden. Es gibt in der Literatur (vgl. [Adolph & Bramble 2003], [Alexander & Maiden 2004], [Cockburn 2001]) und im Web (vgl. [Wikipedia]) diverse Beschreibungs- und Strukturierungs-Patterns für Use Cases, die sich etabliert haben. Die nachfolgende Struktur in Tabelle 3–3 kann als Pattern zur Beschreibung von Use Cases verwendet werden.

Use-Case-ID	Eindeutige Nummer des Use Case
Use-Case-Name	Name des Use Case
User Story	ID der User Story, die dieser Use Case beschreibt
Ziel (Kundennutzen)	Hauptziel bzw. Kundennutzen, das durch den Use Case erreicht werden soll
Kategorien	Einordnung des Use Case in ein Klassifikationsschema (z.B. Detailliertheitsgrad, Sichtweise). Kann je nach Projektart definiert werden.
Vorbedingung	Was muss vor Beginn des Ablaufs zutreffen?
Nachbedingung	Was muss nach Ende des Ablaufs zutreffen?
Akteure	Initiiert den Use Case oder ist involviert
Trigger	Alles, was den Use Case auslöst
Standardszenario	Standardablauf (Liste von Schritt-Nr., Aktion) Einfache Satzstruktur (ähnlich User Story)

→

Erweiterungsszenarien	Erweiterungen zum Standardablauf (Erweiterungsbedingung und Schritte)
Beinhaltet Use Case	Use Cases, die von diesem Use Case verwendet werden. Im Diagramm mussen dann auch entsprechende Verbindungen zu diesen Use Cases eingezeichnet sein.
Risiko	Wie hoch wird das Risiko für das Unternehmen bzw. den Kunden eingeschätzt, wenn dieser Use Case nicht korrekt funktioniert? Einstufungen sind z.B. kritisch, hoch, mittel, niedrig.
Priorität	Wie wichtig ist der Use Case für den Kunden? Einstufungen sind z.B. hoch, mittel, niedrig.
etc.	Diverse weitere Attribute nach Bedarf

Tab. 3–3 *Template zur Beschreibung von Use Cases*

Hinweis: Bei den zusätzlichen Attributen soll darauf geachtet werden, dass es sich um inhaltliche Attribute aus Sicht der Benutzerin handelt. Requirements-Management-Attribute wie z.B. Priorität und Fertigstellungsdatum können dann direkt beim Use Case angeführt werden, wenn diese durch ein passendes Requirements-Management-System verwaltet werden. Wenn die Use Cases in einem Textsystem beschrieben werden (was hier jedoch nicht empfohlen wird), sollten die inhaltlichen von den Managementattributen klar getrennt sein und z.B. in einem eigenen Tabellenblatt angeführt werden.

Beispiel einer typischen Beschreibung eines Use Case:

Use-Case-ID	20
Use-Case-Name	Fehlzeiten erfassen
User Story	106 (»Als Benutzerin möchte ich meine Fehlzeiten erfassen können«)
Ziel	Alle Mitarbeitenden sollen möglichst einfach und schnell ihre Fehlzeiten eintragen können.
Kategorien	■ Subprozess ■ Benutzereingabe
Vorbedingung	■ Fehlzeitarten sind angelegt ■ Benutzerin ist angemeldet ■ Mailsystem ist angebunden ■ Personalverwaltungssystem, Releaseplanung sind angebunden
Nachbedingung	■ Fehlzeiten sind in der Zeitdatenbank erfasst ■ Urlaubsanspruch im Personalverwaltungssystem aktualisiert ■ Releaseplanung aktualisiert ■ E-Mail wurde verschickt (Sonderfall)
Akteure	Mitarbeitende (alle)
Trigger	Benutzerin möchte Fehlzeiten erfassen

→

Standardszenario	Standardablauf »Urlaub eintragen«: 1. Benutzerin startet Fehlzeiterfassung 2. Benutzerin wählt Art der Fehlzeit »Urlaub« aus (Fehlzeitarten siehe »Personalverwaltungssystem XY.xslx«) 3. Benutzerin gibt Urlaubstage ein 4. System ruft Anspruch aus Personalverwaltungssystem ab 5. Benutzerin genehmigt Urlaub 6. System setzt Anspruch im Personalverwaltungssystem neu 7. System aktualisiert Releaseplanung im Projektmanagementsystem 8. Benutzerin beendet Fehlzeiterfassung
Erweiterungsszenarien	Variante »Arztbesuch«: Wenn in Punkt 2 des Standardablaufs als Fehlzeitart »Arztbesuch« gewählt wird: 1. Benutzerin erfasst Arztbesuchszeiten 2. Gehe zu Punkt 7 Sonderfall »Sonstige Fehlzeit«: Wenn in Punkt 2 des Standardablaufs als Fehlzeitart »Sonstiges« gewählt wird: 1. Benutzerin erfasst Fehlzeiten 2. System schickt E-Mail an die Vorgesetzte 3. Gehe zu Punkt 7 (siehe auch Abschnitt 3.3.3)
Beinhaltet Use Case	Keine
Risiko	Hoch (Lohnverrechnung erfolgt evtl. falsch)
Priorität	Hoch (Kernfunktionalität der Zeiterfassung)
Anmerkungen	Keine

Die rein textuelle Beschreibung von Szenarien in der Use-Case-Beschreibung ist nicht geeignet, um umfangreichere Zusammenhänge und Prozesse übersichtlich darzustellen! Szenarien sollten daher wenn möglich grafisch visualisiert werden (ein Beispiel dazu ist in Abschnitt 3.3.3 zu finden).

Die Szenarien in Use-Case-Beschreibungen sollten vorzugsweise mit Prozessdiagrammen visualisiert werden.

Die Use-Case-Szenarien sollten aber im Use-Case-Template (siehe Tab. 3–3) grundsätzlich mit einer sprechenden Bezeichnung angeführt werden, damit man hier beim Lesen schon einen gewissen Überblick erhält. Dies kann ggf. auch durch einen kurzen »Abstract« (wenige Textzeilen) des Szenarios ergänzt werden.

Wie kommt man zu passenden Use Cases? Ausgangspunkt ist eine User Story mit Akzeptanzkriterien. Für diese wird in einem oder mehreren Use Cases beschrieben, wie die Akteure die in der User Story beschriebene Funktion Schritt für Schritt anwenden. Der Use Case soll also zeigen, wie die Funktion in der Praxis eingesetzt wird und wie dabei die Akteure mit dem System interagieren.

Abhängig vom Projektumfeld und Bedarf der Anwender werden die Use Cases z. B. mit der oben angegebenen Schablone weiter detailliert. Da die Use Cases sowohl von der Kundschaft als auch von der Entwicklung verstanden werden sollen, ist es wichtig, dass auch immer Vertreter dieser Gruppen bei der Erstellung dabei sind. Es wird empfohlen, dass zumindest eine Entwicklerin, eine Person mit guten Fachkenntnissen und eine Person mit Kenntnis der bisher verwendeten Systemanwendung, sofern ein bestehendes System abgelöst wird, beteiligt werden.

Typische Fallen im Zusammenhang mit Use Cases:

- Die Use-Case-Bezeichnung wird nur als Substantiv und ohne Zeitwort (Verb) formuliert. Es kommen Bezeichnungen vor wie »Urlaubsverwaltung«, »Plandatenerfassung«, »Ausdruck« etc. Hier fehlt die Verhaltensbeschreibung. Es ist daher oft nicht klar, was das System nun mit den genannten Subjekten machen soll. Soll z.B. etwas mit der »Urlaubsverwaltung« als Substantiv passieren, wie »Urlaubsverwaltung auswerten«, oder wurden Verb und Substantiv einfach nur substantiviert, sodass eigentlich gemeint wäre »Urlaub verwalten«?
- Use Cases werden nur als Verb und ohne Substantive formuliert. Es kommen manchmal Bezeichnungen vor wie »verwalten«, »erfassen«, »ausdrucken« etc. Hier ist jedoch oft nicht klar, auf was sich dies bezieht. Daher sollte unbedingt auch das Substantiv angegeben werden.
- Das Use-Case-Diagramm wird als Ablaufmodell »missbraucht«. In einem Use-Case-Diagramm können keine Abläufe dargestellt werden. Die Linien zwischen den Use Cases stellen eine strukturelle Verbindung zwischen den Use Cases dar und keinen Ablauf! Wenn Abläufe dargestellt werden sollen, müssen dazu andere Diagrammtypen wie z.B. das UML-Aktivitätsdiagramm oder UML-Zustandsübergangsdiagramm oder ganz einfache beliebige Prozessdiagramme verwendet werden.
- Use Cases stellen das Verhalten des Systems zu detailliert dar. Wenn man beim detaillierten Beschreiben der Szenarien des Use Case bemerkt, dass dieser Ablauf zu detailliert oder komplex wird, kann es sinnvoll sein, Teile des Use Case bzw. des Use-Case-Szenarios in einen eigenen Use Case auszulagern und die Komplexität dadurch zu reduzieren, um zu gewährleisten, dass Use Cases nur das wesentliche Verhalten des Systems darstellen.
- Es werden (falsche) Beziehungen zwischen Use Cases dargestellt. Es können z.B. nicht zwei Use Cases durch eine einfache Linie verbunden werden. Zwischen zwei Use Cases kann es nur eine »Includes«- oder eine »Extends«-Beziehung geben.
- Das System wird bei der Beschreibung der Szenarien vergessen. Bei benutzerfokussierten Szenarien könnte eine Auflistung wie folgt geschrieben werden:

  1. Art der Fehlzeit »Urlaub« auswählen
  2. Gewünschte Urlaubstage eingeben
  3. Urlaubsgenehmigung durchführen

  In diesem Fall ist nicht klar, für was das System eigentlich zuständig ist bzw. wer welchen Schritt ausführt. Typischerweise werden einige Systemschritte auch komplett übersehen. Es sollte daher immer geprüft werden, ob nicht nur die externen Akteure in der Ablaufbeschreibung vorkommen, sondern auch das System. So könnte z.B. das Szenario von oben wie folgt erweitert werden:

1. Die Benutzerin wählt die Art der Fehlzeit »Urlaub« aus.
2. Die Benutzerin gibt die gewünschten Urlaubstage ein.
3. Das System ruft den Urlaubsanspruch aus dem Personalverwaltungssystem ab.
4. Die Benutzerin genehmigt den Urlaub.
5. Das System setzt den Urlaubsanspruch im Personalverwaltungssystem neu.

- Gleiches kann natürlich auch umgekehrt passieren, dass nur Systemschritte angeführt werden und die Benutzeraktionen fehlen. Hier ist umgekehrt sinngemäß vorzugehen, um dies zu vermeiden.

Use-Case-Diagramm und Use-Case-Beschreibung ergänzen sich harmonisch zu einer umfassenden Beschreibung des Systemverhaltens.

Im Sinne der Requirements-Spezifikation betrachten wir bei Use Cases ebenso wie bei den Prozessen die Ablaufsicht. Jedoch erfolgt bei Use Cases die Beschreibung auf einer detaillierteren Ebene. Es werden nicht die übergeordneten Abläufe aus einer fachlichen Sicht beschrieben, sondern es wird dargestellt, wie der Anwender mit dem System interagiert. Eine weitere Verfeinerung erfolgt dann durch die unterschiedlichen Szenarien (siehe Abschnitt 3.3.3) eines Use Case.

Use Cases und Use-Case-Beschreibungen unterstützen die effektive Kommunikation im Requirements Engineering, da die Beschreibung von Abläufen eine wirksame Art und Weise ist, wie Benutzerbedarf dargestellt und erläutert werden kann.

3.3.3 Use-Case-Szenario bzw. -Template

Definition	Ein **Use-Case-Szenario** ist ein spezifischer Weg durch einen Use Case oder eine Instanz bei der Ausführung eines Use Case [Wiegers 2005]. Szenarien sind Detailabläufe eines Use Case und stellen Anforderungen an das Systemverhalten (Ablauf) bzw. auch Zusammenhänge zwischen Requirements auf einer detaillierteren Ebene dar.
Anwendung	Use-Case-Szenarien sind wichtig, um die Benutzungs- und Systemabläufe bzw. das Systemverhalten zu beschreiben. Aus diesen Abläufen ergeben sich dann weitere (Detail-)Requirements oder bei komplexen Systemen auch weitere Subabläufe. Use-Case-Szenarien können bei Bedarf auch gut zur detaillierteren Beschreibung der Ablaufsicht innerhalb einer User Story oder auch als Subprozess bzw. Detaillierung eines übergeordneten Geschäftsprozesses verwendet werden.
Mitwirkende	▪ Product Owner und ggf. Stakeholder ▪ Mitarbeitende des Fachbereichs ▪ Key User ▪ »Das Team« ▪ evtl. Systemarchitekt*in

→

Eigenschaften	■ Spezifikationsebene(n) unterhalb bzw. innerhalb der Use Cases ■ Ablauforientierte Anforderungssicht ■ Gute Technik für eine Spezifikation von Systemverhalten auf einer detaillierteren Ebene ■ Kostenschätzung je nach Ebene schon detailliert möglich
Testbarkeit	Ja
Zeitpunkt	Laufend vor der Umsetzungsiteration, vor dem Start der Programmierung (z.B. in der Sprint-Planung)
Vorlaufzeit bis Umsetzung	Stunden bis Tage
Hinweise	Im Rahmen von Verfeinerungen können Szenarien in weitere Subszenarien aufgeteilt werden. **Tipp:** Die Beschreibung von parallelen Abläufen, Schleifen oder Verzweigungen oder komplexen alternativen Szenarien wird in Form textueller Ablaufbeschreibungen schnell unübersichtlich. Hier sollten die Abläufe dann besser grafisch z.B. mit Aktivitätendiagrammen dargestellt werden.

Szenarien sind die Abläufe auf einer detaillierten Beschreibungsebene innerhalb eines Use Case (siehe auch Abschnitt 3.3.2). Szenarien dienen der effektiven Kommunikation von Requirements, da das Erzählen von Geschichten (»Storytelling« – siehe das Glossar im Anhang D des Buches) eine natürliche und wirksame Art und Weise ist, wie der Benutzerbedarf erläutert werden kann. Der Zweck von Szenarien ist es, eine Situation in der Interaktion zwischen Mensch und System typischerweise als Folge von Schritten zu beschreiben [Alexander & Maiden 2004].

Wie kommt man nun zu passenden Szenarien? Ausgangsbasis für die Ermittlung der Szenarien sind die übergeordneten User Stories und Use Cases sowie natürlich die betroffenen Stakeholder. Als typische Techniken zur Ermittlung der Szenarien kommen wie bei den Prozessen primär Interviews, Beobachtung, Analyse vorhandener Dokumente oder die gemeinsame Erarbeitung von Szenarien in Workshops zur Anwendung.

Es sollte aber nicht nur ein einziges Szenario analysiert und beschrieben werden. In den meisten Fällen gibt es folgende Arten von Szenarien, die beschrieben werden sollten:

- Hauptszenario (Normalablauf, Standardablauf)
- Negativszenarien (Fehlerfall)
- Szenario-Varianten (Spezialfall, Sonderfall)

Die Definition dieser Arten von Szenarien folgt dem Schema der Arten von Prozessen (siehe Abschnitt 3.3.1).

> *Jedes System hat Szenarien. Szenariobeschreibungen sind ein wichtiges Mittel, um die Anwendersicht zu beschreiben. Es ist daher empfehlenswert und meist auch notwendig, Szenarien zu spezifizieren.*

Tipps für die Spezifikation von Szenarien:

- Mit einem Normalfall starten
- Das Szenario so übersichtlich wie möglich halten. Bei Abläufen mit mehr als sieben bis zehn Aktivitäten bzw. Teilschritten sollte das Szenario in Subszenarien aufgeteilt werden.
- Verschiedene Betrachtungsebenen einnehmen (Stakeholder) und sich der Ebene der Modellierung bewusst sein. Szenarien sind meist Sub-/Teilprozesse eines übergeordneten Businessprozesses, können aber auch selbst wieder aus Subszenarien, Szenariogruppierungen etc. bestehen, die evtl. ebenfalls modelliert werden müssen.
- Varianten und Spezialfälle berücksichtigen
- Negativ-Sichtweise nicht vergessen

Ein textuell beschriebenes Szenario mit all seinen Varianten und Negativfällen ist meist schlecht lesbar und schlecht verständlich. Besser ist es, genau wie bei den Prozessen, ein Szenario grafisch durch ein Prozessdiagramm zu visualisieren und bei Bedarf durch erklärenden Text zu ergänzen.

Nachfolgend nochmals die Szenarien aus dem Use Case »Fehlzeiten erfassen« aus Abschnitt 3.3.2:

Standardszenario	Standardablauf »Urlaub eintragen«: 1. Benutzerin startet Fehlzeiterfassung 2. Benutzerin wählt Art der Fehlzeit »Urlaub« aus (Fehlzeitarten siehe »Personalverwaltungssystem XY.xslx«) 3. Benutzerin gibt Urlaubstage ein 4. System ruft Anspruch aus Personalverwaltungssystem ab 5. Benutzerin genehmigt Urlaub 6. System setzt Anspruch im Personalverwaltungssystem neu 7. System aktualisiert Releaseplanung im Projektmanagementsystem 8. Benutzerin beendet Fehlzeiterfassung
Erweiterungsszenarien	Variante »Arztbesuch«: Wenn in Punkt 2 des Standardablaufs als Fehlzeitart »Arztbesuch« gewählt wird: 1. Benutzerin erfasst Arztbesuchszeiten 2. Gehe zu Punkt 7 Sonderfall »Sonstige Fehlzeit«: Wenn in Punkt 2 des Standardablaufs als Fehlzeitart »Sonstiges« gewählt wird: 1. Benutzerin erfasst Fehlzeiten 2. System schickt E-Mail an die Vorgesetzte 3. Gehe zu Punkt 7

In einer detaillierteren Form können noch weitere Beschreibungselemente wie Vorbedingungen, Nachbedingungen etc. hinzugefügt werden, bis ein vollständiger Use Case entsteht (siehe auch Abschnitt 3.3.2).

Aus der oben angeführten textbasierten Szenariospezifikation ist zwar erkennbar, dass es verschiedene Sondersituationen des Ablaufs gibt. Die Komplexität der Abläufe ist jedoch nicht sichtbar. Außerdem wird bei der textbasierten Prozessbeschreibung das »Goto«-Statement, das schon seit Jahrzehnten aus der objektorientierten und strukturierten Programmierung verbannt ist, hier wieder eingeführt (»Gehe zu Punkt x«)!

Nachfolgend ist daher ein Beispiel für einen Use Case dargestellt, bei dem die Szenarien, die oben angeführt sind, auch grafisch visualisiert werden (siehe Abb. 3–11 bis 3–13).

Use-Case-ID	20
Use-Case-Name	Fehlzeiten erfassen
User Story	106 (»Als Benutzerin möchte ich meine Fehlzeiten erfassen können«)
Ziel	Alle Mitarbeitenden sollen möglichst einfach und schnell ihre Fehlzeiten jeglicher Art eintragen können.
Kategorie(n)	▪ Subprozess ▪ Benutzereingabe
Vorbedingung	▪ Fehlzeitarten müssen angelegt sein ▪ Benutzerin muss angemeldet sein ▪ Mailsystem muss angebunden sein ▪ Personalverwaltungssystem muss angebunden sein ▪ Releaseplanung muss angebunden sein
Nachbedingung	▪ Fehlzeiten sind in der Zeitdatenbank erfasst ▪ Urlaubsanspruch im Personalverwaltungssystem aktualisiert ▪ Releaseplanung aktualisiert ▪ E-Mail wurde verschickt (Sonderfall)
Akteur(e)	Mitarbeitende (alle)
Trigger	Benutzerin möchte Fehlzeit erfassen
Standardszenario	**Standardablauf – Urlaub eintragen:** Der Urlaub wird erfasst, eine Prüfung des Anspruchs wird durchgeführt und alle angebundenen Systeme, für die diese Information relevant ist, werden nach der Genehmigung aktualisiert.
Erweiterungsszenarien	**Variante – Arztbesuch:** ▪ Fehlzeitart »Arztbesuch« wurde ausgewählt ▪ Keine spezielle Prüfung und Aktualisierung **Sonderfall – Sonstige Fehlzeit:** ▪ Fehlzeitart »Sonstiges« wurde gewählt ▪ Keine spezielle Prüfung und Aktualisierung ▪ Info-Mail an die Vorgesetzte
Beinhaltet UC	Keine
Risiko	Hoch (Lohnverrechnung erfolgt evtl. falsch)
Priorität	Hoch (Kernfunktionalität der Zeiterfassung)

Szenario-Standardablauf – »Urlaub eintragen«

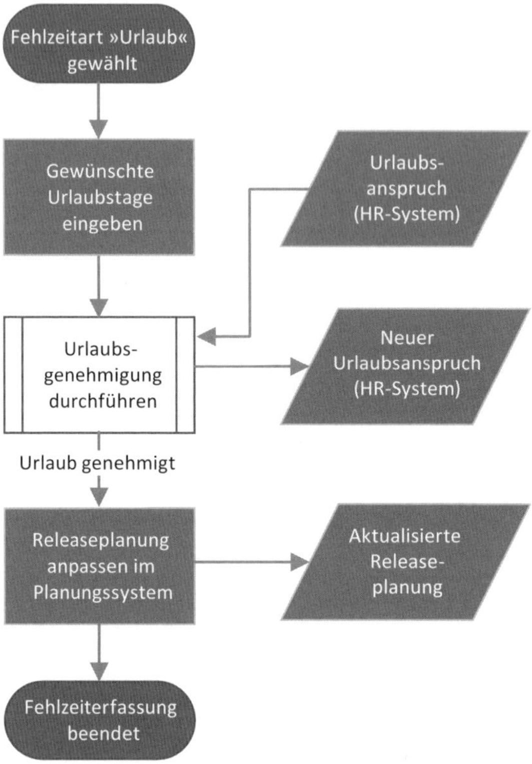

Abb. 3–11 *Szenario-Standardablauf »Urlaub eintragen«*

Die Urlaubsgenehmigung wurde hier nur im »Gut-Fall« als Subszenario dargestellt. Die genaue Beschreibung wäre in einem eigenen Use Case »Urlaubsgenehmigung durchführen« angegeben.

Szenario-Variante – »Arztbesuch«

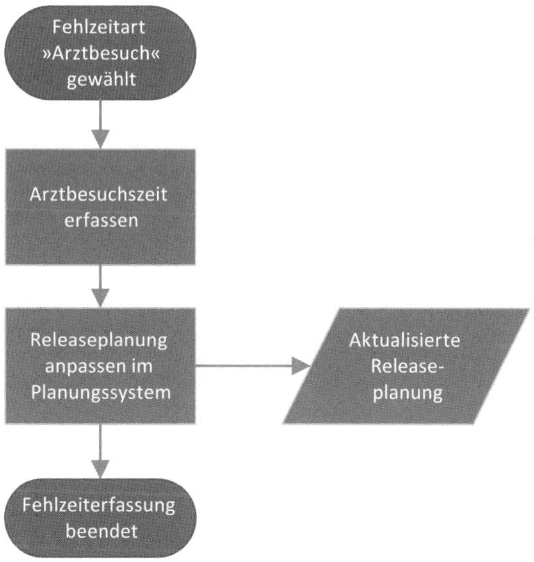

Abb. 3–12 *Szenario-Variante »Arztbesuch«*

Szenario-Sonderfall – »Sonstige Fehlzeit«

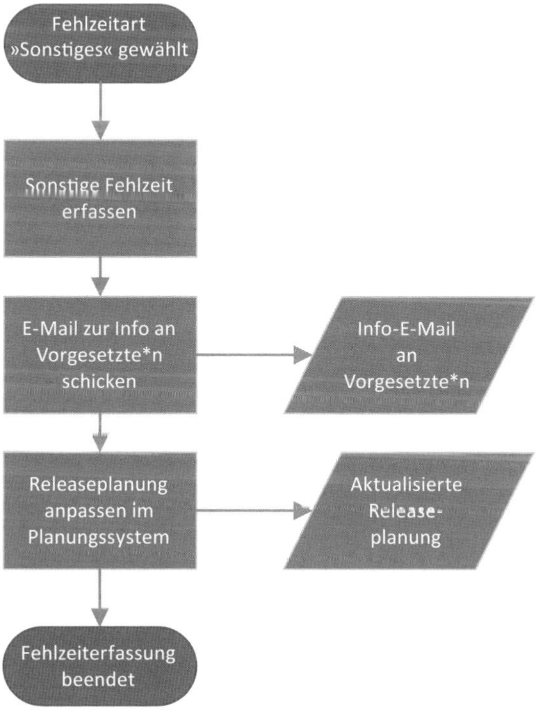

Abb. 3–13 *Szenario-Sonderfall »Sonstige Fehlzeit«*

Da es eine Ausnahme ist, wenn Mitarbeitende eine »Sonstige Fehlzeit« eintragen, soll darüber der oder die Vorgesetzte in einer E-Mail informiert werden, wobei die Daten der Fehlzeitbuchung in der E-Mail mitgeschickt werden.

Im oben angegebenen Beispiel ist ersichtlich, dass bei der grafischen Modellierung der einzelnen Szenarien die Komplexität und auch die Schnittstellen deutlicher aufgezeigt werden als in der reinen Textbeschreibung. Es wird auf den ersten Blick klar, dass es Schnittstellen zu anderen Systemen gibt (Mailsystem, Personalverwaltungssystem, Releaseplanung) und dass auch eine erhöhte Komplexität im Standardablauf vorliegt (Subszenario »Urlaubsgenehmigung«).

Use-Case-Szenarien sollten wie andere Abläufe grafisch modelliert werden, damit die Schnittstellen und Abhängigkeiten leichter erkennbar sind!

Wenn jedes Szenario eines Use Case einzeln grafisch modelliert wird, so ist dies für die Beschreibung der einzelnen Abläufe durchaus zielführend und übersichtlich. Jedoch kommt die gesamte Komplexität des Use Case dadurch evtl. zu wenig zur Geltung. Außerdem kann es sein, dass wie in dem Beispiel gezeigt, Redundanzen in den Szenarien auftauchen können (z.B. kommt die Aktivität »Releaseplanung anpassen« in allen Szenarien vor).

Wenn man also die Gesamtkomplexität, die Abhängigkeiten und die Schnittstellen eines Use Case noch deutlicher visualisieren und evtl. auch Redundanzen in der Darstellung vermeiden möchte, kann man mehrere oder auch alle Szenarien eines Use Case in einem einzigen Ablaufdiagramm visualisieren.

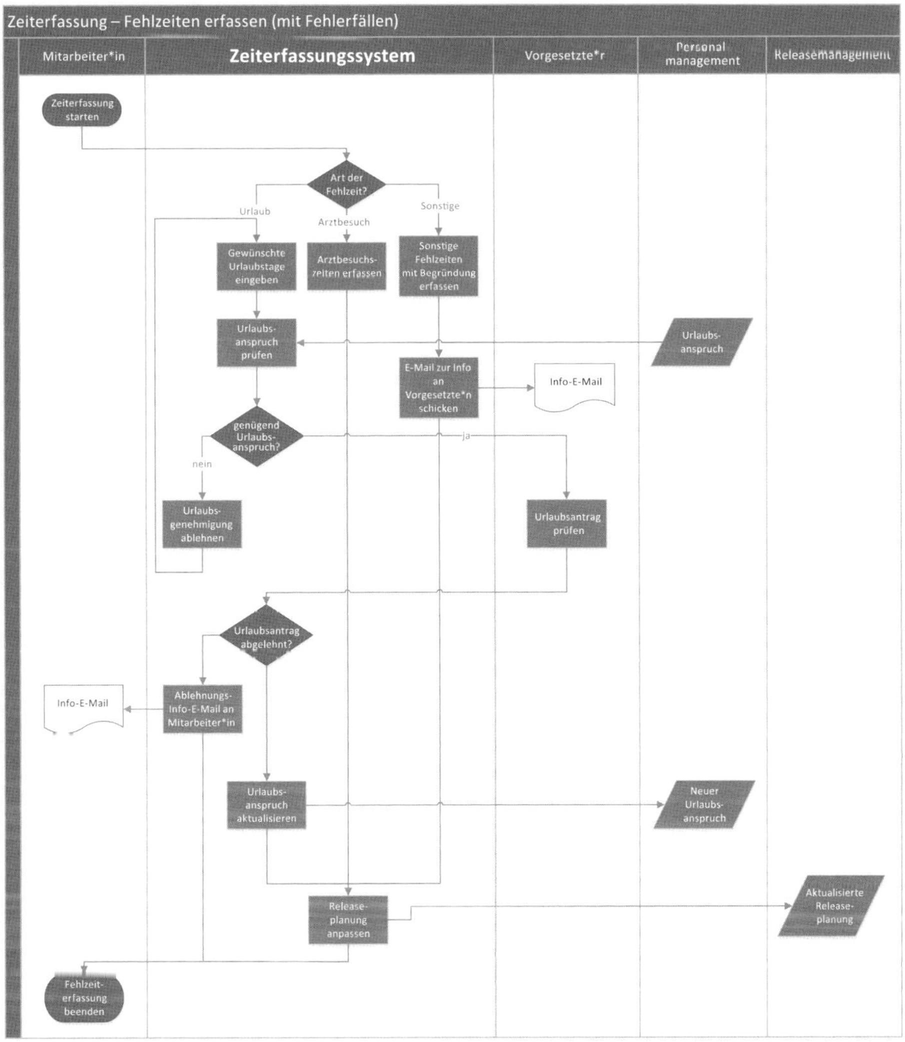

Abb. 3–14 *Grafisches Ablaufdiagramm für Szenario »Fehlzeiterfassung«*

Dieses Diagramm in Abbildung 3–14 zeigt auf einen Blick die Komplexität des an sich im ersten Moment recht einfachen Use Case mit mehreren Szenarien, die in der textbasierten Beschreibung nicht oder nur schwer zu erkennen war.

Anmerkung: In obigem Beispiel wurden in einem einzigen Ablaufdiagramm der Normalfall und alle Sondersituationen gleichzeitig dargestellt. Dies ist in der Praxis nur dann sinnvoll, wenn die Komplexität der Szenarien insgesamt noch überschaubar ist und auf einem DIN-A4-Blatt dargestellt werden kann oder wenn die Komplexität eines Szenarios so wie in diesem Beispiel besonders betont werden soll. Wenn es sehr viele Varianten oder Sonderfälle eines Szenarios gibt, ist es besser, nur einige ausgewählte Szenarien als Diagramm darzustellen, um deren Zusammenhänge zu verdeutlichen.

Darüber hinaus kann eine Vielzahl von Szenarien in einem Use Case auch darauf hindeuten, dass dieser Use Case zu groß angelegt wurde. Dann ist es sinnvoll, ihn in mehrere Use Cases zu schneiden oder Teile der Szenarien in eigene Subszenarien auszulagern, um die Darstellung zu vereinfachen.

Typische Fehler im Zusammenhang mit Szenarien:

- Es werden Details aus der Benutzeroberfläche angegeben. Die Darstellung ist meist zu detailliert, wenn man die Szenarioschritte anhand der Interaktionselemente der Benutzeroberfläche aufteilt z. B.:

  1. Von-Zeit eingeben (Benutzer)
  2. Bis-Zeit eingeben (Benutzer)
  3. Tätigkeitsart auswählen (Benutzer)
  4. Tätigkeitsbeschreibung eingeben (Benutzer)
  5. Klick auf OK (Benutzer)

  Ebenso sind Formulierungen wie »Benutzer erfasst seine Arbeitszeit in den Feldern Von-Zeit, Bis-Zeit, Tätigkeitsart, Tätigkeitsbeschreibung und klickt dann auf OK« zu detailliert.

  Use Cases und Szenarien sollen das wesentliche Verhalten des Systems darstellen. Wenn man beim Beschreiben der Szenarien eines Use Case bemerkt, dass dies zu detailliert wird, sollte man an dieser Stelle eine weitere Verfeinerung beenden. Die Details sind evtl. schon wichtig, jedoch ist die Use-Case-Spezifikationsphase meist nicht der passende Zeitpunkt dafür. Wenn es sich um relevante Punkte handelt, die in der Diskussion auftauchen und für das spätere User-Interface-Design nicht vergessen werden sollen, dann sollten diese Inhalte separat notiert werden.

- Der Use-Case-Titel und die Szenarienformulierungen bzw. Use-Case-Inhalte und übergeordnete Ziele passen nicht zusammen. Was in einem Use Case beschrieben wird, soll in sich konsistent sein. Vor allem bei recht langen Szenarien und vielen Varianten oder Negativfällen kann es passieren, dass man vom Use-Case-Thema abschweift. Um dies zu vermeiden, sollte man einerseits die Szenarien überschaubar halten und ggf. in mehrere Use Cases aufteilen und andererseits sollte man auch zwischendurch und auf jeden Fall am Ende der Use-Case-Erstellung einen kurzen Check durchführen, der insbesondere die Konsistenz innerhalb des Use Case, aber auch die Beziehungen zu anderen Spezifikationselementen prüft.

Nachfolgend sind einige Tipps und Tricks angeführt, angelehnt an [Cockburn 2001], die bei der Spezifikation von Use Cases und Szenarien helfen sollen:

- Use Cases sollen einfach lesbar geschrieben werden (aktive Schreibweise, Verben in der Gegenwart, kurze Sätze, die Inhalte auf den Punkt gebracht, fokussiert auf die Ziele der Akteure etc.).
- Immer nur ein Satz je Szenarioschritt

- Aus der Sicht des Akteurs schreiben
- Passive Formulierungen und Schreiben aus der Sicht des Systems vermeiden
- Es soll immer klar sein, wer diesen Schritt ausführt (Akteure oder das System).
- Einen angemessenen Detaillierungsgrad verwenden
- Wenn man zu detailliert ist, kann man durch die Fragestellung »Warum wird das gemacht?« in eine höhere Spezifikationsebene gelangen.
- Wenn man zu grob ist, kann man durch die Fragestellung »Wie wird das gemacht?« in eine detailliertere Spezifikationsebene gelangen.
- GUI-Elemente möglichst heraushalten
- Es gibt immer mindestens zwei Szenarien, die beschrieben werden sollen: erfolgreicher Ablauf und fehlerhafter Ablauf.
- Businesssicht und Systemsicht berücksichtigen
- Basis für die Use Cases sind die Ziele und die Stakeholder!

Detaillierte Informationen zu Use Cases sind zu finden in [Adolph & Bramble 2003] und [Cockburn 2001].

3.4 Funktionale und nicht funktionale Sicht

3.4.1 Features

Definition	Ein **Feature** ist ein Unterscheidungsmerkmal (z.B. abgrenzbare Eigenschaft) eines Systems, das für die Stakeholder einen Wert darstellt. Im Normalfall umfasst es mehrere Teil-Requirements (z.B. User Stories) und wird für die Kommunikation mit den Stakeholdern auf einer höheren Abstraktionsebene verwendet und zum Ausdruck variabler oder optionaler Merkmale (in Anlehnung an [IREB Glossar]).
Anwendung	Features repräsentieren funktionale oder nicht funktionale Requirements in der Spezifikationshierarchie mit einem mittleren Detaillierungsgrad, der ausreicht, um als Basis für eine grobe Planung und weitere Spezifikationsdiskussion zu dienen. Sie können verwendet werden, um in umfangreicheren Projekten eine zusätzliche Verfeinerungsebene zu Epics und User Stories zu haben.
Mitwirkende	▪ Produktmanager*in ▪ Product Owner und ggf. Stakeholder ▪ Mitarbeitende des Fachbereichs ▪ Key User ▪ evtl. übergeordnete*r Systemarchitekt*in ▪ evtl. übergeordnete*r Testmanager*in
Eigenschaften	▪ Funktionale oder nicht funktionale Anforderungsbeschreibung aus Benutzersicht ▪ Spezifikationsebene(n) unterhalb der Epics und oberhalb der User Stories ▪ In Benutzersprache formuliert, in der Regel nicht mehr als ein bis zwei Sätze ▪ Für eine Spezifikation von mittlerer Detailliertheit ▪ Ein Feature sollte innerhalb eines Releasezyklus umgesetzt werden können. ▪ Als Basis für die grobe Strukturierung und Planung geeignet ▪ Aufwandsschätzung meist nur grob möglich

→

Testbarkeit	Bedingt, grobe Tests
Zeitpunkt	Vor der Umsetzungsiteration, weitere Verfeinerung ebenfalls noch vor der Umsetzungsiteration
Vorlaufzeit bis Umsetzung	Tage bis mehrere Wochen
Hinweise	Für Features ist kein klares Beschreibungsschema wie für die User Stories definiert. Features können sowohl funktionale als auch nicht funktionale Requirements abbilden. Features werden bei der Verfeinerung typischerweise in mehrere User Stories aufgeteilt oder können durch andere in diesem Buch angeführte Techniken (z.B. detaillierte Ablaufdiagramme, zusätzliche textuelle Beschreibung, Beschreibung der Benutzerschnittstelle usw.) detaillierter beschrieben werden.

Da Features als Zwischenebene in der Spezifikation verwendet werden, sind sie ähnlich zu sehen wie »Themes« (siehe Abschnitt 3.9.1). Wobei Themes reine Strukturierungselemente ohne weiteren Inhalt sind und Features auch inhaltliche Beschreibungselemente enthalten können.

Features sind eine optionale Strukturierungsebene und stellen z.B. in inhaltlich komplexen und umfangreichen Projekten eine Möglichkeit für eine zusätzliche Requirements-Spezifikationsebene dar.

In der Praxis werden Features auch dazu verwendet, um die Produktfunktionen aus Produktmanager- oder Marketingsicht zu gliedern und grob zu beschreiben. Sie sind damit eine von der Softwareentwicklung unabhängige Art zur Gliederung und Beschreibung eines Produkts. Ein Feature kann in weiterer Folge zu beliebigen Epics und Stories zugeordnet sein und umgekehrt.

Beispiel: Abgeleitet von dem Business Epic »Die Zeiterfassung wird effiziente Erfassungs- und Auswertungsmöglichkeiten für alle Zeitarten (Tagesarbeitszeit, Projektzeit, Fehlzeiten etc.) bereitstellen« kann folgendes Feature definiert werden:

Beispiel für Feature:

»Erfassung von Tagesarbeitszeit inkl. Pausen und Zuordnung von Zeiten zu Projekten«

Wie man an diesem Beispiel sieht, ist die Formulierung des Features ähnlich zu der Prozessformulierung des Prozesses »Tagesarbeitszeit und Projektzeit erfassen«. Die inhaltliche Ausrichtung ist hier jedoch funktional zu sehen und nicht ablauforientiert. Das bedeutet, dass der angesprochene Prozess die »Klammer« über die davon abgeleiteten Use Cases und Szenarien bildet, während das hier angegebene Feature die »Klammer« über die davon abgeleiteten User Stories darstellt (siehe Beispiele in Abschnitt 3.4.2).

Im Brainstorming zu den möglichen Features könnte man sich auch gleich Gedanken bzw. Stichworte zu den dazu passenden User Stories machen.

Beispiel für Feature mit »User Story Brainstorming«:

Feature:

»Erfassung von Tagesarbeitszeit inkl. Pausen und Zuordnung von Zeiten zu Projekten«

Mögliche Stories:

- »Tagesarbeitszeit und Pausen erfassen«
- »Tagesarbeitszeit meinen Projekten zuordnen«

Hinweis: Wenn ein Feature keine weitere eigenständige inhaltliche Detaillierung erfordert und wirklich nur eine Klammer oder zusammenfassende Überschrift über mehrere untergeordnete Elemente ist, kann dies auch als »Theme« bezeichnet werden (siehe Abschnitt 3.9.1). In der Praxis ist es auch nicht so wichtig, wie man das Strukturierungselement im konkreten Fall bezeichnet. Wichtig ist nur, dass alle Projektbeteiligten dasselbe darunter verstehen und dass es einheitlich angewendet wird.

3.4.2 User Stories

[IREB Advanced Level RE@Agile – Practitioner/Specialist] LE 3.3

Definition	Eine **User Story** beschreibt eine Funktionalität, die entweder für einen User oder einen Käufer eines Systems oder einer Software von Wert ist [Cohn 2010].
Anwendung	User Stories repräsentieren eine Ebene der funktionalen Requirements in der Spezifikationshierarchie mit einem Detaillierungsgrad, der ausreicht, um als gute Basis für die Planung der nächsten Iteration zu dienen. User Stories werden nach oder parallel zur Prozessbeschreibung aus den Prozessschritten abgeleitet. Sie bilden die Basis für detailliertere funktionale Requirements und auch für die Akzeptanztests, die dann von den User Stories abgeleitet sein können. User Stories werden oft mit nachfolgender Satzschablone formuliert: Als <Benutzerrolle/Systemrolle> will ich <Aktion/Story>, sodass/weil <Grund für das Ziel/Nutzen> Diese Schreibweise hilft bei der Überlegung, wer was weshalb haben möchte. Die Satzschablone ist dabei gar nicht so wichtig, sondern primär die Beantwortung dieser drei Fragen.
Mitwirkende	■ Produktmanager*in ■ Product Owner und ggf. Stakeholder ■ Mitarbeitende des Fachbereichs ■ Key User ■ »Das Team« (inkl. Tester*in) ■ evtl. Systemarchitekt*in

→

Eigenschaften	- Kurze funktionale Anforderungsbeschreibung aus Benutzersicht, die die INVEST-Qualitätskriterien erfüllt (siehe Abschnitt 5.1.3) - In Alltagssprache formuliert, in der Regel nicht mehr als ein bis zwei Sätze - Spezifikationsebene(n) unterhalb der Prozesse und oberhalb von Detailspezifikationen wie Use-Case-Detailbeschreibungen, Szenarien, User Interface oder Datenstrukturbeschreibungen (eine User Story kann z.B. die »Überschrift« für ein Use-Case-Szenario sein, das dann die Ablaufsicht der User Story detaillierter darstellt) - Gute Technik für eine Spezifikation von mittlerer Detailliertheit - Ein Programmierer soll zwischen ein bis fünf Tage für eine Story benötigen. - Eine Story muss daher innerhalb einer einzelnen Iteration umgesetzt werden können. - Gut als Basis für die Strukturierung und Planung geeignet - Aufwandsschätzung je nach Detailliertheit grob oder mit einer guten Genauigkeit möglich
Zeitpunkt	Laufend vor der Umsetzungsiteration, Verfeinerung in der Umsetzungsiteration vor dem Start der Programmierung (z.B. in der Sprint-Planung)
Vorlaufzeit bis Umsetzung	Stunden bis wenige Tage
Hinweise	User Stories können bei der Verfeinerung in weitere User Stories aufgeteilt oder auch durch andere in diesem Buch angeführte Techniken detaillierter beschrieben werden. User Stories sind nur sehr kurze inhaltliche Beschreibungen und sollen jeweils auf genau eine (kleine) Story Card passen. Ein Product Owner sollte verstehen, wie er User Stories im Kontext mit anderen Artefakten (Kontextdiagrammen, Businessprozessen, Use Cases, Zustandsdiagrammen, Aktivitätsdiagrammen, Objektmodellen etc.) im Backlog verwenden kann und sollte dies bei Bedarf auch anderen Personen erklären können.

Gemäß [Agile Alliance] werden User Stories wie folgt eingeordnet:

Begriff	Einordnung/Definition
Feature	A fuzzy, client-valued capability of the system. **A Feature typically contains many Stories** ... in fact, there is almost always »another one«.
User Story	Represents something that provides externally visible benefit to the project (as in XP) but may be too big to build until broken down further.
Task	The actual work that individuals do in order to make the story »come true« – there are usually many Tasks per Story.

Eine User Story muss klar aus Benutzer- oder Kundensicht geschrieben sein, im Idealfall vom User bzw. Kunden selbst. In [Alexander & Maiden 2004] wird betont, dass der Charakter von User Stories besonders durch die benutzerorientierte Sichtweise und die Formulierung als leicht verständliche »Geschichte« geprägt ist.

User Stories können bzw. sollen die grafisch modellierten Prozesse weiter beschreiben und so »zerlegen«, dass alle funktional wichtigen Teile aus den Prozessen herausgelöst und im weiteren Entwicklungsprozess verarbeitbar beschrieben werden. Prozesse selbst können nicht gut im Entwicklungsprozess als Requirements weiterverarbeitet werden. Sie stellen den Zusammenhang zwischen Requirements her.

User Stories sind die »funktionalen Extrakte« aus den Businessprozessen zur weiteren Verarbeitung in der Entwicklung.

Ist der Inhalt oder Ablauf der Aktionen einer User Story nicht selbsterklärend, so kann dies z.B. Schritt für Schritt in einem oder mehreren Use Cases beschrieben werden. Die Use Cases beschreiben so die Anwendungsfälle einer in der Story abgebildeten Funktion.

User Stories unterscheiden sich von Use Cases durch folgende wesentlichen Punkte:

- User Stories beschreiben eine einfache Anforderung an das System mit primär funktionalem Charakter.
- Use Cases beschreiben eine Ablaufsicht mit einem Hauptablauf, Varianten und evtl. auch Negativfällen.
- Use Cases (in Form der Use-Case-Beschreibungen bzw. -Szenarien) sind eine detailliertere Beschreibung als User Stories.

Sowohl User Stories als auch Use Cases sind aus Kundensicht erstellt und sollen jeweils einen Mehrwert für den Kunden darstellen.

Zur Darstellung von Stories werden oft Story Cards verwendet, wobei die Story auf der Vorderseite beschrieben wird und die Akzeptanzkriterien und Tests auf der Rückseite angegeben werden. Die Testbeschreibungen auf der Rückseite der Story Card werden oftmals als Akzeptanztests bezeichnet. Da die Beschreibung hier sehr grob und nicht im Sinne einer Testspezifikation erfolgt, ist dies etwas irreführend. In diesem Buch wird daher dafür der Begriff »Akzeptanzkriterien« verwendet.

Gemäß [Cohn 2010] setzt sich eine User Story aus drei Bestandteilen zusammen:

- Schriftliche Beschreibung der Story auf der Karte
- Gespräche über die Story-Details
- Tests, die die Details und die Umsetzung dokumentieren

Diese Struktur entspricht dem **3C-Prinzip** (Card, Conversation, Confirmation) von Ron Jeffries, das betont, dass die Karte nur ein Mittel zum Zweck ist – ein physisches Artefakt in greifbarer Form von etwas, das sonst nur eine Abstraktion wäre. Die Karte sollte nicht als Äquivalent für eine gut geschriebene Anforderung angesehen werden.

Die physische Karte (»Card«) oder ihr Äquivalent in einem Tool dient dazu, ein Gespräch über dieses Thema anzustoßen. Es soll Product Owner, andere Stakeholder und die Entwicklerinnen zusammenzubringen, um diese Karte zu diskutieren, ein tieferes Verständnis zu erlangen und offene Probleme zu klären (»Conversation«). Egal wie viel Konversation stattfindet, die Nagelprobe für diese Story sind dann normalerweise die Akzeptanztests, die mit dieser Story verbunden sind, also die Dinge, die der Product Owner überprüft und bestätigt (»Confirmation«), wenn das Team meldet, dass die Umsetzung der Story abgeschlossen ist.

Bei dem begrenzten Platzangebot auf einer Story Card stellt sich oft die Frage, wo man nun die restlichen Infos unterbringt, die im Rahmen von Diskussionen und Detailklärungen zu einer Story entstehen und auch nicht vergessen werden sollten? Diese Informationen können in den anderen in diesem Buch beschriebenen Artefakten (Use Cases, Szenarien, Constraint-Beschreibungen, User-Interface-Beschreibungen, Schnittstellenspezifikationen und natürlich auch beliebigen sonstigen Anhängen) dargestellt werden, soweit diese sinnvoll sind, um das Wissen für den aktuellen Sprint und für eine nachhaltige Weiterentwicklung und Wartung zu konservieren

Die Story Cards sind daher nicht primär als Requirements-Dokumentation zu sehen, sondern als Hilfsmittel und Technik im Requirements-Diskussionsprozess. Wenn die Story Cards z.B. in kleinen Projekten als alleinige Spezifikationstechnik eingesetzt werden (was nicht empfohlen werden kann), dann sollten diese zumindest in einem passenden Tool verwaltet werden.

Generell sollten die Dokumentation und Handhabung der Stories und der dazu definierten Akzeptanzkriterien in passenden Tools erfolgen (Requirements-Management-Tools, Testmanagementtools).

> *Story Cards in ihrer papiermäßigen Ausprägung sind nur Darstellungs- und Diskussionshilfsmittel und keine angemessene Dokumentation von vertraglich vereinbarten Requirements!*

Der Detaillierungsgrad einer User Story sollte nicht zu oberflächlich sein, aber auch nicht zu detailliert. Wenn vorher eine systematische Prozessanalyse und -modellierung erfolgt ist, besteht diese Gefahr kaum mehr, da sich passende Stories mehr oder weniger automatisch aus der Prozessdarstellung ableiten lassen.

Viel häufiger werden die Stories zu detailliert erstellt. Für eine typische User Story von passender Detailliertheit sollte der grob geschätzte Aufwand ca. zwischen ein bis fünf Tagen liegen. Zu detailliert wird vorgegangen, wenn ersichtlich wird, dass man Aufzählungen von funktionalen Detailelementen oder GUI-Elementen als Stories formuliert:

- »Als Benutzerin kann ich die Kommt-Zeit eingeben, um den Beginn meines Arbeitstags zu protokollieren.«
- »Als Benutzerin kann ich die Geht-Zeit eingeben, um das Ende meines Arbeitstags zu protokollieren.«
- »Als Benutzerin kann ich die Pausen-Zeit eingeben, um die Einhaltung der gesetzlichen Pausenzeiten zu dokumentieren.«

Die Akzeptanzkriterien sollten im Rahmen der User Stories grob und stichwortartig dokumentiert werden. Es ist nicht notwendig und auch nicht effizient, schon hier eine detaillierte Testspezifikation zu erstellen. Die Akzeptanzkriterien sollen jedoch alle wesentlichen Punkte für die Abnahme der Story enthalten, sodass auf dieser Basis ein sinnvoller Abnahmetest des Systems erstellt werden kann.

Hinweis: Sollte die Zeit in einem Projekt einmal nicht ausreichen, einen strukturierten Akzeptanztest für die Abnahme zu spezifizieren, so kann auf Basis der stichwortartigen Akzeptanzkriterien zumindest ein explorativer Abnahmetest durchgeführt werden, ohne die wesentlichen Punkte zu übersehen.

Aufpassen muss man bei User Stories vor allem dann, wenn diese als primäres, vielleicht sogar einziges Spezifikationsinstrument eingesetzt werden. In [Cohn 2010] ist dazu Folgendes zu lesen: »Bei größeren Projekten kann es schwierig sein, Hunderte oder Tausende von Stories zu verfolgen, sie müssen evtl. durch zusätzliche Dokumente zur besseren Rückverfolgbarkeit erweitert werden. Obwohl die Zunahme von implizitem Wissen durch direkte Kommunikation hervorragend ist, können Gespräche nicht so ausgeweitet werden, dass sie die schriftlichen Dokumente bei großen Projekten gänzlich ersetzen könnten.«

Beispiele für User Stories inkl. Akzeptanzkriterien:

Abgeleitet aus den Businessprozessen am Beispiel »Tagesarbeitszeit und Projektzeit erfassen« ergeben sich folgende Stories:

Story 1:	Akzeptanzkriterien 1:
»Als Mitarbeiterin möchte ich meine Tagesarbeitszeit und die Pausen erfassen, damit ich gegenüber dem Arbeitgeber und dem Arbeitszeitgesetz meine Arbeitszeiten nachweisen kann.«	■ Kommt-/Geht-Zeit (versch. Kombinationen) ■ Pauseneingabe ■ Tagesarbeitsdauer-Berechnung ■ Interne Arbeitszeitregelungen ■ Grenzen gem. Arbeitszeitgesetz

Aus dieser einfachen Story ergeben sich einige weitere wichtige Informationen:

- Pausen sind zu berücksichtigen.
- Seitens des Arbeitgebers gibt es einiges zu beachten.
- Es gibt ein Arbeitszeitgesetz, das ebenfalls berücksichtigt werden muss.

In Story 1 wird deutlich, dass in einzelnen Stichworten, die hier als »Begründung« bzw. »Nutzen« in der Story angeführt werden, durchaus noch für die weitere Spezifikation brisante und relevante Informationen versteckt sind – mit dem Stichwort »Arbeitszeitgesetz« sogar eine rechtlich relevante Rahmenbedingung (siehe Abschnitt 3.4.3.2).

Zusätzliche, für die Benutzerin bzw. den Käufer wesentliche Aspekte wurden in den Akzeptanzkriterien definiert, die für die Entwicklung relevant sind.

- Die Tagesarbeitszeit wird nicht als Dauer in Stunden eingegeben, sondern aus einer Kommt- und Geht-Zeit berechnet.
- Es gibt eine Arbeitszeitregelung, die berücksichtigt werden muss.

→

Story 2:

»Als Mitarbeiter möchte ich die Tagesarbeitszeit meinen aktuellen Projekten zuordnen können, damit die Projektkalkulation und Projektabrechnung daraus erstellt werden kann.«

Akzeptanzkriterien 2:

- Anzeige (nur) aktueller Projekte
- Zuordnen der Arbeitszeit (von-bis) zu Projekten
- Check auf Überschneidung der eingegebenen Projektzeiten
- Autom. Füllen von Leerzeiten

Aus dieser einfachen Story ergeben sich ebenfalls schon ein paar interessante Aspekte:

- Zeiten sollen nur zu aktuellen Projekten zugeordnet werden können.
- Es wird eine Projektkalkulation und eine Projektabrechnung erstellt, was auf entsprechende Schnittstellen hindeutet. In diesem Zusammenhang sollte gleich ein Quercheck mit dem Kontextdiagramm (siehe Abschnitt 3.2.3) vorgenommen oder zumindest vorgemerkt werden.

Zusätzliche Informationen wurden in den Akzeptanzkriterien definiert:

- Die Arbeitszeit soll nicht als Dauer in Stunden auf die Projekte gebucht werden, sondern mit Angabe der Von-bis-Zeiten.
- Es soll ein Check auf Überschneidung der eingegebenen Zeiten erfolgen (z.B. darf der Bis-Zeiteintrag eines Projekts nicht nach der Von-Zeit eines anderen Projektzeiteintrags liegen).
- Die übrig bleibenden Leerzeiten werden automatisch als Zeiten eingetragen, wobei hier noch überlegt werden muss, ob diese dann automatisch als Pausen angelegt oder einem internen Projekt zugeordnet werden.

Anmerkung: Beim genaueren Nachdenken oder zu späteren Zeitpunkten im Projekt werden evtl. weitere Akzeptanzkriterien aufkommen, die dann noch in der Akzeptanzkriterienliste ergänzt werden müssen, wie z.B.:

- Die Summe der Projektzeiten muss in die Tagesarbeitszeit passen.
- Jeder Zeiteintrag muss einer Tätigkeitsart zugeordnet werden (z.B. Ausarbeitung, Workshop, Besprechung, Entwicklung).
- u.v.m.

In der Praxis werden viele funktionale Punkte, die in den Stories und in den Akzeptanzkriterien besprochen und erfasst werden, in der ersten Prozessmodellierung nicht behandelt, da sie für den Prozess und dessen Darstellung nicht wesentlich sind. Außerdem können viele dieser Aspekte in einer Prozessdarstellung gar nicht sinnvoll abgebildet werden. Für die funktionale Systemspezifikation sind diese Punkte jedoch sehr wesentlich.

Man sieht an diesem Beispiel recht deutlich den Zusammenhang und die Notwendigkeit sowohl von Prozessen als auch von User Stories und Akzeptanzkriterien.

Prozesse beschreiben die Zusammenhänge, während User Stories inklusive der Akzeptanzkriterien die funktionalen Aspekte des Systems beschreiben. Beides ist für die benutzerorientierte Spezifikation des Systems notwendig!

3.4.2.1 Schneiden, Aufteilen bzw. Gruppieren von User Stories

[IREB Advanced Level RE@Agile – Practitioner/Specialist] LE 3.4

Um User Stories zu generieren, die den INVEST-Qualitätskriterien entsprechen (siehe auch Abschnitt 5.1.3) und klein genug sind, um zumindest in einen einzigen Sprint zu passen, müssen die zu großen Stories in fein körnigere Stories aufgeteilt werden. Idealerweise sollte eine Story so klein sein, dass ca. 6–10 dieser Größe in einen Sprint passen. Hierfür kann eine Reihe von Praktiken angewendet werden, die von der Reduzierung der Feature-Liste bis hin zur Eingrenzung der Geschäftsvarianten oder Informationskanäle reichen [Leffingwell 2011].

Wichtig beim Aufteilen und Verfeinern von Stories ist, dass auch detaillierte User Stories so definiert werden sollen, dass sie für mindestens einen Stakeholder einen Mehrwert liefern.

Die Zerlegung von User Stories führt zu Anforderungshierarchien, wie sie auch in Abschnitt 3.9 erläutert werden. Eine solche Zerlegung und Gruppierung von Anforderungen wird oft am besten gemeinsam mit anderen Teammitgliedern durchgeführt, die möglicherweise einen besseren Einblick in geschäftliche und technische Abhängigkeiten haben, die zwischen User Stories bestehen können.

Eine Anforderungshierarchie kann z.B. auch als zweidimensionale Story Map visualisiert werden (siehe auch Abschnitt 6.5.3). Die horizontale Dimension zeigt Gruppierungen auf höherer Ebene (wie grobe Stories, Epics, Features) und behält so den Überblick über die Anforderungsbreite. Die vertikale Dimension ermöglicht es, Details in der Struktur für die größeren Gruppen anzuordnen. Oft wird dies dann in Form eines priorisierten Backlogs von oben nach unten angeordnet und ermöglicht auch die Zuordnung zu Sprints (z.B. in Form von Swimlanes im unteren Teil der Story Map).

Wichtig ist es auch, zu wissen, dass das Schneiden von Stories keinem klar definierten Workflow bzw. immer gleichen Regeln folgt. Manchmal ist es offensichtlich, wie zu schneiden ist, manchmal ist es auch aufwendiger, passende Möglichkeiten zu finden.

Wenn es ein zu hohes Maß an Unsicherheit in einer User Story gibt und nicht klar ist, ob und wie geschnitten werden kann, können auch Spikes (siehe auch Abschnitt 3.8.1) verwendet werden, um die Entwicklerinnen während eines dedizierten Sprints auf das Problem zu fokussieren und die Unsicherheit zu beseitigen.

Nachfolgend werden einige Techniken zum Schneiden (= Aufteilen) von Epics und User Stories beschrieben. Eine gute Sammlung ist auch in [Lawrence & Green] sowie in [Wirdemann 2011, ab S.111 ff.] zu finden.

- **Vertikales Schneiden**
  Ein vertikaler Schnitt orientiert sich typischerweise an **fachlichen Funktionen** und geht durch alle Ebenen der Systemarchitektur. Dies fördert die Architektur und Lauffähigkeit der Inkrementergebnisse, da am Ende immer eine kleine fachliche Funktion geliefert wird, die alle zur Ausführung notwendigen Schichten umfasst. Im Idealfall unterstützt dies auch die Entwicklung eines Minimum Viable Product (siehe Abschnitt 4.3.5).

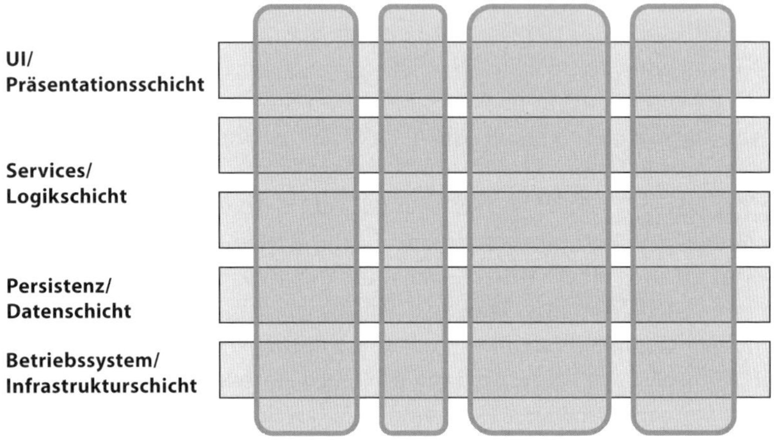

Abb. 3–15 *Vertikales Schneiden von User Stories*

Viele andere der nachfolgend beschriebenen Techniken bauen auf dem vertikalen Schneiden auf.

> Stories sollten im Sinne der INVEST-Qualitätskriterien immer vertikal geschnitten werden.

Einige Vorteile des vertikalen Schneidens sind:

- Expliziter Wert für den Kunden
- Wert wird früher geschaffen
- Früheres und qualitativ besseres Feedback
- Einschränkungen und technische Hürden werden schneller erkannt und es kann besser darauf reagiert werden.
- Besser vorhersagbare Liefererergebnisse

Horizontales Schneiden
Das horizontale Schneiden berührt nur eine Schicht und liefert daher keine lauffähige Funktionalität für den Anwender und fördert auch nicht die Systemarchitektur.

Abb. 3–16 *Horizontales Schneiden von User Stories*

Das horizontale Schneiden von User Stories sollte vermieden werden!

Nachfolgend sind weitere Techniken für das Schneiden angeführt. Das Anwenden in der angegebenen Reihenfolge kann dabei hilfreich sein.

Schneiden entlang von Workflows
Wenn die Story einen Workflow beschreibt, kann man mit einer möglichst einfachen Version (Standardfall) des Workflows beginnen und diesen dann mit zusätzlichen Stories/Funktionen erweitern, die die Varianten und Sonderfälle abdecken. Dieses Vorgehen ist sinnvoll, wenn der Workflow viele Varianten und Sonderfälle hat.

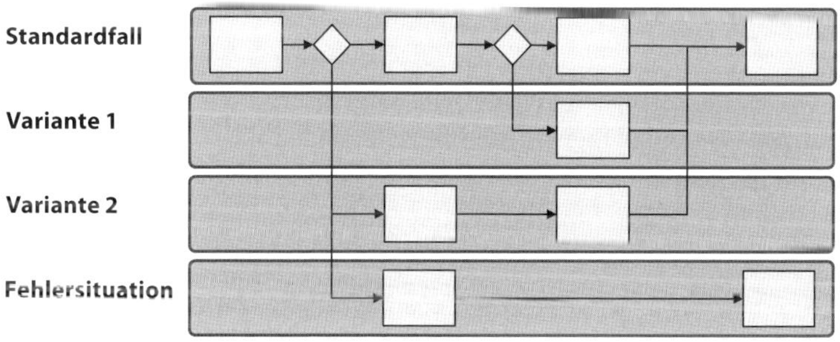

Abb. 3–17 *Schneiden entlang von Workflows (1)*

Alternativ kann der Workflow so aufgeteilt werden, dass zuerst der Beginn und das Ende des Workflows umgesetzt wird und dann die Stories aus dem mittleren Teil des Workflows. Diese Form des Schneidens ist gut anwendbar bei Workflows mit vielen Schritten, aber wenig Varianten.

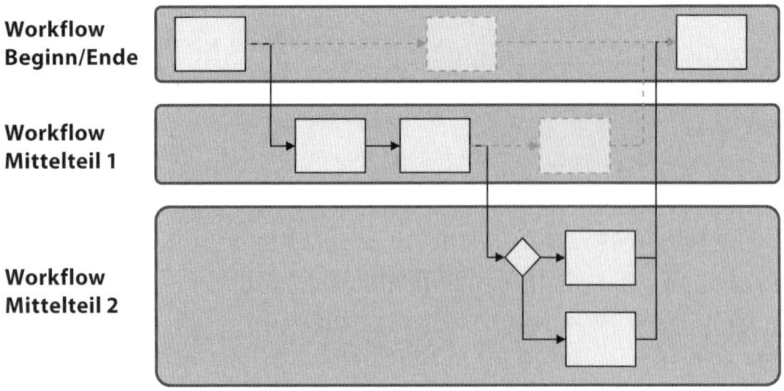

Abb. 3–18 *Schneiden entlang von Workflows (2)*

Hinweis: Da bei diesem Vorgehen zu Beginn der Implementierung eine Lücke im Prozess besteht und trotzdem im Sinne des agilen Vorgehens ein lauffähiges Inkrement erstellt werden soll, kann es notwendig sein, für die mittleren Teile »Mocks« oder »Stubs« (siehe auch das Glossar im Anhang D) zu erstellen, sofern sich Beginn und Ende des Workflows nicht direkt zu einem für die Kundschaft werthaltigen Prozess verbinden lassen.

- **Schneiden nach Tätigkeiten oder Vorgängen**
  Wenn eine Story verschiedene Tätigkeiten oder Vorgänge beinhaltet (Schlüsselwörter dafür können z.B. »managen«, »verwalten«, konfigurieren« sein), dann kann sich das als einfacher Weg für das Schneiden anbieten.

  Zum Beispiel können bei der eingangs erwähnten Story 1 »Als Mitarbeiterin möchte ich meine Tagesarbeitszeit und die Pausen erfassen, damit ich gegenüber dem Arbeitgeber und dem Arbeitszeitgesetz meine Arbeitszeiten nachweisen kann« verschiedene Tätigkeiten wie »Erfassen von Tagesarbeitszeiten« und »Erfassen von Pausenzeiten« identifiziert werden.

  Das oft vorkommende CRUD-Schema (Create, Update, Delete) kann ebenfalls ein Indiz für das Schneiden nach Vorgängen sein.

- **Schneiden nach Varianten von Geschäftsregeln**
  Begriffe wie »flexible Daten«, die auf unterschiedliche Varianten von Abläufen oder Konfigurationen hindeuten, können Teilungsmöglichkeiten aufzeigen. Hier könnte man mit einem Standarddaten- oder Standarddatenregelsatz beginnen und dann die Varianten und Sonderfälle dazunehmen. Dies ist ähnlich zu sehen wie beim Workflow-Schneiden (siehe oben).

- **Schneiden nach Daten**
  Beschreibt die Story dieselben Funktionen für unterschiedliche Arten von Daten, dann könnte man mit einer Datenart beginnen und später die anderen Arten umsetzen. Als Beispiel sei hier eine Suchfunktion genannt, die auf unterschiedlichen Datenentitäten angewendet werden kann. Hier könnte man mit der Suche auf den Personendaten beginnen und dann schrittweise die Suche in Zeiterfassungsdaten und Projektdaten hinzunehmen.

Oder die Story umfasst mehrere Datenentitäten, nach denen geschnitten werden kann, wie beispielsweise für das »Management von Kundendaten«: der eigentliche Kundenname mit der Adresse; erweiterte Kundendaten wie mehrfache Telefonnummern, Mail-Adressen, Social-Media-Daten; die Kontakthistorie; die Zugriffrechte auf diesen Kundendatensatz etc.

- **Schneiden nach Schnittstellenarten**
  Gibt es komplexe Schnittstellen, bei denen man mit einer einfachen Version beginnen kann (z.B. bietet sich das beim User Interface oft bei komplexen Benutzermasken an) oder wird dieselbe Art von Daten über verschiedene Schnittstellen benötigt, dann kann man zuerst mit einer dieser Schnittstellen beginnen und die anderen später umsetzen.
- **Schneiden nach Aufwand**
  Der am aufwendigsten umzusetzende Teil der Story wird als neue Story herausgeschnitten.

  Zum Beispiel könnte bei der Zeiterfassung die Anbindung von drei verschiedenen Zeiterfassungsterminals benötigt werden. Hier könnte man zuerst versucht sein, nach den verschiedenen Terminals zu schneiden. Dies ist möglicherwiese nicht sinnvoll, wenn als Basis zuerst die generelle Infrastruktur und die allgemeinen Schnittstellenfunktionen erstellt werden müssen. Somit ergibt sich für die erste Umsetzung ein sehr großer Aufwand und die weiteren zwei Terminals können mit sehr wenig Aufwand angebunden werden. Gerade wenn ein großer gemeinsamer Initialaufwand für mehrere ähnliche Anwendungen besteht, ist es möglicherweise besser, diesen Aufwandsblock für das Basisframework als eigene Story herauszunehmen und dann die darauf basierenden Anwendungen als weitere Story oder Stories umzusetzen.
- **Schneiden nach Komplexität**
  Wenn eine komplexe Funktionalität einer Story einen einfachen Kern hat, dann kann dieser als erste Story herausgeschnitten und umgesetzt werden. Viele Funktionen werden bei näherer Diskussion mit verschiedensten Varianten, Konfigurationsmöglichkeiten und Sonderfällen versehen, z.B. die vorher bei »Schneiden nach Daten« erwähnte Suchfunktion. Hier könnte man anstatt eines einfachen Suchfelds auch noch beliebig komplexe Filter für die Suche einbauen oder sogar eigene Fenster zum Zusammenbauen von Regelwerken oder SQL-Abfragen bereitstellen. Diese Zusatzfunktionen können in eigene Stories aufgeteilt werden und man beginnt dann mit der einfachsten Möglichkeit.
- **(Performance-)Optimierung herausnehmen**
  Ein großer Teil des Aufwands ist meist die Optimierung der Performance von Funktionen. Hier kann oft gut getrennt werden nach den beiden Sichten »make it work« (funktional lauffähig) und »make it fast« (so lauffähig, dass auch die Qualitätsanforderungen an Performance, Effizienz etc. erfüllt werden).

  In dem Beispiel der Suchfunktion kann zuerst eine Suche implementiert werden, die möglicherweise für die Ausführung unzumutbar lange dauert, jedoch grundsätzlich funktioniert. Im zweiten Schritt kann dann eine Performance-Optimierung stattfinden.

Diese Art des Schneidens kann für jede Art von Qualitätsanforderungen wie Usability, Security etc. (siehe auch Abschnitt 3.4.3) angewendet werden, nicht nur für die Performance.

- **Schneiden nach Forschungsanteilen**
  Hier werden Teile der Story, die unklar sind, herausgelöst und in eigene »Forschungsstories« (= Spikes – siehe auch Abschnitt 3.8.1) gegeben.
- **Schneiden nach funktionaler Qualität**
  Bei diesem Vorgehen werden die Stories danach geschnitten, wie gut die Benutzerin damit ihr funktionales Ziel erreichen kann.

  Bei der oben erwähnten Suchfunktion könnte dies im ersten Schritt ein Eingabefenster für SQL-Kommandos sein, im zweiten Schritt eine Benutzermaske mit einfachem Suchfeld und im dritten Schritt ein auf der Benutzeroberfläche flexibel konfigurierbarer Suchfilter.
- **Schneiden nach Benutzerrollen**
  Die Stories werden aus Sicht verschiedener Benutzerrollen betrachtet und geschnitten.

  Bei der Suchfunktion könnte dies für eine unerfahrene Benutzerin ein Such-Assistent sein, der schrittweise über mehrere einfache Eingabemasken mit klaren Hinweisen zum Suchergebnis führt. Andererseits könnte die Implementierung für Administratoren oder Datenbankspezialisten aus einem Eingabefeld für SQL-Befehle bestehen.
- **Schneiden nach technischen Voraussetzungen**
  Dies ist eine Variante, die nur angewendet werden sollte, wenn die anderen Techniken für das Schneiden nicht funktionieren. Hier wird die technische Basisarbeit in eine eigene Story extrahiert.

  Dies kann bei der Einbindung von externen Systemen auftreten, wenn der eigentliche Benutzerteil überschaubar ist, jedoch viel Aufwand im Hintergrund für die Herstellung der Schnittstelle aufgewendet werden muss.

  Ein Beispiel ist das Thema »Übertragen der Arbeitszeitdaten an das HR-System«. Der Teil der Story im Zeiterfassungssystem ist überschaubar, jedoch ist die Implementierung der Schnittstelle eine technische Voraussetzung dafür.

  Hier wird der technische Teil der Story herausgelöst. Dies sind dann »technische User Stories« (siehe auch Abschnitt 3.4.2.4).
- **Weitere Ideen/Fragestellungen für das Schneiden**
  - Akzeptanzkriterien oder Testszenarien des Kunden
  - Standardfall/Grenzsituation/Fehlersituation
  - Manuelle/automatische Funktionen
  - Einbinden zugekaufter Teile oder externer Systeme, Eigenimplementierung
  - Online/Batch

- Single User/Multiuser
- API oder UI
- Generisches UI oder anpassbares UI
- Grafisches UI/Script-UI
- Statisches oder dynamisches Verhalten
- Fehlerbehandlung oder Fehler ignorieren
- Daten persistent oder transient
- Eine Ebene oder mehrere Ebenen bei Funktionen/Problemstellungen

3.4.2.2 Wann sollte man aufhören zu zerlegen?

[IREB Advanced Level RE@Agile – Practitioner/Specialist] LE 3.5

Der Product Owner ist zuständig für die Fortsetzung der Diskussionen mit den Entwicklerinnen, bis beide Seiten ein gemeinsames Verständnis der Anforderungen haben. Das Paretoprinzip (siehe das Glossar im Anhang D) kann verwendet werden, um zu beurteilen, wann dieser Punkt erreicht ist.

Anforderungen müssen nicht zu 100 % perfekt definiert sein, aber gut genug, um die Kernfragen des Teams zu adressieren, und klar genug, um den Umsetzungsaufwand abschätzen zu können. Mit zu vielen offenen Fragen in die Umsetzung zu starten, kann die Entwicklungsgeschwindigkeit erheblich verringern und zu Verzögerungen gegenüber Prognosen führen.

Um hier ein gemeinsames Verständnis zwischen den Beteiligten zu bekommen, wurde im agilen Kontext die Definition of Ready eingeführt (siehe Abschnitt 5.2).

Eine Story ist bereit für die Umsetzung, wenn sie zumindest die INVEST-Qualitätskriterien (siehe Abschnitt 5.1.3) erfüllt, insbesondere die letzten drei der Buchstaben:

- Die Entwicklerinnen waren in der Lage, die Story zu schätzen.
- Der geschätzte Wert ist klein genug, damit die Story in eine Iteration passt. In der Literatur gibt es verschiedene ergänzende Empfehlungen, die vorschlagen, dass die Story nicht nur in eine Iteration passen sollte und somit mit einer einzigen Story die ganze Iteration ausgefüllt wird, sondern dass Stories so klein sein sollten, dass mindestens 6–10 Stories in die Iteration passen.
- Der Product Owner hat Akzeptanzkriterien für die Stories bereitgestellt. Basierend auf dem 3C-Prinzip sind sich alle einig, dass genügend Gespräche (»Conversation«) geführt und Kriterien für die Bestätigung (»Confirmation«) in Form von Abnahmetests definiert wurden.

Zur Formulierung von Akzeptanzkriterien stehen verschiedene Möglichkeiten zur Verfügung. Sie können informelle Sätze in natürlicher Sprache verwenden, die nach der Implementierung überprüft werden müssen. Sie könnten auch etwas formeller vorgehen und die Gherkin-Syntax (Given/When/Then) benutzen, um diese Sätze zu strukturieren (siehe auch Abschnitt A.3 im Anhang).

Einige Methoden befürworten sogar die Verwendung von TDD (Test Driven Development), indem die Testfälle formal so codiert werden, dass sie nach der Implementierung automatisch ausgeführt werden können (siehe Abschnitt A.2 im Anhang). Dieser formale Ansatz – obwohl er sehr präzise ist – kann für Product Owner und betriebswirtschaftlich orientierte Stakeholder schwer umzusetzen und zu verstehen sein.

Für den Product Owner ist die Definition of Ready das Äquivalent zur Definition of Done in der Entwicklung. Die DoD definiert Kriterien, um festzustellen, ob eine Story erfolgreich implementiert wurde, während DoR definiert, welchen Qualitätslevel die Anforderungen haben müssen, damit die Entwicklerinnen über ausreichende Informationen zu den Backlog-Einträgen verfügen, um sie innerhalb eines Sprints »erledigen« zu können.

Das Besprechen von Anforderungen mit Personen aus der Entwicklung braucht Zeit und erfolgt am besten vor der jeweiligen Sprint-Planung im Verlauf des vorherigen Sprints. In der Sprint-Planung konzentriert man sich dann darauf, die richtigen User Stories auszuwählen und diese den verantwortlichen Entwicklerinnen zuzuweisen. Im Idealfall verfolgen diese die Entstehung der Anforderungen mit und helfen dem Product Owner, indem sie Fragen stellen und Schätzungen vornehmen.

Es sind verschiedene Formen des Product Backlog Refinement möglich (siehe Abschnitt 4.1). Refinement-Meetings können beispielsweise ein effizienterer Weg sein, um Refinements durchzuführen, als einzelne Personen aus der Entwicklung wiederholt zu stören. Die Verfeinerung des Product Backlog und alle damit verbundenen Aktivitäten verbrauchen Zeit von der gesamten Iterationskapazität. Der [Scrum Guide] empfiehlt den Entwicklerinnen, maximal 10 % Kapazität für die Verfeinerung zu verwenden. Wenn doch mehr Zeit erforderlich ist, sollte die Iteration neu geplant werden, um mehr Genauigkeit in das Product Backlog zu bekommen, da dies ein Warnzeichen für schlechte Qualität der Anforderungen ist. Der Product Owner sollte die Beziehung zwischen Iterationslänge, Risiko und Iterationsaufwand verstehen und wissen, dass es kürzere Feedbackschleifen als den Sprint selbst gibt.

3.4.2.3 Nicht funktionale User Stories

Manchmal könnte man im Brainstorming zu User Stories auch verleitet sein, Anforderungen zu spezifizieren wie z.B.: »Das System muss in Spitzenzeiten bis zu 50 User gleichzeitig unterstützen, da das System auch bei einer weiteren Expansion in den kommenden Jahren funktionieren muss.« Dies hat zwar einen Nutzen für die Anwender, ist aber keine User Story im engeren Sinn, da der Inhalt eine nicht funktionale Sicht beschreibt. Daher sollte diese Story in den Pool der Qualitätsanforderungen aufgenommen werden (siehe Abschnitt 3.4.3).

Hinweis: Es ist auf jeden Fall wichtig, diese Anforderung zu spezifizieren. Wenn es keinen systematischen Pool für Qualitätsanforderungen gibt, ist es daher besser, diese Anforderung auf einer Story Card zu belassen, um sie nicht zu vergessen.

3.4.2.4 Technische User Stories

Durch die notwendige Beteiligung von Entwicklerinnen und Technikern an der Sammlung und Spezifikation von User Stories kann es passieren, dass manchmal die Technikersicht »durchrutscht« und Stories formuliert werden wie z. B.: »Das System wird mit der Datenbank über einen Konnektor-Pool verbunden.« Dies ist eine Anforderung an das System, die keinen unmittelbaren Kundennutzen hat und auch die gewünschte Funktion nicht aus Kundensicht beschreibt. Sie ist daher ganz klar *keine* User Story. Man bezeichnet solche Formulierungen als »Developer Story« (siehe Abschnitt 3.8.3).

Weitere Qualitätskriterien für die Formulierung guter User Stories sind in Abschnitt 5.1 zu finden.

3.4.3 Qualitätsanforderungen und Randbedingungen

[IREB RE@Agile Primer] LE 3.1.8
[IREB Advanced Level RE@Agile – Practitioner/Specialist] LE 4.1

Definition	Traditionell wurden **Qualitätsanforderungen** und **Randbedingungen** (Constraints) unter dem Überbegriff »nicht funktionale Anforderungen« zusammengefasst, siehe auch [IREB Glossar]. **Qualitätsanforderungen** werden zusätzlich zu den funktionalen Anforderungen formuliert und beziehen sich auf spezifische Qualitäten, die ein System oder Produkt aufweisen muss [ISO 25010]. **Constraints** beschreiben Randbedingungen für die Umsetzung und Einschränkungen für den Lösungsraum, die immer gelten und bei der Neu- und Weiterentwicklung des Systems zu beachten sind [Wirdemann 2011].
Anwendung	Qualitätsanforderungen und Randbedingungen aus Sicht des Kunden werden auf unterschiedlichen Abstraktionsebenen mit einem Detaillierungsgrad beschrieben, der je nach Phase und Inhalt auf Höhe der Epics, Features oder User Stories oder auch noch detaillierter liegen kann. Ebenso wie die funktionalen Anforderungen dienen diese als Basis für die Planung des Gesamtsystems oder auch der nächsten Iteration bzw. des Release. Die wesentlichen Qualitätsanforderungen und Randbedingungen sollten unmittelbar nach Definition der Ziele und Stakeholder festgelegt werden, da sie den weiteren Spezifikationsprozess und die Architektur bzw. das Design sehr stark beeinflussen können. Sie bilden die Basis für alle anderen Requirements und auch für entsprechende Tests.

→

Mitwirkende	■ Produktmanager*in ■ Product Owner und ggf. Stakeholder ■ Mitarbeitende des Fachbereichs ■ Key User ■ »Das Team« inkl. Tester*in ■ Systemarchitekt*in ■ Usability Engineer ■ Support ■ Betreiber-IT
Eigenschaften	■ Beschreibung aus Benutzersicht oder Beschreibung von vorgegebenen Randbedingungen ■ Meist in Alltagssprache formuliert, in der Regel nicht mehr als ein bis zwei Sätze für Qualitätsanforderungen oder Aufzählungen bei Randbedingungen ■ Spezifikation auf verschiedenen Abstraktionsebenen parallel zu Epics, Features oder User Stories ■ Eine permanente Visualisierung (z.B. am oder in der Nähe vom Taskboard) ist zu empfehlen. ■ Qualitätsanforderungen werden nicht direkt programmiert, sondern beeinflussen die Umsetzung. ■ Eine Qualitätsanforderungen und Randbedingung kann daher Auswirkungen auf mehrere Iterationen oder auch über die gesamte Laufzeit hinweg bzw. den gesamten Lebenszyklus des Systems haben. ■ Sehr wichtig für die Architektur und das Design des Systems ■ Sie sind die »Leitplanken« für die funktionalen Requirements. ■ Aufwandsschätzung je nach Detailliertheit kaum, grob oder mit einer guten Genauigkeit möglich ■ Qualitätsanforderungen müssen auch getestet werden (wenn möglich auch regelmäßig z.B. in jedem Sprint).
Zeitpunkt	Die wesentlichen Qualitätsanforderungen und Randbedingungen (»Leitplanken«) möglichst frühzeitig, wenn möglich vor oder am Beginn des Projekts definieren; laufende Verfeinerung in den Umsetzungsiterationen vor dem Start der Programmierung (z.B. in der Sprint-Planung)
Vorlaufzeit bis Umsetzung	Sehr unterschiedlich!
Hinweise	Hinsichtlich der Umsetzung ist zu unterscheiden: ■ **Qualitätsanforderungen** Dies sind Anforderungen bzw. explizite Wünsche der Stakeholder und müssen daher im Projekt umgesetzt werden. ■ **Randbedingungen** Sie sind bereits vorhanden und müssen daher im Projekt nicht umgesetzt, jedoch bei der Umsetzung der funktionalen und Qualitätsanforderungen berücksichtigt werden.

Neben den funktionalen Anforderungen (Spezifikation von Funktionen, die ein System oder Produkt bereitstellen muss) sind Qualitätsanforderungen und Randbedingungen von entscheidender Bedeutung für den Erfolg des zu entwickelnden Systems oder Produkts. Sie gehen auf spezifische Qualitäten eines Systems oder Produkts ein, z.B. hinsichtlich der Leistungsfähigkeit, Zuverlässigkeit, Informationssicherheit, Personensicherheit oder Benutzerfreundlichkeit.

Agile Ansätze fokussieren oft zu stark auf die funktionalen Anforderungen des Systems oder Produkts (z.B. in Form von User Stories). Damit besteht die Gefahr, dass die Qualitätsanforderungen nicht ausreichend berücksichtigt werden.

Qualitätsanforderungen und Randbedingungen verursachen meist zusätzliche Entwickleraufwände, die im Normalfall aber keiner funktionalen Benutzeranforderung direkt zugeordnet werden können.

Qualitätsanforderungen und Randbedingungen müssen in der Planung berücksichtigt werden, da sie oft einen beträchtlichen zusätzlichen Aufwand bedeuten!

3.4.3.1 Qualitätsanforderungen

[IREB RE@Agile Primer] LE 3.1.8

Qualitätsanforderungen beziehen sich auf bestimmte Eigenschaften, die ein System oder Produkt aufweisen muss, z.B. in Bezug auf Performance, Zuverlässigkeit, Sicherheit, Wartbarkeit oder Usability [ISO 25010]. Wenn man sich nur auf die funktionalen Anforderungen konzentriert (z.B. in Form von User Stories), dann werden Qualitätsanforderungen oft nicht explizit angegeben oder vergessen. Sie sind keine Anforderungen, die innerhalb eines Sprints entwickelt werden können, sondern oft übergreifende Attribute des zu entwickelnden Produkts. Dies muss daher übergreifend und oftmals auch kontinuierlich getestet werden. Qualitätsanforderungen können auch große Auswirkungen auf das Design und die Architektur eines Systems haben und sollen daher frühzeitig festgelegt werden.

Mit fortschreitendem Projekt wird es typischerweise schwieriger, fehlende Qualitätsanforderungen z.B. durch Refactoring am System umzusetzen. Es ist daher darauf zu achten, frühzeitig im Projekt ein gutes Verständnis für diese Punkte zu schaffen und die wichtigsten Qualitätsanforderungen und Einschränkungen zu identifizieren.

Abhängig von der Art der Qualitätsanforderungen und Randbedingungen können diese von der Abstraktionsebene unterschiedlich sein und auch an unterschiedlichen Stellen in die Spezifikation und Artefakte einfließen (u.a. im Product Backlog oder auch als Teil der Definition of Done z.B. in Form von automatisierten Regressionstestvorgaben – hier sollte jedoch darauf geachtet werden, dass keine inhaltlichen Vorgaben in die DoD einfließen – siehe auch Abschnitt 5.3).

[IREB Advanced Level RE@Agile – Practitioner/Specialist] LE 4.2

Qualitätsanforderungen werden auch definiert als qualitative Eigenschaften, die das System oder einzelne Funktionen des betrachteten Systems aufweisen sollen, bzw. als eine Beschreibung einer Beschaffenheit oder einer Charakteristik, die ein System aufweisen muss. Sie schränken meist den Freiheitsgrad bei der Konstruktion des Systems, also der Umsetzung der funktionalen Anforderungen, ein.

Qualitätsanforderungen haben große Auswirkungen auf die Struktur, Architektur und Design eines Systems. Daher ist es wichtig, dass zumindest die wichtigsten Qualitätsanforderungen so früh wie möglich erkannt und spezifiziert werden.

Empfehlenswert ist es auch, wenn eine erfahrene Architektin in die Spezifikation der Qualitätsanforderungen eingebunden wird. Ebenso kann es erforderlich sein, dass ein Usability-Experte bei der Spezifikation dabei ist, wenn es um die Benutzbarkeit und die Benutzerschnittstelle des Systems geht. Bei Bedarf sind weitere Fachleute erforderlich (z.B. hinsichtlich Security oder Personenschutz).

Eigenständige Qualitätsanforderungen, die nicht bereits durch eine implizite Aufwandszuordnung zu anderen Requirements abgedeckt und in der Schätzung berücksichtigt wurden, sollten explizit in das Backlog eingefügt und eingeplant werden, da es sich hier auch um explizite Anforderungen handelt, die zusätzlichen Aufwand verursachen. Ebenso ist auch eine Aufteilung bzw. Zuordnung zu Tasks vorzunehmen.

Qualitätsanforderungen können auf jeder Ebene der Spezifikation, z.B. grob im Rahmen der Epics oder auch als User Story oder noch tiefer in den Details, auftauchen und sollten dann auch dort festgehalten werden.

Beispiele für Qualitätsanforderungen auf Epic-Ebene:

- »Das Zeiterfassungssystem soll eine tolle Usability haben.«
- »Das Zeiterfassungssystem soll eine schnelle Reaktionszeit haben.«
- »Das Zeiterfassungssystem soll gut wartbar sein.«

Anmerkungen: Für sich alleine gesehen sind dies sehr schlecht formulierte Qualitätsanforderungen und sollten in dieser Form nicht so stehen bleiben, sondern in weiterer Folge durch Detailspezifikationen (siehe später in diesem Kapitel) weiter konkretisiert werden. Andernfalls führt dies unweigerlich bei der Abnahme zu unangenehmen Diskussionen, da sich Kunden mit Sicherheit etwas anderes unter »toller Usability« vorstellen als die Entwicklerinnen.

In dieser Form haben die Requirements nur eine temporäre Berechtigung als »Merker«, damit klar ist, dass dieser Punkt wichtig ist und nicht vergessen werden soll.

Qualitätsanforderungen sind genauso wichtig wie funktionale Anforderungen, werden jedoch vielfach unterschätzt oder ignoriert. Die Auswirkungen sind oft erst sehr spät erkennbar. Probleme in diesem Zusammenhang zeigen sich häufig beim Start des Echtbetriebs oder manchmal auch erst Jahre später. Bei business- oder personenkritischen Systemen kann dies katastrophale Folgen haben. Daher ist es unbedingt notwendig, die Spezifikation von Qualitätsanforderungen im Sinne einer vorausschauenden und nachhaltigen Systemumsetzung auch systematisch und strukturiert durchzuführen und dies auch zu fordern und zu fördern.

Qualitätsanforderungen sind genauso sorgfältig zu spezifizieren und zu testen wie funktionale Anforderungen!

Wichtig bei der Formulierung ist nicht unbedingt, ob dies nun in ein bestimmtes Schema passt oder auf der richtigen Ebene erfolgt. Vielmehr ist es wichtig, dass die Qualitätsanforderungen überhaupt spezifiziert werden. Daher sollten die Stichworte dazu auf einer Story Card oder im Requirements-Tool notiert werden, sobald eine Qualitätsanforderung in einer Besprechung auftaucht, auch wenn sie gerade nicht zum Thema passt, damit sie nicht vergessen wird. Details können dann später noch ausgearbeitet werden.

Einige Punkte, die bei der Spezifikation von Qualitätsanforderungen berücksichtigt werden sollten, sind:

- Ein System muss nicht nur die geforderte fachliche Funktionalität abbilden, sondern auch entscheidende Qualitätsanforderungen erfüllen. Dies wird am Anfang oft vergessen oder übersehen.
- Qualitätsanforderungen können je nach Kritikalität und Einsatzgebiet des Systems weitreichende Folgen haben.
- Qualitätsanforderungen haben weitreichenden Einfluss auf Architektur und Systemdesign. Viele Architektur- und Designentscheidungen werden maßgeblich durch Qualitätsanforderungen gesteuert.
- Qualitätsanforderungen sollten so früh wie möglich spezifiziert werden.
- Auch Qualitätsanforderungen sind abnahmerelevant. Daher sind auch Abnahmekriterien nötig. Die Testbarkeitskriterien gelten hier genauso (siehe auch Abschnitt 3.4.3.3).
- Achtung: Es kann eine gegenseitige Abhängigkeit und Beeinflussung zwischen Qualitätsanforderungen geben (z.B. zwischen Security und Usability oder Parametrierbarkeit und Testbarkeit).
- Es gibt in der Praxis verschiedene Gliederungssystematiken für Qualitätsanforderungen, die versuchen, die wesentlichen nicht funktionalen Kriterien übersichtlich zu strukturieren. Ein bekanntes Modell dabei ist die ISO-250xx-Reihe.

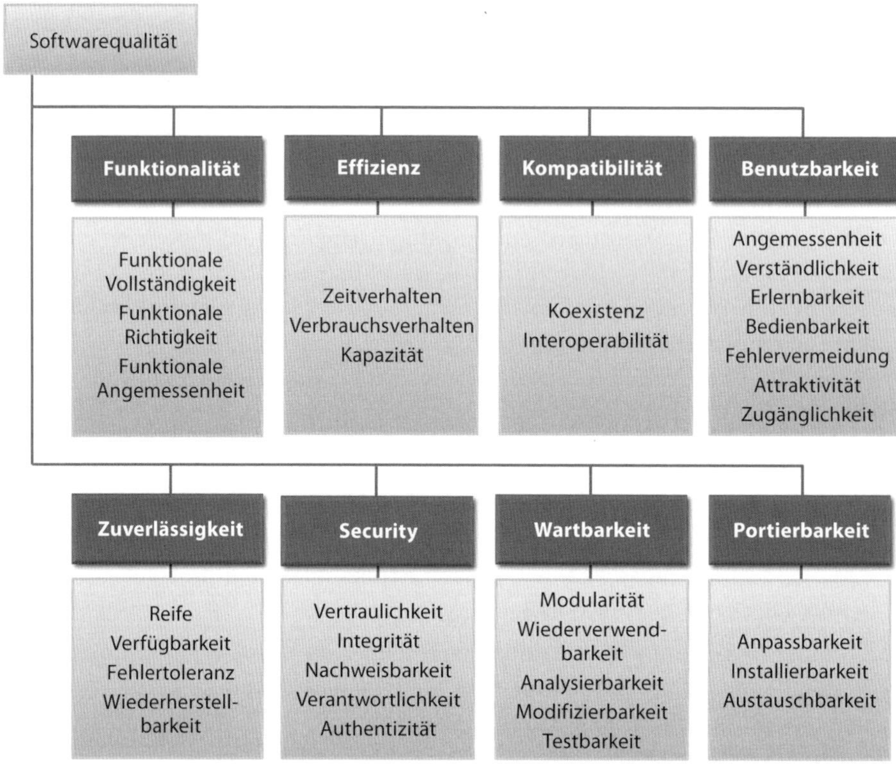

Abb. 3–19 *Qualitätsanforderungen nach ISO 25010*

Abbildung 3–19 zeigt die Qualitätsanforderungen nach ISO 25010. Nachfolgend werden die einzelnen Punkte noch genauer dargestellt, wobei hier primär die benutzerbezogenen, systemexternen Kriterien herausgegriffen werden. Das innere Qualitätskriterium Wartbarkeit wird in Abschnitt 3.8.5 näher beschrieben.

Funktionalität

Hier wird beschrieben, inwieweit die Funktionalität die Bedürfnisse der Nutzenden unter bestimmten Bedingungen abdeckt. Teilaspekte sind:

- **Vollständigkeit**
  Inwieweit werden alle Benutzerwünsche und spezifizierten Aufgaben durch die Funktionen des Systems abgedeckt?
- **Richtigkeit**
  Inwieweit werden korrekte Ergebnisse in der gewünschten Genauigkeit geliefert?
- **Angemessenheit**
  Inwieweit unterstützt die Funktionalität die Durchführung der Aufgaben und Ziele? Dies ist konform zu der Forderung der »Suitability« in der Usability-Norm ISO 9241.

Effizienz

Effizienz beschreibt die Fähigkeit des Systems, ein angemessenes Leistungsniveau relativ zu den dafür eingesetzten Betriebsmitteln bereitzustellen. Teilaspekte sind:

- **Zeitverhalten**
  Beschreibt Anforderungen, um eine angemessene Antwort- und Verarbeitungszeit sowie Durchsatz zur Verfügung zu stellen.
- **Verbrauchsverhalten**
  Kriterien für die Anzahl und Dauer der für die Funktionserfüllung benötigten Betriebsmittel.
- **Kapazitätsgrenzen**
  Welche Kapazitätsgrenzen hat das System und passt das zu den Anforderungen?

Beispiele für Effizienz als Qualitätsanforderung auf Story-Ebene inkl. Akzeptanzkriterien:

Qualitätsanforderung NFA EFF.1:	Akzeptanzkriterien NFA EFF.1:
Effizienz – Zeitverhalten: »Als Benutzerin möchte ich, dass spätestens 5 Sekunden nach Abschließen einer Maske eine Reaktion des Systems erfolgt.«	- Test aller Masken mit einer typischen Verwendungshäufigkeit von mehr als 1 × pro Tag - Umgebung: Testsystem X

Hinweis: Gerade bei den nicht funktionalen Kriterien werden gerne Universalquantoren verwendet. Hier im Beispiel geschieht dies zwar nicht explizit, wenn jedoch diese Anforderung nicht durch Abnahmekriterien konkretisiert wird, würde sie für alle Masken gelten. Hier sollte man sich die Frage stellen: »Wirklich für alle Masken?«

Qualitätsanforderung NFA EFF.2:	Akzeptanzkriterien NFA EFF.2:
Effizienz – Zeitverhalten: »Als Controller möchte ich, dass die monatliche Verarbeitung von 1000 eingegebenen Projektzeitdatensätzen innerhalb von max. 10 Minuten erfolgen muss.«	- Monatliche Datenverarbeitung am Controller-Client für 10 Mitarbeitende mit je 20 Tageseinträgen und je Tag 5 Projektbuchungen - Dauer je Durchführung ≤ 10 Minuten am Testsystem X

Hinweis: Bei der Spezifikation der Effizienz geht es oft um Zeitangaben. Diese dürfen nicht einfach so angegeben werden. Eine Spezifikation wie oben unter Qualitätsanforderung NFA EFF.1 wäre für sich alleine zu wenig. Es ist nicht klar, unter welchen Voraussetzungen hier gemessen wird. Welche Hardware, welche Software etc. liegen zugrunde?

→

Um hier nicht später in Diskussionen oder gar Streit zu geraten, muss spätestens beim Formulieren der Abnahmekriterien auch eine exakte Angabe der Messumgebung erfolgen:

- Verwendete Hardware
- Verwendete Software (Version, evtl. auch Patches etc.), sowohl für die getestete Software als auch für das Betriebssystem und sonstige auf dem System laufende Software
- Angaben über die zugrunde liegenden Testdaten (z.B. welcher Testdatenbestand (synthetisch oder Kopie der Produktivdaten), wie viele Datensätze sind in der Datenbank)
- Betriebsdaten wie Auslastung der Prozessoren, Netzwerk, Speicher etc.
- usw.

Wenn eine bestimmte Testumgebung aufgebaut und dann nicht mehr verändert wird, kann man auch auf diese Testumgebung eindeutig referenzieren und sich damit Aufwand in der Spezifikation sparen.

Kompatibilität

Hier werden Anforderungen für den Austausch mit anderen Systemen oder Komponenten definiert oder auch die Anforderung, ob das System in der Lage sein soll, Hardware oder Software gemeinsam mit anderen Systemen zu nutzen. Teilaspekte sind:

- **Koexistenz**
  Beschreibt die Möglichkeit, das System zusammen mit anderen Systemen in einer gemeinsamen Umgebung evtl. auch unter Verwendung von gemeinsamen Ressourcen zu betreiben, ohne sich gegenseitig negativ zu beeinflussen.
- **Interoperabilität**
  Beschreibt Anforderungen für die gemeinsame Nutzung oder den Austausch von Informationen mit anderen Systemen oder Komponenten.

Benutzbarkeit (Usability)

Es werden Kriterien beschrieben, die für die Benutzung und die individuelle Beurteilung der Benutzung durch eine bestimmte Benutzergruppe erforderlich sind. Teilaspekte sind:

- **Verständlichkeit**
  Möglichkeiten der Benutzer, das Systemkonzept zu verstehen und zu erkennen, ob das System für ihre Anforderungen passt und wie sie mit diesem System umgehen sollen.
- **Erlernbarkeit**
  Aspekte für die Benutzer, um das System zu erlernen, wie Eingabe/Ausgabe, Bedienung usw. Diese Anforderung soll den Designern zeigen, wie die Anwender das System erlernen.
- **Bedienbarkeit**
  Anforderungen an das Handling bzw. die Steuerung der Anwendung und Berücksichtigung ergonomischer Aspekte.

- **Fehlervermeidung (User Error Protection)**
  Wie verhindert das System, dass die Benutzer Fehler machen?
- **Attraktivität (Look and Feel)**
  Aspekte, die die Attraktivität für die Benutzer steigern. Hier wird die Vorstellung der Kunden vom Erscheinungsbild des Systems spezifiziert.
- **Zugänglichkeit (Accessibility)**
  Aspekte, die die Möglichkeiten für die Benutzer beschreiben, einen einfachen Zugang zum System zu erhalten, z.B. können Kriterien für Benutzer mit Einschränkungen (körperliche Behinderungen etc.) beschrieben werden.

Beispiele für Usability als Qualitätsanforderung auf Story-Ebene inkl. Akzeptanzkriterien:

Qualitätsanforderung NFA USAB.1:	Akzeptanzkriterien NFA USAB.1:
Usability: »Als Kunde möchte ich, dass die GUI des Systems im Farb- und Schriftenschema des Corporate Designs (CD) realisiert wird.«	▪ Schriftarten aus CD ▪ Farbpalette aus CD ▪ Logo aus CD

Qualitätsanforderung NFA USAB.2:	Akzeptanzkriterien NFA USAB.2:
Usability: »Als Benutzerin möchte ich einen Maskenaufbau und eine Benutzerführung, die konform zu den Microsoft User experience guidelines for Universal Windows Platform (UWP) apps aus 2022 ausgeführt ist.«	▪ Jede Eingabemaske entspricht dem Usability Styleguide. ▪ Die Menüs und Benutzerführung sind entsprechend dem Styleguide ausgeführt.

Eine gute Quelle für Standards und Informationen zu Usability ist die Normenreihe ISO 9241.

Zuverlässigkeit (Reliability)

Dies sind Kriterien, die die Fähigkeit des Systems spezifizieren, das Leistungsniveau unter festgelegten Bedingungen über einen festgelegten Zeitraum aufrechtzuerhalten. Teilaspekte dabei sind:

- **Reife (Maturity)**
  Gibt die Versagenshäufigkeit durch Fehlerzustände an.
- **Verfügbarkeit**
  Ist der Grad, in dem ein System betriebsbereit und zugänglich ist, wenn es benötigt wird. Die Verfügbarkeit wird maßgeblich beeinflusst durch die Faktoren Reife, Fehlertoleranz und Wiederherstellbarkeit.

- **Fehlertoleranz**
  Fähigkeit, ein festgelegtes Leistungsniveau bei Softwarefehlern oder Nichteinhaltung der spezifizierten Schnittstelle zu erhalten.
- **Wiederherstellbarkeit**
  Definiert die Fähigkeit des Systems, bei einem Versagen das Leistungsniveau wiederherzustellen und die direkt betroffenen Daten wiederzugewinnen.

Beispiele für Zuverlässigkeit als Qualitätsanforderung auf Story-Ebene inkl. Akzeptanzkriterien:

Qualitätsanforderung NFA REL.1:

Zuverlässigkeit – Reife:
»Als Benutzerin möchte ich, dass der Client maximal 2 Mal pro Monat abstürzt oder sich ›aufhängt‹.«

Akzeptanzkriterien NFA REL.1:

- Statistische Erhebung, Laufzeit 3 Monate in der Abnahmephase
- 10 tatsächliche User
- 500 zusätzliche gleichzeitige User mit den Kernaktivitäten werden simuliert.

Qualitätsanforderung NFA REL.2:

Zuverlässigkeit – Fehlertoleranz:
»Als Benutzerin möchte ich, dass mich das System auf syntaktische Falscheingaben in Feldern aufmerksam macht.«

Akzeptanzkriterien NFA REL.2:

- Für jede syntaktisch falsche Eingabe in ein Feld soll ein Pop-up-Fenster mit einer sprechenden Fehlermeldung angezeigt werden.

Hinweis: Syntaktisch falsche Eingaben sind Werte, die außerhalb der definierten Wertebereiche eines Felds liegen (z.B. »34.3.2012« als Datum, »130%« bei einem Feld mit 0–100%, »xxxxxxxxxx« bei einem Textfeld mit max. 5 Zeichen).

Informationssicherheit (Security)

Hier werden Kriterien beschrieben, wie das System Informationen und Daten schützt, sodass Benutzer oder andere Systeme nur Zugang entsprechend ihrer Art und Berechtigung haben. Teilaspekte sind:

- **Vertraulichkeit**
  Sicherstellen, dass Daten nur für entsprechend zugriffsberechtigte Benutzer und Systeme zugänglich sind.
- **Integrität**
  Anforderung an das System, um unautorisierten Zugriff oder Manipulation von Programmen oder Daten zu verhindern.

- **Nachweisbarkeit**
  Sicherstellen, dass Handlungen oder Ereignisse nachgewiesen und nicht abgestritten werden können.
- **Verantwortlichkeit**
  Wie weit kann jede Handlung eines Benutzers oder Systems eindeutig diesem zugeordnet werden?
- **Authentizität**
  Wie weit kann die Identität von Systemen oder Benutzern nachgewiesen werden, dass sie auch diejenigen sind, die sie vorgeben zu sein.

Beispiel für Security als Qualitätsanforderung auf Story-Ebene inkl. Akzeptanzkriterien:

Qualitätsanforderung NFA SEC.1:	Akzeptanzkriterien NFA SEC.1:
Security: »Als Mitarbeitende möchte ich, dass die von mir eingegebenen Daten nur von mir und von anderen Anwendern, die explizit von mir dazu autorisiert werden, eingesehen werden können. Auch der Systemadministrator soll keinen Zugriff auf meine Daten haben.«	■ Testzugriff mit meinen Zugriffsdaten ■ Testzugriff mit einem von mir autorisierten User ■ Testzugriff mit einem NICHT von mir autorisierten User ■ Testzugriff mit einem Admin-User

Eine gute Quelle für Informationen zu Informationssicherheit und Secure Coding sind folgende Standards:

- Normenreihe ISO 270xx
- OWASP – Software Assurance Maturity Model
- SAFECode – Fundamental Practices for Secure Software Development
- SSDF (Secure Software Development Framework) des NIST (National Institute for Standards and Technology)

Wartbarkeit

Der Punkt Wartbarkeit wird im Rahmen der Entwickleranforderungen in Abschnitt 3.8.5 behandelt.

Portierbarkeit

Damit wird die Eignung des Systems beschrieben, von einer Umgebung (organisatorische, hardware- oder softwaretechnische etc.) in eine andere übertragen zu werden. Teilaspekte sind:

- **Anpassbarkeit**
  Beschreibt die Möglichkeit, das System an verschiedene festgelegte Umgebungen anzupassen, wenn nur Schritte unternommen oder Mittel eingesetzt werden, die für diesen Zweck für dieses System schon vorgesehen sind.

- **Installierbarkeit**
  Anforderungen, die für das Installieren des Systems in einer anderen Umgebung notwendig sind.
- **Austauschbarkeit**
  Beschreibt den Grad, in dem das System ein anderes System für den gleichen Zweck und in der gleichen Umgebung ersetzen soll. Dies ist z.B. für System-Upgrades oder einen kompletten Systemaustausch relevant.

Beispiele für Portierbarkeit als Qualitätsanforderung auf Story-Ebene inkl. Akzeptanzkriterien:

Qualitätsanforderung NFA ADPT.1:	Akzeptanzkriterien NFA ADPT.1:
Portierbarkeit – Anpassbarkeit: »Als Kunde möchte ich ohne zusätzliche Programmierung das Logo sowie die Schriften und Farben der Masken entsprechend dem Corporate Design einstellen und ändern können.«	- Schriftarten aus CD einstellen - Farbpalette aus CD einstellen - Logo aus CD einstellen - Andere Schriftarten einstellen - Andere Farbpalette einstellen - Anderes Logo einstellen

Hinweis: Das Thema Anpassbarkeit ist meist ein Schnittstellenthema, z.B. bei einer konfigurierbaren Benutzeroberfläche, wie in dem Beispiel oben. Da es sich hierbei um eine übergreifende nicht funktionale Anforderung handelt, kann dies weiterhin als NFA bearbeitet werden.

Wenn es jedoch um Systemschnittstellen geht, die konfiguriert werden sollen, ist es empfehlenswert, diese Anforderung hier aufzulösen und eine Systemschnittstellenspezifikation als funktionales Requirement hinzuzufügen.

Qualitätsanforderung NFA INST.2:	Akzeptanzkriterien NFA INST.2:
Portierbarkeit – Installierbarkeit: »Als Kunde möchte ich das System auf einer physischen Hardware, auf einem virtuellen Server unter VMWare und auf einem Terminal-Server ohne Programmieraufwand installieren können.«	- Windows Server 2012 - VMware ESX V5.1 - Windows Terminal Server 2012

Alle angegebenen Kriterien können natürlich je nach Projekt evtl. auch nur für die Entwicklung spezifiziert sein (für Beispiele zur Spezifikation der Entwicklersicht siehe Abschnitt 3.8.5).

Es gibt noch weitere nicht funktionale Qualitätskriterien außerhalb der ISO 250xx, die sowohl aus Anwender- als auch aus Entwicklersicht relevant sein können:

Skalierbarkeit

Hiermit werden Anforderungen des Systems an den Umgang mit steigenden Nutzerzahlen oder Datenaufkommen beschrieben, z.B. mengenmäßige Ausweitung des Einsatzbereichs von einer Organisationseinheit auf alle Organisationsbereiche.

Beispiel für Kunden-Qualitätsanforderung für Skalierbarkeit:

»In der ersten Ausbaustufe müssen 50 User gleichzeitig damit arbeiten, in der Endausbaustufe ohne merkliche Performance-Verschlechterung 500. Eine Reserve für bis zu 1000 gleichzeitige User muss vorhanden sein.«

Sicherheit der Anwender (Safety)

Anforderungen an das System werden angeführt, um Risiken, die durch das System gegeben sind und die für die Anwender ein personenbezogenes Gefahrenpotenzial, z.B. körperliche Verletzungsgefahr, darstellen, möglichst gering zu halten.

Beispiel für Kunden-Qualitätsanforderung für Safety:

Für die Zeiterfassung ist das nicht relevant, daher ein Beispiel aus einem anderen Themenbereich (Lift): »Als Anwender möchte ich, dass ein Blockieren der Tür beim Schließen automatisch erkannt wird und das System das Anfahren des Lifts verhindert.«

Dokumentation

Definiert werden hier Kriterien wie Art, Umfang, Beschaffenheit, strukturelle und inhaltliche Vorgaben sowohl für die technische Dokumentation des Systems als auch die Anwenderdokumentation.

Beispiel für Kunden-Qualitätsanforderung für Dokumentation:

»Die Benutzerdokumentation muss jede als Kernfunktion gekennzeichnete Funktionalität der Software wie folgt beschreiben:

- Zweck der Funktion
- Angabe, wie die Funktion angestoßen/aufgerufen werden kann
- Beschreibung der erforderlichen Benutzereingaben (bei Feldern jeweils auch Wertebereiche und Beispiele mit sinnvollen Werten)
- Beschreibung der Verarbeitung und des Ergebnisses
- Beschreibung von Ausnahme- und Fehlersituationen sowie die typischen Benutzerreaktionen oder Empfehlungen für die Situation.«

Weitere mögliche Qualitätsanforderungen

Über die genannten Qualitätsanforderungen hinaus gibt es noch eine Reihe weiterer Kriterien, die die Entwicklung des Systems beeinflussen können und bei Bedarf als eigene Punkte in die Spezifikation aufgenommen werden sollten, wie z. B.:

- Konfigurierbarkeit
- Konsistenz
- Genauigkeit
- Möglichkeiten der Datenmigration
- Logging und Reporting
- Anforderungen an die Systemumgebung
- Anforderungen für den Betrieb des Systems
- Vorkehrungen zur Beendigung/Außerbetriebnahme des Systems
- Kulturelle Anforderungen
- Rechtliche Anforderungen
- Anforderungen zur Erfüllung von Standards und Normen

Zu beachten ist hier, dass viele dieser Punkte auch Randbedingungen sein können. Daher ist bei jedem Punkt zu prüfen, ob er aus Sicht des Projekts frei definierbar (dann ist es eine Qualitätsanforderung) oder fest vorgegeben und nicht veränderbar ist (dann ist es eine Randbedingung).

3.4.3.2 Randbedingungen (Constraints)

[IREB RE@Agile Primer] LE 3.1.8

Randbedingungen (Constraints) definieren Einschränkungen des Lösungsraums des zu entwickelnden Systems [IREB] und können vielfältig sein:

- organisatorische Einschränkungen (Budget, restriktive Zeitpläne, vorgeschriebenes Entwicklungsvorgehen usw.),
- technische Randbedingungen (bestimmtes Betriebssystem, bestimmte Programmiersprache, vorgegebene Schnittstellen und Frameworks usw.),
- Beschränkungen der Umgebung oder des Betriebs (Standards, Normen, Vorschriften etc.).

Wesentliche Randbedingungen zu vergessen oder zu spät zu ermitteln kann problematisch und teuer sein, da auch hier oft wichtige Aspekte des Designs und der Architektur betroffen sind und diese manchmal auch nicht schrittweise, sondern nur als Ganzes umgesetzt werden können.

[IREB Advanced Level RE@Agile – Practitioner/Specialist] LE 4.4

Randbedingungen sind eine weitere wichtige Art von Anforderungen, die von außen vorgegeben sind und die Gestaltungsmöglichkeiten der Entwicklung einschränken.

Bei Randbedingungen ist zu beachten, dass diese von vornherein vorgegeben sind. Randbedingungen müssen daher auch nicht umgesetzt werden, sind aber für die Umsetzung und den Test relevant und können ähnlich wie Qualitätsanforderungen große Auswirkungen auf das Projekt haben.

Es ist daher wichtig, solche Einschränkungen explizit zu machen, damit sich alle im Team ihrer bewusst sind. Constraints, die besonders einschränkend und breit wirken, sollen möglichst frühzeitig erfasst und berücksichtigt werden. Constraints, die nur punktuell relevant sind, müssen spätestens mit der Einplanung der betroffenen Backlog-Einträge in den Sprint festgelegt sein.

Der wesentliche Unterschied zwischen Randbedingungen und anderen Anforderungen besteht darin, dass von den Stakeholdern für die funktionalen und Qualitätsanforderungen selbst bestimmt werden kann, wie diese definiert sind und ob sie inhaltlich in das Projekt aufgenommen werden sollen oder nicht. Randbedingungen hingegen sind von außen vorgegeben und können nicht oder oft nur schwer geändert werden.

Randbedingungen sind nicht oder nur sehr schwer veränderbar und sollten daher möglichst frühzeitig im Projekt bekannt sein.

Constraints gelten normalerweise für ein breiteres Spektrum von Projekten oder generell für Unternehmen oder eine Branche. Sobald sie einmal erfasst und entsprechend dokumentiert wurden, können sie also auch für andere Projekte wiederverwendet werden.

Constraints können entweder als Produktbeschränkungen oder Prozessbeschränkungen kategorisiert werden:

- *Produktbeschränkungen* umfassen die erforderliche Verwendung von Technologien (z.B. eine bestimmte Entwicklungsumgebung, Programmiersprache, Datenbank oder Framework), die Wiederverwendung bestehender Komponenten, die Entscheidung, selbst zu entwickeln oder zu kaufen, oder Ressourcen in Form von Material, Wissen und Kompetenz.
- *Prozessbeschränkungen* schreiben entweder Organisations- oder Entwicklungsprozesse vor. Dazu gehören organisatorische Richtlinien und Vorschriften, finanzielle Grenzen (z.B. Budgetbeschränkungen), zeitliche Grenzen (z.B. enge Zeitpläne oder fixe Meilensteine), personelle Einschränkungen (es gibt nur eine be-

schränkte Anzahl an Entwicklerinnen), Normen und Standards, Compliance-Vorschriften und Audits, rechtliche und behördliche Auflagen (z.B. gewisse Gesetze, Normen und Standards, die vorgeschrieben sind).

Beispiel: Randbedingung oder Qualitätsanforderung?

Wenn ein Kunde unternehmensweit ein bestimmtes Betriebssystem im Einsatz hat und das zu entwickelnde System darauf laufen muss, weil die IT-Policy im Unternehmen das vorschreibt, so ist dies eine Randbedingung, da sie von außerhalb des Projekts (von der IT) vorgegeben wurde und nicht verändert werden kann.

Wenn ein Kunde möchte, dass das neu zu erstellende System auf einem mobilen System mit Touch-Bedienung laufen soll, ohne dass der Kunde Einschränkungen hinsichtlich seiner tatsächlichen Systemumgebung hat, dann ist dies eine Qualitätsanforderung (im konkreten Fall aus dem Bereich »Benutzbarkeit« oder »Portabilität«), da sie aus dem Projekt selbst kommt und nicht von außen vorgegeben wurde.

Randbedingungen können einerseits wirklich unverrückbare Punkte sein wie eine gesetzliche Vorgabe oder Norm, z.B. bei der Softwareentwicklung im Medizinumfeld. Andererseits können es Fakten sein, die bei der Auftraggeberin oder dem Auftragnehmer vorhanden sind und im Falle einer Änderung sehr weitreichende Auswirkungen haben oder bei denen die Entscheidungsverantwortung nicht bei den Stakeholdern liegt (z.B. wenn ein sehr großes Unternehmen mit Tausenden Arbeitsplätzen ausschließlich Windows-Clients im Einsatz hat und die Rahmenbedingung daher lautet, dass das neue System auf einer bestimmten Version von Windows laufen muss). Manche Randbedingungen werden z.B. aus Kostengründen auch angepasst, wenn sich dies im Sinne des Auftraggebers als insgesamt besser erweist.

Ähnlich wie bei den Qualitätsanforderungen kann ein zu spätes Erkennen und Spezifizieren von Randbedingungen sehr kritisch für ein Projekt sein, da diese meist nicht inkrementell hinzugefügt werden können. Es hängen auch viele Entscheidungen für die Architektur, das Design oder die generelle Projektplanung davon ab und daher ist es notwendig, dass die Randbedingungen frühzeitig festgestellt werden und auch dem ganzen Team bekannt sind.

Beispiele für Randbedingungen:

Constraint 10:	Akzeptanzkriterien 10:
Technisch: »Das System soll in Java entwickelt werden.«	- Java Vx - Enterprise Edition - Eclipse IDE

Das Hinterfragen von Details der Randbedingungen kann sinnvoll sein, da man dabei, wie in obigem Beispiel angegeben, erkennen kann, ob noch wichtige Parameter fehlen, z.B. Versionsnummer, Zusatzeigenschaften oder Frameworks. Diese kann man in Form von Akzeptanzkriterien ergänzen.

Constraint 20:	**Akzeptanzkriterien 20:**
Organisatorisch: »Die Schnittstelle zum Personalverwaltungssystem wird im Projekt HR-NEU definiert.«	- Schnittstellenspezifikation aus Projekt HR-NEU verwendet?

Generell ist bei der Spezifikation von Constraints zu beachten, dass diese je nach Umfeld und Inhalt mitunter auch eine sehr lange Vorlaufzeit benötigen, bis sie umgesetzt werden können. Wenn z.B. eine komplett neue Programmiersprache eingesetzt werden soll, so kann es sein, dass dies einige Monate an zusätzlichem Lernaufwand für die Programmierer bedeutet oder zuerst Personen mit diesem Wissen gesucht und eingestellt oder extern beauftragt werden müssen.

Es ist daher wichtig, möglichst frühzeitig alle relevanten Randbedingungen zu kennen, damit nicht im Laufe des Projekts unangenehme Überraschungen auftauchen. Im Gegensatz zu den anderen Anforderungen sind die Randbedingungen meist nicht veränderbar – d.h., dass evtl. Einschränkungen mit großen Auswirkungen nicht vermieden werden können. Bei den Qualitätsanforderungen, die ja Anforderungen der Stakeholder darstellen, hat man in vielen Fällen noch die Möglichkeit der Anpassung, wenn sich im Projektverlauf zeigt, dass dies in der ursprünglichen Definition nicht umsetzbar ist. So könnte man z.B. eine längere Antwortzeit akzeptieren oder auf die Einhaltung einer bestimmten Usability-Guideline verzichten.

Es kommt jedoch immer wieder vor, dass Randbedingungen am Anfang als nicht verhandelbar bzw. nicht veränderbar dargestellt werden, dann aber bei genauerer Analyse (z.B. wenn die Kosten aufgrund dieser Randbedingung zu hoch sind) möglicherweise doch zwischen den Stakeholdern ausgehandelt werden.

Da Randbedingungen nicht eigens implementiert werden, können die Prüfungen auf Erfüllung meist auch relativ kurz gehalten werden. Oft genügt es, eine einfache Ja/Nein-Frage zu stellen, wie »wurde berücksichtigt oder wurde NICHT berücksichtigt?«.

3.4.3.3 Abnahme und Backlog-Management

[IREB Advanced Level RE@Agile – Practitioner/Specialist] LE 4.3

Die definierten Qualitätsanforderungen müssen mit spezifischeren funktionalen Anforderungen verknüpft werden, z.B. wenn es quantifizierbare Performance-Vorgaben zu einer User Story oder spezielle Sicherheitsfunktionen in Verbindung mit einem definierten Epic gibt.

Qualitätsanforderungen, die in klar abgrenzbaren Arbeitspaketen umsetzbar sind und nur eine oder wenige funktionale Anforderungen betreffen, können als normale Backlog-Einträge eingefügt, gemanagt und umgesetzt werden.

Qualitätsanforderungen, die übergreifend für das gesamte System oder einen großen Teil der funktionalen Anforderungen gelten, wie Usability, Zeitverhalten, Fehlerhandling usw., müssen anders behandelt werden. Dazu gibt es verschiedene Möglichkeiten [Leffingwell 2011]:

- Ein eigenes Backlog für die Qualitätsanforderungen erstellen, das separat vom funktionalen Product Backlog entsprechend aktuell gehalten wird.
- Einen WIKI-Bereich oder ein separates Spezifikationsdokument für die Qualitätsanforderungen erstellen (z.B. in Form von Qualitäts-Checklisten).
- Die Qualitätsanforderungen in die Definition of Done aufnehmen. Hier ist zu beachten, dass in die DoD nur wirklich übergreifende allgemeine Qualitätsanforderungen aufgenommen werden (z.B. »Die Usability-Kriterien gemäß ISO 9241 werden eingehalten« oder auch etwas detaillierter, aber immer noch allgemein übergreifend: »Bei allen Benutzereingaben wird der zulässige Wertebereich geprüft und bei Falscheingabe eine sprechende Fehlermeldung ausgegeben.«). Des Weiteren sollte die DoD nicht mit zu vielen Prüfkriterien überladen werden. Hier hilft evtl. auch eine Klassifizierung der Kriterien wie nachfolgend beschrieben.

Die Qualitätsanforderungen und Constraints können ebenso wie funktionale Anforderungen priorisiert, mit einem Geschäftswert versehen oder klassifiziert werden (z.B. Muss, Soll, Wunsch).[7]

Die »inneren Qualitätsanforderungen« oder Developer Constraints (siehe auch Abschnitt 3.8.5) wie Skalierbarkeit, Wartbarkeit oder Robustheit sind Vorgaben, die die Entwicklung stark betreffen und daher allen Entwicklerinnen bekannt sein sollen und von diesen in der laufenden Umsetzung zu berücksichtigen sind.

Es hat sich auch bewährt, die Beziehungen zwischen betroffenen funktionalen Qualitätsanforderungen und Constraints sichtbar zu machen, indem z.B. eine Matrix an einer Wand oder neben dem Taskboard aufgestellt wird, die die Bezie-

7. Im Lehrplan des [IREB RE@Agile AL] wird angemerkt, dass solche Qualitätsanforderungen alle gleichrangig sind, weil alle erfüllt sein müssen. Diese Meinung teile ich nicht, wie in diesem Abschnitt erläutert wird.

hung »betroffen von« mit Markierungen in den entsprechenden Zellen anzeigt. Bevorzugt sollte dies durch digitale Tools erfolgen, um den Überblick und die Konsistenz in den Beziehungen zu bewahren.

Basierend auf den Definitionen der Qualitätsanforderungen und Constraints werden die funktionalen Anforderungen und das ganze System regelmäßig auf Einhaltung der Qualitätsanforderungen und Constraints geprüft.

Abhängig von der Klassifikation können hier z.B. bei Zeit- oder Ressourcenengpässen auch Unterscheidungen vorgenommen werden, was wann in welcher Intensität getestet wird (z.B. die hoch prioren Anforderungen in jedem Sprint, die mittlere Priorität bei jedem Release und die niedrige Priorität erst bei der Endabnahme durch den Kunden).

Soweit es möglich ist, soll die Prüfung der Qualitätsanforderungen auch durch automatisiertes Testen unterstützt werden. Dies wird nicht für alle Kriterien möglich sein. Je mehr jedoch automatisiert wird, umso mehr kann bereits in den einzelnen Sprints getestet werden und umso schneller kann das Team mögliche Probleme beheben.

Für die Abnahme und Objektivierung von Qualitätsanforderungen ist auch relevant: Einige Arten von Qualitätsanforderungen lassen sich durch einen einzelnen Test nicht sinnvoll und objektiv testen. Vor allem im Themenbereich Usability sind viele Aspekte von Natur aus nur subjektiv zu beurteilen, da die Geschmäcker und Bedürfnisse der Benutzer sehr unterschiedlich sind. Problematisch wird dies natürlich im Falle einer vertraglichen Abnahme. Hier könnte eine Diskussion zwischen der Kundschaft und den Lieferanten entstehen, ob denn nun die Software attraktiv oder verständlich genug entwickelt wurde. Darüber lässt sich trefflich streiten und es wäre schon ein gewaltiger Zufall, wenn hier eine einheitliche Meinung zu einer reibungslosen Abnahme führt.

Um solche Situationen zu vermeiden, ist es empfehlenswert, schon bei der Spezifikation der Qualitätsanforderungen genau zu überlegen, wie diese abgenommen werden sollen. Kriterien, die nicht objektiv messbar sind und von einer einzelnen Anwenderin subjektiv beurteilt werden, können objektiviert werden, indem man eine statistisch aussagekräftige Gruppe von Personen qualitativ befragt und daraus dann eine aggregierte Bewertung bildet. In der Praxis hat sich gezeigt, dass bei der Beurteilung von Usability-Kriterien eine repräsentative Gruppe von fünf bis acht Personen ausreicht, um eine qualifizierte Aussage zu erhalten bzw. auch um etwa 80–90 % aller Usability-Problempunkte zu entdecken.

Dabei muss man jedoch aufpassen, dass es Kriterien gibt, die für eine objektive Beurteilung einen »Einweg-Tester« benötigen. So kann z.B. die Erlernbarkeit für neue Anwenderinnen von jedem Tester nur genau einmal beurteilt werden, denn nach dem Test kennt dieser die Software schon und kann daher die Erlernbarkeit nicht mehr beurteilen. Problematisch ist dabei auch, dass man natürlich immer wieder auf eine repräsentative Zusammensetzung der neuen Testgruppe achten muss. Die Gruppe der Tester ist in diesem Fall begrenzt. Hier ist daher genau zu überlegen, welche Abnahmeverfahren sinnvoll sind, um nicht eine böse Überraschung mit der Durchführbarkeit oder den Kosten zu erleben.

3.5 Benutzerschnittstelle

Definition	Die **Benutzerschnittstelle** stellt die Schnittstelle zur Interaktion des Benutzers mit dem System dar.
Anwendung	Benutzerschnittstellen repräsentieren sowohl funktionale als auch nicht funktionale Requirements mit einem meist hohen Detaillierungsgrad, der ausreicht, um als sehr gute Basis für die Planung der aktuellen Iteration zu dienen. Benutzerschnittstellen werden nach Erstellung der User Stories, Use Cases oder anderen groben bis mittleren Spezifikationstechniken aus diesen abgeleitet. Sie bilden die Basis für die strukturierte Umsetzung durch die Entwicklung.
Mitwirkende	■ Produktmanager*in ■ Product Owner ■ Mitarbeitende des Fachbereichs ■ Key User ■ Usability Engineer, UI-Designer*in ■ Systemarchitekt*in ■ »Das Team« inkl. Tester*in
Eigenschaften	■ Detaillierte Beschreibung der Anforderungsumsetzung auf Ebene der Benutzerschnittstelle aus Benutzersicht ■ In der Regel grafische Darstellung ■ In der finalen Ausführung die unterste Benutzerspezifikationsebene ■ Gute Technik für die Detailspezifikation ■ Sehr gut als Basis für die Kostenabschätzung und Planung geeignet ■ Aufwandsschätzung je nach Detailliertheit der Darstellung mit einer sehr guten Genauigkeit möglich
Zeitpunkt	Kurz vor der ersten Umsetzungsiteration, laufende Verfeinerung in den Umsetzungsiterationen vor dem Start der Programmierung (z.B. in der Sprint-Planung)
Vorlaufzeit bis Umsetzung	Stunden bis wenige Tage
Hinweise	Für die Benutzerschnittstelle ist es sinnvoll, einen Usability-Experten hinzuzuziehen. Die generellen Vorgaben für die Benutzerschnittstelle des Systems, z.B. Design-Styleguide, Usability-Guideline, sowie ein Gesamtkonzept für die Benutzerschnittstelle sollten schon am Beginn des Projekts in den ersten ein bis zwei Iterationen festgelegt werden, damit von Anfang an entsprechend diesen Regeln entwickelt wird.

In der Literatur finden sich diverse Hinweise wie z.B. »Frühzeitige Festlegung auf die Benutzeroberfläche vermeiden«, »User Stories sollen keine GUI-Details enthalten« etc. Im Gegensatz zu anderen Punkten wie funktionale und nicht funktionale Spezifikationen, Prozesse, Szenarien, Stakeholder, Benutzermodelle, Systemschnittstellen, Anforderungen, Architektur, Wartbarkeit, Verhalten der Entwicklerinnen, Verhalten der Kunden etc. wird in der gängigen Literatur leider auf eine klare

Stellungnahme zur Benutzerschnittstelle meist verzichtet. Nachfolgend wird versucht, diese Lücke zu schließen.

> **Die Benutzerschnittstelle ist diejenige Eigenschaft des Systems, die Benutzer und Kunden zuerst und am direktesten wahrnehmen.**

Grundsätzlich gibt es unterschiedliche Sichtweisen in Bezug auf den Zeitpunkt, zu dem die Benutzerschnittstelle spezifiziert werden soll:

- **Die Benutzerschnittstelle möglichst spät definieren**

  Vorteile:
  - Es wird keine unnütze Zeit mit Detaildiskussionen über die Benutzerschnittstelle verschwendet.
  - Die Entwicklung hat mehr Freiraum bei der Umsetzung der Benutzerschnittstelle.

  Nachteile:
  - Benutzer haben mangels Visualisierung der Oberfläche möglicherweise eine andere Vorstellung vom System, als die Entwicklung es dann umsetzt.
  - Vor allem bei mehreren Teams oder Teams, in denen mehrere Entwicklerinnen an unterschiedlichen Masken der Benutzerschnittstelle arbeiten, können Inkonsistenzen entstehen.
  - Nachträgliche Änderungen an der Benutzerschnittstelle sind meist teuer und können große Auswirkungen haben.
- **Die Benutzerschnittstelle möglichst früh definieren**

  Vorteile:
  - Die Stakeholder können sich frühzeitig eine Vorstellung vom Aussehen des Systems machen und ihre Wünsche äußern.
  - Die Entwicklung weiß, wie sie die Benutzerschnittstelle implementieren soll.

  Nachteile:
  - Die Kunden legen sich zu früh auf eine bestimmte Benutzerschnittstelle fest und schränken damit den Gestaltungsspielraum möglicherweise unnötig ein.
  - Bei nachträglichen Anforderungsänderungen, die die Benutzerschnittstelle betreffen, muss evtl. viel neu entwickelt werden, wodurch einiges an getätigtem Aufwand verloren geht.
  - Man verliert sich rasch in gestalterischen Detaildiskussionen wie z.B. über Farben und die Position des Logos, anstatt die funktionalen Kernanforderungen zu besprechen.

Eine generelle Regel, welchen der beiden Ansätze man wählen sollte, gibt es nicht, da dies von sehr vielen Faktoren des konkreten Projekts abhängt. Beide Aussagen stellen zu einseitige Standpunkte dar. In den meisten Fällen ist ein gemischter Ansatz Erfolg versprechend.

Es wird empfohlen, mit der Benutzerschnittstelle erst dann zu starten, wenn durch Prozesse und eine grobe funktionale Ebene, z.B. mittels User Stories, das gesamte System möglichst breit aus Benutzersicht beschrieben ist.[8]

Exemplarisch kann jedoch auch schon ganz am Anfang ein Beispiel für wichtige Teile der GUI erstellt und mit den Benutzern besprochen werden, damit einerseits allgemeine Regeln für die GUI-Gestaltung (Guideline) festgelegt werden und andererseits die Benutzer das Vertrauen gewinnen, dass man als Lieferant auch wirklich eine passende Software erstellen kann.

Beispiel: Zu frühe Festlegung der Benutzerschnittstelle

In der Spezifikation des Zeiterfassungssystems wird gleich nach der Definition der Ziele von der Kundin festgelegt, dass sie eine Maske mit folgendem Aussehen möchte:

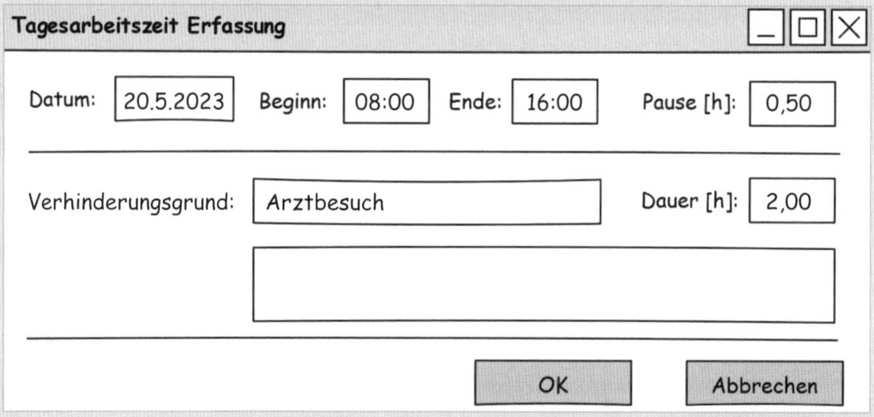

Wenn dies so vorgegeben wird, werden damit in einer frühen Phase viele funktionale Details festgeschrieben, die evtl. in der weiteren Analyse sinnvollerweise anders gelöst werden könnten. So könnte man z.B. im Laufe der Zeit zu der Erkenntnis kommen, dass man gar keinen Verhinderungsgrund und keine Dauer benötigt, weil dies viel besser als expliziter Zeiteintrag mit Beginn- und Ende-Zeit erfasst werden sollte (z.B. 8:30 – 10:30 Arztbesuch), damit man später auch die genauen Uhrzeiten bei Abwesenheit nachweisen kann. Diese Möglichkeit wird hier jedoch durch ein zu frühzeitiges Detaildesign verbaut oder unterdrückt und führt dadurch evtl. zu nachträglichen teuren Change Requests.

8. Es müssen aber nicht alle Prozesse, Epics, Use Cases und User Stories grob beschrieben sein, sondern nur diejenigen, die für den UI-Entwurf relevant sind.

Nachfolgend wird beschrieben, welche Schritte zur Spezifikation der Benutzerschnittstelle durchgeführt werden sollten, um die beiden oben genannten Sicht weisen zu integrieren:

1. **Generelle Richtlinien und grobes Konzept für die Benutzerschnittstelle am Anfang des Projekts festlegen.**
   Hier sollten z.B. Usability-Guideline oder ein UI-Styleguide erstellt bzw. referenziert oder auch auf facheinschlägige Normen wie z.B. ISO 9241-110 ff. verwiesen werden.
2. **Grafischen Prototyp einer oder weniger Masken erstellen (Kernelemente der GUI).**
   Die meisten Menschen sind visuell orientiert. Mit einem guten und ansprechenden Design kann man sie bereits früh für das Projekt gewinnen und ihnen ein Gefühl geben, wie das neue System aussehen wird. Das schafft Vertrauen.
3. **Die Geschäftsprozesse und grobe funktionale und Qualitätsanforderungen spezifizieren**, jedoch noch keine UI-Elemente.
4. **Davon abgeleitet dann ein erstes Wireframe-Konzept und Storyboard der Benutzerschnittstelle erstellen als Basis für die Diskussionen mit den Anwendern.**
   Ein grobes Wireframe-Konzept und Storyboard kann auch hilfreich sein, um andere Anforderungen an das System besser zu verstehen oder neue Ideen für Anforderungen zu gewinnen.
5. **Anforderungen auf Basis der Storyboards verfeinern und Details zur Benutzerschnittstelle vermeiden.**
   Wenn Gesichtspunkte zur Benutzerschnittstelle diskutiert werden, sollte man sich hier nicht in Details wie Positionierung und grafische Gestaltung einzelner Elemente verlieren, sondern sich auf übergeordnete wichtige Bereiche fokussieren und diese dann in das Wireframe-Konzept und das übergeordnete Storyboard einfließen lassen.
6. **Erste Skizzen der Benutzerschnittstelle erstellen. Mit Erreichen einer detaillierten Spezifikationsebene, z.B. Szenarien, sollten zu Abläufen und funktionalen Anforderungen auch GUI-Skizzen erstellt werden.**
   Benutzerschnittstellen sollten in dieser Phase der Spezifikation immer als »Sketchy UI« erstellt werden, damit man sich nicht in Details verliert. Sketchy kann z.B. heißen, dass die GUI nur per Hand auf Papier gezeichnet wird und dies als Diskussionsgrundlage zwischen den Stakeholdern ausreicht.
7. **Kurz vor der geplanten Implementierung sollte das finale UI mit allen für die Programmierung notwendigen Details fertig spezifiziert werden.**
   Das finale UI sollte vor der Programmierung noch einmal mit den Stakeholdern und dem Entwicklungsteam abgestimmt werden.

Die UI-Spezifikation ist im Grunde das Bindeglied zwischen den Anforderungen und der technischen Umsetzung.

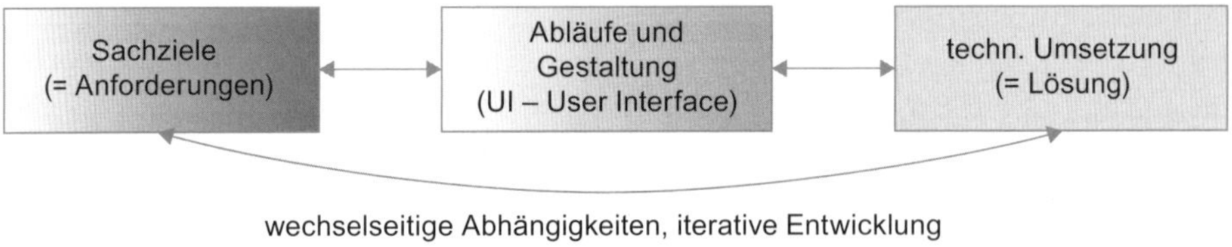

Abb. 3–20 *Zusammenhang zwischen Anforderungen, UI und Umsetzung*

Die Benutzerschnittstelle kann in drei Ebenen spezifiziert werden: Wireframes, Sketches und finales User Interface.

3.5.1 Wireframes

Der erste Entwurf eines UI kann durch Wireframes dargestellt werden. Auf dieser Ebene werden die Elemente der Benutzerschnittstelle grob und schematisch durch einfache Linienzeichnungen vorgegeben. In diesem Schritt werden häufig noch keine Details der Maske wie Felder, Texte, Buttons etc. festgelegt, sondern nur die groben Maskenbereiche.

Wireframes lassen sich einfach und schnell am Flipchart oder auf einem Blatt Papier erstellen. Im einfachsten Fall fotografiert man dies dann ab oder scannt es ein und fügt die Grafik als Anhang zu den entsprechenden Stellen in der Spezifikation hinzu.

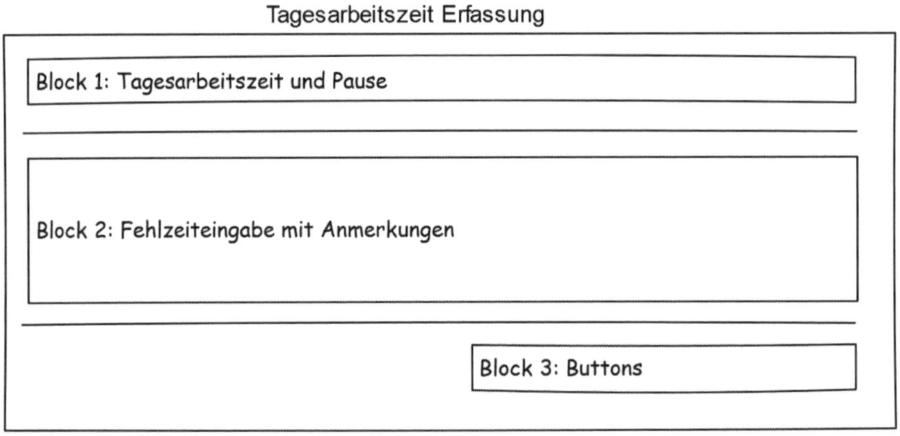

Abb. 3–21 *Wireframe-Beispiel*

3.5.2 Sketchy User Interface/Sketches

Sketches sind »handgezeichnete« Skizzen der Benutzerschnittstelle. Dabei verzichtet man meist auf jegliche Detailgestaltung wie Farben, Schriftarten, exakte Größen etc. Dies hat den Vorteil, dass man nicht wertvolle Zeit mit Diskussionen über diese Gestaltungsdetails verschwendet.

Wenn man eine leichte Änderbarkeit und Weiterverwendung ermöglichen möchte, sollten hier passende Sketching-Tools eingesetzt werden. Von der Verwendung des GUI-Editors der Programmierumgebung wird abgeraten, da man hier meist durch viele technische Möglichkeiten abgelenkt ist (Zitat: »Bauen wir doch noch schnell eine Berechnungsfunktion ein, damit das Feld auch einen sinnvollen Wert anzeigt.«).

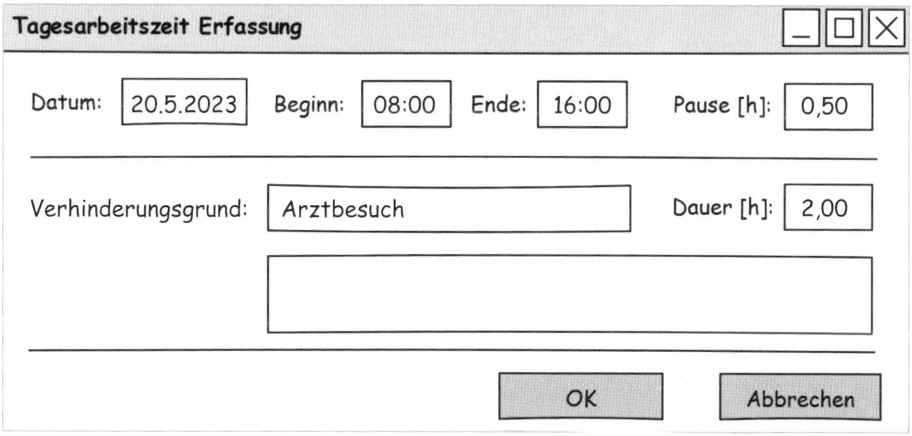

Abb. 3–22 *Sketchy-UI-Beispiel erstellt mit einem Sketching-Tool*

Sketches lassen sich ebenfalls einfach und schnell am Flipchart oder auf einem Blatt Papier erstellen. Abfotografiert oder eingescannt fügt man die Grafik dann als Anhang an den entsprechenden Stellen in der Spezifikation ein.

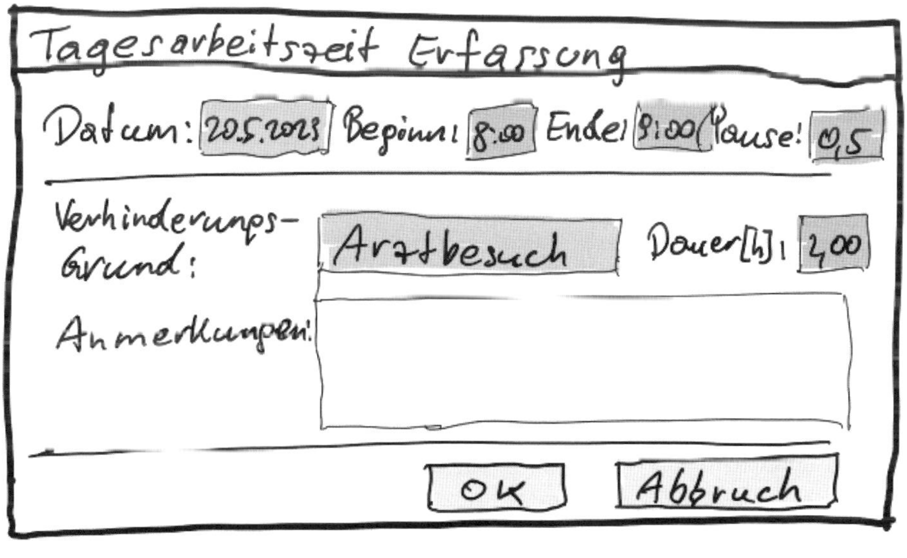

Abb. 3–23 *Sketchy-UI-Beispiel erstellt auf einem Blatt Papier*

3.5.3 Finales User Interface

Das finale UI-Design wird durch das Entwicklungsteam gleich im GUI-Editor der Programmierumgebung erstellt. Dadurch kann das Ergebnis sofort weiterverwendet werden.

Sinnvoll ist hierbei, dass die Entwicklerinnen noch ein kurzes Review und die Freigabe der Benutzerschnittstelle mit den System-Stakeholdern, zumindest mit dem Product Owner, durchführen, bevor sie mit der Programmierung beginnen.

Abb. 3–24 *Finales UI-Beispiel*

Die finalen Benutzerschnittstellen sind hier nicht Teil der Spezifikation, sondern schon Teil des Ergebnisses bzw. der Umsetzung in der Iteration. Das heißt, die finale Benutzerschnittstelle wird nicht zuerst in einem grafischen Tool nur gezeichnet und dann implementiert, sondern die finale Planung erfolgt sofort im Entwicklungswerkzeug.

Des Weiteren sollten aus Anforderungssicht in der Detaillierung kurz vor der Programmierung die Details zu den einzelnen Elementen in der Maske noch überlegt, definiert und mit den System-Stakeholdern abgestimmt werden. Diese Punkte wie Datentypen, Längen, verpflichtende Eingabefelder etc., die aus der ersten Maskendarstellung oft nicht klar hervorgehen, führen in der Umsetzung und Abnahme des Systems jedoch erfahrungsgemäß immer wieder zu Diskussionen. Außerdem sollte man sich an dieser Stelle, sofern dies nicht schon vorher in einer anderen Spezifikationsebene definiert wurde, auch Gedanken machen über mögliche und typische Benutzerfehler und deren Behandlung.

Was passiert z.B., wenn – wie in obigem Beispiel angegeben – die Beginn- und Ende-Zeiten mit gleichen Werten eingegeben werden? Oder wenn ein benötigtes Feld leer gelassen wird? Oder wenn statt des Datums ein Sonderzeichen eingegeben wird? Wie soll das System dann reagieren?

- Eine Fehlermeldung bei Drücken auf den OK-Button ausgeben?
- Die Eingabe bzw. das Verlassen des Felds gar nicht zulassen, wenn der Wert nicht plausibel ist?
- Wie soll die Fehlermeldung lauten, wenn ein Fehler erkannt wird?

Diese und ähnliche Fragestellungen führen bei der Systemabnahme oder dann, wenn es nicht vorab hinterfragt und geprüft wird, im Systembetrieb sehr oft zu Unannehmlichkeiten in der Bedienung und zu Diskussionen mit der Kundschaft. Viele dieser Fragen und Probleme kann man vermeiden, wenn man schon am Anfang des Projekts diese Themen in einer allgemeingültigen Usability-Guideline beschreibt, die dann von der Entwicklung zu berücksichtigen ist.

Auszug aus einer allgemeinen Usability-Guideline:

0010 **Input-Validierung bezüglich Datentyp:**

Für jedes Feld in einer Eingabemaske muss eine Input-Validierung bezüglich der einzugebenden Datentypen erfolgen, z.B. darf in ein Datumsfeld nur ein gültiges Datum eingegeben werden können, in ein Zahlenfeld ohne Nachkommastellen nur ganze Zahlen.

0015 **Fehlermeldung bei Verstoß gegen die Input-Validierung des Datentyps:**

Unmittelbar bei Verlassen des jeweiligen Felds ist folgende Fehlermeldung als Pop-up-Fenster auszugeben: »Die Eingabe entspricht nicht den erlaubten Werten in diesem Feld. Bitte geben Sie <ein gültiges Datum | einen ganzzahligen Wert zwischen X und Y | … > ein.«

0020 **Input-Validierung bezüglich der Eingabelänge:**

Für jedes Feld in einer Eingabemaske muss eine Input-Validierung bezüglich der einzugebenden Längen (Minimum und Maximum) erfolgen. Beispielsweise darf in ein Textfeld maximal die Länge eingegeben werden, die auch für die Speicherung in der Datenbank vorgesehen ist.

0025 **Fehlermeldung bei Verstoß gegen die Input-Validierung der Eingabelänge:**

Unmittelbar bei Verlassen des jeweiligen Felds ist folgende Fehlermeldung als Pop-up-Fenster auszugeben: »Die Eingabelänge entspricht nicht den erlaubten Werten in diesem Feld. Bitte geben Sie eine Länge zwischen <minimale Länge> und <maximale Länge> ein.«

… usw.

0110 **Button-Bezeichnung und -Anordnung:**

- **»Abbrechen«-Button** Schließen einer Maske ohne Speichern und Verändern des Systemzustands vor dem Öffnen der Maske; Position immer rechts unten.
- **»OK«-Button** Schließen einer Maske inkl. Speichern; Position immer direkt links (bevorzugt) oder oberhalb (wenn links kein Platz ist) des Abbrechen-Buttons.
- **Andere Buttons** links oder oberhalb des »OK«-Buttons platzieren.

… usw.

Hinweis: Je nachdem, welche Systemumgebung, Programmiersprache und Framework man verwendet, werden diese und ähnliche Prüfungen möglicherweise schon vom Framework automatisch durchgeführt. Damit haben die Programmierer weniger Arbeit bei der Umsetzung dieser Richtlinien. Wenn dann aus diesen Gründen die entsprechenden Regeln in der Usability-Guideline nicht aufgeführt werden, sollte zumindest angegeben werden, dass dieses Framework, das jene Eigenschaften erfüllt, verpflichtend für jedes Feld anzuwenden ist.

Ebenso kann es sinnvoll sein, nicht alle Details zur Anordnung und optischen Gestaltung der Felder in der Usability-Guideline anzugeben, sondern hier auf einen passenden Standard zu verweisen (z.B. »Windows User Experience Interaction Guidelines«).

Die Einhaltung der Usability-Guideline sollte, wie alle anderen funktionalen und Qualitätsanforderungen auch, durch entsprechende Codereviews und Tests von den Testern zumindest stichprobenartig überprüft werden.

3.5.4 Szenariobasierte UI-Spezifikation

Ausgehend von den Prozessen, Use Cases und Szenarien sollte ein für die User angemessener und gut anwendbarer Arbeitsablauf mit der Benutzerschnittstelle weiterentwickelt werden. Dazu ist es sinnvoll, die bereits spezifizierten Abläufe Schritt für Schritt durchzugehen und zu überlegen, ob diese Arbeitsschritte in einer oder mehreren Eingabe- und Ausgabeelementen[9] dargestellt werden sollen. Aus dieser Analyse ergibt sich ein erstes UI-Konzept, das in weiterer Folge zu einem sogenannten Storyboard weiterentwickelt werden kann.

Beispiel: Die nachfolgende Abbildung zeigt einen Prozess, auf dessen Basis ein Storyboard erstellt werden soll.

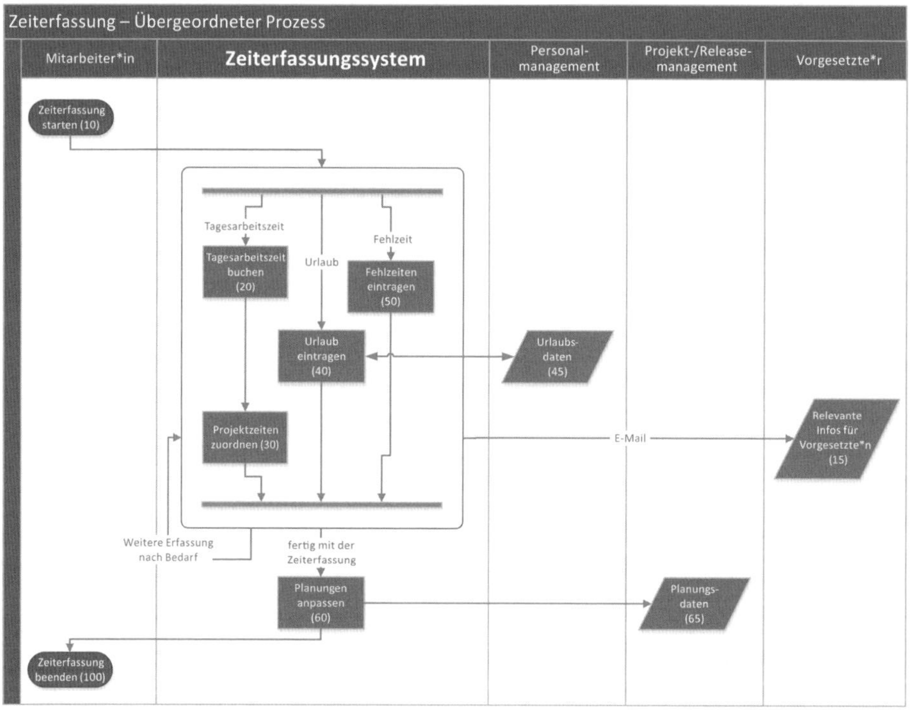

Abb. 3–25 *Übergeordneter Prozess als Ausgangsbasis für ein Storyboard*

9. Eingabeelemente sind z. B. Felder und Buttons in einer Maske; Ausgabeelemente können Read-only-Felder, Texte oder Report-Teile sein.

Daraus kann folgendes Storyboard abgeleitet werden:

Beispiel für die Erfassung der Zeiten:

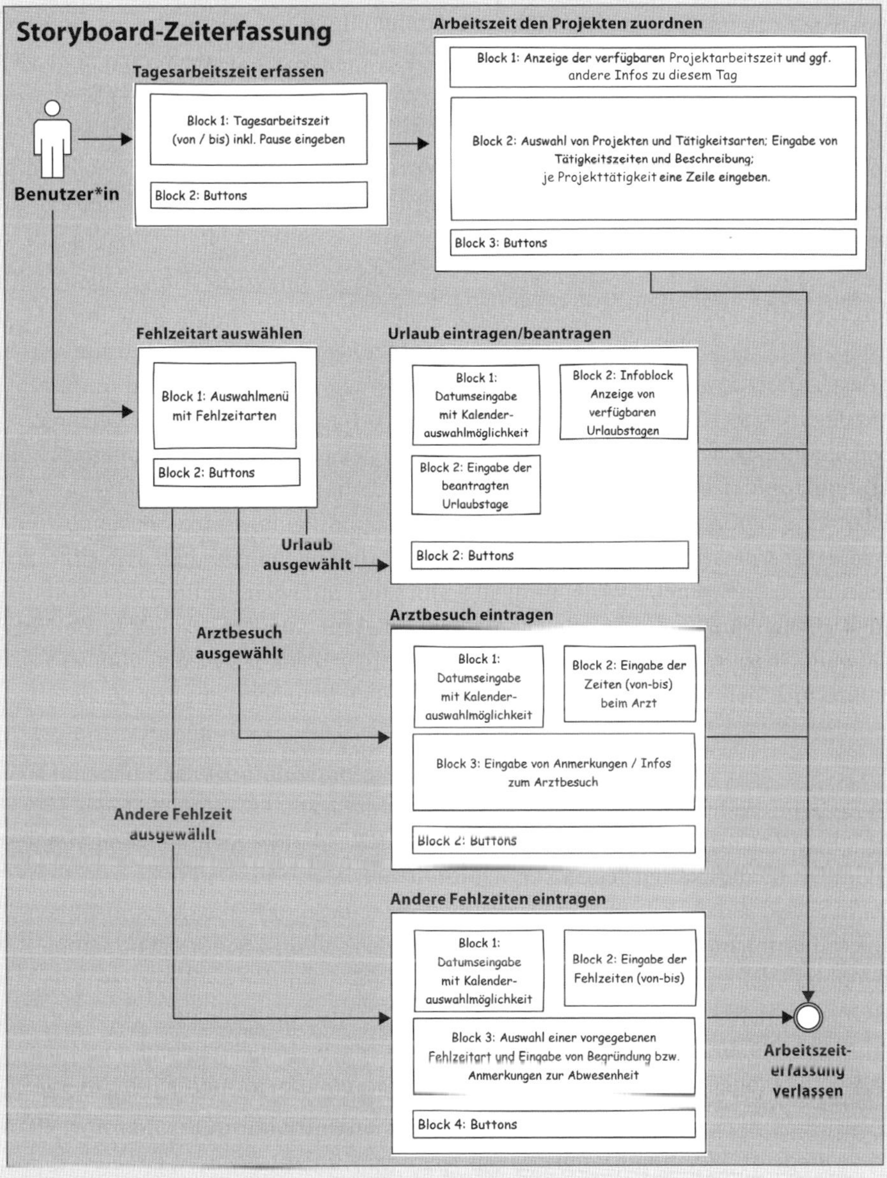

Abb. 3–26 *Storyboard für die Erfassung der Zeiten*

Hinweis: Nicht in diesem Beispiel berücksichtigt sind Abläufe und Masken für das Einsehen von bereits genehmigten Urlaubstagen, das Ausdrucken von Reports und Statistiken etc.

Bei der Diskussion mit den Stakeholdern sind diese Storyboards und erste GUI-Konzepte sehr hilfreich. In den ersten Diskussionsrunden konzentriert man sich meist auf die Eingabemasken, da diese die unmittelbar für den Benutzer relevante Funktionalität widerspiegeln. Es darf jedoch nicht übersehen werden, dass in den Ausgabeschnittstellen und sonstigen Elementen der Benutzeroberfläche oft auch sehr große Aufwände und inhaltliche Komplexität stecken, die in vielen Projekten nicht oder zu spät berücksichtigt werden.

Bei der Spezifikation der Benutzerschnittstelle sollten folgende wesentliche Bereiche festgelegt werden:

- Input (Eingabemasken)
- Output (Reports, Diagramme etc.)
- Sonstige Elemente (Frames, Menüs, Hilfe etc.)

Die detaillierte und finale Spezifikation der Benutzeroberfläche soll – wie in dem Vorgehen auf Seite 163 in Punkt 7 angegeben – erst kurz vor der Programmierung erstellt werden (z.B. im Sprint vor der geplanten Umsetzung dieser GUI-Elemente). Welche Punkte für eine Detailspezifikation der Benutzeroberfläche sinnvoll sind, ist in den nachfolgenden Abschnitten angegeben und kann als Ideengeber für eine entsprechende Spezifikation verwendet werden. Abhängig vom Umfeld und der Projektart ist es nicht immer nötig, bis in den angegebenen Detaillierungsgrad zu gehen. Oft reichen auch schon die grafischen Darstellungen der Benutzeroberfläche aus und auf die Details der einzelnen Felder und Elemente kann verzichtet werden.

3.5.5 Hinweise zur GUI-Spezifikation

In diverser Fachliteratur ist die Empfehlung zu finden, die GUI-Spezifikation möglichst spät vorzunehmen oder überhaupt wegzulassen, da die Programmierer sie sowieso erstellen und Kunden durch die kurzen Iterationen ihr Feedback geben können. Es ist jedoch im Allgemeinen teurer, eine Benutzerschnittstelle zu programmieren und dann erst mit der Auftraggeberin darüber zu diskutieren, als die Benutzerschnittstelle vorab zu definieren und dies im Vorfeld zu besprechen. Folgendes Szenario verdeutlicht, warum dies so ist:

Iteration	GUI wird vor der Umsetzungsiteration n spezifiziert	GUI für Iteration n wird nicht vorab spezifiziert
n-3	Prozesse, Epics, Stories und Use Cases für Iteration n werden spezifiziert.	–
n-2	Ausarbeitung von Storyboards und Wireframes	Prozesse, Epics, Stories und Use Cases für Iteration n werden spezifiziert.
n-1	Detailspezifikation der GUI-Elemente für Iteration n (z. B. als Sketches und »Papierprototypen«)	Ausarbeitung von Storyboards und evtl. Wireframes
n	Umsetzung der GUI-Elemente wie vorab spezifiziert. Abnahmeakzeptanz der Iteration ist hoch, da sich nach der detaillierten Diskussion in Iteration n-1 und der Umsetzung in Iteration n meist nur wenig ändert – die Änderungshäufigkeit wurde schon in Iteration n-1 beim GUI-Prototyping vorweggenommen.	Umsetzung der GUI-Elemente durch die Programmierer nach bestem Wissen und Intuition.[a] Die Abnahmeakzeptanz der Iteration ist gering, da sich die Benutzer hier meist etwas anderes vorstellen, als die Programmierer umgesetzt haben.
n+1	Diverse kleine Anpassungen an der GUI aus Iteration n	Diskussionen mit der Auftraggeberin über das Aussehen der Maske; diverse Notizen, Zeichnungen, Screenshots etc. werden dabei angefertigt.[b] Aufgrund der fortgeschrittenen Zeit und nicht zu Ende geführter Diskussion wird die Umsetzung der Änderungen nicht mehr in Iteration n+1 eingeplant, sondern für Iteration n+2 vorgesehen.
n+2	–	Nachbesserungsarbeiten und Überarbeitung der GUI-Elemente entsprechend der detaillierten Diskussion in Iteration n+1. Abnahme der angepassten GUI-Elemente. Akzeptanz sehr hoch, da sich zwischen der detaillierten Diskussion in der Iteration n+1 und der Umsetzung in Iteration n+2 meist nur wenig ändern wird – die Änderungshäufigkeit ist in der Diskussion in Iteration n+1 konzentriert.
n+3	–	Diverse kleine Anpassungen an der GUI aus Iteration n+2

a. In der Praxis ist es leider oft der Fall, dass der Product Owner für die Programmierer in der Iteration nicht ausreichend für Fragen und Abstimmungen zur Verfügung steht. Es gibt bei der Auftraggeberin meist nur wenige »Wissensträger«, die sich ständig im Stress des Tagesgeschäfts befinden und für Projekte nur wenig verfügbar sind. Das Ergebnis ist, dass die für Entscheidungen relevanten Personen zwar am Anfang einer Iteration für Fragen und Abstimmungen zur Verfügung stehen und sich am Ende einer Iteration zur Abnahme einklinken, die Programmierer aber im Iterationsverlauf auf sich alleine gestellt oder auf die Meinung der anderen Teammitglieder angewiesen sind.

b. Problematisch ist hier, dass die Abnahme der vorhergehenden Iteration n praktisch unmittelbar vor dem Start dieser Iteration (n+1) erfolgt und in der Startphase der aktuellen Iteration (n+1) in der Sprint-Planung nur sehr wenig Zeit reserviert ist, um zusätzliche Spezifikationsdiskussionen zu führen. Bei kleinen Änderungswünschen des Product Owners ist dies auch kein Problem und die Umsetzung kann noch für Iteration n+1 eingeplant werden. Wenn jedoch das Umsetzungsziel stark verfehlt wurde und intensive Diskussionen nötig sind, dann ist es wahrscheinlich, dass aufgrund der nicht beendeten GUI-Diskussion die Änderungen an der GUI nicht mehr in diese Iteration n+1 eingeplant werden können. Die Diskussionen werden dann im Laufe der Iteration n+1 geführt und die GUI-Änderungen erst in der nächsten Iteration n+2 eingeplant und umgesetzt.

Aus diesem Szenario ist ersichtlich, dass durch die fehlende GUI-Spezifikation zwar anfangs eine Iteration eingespart wird und man scheinbar schneller zum Ziel kommt. Jedoch werden durch die in der Praxis meist nicht idealen und durchaus auch eine Iteration andauernden Feedbackzyklen die mit Sicherheit zu erwartenden Änderungen an den GUI-Elementen unnötig nach hinten geschoben. Die Fertigstellung dauert daher sogar länger als bei einer Vorabspezifikation. Weitere Probleme sind der erhöhte Programmieraufwand durch das Ändern an bereits implementierten Programmteilen und der Verlust an Produktivität, da diese Zeit nun für andere Arbeiten in der Iteration fehlt.

Es ist in den meisten Fällen effizienter, vor dem Start der Umsetzung eines GUI-Elements dieses mit den Product Ownern detailliert zu diskutieren und zu spezifizieren und die Programmierung erst dann in eine Iteration einzuplanen, wenn der Diskussionsprozess abgeschlossen ist.

Hinweis: Diese Empfehlung bezieht sich immer nur auf jene einzelnen GUI-Elemente, die für eine bestimmte Iteration vorgesehen werden. Insgesamt macht es für eine effiziente agile Entwicklung natürlich keinen Sinn, die GUI-Spezifikation für das gesamte System abzuwarten, bevor eine Umsetzung beginnen kann.

Die »Spezifikation und Freigabe der GUI-Elemente« für eine Iteration kann auch ein sinnvolles Kriterium für die Definition of Ready sein (siehe Abschnitt 5.2).

3.6 Systemschnittstelle

Definition	Die **Systemschnittstelle** ist die Schnittstelle zur Interaktion eines externen Systems mit dem zu implementierenden System.
Anwendung	Systemschnittstellenbeschreibungen repräsentieren sowohl funktionale als auch Qualitätsanforderungen mit einem meist sehr hohen Detaillierungsgrad, der ausreicht, um als sehr gute Basis für die Planung der Umsetzungsiteration zu dienen. Systemschnittstellen werden nach Erstellung des Systemkontexts, der Epics, der Prozesse und Use Cases und evtl. anderen groben bis mittleren Spezifikationstechniken aus diesen abgeleitet. Sie bilden die Basis für die strukturierte Umsetzung durch die Entwicklung.
Mitwirkende	▪ Produktmanager*in ▪ Product Owner und ggf. Stakeholder ▪ Mitarbeitende des Fachbereichs ▪ Systemarchitekt*in ▪ »Das Team« inkl. Tester*in

→

Eigenschaften	■ Detaillierte Beschreibung der Anforderungen an die Systemschnittstellen ■ In der Regel tabellarische oder hierarchische Darstellung der Schnittstellen-strukturen ■ Grafische und textuelle Darstellung des Verhaltens und der Abläufe zwischen den Systemen ■ In der finalen Ausführung die unterste Spezifikationsebene (Detailspezifikation) ■ Sehr gut als Basis für die Kostenabschätzung und Planung geeignet ■ Aufwandsschätzung je nach Detailliertheit mit einer sehr guten Genauigkeit möglich
Zeitpunkt	Laufend vor der ersten Umsetzungsiteration, Verfeinerung in den Umsetzungs-iterationen vor dem Start der Programmierung (z. B. in der Sprint-Planung)
Vorlaufzeit bis Umsetzung	Stunden bis wenige Tage
Hinweise	Für die Systemschnittstelle ist es sinnvoll, Personen mit Expertise über die anzubindenden Fremdsysteme und Systemarchitekten hinzuzuziehen.

Die Systemschnittstellen sind im Grunde Systemanforderungen und keine Benutzeranforderungen. Da die Systemschnittstellen jedoch von den Benutzeranforderungen abgeleitet werden bzw. umgekehrt die vorgegebenen Systemschnittstellen sehr stark die Benutzeranforderungen beeinflussen können, ist es wichtig und unbedingt notwendig, diese Systemanforderungen möglichst frühzeitig im Rahmen der Anforderungsspezifikation zu klären.

Die Systemschnittstellen sind meist ein kritischer Bereich in der Realisierung von komplexen Systemen. Im Gegensatz zu den anderen Anforderungen ist es bei Systemschnittstellen recht häufig anzutreffen, dass hier schon unveränderbare Definitionen durch bereits fertige Fremdsysteme vorgegeben sind. Die Systemschnittstellen sind daher oft keine frei definierbaren Anforderungen, sondern Randbedingungen für das Projekt.

Leider stellt sich das in vielen Projekten mangels sorgfältiger Systemkontextanalyse oft erst recht spät heraus und verursacht dann teilweise hohe Aufwände, da viele andere Anforderungen von den Systemschnittstellen beeinflusst werden.

Beispiel: Frühe Relevanz der Systemschnittstelle

Ob in einer Eingabemaske die Eingabe der Tätigkeitsart durch eine Liste, eine Combobox oder ein Freitextfeld erfolgt, ist bis kurz vor der Implementierung noch diskutierbar. Ob jedoch über die Schnittstelle zum Personalverwaltungssystem die Tätigkeitsart überhaupt als Datenwert geliefert werden kann, ist evtl. von Beginn des Projekts an festgeschrieben und das Personalverwaltungssystem kann nicht einfach so kurz vor der Umsetzungsiteration in seinem Datenmodell und der GUI wegen des Wunsches eines einzelnen Stakeholders umgestellt werden.

Dies ist auch der Grund, warum gerade die Systemschnittstellen relativ frühzeitig im Projekt in einem im Vergleich zu den anderen Anforderungen doch erheblich detaillierteren Ausmaß festgelegt sein sollten.

Die wichtigsten Punkte, die das Verhalten und die Struktur von Systemschnittstellen betreffen, sollten schon möglichst bald, spätestens aber bei Erreichen eines mittleren Detaillierungsgrads geklärt werden.

Bei der Spezifikation von Systemschnittstellen sollten folgende Aspekte berücksichtigt werden:

- **Syntax**
  Mit der Syntax wird der Aufbau und die Struktur der Schnittstelle definiert, z.B. die Feldbezeichnung, Positionen, Längen, Datentypen, Formate, Wertebereiche, ggf. mit einer ergänzenden Beschreibung.
- **Semantik**
  Hier sollte die spezielle Bedeutung einzelner Werte angegeben werden, die über die Schnittstelle übertragen werden, sowie die bei Eintreten einer Bedingung ggf. auszuführende Aktion. So bedeutet z.B. der Wert »D« im Feld »Aktionstyp«, dass der dazugehörende Datensatz gelöscht werden soll.
- **Fehlerbehandlung**
  Die Fehlerbehandlung wird oft vergessen. Hier sollten mögliche Fehlersituationen angegeben werden sowie die dabei auszuführende Aktion oder Fehlerbehandlung. So sollte z.B., wenn ein ungültiger Wert im Feld »Aktionstyp« erkannt wird, dies in der Protokolldatei vermerkt werden und zusätzlich ein Fehlercode an das sendende System geschickt werden.
- **Weitere Attribute**
  Hier sollten für die Systementwicklung relevante zusätzliche Eigenschaften der Schnittstelle angegeben werden, wie z.B. die Datenrate oder die Art der Schnittstelle (bidirektional, asynchron, Zugriffseinschränkungen etc.).

3.7 Prototypen und Inkremente

[IREB RE@Agile Primer] LE 3.1.11

Definition	**Prototyping** bzw. **Prototypenbau** ist eine Methode der Softwareentwicklung, die schnell zu ersten Ergebnissen führt und frühzeitiges Feedback bezüglich der Eignung eines Lösungsansatzes ermöglicht [Wikipedia: Prototyping]. **Inkrement** ist der festgelegte Betrag der Änderung bei der schrittweisen Erhöhung einer Größe oder Variablen (von lat. incrementare, dt. vergrößern) [Wikipedia: Inkrement]. Im Rahmen der agilen Entwicklung ist das Inkrement der Zuwachs der Produktfunktionen im Rahmen einer Iteration.
Anwendung	Prototypen werden oft verwendet, um schnelles Feedback und Informationen vom Benutzer im Rahmen der Entwicklung und speziell im Rahmen des Requirements Engineering zu bekommen. Vor allem in den ersten Iterationen eines Projekts ist es sinnvoll, durch die Erstellung von Prototypen den Kunden kurzfristig ein »greifbares« Ergebnis zu präsentieren. Damit erhält man schnell Feedback und bessere Informationen über die Anforderungen, die noch umzusetzen sind. Spikes (siehe Abschnitt 3.8.1) können das Prototyping unterstützen, um Unklarheiten zu beseitigen und mit den Anforderungen abzugleichen (z.B. ob eine Anforderung technisch überhaupt umgesetzt werden kann).
Mitwirkende	■ Produktmanager*in ■ Product Owner und ggf. Stakeholder ■ Systemarchitekt*in ■ »Das Team« inkl. Tester*in
Eigenschaften	■ Kein Dokument, sondern ein reales Stück vom Produkt ■ Teilergebnis, um schnelles Feedback von Kunden zu bekommen ■ Horizontal, um den richtigen Funktionsumfang zu finden ■ Vertikal, um die Machbarkeit und Qualitätsanforderungen zu validieren ■ Wegwerfprototyp oder evolutionär weiterentwickeltes Produkt ■ Deckt die unterste Spezifikationsebene (Detailspezifikation) ab ■ Unterstützt sehr gut die Kostenabschätzung und Planung ■ Aufwandsschätzung je nach Umfang (horizontal) mit einer sehr guten Genauigkeit möglich
Zeitpunkt	Ab Beginn der ersten Umsetzungsiteration möglich, Verfeinerung oder Ausweitung in den nachfolgenden Umsetzungsiterationen
Vorlaufzeit bis Umsetzung	Je nach Prototyp von wenigen Stunden bis zu einer Iteration
Hinweise	Vor Beginn des ersten Prototyps oder Spikes sollten zumindest Vision, Ziele, Scope, Systemkontext, Stakeholder und mit ihnen erste grobe Prozesse und Epics besprochen und definiert worden sein. Ein Implementieren und Probieren »ins Blaue« hinein kann für sehr kleine und kreative Projektsituationen zielführend sein, für die meisten Projekte ist es jedoch sinnvoll, vorher einen gewissen Rahmen für das Projekt abzustecken, bevor die erste Zeile Code geschrieben wird.

Prototypen sind eine andere Art des Umgangs mit Anforderungen. Viele Stakeholder wollen keine Dokumente oder Anforderungen schreiben oder lesen, um ein Produkt zu definieren – sie wollen sofortige Ergebnisse. Für diesen Fall ist es am besten, wenn man die Systemfunktionalitäten oder Merkmale in Form eines laufenden Systems zeigt.

Dies kann z.B. ein **minimales, inkrementelles Produkt** sein, für das es zwei unterschiedliche Typen gibt:

- *»horizontale« Produktinkremente*, um mehr Varianten für die Validierung zu zeigen (»mehr von den richtigen Dingen tun«), und
- *»vertikale« Produktinkremente*, um den Entwicklungsansatz zu überprüfen (»das Richtige tun«).

Vorteile von Prototypen:

- Sie ermöglichen eine direkte Interaktion mit einem »funktionierenden« System.
- Sie ermöglichen schnelle und klare Rückmeldungen über Usability-Eigenschaften, wie beispielsweise die Ergonomie, Look and Feel, Erlernbarkeit oder Reaktionszeit. Sie sind schwer zu spezifizieren, aber anhand eines Prototyps leicht zu erkennen und zu validieren.

Nachteile von Prototypen:

- Bei der Präsentation von Prototypen muss man die Benutzer ganz klar auf den Prototypenstatus des Systems hinweisen. Sonst kann Frustration entstehen, weil die Benutzer meinen, dass die Entwicklung bereits abgeschlossen ist, und sie dann frustriert sind, wenn die tatsächliche Fertigstellung noch lange dauert.
- Auch für die Entwicklung kann Prototyping frustrierend sein, da Prototypen oder große Teile davon oft weggeworfen werden, um sie durch verbesserte Funktionen oder Inkremente zu ersetzen.

Agile Methoden versuchen, Wegwerfprototypen zu vermeiden, indem von Beginn an in guter Qualität ein »reales, verwendbares Produkt« entwickelt wird. Es werden kurze Iterationen angestrebt, in denen lauffähige Inkremente des »echten« Systems oder Produkts als Ergebnis präsentiert werden. Dadurch erhält man dann auch ein viel klareres Feedback zu den Anforderungen der Benutzer.

Hinweis: Dieser Ansatz ist grundsätzlich positiv, führt jedoch in der Praxis vor allem bei Systemen, die komplett neu und individuell für einen Kunden entwickelt werden, sehr oft trotzdem zu Frustration, wenn das Projekt sehr volatil ist bzw. der Kunde einfach nicht weiß, was er will, oder »mit dem Essen dann noch mehr Appetit bekommt« (immer neue Ideen, die dann ausprobiert werden). Schlussendlich verzichten manche Entwicklungsteams dann auf »gute Qualität von Anfang an«, weil sie einfach zu viele gute und aufwendig entwickelte, getestete Funktionen wieder verwerfen müssen. In Entwicklungsprojekten, in denen ein bestehendes Produkt weiterentwickelt wird, ist dieser Ansatz besser umsetzbar.

In agilen Projekten besteht wie oben beschrieben nicht die Absicht, den entwickelten Code wegzuwerfen. Es wird *Refactoring* als »Good Practice« eingesetzt, um auf veränderte Funktions- oder Qualitätsanforderungen zu reagieren, die sich aus dem Benutzerfeedback ergeben.

Prototyping wird als Technik auch bei der Verwendung von Spikes (siehe Abschnitt 3.8.1) eingesetzt. Im Gegensatz zu anderen Iterationen beim agilen Vorgehen ist hier das primäre Ziel das gewonnene Wissen und nicht der lauffähige Code.

3.8 Entwicklersicht[10]

3.8.1 Spikes

Definition	Ein **Spike** ist ein kurzes Experiment der Entwicklerinnen, um über einen Bereich der Anwendung bzw. eine zugrunde liegende Technik so viel zu lernen, dass sie den Umsetzungsaufwand des Requirements abschätzen können [Cohn 2010]. Technische Spikes werden durchgeführt, um technische Ansätze für die Umsetzung der Anwendung zu erforschen bzw. erproben. Funktionale Spikes werden durchgeführt, wenn es Unklarheiten gibt, wie der Anwender mit dem System interagieren könnte [Leffingwell 2011]. Der Begriff »Spike« wird in agilen Projekten für eine Entwicklungsiteration verwendet, deren Zweck das Schaffen von Verständnis oder Gewinnen von Erkenntnissen für einen komplexen Bereich (z.B. Systemarchitektur) ist, damit das Risiko für das Projekt reduziert wird. Der Begriff ist nicht exakt definiert. Er kann die Validierung einer Aufgabe oder auch eine ganze Iteration umfassen [IREB RE@Agile Primer].
Anwendung	Spikes sind vergleichbar mit einer Machbarkeitsstudie. Sie dienen dazu, Anforderungen genauer zu analysieren, um sie besser beurteilen zu können. Spikes werden bei Unklarheiten von Anforderungen durchgeführt. Typischerweise dann, wenn die Schätzungenauigkeit so groß ist, dass eine Story nicht für einen Sprint geplant werden kann. Ziel ist es, eine bessere Beurteilung und Schätzbarkeit zu erreichen. Spikes werden aus den User Stories abgeleitet, um sie klarer zu definieren. Aus einer schlecht schätzbaren Story werden daher zwei Stories: Eine ist der Spike, um genauere Informationen zu erhalten, und die zweite ist die klarer formulierte und geschätzte Story, die dann für die Umsetzung eingeplant wird.
Mitwirkende	Funktionaler Spike: ▪ Product Owner ▪ Usability Engineer ▪ Systemarchitekt*in ▪ evtl. Entwickler*innen Technischer Spike: ▪ Entwickler*innen ▪ evtl. Systemarchitekt*in ▪ evtl. Usability Engineer und Product Owner
Eigenschaften	▪ Spikes sind Analysetätigkeiten (technisch oder funktional – siehe Kap. 4). ▪ Typisch auf einer groben oder mittleren Verfeinerungsebene, wie z.B. Epics oder User Stories, bei der es größere Schätzungenauigkeiten gibt. ▪ Für die Durchführung eines Spikes sollte ein klar definiertes Zeitfenster vorgesehen werden, das nicht größer ist als eine typische User Story, damit er in einem Sprint mit eingeplant werden kann.
Zeitpunkt	*Einplanen*: Bei Auftreten von größeren Schätzungenauigkeiten und Unklarheiten über den Inhalt einer Story *Umsetzen*: In einem der Sprints vor der Realisierung der eigentlichen Story

→

10. Auf diese Themen wird im Rahmen dieses Buches eingegangen, soweit es für die Abgrenzung zu den Benutzeranforderungen und das allgemeine Verständnis und die Kommunikation zwischen Entwicklerinnen und anderen Stakeholdern wichtig ist. Die Entwicklerthemen werden jedoch nicht im Detail behandelt.

Vorlaufzeit bis Umsetzung (für die Story)	Mindestens ein Sprint, bis die Unklarheiten durch einen Spike beseitigt sind und die Story für die Umsetzung eingeplant werden kann
Hinweise	Bei Spikes handelt es sich um Forschungsaufgaben, bei denen per Definition nicht klar ist, was genau herauskommt. Dies kann auch dazu führen, dass die Implementierung der zugrunde liegenden User Story sich sehr lange verzögert oder evtl. auch gar nicht möglich ist. Der Ausdruck »Spike« kommt aus XP (Extreme Programming) und bedeutet eine kurze Zeitspanne zur Exploration. Ziel ist es, danach bessere Fragen stellen zu können, ein besseres Verständnis zu erlangen oder auch schon ein erstes grobes Framework zu skizzieren für die spätere Umsetzung einer Story [Alexander & Maiden 2004].

[Leffingwell 2011] unterscheidet zwei Arten von Spikes:

- **Technischer Spike**
  Hier werden technische Unklarheiten und Problemstellungen analysiert und es wird versucht, eine oder mehrere passende Lösungen zu finden. Die Lösungen müssen dabei noch nicht vollständig umgesetzt sein. Es muss nur klar sein, dass zumindest eine der Lösungen technisch machbar ist und welcher Aufwand damit verbunden ist. Typische Aktivitäten, die in technischen Spikes stattfinden, sind neue Programmiersprachen oder Frameworks evaluieren, Performance-Analysen durchführen, neue Patterns oder Controls ausprobieren, Grundlagen für eine Make-or-Buy-Entscheidung aufbereiten, verschiedene Architekturvarianten ausprobieren etc.
- **Funktionaler Spike**
  Funktionale Spikes beschäftigen sich primär mit der Benutzersicht und wie Benutzer mit dem System interagieren könnten. Dies wird sehr oft durch unterschiedliche Arten von benutzerorientiertem Prototyping durchgeführt wie GUI-Mock-ups, Wireframes, Storyboards etc. Wichtig ist es bei dieser Art von Spikes, dass Benutzer die Anwendung so weit verstehen lernen, dass sie ein qualifiziertes Feedback dazu geben können und anschließend eine Entscheidung für eine bestimmte Umsetzung sowie eine hinreichend genaue Abschätzung des Aufwands möglich ist.

Hinweis: In der Literatur zu agilen Vorgehensweisen wird entweder nur von »Spikes« gesprochen, die sich dann primär auf technische oder Architekturaspekte beziehen, oder bei [Leffingwell 2011] von funktionalen und technischen Spikes. In der Praxis gibt es aber noch weitere Aspekte, die unklar sein können und im Rahmen der Requirements-Analyse aufgelöst werden müssen. Dies sind z.B. das organisatorische Umfeld, Abhängigkeiten zwischen Anforderungen und Projekten sowie diverse nicht funktionale Aspekte, die leider manchmal vernachlässigt werden und dann zu Verzögerungen oder im schlimmsten Fall zum Projektabbruch führen. Details dazu sind in Kapitel 4 angeführt.

Da bei einem Spike per Definition unklar ist, was das Ergebnis sein wird, kann manchmal auch mehr als ein Spike nötig sein, um die Unklarheiten zu beseitigen. Wenn nach Ende der definierten Timebox für einen Spike immer noch so viele Unklarheiten bestehen, dass eine Schätzung der zugrunde liegenden Story nicht möglich ist, dann gibt es zwei Alternativen:

a) Die Ergebnisse des Spikes analysieren und daraus einen oder mehrere weitere Spikes ableiten und einplanen.
b) Die Analyse wegen zu großer Unklarheit abbrechen, die Story als nicht realisierbar kennzeichnen und aus dem Backlog entfernen.

Im Grunde kann es hier passieren, dass bei einer sehr wichtigen, z.B. ein K.-o.-Kriterium für den Kunden, aber ziemlich unklaren Story eine sehr kritische Situation eintritt:

Für diese unklare Story wird ein Spike mit einem klar definierten Aufwandsrahmen in die nächste Iteration eingeplant. Am Ende der Iteration stellt sich heraus, dass man in dem zur Verfügung stehenden Aufwandsrahmen zu keinem vernünftigen Ergebnis gekommen ist. Es wird daher ein weiterer Spike in die Folgeiteration eingeplant. Wenn dann am Ende dieser Iteration immer noch Unklarheit herrscht, hat man schon zwei Iterationen durchgeführt, in denen viele andere Entwicklerinnen an anderen klar definierten Stories weiter implementiert und Aufwand produziert haben. Im Prinzip könnte es bei einem entscheidungsschwachen Kunden und Auftraggeber hier so lange zu einer weiteren Verschleppung kommen, bis das Projektbudget aufgebraucht ist und dann das Projekt wegen nicht umgesetzter K.-o.-Kriterien nicht abgenommen wird.

Auch wenn man vorher schon die »Reißleine zieht« und das Projekt abgebrochen wird, so sind bis zu dieser Erkenntnis in der Praxis doch meist mindestens zwei bis drei Iterationen vergangen, deren Aufwand dann zu einem guten Teil verschwendet ist.[11]

Alle K.-o.-Kriterien des Kunden sollten daher möglichst frühzeitig – zu empfehlen ist innerhalb der ersten ein bis maximal drei Iterationen – so weit spezifiziert bzw. durch Spikes geklärt werden, dass eine klare Einschätzung bezüglich Umsetzbarkeit und Aufwand möglich ist.

Wenn für eine kritische und unklare User Story, die ein K.-o.-Kriterium für einen Kunden darstellt, nach zwei bis drei Spikes noch immer keine ausreichende Klarheit herrscht, dann sollte der Abbruch des Projekts mit dem Kunden besprochen werden!

---

11. Es kann natürlich sein, dass trotzdem Erkenntnisse, Nutzen, materielle und immaterielle Werte auch aus den abgebrochenen Iterationen gezogen werden können. Im Englischen wird dies »Intangibles« genannt.

Einige Anregungen und Hinweise für den Umgang mit Spikes:

- Spikes liefern keinen direkten Kundennutzen und meist auch keinen ausführbaren Code. Sie sollten daher mit Bedacht angewendet werden.
- Spikes müssen genauso wie User Stories in das Backlog der Iteration eingeplant und dann in der Iteration durchgeführt werden.
- Spikes sind Wegwerfprototypen und sollen bewusst nicht ein fertiges Ergebnis produzieren (Achtung vor evolutionären Prototypen!). Sie liefern maximal jenes Ergebnis, das für eine hinreichend genaue Abschätzung und Machbarkeitsbewertung der zugrunde liegenden Story notwendig ist.
- Spikes sollten die Ausnahme sein und bleiben. Generell hat jedes Requirement, das noch nicht fertig implementiert wurde, gewisse Unschärfen bezüglich Aufwand und Implementierbarkeit. Daher finden auch in jeder Iteration, in der eine hinreichend genau geschätzte Story umgesetzt wird, trotzdem Spike-ähnliche Aktivitäten statt, in denen die Entwicklung dann diese Unsicherheiten auflöst, indem Rückfragen gestellt oder selbst Entscheidungen getroffen werden.
- Spikes sollten immer in einer separaten Iteration durchgeführt werden, die vor der Umsetzungsiteration der betreffenden User Story liegt. Beides in derselben Iteration einzuplanen, macht keinen Sinn.

Für umsetzbar eingestufte Stories, die guten Gewissens mit einer Genauigkeit von bis zu ±20% geschätzt werden können, sind keine Spikes notwendig. Für alle anderen Stories sollte entweder eine entsprechende Diskussion mit den passenden Stakeholdern oder ein Spike eingeplant werden.

3.8.2 Architektur und technisches Design

Definition	Die **Architektur** repräsentiert den höchsten Level an technischer Abstraktion. Sie stellt das Skelett und die Struktur des Systems dar sowie die Interaktion des Systems und seiner groben Bestandteile über die internen und externen Schnittstellen. Diese Sicht konzentriert sich auf das Verhalten und die Interaktion von Blackbox-Elementen des Systems. Das **technische Design** dient der genaueren Spezifikation von individuellen Komponenten, Modulen, Funktionen, Klassen, Methoden etc. sowie deren Detailabläufen, Datenstrukturen, APIs und Code. Es zielt auf die Strukturierung des Codes ab.
Anwendung	Architektur und technisches Design sind zwar keine Kundenanforderungen, jedoch werden dadurch ebenfalls Anforderungen, wenn auch aus technischer Sicht, an das System gestellt. Im Sinne des Requirements Engineering sind diese zwar in vielen Fällen nicht für den Kunden sichtbar und daher oft auch nicht vertragsrelevant, aber für die Systemumsetzung als »innere Requirements« meist sehr wichtig. Architektur und technisches Design werden parallel zur Anwendersicht auf allen Ebenen der Spezifikation angewendet. Ziel ist es, technische Klarheit für die Entwicklerinnen und auch Tester zu schaffen. Es soll jedoch nur so viel Architektur und technisches Design spezifiziert werden, dass dies ausreicht, die Benutzeranforderungen hinreichend genau abschätzen zu können. Eine Genauigkeit von ±20% genügt in den meisten Fällen.

→

Mitwirkende	▪ Architekt*in ▪ Entwickler*innen ▪ evtl. Tester*in bei Auftragnehmer*in
Eigenschaften	▪ Nicht verpflichtend, aber in vielen Fällen hilfreich für die Entwicklung ▪ Erstellt durch Entwicklungs- und Architekturteam ▪ evtl. im Rahmen von Spikes erstellt ▪ Wichtig als Ergänzung zu den Benutzeranforderungen, um diese genauer abschätzen zu können ▪ Können in jeder Ebene der Requirements-Spezifikation sinnvoll sein ▪ Werden nicht explizit als Umsetzungstask eingeplant, sondern sind Spezifikationstasks im Vorfeld der Implementierung ▪ Beschreibung aus technischer Sicht ▪ Aufwandsschätzung mit einer sehr guten Genauigkeit möglich
Zeitpunkt	*Architektur:* In den ersten ein bis zwei Sprints sollte die grobe Architektur, die »Architekturvision«, spezifiziert sein. *Technisches Design*: Vor bzw. am Beginn jeder Iteration (z.B. in der Sprint-Planung, vor dem Start der Programmierung)
Vorlaufzeit bis Umsetzung	Stunden bis Wochen
Hinweise	Die Softwarearchitektur und das technische Design werden sehr stark von den Qualitätsanforderungen beeinflusst (siehe Abschnitt 3.4.3 und 3.8.5). Das UI-Design ist der User-Requirements-Sicht zugeordnet und wird daher hier nicht beschrieben, sondern in Abschnitt 3.5. Um die Konsistenz der Dokumente mit dem Code zu gewährleisten, ist es zu empfehlen, die Spezifikation der Architektur und des technischen Designs so weit als möglich in der Entwicklungsumgebung vorzunehmen. Wenn die Entwicklungsumgebung keine integrierte grafische Modellierung erlaubt, sollten Modellierungswerkzeuge verwendet werden, die mit dieser Entwicklungsumgebung integriert werden können.

Warum sind Architektur und technisches Design auch für das Requirements Engineering wichtig?

- Sie dienen der Kommunikation zwischen den Entwicklerinnen, aber auch zwischen Entwicklerinnen und technischen Ansprechpartnern des Kunden.
- Frühe und weitreichende Designentscheidungen werden dadurch festgelegt und geben den Rahmen für die weitere Requirements-Spezifikation und die Implementierung vor.
- Die Planung und Umsetzung von Änderungen an der Software wird erleichtert.
- Nicht funktionale Eigenschaften des Systems können besser und früher abgeschätzt werden.
- Die Arbeit kann besser auf einzelne Teams aufgeteilt werden.
- Die Kosten- und Aufwandsschätzung für das System wird erleichtert.
- Die Wiederverwendung von Implementierungsteilen wird erleichtert.

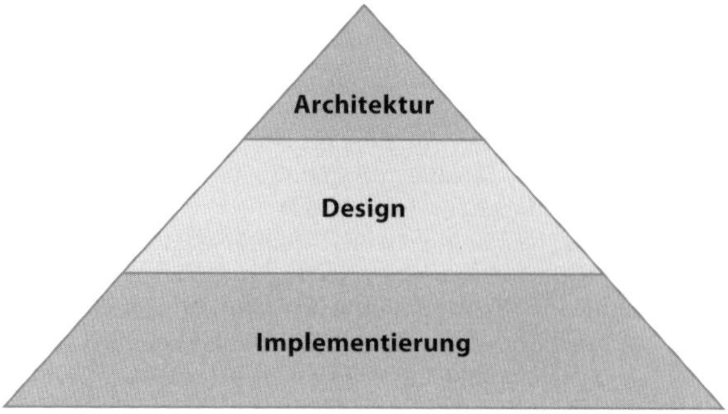

Abb. 3–27 *Zusammenhang zwischen Architektur, Design und Implementierung*

Nachfolgend wird ein Beispiel für eine grobe Systemstrukturierung angegeben.

Beispiel 1 zur Architekturanalyse und -spezifikation:

Die Kontextanalyse (siehe Kontextdiagramm in Abb. 3–5) stellt die externe Sichtweise des Systems dar. Darauf aufbauend und unter Berücksichtigung der ersten Businessprozess-Analyse (siehe Abschnitt 3.3.1) wird nun die innere Struktur des Systems grob analysiert und skizziert.

Das System wird aus Benutzersicht in folgende Komponenten aufgeteilt:

- Tages- und Projektzeiterfassung
- Fehlzeiterfassung
- Berichtserstellung und -auswertungen
- Zeit-Controlling

Aus technischer Sicht werden noch folgende Komponenten ermittelt:

- Benutzerverwaltung
- Konfiguration
- Stammdatenverwaltung

Aus dieser Analyse wird dann ein entsprechendes Architekturkomponentendiagramm erstellt (siehe Abb. 3–28):

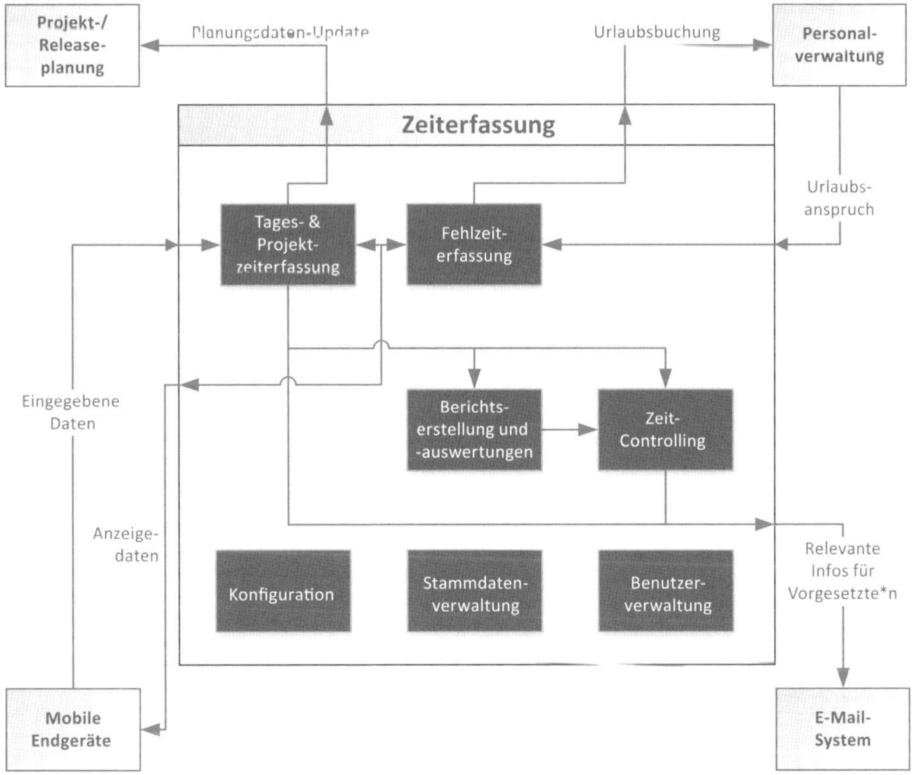

Abb. 3–28 *Architekturkomponentendiagramm für das Zeiterfassungssystem*

Ein weiterer Schritt in der Architekturspezifikation könnte ein Schichtenmodell sein, das den grob geplanten Aufbau des Systems darstellt.

Beispiel 2 zur Architekturanalyse und -spezifikation:

Es gibt genügend Anregungen und Patterns in der Literatur zur Softwarearchitektur. In diesem Beispiel wird aufgrund der Überlegungen, dass es sich um ein Mehrbenutzersystem handeln soll mit Clients auf verschiedenen Endgeräten und einer zentralen Verarbeitungslogik sowie einer einfachen Verarbeitungslogik in manchen Clients, ein typisches Vier-Schichten-Modell gewählt (siehe Abb. 3–29):

Das System wird in folgenden Schichten strukturiert:

- Darstellungsschicht am Client
- Verarbeitungsschicht am Client
- Zentrale Businesslogik am Server
- Datenhaltung am Server

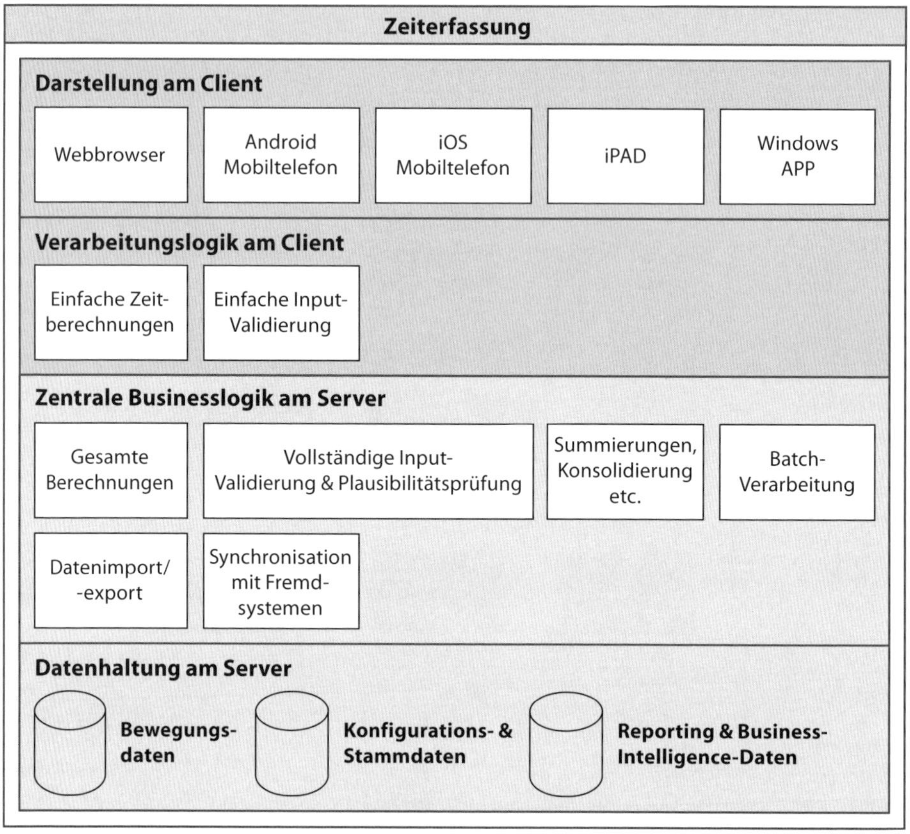

Abb. 3–29 *Architekturschichtendiagramm für das Zeiterfassungssystem*

Das Datenmodell und weitere sinnvolle Architekturbeschreibungen werden in diesem ersten Schritt noch nicht spezifiziert.

Diese Dokumente sollten zum jeweils spätestmöglichen sinnvollen Zeitpunkt erstellt werden, um ein »Upfront-Design« zu vermeiden, das dann den Freiraum der Entwicklung unnötig einschränkt oder später im Verlauf der Iterationen noch oft geändert werden muss, sodass der Aufwand dafür verschwendet ist. Ein Beispiel für eine technische Designspezifikation ist in Abschnitt 3.8.4 zu finden.

Zu beachten ist auch, dass sowohl Architektur als auch technisches Design wichtig sind, da ein schlechtes Design die Architekturbemühungen wieder zunichtemachen kann. Die Architektur allein kann weder Funktionalität noch Qualität garantieren. Zur Spezifikation einer guten Architektur und eines guten technischen Designs gibt es viele Guidelines und Patterns (z.B. [Starke 2017], [Long et al. 2014], [Buschmann et al. 2007]).

3.8.3 Developer Story

Definition	Eine **Developer Story** beschreibt eine Funktionalität der Software aus Entwicklersicht: »Etwas, das sich Entwickler vom System wünschen.« Die Inhalte von Developer Stories haben für einen User oder Käufer eines Systems keinen direkten Wert.
Anwendung	Developer Stories werden zur Beschreibung von Entwicklerwünschen oder technischen Requirements aus Systemsicht verwendet. Developer Stories werden nach oder parallel zu den User Requirements und der groben Systemarchitektur erstellt bzw. davon abgeleitet. Sie können z. B. die Basis für das detaillierte Softwaredesign bilden und auch als Input für die Erstellung von Unit Tests oder Integrationstests herangezogen werden. Developer Stories repräsentieren eine Ebene der technischen Requirements-Spezifikation mit einem Detaillierungsgrad, der ausreicht, um als gute Basis für die Aufwandsschätzung und Planung der nächsten Iterationen zu dienen.
Mitwirkende	■ Entwickler*innen ■ Systemarchitekt*in ■ evtl. Tester*innen aus der Entwicklung
Eigenschaften	■ Kurze funktionale Anforderungsbeschreibung aus Entwickler- bzw. Systemsicht (System-Requirements) ■ Developer Stories dienen dazu, dass wichtige Vorgaben, Ideen und Konzepte für die Entwicklung nicht vergessen werden. ■ In Entwicklersprache formuliert, in der Regel nicht mehr als ein bis zwei Sätze ■ Spezifikationsebene(n) unterhalb der Systemarchitektur, der Prozesse und groben User Requirements und oberhalb der Detailspezifikation wie Developer-Szenarien, User-Interface-Spezifikationen oder Datenstrukturbeschreibungen ■ Gute Technik für eine technische Spezifikation von mittlerer Detailliertheit ■ Eine Programmiererin soll etwa zwischen ein und fünf Tage für eine Story benötigen. ■ Eine Developer Story muss daher innerhalb einer einzelnen Iteration umgesetzt werden können. ■ Gut als Basis für die Strukturierung und Planung der Entwicklertasks geeignet ■ Aufwandsschätzung je nach Detailliertheit grob oder mit guter Genauigkeit möglich
Zeitpunkt	Laufend vor der Umsetzungsiteration, Verfeinerung in der Umsetzungsiteration vor dem Start der Programmierung (z. B. in der Sprint-Planung)
Vorlaufzeit bis Umsetzung	Stunden bis wenige Tage
Hinweise	Sehr grobe oder zu umfangreiche Developer Stories können als **Developer Epic** bezeichnet werden. Developer Epics sollen bei der Verfeinerung in mehrere Developer Stories aufgeteilt werden oder auch durch andere in diesem Buch angeführte Techniken, z. B. Systemszenarien, detaillierter beschrieben werden. **Wichtig:** Für Developer Stories gibt es keine Abnahmetests, da diese für den User nicht relevant sind. Es können jedoch sehr wohl Hinweise für Entwicklertests oder Integrationstests angeführt werden. Sollte es doch dazu kommen, dass auch ein Abnahmetest dafür erstellt wird, dann ist dies ein Hinweis darauf, dass hier eine Benutzerrelevanz vorhanden ist. Der Teil der Story, der benutzerrelevant ist, sollte als User Story formuliert werden.

Developer Stories können mit einer ähnlichen Schablone formuliert werden wie User Stories. Der Unterschied ist, dass dies aus Entwickler- oder Systemsicht geschieht:

> *»Als <Entwicklerin | Architektin> möchte ich <Funktionalität | Eigenschaft | Technologie>, sodass <Ziel | Nutzen | Begründung>.«*

oder

> *»Das System soll <Funktionalität | Eigenschaft | Technologie>, sodass <Ziel | Nutzen | Begründung>.«*

Beispiele für Developer Stories inkl. Entwicklertestkriterien:

Abgeleitet aus der Schichtenarchitektur ergibt sich z. B. folgende Developer Story:

Developer Story 1:

»Als Entwicklerin möchte ich die zentrale Businesslogikschicht an die Datenbankschicht mit dem Framework ›DBPersistent Vx.y‹ anbinden, da dieses Framework für alle aktuell gängigen Datenbanken geeignet ist.«

Entwicklertestkriterien 1:

- Test der Datenbankanbindung mit SQL-Server Vx.y, Oracle V.x.y und MySQL V x.y

Oder eine Developer Story aus Sicht der IT-Technologie:

Developer Story 2:

»Das System soll die E-Mails an der Schnittstelle zum externen E-Mail-System konform zum MAPI-Standard bereitstellen, damit diese mit Outlook und Exchange leichter verarbeitet werden können.«

Entwicklertestkriterien 2:

- E-Mail wird konform zum MAPI-Standard Vx.y erstellt.
- Exchange-Rückmeldungen gemäß MAPI-Standard werden vom Zeiterfassungssystem richtig interpretiert und bearbeitet.

Aus dem zweiten Beispiel wird ersichtlich, dass beim Nachdenken über die Entwicklertestkriterien weitere wichtige Punkte wie die richtige Behandlung von Rückmeldungen an der Schnittstelle als Testkriterien angeführt werden, die bei einem ausschließlichen Fokus auf die Stories evtl. übersehen worden wären. Entwicklertestkriterien sind daher wichtig, da hier möglicherweise auch relevante Punkte für die Programmierung angeführt werden, die bei der einfachen ersten Spezifikation der Developer Story nicht bedacht wurden.

An sich sollte jede Developer Story durch zugrunde liegende funktionale oder nicht funktionale User Stories begründet und auch vom Aufwand her abgedeckt sein. Eine explizite Berücksichtigung dieses Aufwands im Backlog oder in der Planung einer Iteration ist dadurch nicht nötig. Dies soll komplett auf Basis der User Requirements erfolgen.

In der Praxis zeigt sich aber, dass es übergreifende Entwickleranforderungen gibt, die oft nicht explizit in den Aufwänden der User Stories berücksichtigt sind, wie z. B. übergreifende Aufwände für eine Gesamtarchitektur oder die Implementierung von wiederverwendbaren Benutzerführungen aufgrund von Usability Vorgaben oder die Abstraktion und Kapselung von Input-Validierungen im Rahmen von Security-Vorgaben. Dies sind oft Themen, die für den Benutzer nicht relevant sind, aus Sicht einer guten Architektur, Wiederverwendbarkeit etc. jedoch zusätzliche Entwickleraufwände und Anforderungen darstellen, die aber keiner User Story zugeordnet werden können. Diese Aufwände sind daher dann explizit oder anteilig bei den Schätzungen der User Stories zu berücksichtigen.

Developer Stories, die von bestehenden User Stories abgeleitet wurden, haben grundsätzlich informativen Charakter und müssen in der Planung nicht berücksichtigt werden, da diese Aufwände schon in der Schätzung der User Stories enthalten sind. Eigenständige Developer Stories müssen jedoch wie User Stories zusätzlich in das Backlog eingeplant werden!

Ähnlich wie bei User Stories ist auch eine Aufteilung bzw. Zuordnung von Developer Stories zu Tasks vorzunehmen. Für die weitere Handhabung der Developer Stories gelten sinngemäß die allgemeinen Hinweise zu Stories in Abschnitt 3.4.2.

3.8.4 Systemszenarien

Definition	Ein **Systemszenario** ist die ablauforientierte Beschreibung eines spezifischen Wegs durch eine Methode, Funktion oder einen anderen Systemteil. Systemszenarien beschreiben eine einzelne und komplette Sequenz von Ereignissen sowie das Verhalten innerhalb dieses Systemteils unter bestimmten Bedingungen.
Anwendung	Systemszenarien stellen wie Use-Case-Szenarien das Verhalten des Systems dar, jedoch aus der technischen Sicht der Entwicklung. Die Anwendung ist prinzipiell nicht zwingend notwendig, sondern nur dort, wo dies sinnvoll ist, um Unklarheiten aus den User Requirements zu beseitigen. Systemszenarien sind wichtig, um die detaillierten Systemabläufe bzw. das Systemverhalten in einem abgeschlossenen Systemteil zu beschreiben. Dies betrifft primär die Entwicklersicht und ist aus Benutzersicht und für die User Requirements nur insofern relevant, um diese genauer schätzen zu können.
Mitwirkende	▪ Entwickler*innen ▪ evtl. Architekt*in
Eigenschaften	▪ Nicht verpflichtend, aber in vielen Fällen hilfreich für die Entwicklung ▪ Werden durch das Entwicklungs- und evtl. auch Architekturteam erstellt ▪ Werden evtl. auch im Rahmen von Spikes erstellt ▪ Sind wichtig als Ergänzung zu den User Requirements, um diese genauer abschätzen zu können ▪ Werden nicht explizit als Umsetzungstasks eingeplant, sondern sind Spezifikationstasks im Vorfeld der Implementierung ▪ Prozess- und ablauforientierte Sicht ▪ Beschreibung aus technischer Sicht ▪ Technische Spezifikationsebene(n) unterhalb der Architektur, typischerweise ein Teil des technischen Systemdesigns ▪ Aufwandsschätzung mit einer sehr guten Genauigkeit möglich ▪ Gute Technik für eine Spezifikation von Systemverhalten und Prozessen auf einer detaillierteren Ebene ▪ Kostenschätzung je nach Ebene detailliert möglich
Zeitpunkt	Laufend vor der Umsetzungsiteration, vor dem Start der Programmierung (z. B. in der Sprint-Planung)
Vorlaufzeit bis Umsetzung	Stunden bis Tage
Hinweise	Um die Konsistenz der Dokumente mit dem entwickelten System bzw. Ergebnis zu gewährleisten, ist es zu empfehlen, die Spezifikation der Systemszenarien so weit als möglich in der Entwicklungsumgebung vorzunehmen. Wenn die Entwicklungsumgebung keine integrierte grafische Ablaufmodellierung erlaubt, sollten Modellierungswerkzeuge verwendet werden, die mit dieser Entwicklungsumgebung integriert werden können.

Im Sinne der Requirements-Spezifikation betrachten wir bei den Systemszenarien die detaillierten Abläufe innerhalb von Softwarekomponenten aus Entwicklersicht. Systemszenarien dienen der effektiven Kommunikation zwischen den Personen aus der Entwicklung, aber auch zu anderen Stakeholdern (z. B. Testautomatisierer), die an einem Detaileinblick in die Implementierung des Systems interessiert sind, jedoch nicht unbedingt den Code verwenden wollen.

Beispiel zu Systemszenario:

Ausgehend vom Use-Case-Szenario »Sonstige Fehlzeit eingeben« wird der Schritt »E-Mail zur Info an Vorgesetzte*n schicken« nachfolgend von der Entwicklerin analysiert und vor der Umsetzungsiteration noch genauer spezifiziert:

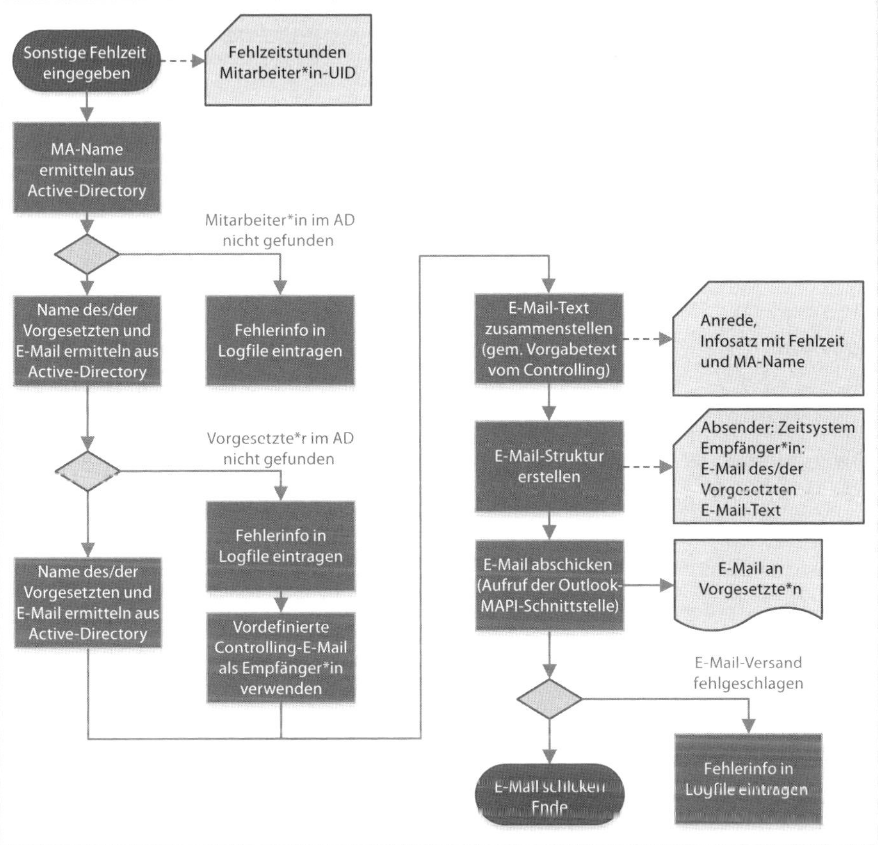

Abb. 3–30 *Systemszenario »E-Mail zur Info an Vorgesetzte*n schicken«*

In dem angegebenen Beispiel wurde ein Ablaufdiagramm als Spezifikationstechnik gewählt. Natürlich kann das Szenario auch textbasiert im Programmcode oder als Pseudocode erstellt werden.

3.8.5 Developer Constraints

Definition	Ein **Developer Constraint** ist eine »Beschränkung« oder »Randbedingung« für die Entwicklung, die diese befolgen muss, die aber nicht direkt implementiert werden kann, sondern die Umsetzung beeinflusst.
Anwendung	Developer Constraints repräsentieren Qualitätsanforderungen und Randbedingungen aus Sicht der Entwicklung und mit einem Detaillierungsgrad, der je nach Phase und Inhalt auf Ebene der Epics, Features oder Stories liegen kann und als Basis für die Planung der nächsten Iteration bzw. des nächsten Release dient. Die wesentlichen Developer Constraints sollten unmittelbar nach der Definition der Ziele und Stakeholder festgelegt werden, da sie den weiteren Spezifikationsprozess evtl. sehr stark beeinflussen können. Sie bilden die Basis für alle anderen Requirements und auch entsprechende Entwicklertests.
Mitwirkende	▪ Entwickler*innen ▪ Architekt*in ▪ evtl. Support ▪ evtl. Betreiber-IT
Eigenschaften	▪ Kurze nicht funktionale Anforderungsbeschreibung aus Entwicklersicht (System-Requirements) oder Beschreibung von vorgegebenen Randbedingungen ▪ Spezifikationsebene(n) parallel zu Epics, Features oder Developer Stories ▪ Spezifikation von mittlerer Detailliertheit ▪ Constraints werden nicht direkt programmiert, sondern beeinflussen die Programmierung. ▪ Ein Constraint kann daher Auswirkungen über mehrere Iterationen oder auch über die gesamte Laufzeit bzw. Lebenszyklus des Systems haben. ▪ Sehr wichtig für die Architektur und das Design des Systems ▪ Constraints sind die »Leitplanken« für die anderen Requirements ▪ Aufwandsschätzung je nach Constraint und Detailliertheit kaum, grob oder mit einer guten Genauigkeit möglich
Zeitpunkt	Die wesentlichen Constraints (»Leitplanken«) möglichst frühzeitig, wenn möglich vor oder am Beginn des Projekts festlegen, laufend vor der ersten Umsetzungsiteration, Verfeinerung in den Umsetzungsiterationen vor dem Start der Programmierung (z.B. in der Sprint-Planung)
Vorlaufzeit bis Umsetzung	Sehr unterschiedlich!
Hinweise	Es gibt zwei Arten von Constraints: ▪ Qualitätsanforderungen (sind ein expliziter Wunsch und müssen daher im Projekt umgesetzt werden) ▪ Randbedingungen (sind vorhanden und müssen daher im Projekt nicht umgesetzt werden)

Developer Constraints sind für die User meist nicht relevant, sondern sind wichtig aus Sicht einer guten Architektur, Wartbarkeit, Wiederverwendbarkeit etc. Sie stellen aber zusätzliche Entwickleraufwände und Anforderungen dar, die im Normalfall keinem User Requirement direkt zugeordnet werden können.

> *Developer Constraints müssen in der Planung berücksichtigt werden, da sie oft einen beträchtlichen zusätzlichen Aufwand bedeuten!*

Eigenständige Developer Constraints, z. B. die weiter unten angegebene »NFA MNT.2«, die nicht durch eine implizite Aufwandszuordnung zu anderen Requirements abgedeckt und in der Schätzung berücksichtigt wurden, sollten daher explizit in das Backlog eingefügt und eingeplant werden, da es sich hierbei um explizite Anforderungen handelt, die zusätzlichen Aufwand verursachen. Ebenso ist auch eine Aufteilung bzw. Zuordnung zu Tasks vorzunehmen.

Qualitätsanforderungen

Für eine allgemeine Beschreibung und Hinweise zu Qualitätsanforderungen siehe Abschnitt 3.4.3. Nachfolgend werden die »inneren Qualitätskriterien« aus der ISO 25010 genauer dargestellt. Die Punkte

- Funktionalität,
- Zuverlässigkeit,
- Benutzbarkeit (Usability),
- Effizienz und
- Übertragbarkeit

werden hier nicht weiter detailliert, da diese primär aus Benutzersicht relevant sind und bereits in Abschnitt 3.4.3 beschrieben sind.

Wartbarkeit

Das Qualitätskriterium Wartbarkeit beschreibt die Möglichkeiten, das System zu modifizieren (Korrekturen, Verbesserungen, Anpassungen etc.). Dabei sind alle nicht direkt funktionalen Kriterien wesentlich, wie benötigte Zeit für Änderungen, geplante Releasezyklen, der benötigte Support-Level, Fähigkeiten der Programmiersprachen etc. Teilaspekte sind:

- **Modularität**
  In welchem Umfang ist ein System aus abgeschlossenen Komponenten aufgebaut, sodass Änderungen möglichst geringe Auswirkungen auf die anderen Komponenten haben?
- **Wiederverwendbarkeit**
  Beschreibt die Möglichkeiten, das System oder auch einzelne Systemkomponenten in anderen Entwicklungsprojekten oder auch als COTS-Produkte (Commercial off-the-shelf = Standard-/»Von-der-Stange«-Produkte) wiederzuverwenden.
- **Analysierbarkeit**
  Beschreibt die Anforderungen, um Mängel oder Ursachen von Versagen zu diagnostizieren oder um änderungsbedürftige Teile zu bestimmen.
- **Modifizierbarkeit**
  Beschreibt die Anforderungen, um eine möglichst einfache Umsetzung von spezifizierten Änderungen zu ermöglichen.

- **Prüfbarkeit**
  Beschreibt Anforderungen bezüglich der Prüfung des geänderten Systems und bezüglich des Aufwands für die Prüfung des geänderten Systems.

Beispiele für Wartbarkeit (Maintenance) als Qualitätsanforderung auf Story-Ebene inkl. Akzeptanzkriterien:

Qualitätsanforderung NFA MNT.1:	Akzeptanzkriterien NFA MNT.1:
Modifizierbarkeit: »Als Entwickler werden wir die Patterns und Hinweise aus der Coding-Guideline X.Y, Kapitel ›Architecture & code flexibility‹ einhalten.«	- Codereview gegen die Kriterien der Coding-Guideline X.Y - Komplexeste Klasse der drei Kernsystemkomponenten - Zusätzlich je eine mittelkomplexe Klasse je Komponente

Qualitätsanforderung NFA MNT.2:	Akzeptanzkriterien NFA MNT.2:
Testbarkeit: »Als Testerin möchte ich die Werte und Zwischenergebnisse an jeder Komponentenschnittstelle abfragen können.«	- Zwischenergebnisse und übertragene Werte jeder Komponentenschnittstelle werden in einem Logfile gespeichert. - Jeder Eintrag ist identifizierbar und der konkreten Schnittstelle und Ablaufinstanz zuordenbar.

Beispiel für Entwickler-NFA für Wiederverwendbarkeit:

»Das System muss die Stammdaten- und Konfigurationsdatenbank des Gesamtsystems verwenden, da die zu entwickelnde Software als ein Modul in einer Gesamtlösung des Kunden eingesetzt wird.«

Natürlich gibt es auch aus Kundensicht eine Wiederverwendbarkeit, die berücksichtigt werden sollte:

Beispiel für Kunden-NFA für Wiederverwendbarkeit:

»Als Kunde möchte ich die erstellte Software als ein Modul meiner am Markt angebotenen Standardprodukte verwenden.«

Weitere nicht funktionale Qualitätskriterien, die auch aus Entwicklersicht relevant sein konnen:

Skalierbarkeit

Damit werden Anforderungen des Systems an den Umgang mit steigenden Nutzerzahlen oder Datenaufkommen beschrieben, z. B. mengenmäßige Ausweitung des Einsatzbereichs von einer Organisationseinheit auf alle Organisationsbereiche.

Beispiel für Entwickler-NFA für Skalierbarkeit:

»Der Applikationsserver muss multithreadingfähig sein. Eine Prozesspriorisierung und ein Lastausgleich auf mehrere Prozessoren müssen möglich sein.«

Sicherheit (des Systems, Security)

Dieses Qualitätskriterium beschreibt Anforderungen des Systems an die Sicherheit (z. B. unberechtigter Zugriff auf Programme und Daten).

Beispiel für Security:

- »Die Datenbankinhalte des Systems müssen auf Feldebene verschlüsselt sein.«
- »Die Datenübertragung zwischen Datenbank und Repräsentationsschicht muss verschlüsselt erfolgen.«
- »Die Verwaltung der Verschlüsselungscodes muss für alle Mitarbeitenden unabhängig vom Systemadministrator möglich sein.«
- »Es muss einen Generalcode für den Zugriff auf alle Zeitdaten geben, mit dem eine festgelegte Vertrauensperson Zugriff auf alle eingegebenen Zeitdaten hat.«
- »Die Datensicherung darf durch die Verschlüsselung nicht beeinträchtigt werden.«

Sicherheit (der Anwender, Safety)

Hiermit werden Anforderungen an das System beschrieben, um Risiken, die durch das System gegeben sind und die für die Anwender des Systems ein personenbezogenes Gefahrenpotenzial darstellen, z. B. körperliche Verletzungsgefahr, möglichst gering zu halten.

Beispiel für Safety:

»Solange der Parameter ›Geschwindigkeit‹ > 3 km/h ist, darf die Funktion ›Öffnen der Tür‹ nicht aktiviert werden.«

Dokumentation

Es werden Kriterien für die Dokumentation des Systems definiert, wie Art, Umfang, Beschaffenheit, strukturelle und inhaltliche Vorgaben, und zwar sowohl für die technische als auch die Anwenderdokumentation.

Beispiel für Entwickler-NFA für Dokumentation:

»Folgende Entwicklerdokumentationen werden erstellt:

- **Quellcodedokumentation**
  Beschreibung von relevanten Stellen im Quellcode für das Entwicklungsteam
- **Datenstrukturdokumentation**
  Beschreibung für den Administrator und das Entwicklungsteam zur Dokumentation der gespeicherten Daten und zur Interpretation der Informationen (sowohl Wertebereich als auch Semantik)
- **Architektur-/Designdokumentation**
  Beschreibung der Systemarchitektur, der Algorithmen, Details zu internen und externen Systemschnittstellen etc., um die Problematik und die angewendeten Lösungswege und Methoden unabhängig von dem eingesetzten Quellcode bzw. der Technologie zu dokumentieren.
- **Projekt-/Releasedokumentation**
  Nachweis der erstellten Versionen, beteiligten Personen, Planungs- und Entscheidungsunterlagen, Zweck der Funktion
- Angabe, wie die Funktion angestoßen/aufgerufen werden kann
- Beschreibung der erforderlichen Benutzereingaben, bei Feldern jeweils auch Wertebereiche und Beispiele mit sinnvollen Werten
- Beschreibung der Verarbeitung und des Ergebnisses
- Beschreibung von Ausnahme- und Fehlersituationen sowie die typischen Benutzerreaktionen oder Empfehlungen für die Situation.«

Über die genannten Kriterien hinaus gibt es noch eine Reihe weiterer, die bei Bedarf als eigener Punkt in die Spezifikation aufgenommen werden sollten, wie z. B.:

- Konfigurierbarkeit
- Konsistenz
- Kompatibilität
- Genauigkeit
- Möglichkeiten der Datenmigration
- Logging und Reporting
- Anforderungen an die Systemumgebung
- Vorkehrungen zur Beendigung/Außerbetriebnahme des Systems

Qualitätsanforderungen sind genauso sorgfältig zu spezifizieren und auch zu testen wie funktionale Anforderungen!

Wichtig bei der Formulierung von Qualitätsanforderungen ist nicht unbedingt, ob diese in ein bestimmtes Schema passen oder auf der richtigen Ebene erfolgen. Vielmehr ist es wichtig, dass die Qualitätsanforderungen überhaupt spezifiziert werden. Daher sollten zumindest die Stichworte dazu auf einer Story Card oder im Requirements-System notiert werden, sobald eine solche Anforderung in einer Kommunikation auftaucht, auch wenn sie gerade nicht zum Thema passt, damit sie nicht vergessen wird. Details können dann später noch ausgearbeitet werden.

Randbedingungen

Explizite Randbedingungen für Entwicklerinnen werden hier nicht weiter behandelt. Es sollte sinngemäß wie in Abschnitt 3.4.3.2 angegeben vorgegangen werden.

3.8.6 Tasks

Definition	Ein **Task** ist eine kleine überschaubare (Programmier-)Aufgabe von meist technischer Natur [Wirdemann 2011]. »The actual work that individuals do in order to make the story ›come true‹ – there are usually many Tasks per Story« [Agile Alliance].
Anwendung	Tasks werden aus den User Stories im Rahmen der Iterationsplanung abgeleitet, um die Aufgaben zur Umsetzung einer User Story klarer zu definieren und ggf. auch zwischen mehreren Entwicklerinnen aufzuteilen. Auch Aufgaben, die mit der eigentlichen Funktionalität des Systems nichts zu tun haben, wie z.B. Dokumentation, werden hier betrachtet. Die Tasks bilden die Basis für die detailliertere Planung und Steuerung der Umsetzung der User Stories. Tasks repräsentieren im Gegensatz zu User Stories keine releasebaren Funktionen und für sich allein genommen auch nicht unbedingt einen Mehrwert für Benutzer. Tasks sind also im Sinne des Requirements Engineering keine Requirements, sondern eben (wie der Name schon sagt) Programmieraufgaben.
Mitwirkende	■ »Das Team« ■ evtl. übergeordnete*r Systemarchitekt*in
Eigenschaften	■ Tasks teilen eine User Story in kleine überschaubare Aufgaben auf. ■ Tasks sind in Scrum das Ergebnis der Sprint-Planung 2 (Design und Planung). ■ Die Aufteilung einer User Story auf Tasks soll nicht mehr als 10–15 Minuten dauern. ■ Aufgabenbeschreibung aus Umsetzersicht ■ Verfeinerungsebene unterhalb der User Stories ■ Gute Basis für die Planung und Umsetzung ■ Ein Programmierer soll nicht mehr als einen Tag für einen Task benötigen. ■ Aufwandsschätzung mit einer sehr guten Genauigkeit möglich
Zeitpunkt	Vor bzw. am Beginn jeder Iteration vor dem Start der Programmierung (z.B. in der Sprint-Planung)
Vorlaufzeit bis Umsetzung	Stunden bis wenige Tage
Hinweise	Für die Planung und Abschätzung der Umsetzung der Tasks sollte von einer guten Qualität ausgegangen werden, also z.B. auch von der Erstellung der dazu gehörenden Unit Tests, der notwendigen Dokumentation etc. Eventuell ergeben sich aus der Task-Aufteilung weitere Hinweise für unklare Requirements. Dann sollte eine weitere Spezifikationsrunde zur Klärung und Verfeinerung der Anforderungen durchgeführt werden.

Tasks sind an sich keine Requirements-Artefakte, sondern Artefakte des Projektmanagements zur Arbeitskoordination im Team.

Tasks sind ein Mittel zum Management der Story-Umsetzung und keine Requirements-Spezifikation!

Tasks werden jedoch in diesem Kapitel trotzdem angeführt, weil sie eine Verfeinerung der User Stories darstellen und als solche natürlich auch Requirements-Elemente beinhalten, die konsistent zu anderen Requirements-Engineering-Artefakten gehalten und auch in Beziehung gesetzt werden müssen. Die Dokumentation und Handhabung der Tasks sollte in passenden Tools erfolgen (Task-Tracking-Tools, Projektmanagementtools).

Beispiel für Tasks:

Ausgangsbasis ist folgende User Story:

Story 1: 3d

»Als Mitarbeiterin möchte ich meine Tagesarbeitszeit und die Pausen erfassen, damit ich gegenüber dem Arbeitgeber und dem Arbeitszeitgesetz meine Arbeitszeiten nachweisen kann.«

Akzeptanzkriterien 1:

- Kommt-/Geht-Zeit (versch. Kombinationen)
- Pauseneingabe
- Tagesarbeitsdauer-Berechnung
- Interne Arbeitszeitregelungen
- Grenzen gem. Arbeitszeitgesetz

Aus dieser Story (und den definierten Akzeptanzkriterien) ergeben sich folgende Tasks (mit Angabe des Zeitaufwands):

Task 1.1: 1h

Schnittstellen zum Personalverwaltungssystem analysieren

Task 1.2: 6h

Datenmodell für Zeiteingabe erstellen

Task 1.3: 4h

Eingabemaske für Arbeitszeit erstellen

Task 1.4: 1 h

Tagesarbeitszeit- und Pausenberechnung programmieren

Task 1.5: 4 h

Feiertagsliste erstellen und bei der Zeiteingabe berücksichtigen

Task 1.6: 3 h

Stammdatenmaske für Verwaltung der Abwesenheitsarten erstellen

→

Task 1.7: 3 h	Task 1.8: 2 h
Parameter-Konfigurationsmaske für die Einstellwerte aus der internen Arbeitszeitregelung und dem Arbeitszeitgesetz erstellen	Onlinehilfe und Benutzerdokumentation erstellen

Auch wenn Tasks an sich keine Requirements an das System sind, sondern Aufgaben für den Programmierer, so ist aus dem kleinen Beispiel schon ersichtlich, dass in der Überlegung, welche Aufgaben sich denn aus der User Story ableiten lassen, immer wieder Requirements auftauchen, die in weiterer Folge mit dem PO auch noch detaillierter behandelt werden sollten, um den Programmierer bezüglich der Umsetzung nicht im Unklaren zu lassen.

Zum Beispiel ist im Zusammenhang mit der Aufgabe »Feiertagsliste erstellen und bei der Zeiteingabe berücksichtigen« die Frage aufgetaucht, ob der Benutzer oder Product Owner hier besondere Vorstellungen hat (Feiertage manuell eingeben, Regelsystem für regelmäßig wiederkehrende Feiertage, Feiertagsimport aus allgemein verfügbaren Feiertagslisten etc.). Das ist eine ganze Menge an Fragen, für die man nicht der Programmierung allein die Entscheidung und Verantwortung überlassen sollte, da sonst mit großer Wahrscheinlichkeit ein Ergebnis herauskommt, das sich der Kunde »so nicht vorgestellt« hat, und damit die Arbeit einer Iteration möglicherweise verschwendet wurde.

Die Klärung dieser Fragen sollte jedenfalls in der Iteration vor der Umsetzung erfolgen.

Weitere Informationen zu Tasks sind in Abschnitt 6.5.5 zu finden.

3.9 Inhaltliche Strukturierungshilfsmittel

[IREB Advanced Level RE@Agile – Practitioner/Specialist] LE 3.1

Bei der Anforderungserhebung werden die Inhalte von den Stakeholdern oft in unterschiedlichem Detaillierungsgrad (»Anforderungsgranularität«) kommuniziert. Dies können manchmal nur kleine Details sein oder auch Stichworte mit großem Funktionsumfang. Im Anforderungserhebungsprozess ist beides nützlich und hilft dem Product Owner.

Der Product Owner hat die Aufgabe, diese Anforderungen zu erheben und zu strukturieren, um einen Überblick zu behalten. Dies ist besonders relevant für die langerfristige Planung, die Roadmap, die Auswahl von Anforderungen, die einen frühen Geschäftswert für weitere Untersuchungen versprechen, eine Schätzung auf hoher Ebene und vieles mehr.

Die feinkörnigen Anforderungen sind notwendig, um ein gründliches Verständnis der Details zu erreichen, das für die Entwicklung erforderlich ist, um diese Anforderungen umzusetzen. Auch wenn diese eventuell erst viel später im Projekt benötigt werden, sollten sie doch in das Backlog eingefügt werden.

Im agilen Kontext werden die Begriffe Theme, Epic und Feature verwendet, um unterschiedliche Granularitätsebenen darzustellen, obwohl es in der Literatur noch keinen klaren Konsens über die genaue Reihenfolge gibt. Häufig wird die

Hierarchie Epic – Feature – User Story bevorzugt, wobei Teile der Hierarchie nach Themes gruppiert sind. Diese Strukturierungshilfsmittel werden in den nachfolgenden Abschnitten erläutert.

3.9.1 Themes

Definition	**Themes** sind sinnvoll zusammengehörende oder zusammenpassende Mengen von Requirements, die einen gemeinsamen Fokus haben.
Anwendung	Ein Theme ist eine Bezeichnung für eine Gruppe von Requirements, stellt jedoch selbst kein Requirement dar. Themes fassen Aspekte zusammen bzw. helfen bei der Gruppierung von Requirements (z. B. User Stories, Epics).
Mitwirkende	▪ Produktmanager*in ▪ Product Owner ▪ Mitarbeitende des Fachbereichs ▪ Key User
Eigenschaften	▪ Zusammenfassung bzw. Gruppierungselement ▪ Spezifikationsebene(n) unterhalb der Vision bzw. Ziele und oberhalb der User Stories ▪ Ausschließlich inhaltliche Anforderungssicht ▪ Hilfreich zur Priorisierung und im Releasemanagement
Zeitpunkt	Vor der ersten Umsetzungsiteration
Vorlaufzeit bis Umsetzung	Tage bis mehrere Wochen
Hinweise	Ein Theme sollte keine zu große Menge an Requirements zusammenfassen. Wenn mehr als sieben bis zehn Artefakte zu einem Theme zusammengefasst werden, sollte eine Unterteilung in Sub-Themes überlegt werden.

In der täglichen Arbeit ist es wichtig, die Begriffe »Theme« und »Epic« möglichst klar zu definieren und auseinanderzuhalten. Epics und die dazugehörenden User Stories sind typischerweise eine klare vertikale hierarchische Beziehung.

Themes setzen hier übergreifender an: Wenn es für die weitere Bearbeitung, z. B. für die Vergabe einer Priorität oder das Einplanen für ein bestimmtes Release, wichtig ist, mehrere Requirements in derselben oder unterschiedlichen Ebenen gemeinsam zu behandeln und zu betrachten, dann kann dies durch die Zuordnung der Requirements zu einem Theme erreicht werden. Themes können zur Zusammenfassung auf allen Ebenen verwendet werden und daher als Klammer sowohl User Stories als auch Epics oder andere Spezifikationsartefakte umfassen.

Beispiel für ein Theme über einige User Stories:

»Erfassung von Tagesarbeitszeit und Zuordnung von Zeiten zu Projekten«

Hinweis: Themes, die nicht nur eine zusammenfassende Überschrift sind, sondern auch inhaltlich weiter mit Leben befüllt werden, können als »Feature« bezeichnet werden (siehe Abschnitt 3.4.1).

Wenn man elektronische Hilfsmittel zur Verwaltung der Requirements verwendet, sind die Zuordnungen von Requirements zu Themes durch entsprechende Attributierungen bzw. Zuordnungen in einer Baumstruktur meist recht gut möglich.

Wenn man manuelle Hilfsmittel wie ein Storyboard benutzt, stellt sich die Frage, wie man hier mit Themes umgehen kann. Eine Möglichkeit wäre z.B., die Kärtchen mit einer speziellen Farbe oder einem Symbol evtl. in Verbindung mit einer Themes-Nummer zu kennzeichnen. Dies ist jedoch im Grunde eine »Krücke«, die mehr schlecht als recht über die Schwächen der papierbasierten Requirements-Verwaltung hinweghelfen soll.

Es kann in diesem Zusammenhang hier nur empfohlen werden, für die Verwaltung der Requirements ein datenbankgestütztes, professionelles Requirements-Werkzeug zu verwenden, das über gute Zuordnungs- und Strukturierungsmöglichkeiten verfügt. Zu beachten ist, dass es in manchen unterstützenden elektronischen Systemen (z.B. bei vielen Taskmanagementsystemen) jedoch die Strukturierungsmöglichkeit nach Themes gar nicht gibt.

3.9.2 Epics und Features

Epics und Features sind im Grunde auch inhaltliche Strukturierungshilfsmittel. In den meisten Fällen bleiben Epics und Features nicht als grobe Spezifikationselemente bestehen, sondern werden im Verlauf des Requirements Engineering weiter verfeinert z.B. in eine Menge von untergeordneten User Stories. Damit bilden die übergeordneten Elemente Epic und Feature eine Klammer um diese Detailelemente.

Bei einer strukturierten Darstellung der Requirements-Artefakte zeigt sich die Gruppierungseigenschaft der Epics und Features auch visuell recht deutlich.

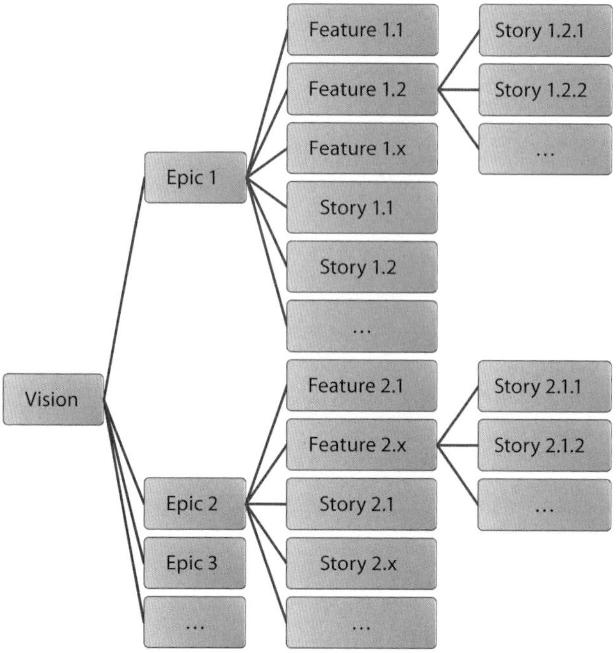

Abb. 3–31 *Epics und Features als inhaltliche Strukturierungshilfsmittel*

Eine detailliertere Beschreibung der Techniken Epics und Features ist in den Abschnitten 3.2.5 und 3.4.1 zu finden.

4 Requirements-Validierung und -Abstimmung

[IREB RE@Agile Primer] LE 3.2.3

Requirements Engineering unterstützt die Validierung von Anforderungen, d.h. die Überprüfung, ob die dokumentierten Anforderungen die Bedürfnisse der Stakeholder erfüllen (siehe auch das Glossar im Anhang D dieses Buches) durch Methoden wie Reviews, Walkthroughs, Inspektionen oder perspektivisches Lesen.

Agile Methoden versuchen Anforderungen durch schnelles Feedback in Form von regelmäßig, in kurzen Zeitabständen gelieferten Produktinkrementen zu validieren. Das Definieren von Testfällen kann die Validierung unterstützen, da in diesem Fall das Nachdenken über die Anforderungen angeregt wird.

Ein wichtiger Zweck von Validierungstechniken ist es, Inkonsistenzen und Konflikte zwischen den Anforderungen zu finden und Bereiche zu identifizieren, in denen Verhandlungen und Konfliktlösungen erforderlich sind.

Da iterative, inkrementelle Entwicklung eine Schlüsselstrategie in agilen Methoden ist, sinkt die Notwendigkeit einer formalen Validierung von Dokumenten. Dies wird durch eine laufende Abstimmung aller Akteure über die Anforderungen ersetzt, sodass Konflikte frühzeitig entdeckt und gelöst werden können. Die Validierung wird auch unterstützt durch die Lieferung schneller Ergebnisse in Form von implementierten (Teil-)Systemen (z.B. als Prototypen oder Spikes). Wenn das gelieferte Inkrement nicht allen Anforderungen aller Stakeholder entspricht, werden die nicht korrekt umgesetzten und dann nicht akzeptierten Anforderungen wieder in das Product Backlog aufgenommen und mit den anderen Backlog Items erneut evaluiert und priorisiert.

Meist ist es effizienter, wenn nicht erst anhand der umgesetzten Ergebnisse (des Sprints) validiert wird, da dann schon ein ganzes Scrum-Team z.B. zwei Wochen lang intensiv an der Umsetzung gearbeitet hat. Auch im agilen Vorgehen sollten die Requirements wenn möglich vor der Umsetzung validiert werden – zumindest durch nochmaliges darüber Nachdenken und Diskutieren. Qualitätsorientierte Teams unterstützen dies z.B. durch die Erstellung von Tests, noch bevor mit der Umsetzung eines Requirements begonnen wird. Die Validierung der Anforderungen bzw. das Erstellen sinnvoller Tests ist z.B. ein gutes Kriterium in einer Definition of Ready (siehe Abschnitt 5.2).

Zusätzlich können auch Walkthroughs durch das Product Backlog, Diskussionen über den Geschäftswert und über Risiken, Klärungen von potenziellen Missverständnissen sowie eine unmittelbare Verhandlung von Anforderungen wertvolle Techniken für das agile Requirements Engineering darstellen.

Eine gute Praxis für die Validierung der Anforderungen in der agilen Entwicklung ist auch die Diskussion und Klärung der Anforderungen im sogenannten »Refinement-Meeting« (früher »Grooming« genannt) – siehe auch Abschnitt 4.1.2.

Für die verschiedenen Validierungen und Abstimmungen sind typischerweise keine tagelangen Meetings notwendig. Es reichen eine Diskussion und eine erfahrungsbasierte Einschätzung des Product Owners und des Teams, um zu einer guten Bewertung zu kommen. Wichtig ist, dass nur so viel wie unbedingt nötig investiert und die Produktvision im Auge behalten wird.

Nach der Validierung der Anforderungen (»Ist die Anforderung grundsätzlich inhaltlich sinnvoll?«) müssen die Anforderungen auch auf Machbarkeit, Nutzen und Geschäftswert, Risiko, Qualitätsanforderungen, Aufwand und Priorität untersucht und bewertet werden (siehe Abb. 4–1).

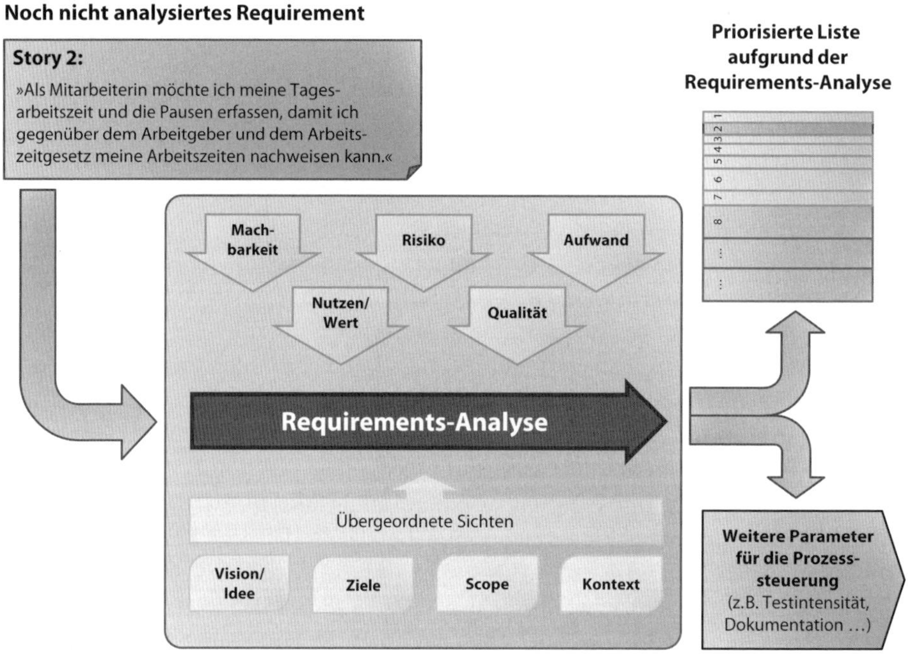

Abb. 4–1 *Requirements-Analyse*

Basierend auf diesen Untersuchungen und Bewertungen wird dann das Backlog für die Umsetzung passend zusammengestellt.

4.1 Verfeinerung von Anforderungen

4.1.1 Backlog Refinement

Die Verfeinerung der Anforderungen ist jener Prozess im agilen Requirements Engineering, bei dem die Backlog-Einträge vom Scrum-Team durchgesehen und dort, wo es notwendig ist, weiter detailliert, geklärt und validiert werden. Außerdem werden ggf. die Machbarkeit, der Nutzen und Wert für den Kunden analysiert, die Risiken und der Aufwand abgeschätzt, Konflikte hinsichtlich der Anforderungen gelöst sowie eine Priorisierung und Neuordnung im Backlog vorgenommen. In den nachfolgenden Abschnitten werden die jeweiligen Aktivitäten noch genauer erläutert.

Schwaber und Sutherland definieren als Verfeinerung (Refinement) des Product Backlog im [Scrum Guide] den Vorgang, in dem Details zu den Backlog-Einträgen hinzugefügt, Schätzungen erstellt oder die Reihenfolge der Einträge im Product Backlog bestimmt werden. Die Verfeinerung ist ein kontinuierlicher Prozess, in dem der Product Owner und die Entwicklung gemeinsam die Product-Backlog-Einträge detaillieren. Bei der Verfeinerung des Product Backlog werden die Einträge begutachtet und revidiert.

Der Product Owner kann jederzeit die Einträge im Product Backlog aktualisieren oder aktualisieren lassen.

Warum ist das Backlog Refinement wertvoll für das agile Projekt?

- Es wird sichergestellt, dass das Team auch den Blick nach vorne richtet auf Punkte aus dem Backlog, die dann in den nächsten Sprints umgesetzt werden sollen.
- Verschiedenste Fragen oder Unklarheiten, die im Zusammenhang mit den Anforderungen auftauchen, können rechtzeitig beantwortet und geklärt werden.
- Die Planung der Backlog-Einträge wird erleichtert, weil viele Unklarheiten hinsichtlich Aufwand und Umfang reduziert werden.
- Unnötige Backlog-Einträge werden systematisch erkannt und aus dem Backlog entfernt.
- Die Länge der Sprint-Planung und des Sprint-Review-Meetings werden ggf. reduziert, weil viele Fragen schon im Vorfeld geklärt wurden.
- Das Risiko wird minimiert, da nicht erst im Planning Meeting Dinge wie Abhängigkeiten erkannt werden, sondern schon vorher.

Was passiert beim Refinement?

Die Product Backlog Items werden so erstellt, dass die oben stehenden Einträge möglichst gut für einen der nächsten Sprints vorbereitet sind. Daher soll der Fokus der Verfeinerung primär auf die Spitze des Product Backlog gerichtet sein.

Große Backlog Items (z. B. Epics) werden in kleinere (z. B. User Stories) verfeinert. User Stories können bei Bedarf noch weiter verfeinert werden. Ob dies sinnvoll ist, zeigt sich meist recht rasch in den Refinement-Meetings anhand der Fragen, die noch gestellt werden. Die Definition von Akzeptanzkriterien hilft bei der Verfeinerung bzw. kann selbst auch als Verfeinerung angesehen werden. Über den Inhalt der Product Backlog Items soll möglichst für das gesamte Team Klarheit herrschen. Die Backlog Items für den nächsten Sprint sollen tendenziell klein strukturiert sein. In der Literatur zum agilen Vorgehen wird empfohlen, ein Backlog Item nicht größer als ein Fünftel des Sprints zu machen.

4.1.2 Refinement-Meeting

Die Backlog-Zusammenstellung bzw. -Anpassungen werden im Scrum Guide im Rahmen des Review-Meetings erwähnt. Das Refinement der Backlog Items wird daher manchmal als Teil des Sprint-Review-Meetings betrachtet und durchgeführt.

In der Praxis wird das Refinement-Meeting oft auch (zusätzlich) in der Mitte eines Sprints abgehalten. Dies hat mehrere Vorteile:

- Im Sprint-Review-Meeting steht dann mehr Zeit zur Verfügung, um die fertig umgesetzten Anforderungen zu besprechen und das Backlog für den nächsten Sprint zusammenzustellen.
- In der Mitte des Sprints steht ein definierter und regelmäßiger Zeitblock zur Verfügung, in dem sich das Team mit den Anforderungen auseinandersetzt.
- Auch wenn im Refinement-Meeting primär Aspekte von Requirements für künftige Sprints besprochen werden, so bringt dies evtl. auch für den laufenden Sprint wertvolle Erkenntnisse.
- Es wird ein Signal gesetzt, dass auch während des Sprints der Kommunikationskanal zwischen den Entwicklerinnen und dem Product Owner offen ist.

Bei einer 2-wöchigen Sprint-Dauer hat dies dann den Effekt, dass z. B. regelmäßig jeden Freitag explizit Requirements-Gesichtspunkte bearbeitet werden. Einmal im Sprint-Review-Meeting mit Schwerpunkt auf der Backlog-Zusammensetzung und Priorisierung sowie dazwischen im Refinement-Meeting mit Schwerpunkt auf die Analyse, Klärung, Attributierung, Konfliktlösung und Verfeinerung der Anforderungen.

Im Review-Meeting werden dann primär folgende Requirements-Aktivitäten durchgeführt:

- Verifizierung und Validierung bereits umgesetzter Anforderungen
- Aufnahme von Anforderungsänderungen oder Fehlern aus dem reviewten Sprint als zusätzliche Backlog-Einträge für kommende Sprints
- Gegebenenfalls Aktualisieren der Aufwandsschätzungen, Risikoeinstufungen und Nutzenbewertung aus dem Refinement-Meeting
- (Neu-)Priorisierung der Anforderungen im Product Backlog
- Qualität der Anforderungen auf Basis definierter Qualitätskriterien prüfen und bewerten (siehe auch Abschnitt 5.2)
- Selektion von Anforderungen aus dem Product Backlog für den nächsten Sprint

Im Refinement-Meeting liegt der Fokus auf folgenden Requirements-Aktivitäten:

- Validierung der Anforderungen (Sinnhaftigkeit hinterfragen)
- Verfeinerung von Anforderungen
- Machbarkeitsanalysen
- Nutzen und Geschäftswert analysieren
- Risikoeinstufung
- Qualität der Anforderungen verbessern
- Konflikte hinsichtlich der Anforderungen lösen

Die genannten Aktivitäten werden in den nachfolgenden Abschnitten noch genauer erläutert. Zur Unterstützung der Requirements-Aktivitäten in den Meetings kann das agile Requirements-Board (siehe Abschnitt 6.5.4) oder ein anderes passendes Tool verwendet werden.

Auch wenn hier das Refinement-Meeting explizit als wichtiger Rahmen für das Requirements Engineering im agilen Projekt beschrieben wird, so ist es wichtig, zu verstehen, dass das Refinement kein zeitlich begrenzter Rahmen ist und sein soll, sondern als kontinuierlich laufender Prozess zu sehen ist.

Am Refinement-Meeting soll das gesamte Scrum-Team teilnehmen, um sicherzustellen, dass im gesamten Team ein einheitliches Verständnis über die Requirements vorhanden ist.

Die Verfeinerung kann grundsätzlich alle Backlog-Einträge betreffen, sollte jedoch einen Fokus auf die Anforderungen haben, die im nächsten Sprint umgesetzt werden sollen.

Wie lange soll das Refinement-Meeting dauern? Dazu gibt es keine klaren Aussagen im Scrum Guide. Aus der (nicht sicherheitskritischen) Projektpraxis gibt es Erfahrungswerte, dass für das Refinement insgesamt ca. bis zu 10 % der Entwicklerkapazität[1] eingeplant werden sollen. Wenn man davon ausgeht, dass die Hälfte des Refinement-Aufwands implizit und laufend im Projekt stattfindet, dann könnte 5 % der Entwicklerkapazität für das Refinement-Meeting aufgewendet werden. Das wären dann zwei Stunden/Woche, d.h., bei einem 2-Wochen-Sprint könnte das Refinement-Meeting vier Stunden dauern und bei einem 4-Wochen-Sprint acht Stunden.

1. Hier ist wichtig zu unterscheiden, dass nicht das Scrum-Team, sondern die Entwicklerinnen als Teil des Scrum-Teams gemeint sind. Der Scrum Master ist inhaltlich nicht involviert und der Product Owner ist aus seiner Rolle heraus eigentlich zu 100 % dem Requirements Engineering zuzuordnen.

4.2 Machbarkeitsanalyse

Eine Machbarkeitsanalyse dient der Risikoreduktion. Sie soll klären, ob Anforderungen technisch, funktional und organisatorisch zu wirtschaftlich vertretbaren Bedingungen umsetzbar sind. Der Product Owner und die Entwicklerinnen analysieren, ob die Anforderungen unter den gegebenen Randbedingungen umsetzbar sind.

4.2.1 Technische und funktionale Analyse mit Spikes

Eine Möglichkeit, technische oder funktionale Unklarheiten zu beseitigen, ist die Durchführung eines Spikes. Die Prüfung der technischen und funktionalen Machbarkeit setzt schon eine recht genaue Vorstellung der Anforderungen voraus. Wie die Machbarkeit im Spike geprüft wird, hängt von der Anforderung und von der Art des Risikos ab. Mögliche Tätigkeiten sind:

- Erstellen eines technischen Detailkonzepts im Team. Dabei werden alle relevanten Aspekte des Problems durchdacht und ein Lösungskonzept dafür entworfen.
- Bauen eines Prototyps, in dem für die unsicheren Teile ein Lösungskonzept gefunden und ausprobiert wird.
- Durchführen von Recherchen im Internet und in der Literatur, ob und wie andere das Problem bereits gelöst haben.
- Hinzuziehen von externen Fachleuten, um gemeinsam mit ihnen ein Lösungskonzept zu entwerfen und die Risiken zu beleuchten.

Weitere Informationen sind in Abschnitt 3.8.1 zu finden.

4.2.2 Organisatorische und personelle Machbarkeit

Neben der technischen Machbarkeit muss sichergestellt werden, dass das Team die Anforderungen organisatorisch und personell umsetzen kann. Hierbei sollten folgende Fragestellungen beantwortet werden:

- Ist im Team das notwendige methodische, technische und fachliche Know-how vorhanden, um die Anforderung umzusetzen? In welchen Bereichen wird weiteres Wissen benötigt? Wie kann sich das Team dieses aneignen? Welche Fachleute werden für die Umsetzung der Anforderungen benötigt?
- Hat das Team ausreichend Kapazität und Zeit, um die Anforderung umzusetzen? Hat das Team die richtige Größe? Müssen die Anforderungen auf mehrere Teams aufgeteilt werden?
- Ist das Team auf das Projekt fokussiert ? Sind Teammitglieder noch in anderen Projekten beschäftigt? Wie können sie für das Projekt freigestellt werden?

- Haben alle im Team die richtige Einstellung für das Projekt? Kann das Team eine ausreichende Performance liefern, um den Termin einhalten zu können? Ist ein hohes Qualitätsbewusstsein vorhanden, um den Wert für den Kunden sicherzustellen?
- Haben alle Stakeholder die richtige Einstellung? Es müssen auch die Kunden und deren Ansprechpartner bereit sein, agil zu handeln und flexibel mit Änderungen umzugehen.
- Ist die Verfügbarkeit des Product Owners und der notwendigen Ansprechpartner beim Kunden gegeben? Ist jederzeit jemand erreichbar, der Fragen beantworten kann? Ist klar definiert, wie im Team und mit Ansprechpartnern außerhalb des Teams kommuniziert wird?

Diese Punkte können der Product Owner und das agile Team nur noch zum Teil selbst prüfen. Hier ist ggf. eine Einbindung der Führungskräfte der Organisation notwendig. Die Prüfung der organisatorischen und personellen Machbarkeit setzt voraus, dass zumindest ein grobes Gesamtbild von Umfang und technischer Lösung vorhanden ist.

4.3 Ermitteln von Geschäftswert und Nutzen

[IREB Advanced Level RE@Agile – Practitioner/Specialist] LE 5.1

Ziel der Nutzenanalyse ist es, den Nutzen bzw. Geschäftswert einer Anforderung aus Sicht des Kunden zu quantifizieren und Anforderungen untereinander diesbezüglich vergleichbar zu machen.

Verantwortlich für die Bestimmung des Nutzens der Anforderungen im Backlog ist der Product Owner, der den Nutzen alleine bestimmen kann, wenn das notwendige Know-how dafür vorhanden ist. Da es hier um den Nutzen für die Kunden, Anwender und andere Stakeholder geht, empfiehlt sich natürlich eine Abstimmung mit diesen. Sie wissen am besten, was eine Anforderung bringt, wie sie die darin spezifizierte Funktion in ihrer täglichen Arbeit einsetzen werden und was sie sich davon erwarten.

Tatsächlich kann die Definition des Geschäftswerts und Nutzen in jeder Organisation, jedem Projekt und aus der Perspektive verschiedener Interessengruppen unterschiedlich sein. Fachleute sollten verstehen, wie man die Messung des Geschäftswerts an den strategischen Zielen der Organisation ausrichtet, und sie sollten in der Lage sein, diese Ausrichtung anzupassen, wenn sich diese Ziele ändern.

Agile Ansätze zielen darauf ab, den gesamten Unternehmenswert zu maximieren und den gesamten Unternehmenswertschöpfungsprozess dauerhaft zu optimieren.

Alle Anforderungen (ob grob oder fein) sollten in erster Linie nach dem Wert geordnet werden, den sie der Organisation bringen können. Voraussetzung dafür ist eine vereinbarte Definition dessen, was der Geschäftswert für dieses Produkt/ Unternehmen ist.

Der Geschäftswert wird nicht nur durch den Gewinn definiert: Alternative Berechnungen beinhalten Return on Investment, Payback Period, Net Present Value, Weighted Shortest Job First (WSJF), Cost of Delay und Balanced Scorecard. Der Marktwert, Time-to-Market und die Reduzierung potenzieller Risiken stellen ebenfalls potenzielle Arten von Unternehmenswert dar, ebenso wie operative und organisatorische Exzellenz [Reinertsen2009].

Eine Technik, um den Geschäftswert innerhalb der Anforderungen zu identifizieren, ist das Kano-Modell (siehe Abschnitt 4.3.2). Im Allgemeinen ist die relative Bestimmung des Geschäftswerts manchmal der Berechnung des absoluten Geschäftswert vorzuziehen. Dies wird durch das Kano-Modell unterstützt.

Schlüsselbegriffe innerhalb des agilen Kontexts sind MVP (Minimum Viable Product) und MMP (Minimum Marketable Product) – siehe auch die Abschnitte 2.2, 4.3.5 und 4.3.6. MVP kann den Aufwand drastisch reduzieren, während der Geschäftswert in etwa gleich bleibt. MVPs können nicht nur für das gesamte Produkt, sondern auch für ein bestimmtes Feature definiert werden.

Bei MVP geht es in erster Linie um die Reduzierung des Umfangs auf das Wesentliche: Der Geschäftswert soll mit dem minimal möglichen Feature-Set erzielt werden und wird später erweitert, wenn die Basis-Features erfolgreich verwendet werden.

Während ein MVP sehr gut geeignet ist für validiertes Lernen in Zusammenarbeit mit Pilotkunden, reicht es nicht für den langfristigen praktischen Betrieb. Für den tatsächlichen Einsatz im Unternehmen ist das MMP wichtig, das schon ein tatsächlich verkaufbares Produkt darstellt (siehe auch Abschnitt 4.3.6).

4.3.1 Messung des Nutzens

Die präziseste Bestimmung des Nutzens ist die direkte Messung. Dies könnte beispielsweise durch Bestimmung eines der folgenden Werte erfolgen:

- **Monetärer Nutzen**
  Der Anwender spart Geld, wenn die Anforderung umgesetzt wird.
- **Zeitgewinn in Minuten**
  Der Anwender kann seine Aufgaben schneller erledigen und spart Zeit.
- **Ressourcenersparnis**
  Durch Umsetzung einer Anforderung können Prozesse z. B. in Produktionsunternehmen ressourcenschonender durchgeführt werden.

In der Praxis sind solche quantitativen Werte leider für die meisten Anforderungen nicht ermittelbar. Ein monetärer Nutzen einer Filterfunktion in der Benutzerverwaltung beispielsweise ist nur schwer zu bestimmen. Schnell werden die zu berücksichtigenden Wirkungen sehr komplex, da nicht nur die direkten Wirkungen auf die Anwender in Betracht gezogen werden müssen, sondern auch indirekte Auswirkungen auf Kunden, Lieferanten, das Image des Unternehmens u. v. m.

Der Nutzen einer Anforderung wird daher meist entweder über das Zuweisen der Anforderung zu einer Nutzenklasse, z.B. nach der Kano-Methode, bestimmt oder es wird lediglich der relative Nutzen im Vergleich zu anderen Anforderungen ermittelt.

4.3.2 Das Kano-Modell

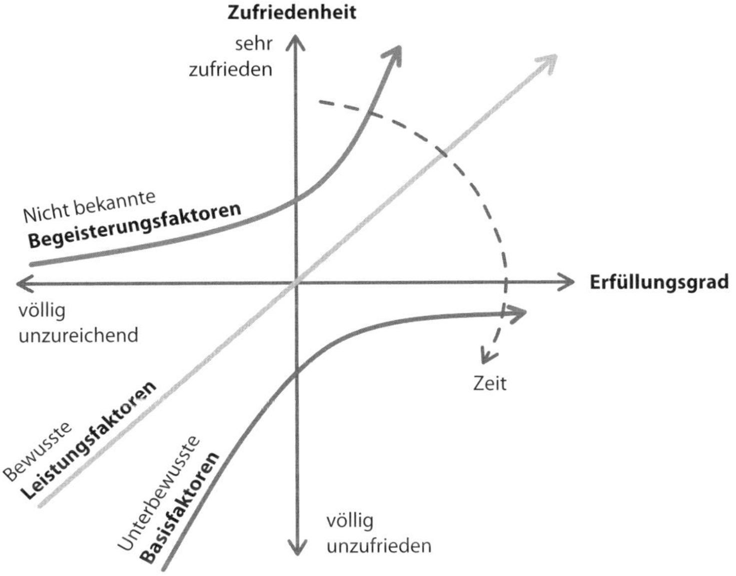

Abb. 4–2 *Anforderungsklassifikation nach Kano*

Nach Kano werden die Anforderungen in drei Klassen eingeteilt:

- **Basisfaktoren**
  Diese muss das System erfüllen. Ein Fehlen führt zu massiver Unzufriedenheit. Die Erfüllung der Basisfaktoren führt jedoch nicht unbedingt zu positiver Stimmung. Basisfaktoren werden oft nicht explizit genannt. Sie sind für die Stakeholder so selbstverständlich, dass diese glauben, sie nicht extra erwähnen zu müssen.

  Ein Beispiel wäre die Funktion »Telefonieren« oder »Internet« für ein Smartphone. Diese Anforderung bringt Nutzen für den Anwender und muss unbedingt vorhanden sein. Die Zufriedenheit mit dem Smartphone wird dadurch aber kaum gesteigert.
- **Leistungsfaktoren**
  Die Leistungsfaktoren sind für die Anwender wichtige Funktionen. Sie erzeugen Zufriedenheit, wenn sie vorhanden sind, und senken die Zufriedenheit, wenn sie fehlen. Leistungsfaktoren werden von den Stakeholdern explizit genannt und bringen hohen Nutzen für die Anwender.

Leistungsfaktoren für ein Smartphone wären beispielsweise hochwertige Fotografier-Funktionen.

- **Begeisterungsfaktoren**
  Dies sind Faktoren, mit denen die Kunden nicht gerechnet haben und die große Zufriedenheit bis hin zu Begeisterung auslösen, daher auch der Name. Solche Faktoren sind den Kunden nicht bekannt, sie müssen entweder vom Team erfunden und einfach gebaut werden oder sind durch Kreativitätstechniken aufzuspüren.

  Für ein Smartphone könnte dies z.B. eine Augmented-Reality-Funktion oder eine 3D-Scannerfunktion sein.

Sämtliche Anforderungen werden nun im Zuge der Erstellung vom Product Owner einer der drei Klassen zugeordnet. Vorteil dieser Art der Nutzenklassifizierung ist, dass sie sehr schnell und einfach durchzuführen ist. Der Nachteil liegt darin, dass es eine sehr grobe Einteilung in nur drei Klassen ist und die Anforderungen innerhalb einer Klasse sich in Bezug auf ihren Nutzen nicht unmittelbar unterscheiden lassen.

4.3.3 Ordnung nach relativem Nutzen

Ist direkte Messung nicht möglich und die Einteilung in Nutzenklassen zu ungenau, so empfiehlt sich die Ordnung der Anforderungen nach ihrem relativen Nutzen. Im Vergleich mit einer anderen Anforderung kann der Product Owner meist genau sagen, welche den höheren Nutzen bietet.

Eine Ordnung der Anforderungen nach relativem Nutzen stellt man am einfachsten durch einen paarweisen Vergleich aller Anforderungen her. Dazu nimmt man eine beliebige Anforderung und setzt sie auf die noch leere Liste an die erste Stelle. Nun geht man Anforderung für Anforderung durch und vergleicht den subjektiv geschätzten Nutzen mit dem Nutzen jeder Anforderung in der Liste. Ist der Nutzen größer, kommt die neue Anforderung vor die vorhandene. Ist der Nutzen kleiner, kommt sie dahinter. Einen Gleichstand darf es nicht geben, jede Anforderung muss entweder davor oder danach einsortiert werden.

Das Ergebnis ist eine nach Nutzen absteigend sortierte Liste aller Anforderungen. Vorteil dieser Methode ist, dass sie relativ einfach durchzuführen ist und eine eindeutige Reihung ergibt. Der Nachteil liegt darin, dass keine Aussage gemacht werden kann, um wie viel der Nutzen einer Anforderung größer oder kleiner ist als der einer anderen.

4.3.4 Abstrakter Geschäftswert (Business Value)

Eine Kombination aus Klassenbildung und relativer Nutzenbestimmung bietet die Einschätzung der Anforderungen nach einem abstrakten Geschäftswert (»Business Value«). Hierbei definiert man eine wichtige Anforderung als Referenzanforderung und gibt ihr den Geschäftswert von 100 (oder 1000 bei sehr vielen Anforderungen). Jede andere Anforderung wird nun mit der Referenzanforderung verglichen und erhält einen entsprechenden Wert. Eine halb so nützliche Anforderung erhält den Geschäftswert 50, eine doppelt so nützliche den Wert 200. Im Grunde funktioniert diese Bestimmung ähnlich wie die Schätzung mit Story Points.

Der Vorteil dieser Methode ist, dass sie einfach durchzuführen ist und einen guten Vergleich der Anforderungen untereinander ermöglicht. Nachteilig ist, dass sie eine Genauigkeit vortäuscht, die möglicherweise gar nicht vorhanden ist. Oft ist es schwer zu sagen, ob eine Anforderung nun einen Nutzen von 50 oder doch eher nur von 40 hat.

4.3.5 MVP – Minimum Viable Product

Der Begriff MVP (siehe auch [Wikipedia: Minimum Viable Product]) ist im Lean-Startup-Umfeld entstanden und bedeutet »minimal brauchbares oder existenzfähiges Produkt«. Es ist die erste minimal funktionsfähige Iteration eines Produkts, die dazu dient, möglichst schnell aus Nutzerfeedback zu lernen und so Fehlentwicklungen an den Anforderungen der Nutzer vorbei zu verhindern. Wichtig in diesem Zusammenhang ist, dass die Iteration einen ersten »brauchbaren« Nutzen bietet, sodass die Nutzer das Produkt auch einsetzen.

Es gibt unterschiedliche Anwendungsbereiche und Gründe, warum ein MVP sinnvoll sein kann:

- Testen einer Marktlücke mit möglichst wenig Entwicklungsaufwand
- »Beschleunigtes Lernen« durch das schnelle Kundenfeedback
- Ausgangsbasis für eine weitere leichter verständliche Spezifikation des Produkts
- Frühestmögliche Bereitstellung eines Produkts an Anwender (Pilotkunden)
- Fokussierung der Entwicklerinnen auf die essenziellen Produktbestandteile
- Grundlage für andere Produkte
- Nachweis der Herstellungskompetenz der Softwareentwicklung

Zielgruppe des MVP sind primär Pilotkunden.

4.3.6 MMP – Minimum Marketable Product

Das MMP ist die nächste Stufe der Entwicklung nach dem MVP. Dies ist dann kein Prototyp für Pilotkunden mehr, sondern schon ein auf dem Markt zum Verkauf angebotenes Produkt.

Die Zielgruppe beim MMP ist jedoch grundsätzlich der komplette Zielkundenkreis, jedoch mit einem Fokus auf die Early Adopters, d.h. Kunden, denen der innovative Charakter eines Produkts wichtiger ist als sein kompletter, ausgereifter Funktionsumfang.

Das MMP steht grundsätzlich für ein Produkt, das zur Markteinführung bereit ist, aber immer noch eine Mindestversion darstellt und nicht das voll ausgebaute Endprodukt. Es ist sozusagen das erste Release, das an einen (noch) eingeschränkten Zielkundenkreis ausgeliefert wird. Das MMP fokussiert stärker auf die Benutzerzufriedenheit und Erfüllung der Kundenerwartungen als das MVP.

Nachfolgend werden die Unterschiede zwischen MVP und MMP dargestellt [Sharma 2021]:

	MVP	MMP
Phase	Erstentwicklung	Pre-Launch
Fokus	Validieren der Produktidee	Adressieren von Benutzerbedürfnissen und Erfahrungserwartungen
Zielgruppe	Betatester, Pilotkunden	Early-Adopter-Kunden oder eingeschränkte Endkundenkreise
Ziel	Erfolgreiche Produktidee	Erfolgreicher Launch

4.4 Risikobewertung

[IREB Advanced Level RE@Agile – Practitioner/Specialist] LE 5.2

In Projekten, wo Anforderungen zu Beginn nur grob beschrieben sind und nicht genau vorhersehbar ist, welche Anforderungen wann und in welcher Form umgesetzt werden, ist es wichtig, die Risiken, die sich aus dieser Unsicherheit ergeben, im Blick zu haben. In Softwareprojekten gibt es zahlreiche Risiken[2], die den Projekterfolg gefährden können, beispielsweise:

- Der Product Owner fällt krankheitsbedingt kurzfristig aus.
- Das verwendete Framework für den Datenbankzugriff skaliert doch nicht für die erwartete Zahl von Anwendern.
- Eine Anforderung in Modul X verursacht viele nicht gleich sichtbare Fehler in Modul Y.
- Die Konkurrenz bringt ein ähnliches Produkt auf den Markt.
- Eine einzelne Anforderung ist so komplex, dass die aktuelle Architektur dafür komplett überarbeitet werden muss.

Viele der Risiken kann man vermeiden oder zumindest abschwächen, wenn man sich früh genug überlegt, was man tut, um den Eintritt des Schadens zu verhindern,

2. Abgrenzung zu Impediments (»Hindernisse«) in Scrum: Damit sind Hindernisse gemeint, die das Team in der effektiven Arbeit behindern und die der Scrum Master beseitigen sollte. In diesem Kapitel ist der Risikobegriff weiter gefasst und deckt nicht nur die Impediments ab, sondern jegliche Risiken, die auf das Projekt einwirken können, auch wenn sie nicht unmittelbar die Effizienz der Teamarbeit betreffen.

oder wie man reagiert, wenn der Schadensfall doch eintritt. Genau das ist das Ziel von Risikomanagement. Dieser iterative Prozess sollte während des gesamten Projekts laufend nebenher ausgeführt werden. Für ein einfaches, aber effektives Risikomanagement sollte man zwei Risikosichten betrachten: eine übergeordnete *Risikosicht auf Projektebene* und eine für die *Risiken eines jeden Backlog-Eintrags*.

In den unterschiedlichen Backlog-Typen (Unternehmen, Product, Release, Sprint) sind unterschiedliche grundlegende Priorisierungsstrategien möglich. Ein Unternehmen könnte beispielsweise eine Strategie der frühzeitigen Steigerung des Geschäftswerts verfolgen, wenn sein Hauptziel darin besteht, ein Produkt bald bereitzustellen und Marktanteile zu gewinnen (erhöhtes Risiko). Eine Strategie der frühzeitigen Risikoreduzierung könnte bevorzugt werden, wenn z.B. ein Lieferant eine Produktrückgabe aufgrund möglicher unzureichender Leistung oder Sicherheitsmängel um jeden Preis vermeiden möchte.

Sehr oft hängen potenzieller Geschäftswert und Risiken voneinander ab. Die Konzentration auf einen bestimmten Geschäftswert kann bestimmte Risiken mit sich bringen, eine Änderung des Fokus des Geschäftswerts kann die Risiken verändern [Reinertsen2009].

Die Reihenfolge der Anforderungen sollte in jedem Fall entsprechend der gewählten Strategie unter Berücksichtigung von Abhängigkeiten zwischen den Anforderungen angepasst werden.

In der Praxis werden Anforderungen in vielen Projekten nicht nach Risiko, sondern nach Geschäftswert gereiht und umgesetzt. Natürlich ist es auch in diesem Fall sinnvoll und notwendig, Risiken für das Projekt und für jeden Backlog-Eintrag zu erheben und zu behandeln und ggf. Anforderungen mit hohem Risiko vorzuziehen, um frühzeitig zu erkennen, ob Schaden entsteht, und entsprechend reagieren zu können. Risiko und Priorität sind also zwei unterschiedliche Attribute der Elemente im Backlog, wobei jedoch das Risiko oft Einfluss auf die Priorität hat.

Viele agile Methoden und Prinzipien helfen implizit, Risiken zu vermeiden oder zu vermindern:

- Das Ziel jeder Iteration ist lauffähige und getestete Software.
- Durch die schnellen Inkremente, die immer einen Mehrwert für die Anwender haben, wird das Risiko des völligen Scheiterns reduziert.
- Durch die kurzen Iterationen und vielen Feedbackschleifen kann effektiv und rasch auf Risiken oder Schadensfälle reagiert werden.
- Durch das kontinuierliche Monitoring des Fortschritts und die eingebauten Feedbackmethoden werden Risiken früher sichtbar.
- Die offene Kommunikation im Team macht es leichter, Risiken anzusprechen und bewusst zu reduzieren.
- Wenn unsichere Anforderungen im Backlog höher priorisiert und früher umgesetzt werden, werden Risiken und Schadensfälle früher sichtbar und es kann besser gegengesteuert werden.

Trotzdem sollten Risiken auch explizit identifiziert und behandelt werden. Das ist Aufgabe vom Product Owner und Agile Master.

4.4.1 Risiken identifizieren und bewerten

Risiken identifizieren bedeutet, gezielt zu untersuchen, welche Risiken im Projekt auftreten können. Risiken können aus unterschiedlichen Quellen entstehen [Tiwana & Keil 2004]:

- **Anforderungen**
  Die Anforderungen sind grob und unklar, es ist mit vielen Änderungen zu rechnen. Der Kunde ist unzufrieden mit dem Produkt. Aufwands- und Zeitziele können nicht eingehalten werden.
- **Vorgehensmodell und Methoden**
  Das Vorgehensmodell ist nicht geeignet, ein Projekt dieser Art erfolgreich abzuwickeln. Planung und Kontrolle sind sehr schwierig.
- **Team**
  Das Team hat organisatorisch und fachlich wenig oder keine Erfahrung mit Projekten dieser Art und Größe.
- **Stakeholder**
  Die Arbeitsweise des Kunden passt nicht zum agilen Vorgehen. Der Kunde und die Ansprechpartner sind neu oder haben kaum Zeit, sich in das Projekt einzubringen.
- **Komplexität**
  Das Projekt bildet viele anspruchsvolle Prozesse ab, es sind viele zusammenhängende Funktionen gefordert, die Technologie ist komplex, es gibt viele Interaktionen mit anderen Systemen. Die Qualitätssicherung ist nicht geeignet für ein Projekt dieser Art.
- **Technologie**
  Die einzusetzenden Frameworks, Produkte und Technologien ermöglichen die Umsetzung der Anforderung nicht oder nur mit sehr hohem Aufwand.

Immer wieder beleuchtet der Product Owner mit dem Team, welche Risiken in welchen Bereichen vorhanden sind. Dies kann auf Basis einer Checkliste erfolgen, in einem freien Brainstorming oder durch Kombination mehrerer Techniken. Ergebnis ist eine Liste der vorhandenen Risiken. Diese Risikoliste kann vom Product Owner oder Agile Master auf Projektebene verwaltet werden.

Neben diesen Projektrisiken muss auch jede Anforderung auf mögliche Gefahren hin untersucht werden. Hier sind z.B. folgende Aspekte zu beleuchten:

- Auswirkungen auf andere Anforderungen (»Side Effects«)
- Komplexität und Größe der Anforderung
- Wahrscheinlichkeit von Änderungswünschen durch die Kundschaft

- »Reifegrad« der Anforderung: Liegt sie nur in Stichworten vor oder ist schon eine genaue Vorstellung vorhanden.
- Qualitative Kriterien für die Umsetzung, wie Performance, Skalierbarkeit etc.
- Auswirkungen auf die Architektur: Kann die Anforderung in der bestehenden Architektur umgesetzt werden oder ist ein großes Architektur-Refactoring notwendig?
- Auswirkungen auf die Wartbarkeit

Unmittelbar beim Erstellen der Anforderung überlegt sich der Product Owner, welche Risiken sie in sich birgt. Er holt sich dabei die Hilfe des Teams, sodass auch technische Risiken und »Side Effects« gefunden werden. Risiken werden des Weiteren im Zuge der Aufwandsschätzung und bei der Planung von Anforderungen beleuchtet. Risikoidentifikation und Analyse passieren also immer nebenher, wenn die Anforderung beschrieben, diskutiert oder eingeplant wird. Werden solche Risiken identifiziert, so werden sie direkt bei der Anforderung, ähnlich wie die Akzeptanzkriterien, dokumentiert.

Sind die Risiken identifiziert und im Risiko-Backlog bzw. bei der Anforderung gesammelt, so wird für jedes Risiko die Eintrittswahrscheinlichkeit und Schadenshöhe bestimmt. Der Risikowert (»Risk Exposure«) errechnet sich dann als Produkt dieser beiden Werte [Schmidt 2009]:

$$R(A)=P(A)\times C(A)$$

P(A) ... Wahrscheinlichkeit des Eintretens von Ereignis A
C(A) ... Schaden bei Eintritt von Ereignis A
R(A) ... Risikowert für Ereignis A

Sehr oft ist gerade die Ermittlung des Schadens nicht möglich. Hier bietet es sich an, den Schaden z.B. nicht als monetären Wert zu ermitteln, sondern lediglich eine Schadensklasse festzulegen (siehe Tab. 4–1, [Unterauer 2012]):

Schadensklasse	Beschreibung
0 – Kein Schaden	▪ Keine merkbaren Auswirkungen
1 – Minimal	▪ Kaum Auswirkungen auf Projektertrag ▪ Geringe Verschiebungen von Budget und Zeit ▪ Kaum merkbare Auswirkungen für den Kunden
2 – Gering	▪ Projektertrag wird geschmälert ▪ Kunde ist kurzfristig irritiert und verunsichert, beginnende Unzufriedenheit ist erkennbar ▪ Überschreitungen von Budget und Zeit wahrscheinlich, Kunde kann dies aber akzeptieren
3 – Merklich	▪ Projekt wirft keinen oder nur geringen Ertrag ab ▪ Merkbare Überschreitung von Budget und Zeit ▪ Kunde ist unzufrieden mit Projektablauf (Prozess) oder dem gelieferten Produkt

→

Schadensklasse	Beschreibung
4 - Hoch	■ Unternehmen macht Verlust mit dem Projekt ■ Noch keine direkten Schadenswirkungen über das Projekt hinaus
5 - Sehr hoch	■ Unternehmen macht hohe Verluste mit dem Projekt ■ Kunde bricht Geschäftsbeziehungen ab ■ Kunde klagt vor Gericht

Tab. 4–1 *Schadensklassen bei der Risikobeurteilung*

Ebenso kann die Eintrittswahrscheinlichkeit in Klassen eingeteilt und somit einfacher ermittelt werden [Unterauer 2012]:

Klasse	Geschätzte Wahrscheinlichkeit
0 - Praktisch unmöglich	< 10%
1 - Sehr unwahrscheinlich	10 - 30%
2 - Eher unwahrscheinlich	> 30 - 50%
3 - Eher wahrscheinlich	> 50 - 70%
4 - Sehr wahrscheinlich	> 70 - 90%
5 - Praktisch sicher	> 90%

Tab. 4–2 *Wahrscheinlichkeitsklassen bei der Risikobeurteilung*

Aus der Multiplikation von Eintrittswahrscheinlichkeit (Wertebereich 0 bis 5) und Schaden (Wertebereich 0 bis 5) ergibt sich somit ein möglicher Risikowert von 0 bis 25. Je höher der Wert, desto gefährlicher das Risiko. In vielen Projekten wird ein Schwellenwert definiert, ab dem ein Risiko, egal ob es ein Projektrisiko oder ein Risiko zu einer speziellen Anforderung ist, mit Maßnahmen versehen und überwacht werden muss (siehe Tab. 4–3):

Risiko	Aktionen
0–5 Minimal	■ Regelmäßige Kontrolle z.B. vierteljährlich ■ Keine Maßnahmen erforderlich
6–14 Mittel	■ Regelmäßige Kontrolle z.B. monatlich ■ Maßnahmen empfehlenswert, aber nicht verpflichtend ■ Muss dem Management gemeldet werden
15–20 Hoch	■ Kontrolle in jeder Iteration ■ Maßnahmen verpflichtend ■ Muss dem Management gemeldet werden
> 20 Kritisch	■ Tägliche Kontrolle z.B. im Daily Scrum ■ Maßnahmen müssen unmittelbar eingeleitet werden ■ Tägliches Reporting ans Management

Tab. 4–3 *Risikoklassen und zugeordnete Aktionen*

Diese Risikobewertung in Klassen ist sehr einfach und schnell in der Handhabung. Durch die Ähnlichkeit zu Schätztechniken wie Story Points wird sie dem Team auch schnell vertraut sein. Die Risikobewertung sollte auch in die Definition of Ready für Anforderungen aufgenommen werden, damit sie nicht vergessen wird.

Die Tabellen 4–4 und 4–5 zeigen die Ergebnisse einer Risikoanalyse auf Projektebene und zu einer Anforderung.

Risiken auf Projektebene	Bewertung
Entwicklerin aus dem Team verlässt das Unternehmen.	10
Zugekaufte Workflow-Komponente skaliert nicht für die geplanten 500 gleichzeitigen Benutzer.	15
Konkurrenz bringt ein ähnliches Produkt auf den Markt.	5
Kunden fordern Smartphone-App für mobilen Zugriff.	10

Tab. 4–4 *Beispiel einer Projektrisikoliste*

Risiken zur Anforderung »Als Benutzer möchte ich Fehlzeiten buchen können«	Bewertung
Die Anforderung besitzt viele Varianten und Sonderfälle, die einzeln spezifiziert und umgesetzt werden müssen.	20
Die Masken für die Fehlzeiteingabe müssen aufgrund der vielen Varianten evtl. einzeln ausprogrammiert werden. Das UI-Framework kann nicht verwendet werden.	10
Es ist noch nicht klar, welche Fehlzeitarten nun genau umzusetzen sind.	5
Es ist mit vielen gesetzlichen Änderungen zu rechnen.	15

Tab. 4–5 *Beispiel einer Risikoliste zu einer Anforderung*

Ist die Unsicherheit zum Projekt oder zu einzelnen Anforderungen so groß, dass gar nicht abschätzbar ist, ob sie überhaupt sinnvoll umsetzbar sind und wo die Risiken liegen, so müssen Machbarkeitsanalysen zur Einschätzung der Risiken durchgeführt werden.

4.4.2 Maßnahmen planen

Sind die wesentlichen Risiken identifiziert und bewertet, sollten für die Risiken mit hohen Risikowerten Maßnahmen definiert werden. Es gibt grundsätzlich unterschiedliche Arten von Maßnahmen, mit denen man auf Risiken reagieren kann [Schmidt 2009]:

- **Risikovermeidung**
  Das Produkt oder der Entwicklungsprozess wird so verändert, dass das Risiko nicht mehr existiert.
- **Risikoeliminierung**
  Es werden ein oder mehrere Faktoren, die zum Eintreten des Risikos führen, beseitigt.

- **Risikoverminderung**
  Der Risikowert wird verringert, indem Maßnahmen getroffen werden, die die Eintrittswahrscheinlichkeit und/oder den entstehenden Schaden reduzieren.
- **Risikoabwälzung**
  Das Risiko wird auf Dritte abgewälzt.

Zu Projektbeginn erstellt das Team mit dem Product Owner in einem Workshop eine Risikoliste inklusive Bewertung (siehe Tab. 4–4). Anschließend werden Maßnahmen zur Vermeidung oder Verminderung der Risiken geplant. Dasselbe gilt auch für die Risiken, die bei den einzelnen Anforderungen identifiziert werden, hier werden die Maßnahmen am besten direkt im Zuge der Risikoidentifikation und -bewertung definiert (siehe Tab. 4–5).

Beispiele für solche Maßnahmen können sein:

- Durchführung von Machbarkeitsstudien (z.B. mit Spikes)
- Ändern der Reihung der Elemente im Backlog, sodass Elemente mit hohem Risiko früher zur Umsetzung kommen, Probleme früh erkannt werden und noch rechtzeitig gegengesteuert werden kann
- Durchführen von Schulungen, um Know-how aufzubauen
- Hinzuziehen externer Expertise
- Genauere Spezifikation von Anforderungen mit den Anwendern
- Eskalation an die Geschäftsführung bzw. an den Kunden
- Anpassen der Release- und Iterationsplanung (mehr Zeitpuffer)
- Umfangreiche Testpläne und Ansetzen zusätzlicher Testdurchläufe
- Anfordern von produktivnahen Testdaten, sodass von Beginn an mit »echten« Daten gearbeitet werden kann

> *Für das Requirements Engineering gilt:*
> *Das Risiko steuert den Detaillierungsgrad der Spezifikation einer Anforderung. Je höher das Risiko einer Anforderung, desto genauer muss sie bereits im Vorfeld spezifiziert werden. Nur so kann das Risiko richtig eingeschätzt und verringert werden!*

Die gemeinsam im Team beschlossenen risikoreduzierenden Maßnahmen werden als Stories oder Tasks erfasst, ins Backlog aufgenommen und wie andere Projektaufgaben auch umgesetzt.

Zusätzlich zu den oben angeführten Maßnahmen, die alle darauf abzielen, das Eintreten eines Schadens zu verhindern oder die Eintrittswahrscheinlichkeit zu verringern, sollte auch überlegt werden, was geschehen muss, wenn der Schaden doch eintritt. Vielfach ist es nämlich zu spät für diese Überlegungen, wenn der Schaden einmal eingetreten ist.

Teile der Risikomaßnahmen können auch in die Definition of Done oder Definition of Ready einfließen (siehe Kap. 5), hier einige Beispiele dafür:

- Definition of Done

To-do-Liste	Ab Risiko
Product Owner hat das Ergebnis abgenommen	Immer
Tests sind automatisiert mit Testabdeckung >90 %	>10
Codereviews sind durchgeführt und dokumentiert	>20
Tests mit Echtdaten auf zwei Kundenumgebungen durchgeführt	>20

- Definition of Ready

To-do-Liste	Ab Risiko
Anforderung ist vom Kunden geprüft und abgenommen	Immer
Auswirkungsanalyse wurde durchgeführt	Immer
Sicherheitsrelevanz der Anforderung untersucht und eingestuft	Immer
Für alle UI-Masken sind Entwürfe vorhanden	>5
Schnittstellen sind vollständig und detailliert spezifiziert	>10
Testfälle für jeden Use Case sind definiert	>10
Maßnahmen für jedes gefundene Risiko sind definiert	>10
UI-Entwurf vorhanden und mit Product Owner abgestimmt	>15
Produktivnahe Testdaten sind vorhanden und für die Entwicklung bereit	>20

4.4.3 Risiken überwachen und steuern

Ist die Risikoplanung abgeschlossen, kann mit der Durchführung der nächsten Iteration und Umsetzung der Maßnahmen begonnen werden. Risikomanagement ist eine ständige projektbegleitende Tätigkeit. Wichtig ist, dass nicht nur Risiken identifiziert, sondern auch Maßnahmen definiert und diese umgesetzt werden. Während des gesamten Projekts sollte nach Risiken gesucht, diese und auch bereits identifizierte Risiken bewertet sowie Maßnahmen entwickelt und umgesetzt werden. Wann immer Anforderungen spezifiziert oder präzisiert werden, wird auch über Risiken nachgedacht. Wann immer sonst Risiken erkannt werden, sollten sie sofort dokumentiert, bewertet sowie Maßnahmen definiert und in das Backlog eingeplant werden.

Risikomanagement wird leider in vielen Projekten völlig ignoriert. Das führt immer wieder zu Zeit- und Budgetüberschreitungen, Qualitätsmängeln, schlechter Wartbarkeit, fehlenden Funktionen etc. Bereits ein einfaches, schlankes Risikomanagement, bestehend aus einem einfachen Risiko-Backlog auf Projektebene und einer kurzen Risikoliste bei jeder Story, könnte helfen, viele Probleme in Softwareprojekten zu vermeiden.

4.5 Aufwands- und Kostenschätzung

In den meisten Softwareprojekten, unabhängig ob agil oder plangetrieben, wollen die Auftraggeber und Kunden schon nach der ersten groben Besprechung der Anforderungen und Ziele wissen, wann die Software denn nun fertig ist und was sie kosten wird. Um hier von vornherein eine Schieflage des Projekts zu vermeiden, ist eine solide Schätzung des Aufwands und der Kosten sehr wichtig.

4.5.1 Aufwandsschätzung in nicht agilen Softwareprojekten

In nicht agilen Projekten schätzt man basierend auf den gegebenen Informationen den personellen Aufwand (z.B. Personenstunden) für die Umsetzung und ermittelt daraus die Kosten (siehe Abb. 4–3). Man geht dabei von einem zu realisierenden Set von Anforderungen aus, definiert möglichst genau, welche Funktionen das System dafür bieten muss, und berechnet daraus den Aufwand, der für die Umsetzung notwendig ist. Da der personelle Aufwand der Haupttreiber für die Kosten ist, lassen sich die Kosten für die Umsetzung oft direkt aus dem Aufwand ableiten. Ebenso ergibt sich der Fertigstellungszeitpunkt aus dem ermittelten Aufwand und den verfügbaren personellen Ressourcen.

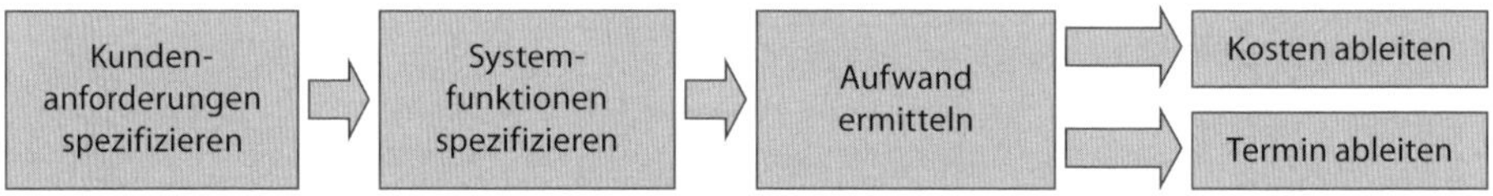

Abb. 4–3 *Aufwandsschätzung in nicht agilen Projekten*

Das Problem hierbei ist, dass in vielen Projekten zu dem Zeitpunkt, zu dem man die Schätzung abgeben soll, zu wenige Informationen vorliegen, um eine ausreichende Schätzgenauigkeit erreichen zu können. Abbildung 4–4 zeigt, dass die Schwankungsbreite zu Beginn sehr hoch ist und im Verlauf des Projekts mit steigendem Wissensgrad über die Anforderungen und die verwendeten Technologien geringer wird.

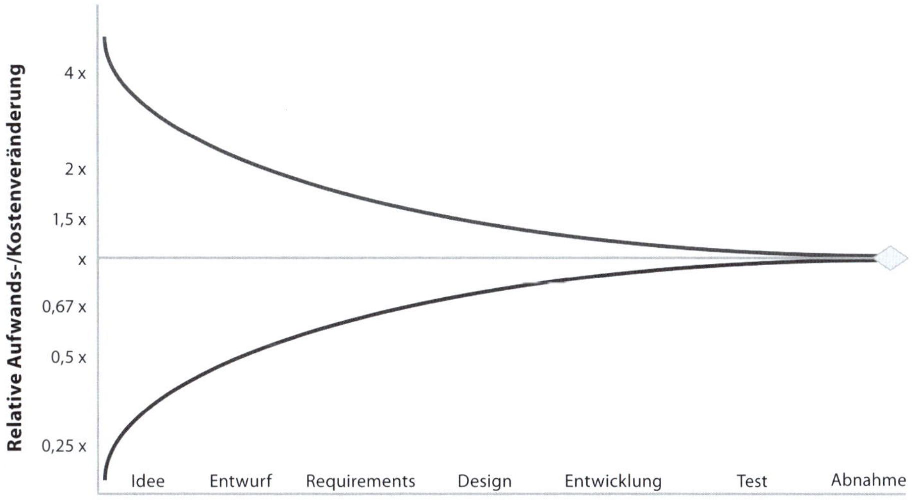

Abb. 4–4 *Unschärfetrichter bei der Aufwandsschätzung (»Cone of Uncertainty«)*

Es ist absehbar, dass im Projekt noch viele Änderungen notwendig sein werden, die jetzt noch nicht vorhergesehen werden können. Auf diese Änderungen muss das Team reagieren. Tabelle 4–6 zeigt den Zustand, in dem viele Softwareprojekte beginnen, und dass es oft kaum Spielraum für solche Anpassungen gibt.

	Problematisches Softwareprojekt mit nicht agiler Vorgehensweise
Ziele	■ Nicht explizit definiert; kaum Spielraum
Kundenanforderungen	■ Grob definiert; geringer Spielraum ■ Primär von Zusatzkosten abhängig
Systemfunktionen	■ Irgendwie definiert; geringer Spielraum ■ Primär von Zusatzkosten abhängig
Aufwand/Kosten	■ Grob geschätzt; kein Spielraum (nach oben)
Termin	■ Zu Beginn fixiert; kaum Spielraum
Qualität	■ Nicht explizit definiert ■ Kunde erwartet perfekte Qualität

Tab. 4–6 *Anfangszustand vieler Softwareprojekte*

Eines der großen Probleme vieler Softwareprojekte ist, dass es eben keinen Spielraum für Reaktionen auf Änderungen gibt. Die Kunden haben keinen Spielraum, um darauf zu reagieren, dass sie erst während des Projekts erkennen, was sie wirklich brauchen. Die Entwicklerinnen haben keinen Spielraum, um darauf zu reagieren, dass die Technologien doch noch nicht so reif sind, wie das zu Beginn erhofft wurde.

Praxistipp für Auftraggeber von Softwareprojekten: Nichts ist unangenehmer, wie wenn Ihnen bei 75% Fertigstellungsgrad des Projekts das freigegebene Budget ausgeht! Wenn Sie Angebote von Softwarelieferanten erhalten (z.B. 500.000 Euro), dann setzen Sie daher Ihr eigenes internes Budget dafür auf den doppelten Wert (z.B. 1 Mio. Euro), ohne dies dem Lieferanten bekanntzugeben. Das Zielbudget gegenüber dem Lieferanten ist natürlich der angebotene Preis. Dies führt dazu, dass das Projekt sowohl gegenüber dem Lieferanten als auch intern gegenüber den Geldgebern »entspannter« abläuft.

In der Praxis sehen Projekte am Ende daher oft so aus, wie in Tabelle 4–7 dargestellt.

	Problematisches Softwareprojekt mit nicht agiler Vorgehensweise
Ziele	■ Großteils erreicht
Kundenanforderungen	■ Großteils umgesetzt; Anwender aber sehr unzufrieden, weil Änderungen nötig wären
Systemfunktionen	■ Großteils umgesetzt; viele Fehler
Aufwand/Kosten	■ Kosten um mindestens ein Drittel überschritten
Termin	■ Termin um mehrere Monate überschritten
Qualität	■ Sehr niedrig; viele Fehler

Tab. 4–7 *Endzustand vieler Softwareprojekte*

Ein Grund für die hohe Unzufriedenheit der Kunden und die Verfehlung der Projektziele ist, dass durch die Schätzung zu Beginn Erwartungen geweckt wurden, die am Ende nicht eingehalten werden konnten. Dies führt dazu, dass die ursprünglich prognostizierte Preisentwicklung bis zur Erreichung der tatsächlichen Kundenbedürfnisse meist erheblich nach oben abweicht.

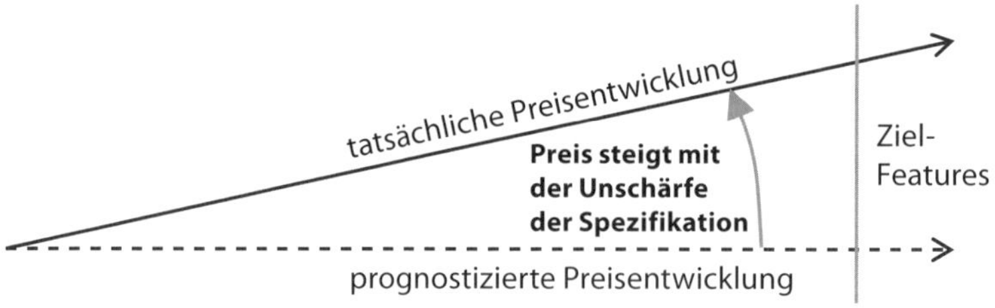

Abb. 4–5 *Prognostizierte vs. tatsächliche Preisentwicklung in nicht agilen Projekten*

Im Grunde müsste ein Anbieter die Abgabe einer festen Aufwandsschätzung verweigern, wenn die Schwankungsbandbreite über dem Bereich von etwa 10–20 % liegt. Oder er müsste die von ihm grob geschätzte Schwankungsbandbreite dazu angeben (z.B. »500.000 € ± 30 %«). Typischerweise wird dies jedoch nicht gemacht, weil sonst ein anderer Anbieter den Auftrag bekommt.

Es gibt folgende Hauptursachen für falsche Schätzungen:

- **Es wird zu früh geschätzt**
  Schätzungen werden abgegeben, obwohl noch unklar ist, was eigentlich gemacht werden muss.
- **Vortäuschen von Sicherheit**
  Schätzungen sind sehr detailliert, die große Schwankungsbreite wird aber nicht erwähnt.
- **Umfang, Kosten und Zeit werden fixiert**
  Dem Kunden wird alles fix zugesagt. Einziger Spielraum ist die Qualität, die dann auch leidet.
- **Anwender lernen erst im Projekt, was sie brauchen**
  Mit den ersten Versionen wird den Anwendern bewusst, was sie wirklich gebraucht hätten.
- **Das Team lernt im Projekt, was die Technologien wirklich können**
  Werden Technologien eingesetzt, mit denen das Team wenig Erfahrung hat, so ist immer mit Problemen zu rechnen.
- **Große Ausschreibungen, die primär den Preis bewerten**
  Vor allem bei großen Ausschreibungen ist es oft üblich, dass Lieferanten einen Preis anbieten, der völlig unrealistisch ist, nur um den großen Auftrag zu bekommen.

Diesen Problemen zu begegnen ist eines der Ziele agiler Vorgehensweisen. Dazu wurden eigene Konzepte für die Schätzung entwickelt.

4.5.2 Prinzipien agiler Schätzungen

[IREB Advanced Level RE@Agile – Practitioner/Specialist] LE 5.3

Auch in einer perfekten agilen Welt werden Prognosen benötigt, um festzustellen, wie viel Arbeit innerhalb einer zuvor festgelegten Iteration (Timebox) »erledigt« werden kann.

Kein ungeschätztes Element darf in Scrum aus zwei Gründen in einen Sprint aufgenommen werden [Cohn 2005]:

1. Es ist nicht klar, ob das Element innerhalb des Sprints abgeschlossen werden kann und dadurch verhindert, dass am Ende des Sprints funktionierende Software geliefert wird.
2. Ohne Diskussion und Einschätzung hätte das Team keinen Bezugspunkt (Planung vs. tatsächliches Tun) zum Lernen für die kommenden Sprints.

Darüber hinaus benötigen Entwicklungsorganisationen, die mehr als ein Team umfassen, in der Regel Prognosen, um die Arbeit richtig zu priorisieren und zu planen.

Die Prognose der Entwicklung erfolgt über mehrere Zeithorizonte. Für die gerade anstehende nächste Iteration soll das Verständnis darüber, welche Anforderungen zugewiesen werden (können), recht detailliert sein. Längerfristige Iterationspläne (z.B. für Releases oder das ganze Projekt) sind weniger detailliert, sollten jedoch eine grobe Schätzung und Planung ermöglichen.

Eine Planung ermöglicht auch die Berichterstattung über den Fortschritt, z.B. welche Epics, Features und User Stories tatsächlich zu ihren erwarteten Releaseterminen geliefert wurden. Es unterstützt auch das Erkennen von Anforderungen, die aufgeteilt werden müssen, weil sie zu groß sind, um in eine Iteration zu passen, oder für die aufgrund der Größe generell noch keine sinnvolle Schätzung möglich ist.

Anfängliche Projektschätzungen sind oft ungenau, werden aber immer präziser, wenn das Projekt weiter fortschreitet (»Cone of Uncertainty« – siehe auch Abschnitt 4.5.1).

Durch die Analyse dessen, was in früheren Iterationen geliefert wurde, kann die Geschwindigkeit des Teams (»Velocity« – siehe auch Abschnitt 4.5.5) berechnet werden, was eine bessere Einschätzung der Kapazität zukünftiger Iterationen ermöglicht.

Um bessere mittelfristige Schätzungen zu unterstützen, werden große Anforderungen wie Epics in Features zerlegt, um Schätzungen auf Feature-Ebene durchzuführen und diese dann im Epic zu summieren. Diese Schätzungen sind immer noch nicht sehr genau, aber hilfreich für die Epic-Schätzung und dienen zusätzlich als eine Art Überprüfung bezüglich der Kenntnis des Epic (Annahmen etc.).

Agile Methoden empfehlen einige Regeln, die helfen, bessere und genauere Schätzungen vorzunehmen:

- Alle an der Schätzung Beteiligten müssen das gleiche Verständnis von der Arbeit haben, die »erledigt« werden muss.
- Schätzungen müssen von jenen durchgeführt werden, die die Arbeit erledigen, dem cross-funktionalen Team bzw. den Entwicklerinnen. Dies trägt dazu bei, alle Beteiligten auf den gleichen Wissensstand zu bringen, indem Wissen und Annahmen über die zu erledigende Arbeit ausgetauscht werden.
- Schätzungen sollten relativ zu bereits geleisteter Arbeit erfolgen (Schätzung durch Analogie), da diese Schätzungen meist genauer sind als absolute Schätzungen.
- Schätzungen sollten in einer synthetischen Einheit erfolgen (z.B. Story Points), die Aufwand, Komplexität und Risiko gemeinsam darstellt. Die Verwendung einer synthetischen Einheit ist notwendig, damit alle die neue Art der Schätzung gleich durchführen. Die Verwendung von Stunden/Tagen in Schätzungen neigt dazu, bestehende, traditionelle Schätzmuster zu forcieren.
- Die Verwendung eines Auszugs aus der Fibonacci-Folge oder T-Shirt-Größen unterstützen diese Schätzverfahren (Verwendung von Begriffen wie »größer als/ kleiner als« statt »genau 2 mal so viel wie ...«).

Mehrere Techniken unterstützen die relative Schätzung. Die bekannteste Technik ist das sogenannte »Planning Poker« (siehe Abschnitt 4.5.4). Eine weitere Technik ist als »Affinitätsschätzung« (siehe Abschnitt 4.5.4) bekannt und dient zur schnellen Schätzung und Gruppierung größerer Mengen von Anforderungen, z.B. zur Grobschätzung zur Vorbereitung von Releaseplanungen.

Agile Schätzverfahren unterscheiden sich in zwei Punkten deutlich von der nicht agilen Herangehensweise:

- **Genauer Funktionsumfang bleibt variabel**
  Agile Schätzverfahren haben das Ziel, einen groben zeitlichen und budgetären Rahmen zu ermitteln. Der genaue Funktionsumfang wird bewusst erst später definiert. Vereinbart wird lediglich, welche Ziele bis wann zu welchem Budget erreicht werden. Wie das System genau aussieht und was es im Detail kann, wird erst im Laufe der Iterationen festgelegt.
- **Relative statt absolute Schätzung**
  Die Schätzungen erfolgen nicht in Personentagen oder gar Stunden, sondern in relativen Größeneinheiten. Einzelne Anforderungen werden zueinander in Beziehung gesetzt, man schätzt nur »Anforderung X ist zirka fünfmal so groß wie Anforderung Y«. Solche relativen Schätzungen sind wesentlich leichter und schneller durchzuführen. Die meisten agilen Vorgehensmodelle erlauben zwar auch Schätzungen in absoluten Werten, z.B. Personentagen, die relative Schätzung, z.B. mit Story Points, wird aber als Best Practice immer wieder empfohlen [Pichler 2008].

Dadurch ergibt sich eine andere Sicht auf die Ziele (siehe Tab. 4–8).

	Agiles Softwareprojekt
Ziele	Explizit definiert; wenig Spielraum
Kundenanforderungen	Grob definiert; Spielraum – solange Ziele erfüllt sind
Systemfunktionen	Grob definiert; Spielraum – solange Ziele erfüllt sind
Aufwand/Kosten	Grob geschätzt; evtl. als Budget fixiert
Termin	Zu Beginn fixiert über die geplante Iterationsanzahl; kein Spielraum
Qualität	Hoffentlich fixiert; Ziel des Teams sind 0 Fehler und nachhaltige Softwareentwicklung.

Tab. 4–8 *Anfangszustand agiler Softwareprojekte*

Hier sieht man, dass Aufwand und Termin zwar evtl. auch fixiert sind, jedoch durch den Spielraum in den Anforderungen und Systemfunktionen auf Änderungen und Unsicherheit reagiert werden kann.

Es gibt natürlich auch in agilen Projekten durch die Änderungen eine Aufwandserhöhung. Hier wird aber oft nicht der Preis erhöht, sondern stattdessen der Funktionsumfang reduziert, um dann den prognostizierten Preis auch einzuhalten.

Abb. 4–6 *Prognostizierte vs. tatsächliche Feature-Anzahl in agilen Projekten*

Beispiel:

Ziel: Die Kundin möchte ein System, mit dem sie sämtliche Projektzeiten erfassen und auswerten kann.

Ganz kurz werden die wesentlichen Anforderungen der Kundin definiert:

- Erfassen von Projektzeiten
- Erfassen von Urlauben
- Ansehen einer Monatsauswertung für eigene Zeiten
- Ansehen einer Auswertung der Zeiten je Projekt
- Löschen von Zeiten

Für die Umsetzung schätzt das agile Team ca. 40 Personentage. Dies entspricht in etwa den Vorstellungen unserer Kundin, die ein maximales Budget von 35 Personentagen hat. Das Team schätzt, dass es eine erste brauchbare Version binnen zwei Monaten liefern kann.

Daraus ergeben sich folgende Eckdaten zum Projekt:

- Budgetobergrenze: 35 Personentage
- Termin: 30. November

Diese beiden Werte und das Ziel »sämtliche Projektzeiten erfassen und auswerten können« werden mit der Kundin fest vereinbart.

Im Zuge des Projekts wird erarbeitet, wie die Benutzeroberfläche aussehen soll. Ursprünglich hätte die Kundin sich zwar eine an SAP angelehnte Oberfläche vorgestellt, die tatsächliche sieht nun aber ganz anders aus. Auch stellt sich heraus, dass ein Löschen von Zeiten doch nicht notwendig ist, dafür aber eine Funktion zum Beantragen von Zeitausgleich. Bei den Auswertungen zeigt sich, dass für beide Auswertungen etwa zehn Tage mehr Aufwand erforderlich wären als ursprünglich geschätzt. Daher wird nur die für die Zielerreichung wichtige Projektzeitauswertung realisiert und die Monatsauswertung wird aus der Anforderungsliste gestrichen und in die Liste für die nächste Version eingetragen.

Diese Änderungen sind meist kein Problem, weil sie in Summe innerhalb der vereinbarten Budgetgrenze bleiben, die prognostizierte Zeit eingehalten und das Ziel trotzdem erreicht wird.

Das Projekt wird erfolgreich zum zugesagten Termin mit dem vereinbarten Budget abgeschlossen und erreicht das definierte Projektziel, obwohl der Funktionsumfang und das Aussehen ganz anders sind als ursprünglich angenommen.

An diesem Beispiel wird deutlich, dass die Herangehensweise an Schätzungen sowie der Umgang mit den geschätzten Werten in agilen Projekten völlig anders sind als in nicht agilen Softwareprojekten. Indem das finale Produkt nicht von vornherein bis ins Detail spezifiziert ist, setzt dieses Vorgehen großes Vertrauen zwischen Kunde und Softwareersteller voraus. Der Kunde muss darauf vertrauen, dass er schlussendlich ein System bekommt, das seine Ziele erreicht, auch wenn es vielleicht anders ist, als er sich das ursprünglich vorgestellt hatte. Der Lieferant muss darauf vertrauen, dass der Kunde nicht ausnützt, dass es Unschärfen in der Spezifikation gibt, und übertriebene Funktionen fordert oder Funktionen »vergoldet«.

4.5.3 Schätzen im Projektverlauf

Frühe Grobschätzung zur Priorisierung

Für die Planung ist es wichtig, dass alle Anforderungen priorisiert sind, da sie in der Reihenfolge ihrer Priorität abgearbeitet werden. In die Priorisierung einer Anforderung fließen oft die Kosten als Einflussfaktor mit ein. Das bedeutet, dass für die Priorisierung der Anforderungen deren Umfang und Kosten zumindest grob abgeschätzt sein müssen. Anforderungen werden deshalb nach einer ersten groben Definition durch den Product Owner vom Team grob geschätzt. Diese Grobschätzung passiert in der Regel, sobald die Anforderung genau genug definiert ist, sodass der Product Owner sie ins Product Backlog aufnehmen kann.

Genauere Schätzung für die Iterationsplanung

Im Zuge der Iterationsplanung bzw. oft bereits in deren Vorbereitung werden die Anforderungen verfeinert und die Schätzung wird überarbeitet. Für die Schätzung gilt somit ebenso wie für die Anforderungsspezifikation: Je näher die Umsetzung rückt, um so genauer wird sie. Die Schätzung für die Planung der Iteration erfolgt entweder in den Wochen vor dem Planungsmeeting durch das Team oder direkt im Planungsmeeting.

4.5.4 Schätztechniken

In nahezu allen agilen Schätztechniken wird nicht der Aufwand für die Umsetzung in absoluten Werten, z.B. Personentagen, sondern lediglich die Größe der Anforderungen relativ zueinander geschätzt. In der Regel wird dabei eine kleine bis mittelgroße Anforderung oder Story als Referenzwert gesetzt, mit der dann alle anderen Anforderungen bzw. Stories verglichen werden.

Was genau unter »Größe« zu verstehen ist, muss jedes Team für sich erarbeiten. Vielfach wird darunter die subjektiv geschätzte Komplexität oder der Umfang des zu erstellenden Quellcodes und anderer Artefakte verstanden. Wichtig ist, dass alle im Team dasselbe Verständnis haben, was mit »Größe« gemeint ist. Nachfolgend werden einige Schätzmethoden beschrieben.

Hinweis: Wenn ein Scrum-Team etabliert ist und mit konstanter Geschwindigkeit und hoher Produktivität arbeitet, dann ist es meist keine gute Idee, die Schätztechnik während des Projekts zu ändern.

Grobschätzung mit T-Shirt-Sizing

Bei dieser sehr einfachen Schätztechnik wird jeder Anforderung eine T-Shirt-Größe zugeordnet. Es werden dabei meist die Größenklassen XS, S, M, L, XL und XXL verwendet [Röpstorff & Wiechmann 2015]. Jeder Schätzer erhält entsprechend gekennzeichnete Karten. Beim T-Shirt-Sizing wird Story für Story durchgegangen. Es wird jeweils eine Story ausgewählt, alle schätzenden Personen geben für diese dann gleichzeitig ihre Schätzung mit den entsprechenden Karten ab. Anschließend werden Abweichungen in den Schätzungen diskutiert, bis ein Konsens gefunden ist. Je Story sollte dies nicht länger als ein bis zwei Minuten dauern. Danach geht man zur nächsten Story über.

Der Vorteil dieser Technik besteht darin, dass sie schnell und einfach ist. Der Nachteil ist, dass sie auch für eine relative Schätzung nur sehr grobe Größenwerte liefert. Ein weiterer Nachteil ist, dass diese Schätzung nichts über den Aufwand bzw. die Kosten aussagt. Es kann lediglich abgeschätzt werden, dass Story X größer oder kleiner als Story Y ist.

Schätzung mit Story Points und Planning Poker

[IREB Advanced Level RE@Agile – Practitioner/Specialist] LE 5.3

Das wohl bekannteste Schätzverfahren ist die Schätzung mit Story Points. Eine Technik zur Durchführung ist Planning Poker.

Ein Story Point ist eine »synthetische, team- und evtl. projektspezifische Einheit für Schätzgrößen von Anforderungen im Product Backlog. Story Points spiegeln den Funktionsumfang, ggf. auch die Komplexität von Anforderungen wider. Es handelt sich *nicht* um absolute Schätzgrößen für Aufwände, wie z.B. Personentage, sondern um relative Vergleichsgrößen der einzelnen Backlog Items untereinander« [Scrum-Glossar: Story Point].

Beim Planning Poker besprechen die Entwicklerinnen die Anforderung, und alle wählen eine Karte aus dem Planning-Poker-Set aus, die auf der Fibonacci-Folge basiert, um die relative Größe der neuen Anforderung in Bezug auf eine gemeinsame Basis darzustellen. Nachdem die Pokerkarten ausgewählt sind, besprechen die Teammitglieder mit der niedrigsten und der höchsten Schätzung die Gründe für ihre Schätzungen und versuchen, die anderen im Team von ihrer Argumentation zu überzeugen. Danach wird die nächste Schätzrunde gestartet.

Bei der Verwendung von Story Points ist es sinnvoll, nicht beliebige Story-Point-Werte zu erlauben, sondern sich auf ein bestimmtes Set an möglichen Werten zu einigen. Ein doppelt so hoher Wert bedeutet dabei, dass die Story doppelt so groß ist, ein dreifacher Wert entsprechend dreifache Größe usw. In der Praxis haben sich hierfür die ersten Werte einer angepassten Fibonacci-Reihe bewährt [Cohn 2005]: 1, 2, 3, 5, 8, 13. Die Reihe würde nun gemäß der Formel $f(n+1) = f(n) + f(n-1)$ mit 21, 34, 55, 89, ... weitergehen. Bei der Schätzung mit Story Points verwendet man für große Stories aber nur mehr die Werte 20, 40 und 100. In diesen Größenbereichen ist eine genauere Schätzung kaum mehr sinnvoll möglich. Diese Werte bedeuten oft nur noch »zu groß zum Schätzen« und »viel zu groß zum Schätzen«. Insgesamt ergeben sich also folgende mögliche Werte für die Story-Point-Schätzung: 1, 2, 3, 5, 8, 13, 20, 40, 100.

In der Vorbereitung der Schätzung wird eine Referenzstory definiert. Story Points werden immer relativ zu dieser geschätzt. Es wird dafür eine kleine bis mittelgroße Story ausgewählt. Dieser wird ein fixer Wert, meist 3 oder 5, zugewiesen.

Es wird nun Story für Story durchgegangen und geschätzt. Dabei werden für jede Story folgende Schritte absolviert:

1. Sicherstellen, dass alle die Story verstehen. Fragen und Unklarheiten werden vom Product Owner beantwortet.
2. Alle wählen verdeckt einen Schätzwert. Jede schätzende Person entscheidet für sich, wie viele Story Points die Story hat.
3. Alle geben gleichzeitig ihre Schätzung ab. Dies kann z.B. mit Schätzkarten erfolgen, auf denen die möglichen Story Points aufgedruckt sind. Werden solche Poker-ähnlichen Karten verwendet, so spricht man von Planning Poker.
4. Wenn die Werte übereinstimmen oder man sich sofort auf einen Wert einigen kann, weil die Werte sehr nahe beisammen liegen, so geht man zur nächsten Story über.
5. Ansonsten diskutiert das Team den höchsten und niedrigsten Wert. Gibt es Extremwerte, so werden diese diskutiert. Die jeweiligen schätzenden Personen erklären, warum sie einen so hohen oder so niedrigen Wert gewählt haben. Anschließend geht es zurück zu Schritt 2 und es wird neu geschätzt.

Für jede Story gibt es eine Timebox für die Schätzung von drei bis fünf Minuten. Wenn sich das Team einigen kann, wird der gemeinsam festgelegte Wert zugewiesen. Wenn sich das Team innerhalb von drei Schätzrunden nicht auf einen gemeinsamen Wert einigen kann, wird die Anforderung mit einem anderen Verfahren geschätzt oder, wenn auch dies nicht zum Ergebnis führt, an den Product Owner zurückgegeben.

Der Vorteil von Planning Poker ist, dass es eine sehr gute Technik für neue und unerfahrene Teams ist, da eine zu starke Beeinflussung (»Anchoring«) durch einzelne Teammitglieder vermieden wird. Der Nachteil ist, dass es sehr zeitaufwendig ist. Um diesen Nachteil für erfahrenere Teams zu überwinden, werden verbesserte Techniken verwendet.

Eine Vereinfachung der Planning-Poker-Technik basiert auf denselben Prinzipien, verwendet jedoch eine andere Methode zur Bestimmung der richtigen Schätzung. Anstatt dass jedes Teammitglied eine persönliche Schätzung vornimmt, wird ein Satz Pokerkarten über einen Tisch verteilt und die Referenzanforderungen in den entsprechenden »Container« gelegt, der durch die Pokerkarte repräsentiert wird.

Anschließend werden die Anforderungen von den Teammitgliedern in einem Round-Robin-Ansatz ausgewählt, bei dem es den Teammitgliedern erlaubt ist, entweder eine neue Anforderung in den entsprechenden »Container« zu stellen oder eine bereits platzierte Anforderung in einen anderen Container zu verschieben. Wenn eine Anforderung mehrmals neu zugewiesen wird, wird sie entfernt und an den Product Owner zurückgegeben. Dieser Ansatz ist viel schneller, erfordert jedoch ein Team, das reif genug ist, um mit Anforderungen anderer Teammitglieder nicht einverstanden zu sein und dies auch zu artikulieren, anstatt einfach nur zuzustimmen.

Affinitätsschätzung – Verwandtschaftsschätzung

[IREB Advanced Level RE@Agile – Practitioner/Specialist] LE 5.3

Eine weitere einfache Möglichkeit der Schätzung ist die Verwandtschafts- oder Affinitätsschätzung (engl. »Affinity Estimation)«. Damit wird das Backlog in Gruppen von Größenordnungen visualisiert. Die Entwicklerinnen platzieren Product-Backlog-Elemente in der richtigen relativen Aufwandsgruppe. Dieser Ansatz ist normalerweise schneller und einfacher, als das Product Backlog mit Planning Poker zu schätzen. Der Nachteil ist, dass es im Vergleich dazu weniger genau ist [Scrum.org].

Eine Affinitätsschätzungssitzung besteht aus drei Hauptteilen:

- **Backlog-Verfeinerung und Priorisierung**

  Wie auch sonst üblich priorisiert der Product Owner das Backlog vor dem Schätzmeeting und jede User Story wird auf eine Karte geschrieben und entsprechend der Priorität auf einen Stapel gelegt, wobei die höchste Priorität oben ist.

- **Relative Schätzung bzw. Einordnung**

  Jede Person aus der Entwicklung erhält abwechselnd eine Karte vom Stapel und ordnet diese dann stillschweigend der subjektiv am besten passenden Position zu. Wenn jedoch große Unsicherheit bezüglich der Einordnung besteht, kann die Karte auch an andere Teammitglieder weitergegeben werden, die sich eine fundiertere Einschätzung zutrauen. Sollte die Einordnung einer von anderen bereits positionierten Karte hinterfragt werden, wird diese möglichst kurz mit den anderen Teammitgliedern diskutiert oder auf den Stapel »unklar« gelegt. Am Ende dieses Schritts entsteht eine fortlaufende Reihe von User Stories, wobei die mit dem geringsten Aufwand auf der linken Seite und die mit dem größten Aufwand auf der rechten Seite positioniert sind. Dabei spielt es keine Rolle, um wie viel schwieriger die User Stories einander zuzuordnen sind. Wichtig ist, dass die Stories relativ zueinander aufsteigend angeordnet sind. Die unklaren Stories sollten am Ende dieses Schritts in einer möglichst kurzen Diskussion dann auch noch in die Karten-Reihenfolge eingeordnet werden.

- **Story-Point-Gruppierung**
  Nun wird die einfachste Story auf der linken Seite (z.B. mit 1 Story Point) und die umfangreichste Story auf der rechten Seite (z.B. mit 40 Story Points) gemeinsam geschätzt. Mit diesen Informationen werden alle anderen Karten grob geschätzt und in ähnliche Gruppen unterteilt.

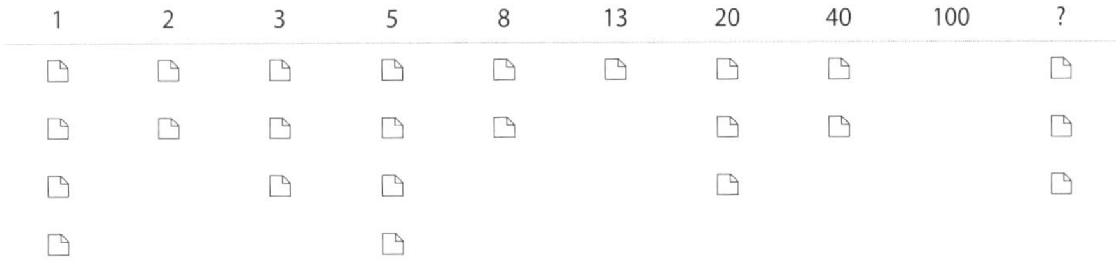

  Für die Gruppierung kann entweder die Fibonacci-Zahlenfolge aus dem Planning-Poker oder auch andere Gruppierungen wie T-Shirt-Sizing (wenn es nicht so genau sein muss) gewählt werden.

  Die Zuordnung der Karten zu den Aufwandsspalten erfolgt ebenfalls wieder stillschweigend. Alle ordnen jene Karten aus der Liste den Gruppen zu, die sie subjektiv gut abschätzen und einordnen können. Bei den Karten, bei denen andere Teammitglieder anderer Meinung sind, können diese nach einer möglichst kurze Diskussion entsprechend umgeordnet oder – wenn kein Konsens gefunden wird – in die Spalte »unklar« (»?«) verschoben werden.

Affinitätsschätzung ist eine gute Technik, wenn sich ein Projekt in der Anfangsphase befindet mit z.B. einem großen, noch nicht abgeschätzten Backlog, oder auch für die Releaseplanung.

Die Technik kann vorteilhaft sein, da sie wenig Zeit beansprucht, viele »unbewusste Faktoren« mit berucksichtigt werden und sie in der Regel zu einer Quote von 70–80 % sehr schnell abgeschätzten Backlog-Einträgen führt. Der Rest muss dann entsprechend diskutiert und mit anderen Techniken geschätzt werden.

Schätzung durch Function-Point-Analyse (FPA)

Die Function-Point-Analyse dient der Bewertung des *fachlich-funktionalen Umfangs* eines Softwaresystems. Das Ergebnis einer Function-Point-Bewertung wird als »Functional Size« bezeichnet und in der Einheit »Function Points«, kurz fp, angegeben. Die FPA ist in den nicht agilen Vorgehensweisen die am weitesten verbreitete Ausprägung verschiedener unter dem Begriff *Functional Size Measurement* zusammengefasster Bewertungsverfahren [Wikipedia: Function-Point-Verfahren]. Zu diesen zählen z.B.:

- IFPUG Functional size measurement method – ISO/IEC 20926:2009
- COSMIC Functional size measurement method – ISO/IEC 19761:2003
- MK II Function Point Analysis – ISO/IEC 20968:2002
- NESMA Function Points – ISO/IEC 24570:2005
- FISMA Function Points – ISO/IEC 29881:2010

Die Software wird in Bezug auf Dateneingaben, Datenausgaben und Datenobjekte genau spezifiziert. Diese werden dann nach fixen Regeln bewertet und daraus die »Größe« der umzusetzenden Funktionen abgeleitet.

Schätzung in Personentagen

In manchen Fällen ist es sinnvoll, auch in Personentagen, Euro o.Ä. zu schätzen, um daraus direkt den Aufwand und die Kosten angeben zu können. Dafür muss die Anforderung zuerst möglichst genau spezifiziert werden. Daraus werden dann Arbeitspakete abgeleitet und geschätzt. Es wird der Stundenaufwand für die zur Umsetzung der Anforderung notwendigen Tätigkeiten bzw. Arbeitspakete geschätzt.

4.5.5 Ermitteln von Aufwand und Kosten aus Story Points

Schätzungen in Story Points liefern nur relative Größen von Anforderungen. Für die Budgetierung, die Release- und die Sprint-Planung ist es aber auch notwendig, voraussagen zu können, wie viel Aufwand insgesamt in einer Iteration steckt bzw. ob eine Story bis zu einem gewissen Zeitpunkt fertig wird oder nicht. Dies macht es nötig, den Umsetzungsaufwand je Story Point zu ermitteln. Dafür gibt es im Wesentlichen zwei Möglichkeiten:

- Ermitteln des Aufwands für eine Referenzstory und Hochrechnen der Aufwände für die anderen Stories durch Vergleich der Story Points
- Ermitteln der Velocity (Umsetzungsgeschwindigkeit) des Teams und der durchschnittlichen Umsetzungszeit je Story Point

Referenzaufwand ermitteln und hochrechnen

Für die erste Variante wird eine Referenzstory ausgewählt und entweder der Aufwand in Tagen geschätzt oder die Story wird umgesetzt und der Aufwand gemessen. Bei der Aufwandsermittlung durch Schätzung wird die Story möglichst fein spezifiziert, die für die Umsetzung notwendigen Arbeitsschritte ermittelt und für diese die benötigten Aufwände geschätzt. Der Gesamtaufwand ergibt sich dann als Summe der Schätzwerte der für die Umsetzung notwendigen Tätigkeiten. Mit beiden Methoden, Schätzung und Umsetzung, erhält man einen Aufwand in Personentagen oder Stunden. Entsprechend den Verhältnissen der Story Points kann nun der Aufwand für die anderen Stories ermittelt werden. Eine Story mit doppelt so vielen Story Points benötigt doppelt so viel Aufwand, eine Story mit fünfmal so vielen Story Points entsprechend den fünffachen Aufwand.

Ermittlung der Umsetzungszeit je Story Point aus der Velocity

Unter der »Velocity« eines Teams versteht man die »Summe der Story Points, die ein Team in einem Sprint umgesetzt hat« [Röpstorff & Wiechmann 2015]. Kennt man die Velocity eines Teams, z.B. »120 Story Points je Sprint«, so kann man aus dieser Zahl und der Sprint-Länge errechnen, wie viele Kalendertage eine Story für die Umsetzung benötigt. Damit der Aufwand in Personentagen ermittelt werden kann, muss dies dann noch mit der Teamgröße multipliziert werden:

E (StoryX) = SP (StoryX) / V × T (Sprint) × S

E (StoryX) ... Aufwand für Story X in Personentagen
SP (StoryX) ... Geschätzte Story Points der Story X
V ... Velocity des Teams in Story Points je Sprint
T (Sprint) ... Netto-Dauer des Sprints in Arbeitstagen
S ... Anzahl Entwickler

Beispiel: Bei fünf Entwicklern und einer Sprint-Dauer von 20 Arbeitstagen wird mit der oben angegebenen Velocity von 120 Story Points je Sprint für eine Story von drei Story Points folgender Aufwand anfallen:

E (Story) = 3/120 × 20 Arbeitstage × 5 Personen = 2,5 Arbeitstage

Diese Berechnung setzt voraus, dass die Velocity des Teams bekannt ist. Die Velocity ist von Team zu Team unterschiedlich. Wenn sich ein Team neu formiert, ist die Velocity noch unbekannt. In dieser Situation gibt es folgende Möglichkeiten (siehe auch Abb. 4–7):

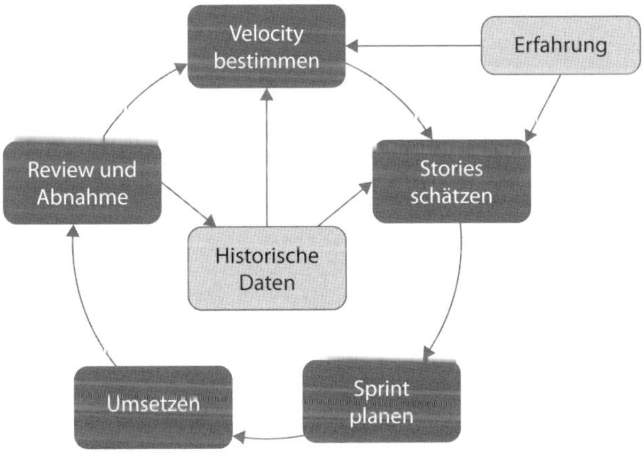

Abb. 4–7 *Ablauf und Einflussfaktoren zur Bestimmung der Velocity*

- **Festlegung durch Verhandlung**
  Das Team setzt sich zusammen und handelt einen initialen Wert für die Velocity aus.
- **Klassische Schätzung einer Story in Stunden und Hochrechnung**
  Die Story wird möglichst fein spezifiziert, die für die Umsetzung notwendigen Arbeitsschritte ermittelt und für diese die Aufwände geschätzt. Der Gesamtaufwand für die Referenzstory ergibt sich dann als Summe der Schätzwerte. Aus der ermittelten Dauer wird auf die gesamte Iteration hochgerechnet.
- **Umsetzung einer Story und Hochrechnung der dafür benötigten Zeit**
  Eine Story wird vor der ersten Iteration umgesetzt. Aus der ermittelten Dauer wird auf die gesamte Iteration hochgerechnet.
- **Start ohne Velocity**
  Das Team schätzt einfach aus dem Bauch heraus, wie viele Stories es in der ersten Iteration umsetzen kann. Im Nachhinein wird dann ermittelt, wie viele Stories umgesetzt werden konnten. Dies ist dann die Velocity für die nächste Iteration.

Ist die Startphase erfolgreich bewältigt, wird die Velocity ständig an die aktuelle Performance des Teams angepasst.

Für die laufende Bestimmung der Velocity gibt es wiederum verschiedene Möglichkeiten wie z. B.:

- Man nimmt immer den Wert aus dem letzten Sprint.
- Man bildet das arithmetische Mittel aller Sprints.
- Man bildet ein gewichtetes arithmetisches Mittel, bei dem die letzten drei Sprints stärker gewichtet werden.

Welche Variante gewählt wird, muss das Team selbst entscheiden. Die Korrektheit der Velocity hat direkten Einfluss auf die Genauigkeit der Schätzungen und der Planung.

Insgesamt ist die Berechnung des Aufwands aus den Story Points kritisch zu betrachten. Das Ergebnis ist immer ein Wert, wie lange das Team (!) im Schnitt für eine Story dieser Größe braucht. Über die konkrete Story selbst mit ihren besonderen Detailanforderungen, technischen Herausforderungen und Risiken sagt der Wert wenig aus. Viele Stories werden auch nicht vom gesamten Team, sondern von einem einzigen Entwickler im Team umgesetzt. Dies bedingt, dass der Aufwand für die Umsetzung davon abhängt, wie die Story im Detail konkret aussieht und wer sie tatsächlich umsetzt. Dieser tatsächliche Umsetzungsaufwand wird auch in guten Teams schwanken, da nicht alle Entwickler für jede Story gleich gut qualifiziert sind. Hat beispielsweise eine Entwicklerin gerade im letzten Sprint eine ähnliche Story umgesetzt, so wird sie wesentlich schneller sein als die anderen im Team. Wenn der ermittelte Wert E (StoryX) beispielsweise zwei Tage beträgt, so sagt dies nur aus, dass das Team im Schnitt zwei Tage für die Umsetzung einer Story dieser Größe benötigt. Setzt der beste Entwickler die Anforderung um, wird er vielleicht in einem halben Tag fertig sein, setzt eine weniger erfahrene Kollegin die Story um, wird sie möglicherweise drei Tage brauchen.

Diese Unterschiede und das daraus resultierende Risiko muss der Product Owner im Blick haben. Über das gesamte Projekt hinweg heben sich die Unterschiede auf und es scheint wenig relevant zu sein. Steht man aber vor der Aufgabe, eine konkrete kurze Iteration von z.B. einer Woche Dauer zu planen, macht es einen großen Unterschied, ob eine Anforderung einen halben oder drei Tage benötigt.

Dieser Effekt wird zu Beginn des Projekts stark ausgeprägt sein und muss hier bei der Planung der ersten Iterationen besonders berücksichtigt werden. Im Laufe der Zeit wird dieser Effekt reduziert, da alle im Team Erfahrung aufbauen und gegenseitig voneinander lernen.

Wenn Teammitglieder ausfallen (Krankheit, Kündigung, Urlaub etc.) oder durch neue Mitarbeitende ersetzt werden, hat dies auch einen wesentlichen Einfluss auf die Velocity, die in diesem Fall wieder neu bewertet und angepasst werden muss.

4.6 Bewertung der Qualität der Anforderungen

Bevor die Entwicklerinnen die Einträge mit der höchsten Priorität aus dem Product Backlog für die Umsetzung im nächsten Sprint auswählen können, müssen diese eine ausreichende Qualität aufweisen. Wichtigstes Instrument dabei ist die Definition of Ready, in der für jede Anforderung festgelegt ist, welche Kriterien sie erfüllen muss, damit sie bereit für die Umsetzung im nächsten Sprint ist.

In Abschnitt 5.1 wird genauer beschrieben, welche Qualitätskriterien es für Anforderungen gibt, wie diese eingesetzt werden können und mit welchen Methoden die Qualität der Anforderungen geprüft werden kann.

4.7 Priorisierung

Die Priorisierung von Anforderungen ist eine der wichtigsten Aufgaben des Product Owners. In den Iterationen werden die Anforderungen in der Reihenfolge ihrer Priorität abgearbeitet. Dies setzt natürlich eine laufend aktualisierte Priorisierung aller Anforderungen voraus. Zumindest vor der Release- und Iterationsplanung müssen die Prioritäten der Anforderungen richtig gesetzt sein. Wie und aufgrund welcher Kriterien die Anforderungen priorisiert werden, ist die Entscheidung des Product Owners in Zusammenarbeit mit dem Team und seinen Stakeholdern. Wichtig ist aber auch hier der Grundsatz: »So viel wie nötig, aber nicht mehr.«

Bei der Priorisierung muss entschieden werden, welche Skala man verwendet, um mögliche Prioritäten festzulegen. Des Weiteren muss geklärt werden, auf Basis welcher Daten die Priorität einer Anforderung bestimmt wird.

4.7.1 Prioritätsskala

Einteilung in Prioritätsklassen

Die einfachste Art der Priorisierung ist die Einteilung der Anforderungen in Prioritätsklassen. Für die Bildung der Klassen gibt es verschiedene Strategien wie die Einteilung nach dem Kano-Modell in Basis-, Leistungs- und Begeisterungsfaktoren, High-Medium-Low-(HML-)Priorisierung oder 1–10-Priorisierung.

Der Hauptvorteil einer Einteilung in Klassen liegt in der einfachen Handhabung. Der Nachteil ist, dass die Priorisierung oft sehr grob erfolgt (z.B. nur in drei Klassen) und die Anforderungen innerhalb einer Klasse schwer vergleichbar sind, sodass bei der Planung einer Iteration wieder nicht klar ist, welche Anforderungen einer Klasse nun umgesetzt werden sollen. Leffingwell schlägt hier vor, bei gleicher Priorität die schneller umzusetzende Anforderung zu bevorzugen [Leffingwell 2011].

Fortlaufende Nummerierung

Sehr einfach ist die Priorisierung durch fortlaufende Nummerierung, die auch in Scrum angewendet wird. Dabei ist es über alle Anforderungen hinweg klar, welche Priorität sie haben und in welcher Reihenfolge sie zu anderen Anforderungen stehen. Dies setzt eine Basis für die Priorisierung voraus, die eine eindeutige Reihung der Anforderungen erlaubt.

Eine Ordnung der Anforderungen wird durch paarweisen Vergleich aller Anforderungen hergestellt (siehe Abschnitt 4.3.3). Das Ergebnis ist eine nach Priorität absteigend sortierte Liste aller Anforderungen.

Vorteil dieser Methode ist, dass sie relativ einfach durchzuführen ist und eine eindeutige Ordnung ergibt. Die Gefahr dabei ist, dass man sich wegen der Rangreihenfolge von verschiedenen Anforderungen in endlose Diskussionen über deren Wichtigkeit verliert.

4.7.2 Basis für die Priorisierung

Eindimensionale Priorisierung

Eine weitverbreitete Art, Anforderungen zu priorisieren, ist die Reihung nach Geschäftswert (»Business Value«) für den Kunden. Wichtigstes Ziel für eine Iteration ist das Liefern von Wert für den Kunden. Dementsprechend ist der Wert für den Kunden auch das wichtigste Kriterium für die Entscheidung, welche Anforderungen umgesetzt und welche nach hinten geschoben werden.

Geschäftswert ist aber nicht das einzig mögliche Kriterium. Sicherheitskritische Projekte werden beispielsweise oft nach Risiko priorisiert, sehr komplexe Projekte mit vielen Modulen nach Abhängigkeiten der Anforderungen. Die folgenden Requirements-Attribute sind verbreitete Basiswerte für die Priorisierung:

- **Geschäftswert für den Kunden**
  Je höher der Wert, desto früher wird die Story umgesetzt.
- **Risiko**
  Je höher das Risiko, desto früher wird die Story umgesetzt.
- **Abhängigkeiten**
  Je mehr andere Anforderungen von dieser abhängen, desto früher wird sie umgesetzt.
- **Aufwand/Kosten**
  Hier kann man die aufwendigsten Anforderungen zuerst umsetzen oder die einfachsten.

Je nach gewählter Prioritätsskala werden alle Anforderungen basierend auf einem der obigen Werte einer Klasse zugewiesen oder gereiht.

Priorisierung nach mehreren Dimensionen

Die Reihung nach lediglich einem Kriterium ist allerdings oft nicht optimal. Sinnvoller ist eine Reihung, die verschiedene Einflussfaktoren berücksichtigt [Pichler 2008]. Eine bewährte Methode ist es beispielsweise, die Priorisierung grundsätzlich nach Geschäftswert vorzunehmen, jedoch Backlog Items, von denen viele andere wichtige Anforderungen abhängen, sowie Backlog Items mit hohem Risiko vorzuziehen. Bei gleicher Priorität bewährt es sich wiederum, diejenigen Anforderungen zuerst umzusetzen, die am schnellsten realisiert werden können [Leffingwell 2011].

5 Qualität im Requirements Engineering

Anforderungen sind die Basis für die Planung (z.B. Sprint, Release), die Architektur, die Umsetzung und die Qualitätssicherung in agilen Projekten. Sie sind das Fundament, auf dem alles andere aufbaut. Daher müssen die Anforderungen eine dem Verwendungszweck angemessene Qualität aufweisen.

Jede Anforderung sollte vor Beginn des Sprints, in dem die geplante Umsetzung durchgeführt werden soll, anhand entsprechend definierter Qualitätskriterien geprüft und finalisiert werden, damit sie in das Backlog des folgenden Umsetzungs-Sprints aufgenommen werden kann.

Nach der Umsetzung der Requirements durch die Entwicklung müssen die Requirements vom Kunden validiert und abgenommen werden.

[IREB RE@Agile Primer] LE 3.1.10

Akzeptanz- und Abnahmekriterien ergänzen die Geschäftsanforderungen und sollten ebenfalls schon vor Beginn eines Sprints definiert werden.

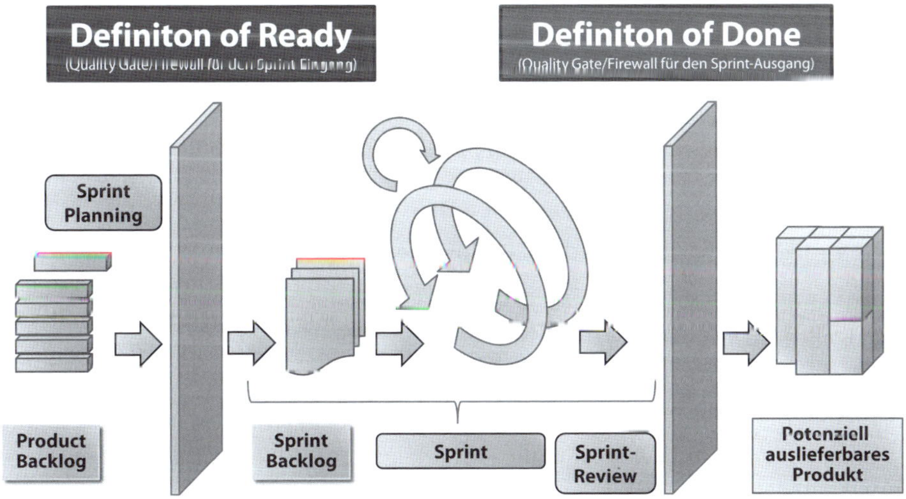

Abb. 5–1 *Definition of Ready (DoR) & Definition of Done (DoD)*

Die Definition of Ready und Definition of Done unterstützen den formalen Prozess der Entwicklung und sichern die Qualität der Anforderungen (DoR) und der Produktentwicklung am Ende eines Inkrements (DoD).

Die DoD ist ein offizielles Artefakt des [Scrum Guide] und stellt ein Quality Gate für den »Ausgang« des agilen Entwicklungsprozesses dar. Nur Ergebnisse, die den definierten Qualitätskriterien entsprechen, werden an die Kundschaft ausgeliefert.

Die DoR hat sich als »Good Practice« etabliert und hilft, gute Anforderungen zu erstellen und eine Überlastung des Teams durch schlechte Anforderungen zu vermeiden. Die DoR ist das Quality Gate für den »Eingang« in den agilen Entwicklungsprozess. Nur Anforderungen, die die definierten Qualitätskriterien der DoR erfüllen, werden in das Sprint Backlog aufgenommen. Die DoR hilft dabei, die Anforderungen passend zu detaillieren und genügend Informationen für die Diskussionen zwischen dem Product Owner/Requirements Engineer und den Entwicklerinnen zu liefern.

5.1 Qualitätskriterien für Requirements

Bevor die Anforderungen vom Team sinnvoll geschätzt und geplant werden können, muss sichergestellt sein, dass sie möglichst verständlich, vollständig und detailliert genug dargestellt sind. Dies ist Aufgabe des Product Owners. Neben der Verständlichkeit, Vollständigkeit und Detailliertheit gibt es im Requirements Engineering eine Reihe von weiteren Qualitätskriterien, die erfüllt sein müssen, sowie Techniken zu deren Überprüfung. Diese können helfen, Missverständnisse zwischen Team und Product Owner von vornherein zu vermeiden und die Effizienz weiter zu steigern.

Werden Qualitätskriterien für Requirements definiert, so sollten diese auch in die Definition of Ready aufgenommen werden (siehe Abschnitt 5.2).

5.1.1 Qualitätskriterien nach IEEE 830-1998 und IREB

Qualitätskriterien sind unter anderem in IEEE 830-1998 sowie IREB [IREB CPRE FL] definiert:

5.1.1.1 Qualitätskriterien für einzelne Anforderungen

- **Adäquat/angemessen**
  Die Anforderung beschreibt echte Bedürfnisse der Stakeholder. Angemessenheit ist relativ schwierig zu erlangen, weil die Feststellung, ob eine Anforderung angemessen ist, subjektiv ist und sehr unterschiedlich ausfallen kann. Der Administrator könnte beispielsweise aus Sicherheitsgründen verlangen, dass vor jedem wichtigen Schritt in der Software eine Prüfung der Identität des Benutzers erfolgen muss. Aus Sicht des Benutzers ist dies aber lästig bei der Bedienung und er würde sich ein Single Sign-on beim Starten der Software wünschen. Beide

haben im Grunde Recht. Was evtl. für den einen Stakeholder wichtig ist, ist für den anderen reine Zeit- und Geldverschwendung. Hier ist eine entsprechende Abstimmung der Bedürfnisse notwendig.

- **Abgestimmt**
  Wenn der Product Owner nicht der einzige Stakeholder ist, ist er alleine meist nicht in der Lage, eine Anforderung konsistent, korrekt und vollständig zu beschreiben. Daher muss er die Anforderungen mit allen relevanten Stakeholdern abstimmen. Möglichkeiten dazu sind gegeben beispielsweise in Review-Meetings, im Sprint-Planungs-Meeting, aber auch jederzeit bei Bedarf vor dem Umsetzungs-Sprint der jeweiligen Anforderungen.
- **Notwendig**
  Eine Anforderung soll nur spezifiziert werden, wenn sie auch notwendig ist. Helfen kann hier das einfache Bewertungsschema »Muss«, »Soll«, »Wunsch«. Dies ist auch hilfreich, um den Zeitaufwand für die Spezifikation zu steuern. Muss-Kriterien sollten jedenfalls detaillierter analysiert und beschrieben werden als Wunsch-Kriterien.
- **Verständlich und eindeutig**
  Alle Anforderungen müssen spätestens vor der Schätzung in einem Zustand sein, dass alle im Team sie verstehen. Sie müssen auch so eindeutig beschrieben sein, dass es keine unterschiedlichen Interpretationen über den Inhalt der Anforderung gibt. Hier kann es helfen, bestimmte mehrdeutige Worte und Satzkonstrukte zu vermeiden:
  - Universalquantoren (»alle«, »jeder«, »nichts«, »immer« etc.)
  - Passive Formulierungen
  - Konjunktive und relativierende Formulierungen (»meistens«, »manchmal«, »sollte«, »dürfte«)

  Auch der Detaillierungsgrad hat einen Einfluss auf die Verständlichkeit. Generell gilt, je näher der Umsetzungszeitpunkt rückt, desto detaillierter und klarer muss beschrieben werden.
- **Prüfbar**
  Jede Anforderung, die in einen Umsetzungs-Sprint aufgenommen wird, muss so beschrieben sein, dass am fertigen Produktinkrement geprüft werden kann, ob sie auch richtig umgesetzt wurde. Die Kriterien sollten vor der jeweiligen Iteration definiert werden durch:
  - Akzeptanzkriterien zu jeder Anforderung,
  - Definition of Done und
  - idealerweise Testfälle (siehe Abschnitt A.2 im Anhang) oder konkrete Beispiele (siehe Abschnitt A.1 im Anhang).

  Zumindest Akzeptanzkriterien und die Definition of Done müssen immer vorhanden sein.

Wenn eine nachhaltig qualitätsorientierte Entwicklung angestrebt wird, kann nur dringend empfohlen werden, die Prinzipien des testgetriebenen Vorgehens zu berücksichtigen und die Definition von passenden Testfällen als verbindliches Kriterium für die Umsetzungsfreigabe einer Anforderung festzulegen.

Dabei geht es nicht darum, dass alle theoretisch denkbaren Abnahmekriterien und Testfälle vorab schon festgelegt werden. Es geht hier um diejenigen Testfälle, die das prüfen, was dem Kunden wichtig ist (z.B. ob die Funktion auch den korrekten Wert liefert), und das, was nach der Erfahrung guter Tester auch ohne expliziten Kundenwunsch sinnvollerweise getestet werden sollte (z.B. grenzwertige Eingaben, die erfahrungsgemäß oft zu Fehlern führen, oder risikoreiche Eigenschaften oder Anwendungen der Anforderung, auch wenn sie nicht unmittelbar im Anwenderfokus stehen).

Es gilt in der Softwareentwicklung der Grundsatz: Solange man für eine Anforderung nicht genau weiß, wie man sie später abnehmen und testen wird, ist sie nicht reif für die Umsetzung!

Beispiel für nicht prüfbare Anforderungsdefinition:

Ein Stakeholder hat als grobe Anforderung definiert: »Als Mitarbeiter möchte ich meine Zeiten erfassen können.«

Er wird dann vom Product Owner gefragt, wie er das testen und abnehmen möchte.

Wenn als Antwort kommt: »Weiß ich nicht«, dann kann es sein, dass der Stakeholder noch keine Zeit hatte, sich detailliertere Gedanken zu machen. Der Product Owner sollte hier so lange nachfragen bzw. Testfälle mit dem Stakeholder festlegen, bis diesem klar ist, was er eigentlich möchte.

Der andere Fall ist, dass der Stakeholder bewusst nicht genau spezifizieren möchte, ganz nach dem Motto: »Ist mir egal, ich habe keine Zeit, darüber nachzudenken, liefern Sie mir eine brauchbare Lösung!« Dies ist ein kritischer Fall für den Product Owner. Damit es nachträglich nicht zu Ärger kommt, muss der Product Owner dem Stakeholder klarmachen, dass er bei dieser ungenauen Anforderungsspezifikation am Ende dann auch die Abnahme nicht verweigern kann, wenn die Mitarbeitenden nur *irgendwie* die Zeiten erfassen können, dies jedoch gar nicht seinen Vorstellungen entspricht.

- **Gültig und aktuell**
  Anforderungen können sich laufend ändern. Vor jeder Iteration muss daher der Product Owner neu prüfen, ob alle Anforderungen den aktuellen Stand der Kundenwünsche widerspiegeln und noch gültig sind.
- **Realisierbar**
  Mit Anforderungen, die nicht umsetzbar sind, sollte sich das Team gar nicht weiter beschäftigen. Diese Anforderungen sollten durch den »DoR-Filter« (siehe Abschnitt 5.2) gar nicht erst in den Umsetzungs-Sprint gelangen. Gegebenenfalls muss die Umsetzbarkeit durch eine Machbarkeitsanalyse geprüft werden (siehe Abschnitt 4.2).

- **Bewertet**
  Für die Release- und Iterationsplanung muss jede Anforderung bewertet sein (siehe Kap. 4). Ein wichtiges Eingangskriterium in den Umsetzungs-Sprint ist die Bewertung, ob die Anforderung die DoR erfüllt.
- **Korrekt**
  Eine Anforderung ist dann korrekt, wenn sie die tatsächlichen Bedürfnisse der Stakeholder widerspiegelt.

Zusätzlich zu den Qualitätskriterien in IEEE 830-1998 und IREB können noch weitere Eigenschaften als Kriterien definiert werden:

- **Relevante Stakeholder**
  Vor allem für den Product Owner ist es wichtig, zu wissen, welche Kunden und Stakeholder an einer Anforderung interessiert sind bzw. diese definiert haben. Es sollte für jede Anforderung Folgendes klar sein:
  - Wer hat sich diese Anforderung gewünscht?
  - Wer trifft letztlich die Entscheidung bei fachlichen Fragen?
  - Wer nimmt die Story ab?
  - Wer soll zusätzlich informiert werden bzw. ist betroffen?
  - Wer ist die Zielgruppe für die Anforderung?

  Da es möglich und auch oft üblich ist, dass Anforderungen stellvertretend von jemand anderem formuliert werden, sollte bei jeder Anforderung noch der sogenannte »Anforderungsprovider« – also die Person, die diese Anforderung explizit gefordert hat – angegeben werden, damit man bei Fragen weiß, an wen man sich wenden kann. Anstelle von Gruppenbezeichnungen (z.B. »Team A«, »die IT«, »Abteilung X«) sollten immer konkrete Namen (z.B. »Helga Mair«, »Franz Schmidt«) angegeben werden, damit der Stakeholder bzw. Anforderungsprovider »greifbar« bleibt. Weitere Informationen zu Stakeholdern sind auch in Abschnitt 3.2.4 zu finden.
- **Identifizierbarkeit**
  Die Referenzierung einer Anforderung wird enorm erleichtert, wenn diese eine eindeutige ID hat. Im einfachsten Fall ist dies eine Nummer, es können aber auch beliebig strukturierte Kennzeichnungen verwendet werden. Wichtig dabei ist nur, dass die Kennzeichnung innerhalb des Bereichs, in dem referenziert werden soll (z.B. Taskboard, gesamtes Backlog, gesamte Produktentwicklung mit allen Artefakten oder auch gesamtes Unternehmen oder weltweit), eindeutig ist.

5.1.1.2 Qualitätskriterien für mehrere Anforderungen

Arbeitsprodukte, die mehrere Anforderungen abdecken, sollen zusätzlich folgende Qualitätsmerkmale aufweisen:

- **Konsistent**
  Die Anforderungen sollen in sich und über alle Anforderungen hinweg konsistent, also widerspruchsfrei sein.

  Da das Product Backlog lediglich die noch offenen Anforderungen enthält und somit keine Gesamtspezifikation existiert, kann mit dem Backlog alleine die Widerspruchsfreiheit nicht geprüft werden. Des Weiteren ist der Detaillierungsgrad weiter in der Zukunft liegender Anforderungen recht grob und diese damit kaum auf Konsistenz prüfbar.

  Die Prüfung auf Konsistenz wird daher durch den Product Owner und das Team gemeinsam durchgeführt. Durch die enge Zusammenarbeit zwischen Product Owner (fachlich) und Team (technisch) erfolgen ein ständiger Austausch und ein ständiges Prüfen, ob die gerade in Umsetzung befindlichen Stories auch mit dem bisher Erreichten zusammenpassen.

  Bei der Konsistenzprüfung werden nicht nur die spezifizierten Anforderungen berücksichtigt, sondern auch das implizite Wissen in den Köpfen von Product Owner und Team über die noch ungenau spezifizierten Anforderungen im Backlog sowie über bereits fertige Softwareteile.

- **Keine Redundanz**
  Gerade bei größeren Entwicklungsvorhaben und bei mehreren agilen Teams besteht die Gefahr, dass gleiche oder ähnliche Anforderungen mehrfach beschrieben werden. Auch hier ist es – ähnlich wie bei der Konsistenz – erforderlich, diese Redundanzen durch intensiven Austausch unter den Beteiligten zu erkennen.

  Die KI-Forschung beschäftigt sich ebenfalls bereits mit diesem Thema und künftig stehen wahrscheinlich auch KI-Systeme zur Verfügung, um Redundanzen in Anforderungen aufzuzeigen [Breuninger et al. 2021].

- **Vollständig und angemessen**
  Es wurden keine bekannten und relevanten Anforderungen übersehen (funktionale Anforderungen, Qualitätsanforderungen und Randbedingungen). Um Vollständigkeit zu erlangen, müssen alle Anforderungen aller relevanten Stakeholder gesammelt werden. Damit keine Stakeholder übersehen werden, ist im Vorfeld eine Stakeholder-Analyse sinnvoll (siehe Abschnitt 3.2.4).

- **Modifizierbar**
  Das Arbeitsprodukt ist so aufgebaut, dass es möglichst ohne Qualitätsverlust modifiziert werden kann. Dies sollte bei einem gut strukturierten agilen Backlog gegeben sein.

- **Verfolgbar**
  Das Kriterium Verfolgbarkeit (Traceability) definiert die Verknüpfung von Anforderungen mit anderen Artefakten, wie z.B. Zielen, Architekturmodellen,

Testfällen, Quellcode, Normen und externen Artefakten. Diese Verweise zu anderen Artefakten können nur mit einem professionellen Anforderungsmanagement- bzw. ALM-Werkzeug sinnvoll verwaltet werden (siehe auch »Grundprinzip 4: Effizienz im Requirements Management« in Abschnitt 2.3).

- **Konform**
  Wenn es verbindliche Strukturierungs- oder Formatierungsanweisungen gibt, muss das Arbeitsprodukt konform zu diesen sein.

5.1.2 DEEP-Qualitätskriterien

Scrum hat ein Akronym entwickelt, um Merkmale des Product Backlog zu beschreiben: Das Backlog sollte »DEEP« (detailliert, emergent, geschätzt (estimated), priorisiert) sein [Cohn 2005].

- **Detailed appropriately (angemessen detailliert)**
  User Stories im Product Backlog, die demnächst umgesetzt werden sollen, müssen so hinreichend definiert und verstanden werden, dass sie im kommenden Sprint ordnungsgemäß fertiggestellt werden können. Für diese Backlog-Einträge muss der Product Owner sicherstellen, dass sie die Definition of Ready erfüllen. Stories, die noch länger nicht entwickelt werden sollen, sollten mit weniger Details beschrieben werden. Das heißt, dass es in Ordnung ist, Anforderungen zu haben, die nur grob spezifiziert sind, wenn diese noch keine hohe Priorität haben.
- **Emergent**
  Gemäß dem allgemeinen Prinzip in Scrum kann jeder Stakeholder Product-Backlog-Einträge jederzeit hinzufügen. Das Product Backlog ist daher nicht statisch, sondern ändert sich im Laufe der Zeit. Je mehr dabei dazugelernt wird, desto passender werden Einträge (z. B. User Stories) hinzugefügt, entfernt oder neu bewertet und gereiht.
- **Estimated (geschätzt)**
  Dies bezieht sich auf die Tatsache, dass ein Backlog-Eintrag durch die Entwicklerinnen geschätzt wird, um dem Product Owner ein Gefühl für den Aufwand zu geben, der für die Umsetzung dieser Anforderung erforderlich ist. Für grobe Anforderungen kann die Schätzung grob und vage sein, für die detaillierten Anforderungen (die typischerweise in den nächsten Sprints umgesetzt werden sollen) muss die Schätzung möglichst genau sein. Das Product Backlog ist mehr als eine Liste aller zu erledigenden Arbeiten. Durch gute Schätzungen wird es auch zu einem nützlichen Planungswerkzeug.
- **Prioritized (priorisiert)**
  Der Product Owner sollte die Anforderungen grundsätzlich nach Geschäftswert, aber auch unter Berücksichtigung von Abhängigkeiten untereinander, Risiken etc. bewerten und reihen. Das Backlog sollte mit den wertvollsten Einträgen an der Spitze sortiert werden. Durch das Arbeiten anhand der Prioritäts-

reihenfolge ist das Team in der Lage, den Wert des Produkts oder Systems, das entwickelt wird, zu maximieren.

5.1.3 INVEST-Qualitätskriterien

[IREB Advanced Level RE@Agile – Practitioner/Specialist] LE 3.3

Speziell für die Beurteilung der Qualität von Backlog-Einträgen (meist User Stories) hat sich ein Set von Qualitätskriterien herauskristallisiert, die unter dem Akronym INVEST bekannt geworden sind [Leffingwell 2011]:

- **Independent (unabhängig)**
  Die Backlog-Einträge (z.B. User Stories) sind unabhängig voneinander. Jeder Backlog-Eintrag kann als eigenständiges Paket geschätzt, geplant und umgesetzt werden, ohne andere Backlog-Einträge zu berücksichtigen.
- **Negotiable (verhandelbar)**
  Die Backlog-Einträge sind verhandelbar (und verhandelt). Sie stellen keinen fixen Vertrag dar. Zeigt sich im Zuge der Umsetzung, dass ein Detail anders einfacher oder benutzerfreundlicher umgesetzt werden kann, so wird dies mit dem Product Owner abgestimmt (verhandelt) und dann geändert.
- **Valuable (werthaltig)**
  Jeder Backlog-Eintrag muss einen erkennbaren Wert für den Kunden liefern.
- **Estimatable (schätzbar)**
  Der Aufwand für einen Backlog-Eintrag ist zumindest relativ schätzbar (und geschätzt). Dies ist notwendig, um den Backlog-Eintrag planen zu können. Wenn das Team den Aufwand nicht klar genug einschätzen kann, dann hat es meist nicht genügend Informationen über diesen Backlog-Eintrag oder zu wenig davon verstanden, und es sollte noch mehr Aufwand in die Spezifikation bzw. Klärung dieses Backlog-Eintrags investiert werden.
- **Small (klein genug)**
  Jeder Backlog-Eintrag muss innerhalb einer einzigen Iteration umsetzbar sein und hier schon Wert für die Auftraggeberin bzw. die Stakeholder liefern. Er sollte daher, je nach Sprint-Länge, eine Größe von maximal fünf Umsetzungstagen haben (siehe auch Abschnitt 3.4.2). Wenn der Backlog-Eintrag zu groß ist, muss er vom Product Owner in mehrere kleinere Einträge geteilt werden.
- **Testable (testbar)**
  Für jeden Backlog-Eintrag werden *vor* dem Start der Umsetzung klare Kriterien festgelegt, wann er fertig ist. Idealerweise wird das Vorhandensein der Kriterien zu Iterationsbeginn in der Definition of Ready überprüft. Die Kriterien sind in den Akzeptanzkriterien beim Backlog-Eintrag selbst (durch den Product Owner bzw. die Stakeholder) bzw. als allgemeine Kriterien in der Definition of Done (durch das Scrum-Team) festgeschrieben, und die Erfüllung wird am Ende der Iteration überprüft.

5.2 Definition of Ready (DoR)

Eine Voraussetzung für die Erstellung eines Produktinkrements ist, dass die dazu eingeplanten Anforderungen bereit für die Umsetzung sind.

Welche Qualitätskriterien (siehe Abschnitte 5.1.1 und 5.1.3) eine Anforderung tatsächlich erfüllen muss und welche Analysen durchgeführt sein müssen, damit sie als »bereit für die Umsetzung« bezeichnet werden darf, wird in einer Definition of Ready festgelegt. Analog zur Definition of Done (DoD – siehe Abschnitt 5.3) werden darin diejenigen Kriterien explizit sichtbar gemacht, die eine Anforderung erfüllen muss, bevor sie für die Umsetzung in der nächsten Iteration akzeptiert wird. Die Definition of Ready wird, wie die DoD, zwischen Product Owner und Team vereinbart.

Die DoR ist eine Liste mit Kriterien für die Aufnahme eines Product-Backlog-Elements in das Sprint Backlog. Sie dient der Freigabe der Spezifikation für die Umsetzung.

Wie bei der DoD kann es auch bei der DoR sein, dass einzelne Kriterien nicht für jede Anforderung angewendet werden müssen. So ist es möglicherweise sinnvoll, für unterschiedliche Risikoklassen von Anforderungen auch unterschiedliche DoR-Kriterien anzuwenden.

Ebenso kann es hilfreich sein, die DoR je nach Anwendungsbereich aufzuteilen. Manche Kriterien sind z.B. nur für einen einzelnen Backlog-Eintrag relevant, manche Kriterien sind es für die übergreifende Betrachtung.

In den folgenden Abschnitten ist jeweils ein Beispiel für eine Definition of Ready für zwei verschiedene Betrachtungsebenen dargestellt.

5.2.1 Definition of Ready für einen einzelnen Backlog-Eintrag

Diese Checkliste muss jeder Backlog-Eintrag für sich erfüllen. Hierfür genügt es, nur den jeweiligen Backlog-Eintrag zu betrachten.

Prüfpunkt	Prüfen bei Risiko
Erfüllt der Backlog-Eintrag (z.B. die Story) die INVEST-Qualitätskriterien?	H, M, L
Ist die Anforderung vollständig beschrieben? Sind UI-Masken ausreichend beschrieben? ▪ Grafischer Maskenentwurf/Skizze ▪ Mögliche Aktionen ▪ Angezeigte Daten ▪ Regeln ▪ Berechtigungen zur Anzeige/Bearbeitung	H, M

→

Prüfpunkt	Prüfen bei Risiko
Ist die Anforderung vollständig beschrieben? (Fortsetzung)	
Sind die externen Systemschnittstellen ausreichend beschrieben? ■ Datenobjekte und Felder inkl. möglicher Feldwerte ■ Austauschformat ■ Austauschprozess ■ Erwartete Datenmengen ■ Fehlerbehandlung	H, M, L
Sind Berichte ausreichend beschrieben? ■ Grafischer Entwurf/Skizze ■ Angezeigte Daten ■ Berechtigungen zur Anzeige	H
Ist die Story verständlich und eindeutig formuliert? Werden keine Universalquantoren, Konjunktive, Passivkonstruktionen und Relativierungen verwendet? Wird die Satzschablone für User Stories eingehalten (»Als ROLLE möchte ich AKTION, um NUTZEN«)?	H, M, L
Ist die Story bewertet und vom Umfang geschätzt? ■ Herrscht Übereinstimmung bei allen Stakeholdern, dass die Story wichtig für das Produkt ist? ■ Sind Priorität, Business Value und Risiko bestimmt? ■ Wurden die Story Points geschätzt?	H, M, L
Sind die relevanten Akzeptanzkriterien definiert? Manche Akzeptanzkriterien ergeben sich erst im Zuge der Umsetzung, die wesentlichen müssen aber schon vorher definiert sein.	H, M, L
Sind die Risiken für die Story identifiziert und bewertet? ■ Sind die Risiken in einer Risikoliste dokumentiert? ■ Sind für Risiken mit Wert > 15 Maßnahmen definiert? Wurden Risiken mit Wert > 20 an die Geschäftsführung gemeldet?	H, M, L
Wird die Story vom Tester als »testbar« eingestuft?	H, M, L
Sind Testfälle erstellt? Basierend auf den Akzeptanzkriterien muss ein Testplan für die Prüfung der Story erstellt werden.	H, M
Wurde überlegt, wer die Story abnimmt und wie das Team sie demonstrieren kann? Oft wird eine Story nicht vom Product Owner, sondern vom Kunden abgenommen. In diesem Fall muss dies vorher geplant werden.	H, M, L
Ist das Entwicklungssystem bereit für diese Story? Kann aus personeller, technischer und Infrastruktursicht mit der Umsetzung der Story begonnen werden?	H, M, L
Sind alle externen Abhängigkeiten identifiziert und beseitigt? Abhängigkeiten können die Umsetzung einer Story verzögern und die Prüfung erschweren.	H
Ist klar, woher die Anforderung kommt? Die Stakeholder, die den Bedarf geäußert haben, sollen bekannt sein (z.B. für klärende Rückfragen).	H, M, L
…	

Tab. 5–1 *Beispiel für eine DoR-Checkliste für einen einzelnen Backlog-Eintrag*

5.2.2 Definition of Ready für eine übergreifende Prüfung

Diese Checkliste dient zur Überprüfung von Kriterien, die übergreifend relevant sind. Dies kann nicht nur durch Betrachtung eines einzelnen Backlog-Eintrags festgestellt werden, sondern hier muss der Backlog-Eintrag im Kontext vieler oder aller anderen Backlog-Einträge geprüft werden. Zumindest hinsichtlich aller anderen Backlog-Einträge, die für den (die) nächsten Sprint(s) ausgewählt sind, soll diese Prüfung durchgeführt werden.

Prüfpunkt	Prüfen bei Risiko
Ist die Anforderung konsistent mit den anderen Anforderungen im Backlog?	H, M
Gibt es keine Redundanz zu anderen Anforderungen im Backlog?	H, M, L
Werden die definierten *Qualitätsanforderungen* (Usability, Security, Performance etc.) berücksichtigt?	H
Sind alle Abhängigkeiten zu anderen Backlog-Einträgen identifiziert und beseitigt? Dies ist insbesondere für die Sprint- und Releaseplanung relevant, damit nicht zeitliche Verzögerungen entstehen, wenn ein Backlog-Eintrag von einem anderen abhängt.[a]	H, M
Sind die Anforderungen für den nächsten Sprint insgesamt angemessen und vollständig? Vollständig in dem Sinne, dass am Ende des geplanten Sprints aufgrund der gewählten Anforderungen auch ein für die Auftraggeberin lauffähiges und nützliches Inkrement herauskommt.	H
…	

a. Im Sinne des INVEST-Kriteriums »Independent« sollen Abhängigkeiten zwischen Backlog-Einträgen vermieden werden. In der Praxis ist das jedoch nicht immer möglich.

Tab. 5–2 *Beispiel für eine DoR-Checkliste für die übergreifende Prüfung*

Die DoR kann über den Projektverlauf angepasst und sogar kleiner werden, wenn sich das Team, der Product Owner und die Stakeholder »eingeschwungen« haben und die Zusammenarbeit so gut funktioniert, dass auch ohne laufendes Durchgehen einer Checkliste die Qualitätskriterien selbstständig eingehalten werden.

Oft genügt es, wenn die DoR als Checkliste beim Taskboard liegt. Die Stories werden dann in der Iterationsplanung gemeinsam bewertet und bei Erfüllung der Kriterien in das Sprint Backlog aufgenommen. Die DoR-Bewertungen werden in diesem Fall typischerweise nicht niedergeschrieben. Durch das Aufnehmen der Story in das Sprint Backlog ist implizit dokumentiert, dass sich das ganze Team einig war, dass die Kriterien auch erfüllt sind.

In manchen Fällen, wie z.B. bei sicherheitskritischer Software oder anderen haftungsrelevanten Umgebungen, kann es notwendig sein, die DoR-Durchführung nachvollziehbar zu dokumentieren. Um dies effizient und nachvollziehbar durchführen zu können, ist eine Toolunterstützung sinnvoll, z.B. durch ein entsprechendes Requirements-Management-Werkzeug oder ein elektronisches Taskboard.

Aufpassen muss man bei der DoR, dass diese nicht als Ausrede verwendet wird, um Diskussionen über User Stories vom Entwicklungsteam fernzuhalten, was dann genau den agilen Grundsätzen widersprechen würde. Es ist hier die Aufgabe des Agile Master, darauf zu achten, dass der Prozess agil bleibt und nicht durch eine zu umfangreiche DoR überreguliert wird. Ebenso muss der Agile Master aufpassen, dass sich die Aufwände und Verantwortungen nicht implizit durch entsprechend gewählte DoR-Einträge verschieben – zum Beispiel wenn die Entwicklerinnen versuchen, dem Product Owner durch entsprechend gewählte DoR-Einträge unnötig viele Vorgaben (und damit Aufwand) für die Ausarbeitung der Backlog-Einträge zu machen, und sich dann wegen Kleinigkeiten, die nicht erfüllt sind, weigern, den Eintrag in das Sprint Backlog zu übernehmen.

5.3 Definition of Done (DoD)

Immer wieder kommt es in Softwareprojekten zu Diskussionen und Unmut, weil nicht klar geregelt ist, wann etwas wirklich »fertig« ist. Für eine Entwicklerin ist eine Anforderung vielleicht schon fertig, wenn sie den Code geschrieben und erfolgreich kompiliert hat. Sieht sich dann der Product Owner die umgesetzte Funktion am Testsystem an, stellt er oft fest, dass noch viele Fehler vorhanden sind und Benutzbarkeit kaum gegeben ist. Für den Product Owner ist die Funktion erst fertig, wenn sie fehlerfrei einsetzbar und für den Anwender gut bedienbar ist. Aus solchen unterschiedlichen Sichtweisen resultieren in vielen Projekten Probleme und Unstimmigkeiten im Team. Ursache ist dabei eine fehlende explizite, für alle verbindliche und klare Definition, wann etwas »fertig« ist.

Die einfachste Lösung für dieses Problem ist eine explizite Definition, wann ein Backlog Item auf »fertig« gesetzt werden darf. Ken Schwaber und Jeff Sutherland beschreiben im [Scrum Guide] die Definition of Done wie folgt: »Die Definition of Done ist eine formale Beschreibung des Zustands des Increments, wenn es die für das Produkt erforderlichen Qualitätsmaßnahmen erfüllt. [...] Die Definition of Done schafft Transparenz, indem sie allen ein gemeinsames Verständnis darüber vermittelt, welche Arbeiten als Teil des Inkrements abgeschlossen wurden.«

Die Definition of Done ist eine Checkliste mit zwei Sichten:

- Die Produktsicht umfasst alle Eigenschaften, die ein umgesetztes Backlog Item erfüllen muss.
- Die Prozesssicht definiert alle Tätigkeiten, die dabei erledigt sein müssen.

Bei der Planung der Iterationen und der Schätzung der Backlog Items muss das Team nicht nur die reine Programmierung berücksichtigen, sondern die gesamte Abarbeitung der DoD.

Eine DoD ist nicht nur zur Bewertung der Fertigstellung eines einzelnen Backlog-Eintrags sinnvoll, sondern kann auf mehreren Ebenen angewendet werden, wie beispielsweise:

- **DoD für eine Anforderung** (Story oder anderes Backlog Item)
- **DoD für einen Sprint**
  Diese ist anforderungsübergreifend und bezieht sich auf das gesamte Sprint Backlog und alle sonst relevanten Artefakte und Tätigkeiten. Die Bewertung erfolgt am Ende eines Sprints.
- **DoD für ein Release** (Auslieferung an den Kunden)
  Diese ist anforderungsübergreifend über mehrere Iterationen für eine tatsächlich ausgelieferte Version des Systems. Die Bewertung erfolgt nach der tatsächlichen Auslieferung an den Kunden.

Je nach Umfeld, Anwendungsbereich oder Zielgruppe können weitere DoD-Ebenen oder zusätzliche Granularität sinnvoll sein:

- **DoD für die Codierung**
  Zum Beispiel Kriterien, die definieren, wann ein Programmierer mit dem Code fertig ist und ihn in die Quellcodeverwaltung einchecken darf, oder Forderungen bezüglich Unit-Test-Abdeckung, Codedokumentation, Codereview.
- **DoD für Design/Architektur**
  Ein Beispiel hierfür wäre eine Checkliste für Systemdesign, Architekturkriterien, Testbarkeit, Wartbarkeit.
- **DoD für die Testdurchführung**
  Diese kann z.B. Anforderungen an die Tests oder Testendekriterien enthalten, die definieren, wann man zu testen aufhört.
- **DoD für den Rollout**
  Zum Beispiel kann das eine Checkliste sein für die Verteilung, Inbetriebnahme und Konfiguration.

Der Vorteil bei der Aufteilung der DoD auf mehrere Checklisten besteht darin, dass bei der Durchführung nicht mehr eine sehr lange Checkliste herangezogen wird, unter der dann alle im Team stöhnen und die dann evtl. aufgrund der Länge nur oberflächlich oder lückenhaft durchgegangen wird. Der Aufwand wird vielmehr auf mehrere kleine Schritte aufgeteilt.

Bei der Aufnahme von Kriterien in die DoD sollte darauf geachtet werden, dass diese »SMART« sind:

- **Spezifisch**
  Die DoD-Kriterien sollen eindeutig und so präzise wie möglich definiert sein und nicht vage.
- **Messbar**
  Die Kriterien müssen messbar bzw. testbar sein.

- **Akzeptiert**
  Die DoD-Kriterien müssen angemessen sein und von den Betroffenen akzeptiert werden.
- **Realistisch**
  Die Einhaltung bzw. Erreichung muss möglich sein.
- **Terminierbar**
  Es muss klar sein, wie getestet und abgenommen wird.

Es kann auch sein, dass einzelne DoD-Elemente nicht für jede Anforderung angewendet werden. So ist es möglicherweise sinnvoll, je nach Risiko einer Anforderung unterschiedliche DoD-Kriterien zu haben.

Damit man in die DoD nicht zu wenige, aber auch nicht zu viele oder vielleicht sogar unsinnige Kriterien aufnimmt, sollte man sich vorab bei der Erstellung der DoD schon intensiv Gedanken machen. Unterstützt werden kann dies durch ein sogenanntes »Done Thinking Grid«[1]. Dies ist eine Technik, mit der oft auf einem Board Ideen zu sinnvollen Done-Kriterien gesammelt werden (siehe Abb. 5–2). Zur Strukturierung können evtl. schon Themenbereiche und Ebenen vorgegeben werden (z.B. als »Swimlanes«):

- Requirements/Tasks
- Architektur/Design/Coding
- Test
- Sprint/Release/Rollout-Prozess/Tools

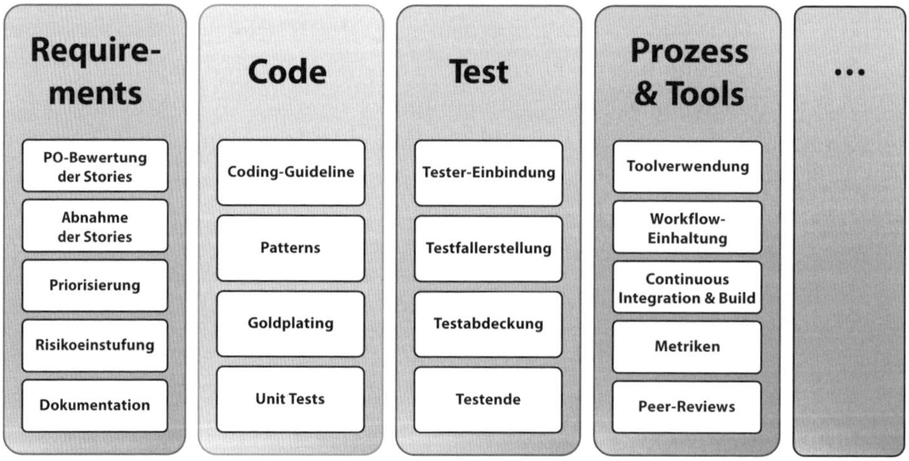

Abb. 5–2 *Beispiel für ein »Done Thinking Grid«*

1. Quelle:
http://www.scrumalliance.org/community/articles/2008/september/definition-of-done-a-reference.

Die in der Literatur und im Internet oft unklare Begriffsdefinition der DoD kann dazu verleiten, DoDs zu oberflächlich oder ungeeignet zu erstellen. Es werden oft zu einfache Beispiele für DoDs genannt (siehe Abb. 5–3).

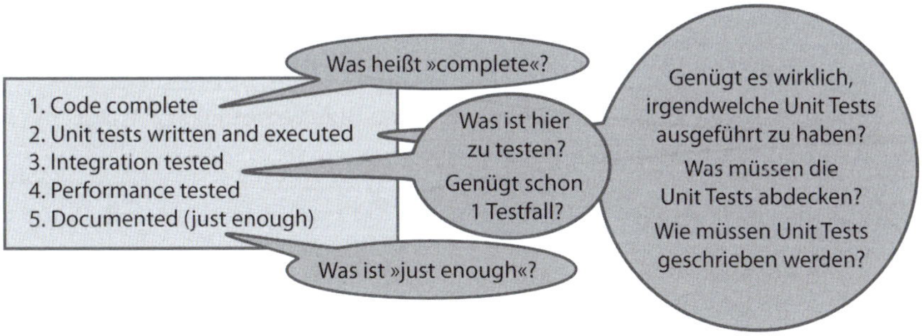

Abb. 5–3 *Schlechtes Beispiel für eine DoD*

Diese oberflächlichen Beispiele führen in der Praxis zu dem Problem, dass verschiedene Entwicklerteams und der Kunde dies unterschiedlich interpretieren. Das Team meint eventuell, dass das Produktinkrement fertiggestellt ist – tatsächlich sind dann aber noch viele Fragen offen, wenn der Kunde zur Abnahme hinzugezogen wird.

DoDs sollten nur Qualitätskriterien an die Prozessdurchführung und allgemeine Qualitätskriterien für die Produkterstellung (z.B. wichtige Qualitätsanforderungen, die für jedes Requirement zu berücksichtigen sind – siehe auch Abschnitt 3.4.3.1) enthalten. Sie sollen keine Testfallbeschreibungen oder inhaltlichen Abnahmekriterien beinhalten oder diese ersetzen. Ebenso sollten Kriterien, die spezifisch zu einer Anforderung gehören, in deren Akzeptanzkriterien aufgenommen werden und nur übergreifende Kriterien in die DoD. Tests und inhaltliche Anforderungen jeglicher Art sind also in den jeweiligen Anforderungs- und Testartefakten zu definieren.

> Für eine einfache und klare Anwendung der Definition of Done sollte vermieden werden, Testfälle und DoD-Kriterien zu vermischen! Die DoD darf ausschließlich qualitative Kriterien und keine inhaltlichen Anforderungskriterien an das zu erstellende System oder einzelne Artefakte enthalten!

Folgende Tipps helfen auch dabei, DoDs passend zu erstellen:

- Ein einziger DoD-Eintrag ist in den meisten Fällen zu wenig!
- Jedes Artefakt durchläuft verschiedene Phasen/Ebenen (z.B. eine einzelne Story ist fertig, der Sprint ist insgesamt fertig oder das Release ist insgesamt fertig). Es kann daher eine DoD-Checkliste für jede dieser Phasen/Ebenen geben.
- »Think twice«: Nach dem ersten DoD-Entwurf sollte man nach einer gewissen Zeit selbst noch einmal darüber nachdenken und die DoD von anderen Personen reviewen lassen.

- Keine universelle Themenbreite für die Kriterien in der DoD zulassen: Das Management könnte z. B. Zeit- und Kostenkriterien hineinreklamieren, wie »Das Feature muss in fünf Tagen programmiert sein« oder »Das Release darf max. 18.000 Euro kosten«. Der Product Owner könnte funktionale Kriterien mit aufnehmen wollen, wie z. B. »Feature A muss in folgender Form realisiert sein: …«. Diese Kriterien sollten nicht in der DoD stehen.

Die nachfolgenden Tabellen zeigen beispielhaft einige Kriterien als Anregungen für Inhalte von DoDs unterschiedlicher Phasen/Ebenen.

DoD-Kriterien für die Story-Fertigstellung
▪ Ist die Anforderung (aus Sicht des Product Owners) vollständig implementiert? ▪ Sind die Bedürfnisse der Anwender abgedeckt? ▪ Ist die Benutzbarkeit gegeben und als brauchbar bewertet?
Manuelle Abnahmetestfälle wurden mindestens einmal ausgeführt mit ▪ Positivtests des gewünschten Verhaltens und ▪ Negativtests des Verhaltens im Fehlerfall und bei Falscheingaben.
▪ Sind Unit Tests gemäß Testkonzept erstellt und erfolgreich durchlaufen?
▪ Wurden automatisierte Schnittstellen- und GUI-Tests gemäß Testkonzept erstellt und erfolgreich durchlaufen?
▪ Wurden Tests mit produktivnahen Testdaten durchgeführt?
…

Tab. 5–3 *Beispiel-Checkliste (Auszug) für eine DoD zur Story-Fertigstellung*

DoD-Kriterien für das Sprint-Ende
▪ Alle für den Sprint festgelegten User Stories sind im Status »fertig«.
▪ Alle für den Sprint festgelegten User Stories durch den Kunden wurden einem Abnahmetest unterzogen.
▪ Integrations- und Systemtests wurden gemäß DoD »Integrations- und Systemtestkriterien« erfolgreich durchgeführt.
▪ In den Tests wurden keine Fehler der Klasse 1 und 2 gefunden und max. fünf Fehler der Klasse 3.
▪ Alle Tests für User Stories der Kritikalität 1 wurden automatisiert.
▪ Gesamter Quellcode ist eingecheckt.
▪ Erfolgreicher Build des Gesamtsystems wurde durchgeführt. ▪ Die neuen Teile arbeiten fehlerfrei mit bestehenden Modulen zusammen.
▪ Codereview für die neuen Teile wurde positiv durchgeführt.

→

DoD-Kriterien für das Sprint-Ende (Fortsetzung)
Die notwendigen Dokumentationen wurden erstellt bzw. angepasst: ■ Benutzerhandbuch ■ Konfigurations- und Parameterdokumentation ■ Installations- und Administrationshandbuch ■ Architekturdokumentation ■ Quellcodedokumentation ■ What's-new-Liste ■ Behobene Fehlerliste ■ Sonstige relevante Dokumentation
…

Tab. 5–4 *Beispiel-Checkliste (Auszug) für eine DoD zum Sprint-Ende*

DoD-Kriterien für einen Codereview
■ Coding-Guidelines sind komplett eingehalten.
■ Es wurden keine Anti-Patterns verwendet.
■ Fehlerbehandlung wurde gemäß Richtlinie umgesetzt.
■ Die angestrebte Kapselung bzw. Abhängigkeiten wurden erreicht.
■ Code und Architektur wurden als »testbar« durch den Tester eingestuft.
■ Es sind keine nicht geforderten Funktionen umgesetzt (»Goldplating«).
■ Unit Tests und Testabdeckung gemäß Vorgaben wurden eingehalten.
■ Inline-Codedokumentation für nicht selbsterklärenden Code wurde erstellt.
…

Tab. 5–5 *Beispiel-Checkliste (Auszug) für eine DoD zur Codereview-Durchführung*

DoDs sollten so in den Prozess integriert sein, dass sie eingehalten werden müssen, z.B. durch …

- Vier-Augen-Prinzip in verschiedenen Prozessphasen,
- Pair Programming (eine Person programmiert, die andere prüft),
- unternehmensweiten Prozessverantwortlichen, der die übergreifende DoD Einhaltung prüft,
- projektbegleitenden Quality-Manager, der die DoD-Einhaltung in einem spezifischen Projekt prüft,
- Einbau von DoD-Checklisten in Tools,
- Verwendung eines Workflow-Tools, wodurch DoDs direkt in die Prozesssteuerung integriert werden.

Diese Prüfung und (Selbst-)Kontrolle bei der DoD-Umsetzung ist wichtig, da die Überprüfung viel Aufwand bedeuten kann und damit zu rechnen ist, dass die Durchführungsdisziplin bei fehlender Prozessabsicherung und Prüfung nachlässt. Damit DoDs auch gelebt werden, ist es wichtig, diese *vor* Projektbeginn unter Einbeziehung aller relevanten Beteiligten zu definieren. Im Laufe des Projekts hinterfragt das Team die DoDs in den Retrospektiven immer wieder kritisch und passt sie bei Bedarf weiter an. Der Agile Master sollte in jedem Fall ein Auge auf die Einhaltung und laufende Verbesserung der DoD haben.

Ziel ist es, kontinuierlich besser zu werden und die Qualitätsansprüche in den DoDs laufend anzuheben!

5.4 Review von Requirements

Reviews sind eine Technik zur meist manuellen Überprüfung von Arbeitsergebnissen. Sie sind eine der effizientesten qualitätssichernden Maßnahmen. Mit Reviews werden gemäß dem »Fail Fast«-Prinzip Fehler frühzeitig gefunden, bevor nachfolgende Arbeitsschritte auf einem fehlerhaften Arbeitsergebnis aufbauen und sich Fehler fortpflanzen. Dies senkt die Kosten für Entwicklung und Fehlerbehebung.

Nach IEEE 1028 dienen Reviews der »Bewertung eines Produkts oder eines Projektstatus. Sie dienen dazu, Diskrepanzen zu den geplanten Ergebnissen aufzudecken und Verbesserungspotenziale zu identifizieren« [IEEE 2008].

Bei einem Review bittet der Autor eines Artefakts, zum Beispiel einer Anforderung, einen oder mehrere Prüfer, das Artefakt auf definierte Aspekte hin zu prüfen und ihm die Ergebnisse, z.B. Mängel, Fragen und Fehler, zu übermitteln. Die Korrektur der gefundenen Mängel ist wiederum Aufgabe des Autors.

Reviews können von einer sehr informellen Stellungnahme bis hin zu hoch formalen Inspektionen durchgeführt werden [IREB CPRE FL]. In agilen Projekten sind vor allem informelle Reviews gut einsetzbar und erfolgen typischerweise zu bestimmten Zeitpunkten.

Review beim Einfügen ins Backlog

Fügt der Product Owner eine Anforderung ins Backlog ein, so muss er die Anforderung zumindest grob beschreiben und priorisieren und sollte die Anforderungen auch einem Review unterziehen.

Zeitpunkt	Jederzeit im Projekt, wenn neue Anforderungen ins Backlog kommen oder bestehende Anforderungen sich ändern.
Ziele	Anforderungen haben ein Qualitätsniveau, sodass sie grob geschätzt und priorisiert werden können.
Prüfobjekte	Neue/geänderte Anforderungen im Product Backlog
Prüfkriterien	■ Verständlichkeit ■ Angemessene Detailliertheit ■ Vollständigkeit ■ Angemessene Einstufung (Risiko, Priorität, ...) ■ etc.
Prüfer	Einzelne Teammitglieder oder Stakeholder

Review in oder vor der Sprint-Planung

In der Sprint-Planung legt das Team fest, welche Anforderungen im kommenden Sprint umgesetzt werden. Um dies tun zu können, müssen die Anforderungen verständlich, vollständig und ausreichend detailliert sein (siehe auch Abschnitt 5.2).

Das Team bespricht oft direkt in der Sprint-Planung die Anforderungen, klärt Fragen und arbeitet die Anforderungen so weit aus, dass sie geschätzt werden können und der Sprint geplant werden kann. Dies ist ein informelles Review. Erfahrungsgemäß ist das Sprint-Planungs Meeting jedoch oft zu kurz, um alle auftauchenden Fragen in dieser Zeit zu klären.

Es empfiehlt sich daher, die Prüfung (Review) und Verfeinerung der Anforderungen schon vorher mit den dafür relevanten Stakeholdern in Form von Backlog-Refinement-Meetings (siehe auch Abschnitt 4.1.2) durchzuführen. Damit wird vermieden, dass Stakeholder erst im Sprint-Planungs-Meeting zum ersten Mal zu den Anforderungen Stellung nehmen können und dann evtl. eine umfangreiche Diskussion der Anforderungen im Meeting stattfindet.

Zeitpunkt	In den Tagen vor dem Sprint-Planungs-Meeting oder in Einzelfällen auch im Meeting
Ziele	Anforderungen entsprechen den definierten Qualitätskriterien und den Wünschen des Kunden, bevor sie in den Umsetzungs-Sprint gehen.
Prüfobjekte	Alle Anforderungen, die für die Umsetzung im nächsten Sprint infrage kommen
Kriterien	Alle Kriterien in der Definition of Ready, insbesondere: ▪ Verständlichkeit ▪ Korrektheit ▪ Machbarkeit ▪ Ausreichende Detailliertheit ▪ Vollständigkeit ▪ etc.
Prüfer	Team und relevante Stakeholder

Review im oder vor dem Sprint-Review-Meeting

Im Sprint-Review-Meeting am Ende eines Sprints bewertet das Team mit dem Product Owner und den Stakeholdern die im Sprint umgesetzten Anforderungen. Wenn möglich werden die Ergebnisse vom Team vorgeführt. Gemeinsam passen alle das Product Backlog an, sodass es die Backlog-Einträge für den kommenden Sprint enthält.

Der Product Owner nimmt die umgesetzten Anforderungen spätestens in diesem Meeting formal ab. Die eigentliche Prüfung, ob alles gemäß der Definition of Done fertig ist (siehe Abschnitt 5.3), sollte wenn möglich schon früher erfolgen, da die Zeit im Review-Meeting für eine vollständige Prüfung meist nicht ausreicht.

Zeitpunkt	Sobald eine Anforderung fertig umgesetzt ist, spätestens im Sprint-Review-Meeting
Ziele	Prüfen, ob die Anforderungen richtig umgesetzt sind
Prüfobjekte	Fertig umgesetzte Anforderungen
Kriterien	▪ Kriterien aus der Definition of Done ▪ Akzeptanzkriterien der Anforderungen ▪ evtl. definierte Testfälle
Prüfer	Product Owner, Kunde und evtl. relevante Stakeholder

Sonstige Reviews im Projektverlauf

Reviews können und sollen im Projektverlauf nicht nur zu den oben beschriebenen Zeitpunkten, sondern jederzeit dann durchgeführt werden, wenn es Bedarf dazu gibt und die Anwendung dieser qualitätssichernden Technik sinnvoll erscheint.

5.5 Produktvalidierung

[IREB Advanced Level RE@Agile – Practitioner/Specialist] LE 6.4

Die Grundidee der agilen Entwicklung besteht darin, ein kleines Stück des Produkts zu entwickeln, durch die Einbeziehung von Stakeholdern Feedback zu generieren und die Produktentwicklung entsprechend den Erkenntnissen und Ergebnissen anzupassen. Zu diesem Zweck müssen Product Owner eine neu freigegebene Produktversion verwenden, um deren Geschäftswert zu überprüfen und zu kontrollieren, ob die Produktanforderungen richtig verstanden wurden.

Ein *Sprint-Review* (siehe auch Abschnitte 2.1.2 und 5.4) ist ein geeignetes Mittel, um ein im letzten Sprint entwickeltes Produktinkrement den Stakeholdern zu präsentieren. In der umfangreichen skalierten Produktentwicklung kann die gleiche Idee ebenfalls verwendet werden. Aber anstatt ein einzelnes Produktteil zu überprüfen, das von einem Team entwickelt wurde, werden alle Ergebnisse der Teams in ein insgesamt funktionierendes Produktinkrement integriert, das es wert ist, durch die Stakeholder validiert zu werden. Das Produktinkrement wird den Stakeholdern in einem *Produktreview* (*Demonstration*) gezeigt. Dies führt zu einem besseren Eindruck und Verständnis des gesamten Produkts.

Ein weiterer Ansatz zur Produktvalidierung in der umfangreichen skalierten Produktentwicklung ist die *Datenanalyse* [Maalej et al.2016]. Das integrierte Produktinkrement wird an die Nutzer ausgeliefert und anhand ihres Verhaltens wird gemessen, ob sich die Produkteigenschaften positiv, neutral oder negativ auswirken. Product Owner können die Ergebnisse verwenden, um möglicherweise schlecht gestaltete Features zu identifizieren. Um die identifizierten Probleme besser zu verstehen, müssen sie möglicherweise erneut die gängigen Anforderungserhebungs- und Analysetechniken anwenden.

6 Requirements Management

6.1 Allgemeines

[IREB RE@Agile Primer] LE 3.2.4

Requirements Engineering fasst unter Anforderungsmanagement alle Aktivitäten zusammen, um Anforderungen über die Zeit zu handhaben. Dazu gehören Aktivitäten wie Versionsverwaltung, Änderungsmanagement, Konfigurationsmanagement, Rückverfolgbarkeit und das Hinzufügen von Attributen wie Status, Schätzungen, Prioritäten, Links zu widersprüchlichen Anforderungen und möglicherweise Aufzeichnungen über alle relevanten Personen, die an der Erfassung, Prüfung, Unterzeichnung, Implementierung oder dem Test dieser Anforderung beteiligt sind.

Viele dieser Aktivitäten werden im agilen Umfeld auf einen oder mehrere Backlogs reduziert. Hier wird oft nur die neueste und beste Version einer Anforderung im Backlog behalten. Der Backlog-Eintrag wird ggf. entfernt, sobald das Produkt, das diese Anforderungen erfüllt, fertiggestellt und ausgeliefert wird.

Agile Methoden umfassen in der Regel zwei wichtige Aktivitäten als Basis für das Anforderungsmanagement:

- **Priorisieren von Anforderungen**
  Basierend auf dem Geschäftswert oder anderen Faktoren wie z.B. dem Risiko wird entschieden, wann die Anforderung implementiert werden soll. Je höher der Wert (oder der Risikominderungsfaktor) für den Kunden ist, desto wichtiger wird die Anforderung eingestuft, da agile Projekte versuchen, den höchsten Geschäftswert zuerst zu liefern.
- **Schätzen von Anforderungen**
  Durch Schätzen wird ermittelt, wie viel Aufwand notwendig ist, um die Anforderung umzusetzen. Zu hohe bzw. zu weit auseinanderliegende Schätzungen sind ein klares Signal an den Product Owner, dass noch mehr getan werden muss, um diese Anforderung »umsetzungsbereit« zu machen und durch die Definition of Ready (DoR – siehe Abschnitt 5.2) zu bringen.

Wenn hier nur zwei Aktivitäten angegeben sind, so bedeutet das nicht, dass nicht andere Aspekte auch für die agile Entwicklung sinnvoll und wichtig sind. Zusätzliche Aktivitäten können nützlich oder auch vorgeschrieben sein, wenn beispielsweise die entwickelte Lösung langfristig weiter gewartet und verbessert werden muss, wenn der Sourcecode an ein anderes Entwicklungsteam (z.B. beim Kunden) zur Weiterentwicklung übergeben werden muss oder er eine formale Genehmigung durch eine externe Prüfstelle erfordert (z.B. Compliance). Dieses erweiterte Anforderungsmanagement hängt daher auch primär vom Projektkontext ab und kann je nach Kontext und verwendeter Tools innerhalb oder außerhalb des Backlogs stattfinden.

Wenn über eine einfache Backlog-Verwaltung hinausgehend noch weitere Aktivitäten geplant oder gefordert sind, empfiehlt es sich, ein passendes Requirements-Management-Werkzeug zu verwenden, da das Handling umfangreicher Inhalte und die Nachvollziehbarkeit mit physischem Board und Karten schwierig ist und meist schnell inkonsistent wird.

Ein Optimum zwischen minimalem Verwaltungsaufwand, früher Auslieferung funktionierender Lösungen, Bedürfnissen der Organisation, rechtlichen Vorgaben, Dokumentationserfordernissen und Wissensweitergabe und -konservierung soll angestrebt werden.

Wenn Ideen und Prinzipien agiler Entwicklung (z.B. die Werte von Scrum) und Vorgehensweisen und Techniken des Requirements Engineering (wie z.B. Ermittlung, Dokumentation, Validierung und Management von Anforderungen) zusammengebracht werden, können beide Bereiche voneinander lernen und profitieren. Gegenseitige Offenheit und Respekt sind dabei hilfreich.

6.2 Inhalt vs. Management des Inhalts

Das Erstellen der Requirements-Inhalte und das Management dieser Inhalte sind unterschiedliche Aufgaben und benötigen unterschiedliche Sichten und Techniken. Die Trennung zwischen dem Inhalt und der Managementsicht ist wichtig, damit die unterschiedlichen Aspekte, die auch teilweise mit unterschiedlichen Zuständigkeiten verbunden sind, effizient behandelt werden können.

So ist z.B. eine Fachbereichsmitarbeiterin des Kunden daran beteiligt, den Inhalt einer User Story zu definieren. Jedoch plant sie die Story nicht in den Releaseplan ein und entscheidet auch nicht, wie die Ablage und die Versionierung erfolgen etc. Im Gegenzug wird der verantwortliche Product Owner oder Produktmanager zwar die Story sinnvoll in das Backlog einfügen und die Umsetzung durch Absprache mit den Entwicklerinnen entsprechend zuordnen und einplanen können, er wird jedoch vielleicht nur in Rücksprache mit der Fachbereichsmitarbeiterin den Inhalt der User Story ändern oder verfeinern, weil er hier fachlich evtl. zu wenig Erfahrung hat.

Das sogenannte Teufelsquadrat in Abbildung 6–1 stellt die unterschiedlichen Sichten auf Inhalt und Management recht anschaulich dar.

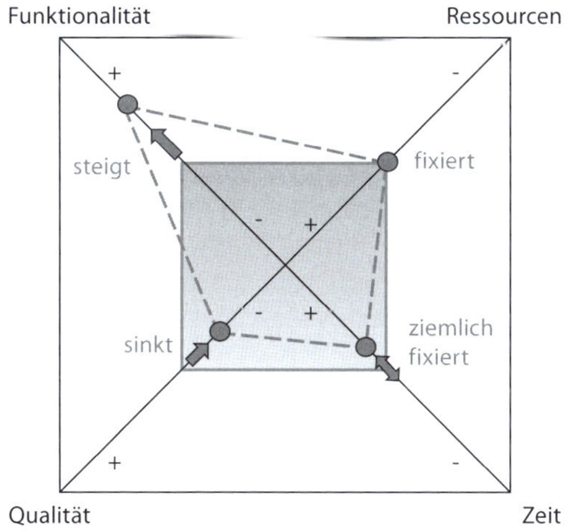

Abb. 6–1 *»Teufelsquadrat«*

Die Aspekte rund um Funktionalität und Qualität sind als Requirements-Inhalte zu sehen und die Aspekte Zeit und Ressourcen (Personal, Geld, Geräte etc.) sind der Managementsicht zuzuordnen. Jede der unterschiedlichen Sichten benötigt spezielle Managementinstrumentarien und Tools, um effizient arbeiten zu können. Inhalte sollten in die entsprechenden Inhaltsartefakte (Stories, Epics etc.) und Tools eingefügt werden (siehe Tab. 6–1). Das Management der Requirements soll in eigenen Requirements-Management-Artefakten und Tools umgesetzt werden (siehe Tab. 6–2).

Beispiele für Inhaltsartefakte und Managementinstrumente:

Requirements-Engineering-Inhalt	Managementinstrument
User Story, Epics, Use Cases	■ Requirements-Datenbank ■ Story Card
Vertrag	■ Vertragsdatenbank ■ MS-Word
Prozessdiagramm	■ Requirements-Tool mit grafischer Modellierungskomponente ■ Prozessmodellierungstools ■ MS-Visio

Tab. 6–1 *Beispiele für Requirements-Inhaltsartefakte und Managementinstrumente*

→

Beispiele für Requirements-Engineering-Management-Artefakte und Managementinstrumente:

Requirements-Engineering-Management-Artefakt	Managementinstrument
Zeitplan/-bedarf (Iteration, Release etc.)	▪ Projektmanagementtool ▪ Releaseplanungstools ▪ Kalender
Kosten	▪ Projektmanagementtool ▪ ERP-System ▪ MS-Excel-Kalkulation
Projektorganigramm	▪ ERP-System ▪ Organigrammsystem
Personen und Kontaktdaten	▪ Kontaktmanagementsystem ▪ Kontaktliste ▪ Groupware-System
Backlog	▪ Projektmanagementtool ▪ Prioritätenliste
Tasks	▪ Taskmanagementtool

Tab. 6–2 *Beispiele für Requirements-Management-Artefakte und Managementinstrumente*

Eine Vermischung der Tools und Sichten zwischen Inhalt und Management ist nicht effizient! Ein Taskmanagement-Tool ist meist nicht gut zur strukturierten Verwaltung von Anforderungsinhalten geeignet.

Dies wird deutlich, wenn man versucht, Anforderungen mit Taskmanagementtools (Atlassian Jira, Bugzilla etc.) zu verwalten. Diese Tools sind listenorientiert.

Die Zusammenhänge zwischen den Anforderungen werden damit unübersichtlich bzw. gehen verloren. Die strukturierte Darstellung durch Anforderungshierarchien fehlt meist völlig.[1] Versions- und Konfigurationsmanagement werden für gewöhnlich auch nicht angeboten.

Dies führt dann dazu, dass ab einer gewissen Menge von Requirements – je nach Art und Organisation der Entwicklung und des Produkts wird dies bei einigen Hundert oder evtl. auch Tausend Requirement-Einträgen liegen – die Beteiligten nicht mehr wissen, was das System eigentlich insgesamt leistet oder leisten soll.

Die Sichtweise wird hier trotz Sortier-, Gruppier- und Suchfunktionen der Tools sehr eingeschränkt. Meist hat man noch einen Überblick über die letzten paar durchgeführten Iterationen. Aber ein strukturierter Gesamtüberblick geht verloren.

1. Die Aussage bezieht sich auf reine Taskmanagementfunktionen. Es gibt für viele Tools verschiedene Erweiterungen, die die fehlenden Funktionen mehr oder weniger gut nachrüsten. Es empfiehlt sich in jedem Fall vor der Anschaffung eine genaue Tool-Evaluierung.

Wenn reine Taskmanagement- oder Tracking-Tools für das Requirements Management eingesetzt werden, sehen die Beteiligten bald »den Wald vor lauter Bäumen« nicht mehr.

6.3 Requirements-Management-Aktivitäten

Das Requirements Management umfasst grundsätzlich alle Tätigkeiten zur Steuerung, Kontrolle und Verwaltung von Anforderungen.

Die Requirements-Management-Aktivitäten können folgendermaßen unterschieden werden:

- Planende Aktivitäten (siehe auch Abschnitt 6.4)
- Strukturierende Aktivitäten
- Organisatorische und prozessorientierte Aktivitäten

Die strukturierenden Aktivitäten umfassen z. B.:

- Attributierung von Anforderungen
- Verschiedene Sichten auf Anforderungen
- Priorisierung von Anforderungen (siehe auch Abschnitt 4.7)
- Versionierung von Anforderungen
- Verwaltung von Anforderungsänderungen
- Verfolgbarkeit von Anforderungen
- Variantenmanagement für Anforderungen

Organisatorische und prozessorientierte Aktivitäten umfassen z. B.:

- Berichtswesen und Kennzahlen
- Verwaltung des Requirements-Engineering-Prozesses
- Auswahl und Anwendung von Requirements-Engineering-Werkzeugen

6.4 Planende Aktivitäten des Requirements Management

Planung in nicht agilen Projekten hat oft deshalb nicht funktioniert, weil am Anfang ein Plan erstellt wurde, der dann aber nicht mehr aktualisiert wurde. Zwangsläufig passt dann aufgrund der auftretenden Projektänderungen schon nach einigen Monaten der Plan nicht mehr zur Realität. Dies ist aber oft nicht auf eine schlechte Methodik zurückzuführen, sondern darauf, dass eine an sich gute Methodik von der Projektleitung schlecht angewendet wird.

Gute nicht agile Projektverantwortliche kommunizieren in kurzen Intervallen mit dem Team, aktualisieren den Projektplan zumindest wöchentlich und brechen Arbeitspakete auf Aufgaben von maximal einer Woche Dauer herunter. Dies wird typischerweise schon seit Jahrzehnten in guten Projektmanagementseminaren gelehrt, jedoch leider aus verschiedensten Gründen von der handelnden Projektleitung nur schlecht umgesetzt. Man sollte also bei Vergleichen vorsichtig sein und nur gute nicht agile Projekte mit guten agilen Projekten vergleichen.

Planung findet nicht nur in der Sprint-Planung, sondern an vielen Stellen im Projektverlauf statt (siehe Abb. 6–2):

- Portfolio- und Programmplanung
- Produkt-Roadmap
- Releaseplanung
- Sprint-Planung
- Daily Scrum

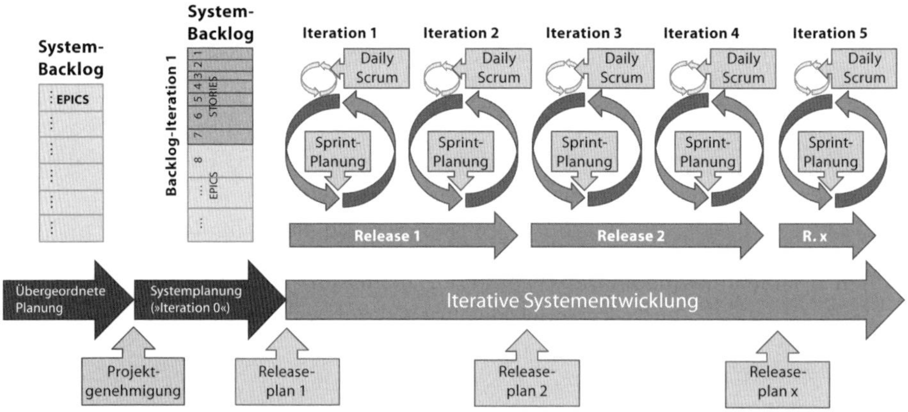

Abb. 6–2 *Planungselemente in agilen Vorgehensweisen*

6.4.1 Portfolio- und Programmplanung

Die gesamten von einer Organisation erstellten bzw. angebotenen Produkte werden als Produktprogramm oder Produktportfolio bezeichnet. Eine Organisation für Softwareentwicklung, die beabsichtigt, ein neues Produkt zu entwickeln oder auch maßgebliche Funktionen eines bestehenden Produkts zu erweitern, wird sich am Anfang überlegen, wie das neue Produkt oder die neuen Funktionen in die bestehende Geschäftsstrategie und Produktlandschaft passen. Dazu ist es notwendig, vorher zumindest die groben Eckpfeiler zu spezifizieren und diese in einem übergeordneten Kontext zu betrachten. Auch wenn es in der Organisation nur genau dieses eine geplante System gibt, so ist dieser Planungsschritt trotzdem relevant und Voraussetzung für die Systemplanung. Einzelne Aspekte oder Ergebnisse dieses Planungsschritts werden jedoch vereinfacht oder fallen weg.

Mindestvoraussetzung aus Requirements-Sicht sind daher die Kenntnis der bestehenden Produktlandschaft, eine Strategie des Unternehmens hinsichtlich der Produktentwicklung und bezüglich des geplanten Systems die wichtigsten Epics

(Business- und technische) sowie eine grobe Systemarchitektur zur Einordnung des Systems in den gesamten Produktkontext.

Planungsvoraussetzungen

Bevor eine Planung gestartet werden kann, sollten die folgenden Fragen beantwortet werden:

- Was sagt die Unternehmensstrategie bezüglich des Produktportfolios?
- Welche Produkte haben wir bereits?
- Welche weiteren künftigen Produkte sind noch geplant?
- Was wollen wir mit dem neuen Produkt erreichen?
- Warum machen wir das neue Produkt überhaupt?
- Wie passt das geplante Produkt in unser Portfolio?
- Wie hängt das geplante Produkt mit anderen Produkten zusammen?
- Gibt es besondere Risiken, die zu beachten sind?
- Gibt es am Markt Produkte mit ähnlichen Funktionen?
- Sind diese vorhandenen Produkte evtl. eine passende Ausgangsbasis?
- Sind diese Produkte eine ernst zu nehmende Konkurrenz?
- Was unterscheidet unser Produkt von diesen Produkten?

Planungsfokus

Darauf aufbauend kann auf der systemübergreifenden Ebene nun eine grobe Planung erstellt werden. Die Planung sollte auf dieser Ebene folgende Aspekte berücksichtigen (siehe Tab. 6–3):

Thema	Fokus und Aufgaben
Requirements	■ Ziele und Vision für das neue Produkt ■ Grobe High-Level-Anforderungen ■ Priorität und Reihenfolge der Inhalte
Aufwand und Ressourcen	■ Zeitbedarf ■ Budget bzw. Budgetgrenzen ■ Sonstiger Ressourcenbedarf (Räumlichkeiten, Geräte etc.)
Risiko	■ Grobe Projektrisiken
Organisation	■ Stakeholder (Kernteam, weitere Beteiligte) auf Rollen- bzw. Gruppenebene (noch keine konkreten Namen notwendig) ■ Strukturelle Organisation des Teams und der sonstigen Beteiligten

Tab. 6–3 Fokus und Aufgaben in der Portfolio- & Programmplanung

Aufwand und Umfang

Für diesen Planungsschritt sollte je nach Umfeld- und Projektkomplexität ein Aufwand von ca. 1–10 Tagen vorgesehen werden. Durch Begrenzung des Aufwands in diesem Schritt soll der Fokus auf die wichtigen und übergeordneten Bereiche gesetzt werden.

Ergebnisse des Portfolio- und Programmplanungsprozesses

- Angepasste Produktstrategie
- Ziele und Produktvision für das neue Produkt
- Portfolio- oder Programm-Backlog (priorisierte Epics)
- Roadmap, wann die Erstellung des geplanten Produkts in Abstimmung mit sonstigen geplanten Produktentwicklungen stattfinden soll
- Stakeholder-Liste auf Rollen- oder Teamebene mit einer ungefähren Anzahl der jeweils Beteiligten
- Systemkontextdiagramm
- Ressourcen-Übersichtsliste
- Bewertete Risikoliste (Risiko-Backlog)
- Grober Budgetrahmen

Diese Planungsaktivität sollte vor der ersten Iteration der geplanten Produktentwicklung stattfinden und wird mit einem Produktentwicklungs- oder Projektantrag abgeschlossen. Wenn der Produktentwicklungs- oder Projektantrag von den Entscheidungsträgern genehmigt wird, dann kann die Produktplanung starten.

6.4.2 Produkt-Roadmap, Delivery Roadmap

[IREB Advanced Level RE@Agile – Practitioner/Specialist] LE 6.3

Im Gegensatz zum Backlog dient eine Roadmap dazu, die schrittweise Produkt-(weiter)entwicklung mittel- und langfristig zu planen.

> Eine Produkt-Roadmap ist eine Vorhersage, wie das Produkt wachsen wird. Roadmaps verändern den Inhalt von Backlog Items nicht, sondern ordnen sie auf einer Zeitschiene an und stellen dar, wann man ungefähr mit welchen Features rechnen kann.

Eine Roadmap ist ein nützliches Mittel, um (strategische) Ziele und Entscheidungen an die Entwicklerinnen und andere Stakeholder zu kommunizieren. Es zerlegt ein langfristiges Ziel in überschaubare Iterationen, stellt Abhängigkeiten zwischen den Teams dar und gibt den Stakeholdern Orientierung und Transparenz.

Zu Beginn der agilen Produktentwicklung ist wenig über das Produkt oder die Arbeit der Teams bekannt. Der Umfang des Produkts sowie die Kostenschätzungen sind daher mit einer hohen Unsicherheit behaftet. Je mehr Iterationen abgeschlossen sind und je mehr Feedback von den Stakeholdern eingeholt wird, desto geringer wird die Unsicherheit, was zu einer zuverlässigeren Planung und einer stabilen Roadmap führt. Dieses Prinzip ist als »Cone of Uncertainty« oder »Unschärfetrichter« bekannt (siehe auch Abschnitt 4.5.1). Obwohl dieses Prinzip generell für alle agilen Entwicklungsprojekte gilt, wird es in großen skalierten Produktentwicklungen noch wichtiger, da die Risiken aufgrund der Produktkomplexität und der potenziellen Fehlausrichtung zwischen mehreren Teams und somit auch der Bedarf an mehr Planung noch größer sind.

Eine Roadmap zeigt strategische Ziele, Meilensteine und grobe Anforderungen auf. Wichtige Meilensteine können entweder intern oder durch externe Ereignisse wie eine Messe oder die Einführung neuer Vorschriften auf dem Markt bestimmt werden. Die Darstellung einer Roadmap richtet sich nach Zweck, Zielgruppe und Planungshorizont.

Für die Kundschaft, Managementsponsoren und das Business ist oft eine langfristige Produkt-Roadmap mit strategischen Zielen und groben Produktanforderungen ausreichend.

Umgekehrt müssen Entwicklerinnen die weiteren Details kennen, die durch detailliertere Backlog-Elemente (z.B. Stories und Tasks) dargestellt werden, sowie die Abhängigkeiten zwischen ihnen. Diese Informationen werden durch *Delivery Roadmaps* (langfristige Versionsplanung) [SAFe] bereitgestellt.

Um eine *langfristige Produkt-Roadmap* zu entwickeln, muss ein Product Owner zunächst eine Produktvision und -strategie definieren. Anschließend müssen grobe Anforderungen erhoben werden, indem er sich mit den erforderlichen Stakeholdern befasst. An dieser Stelle muss keine Zeit in detaillierte Anforderungen investiert werden. Obwohl die Anforderungen in dieser Phase einer hohen Unsicherheit unterliegen, ist die Produkt-Roadmap als grober Iterationsplan für den ersten Schnitt gut genug, um die Planung und Synchronisierung zu unterstützen.

Um eine *mittelfristige Delivery Roadmap* zu erstellen, muss der Product Owner die Backlog-Elemente aus der bestehenden Produkt-Roadmap verfeinern und priorisieren. Diese Elemente müssen von den Entwicklerinnen grob geschätzt werden, auch wenn die Schätzungen zu diesem Zeitpunkt noch ungenau sind (z.B. T-Shirt-Sizing – siehe Abschnitt 4.5.4). Die Schätzung muss nur gut genug sein, um einen Überblick über die kommenden Iterationen zu geben.

Das Erstellen und Aktualisieren von Delivery Roadmaps erfolgt in der Regel bei Face-to-Face-Planungsmeetings, die als Big Room Plannings (oder PI Planning in SAFe) bekannt sind und in regelmäßigen Abständen stattfinden.

6.4.3 Produktplanung

Wenn die grobe Planung bekannt ist, ist es notwendig, sich darüber Gedanken zu machen, wie man die Entwicklung aus Produktsicht angeht. In der Literatur ist hier oft von einer »Iteration 0« die Rede. Teile der nachfolgend angeführten Produktplanung werden auch als Inhalte der Iteration 0 angeführt.

Dieser Planungsschritt dient dazu, einen ausreichenden Blick auf das Gesamtprojekt zu bekommen, damit dann eine passende Aufteilung des Vorhabens auf einzelne Releases, Iterationen und Teams erfolgen und das Projekt mit der ersten Iteration starten kann.

Mindestvoraussetzung für die Produktplanung

- Ziele und Vision für das geplante Produkt
- Backlog (priorisierte Epics)
- Roadmap, wann die Erstellung des geplanten Produkts in Abstimmung mit sonstigen geplanten Produktentwicklungen stattfinden soll
- Stakeholder-Liste auf Rollen- oder Teamebene mit einer ungefähren Anzahl der jeweils Beteiligten
- Systemkontextdiagramm
- Ressourcen-Übersichtsliste
- Bewertete Risikoliste (Risiko-Backlog)
- Grober Budgetrahmen

> Im Mittelpunkt der Produktplanung steht die Frage: »Was muss von der Organisation und vom Team vorbereitet werden, damit die Produktentwicklung wohldurchdacht mit einer ersten Iteration starten kann?«

Planungsfokus und Aufgaben in diesem Planungsschritt

Basierend auf der vorangegangenen Programmplanung und Roadmap werden in der Produktplanung folgende Aspekte berücksichtigt (siehe Tab. 6–4):

Thema	Fokus und Aufgaben
System-anforderungen	▪ Übergeordnete Epics ergänzen ▪ Grobe Businessprozess-Abläufe erstellen und daraus die wesentlichen User Stories für das Produkt ableiten ▪ Grobe Qualitätsanforderungen ermitteln (siehe Abschnitt 3.4.3) ▪ Prozess- und Qualitätsaspekte definieren (Definition of Ready, Definition of Done auf verschiedenen Ebenen, Prozessvorgaben, Review-Checklisten, Metriken etc.)
Architektur	▪ Kontextdiagramm ergänzen und verfeinern ▪ Übergeordnete Systemarchitektur erstellen ▪ Spikes für kritische, noch unklare Architekturbereiche für die ersten Iterationen einplanen

→

Thema	Fokus und Aufgaben
Qualitätssicherung	▪ Abnahmekriterien mit dem Kunden diskutieren und festlegen
Backlog	▪ Alle Anforderungen in einem System-Backlog sammeln und priorisieren ▪ Team-Backlogs für die erste Iteration erstellen (durch die Teams)
Team	▪ Stakeholder-Liste fertigstellen ▪ Namen von potenziell verfügbaren Personen zu den Rollen und Gruppen dazuschreiben ▪ Ausbildungsbedarf der Beteiligten ermitteln ▪ Einarbeitungen und Ausbildungen planen ▪ Notwendige Organisationsstrukturen außerhalb der agilen Teams planen bzw. einbeziehen (z. B. Produktmanagement, Projektboard, Change Control, Systemtest, Auslieferung, Support und Betrieb etc.) ▪ Freigabe- und Eskalationswege planen ▪ Zustimmung des Teams zu Backlog für Iteration 1 einholen
Ressourcen	▪ Ressourcenbedarf und benötigte Umgebungen klären und planen ▪ Räumlichkeiten für das Projekt reservieren oder beschaffen und vorbereiten ▪ Benötigte Geräte, Tools, Arbeitsmittel und Basissoftware beschaffen und vorbereiten
Zeit	▪ Zeitschätzung verfeinern ▪ Iterationsdauer festlegen ▪ Grobe Übersicht über geplante Releases erstellen
Projektrisiken	▪ Projektrisiken verfeinern und ergänzen ▪ Maßnahmen zur Risikominimierung planen
Budget bzw. Budgetgrenzen	▪ Aufwand grob abschätzen ▪ Budgetgrenzen überprüfen, Budget anpassen

Tab. 6–4 *Fokus und Aufgaben in der Systemplanung*

Aufwand und Umfang

Für diesen Planungsschritt sollte je nach Umfeld- und Projektkomplexität ein Aufwand von ca. 5–20 Tagen vorgesehen werden. Ein Abgleiten in die Details sollte in dieser Planungsphase vermieden werden. Eine Aufteilung dieses Planungsaufwands vorab auf die oben angegebenen Punkte und Aufgaben hilft dabei.

Ergebnisse des Planungsprozesses auf Systemebene

- Ergänztes Product Backlog
- Grobes Businessprozess-Design
- Systemkontextdiagramm
- Grobe Systemarchitektur
- Übersicht der übergeordneten Qualitätsanforderungen
- Checklisten für Prozess- und Qualitätsaspekte erstellt:
  - Definition of Ready
  - Definition of Done

 - Vorlage bzw. Checkliste für Sprint-Retrospektive
 - Requirements-Review-Checkliste
 - Architekturreview-Checkliste
 - Codereview-Checkliste
 - Testreview-Checkliste
 - Metriken für wichtige Prozess- und Qualitätskennzahlen
- Priorisiertes Gesamt-Product-Backlog
- Grobe Abnahmekriterien des Kunden für das Product Backlog
- Abgestimmtes Team-Backlog für Iteration 1
- Definierte Abnahmekriterien für das Team-Backlog für Iteration 1
- Grober Releaseplan für das Gesamtprodukt
- Iterationsplan für die ersten Releases inkl. geplanter Spikes
- Vollständige Stakeholder-Liste
- Namen der konkret beteiligten Personen
- Einarbeitungs- und Ausbildungsplan
- Organisationsdiagramm und Beschreibung inkl. übergreifender betroffener Organisationseinheiten außerhalb der agilen Teams
- Definierter Freigabeprozess
- Eskalationsplan
- Umfassende Ressourcenliste
- Planung der zu beschaffenden Ressourcen
- Bewertete Risikoliste (Risiko-Backlog)
- Maßnahmenliste zur Risikominimierung (ggf. über Backlog-Einträge einplanen)
- Budgetrahmen fixiert

Diese Planungsaktivität sollte vor der ersten Iteration stattfinden und klärt die wesentlichen Aspekte, um eine strukturierte und effiziente Projektabwicklung zu starten.

Wenn sich in diesem Planungsschritt gegenüber dem Produktentwicklungs- oder Projektantrag noch wesentliche Abweichungen ergeben, sollte dies nochmals mit den Entscheidungsträgern diskutiert und von diesen genehmigt werden, bevor die erste Iteration startet. Am Ende dieser Planungsphase ist auch der richtige Zeitpunkt, um für die Sichtbarkeit des Vorhabens beim Kunden und den Beteiligten zu sorgen. Hier starten die Projektmarketing-Aktivitäten nach dem Motto: »Tue Gutes und rede darüber!«

6.4.4 Releaseplanung

Am Ende einer jeden Iteration sollte das (Teil-)Produkt auslieferbar sein. Wann nun tatsächlich Auslieferungen an den Kunden stattfinden bzw. auslieferbare Produkte für den Kunden zur Verfügung gestellt werden, wird in der Releaseplanung festgelegt. Ziel der Releaseplanung ist also, langfristig festzulegen, wann auslieferbare Versionen des Produkts zur Verfügung stehen müssen und welche Funktionen in jedem dieser Releases enthalten sein werden. Der Planungshorizont ist dabei mindestens ein Jahr. Es wird sehr stark aus Sicht des Markts geplant, die Planelemente sind Epics oder Features.

Die Releaseplanung ermöglicht es den Anwendern, beim Kunden ihrerseits zu planen, ab wann sie in ihren Prozessen mit welchen Funktionen des Systems arbeiten können. Die Entwicklerinnen können auf Basis der Releaseplanung die Umsetzung vorbereiten. Für Marketing und Vertrieb wiederum ist sie ein wichtiges Instrument in der Akquise.

Eine erste Releaseplanung wird in der Iteration 0, direkt nach oder gemeinsam mit der Produktplanung durchgeführt und setzt auf die dort erzeugten Ergebnisse auf. Im Laufe des Entwicklungsprojekts wird der Releaseplan dann ständig an neue Entwicklungen, geänderte Anforderungen und Prioritäten angepasst.

Die Releaseplanung ist Aufgabe des Produktmanagements in Abstimmung mit dem Marketing und dem Product Owner.

Mindestvoraussetzung für die Releaseplanung

- Priorisiertes Gesamtsystem-Backlog (Epics und Features)
  - Grobschätzung des Aufwands
  - Risikoabschätzung und Analyse der Abhängigkeiten
- Roadmap, wann die Erstellung des geplanten Systems in Abstimmung mit sonstigen geplanten Systementwicklungen stattfinden soll

Planungsfokus und Aufgaben in diesem Planungsschritt

Basierend auf der vorangegangenen Systemplanung werden in der Releaseplanung folgende Aspekte berücksichtigt (siehe Tab. 6–5):

Thema	Fokus und Aufgaben
Releasetermine	■ Grundsätzliches Release-Intervall festlegen (z.B. »Ein Release alle sechs Monate«) ■ Basierend auf dem Release-Intervall die Releasetermine zumindest für ein Jahr berechnen ■ Mit dem Kunden vereinbaren, bis wann Änderungen und neue Anforderungen gemeldet werden müssen, damit sie noch im Release umgesetzt werden (»Requirements-Freeze-Date«)
Release-Inhalte	■ Backlog-Elemente/Bereiche den einzelnen Releases zuordnen (die Kunden oder auch das Marketing wollen »ungefähr« wissen, was sie wann bekommen, um schon werben zu können)

→

Thema	Fokus und Aufgaben
Qualitäts-sicherung und Freigabe	■ Testphase für Release einplanen. Meist wird unmittelbar vor einem Release eine mehrwöchige Testphase durchgeführt, in der keine neuen Anforderungen mehr umgesetzt werden und das System getestet und stabilisiert wird. ■ Testkonzept und Testpläne für Releasetests ausarbeiten ■ Abnahme- und Freigabeprozess definieren
Ressourcen	■ Ressourcenbedarf je Team je Release klären und planen ■ evtl. Updateprojekte für Kunden einplanen
Deployment	■ Vorgehensweise für das Deployment definieren
Marketing	■ Kommunikationsplan für Release erarbeiten, d.h. planen, wann das Release über welche Kanäle an wen kommuniziert wird

Tab. 6–5 *Fokus und Aufgaben in der Releaseplanung*

Die Releaseplanung erfordert eine intensive Abstimmung zwischen Produktmanagement und Marketing auf der einen Seite (»Was soll wann geliefert werden?«) und Entwicklung auf der anderen Seite (»Wie viel Aufwand ist es und wie lange dauert es?«). Produktmanagement und Marketing werden hierbei stets viele Features so bald wie möglich haben wollen und die Entwicklung liefert andererseits Aufwandsangaben und kann abschätzen, bis wann welche Features umsetzbar sind. Die Releaseplanung selbst ist daher ein stark iterativer und sehr kommunikationsintensiver Prozess.

Passiert diese Abstimmung nicht, weil z.B. das Produktmanagement die Aufwände selbst grob abschätzt, die Releases alleine plant und dann einfach die Ergebnisse ihrer Planung zum Entwicklungsteam »über den Zaun wirft«, so führt dies zum einen zu einer geringen Identifikation der Entwicklerinnen mit dem Releaseplan. Zum anderen, und das ist wesentlich problematischer, werden sich die Schätzungen oft als falsch herausstellen und die Releasetermine können dann nicht gehalten werden.

Aufwand und Umfang

Für diesen Planungsschritt sollte je nach Umfeld- und Projektkomplexität ein Aufwand von ca. 5–10 Tagen vorgesehen werden.

Ergebnis des Planungsprozesses auf dieser Ebene

- Releaseplan mit Terminen und Inhalten der Releases
- Qualitätssicherungsplan für jedes Release
- Dokumentierter Abnahme- und Freigabeprozess
- Ressourcenplan je Team je Release
- Marketing- und Kommunikationsplan
- Deployment-Plan

Die Releaseplanung sollte regelmäßig überarbeitet werden. Bei Verzögerungen von Releaseterminen oder -inhalten muss berücksichtigt werden, dass dies zu einem hohen Vertrauensverlust der Kundschaft führen kann. Es ist in der Regel besser, weniger zu versprechen und das dann auch einhalten zu können, als umfangreiche Funktionen zuzusagen und dann zu enttäuschen!

6.4.5 Sprint-Planung

Ziel der Sprint-Planung ist es, die Arbeit für den anstehenden Sprint zu planen. Dies ist Aufgabe des Teams, das alleine entscheidet, wie viele Stories bzw. Backlog Items im Sprint erledigt werden können. Die Stories werden dabei entsprechend ihrer Priorisierung ausgewählt (siehe Abschnitt 4.7) und bilden das Sprint Backlog. Wie viele Stories umgesetzt werden können, hängt ab von der Größe der Stories und der »Velocity« des Teams, also der Anzahl der umsetzbaren Story Points pro Sprint (siehe Abschnitt 4.5.5).

Die Sprint-Planung erfolgt immer am ersten Tag eines Sprints und wird in einem gemeinsamen Meeting durchgeführt. Die erste Hälfte dient der Definition des Sprint-Ziels und der Entscheidung, welche Stories umgesetzt werden. Dazu stellt der Product Owner die anstehenden Stories vor, die er umgesetzt haben möchte. Danach werden noch offene Fragen geklärt, sodass das Team ein gemeinsames Verständnis dafür hat, was gefordert ist. Wenn noch nicht geschehen, werden die Stories jetzt geschätzt. Sind alle Stories verstanden und geschätzt, so entscheidet das Team, wie viele Stories umgesetzt werden können. »Umgesetzt« bedeutet dabei, dass jede Story gemäß Akzeptanzkriterien und Definition of Done tatsächlich »fertig« ist (siehe Abschnitt 5.3). Das Team formuliert gemeinsam das Sprint-Ziel und »committed« sich auch zur Erreichung dieses Ziels, d.h., es verspricht dem Product Owner, alles zu tun, um die Umsetzung des Ziels sicherzustellen.

Im zweiten Teil des Sprint-Planungs-Meetings wird zumindest für die ersten Tage des Sprints geplant, wie die ausgewählten Stories umgesetzt werden. Die Stories werden dazu meist in Tasks (Aufgaben) heruntergebrochen.

Mindestvoraussetzung für die Sprint-Planung

- Priorisiertes Gesamtsystem-Backlog (Epics, Features, Stories) liegt vor:
  - Grobschätzung des Aufwands
  - Risikoabschätzung und Analyse der Abhängigkeiten
- Backlog Items für den nächsten Sprint sind gemäß DoR bereit:
  - Die Items (Stories), die für den nächsten Sprint infrage kommen, sind bereits ausreichend detailliert beschrieben
  - Items sind geschätzt
  - Items erfüllen die Definition of Ready (siehe Abschnitt 5.2)
- Velocity des Teams ist bekannt

Planungsfokus und Aufgaben in diesem Planungsschritt

Basierend auf der Releaseplanung werden in der Sprint-Planung folgende Aspekte berücksichtigt (siehe Tab. 6–6):

Thema	Fokus und Aufgaben
Sprint-Inhalte	▪ Stories festlegen, die im kommenden Sprint umgesetzt werden ▪ Tasks für die konkreten Aufgaben zumindest für die ersten paar Tage ableiten
Qualitätssicherung und Freigabe	▪ Testkonzept und Testpläne für Sprint-Tests ausarbeiten ▪ Abnahmeplan für die im Sprint umzusetzenden Backlog Items erstellen
Team	▪ Personelle Zusammensetzung des Teams für den kommenden Sprint festlegen ▪ Verfügbarkeit des Product Owners und der benötigten Stakeholder im kommenden Sprint klären und vereinbaren
Randbedingungen	▪ Randbedingungen für die Arbeit des Teams prüfen und festlegen

Tab. 6–6 *Fokus und Aufgaben in der Sprint-Planung*

> Die wichtigsten Prinzipien für die Sprint-Planung sind einerseits, dass das Team alleine entscheidet, was im Sprint umgesetzt werden kann, und andererseits das Commitment des Teams, alles zu tun, um die geplanten Stories auch tatsächlich fertigzustellen.

Aufwand und Umfang

Für diesen Planungsschritt ist für einen einmonatigen Sprint ein Meeting von maximal acht Stunden vorgesehen [Scrum Guide].

Ergebnis des Planungsprozesses auf dieser Ebene

- Sprint Backlog mit Stories
- Aufgabenplanung für diesen Sprint (Tasks)
- Qualitätssicherungsplan für den Sprint

Wenn sich im Laufe des Sprints die Voraussetzungen ändern, z.B. wenn kritische Hotfixes eingesetzt werden müssen, weil der Betrieb des Kunden gefährdet ist, wird das Sprint Backlog in Abstimmung mit dem Product Owner entsprechend angepasst. Das Ziel sollte allerdings sein, dass das Team im Rahmen des Sprints ungestört arbeiten kann und Änderungen an den Anforderungen oder zusätzliche Anforderungen, die nicht kritisch sind, im nächsten Sprint umgesetzt werden sollten. Es ist Aufgabe des Agile Master, das Team während des Sprints vor Einflüssen von außen zu schützen.

Dies ist ein wichtiger Punkt. In vielen Projekten werden oft Änderungen auch in laufende Entwicklungen hineingepresst und dadurch die Effizienz des Teams verringert. Durch die kurzen Sprint-Zyklen mit meist zwei bis vier Wochen können viele unkritische Änderungen auch noch ohne große Schwierigkeiten in folgenden Iterationen umgesetzt werden.

6.4.6 Daily Scrum

Das Daily Scrum[2] dient der täglichen Überprüfung des Fortschritts und ggf. Anpassung des Sprint Backlogs [Scrum Guide]. Das Team trifft sich dabei zu einem kurzen Meeting von maximal 15 Minuten Dauer. Reihum beantwortet jedes Teammitglied folgende drei Fragen:

- Was habe ich seit dem letzten Daily Scrum fertiggestellt?
- Was werde ich heute fertigstellen?
- Was hindert mich daran?

Das Daily Scrum ist also kein Statusmeeting, in dem besprochen wird, was insgesamt alles erledigt ist und was noch bis zum Sprint-Ende vor dem Team liegt. Es ist auch kein Meeting, in dem das Team dem Agile Master oder dem Product Owner berichtet. Das Daily Scrum gehört dem Team und dient allein der Synchronisation im Team und der Planung der Arbeit. Der Agile Master ist dabei anwesend und notiert alle im Meeting genannten Hindernisse in einer eigenen Liste (»Impediments Backlog«). Er setzt alles daran, diese Hindernisse möglichst schnell zu beseitigen. In vielen agilen Teams wird im Daily Scrum auch das Taskboard aktualisiert.

6.5 Artefakte für das Requirements Management

6.5.1 Backlog

Definition	Das **Backlog** (dt. »Rückstau«, »Rückstand«, »Überhang«) ist eine Liste von Anforderungen und Aufgaben, die alles beinhaltet, was für die Entwicklung notwendig ist [Röpstorff & Wiechmann 2015]. Die Elemente im Backlog werden als Backlog Items bezeichnet. Die Elemente in einem Backlog sind immer priorisiert und nach Wichtigkeit sortiert. Das Backlog ist in die Zukunft gerichtet. Umgesetzte Elemente werden aus dem Backlog entfernt.
Anwendung	Backlogs sind in agilen Projekten das zentrale Mittel zur Verwaltung von Anforderungen. Es gibt ein Backlog auf Ebene des Produkts (Product Backlog) und das Sprint Backlog, das alle in einem Sprint geplanten Anforderungen und Aufgaben beinhaltet. Darüber hinaus sind auch produktübergreifende Backlogs (Portfolio-Backlogs) möglich. Alle Anforderungen zu einem Produkt kommen ins Product Backlog. In der Sprint-Planung werden dann Elemente aus dem Product Backlog ins Sprint Backlog übernommen. Je näher die Umsetzung eines Backlog Item rückt, desto genauer muss es beschrieben sein. Jedes Element im Backlog muss priorisiert und mit einem Wert für den Kunden versehen sein. Weitere Anmerkungen und Informationen sind möglich und oft hilfreich. Die Elemente im Product Backlog können jederzeit geändert, herausgenommen oder durch neue ergänzt werden. Das Product Backlog stellt somit immer den aktuellen Stand der noch nicht umgesetzten Anforderungen des Kunden dar. Ändern sich die Anforderungen, so wird dies sofort in das Backlog übertragen. Dies ist eine der zentralen Aufgaben des Product Owners.
Zuständig	▪ Produktmanager*in (Portfolio-Backlog, Product Backlog) ▪ Product Owner (Product Backlog) ▪ Agiles Team (Sprint Backlog)

→

2. Auch Daily Standup oder Daily Meeting genannt.

Eigenschaften	- Dynamisch und ständig an die aktuellen (offenen) Anforderungen angepasst - Unterschiedliche Ebenen von Backlogs (Portfolio-, Product und Sprint Backlogs) - Unterschiedliche Inhalte (Backlog Items): User Stories, Epics, Tasks - Jederzeit priorisiert und gereiht - Je näher die Umsetzung rückt, desto genauer sind die Backlog Items spezifiziert. - Alle Backlog Items müssen eindeutig identifizierbar sein (Name und/oder ID).
Zeitpunkt	- Initiale Befüllung vor der ersten Iteration - Neubewertung, Anpassung und Umsortierung vor jeder Iteration - Laufende Pflege während der Umsetzungs-Sprints

In der Literatur werden zwei Ansätze diskutiert, was in ein Product Backlog aufgenommen werden darf:

a) **Nur User Stories**
Der erste Ansatz vertritt streng die Linie, dass lediglich User Stories ins Backlog aufgenommen werden dürfen. Alles, was im Backlog enthalten ist, muss Nutzen für den Anwender schaffen. »Technische« Anforderungen, wie etwa Refactoring, Anlegen von Testsystemen etc., dürfen nicht direkt ins Backlog eingetragen werden. Für solche Tätigkeiten muss ebenfalls eine User Story gefunden werden, die sie mit der Angabe des Nutzens für den Kunden rechtfertigt. Kann keine solche Story gefunden werden, so wird die Aufgabe entweder nicht ins Backlog aufgenommen oder im Idealfall gar nicht erledigt.

b) **Alle Elemente, die notwendig sind**
Nach diesem Ansatz können neben User Stories, die Kundenwert schaffen, auch »technische« Stories und Aufgaben ins Backlog aufgenommen werden, ebenso wie Epics, Features, Use Cases usw. Eher pragmatisch wird hier das Backlog als Liste aller Anforderungen und Tätigkeiten gesehen, die notwendig sind, um ein für den Anwender notwendiges Produkt zu erstellen.

In diesem Buch wird die Ansicht vertreten, dass es zwar wünschenswert ist, wenn nur User Stories, die Wert schaffen, im Backlog enthalten sind. In der Praxis ist dies aber oft nicht durchhaltbar, da sich im Laufe des Projekts immer wieder Themen ergeben, die umgesetzt werden müssen, aber nur indirekt Wert für den Anwender schaffen. Beispiele sind größere Architektur-Refactorings oder Umstellungen in den verwendeten Technologien. Damit auch solche teils sehr aufwendigen Themen nicht verloren gehen sowie sauber geplant und verfolgt werden können, empfiehlt es sich, diese trotzdem ins Backlog aufzunehmen.

Backlogs können nach Bedarf, Projektgröße, Örtlichkeiten und Projektumfeld in Form von physischen Tafeln und Story Cards dokumentiert werden oder auch in elektronischen Systemen: Letzteres hat den Vorteil, dass alle Aktionen im Backlog auch später noch nachvollziehbar sind, nichts verloren gehen kann und auch auf Knopfdruck verschiedene Sichten auf das Backlog angezeigt werden können. Der Nachteil ist, dass die »haptische Wahrnehmung« verloren geht.

Je näher die Umsetzung eines Backlog Item rückt, desto genauer wird es definiert (siehe Abb. 6–3).

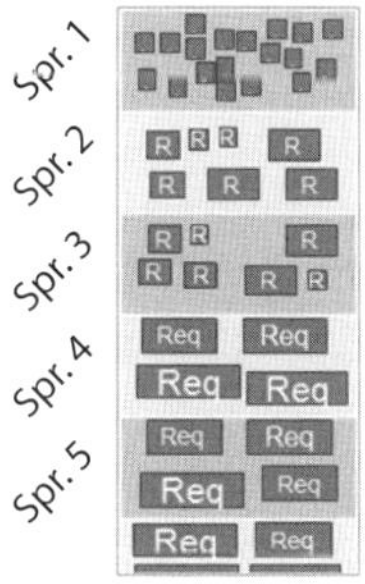

Abb. 6–3 *Detailliertheit von Backlog Items*

Im Zuge der Detaillierung von Backlog Items werden verschiedenste Informationen hinzugefügt, die über die reine User Story und Akzeptanzkriterien hinausgehen, wie z. B.:

- UI-Skizzen
- Schnittstellenbeschreibungen (Felder, Datentypen etc.)
- Beispieldaten
- Geschäftsregeln
- Testfälle

Diese Zusatzinformationen können je nach verwendetem Werkzeug zum Teil direkt beim Backlog Item angefügt werden. Ist dies nicht möglich, so werden die Zusatzinformationen und -dateien am besten in einem eigenen Ordner je Backlog Item abgelegt. Wichtig ist hierfür, dass alle Backlog Items einen eindeutigen Namen, besser noch eine ID wie z. B. eine eindeutige Nummer haben, über die die Beziehung zwischen Backlog Item und Zusatzinformation hergestellt werden kann.

Das Product Backlog wird nach Bedarf verfeinert, d. h. laufend an die sich ändernden Anforderungen des Kunden und des Markts angepasst. Diese ständige Pflege des Product Backlog ist eine der Kernaufgaben des Product Owners. Werden Backlog Items geändert oder neu hinzugefügt, müssen sie natürlich neu priorisiert und geschätzt werden. Für diese Analyse holt sich der Product Owner die Unterstützung des Teams (siehe auch Kap. 4). Somit beschäftigt sich das Team laufend während eines Teils seiner Zeit (ca. 10 %) mit der Analyse neuer und geänderter Backlog Items.

Im Gegensatz zum Product Backlog, das dem Verantwortungsbereich des Product Owners zugesprochen wird und sich ständig ändert, um die Änderungen in den Anforderungen zu berücksichtigen, gehört das Sprint Backlog dem agilen Team und sollte während des Sprints fixiert sein. Sobald sich das Team in der Sprint-Planung auf ein Set von Anforderungen für den Sprint festgelegt hat, sollten während des Sprints keine neuen Aufgaben mehr dazukommen. Sinn dieser Maßnahme ist es, für das Team ein Zeitfenster zu schaffen, in dem es in Ruhe effizient arbeiten kann und nicht ständig der Arbeitsfluss durch Änderungen gestört wird. Ausnahme sind dringende Hotfixes, wenn der Betrieb des Kunden gefährdet ist. Es ist Aufgabe des Agile Master, das Team vor Änderungen am Sprint Backlog zu schützen.

> Das Product Backlog liegt im Verantwortungsbereich des Product Owners. Das Sprint Backlog gehört dem agilen Team.

Das Product Backlog beinhaltet eigentlich nur die noch nicht umgesetzten Anforderungen. Sobald ein Element fertig umgesetzt ist, wird es aus dem Backlog entfernt. Oft benötigt man in späteren Sprints jedoch noch Informationen zu den bereits umgesetzten Anforderungen, sodass es durchaus sinnvoll ist, die Backlog-Einträge auch zu archivieren.

> Die umgesetzten Backlog-Einträge sollten nicht weggeworfen, sondern systematisch archiviert werden, um die spätere Nachvollziehbarkeit zu erleichtern.

Alle guten Requirements-Management-Werkzeuge haben entsprechende Archivierungsfunktionen eingebaut.

6.5.2 Listen

Mit einer listenbasierten Software lassen sich durch Gruppierungs-, Sortier- und Suchfunktionen evtl. mehrere Requirements besser überblicken, jedoch kommt bei einer listenorientierten Darstellung ab einer gewissen Anzahl unweigerlich der Zeitpunkt, an dem man den Überblick über die Gesamtmenge der Requirements verliert und ab dem die Stakeholder (Kundschaft, Entwicklung, Test) nicht mehr über die größeren Zusammenhänge diskutieren, sondern sich auf sehr granularer Ebene über einzelne Stories unterhalten, die dann jedoch völlig aus dem Zusammenhang gerissen werden.

> In listenbasierten Systemen sehen die Stakeholder bei vielen Stories »den Wald vor lauter Bäumen« nicht mehr!

Das Problem ist, dass es nicht unbedingt bemerkt wird, wenn man den Überblick verliert. Am Anfang, wenn top-down-orientiert mit der Spezifikation begonnen wird, hat noch jeder Beteiligte den Überblick über das System. Dann kommen schrittweise immer detailliertere Requirements dazu. Wenn man sich nun nur noch in den Details bewegt, gehen die Zusammenhänge schleichend, aber leider unweigerlich verloren.

Darum ist es wichtig, ständig einen Überblick zu haben, wie die Anforderungen zusammenhängen und wo in der ganzen Requirements-Hierarchie eine Detailänderung oder Ergänzung vorgenommen wird.

6.5.3 Story Maps – Story Cards

[IREB Advanced Level RE@Agile – Practitioner/Specialist] LE 3.4

Definition	Eine **Story Map** zeigt User Stories in einer grafischen Übersicht. Horizontal werden die aufeinanderfolgenden Aktivitäten des Anwenders jeweils mit einer User Story dargestellt. Vertikal wird von oben nach unten detailliert: z.B. angefangen bei den Kundenzielen über Epics bis hin zu den User Stories. Durch eine Story Map wird ein Überblick über alle User Stories hergestellt [Wikipedia: User Story].
Anwendung	Story Maps sind Übersichten über Anforderungen und dienen zu ihrer hierarchischen und zeitlichen Strukturierung. Aus Requirements-Sicht werden Inhaltsstruktur und Planung gleichzeitig dargestellt.
Zuständig	■ Produktmanager*in ■ Product Owner ■ Mitarbeitende des Fachbereichs ■ Key User ■ »Das Team« inkl. Tester*in ■ evtl. Systemarchitekt*in
Eigenschaften	■ Gruppierungsmethode für inhaltliche und zeitliche Sicht auf die Requirements ■ Deckt mehrere Spezifikationsebenen ab, typischerweise unterhalb der Vision bzw. Ziele ■ Gliederung aus inhaltlicher Sicht (Requirements Engineering) und zeitlicher Sicht (Release- und Iterationsplanung, Taskmanagement etc.)
Zeitpunkt	■ Laufend vor der Umsetzungsiteration ■ Verfeinerung in jeder Umsetzungsiteration vor dem Start der Programmierung (z.B. in der Sprint-Planung)
Hinweise	Die Story Maps in der derzeit beschriebenen Form eignen sich nur bedingt für größere Projekte, da die inhaltliche und die planerische Sicht vermischt wird und dies bei vielen Requirements und vielen Iterationen unübersichtlich wird.

Story Maps wurden durch Jeff Patton schon 2005 präsentiert [Patton 2005]. Hintergrund der Entstehung der Story Maps sind die Strukturierungsschwächen der bisher typischerweise verwendeten Requirements-Darstellungstechniken (Backlogs, *Story Cards*). Es hat sich in den Projekten gezeigt, dass bei ausschließlicher Verwendung dieser Techniken ab einer größeren Menge an Stories der Überblick verloren geht.

Inhaltliche Gliederung

In einer Story Map werden die Anforderungen so aufgereiht, wie sie der Anwender in der zeitlichen Reihenfolge im fachlichen Prozess verwenden wird. Unterhalb dieser fachlichen Tätigkeiten, typischerweise Epics, werden die zu jedem Prozessschritt zugehörenden Stories angeordnet (siehe Abb. 6–4). Durch diese inhaltliche Gliederung entlang des Fachprozesses sieht man auf einen Blick, welche fachlichen Prozessschritte durch welche Stories im System unterstützt werden.

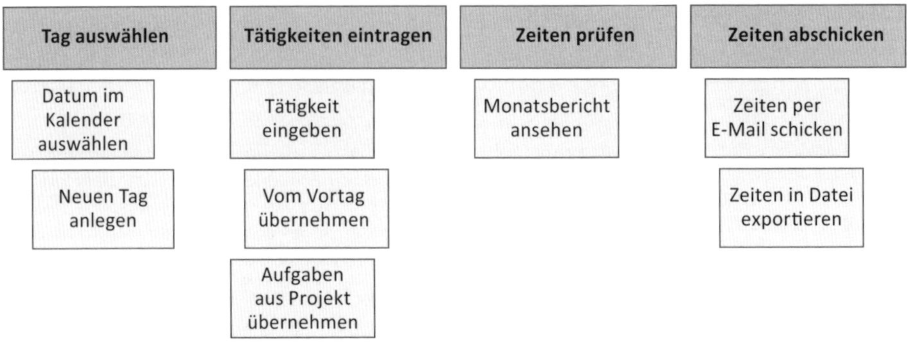

Abb. 6–4 *Einfache Story Map*

Ergänzung um Planungssicht

Eine Erweiterung der reinen Inhaltssicht besteht darin, die Stories in einer Story Map auch nach Umsetzungszeitpunkt (z. B. geplantes Release oder Sprint) zusammenzufassen. Hierfür wird zum Beispiel je Release eine horizontale Bahn (Swimlane) eingefügt, in die dann die Backlog Items, die in diesem Release fertiggestellt werden sollen, eingeordnet werden (siehe Abb. 6–5).

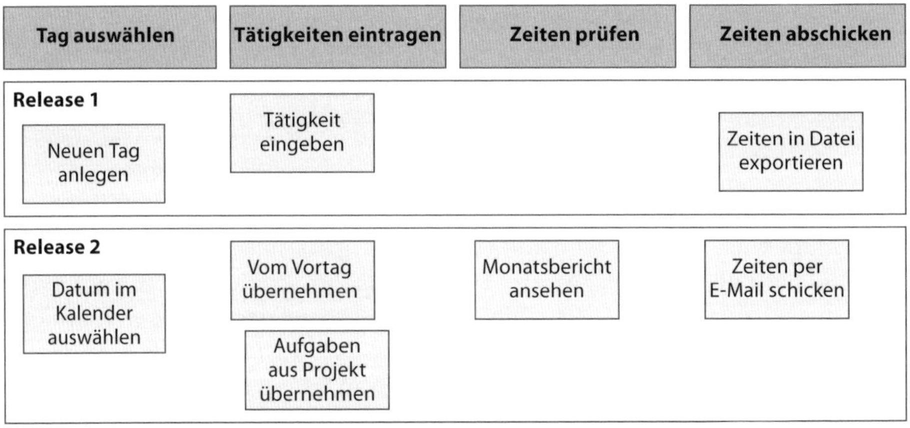

Abb. 6–5 *Story Map mit Swimlanes*

Requirements-Handling in Story Maps

Im Product Backlog werden Stories entfernt, wenn sie in das Sprint Backlog übernommen wurden. Auch bei der Story Map ist das eine Möglichkeit. Wenn alle Stories in einer Release- oder Sprint-Lane abgearbeitet sind und diese leer ist, ist damit klar, dass man »releasen« kann. Der Nachteil dabei ist, dass durch das Entfernen der Story Cards der Überblick verloren geht, der durch die Story Map geschaffen werden sollte.

Eine alternative Möglichkeit des Requirements-Handlings ist daher, dass die Stories, die in das Sprint Backlog übernommen wurden, nicht aus der Story Map entfernt, sondern in das Sprint Backlog dupliziert und in der Story Map entsprechend markiert werden. Fertiggestellte Stories werden ebenfalls als erledigt markiert.

Durch die Vermischung von inhaltlicher und planender Sichtweise werden Story Maps in größeren Projekten bald unübersichtlich. Bei mehreren Hundert Backlog Items sind die Erstellung und vor allem die laufende Pflege einer Story Map sehr schwierig. Story Maps sind brauchbar als Planungshilfe, um daraus das Backlog abzuleiten und ein geordnetes Backlog zu bekommen. Bei papierbasiertem Vorgehen sind sie ein Kompromiss, der besser geeignet ist, den Überblick zu behalten, als herkömmliche Story Card Backlogs.

> Story Maps sind als Planungshilfe geeignet und stellen für kleine Projekte eine brauchbare Requirements-Management-Technik dar. Für größere und kritischere Projekte sollten professionelle Requirements-Management-Tools verwendet und die rein papierbasierte Verwaltung vermieden werden.

6.5.4 Agiles Requirements-Board

Definition	Das **agile Requirements-Board** ist ein Visualisierungs- und Managementinstrument, auf dem der Zustand der Requirements in agilen Projekten dargestellt und gesteuert wird.
Anwendung	Durch das agile Requirements-Board werden der Prozess der Requirements-Validierung, die Analyse, Selektion, Verfeinerung sowie die Abstimmung und auch der Freigabeprozess der Requirements für den nachfolgenden Umsetzungs-Sprint systematisiert und für alle Beteiligten transparent gemacht.
Zuständig	■ Product Owner (hauptverantwortlich) ■ Team (mitwirkend)
Eigenschaften	■ Zeigt den Zustand der Requirements im Projekt an ■ Eine Spalte für jeden Zustand, in dem sich ein Requirement befinden kann (ähnlich einem Kanban-Board) ■ Im Besitz des Product Owners
Zeitpunkt	■ Laufende Arbeit am Board ist sinnvoll und möglich. ■ Schwerpunktarbeit am Board im Refinement-Meeting, Sprint-Planungs-Meeting und Sprint-Review-Meeting

Wozu noch ein Board? Typischerweise wird ja in agilen Projekten zur operativen Steuerung der Umsetzung der Requirements (zumeist als User Stories) das Taskboard (siehe Abschnitt 6.5.5) verwendet. Als Eingangskriterium bzw. Filter in das Sprint Backlog und damit auch auf das Taskboard gibt es die Definition of Ready (DoR – siehe auch Abschnitt 5.2).

Aber wie kommen nun die Requirements systematisch in das Sprint Backlog bzw. auf das Taskboard? Dazu muss der Requirements-Entstehungs- und -Analyseprozess geeignet unterstützt bzw. abgebildet werden.

Dies kann durch passende Listen oder auch Requirements-Tools, die agile Ansätze bieten, umgesetzt werden. Eine andere Möglichkeit stellt ein weiteres vorgelagertes Management- und Visualisierungsinstrument wie das Requirements-Board dar (sei es als »papierbasiertes Tool« oder als Softwarelösung mit passenden Tools), das das Requirements-Management ähnlich dem Taskboard unterstützt. Das Taskboard fällt jedoch in den Verantwortungsbereich der Entwicklung, während das Requirements-Board dem Product Owner gehört.

Eine Idee oder Epic wird nicht ohne entsprechende Requirements-Engineering-Arbeit zu einem passenden Backlog Item für den nächsten Umsetzungs-Sprint. Oft findet dieser Prozess recht intuitiv statt und ist schlecht zu managen. Es liegt nahe, diese Managementtechnik in Form des Taskboards zu adaptieren und für das Management der Requirements im agilen Vorgehen zu verwenden.

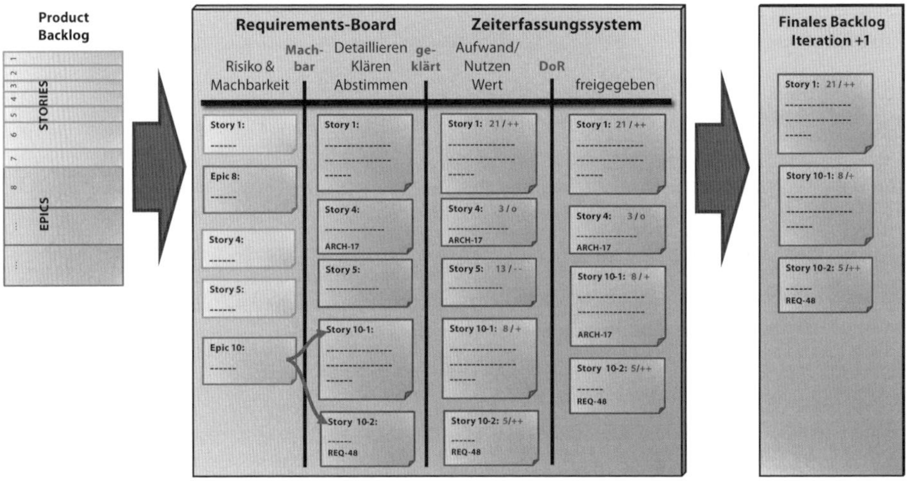

Abb. 6–6 *Das agile Requirements-Board*

Das agile Requirements-Board ist ein Visualisierungsinstrument, auf dem der Entwicklungszustand der Requirements eines Projekts dargestellt und gesteuert wird. Nachfolgend werden das agile Requirements-Board und seine Arbeitsweise und Anwendung näher beschrieben.

Grundelemente des agilen Requirements-Boards

Das agile Requirements-Board bildet die einzelnen Schritte bzw. den Prozess der Requirements-Validierung, -Analyse und -Abstimmung ab (siehe Abb. 6–7).

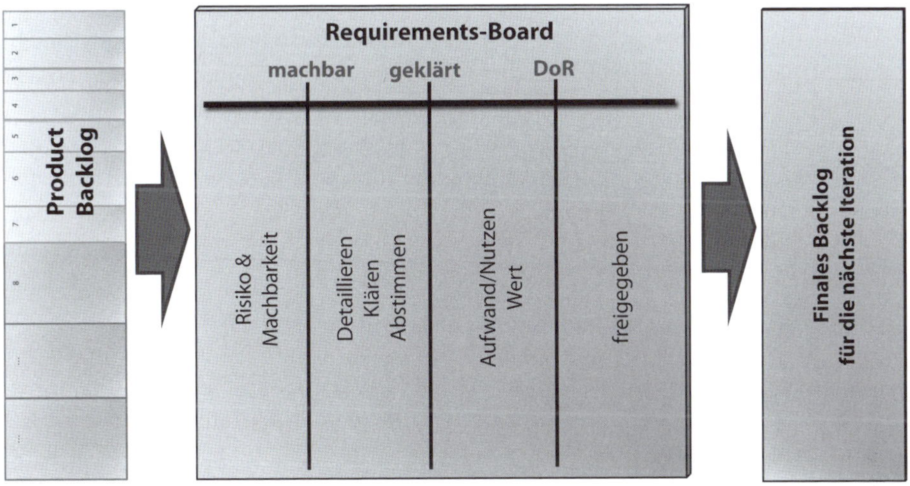

Abb. 6–7 *Grundelemente des agilen Requirements-Boards*

Das agile Requirements-Board hat als Input die Anforderungselemente (z.B. Epics, Stories oder andere Anforderungen) aus einem übergeordneten Backlog (z.B. Product-, System-, Release-Backlog). Auf dem Requirements-Board werden diese Anforderungen systematisch von einem Zustand in den nächsten gebracht und zuletzt durch Check gegen die Definition of Ready (DoR) freigegeben.

Freigegebene Anforderungen können dann in das finale Backlog für die nächste Iteration übernommen werden. Dies ist der Output des agilen Requirements-Boards. Die Umsetzung der passend eingestuften Requirements wird dann von den Entwicklerinnen über das Taskboard in Scrum gemanagt.

Anwendung des agilen Requirements-Boards

Nachfolgend wird Schritt für Schritt erklärt, was im agilen Requirements-Board passiert und wie es angewendet werden kann.

- **Requirements-Board füllen**
  Aus dem initialen und unbewerteten Backlog (Product Backlog, System-Backlog etc.) werden Requirements entnommen, die mit großer Wahrscheinlichkeit in den nächsten 2–3 Sprints umgesetzt werden sollen. Diese Requirements sind typischerweise User Stories, können aber auch andere Requirements-Artefakte sein wie Epics, Use Cases, Prozessdarstellungen etc.

- **Machbarkeit und Risiko bewerten**
  Von den Entwicklerinnen und ggf. weiteren Stakeholdern wird jedes der initialen Requirements hinsichtlich Machbarkeit und Risiko bewertet. Wenn hier bezüglich Machbarkeit Unklarheiten vorhanden sind, sollte für dieses Requirement evtl. eine vom Aufwand angemessene Machbarkeitsuntersuchung (Spikes, Evaluation-Story) durchgeführt werden, die dann ein aussagekräftiges Ergebnis bringt, oder das Risiko für dieses Requirement muss entsprechend erhöht werden.

  Requirements, die als nicht machbar eingestuft werden, können in einen »Rejected-Container« verschoben werden, wo sie aufbewahrt werden, um später noch nachweisen zu können, welche Requirements bewusst entfernt wurden. Aus diesem Pool können bei geänderten Rahmenbedingungen wieder einzelne Requirements herausgenommen werden, für die dann erneut eine Machbarkeitsanalyse durchzuführen ist.

  Für jedes Requirement wird auch das Risiko eingestuft. Requirements, die ein zu hohes Risiko haben, können in den Rejected-Container verschoben werden. Alternativ kann natürlich auch entschieden werden, ein hohes Risiko bewusst einzugehen.
- **Verfeinerung des Requirements**
  Abhängig vom Risiko des Requirements empfiehlt es sich, die Detailliertheit bei der Spezifikation zu erhöhen. Requirements mit hohem Risiko sollten detailliert spezifiziert werden, sofern die initiale Formulierung nicht schon entsprechend detailliert vorgenommen wurde. Für Requirements mit niedrigem Risiko kann evtl. die initiale Formulierung ohne Änderung beibehalten werden. Je nach Bedarf ist auch eine weitere Besprechung, Klärung und Abstimmung mit den betroffenen Stakeholdern sinnvoll.
- **Aufwand abschätzen**
  Wenn das Requirement nun ausreichend »greifbar« für das Team ist, wird die Aufwandsschätzung durchgeführt. Diese erfolgt oft über die Story-Point-Schätzung. Es können aber auch andere Methoden angewendet werden (siehe Abschnitt 4.5.4).

Anmerkung: Mit einiger Routine sollte für die Aufwandsschätzung eine Genauigkeit von ±20 % oder besser angestrebt werden. Wenn die Schätzwerte hier deutlich schlechter sind, sollte dies in der Sprint-Retrospektive auffallen. Ein möglicher Grund dafür kann sein, dass die Requirements zu ungenau waren. Man kann dies dann zum Anlass nehmen, für den nächsten Sprint mehr Augenmerk auf die Requirements-Klärung und -Verfeinerung zu legen.

- **Nutzen und Wert bestimmen**
  Zusätzlich zum Aufwand wird nun der Wert bzw. Nutzen ermittelt. Dieser wird dem Aufwand gegenübergestellt. Der Nutzen kann ebenfalls in »Nutzenpunkten« (z.B. im Rahmen von Business-Value-Poker) oder im einfachsten Fall durch ein Bewertungsschema wie z.B. »++«, »+«, »o«, »-«, »- -« abgebildet werden.

  Wenn sich hier ein schlechtes Aufwand-Nutzen-Verhältnis für die Auftraggeberin abzeichnet (z.B. Requirements mit vielen Story Points und einer Nutzenbewertung »-«), dann werden diese Requirements ebenfalls wieder in den Rejected-Container verschoben oder in das initiale Backlog an eine weiter hinten gelegene Stelle zurückgegeben.
- **DoR-Check**
  Requirements, die den Kosten-Nutzen-Check bestehen, werden nun dem finalen Qualitätscheck mit der Definition of Ready unterzogen. Diejenigen Requirements, die alle Prüfpunkte der DoR erfüllen, werden in den Status »freigegeben« übernommen.
- **Umsetzungs-Backlog füllen**
  Die »freigegeben«-Spalte am Requirements-Board ist nun der Sammelpunkt für alle »fertigen« Requirements, die dann nach Bedarf in die Umsetzung übernommen werden können. Es ist nicht zwingend notwendig, alle fertig spezifizierten Requirements in den nächsten Umsetzungs-Sprint zu übernehmen. Dieser Platz am Board ist auch der Puffer für das Umsetzungsteam für einige weitere Sprints. Eine gute Zahl an fertigen Requirements kann so gewählt werden, dass daraus der direkt folgende Sprint ausreichend gefüllt werden kann und dann noch genügend Requirements vorhanden sind, um zumindest noch einen weiteren Sprint komplett zu füllen.

  Mehr als drei Sprints im Voraus zu spezifizieren ist meist nicht sinnvoll, da dann die Gefahr erhöht wird, dass die fertigen Requirements »altern« und die Analyse und Spezifikationsarbeit umsonst waren. Dies würde dem agilen Ansatz widersprechen. Wenn jedoch die Bearbeitung der Requirements im Projekt nicht kontinuierlich erfolgt, dann ist es evtl. doch notwendig, mehr Requirements in der »freigegeben«-Spalte vorzuhalten, damit nicht die Situation entsteht, dass das Umsetzungsteam in einem Sprint keine Arbeit hat.

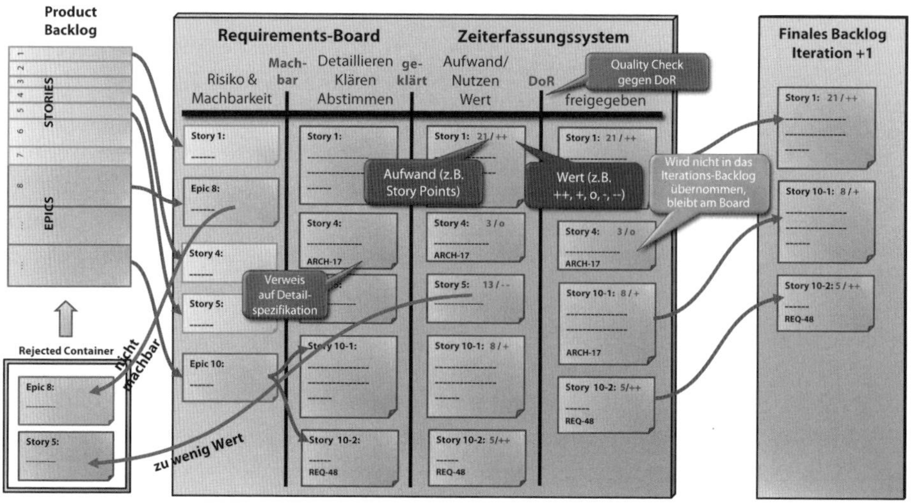

Abb. 6–8 *Gesamtüberblick über das agile Requirements-Board*

6.5.5 Taskboard

Definition	Das **Taskboard** ist die To-do-Liste des Teams, mit der das Team die Arbeit des anstehenden Sprints visualisiert und koordiniert [Wirdemann 2011].
Anwendung	Das Taskboard dient zur zentralen Verwaltung aller Aufgaben im Sprint und dem Verfolgen des Fortschritts der Bearbeitung. Die Aufgaben eines Teams werden zusammen mit den jeweiligen User Stories, von denen die Tasks abgeleitet wurden, an eine Pinnwand oder ein Whiteboard gehängt. Es gibt auch verschiedene Softwaresysteme, die Taskboards elektronisch abbilden. Darauf lässt sich dann erkennen, welche Aufgaben zu bearbeiten sind und in welchem Status sich diese gerade befinden.
Zuständig	■ Product Owner (Stories) ■ Agiles Team (Tasks)
Eigenschaften	■ Zeigt den aktuellen Fortschritt im Sprint an ■ Eine Spalte für die Stories und mehrere Spalten für die Status der Tasks im Arbeitsablauf
Zeitpunkt	Initiale Befüllung in der Sprint-Planung, tägliche Aktualisierung z.B. im Daily Scrum

Das Taskboard wird für jeden Sprint mit Stories und Tasks neu befüllt. Quelle dafür ist das Product Backlog, von dem die Stories entnommen und auf dem Taskboard angeordnet werden (siehe Abb. 6–9). Die von den Stories abgeleiteten Tasks (siehe Abschnitt 3.8.6) werden zuerst in die Spalte »Nicht begonnen« eingefügt. Je nach Fortschritt wandern die Tasks über das Board bis in die Spalte »fertig«.

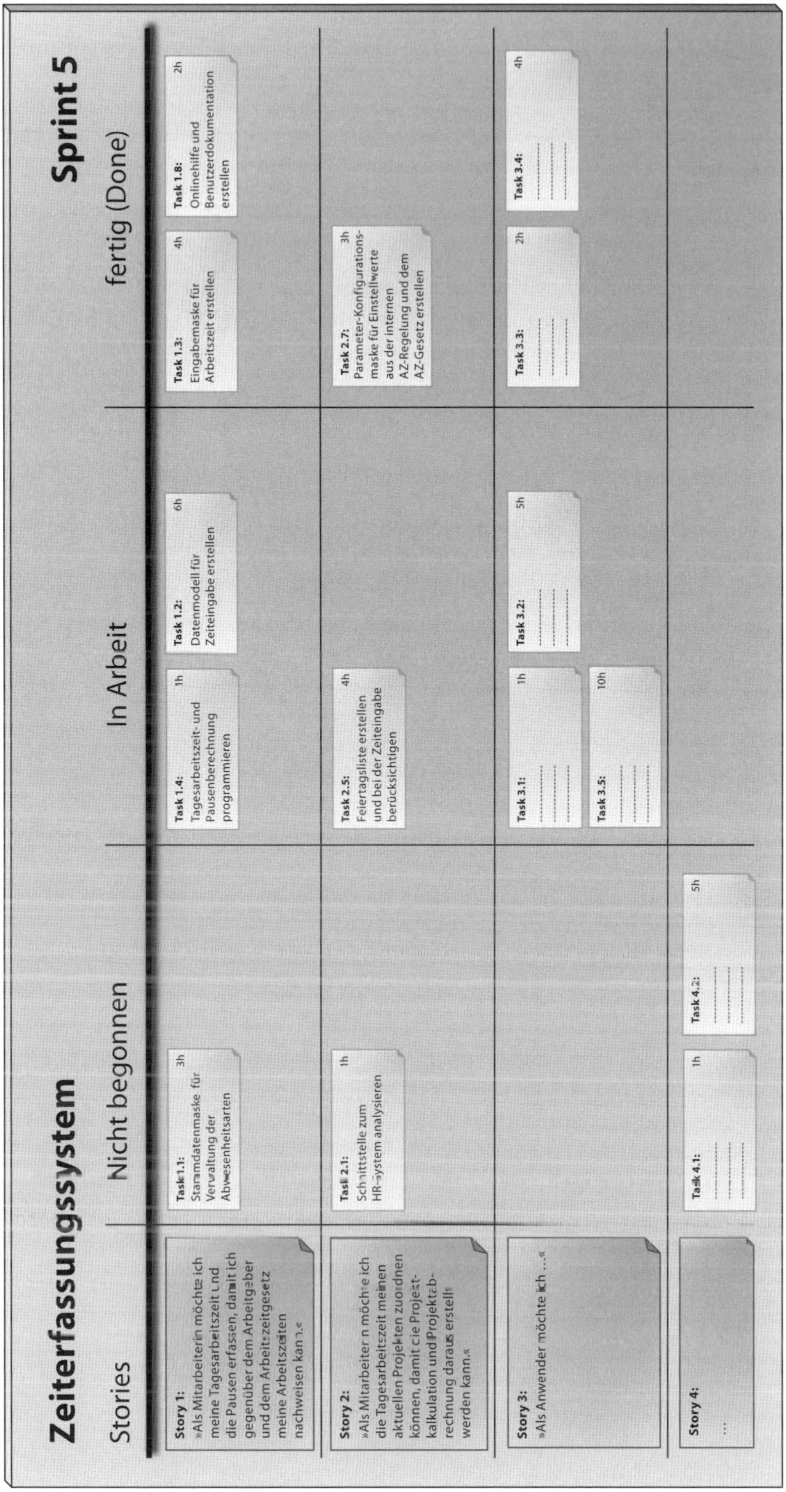

Abb. 6–9 *Einfaches Taskboard*

Die Stories und Tasks auf dem Taskboard können auch durch farbige Punkte, Sticker oder Ähnliches gekennzeichnet werden, um dadurch zusätzlich zum Bearbeitungsstatus noch weitere Infos zu visualisieren:

- Nummern-Sticker, um Themes und die dazugehörigen Stories und Tasks zu kennzeichnen
- Farbcodes, um gestoppte oder verzögerte Tasks zu kennzeichnen, z.B. roter Punkt für gestoppte und gelber Punkt für verzögerte Tasks
- Kürzel des Bearbeiters: Auch wenn Stories dem gesamten Team gehören, so wird eine Aufgabe zu einem Zeitpunkt immer von genau einem Teammitglied bzw. bei Pair Programming von zwei Teammitgliedern bearbeitet. Viele Teams schreiben daher auch das Kürzel des aktuellen Bearbeiters auf die Task-Karte.
- usw.

Ebenso kann das Taskboard um Elemente wie beispielsweise eine Express-Zeile (auch »Express-Lane« oder »Fast Lane« genannt) erweitert werden, die z.B. oben am Taskboard angebracht wird (siehe Abb. 6–10). In diese Zeile werden Stories eingefügt, die in der Sprint-Planung nicht vorgesehen waren, jedoch während des Sprints dann noch mit hoher Priorität umzusetzen sind, wie z.B. bestimmte Supportanfragen oder Probleme im operativen Betrieb.

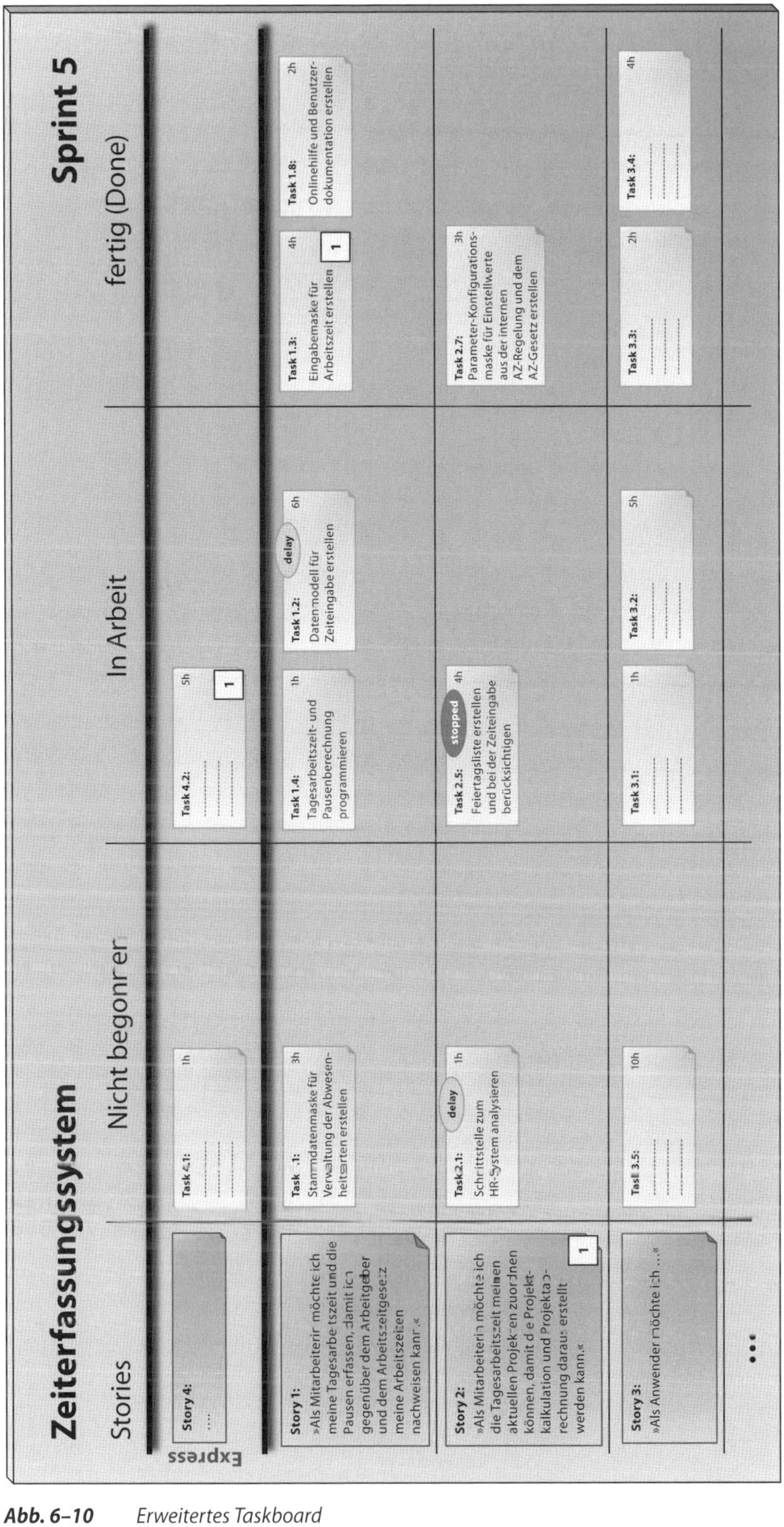

Abb. 6–10 *Erweitertes Taskboard*

Das Taskboard in seiner physischen Form hat durchaus Charme und ist in gewissen Situationen auch wirklich effektiv. Es hat jedoch auch einige Nachteile und kann nicht überall sinnvoll eingesetzt werden (siehe Tab. 6–7).

Taskboards	Vorteile	Nachteile
Physische Pinnwand	■ Einfach zu erstellen ■ Einfach zu handhaben ■ Anfassbar ■ Jederzeit sichtbar ■ Praktisch kostenlos	■ Braucht Platz ■ Nur an einem Ort sichtbar ■ Karten gehen verloren ■ Übersicht bei Tasks ist evtl. eingeschränkt
Softwarelösung	■ Überall zugreifbar ■ Andere Sichten möglich ■ Keine Karten gehen verloren ■ Änderungen sind verfolgbar ■ Archivieren und Versionieren ist möglich	■ Komplizierter ■ evtl. Lizenzkosten ■ Die Haptik (»das Anfassen«) geht verloren

Tab. 6–7 *Taskboard-Vergleich: physische Pinnwand – Softwarelösung*

Viele Teams starten mit einem physischen Board und wickeln so ein erstes kleines Pilotprojekt ab. Dies kann ein guter und flexibler Startpunkt sein. Wenn sich die Prozesse eingeschwungen haben und agile Methoden in größerem Umfang und für große Projekte eingesetzt werden oder auch Stakeholder an anderen Orten eingebunden werden sollen, so ist der Einsatz eines elektronischen Taskboards zu empfehlen.

7 Organisatorische Aspekte

7.1 Einfluss der Organisation

[IREB RE@Agile Primer] LE 4.1

Die agilen Vorgehensweisen haben die Wurzeln in der Fertigungsindustrie und empirischen Prozesssteuerung (siehe [Takeuchi & Nonaka 1986]). Agile Grundsätze sind leicht zu verstehen, und agile Praktiken und Frameworks wie Scrum sind in Start-ups oder kleinen Unternehmen womöglich einfacher anzuwenden.

Es ist jedoch schwerer, sie in größeren Organisationen zu implementieren, deren »Organismus« sich gegen Änderungen im Allgemeinen wehrt. Mittlerweile entdecken viele Organisationen die Vorteile der Anwendung agiler Grundsätze und Praktiken und versuchen, sie zu integrieren, wie in Conways Gesetz beschrieben [Conway 1968]. Dadurch werden Diskussionen über die Agilität in der Breite angeregt und geführt, die weit über die Softwarebranche hinausreichen.

Die Idee, den Kunden in den Mittelpunkt zu stellen, von selbstorganisierenden Teams, eigenverantwortlichen Einzelpersonen und der kontinuierlichen Verbesserung finden eine gute Resonanz in der Wirtschaft. Der Fokus von RE@Agile liegt jedoch primär auf der Entwicklung und deren Kontext in der Organisation. In der Welt der Softwareentwicklung scheitern manche Scrum-Implementierungen, weil das Organisationsumfeld nicht in der Lage ist, die notwendige Unterstützung und Umgebung für die Scrum-Teams bereitzustellen.

Warum ist eine solche organisatorische Veränderung erforderlich? Anhand von zwei Beispielen wird aufgezeigt, warum der Rest des Unternehmens sich ebenfalls ändern muss, um die agilen Teams zu unterstützen:

1. Die beauftragende (Unter-)Organisation (also der Kunde der Entwicklung) muss in der Lage sein, genügend gute Anforderungen (»gut« bedeutet nach den INVEST-Qualitätskriterien detailliert genug, aber nicht zu detailliert) zu liefern, um der Entwicklung eine kontinuierliche Arbeit zu ermöglichen und keine Stehzeiten zu verursachen. In Kombination mit häufig wechselnden Anforderungen verlangt dies einen kontinuierlichen Fluss an Anforderungen.

2. Die Personalabteilung muss verstehen, welche Leute gebraucht werden, um die Scrum-Teams richtig zusammenzustellen und zu unterstützen. Oft gibt es Jobangebote für Scrum Master, die Programmierkenntnisse und Zertifizierungen fordern. Dies zeigt, dass die Scrum-Verantwortlichkeiten und die agilen Grundsätze nicht verstanden wurden.

In Abschnitt 7.2 werden die organisatorischen Aspekte beim Einbetten einer agilen Organisationseinheit in eine nicht agile Umgebung betrachtet. In vielen Fällen wird die Einführung von Agilität in der Produktentwicklung beginnen.

Der Einfluss auf die Organisation, wenn mehr als ein einziges agiles Team zur Lösung komplexer Probleme benötigt wird, wird in Abschnitt 7.3 dargestellt. Der Fokus liegt wieder auf der Entwicklungsorganisation und deren Schnittstellen zur restlichen Organisation. Abschnitt 7.4 konzentriert sich auf organisatorische Aspekte hinsichtlich der zeitlichen Anwendung von Requirements Engineering und geht vor allem der Frage nach, wann Requirements-Engineering-Aktivitäten durchgeführt werden sollten.

7.2 Agile Entwicklung im nicht agilen Umfeld

7.2.1 Interaktion mit Stakeholdern außerhalb der Softwareorganisation

[IREB RE@Agile Primer] LE 4.2.1

Die Rolle der Entwicklungsorganisation ist es, Lösungen und Dienstleistungen für Unternehmenskunden (sowohl innerhalb als auch außerhalb der Organisation) zu liefern.

Agile Vorgehensweisen stellen den Kunden in den Mittelpunkt der Produktentwicklung. Das bedeutet, dass der Kunde während des Produktentwicklungslebenszyklus kontinuierlich eingebunden ist, Rückmeldungen zu den gelieferten Inkrementen aktiv eingefordert werden und neue Anforderungen passend zu den Bedürfnissen des Kunden eingebracht werden.

Mit der laufenden Beteiligung des Kunden wird auch Requirements Engineering ein kontinuierlicher Prozess (siehe auch Abschnitt 2.2). Die verantwortliche Person, wie der Product Owner in Scrum, sollte engagiert mit dem Kunden eine offene und direkte Kommunikation pflegen, auf neue Bedürfnisse hören und veränderte Erwartungen im Backlog abbilden.

In der Praxis kann diese Kommunikation unterschiedliche Formen annehmen. Wenn der Kunde tatsächlich zur Verfügung steht und mit dem Team täglich zusammenarbeitet, dann kann die Kommunikation auch direkt und meist informeller Natur sein, sodass nur Ergebnisse oder Entscheidungen dokumentiert werden. Es ist wichtig, Faktoren zu erkennen, die außerhalb der Kontrolle der Entwicklung liegen (z. B. geografische Trennung oder Mangel an personeller Verfügbarkeit). In diesen Fällen ist eine ausschließlich direkte Interaktion nicht immer praktikabel.

Hier sollte eine effizientere Form der Kommunikation gewählt werden, entweder durch Einladung von Kundenvertretern zu regelmäßigen Planungs- und Überprüfungsmeetings oder durch zeitlich begrenzte, intensive Besprechungen in einem frühen Stadium (z.B. Design Thinking oder Design Sprint, siehe auch Abschnitt 2.1.3), wobei die resultierenden Ergebnisse dann ebenfalls im Backlog abgebildet werden.

7.2.2 Produkt- vs. Projektorganisation

[IREB RE@Agile Primer] LE 4.2.2

Agiles Vorgehen fördert direkte, offene Kommunikation und nicht hierarchische Beziehungen innerhalb der Organisation und Flexibilität dahingehend, wie sich Produkte im Laufe der Zeit entwickeln. Größere Organisationen basieren traditionell auf Top-down-Managementstrukturen, die einen hohen Wert auf Planung und Berechenbarkeit legen. Projekt- und Ressourcenplanung zum Beispiel sind in der Realität stark verankert und sind in Unternehmen nicht ohne Weiteres wegzudenken.

Die Softwareentwicklung ist seit jeher projektbasiert. Das bedeutet, dass sie als eine Reihe zeitlich begrenzter Aufgaben stattfindet, um einzigartige Produkte, Dienstleistungen oder Ergebnisse zu produzieren (siehe [PMI]). Gruppen von verwandten Projekten mit gemeinsamen Zielen werden üblicherweise als Programme bezeichnet, während die Planung und Kontrolle der Gesamtheit von Projekten und Programmen innerhalb einer Organisation Portfoliomanagement genannt wird.

Aufgrund seines Ursprungs in der Produktentwicklung ist der agile Ansatz produktorientierter: Ein Backlog von Produktverbesserungen wird gewartet und in einem iterativen Prozess in Form von kontinuierlichen Verbesserungen umgesetzt. Es gibt daher auch kein Enddatum als solches. Wenn es noch Anforderungen und Verbesserungen gibt, sollte die Arbeit grundsätzlich weitergehen, solange der Nutzen höher ist als die Kosten.

Diese Ansätze schließen sich nicht gegenseitig aus. Der Umfang eines Projekts kann z.B. sein, ein bestimmtes Produkt zu liefern, und zusätzlich werden Projekte für spätere Verbesserungen eingeplant. Die Unterschiede in der Perspektive und der Terminologie können jedoch eine Quelle für Spannungen und Missverständnisse organisationsweit sein.

Ein Lösungsansatz für solche Spannungen ist, dass die Softwareentwicklung agil stattfindet. Das Portfolio- und Programmmanagement stellen eine höhere Ebene der Kontrolle und Planung dar, die Ansätze aus beiden Welten nutzen können. Wichtig für eine solche Vorgehensweise ist die Fähigkeit, konzeptionelle Lücken zu überbrücken zwischen der geplanten Erfüllung bestimmter Geschäftsziele und Features auf Portfolio- und Programmebene auf der einen Seite sowie der iterativen und flexiblen Lieferung individueller Software-Features auf der anderen Seite.

Hier bietet Requirements Engineering viele Konzepte und Methoden, die notwendig sind, um zwischen den Anforderungen auf diesen verschiedenen Abstraktionsebenen zu differenzieren: einerseits Anforderungen an die Unternehmensebene auf Portfolio- und Programmebene, andererseits die abgeleiteten, detaillierten Softwareanforderungen für das Entwicklungs-Backlog. Auf diese Weise kann ein Wechsel stattfinden von der exakten Requirements-Spezifikation als genaue Entwicklungsvorgabe hin zu einem Verständnis, dass Requirements als gemeinsame Diskussionsbasis und Anregung verwendet und nur so detailliert spezifiziert werden, wie es gerade für die aktuelle Planung erforderlich ist.

7.2.3 Die Rolle des Managements im agilen Kontext

[IREB RE@Agile Primer] LE 4.2.3

Disziplinen & Teams

Mitarbeitende in Softwareabteilungen wurden traditionell nach Disziplinen organisiert: Entwicklerinnen, Tester, Requirements Engineers, Business-Analysten, Projektmanager etc. Projektteams wurden dann aus diesen verschiedenen Skillsets für eine feste Dauer des Vorhabens zusammengestellt.

Agile Vorgehensweisen – im Speziellen Scrum – fördern die Idee von funktionsübergreifenden Teams. Abgesehen von den spezialisierten Rollen von Product Owner und Scrum Master sollten die anderen Teammitglieder in der Lage sein, in verschiedenen Themenbereichen zu agieren, wobei die Themen Requirements Engineering oder Testen je nach Bedarf von verschiedenen Personen des Teams unterstützt werden. Das Ziel des Teams ist es, Kundenanforderungen in vollem Umfang zu liefern, unabhängig von den involvierten technologischen oder organisatorischen Elementen. Dies kann erreicht werden, indem innerhalb (bevorzugt) oder außerhalb der Entwicklung (häufig in der Realität als Unterstützung für den Product Owner) Requirements-Engineering-Kompetenzen eingesetzt werden, die offiziell nicht Teil des Scrum-Frameworks sind.

Software- bzw. IT-Manager

Der Software- bzw. IT-Manager sorgt dafür, dass in der Organisation das richtige Gleichgewicht zwischen spezialisierten und generalistischen Fähigkeiten zu finden ist, und hilft den Teams, diese Fähigkeiten auch in einer angemessenen Anzahl von Teams sinnvoll zu organisieren. Die Teamstruktur wird damit zu einem Spiegel der Produktstruktur (oder Produktkomponenten) oder der Systemstruktur.

Dies wird umso wichtiger, wenn eine Skalierung bei einer steigenden Anzahl von Teams notwendig ist. Wenn ein Unternehmen seine Teams durch Komponenten oder Systeme organisiert, hilft auch eine Skalierung durch die Erhöhung der Anzahl der Teams nicht, da es noch mehr Abhängigkeiten schafft. Skalierung wäre nur möglich durch Steigerung der Anzahl der Teammitglieder. Dies geht jedoch auch nur bis zu einem gewissen Punkt, da der Kommunikationsaufwand dann dramatisch steigt. Funktionsübergreifende oder cross-funktionale Teams, die alle Fähigkeiten haben, um ganze Inkremente vom Frontend bis zum Backend zu liefern, können leichter skaliert werden. Es ist aber nicht einfach und kann lange dauern, solche Teams zusammenzustellen.

Product Owner vs. Projektmanager
Die Verantwortung der Product Owner ist erweitert um die Requirements Engineering-Themen. Sie haben Verantwortung für die Geschäftsprioritäten und müssen diese in Form von Anforderungen an die Produktentwicklung weitergeben. Product Owner müssen fähig und befugt sein, geschäftliche Entscheidungen zu treffen. Einige Entscheidungen, die bisher von den Projektleitungen wahrgenommen wurden, sind bei der Arbeit mit agilen Vorgehensweisen nicht mehr erforderlich, da die Entwicklerinnen selbstorganisiert arbeiten und nur diejenige Unterstützung benötigen (z.B. Anforderungen so detailliert zu formulieren, dass die Entwicklung innerhalb eines Sprints möglich ist), dass sie ihre Arbeit (Aufgabenaufteilung und Zuordnung) selbst organisieren und durchführen können.

Was vom agilen Management gefordert wird, ist eine klare Darstellung der Vision der agilen Entwicklung und eine klare Kommunikation der kulturellen Voraussetzungen, damit dieser Ansatz erfolgreich sein wird. Die richtige Balance zu finden, während man gleichzeitig die Geschäftserwartungen erfüllt, ist nicht einfach.

Rolle des Requirements Engineering/Requirements Management
Die vorher angeführten Muster gelten z.B. auch für das Vorgehen mit Scrum. Requirements Engineers können einerseits direkt als Teil des Teams arbeiten und werden dabei nicht separat benannt oder sie können andererseits auch ein eigenes Team bilden und dadurch einen oder mehrere Product Owner als Team unterstützen. Beide Ansätze haben ihre Vorteile und können bei Bedarf auch in Kombination verwendet werden, ohne agile Prinzipien zu verletzen. Requirements Engineering wird zum Rückgrat einer erfolgreichen agilen Entwicklung.

7.3 Skalierung

7.3.1 Motivation für die Skalierung

[IREB RE@Agile Primer] LE 4.3.1

Die agilen Werte der direkten, täglichen, nicht hierarchischen Kommunikation werden typischerweise von kleinen, eng verbundenen Teams wie einem Scrum-Team mit seinen empfohlenen 5 bis 11 Teammitgliedern (3 bis 9 Entwicklerinnen sowie Product Owner und Scrum Master) verkörpert. Teammitglieder sollten idealerweise in örtlicher Nähe zueinander arbeiten und funktionsübergreifend aufgestellt sein hinsichtlich technischer und geschäftlicher Fähigkeiten.

In größeren Organisationen ist dieser idealisierte Blick auf das agile Team aus einer Reihe von Gründen nicht möglich:

- Komplexe Probleme erfordern Stakeholder und Wissen aus verschiedenen Teilen des Unternehmens, die nicht leicht in einem einzigen Team zusammengebracht werden können.
- Komplexe Probleme erfordern auch eine Reihe von technischen Spezialisten und Kenntnisse, die ebenfalls nicht leicht in einem einzigen Team zusammengebracht werden können.
- Der Umfang, der für einen definierten Rollout-Termin erforderlich ist, übersteigt die für ein einzelnes Team erreichbare Umsetzungsgeschwindigkeit.
- Mitarbeitende in globalen Unternehmen können geografisch verteilt sein.

Der Begriff »Scaled Agile« wird verwendet, um Situationen zu beschreiben, in denen es erforderlich ist, dass mehrere Teams (zumeist Scrum-Teams) zur Erreichung eines gemeinsamen Ziels zusammenarbeiten. Skalierte agile Ansätze erfordern Entscheidungen darüber, wie Scrum-Teams organisiert werden und wie die Kommunikation zwischen den Teams koordiniert werden soll. Ziel ist es, einen effektiven Umgang mit komplexen Problemen zu erreichen und dabei möglichst viele Vorteile der Agilität zu bewahren.

7.3.2 Ansätze für das Organisieren von Teams

[IREB RE@Agile Primer] LE 4.3.2

Die Kernfrage, die beantwortet werden muss, ist, wie die Organisation in eine Anzahl von Teams aufgeteilt werden soll, deren Größe einerseits Cross-Funktionalität ermöglicht (Mindestgröße) und gleichzeitig auch eine effektive Kommunikation und Abstimmung (maximale Größe).

Die Teams entlang funktioneller Linien (z.B. in Form eines Teams, das sich auf ein bestimmtes Geschäftsfeld oder sogar auf ein Thema innerhalb eines Geschäftsbereichs spezialisiert hat) haben den Vorteil, dass das Geschäftsfeldwissen in einem einzigen Team konzentriert wird. Dies kann die Erhebung von Anforderungen erleichtern, z.B. durch die Verringerung der Anzahl der direkt mit dem Team interagierenden Stakeholder.

Ein Nachteil dieses Ansatzes besteht darin, dass die Entwicklung von End-to-End-Funktionalitäten in einem bestimmten Geschäftsbereich wahrscheinlich eine Reihe unterschiedlicher technischer Spezialthemen beinhalten wird, wie beispielsweise das Design von Benutzeroberflächen, Workflow-Engines, Datenbanken und Plattformen wie ERP oder Großrechner, sodass zum Abdecken all dieser Spezialthemen die maximal sinnvolle Größe eines Teams schnell überschritten wird.

Ein alternativer Weg, um die Entwicklung zu organisieren, ist es, Teams entlang technischer Linien zusammenzustellen, wobei diese Teams dann auf technische Komponenten oder Plattformen spezialisiert sind. Der Vorteil von Komponenten- oder Plattformteams ist das tiefe Wissen in dem jeweiligen Technologie-Themengebiet.

Der Nachteil sind die Abhängigkeiten, die ein solcher Ansatz zwischen den Teams schafft, wenn das gesamte Produktinkrement im vorgegebenen Zeitplan geliefert werden soll.

Die skalierenden agilen Frameworks (siehe Abschnitt 7.3.4) zeigen Wege auf, um diese Situation zu bewältigen. Requirements-Engineering-Aktivitäten müssen sich in den Rahmen dieser Frameworks einfügen, um eine gemeinsame Sicht zu erreichen, was geliefert werden kann. In diesem Szenario spielt das Requirements Engineering eine besonders wichtige Rolle beim erstmaligen Herunterbrechen von Geschäftszielen und -anforderungen in konkrete Teilsystemanforderungen, die anschließend einzelnen Teams zugeordnet werden können, und dann nach der Entwicklung, um sicherzustellen, dass eine integrierte Lösung als Ergebnis erreicht und der Geschäftsnutzen tatsächlich geliefert wird.

Um von den Ideen der Feature-Teams bei gleichzeitiger Berücksichtigung unternehmensspezifischer Einschränkungen profitieren zu können, kann eine Mischung aus allen Teamtypen eine gute und pragmatische Lösung sein.

7.3.3 Ansätze für das Organisieren der Kommunikation

[IREB RE@Agile Primer] LE 4.3.3

Es gibt zwei verschiedene Ansätze, wie viele Teams effizient zusammenarbeiten können:

- Methoden aus den Ein-Team-Ansätzen verwenden
- Einführung von zusätzlichen Konzepten zur Organisation von Kommunikation und Verantwortlichkeiten

Methoden aus den Ein-Team-Ansätzen

Hier geht man davon aus, dass keine zusätzlichen Artefakte und Rollen erforderlich sind und die Kommunikation zwischen einer Menge von Teams mit den vorhandenen Techniken der Ein-Team-Ansätze unterstützt werden kann. Zusätzliche Rollen und Artefakte würden dem agilen Denken entgegenstehen und zu zusätzlicher Komplexität in der Organisation führen. Es sollte kein Overhead auf der Grundlage neuer Rollen geschaffen werden. Es gilt das Grundprinzip »keep it simple«. Die Kommunikation und Koordination zwischen den Teams wird in der Regel von den Product Ownern der Teams initiiert und von Teammitgliedern durchgeführt. Konstrukte wie »Communities of Practice« ermöglichen es den Teammitgliedern über die Teams hinweg, Erfahrungen auszutauschen und übergreifende Prozesse zu koordinieren.

Einführung zusätzlicher Konzepte
Der zweite Ansatz empfiehlt, größere Probleme in kleinere Probleme aufzuteilen und die Verantwortlichkeiten durch verschiedene Rollen für verschiedene Abstraktionen zu managen. Somit sollten auch zusätzliche Artefakte für die verschiedenen Abstraktionsniveaus eingeführt werden (z. B. Business Epics, Architectural Epics, Investment Themes, Features, User Stories). Abhängig vom verwendeten Framework werden auch zusätzliche Rollen mit Verantwortung für die verschiedenen Abstraktionsebenen eingeführt (z. B. Portfoliomanagerin, Produktmanagerin und Product Owner). Durch die zunehmende Komplexität sind auch zusätzliche Artefakte und Rollen erforderlich (z. B. Roadmaps und Releasemanager), um die Planung und Kommunikation zwischen den verschiedenen Teams zu managen und integrierte Ergebnisse für die jeweilige Iteration zu erreichen. Darüber hinaus müssen eigene Treffen organisiert werden, um die Kommunikation zwischen den neuen und den bereits etablierten Rollen zu fördern. Requirements Engineering bietet eine Menge von Techniken (z. B. Kontextmodellierung, Zielmodellierung), die dazu beitragen können, größere Probleme zu unterteilen und die neuen Rollen auf den verschiedenen Abstraktionsebenen zu unterstützen.

In [Leffingwell 2011] ist dieser Ansatz der Erweiterung der agilen Organisation mit den entsprechenden Rollen und Verantwortungsbereichen genauer dargestellt.

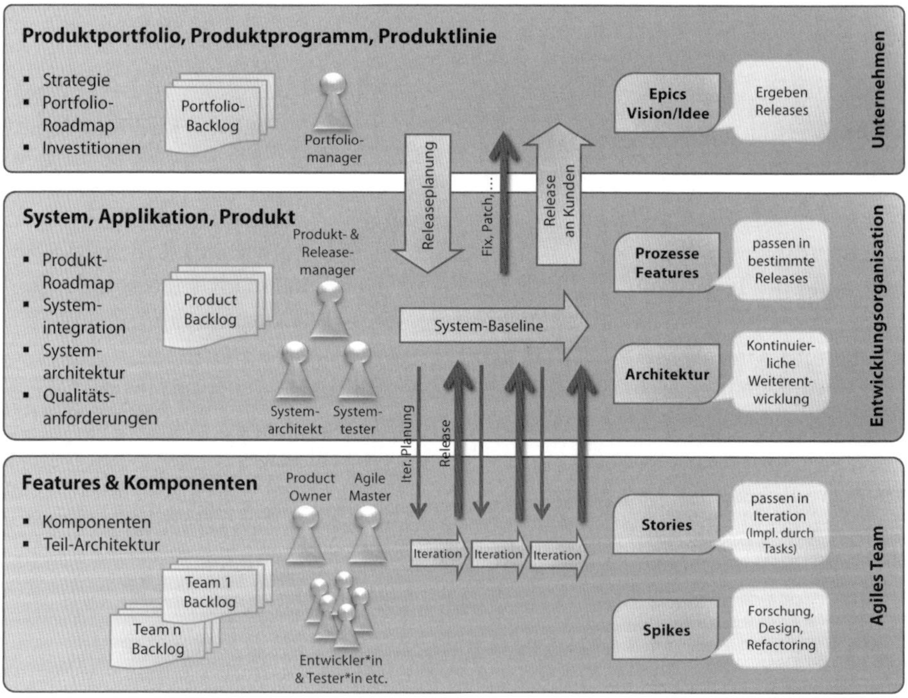

Abb. 7–1 *Agile Requirements- und Organisationsstrukturen in einem komplexen organisatorischen Umfeld*

Dabei ist insbesondere zu berücksichtigen, dass bei größeren Organisationen und Projekten, die mehr als nur ein agiles Team beschäftigen, durch die übergeordneten Kommunikationskanäle und Koordinationsrollen sichergestellt sein muss, dass die Teams übergreifend auf demselben Niveau arbeiten, z.B. bezüglich Codequalität, Usability, sowie in dieselbe Richtung, was die Anforderungen und Ziele des Kunden betrifft.

Darüber hinaus ist es wichtig, die Gesamtsicht vor allem bezüglich der Requirements und beim Testen nicht zu vernachlässigen. Tests, die unkoordiniert in einzelnen Teams stattfinden, werden keine ausreichende Qualitätssicherung darstellen. Außerdem sind meist teamübergreifende Architekturüberlegungen, Integrationstests und übergeordnete Systemtests sowie Businessprozess-Sichtweisen nötig, um aus den vielen Einzelergebnissen der Teams auch eine angemessene Qualität des Gesamtsystems im Sinne des Kunden zu erreichen.

Meist sind dabei folgende drei bis vier übergeordnete Rollen oder Verantwortlichkeiten in größeren Organisationen sinnvoll: ein übergreifender Produkt- und Releasemanager bzw. Product Owner, ein Gesamtsystemarchitekt sowie ein übergeordneter Testmanager und evtl. bei sehr großen bzw. mehreren parallel zu koordinierenden Entwicklungsvorhaben noch ein Portfoliomanager.

Beide Ansätze (Ein-Team-Ansätze oder zusätzliche übergreifende Konzepte) haben ihre Vor-und Nachteile und die Anwender bzw. Unternehmen müssen den jeweils für sie passenden Weg finden, im Idealfall basierend auf einem konkreten Business Case.

7.3.4 Frameworks für das Skalieren von RE@Agile

[IREB RE@Agile Primer] LE 4.3.4

Es gibt verschiedene Frameworks, die skalierende Ansätze für Scrum und agile Entwicklung unterstützen. Wegen der zunehmenden Bedeutung der Skalierbarkeit wird diese Zahl schnell weiter zunehmen.

Im Folgenden ist eine Auswahl der bekanntesten Frameworks angeführt:

- **Scaled Agile Framework (SAFe)**
  SAFe ist eine Sammlung bzw. Wissensdatenbank von bewährten Erfolgsmustern zur Umsetzung von lean agiler Software- und Systementwicklung auf Unternehmensebene [SAFe].
- **Large-Scale Scrum (LeSS)**
  LeSS wird verwendet, wenn viele Teams zusammen an einem Produkt arbeiten. Der Grundgedanke ist hier, nicht alle Rollen zu skalieren, sondern weiterhin ein zentrales Backlog und einen zentralen Product Owner zu haben und nur die Teams und die Scrum Master zu skalieren [LeSS].

- **Nexus**
  Nexus ist ein Framework, das auf die Kernprobleme der Skalierung fokussiert: teamübergreifende Abhängigkeiten und Integrationsprobleme [Nexus].
- **Scrum@Scale**
  Das Scrum-at-Scale-Framework ist eine minimale Erweiterung des Kern-Frameworks von Scrum, das die modulare Struktur im Kern des Scrum-Frameworks beibehält und es ermöglicht, eine Scrum-Implementierung so zu skalieren, dass sie auf die spezifischen Anforderungen des Unternehmens zugeschnitten ist [SatS].
- **Disciplined Agile Delivery (DAD)**
  DAD ist ein Prozessentscheidungs-Framework für schlanke Unternehmen. Es ist auf Teamebene taktisch und über das gesamte Unternehmen strategisch skalierbar [Ambler & Lines 2012].

[IREB Advanced Level RE@Agile – Practitioner/Specialist] LE 6.1

- **BOSSA nova**
  Dies ist ein Ansatz für unternehmensweite Agilität. BOSSA nova soll einem Unternehmen ermöglichen, durch Kombination verschiedener Themen agil, wendig und flexibel zu sein [BOSSA nova]:

  Beyond Budgeting (jenseits von Befehl und Kontrolle hin zu einem befähigten und anpassungsfähigen Management),

  Open Space (Nutzung der Innovationskraft aller Mitarbeitenden),

  Soziokratie (flexible Organisationsstruktur, die eine dezentrale Entscheidungsfindung ermöglicht) und

  Agil (kontinuierliches Lernen durch Experimente und Feedback).
- **Scrum of Scrums (SofS)**
  Um Scrum auf große Gruppen hochzuskalieren wird eine Aufteilung der Gruppen in agile Teams von 5–10 Personen vorgenommen. Jedes Scrum-Team ernennt ein Mitglied als »Botschafter«, der oder die an einem täglichen Treffen mit den anderen Team-Botschaftern teilnimmt. Je nach Kontext können Botschafter technische Mitwirkende oder der Scrum Master jedes Teams oder sogar die Managerin jedes Teams sein. Das Daily Scrum bei SofS verläuft ansonsten wie ein normales Daily Scrum, jedoch mit dem Fokus auf die Bedürfnisse und den Status der Teams (z.B. Fertigstellungen, nächste Schritte, Hindernisse, Koordination zwischen den Teams, Vereinbarung von Schnittstellen, Aushandeln von Verantwortungsgrenzen usw.).

  Es gibt dafür auch ein eigenes Backlog auf SofS-Ebene, wobei jedes Element zur Verbesserung der Koordination zwischen den Teams beiträgt [Agile Alliance].

- **Spotify-Modell**
  Das Spotify-Modell besteht aus Squads, Tribes, Chaptern und Guilds.
  - Squads bilden die Basis des Spotify-Modells und sind mit einem Scrum-Team vergleichbar.
  - Bei einem Tribe handelt es sich um eine Gruppe von Squads, die am gleichen Produkt bzw. an miteinander in Verbindung stehenden Produkten arbeiten.
  - In Chapter und Guilds kommen die Personen mit den gleichen Kompetenzen und Fähigkeiten zusammen. Ein Chapter besteht aus Mitgliedern eines Tribes, die über dieselbe Expertise verfügen. Guilds dagegen sind unternehmensübergreifende Gruppen mit gleichem Fachwissen oder Interessen.

Wie die obige Auflistung zeigt, gibt es verschiedene Frameworks und Implementierungen für die Skalierung von Agilität. Die Frameworks sind Verallgemeinerungen bestimmter Implementierungen, die von etablierten Experten und Beratungsunternehmen vorangetrieben werden. Alle Skalierungsframeworks basieren auf agilen Werten und Prinzipien. Jedes spezifische Framework stützt sich auf eine Auswahl von agilen Good Practices und bestimmte Methoden, Techniken und andere Elemente, die in einem stimmigen Gesamtkonzept kombiniert werden. Skalierungsframeworks unterscheiden sich in ihrem Reifegrad, der Anzahl bewährter Verfahren, Richtlinien und Regeln sowie dem Grad der Anpassungsfähigkeit an die spezifischen Bedürfnisse einer Organisation.

Skalierungsframeworks werden auch verwendet, weil es manchmal nicht ausreicht, nur mit einem Team zu arbeiten: Wenn entweder das Produkt sehr komplex ist oder eine kürzere Time-to-Market benötigt wird, muss die agile Entwicklung auf mehrere Teams skaliert werden. Außerdem kann eine geografische Verteilung oder Kompetenzverteilung zu verteilten Teams führen. Sobald mehrere Teams parallel arbeiten, besteht die Herausforderung darin, Anforderungen zu koordinieren und die Kommunikation zwischen den Teams zu definieren.

Anforderungen müssen gruppiert werden, um sie verschiedenen Teams zuordnen zu können. Für diese Gruppierungen schlagen die Frameworks unterschiedliche Namen für unterschiedliche Abstraktionsebenen vor. Wichtig ist jedenfalls, dass man sich in der Organisation auf klare Namen für diese unterschiedlichen Anforderungsstufen einigt und Richtlinien für die verschiedenen Stufen definiert und sich dann an diese hält. Diese Namen werden oft durch das Skalierungsframework oder die Tools, die zum Erfassen von Anforderungen verwendet werden, vordefiniert.

Jedes Team braucht eine Person, die die Verantwortung für das Anforderungsmanagement übernimmt. Bei einem einzelnen Team wird diese Person normalerweise als Product Owner bezeichnet.

Wenn Anforderungen für mehrere Teams verwaltet werden müssen, schlagen einige Frameworks unterschiedliche Berufsbezeichnungen für die Verwaltung von Anforderungen in größeren Teams vor. Unabhängig von den Stellenbezeichnungen soll sichergestellt werden, dass es auf jeder Organisationsebene eine klare Verantwortung für das Anforderungsmanagement gibt.

Einzelne Teams arbeiten in kurzen Iterationen (z.B. Sprints). Zu Beginn eines Sprints wird aus dem Product Backlog eine Reihe von Anforderungen ausgewählt und am Ende des Sprints deren Umsetzung überprüft (siehe Abschnitte 2.1.2 und 6.4.5). Bei der Skalierung gruppieren die Frameworks diese kurzen Iterationen oft in längere Iterationen (z.B. Releases mit einer Dauer von zwei oder drei Monaten statt 2–4 Wochen). Dies schafft die Notwendigkeit für Release-Backlogs (siehe Abschnitt 6.4.4), die den Kontext und die Ziele für die teilnehmenden Teams festlegen, um ihre Sprints und die Integration der Sprint-Ergebnisse zu organisieren.

7.3.5 Einfache skalierte Entwicklungsorganisation

Leider wird bei manchen agilen Organisations- und Prozessgestaltungen ausgeblendet, dass es neben den agilen Teams auch eine übergeordnete Struktur in jeder mittleren oder größeren Organisation gibt. Diese muss unbedingt berücksichtigt werden, sonst ergeben sich unweigerlich Reibungspunkte und Ineffizienzen, die bis hin zum Scheitern der agilen Vorgehensweisen führen können. Alle Personen in der Organisation müssen sich wiederfinden und ihren Platz und Rolle in der Struktur kennen. Dazu können auch recht einfache Skalierungsmodelle ausreichen.

Nachfolgend wird ein praktisch erprobter Ansatz dargestellt, der sich für die Skalierung von Organisationen mit ca. 3–10 agilen Teams gut eignet.

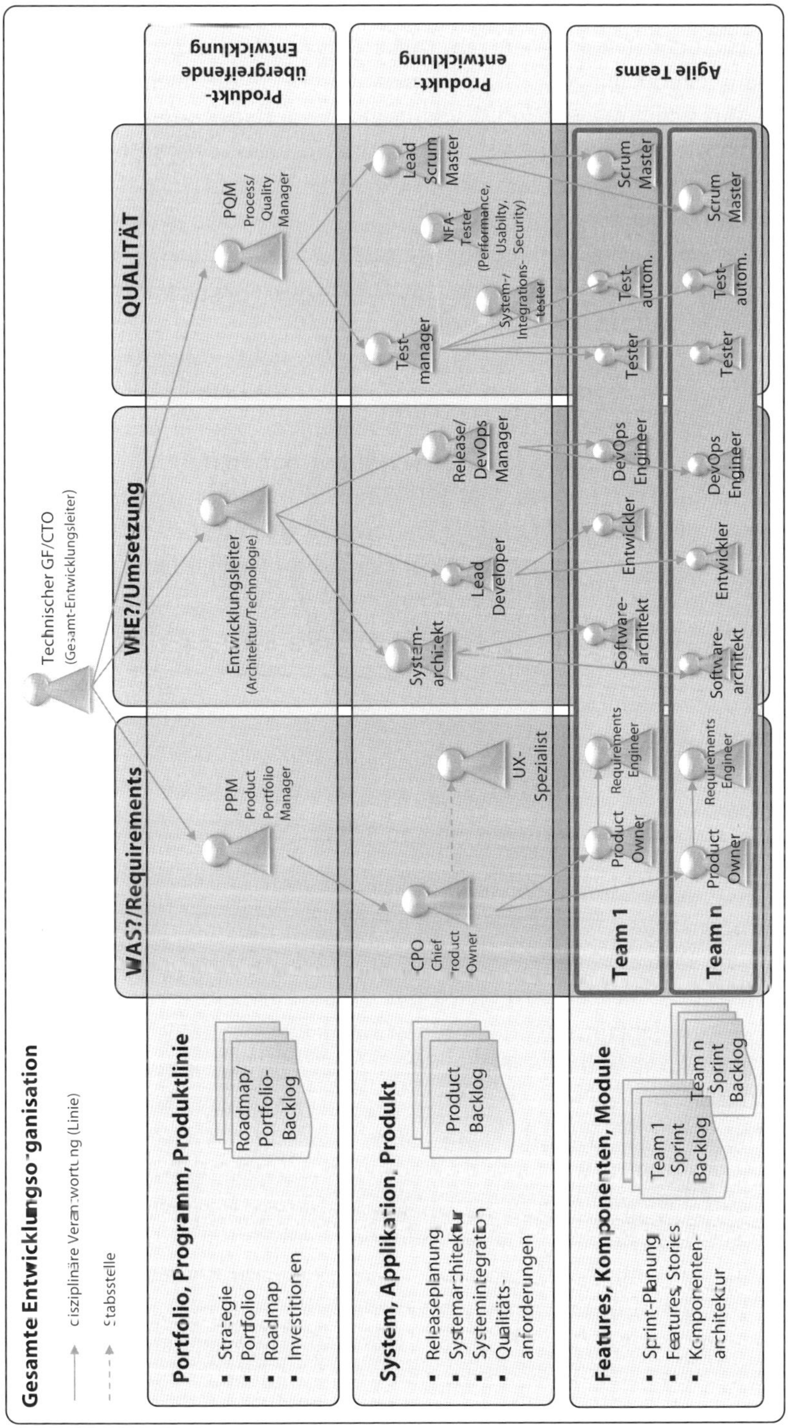

Abb. 7–2 *Skalierte agile Entwicklungsorganisation (pragmatischer Ansatz)*

Dieses Organisationsmodell ist eine pragmatische Ableitung und ein Vorschlag, der sich zwischen der reinen agilen Teamstruktur nach Scrum und komplexen agilen Organisationsmodellen wie z.B. SAFe positioniert. Scrum alleine ist bei mehreren agilen Teams nicht ausreichend. Es fehlt hier die verbindende Klammer zwischen den Teams. SAFe ist ein sehr komplexes Framework, das entsprechend großen Einführungsaufwand und auch Betriebsaufwand bedeutet und einen Overhead schafft, der jedoch nicht immer erforderlich ist.

Das vorgeschlagene Organisationsmodell hat drei fachliche Säulen, die in den oberen Ebenen eine Linienorganisation abbilden. Die agilen Teams auf der Umsetzungsebene sind z.B. nach Features aufgestellt.

Die Linienverantwortung ist stark an der Fachlichkeit orientiert (also z.B. alle Product Owner unter einer Linienverantwortung, alle Entwicklerinnen unter einer Linienverantwortung etc.). Dies ist insofern sinnvoll, da der Linienmanager sich nicht nur um die unternehmensübergreifende Koordination der jeweiligen gleichen Rollen oder Verantwortlichkeiten kümmert, sondern auch um wichtige rollenspezifische Themen wie fachliche Weiterbildungen etc.

Dieses Modell ist auch noch weiter skalierbar. Derzeit ist in der Grafik z.B. nur ein CPO (Chief Product Owner) eingezeichnet. Denkbar wären jedoch auch zwei oder mehr, wenn sich das fachlich/inhaltlich gut abgrenzen lässt oder das Unternehmen wächst und weitere agile Teams entstehen.

Auf der untersten Ebene im Bereich der Umsetzungsteams ergibt sich daher eine Matrix-Situation:

- Hier ist der Fokus im Team rein fachlicher Art.
- Es gibt keine Linienverantwortung im Team.
- Das Team erstreckt sich über alle Linienbereiche.

Zu beachten ist, dass es auf der Teamebene dann sinnvoll ist, die Linienverantwortung wie eingezeichnet zu gestalten, wenn die jeweiligen Rolleninhaber auch überwiegend diese Verantwortlichkeit innehaben. Für Teilzeitverantwortlichkeiten muss das Modell entsprechend angepasst werden.

Der oben dargestellte Skalierungsansatz soll eine Idee und Anregung sein und kann in dieser oder auch in abgewandelter Form angewendet werden. Beispielsweise wurde bei einer Firma diskutiert, ob der CPO auf der Systemebene oder Portfolioebene positioniert werden soll und ob überhaupt ein PPM (Product Portfolio Manager) benötigt wird oder dieser als Stabsstelle des CTO (Gesamt-Entwicklungsleiter) etabliert werden soll. Wichtig ist, dass das Organisationsmodell passend für die jeweilige Situation der Organisation gestaltet wird und eine einmal erstellte Organisationsgestaltung nicht in Stein gemeißelt ist, sondern auch die Organisation insgesamt ihre Struktur und Rollen in regelmäßigen Abständen hinterfragt und an neue Gegebenheiten und Erfordernisse anpasst, im Sinne einer »agilen Organisation« (siehe auch Kap. 8 für weitere Informationen).

7.3.6 Kriterien für die Strukturierung von Anforderungen und Teams im Großen

[IREB Advanced Level RE@Agile – Practitioner/Specialist] LE 6.2

Aus Sicht des RE müssen wir den »Kreislauf« von der anfänglichen (Geschäfts-) Anforderung, die von den Stakeholdern gefordert wird, über die Aufteilung komplexer Anforderungen in kleinere von der Entwicklung verwaltete Teile bis dahin, dass die integrierten Ergebnisse für den Kunden freigegeben werden können, schließen.

Ausgefeilte Strukturen und Praktiken sind erforderlich, um die Teamzusammenarbeit, Anforderungsänderungen und die schnelle Produktlieferung in großen skalierten Produktentwicklungen zu unterstützen. Andernfalls verschwenden Entwicklerinnen möglicherweise Aufwand für Themen und Koordination mit Teams, die für ihre Arbeit nicht relevant sind.

Komplexe Anforderungen müssen von unterschiedlichen Product Ownern und Entwicklerinnen verstanden und verwaltet werden. Dazu werden Anforderungen rekursiv in weitere Anforderungen zerlegt, bis sie einfach genug sind, um von einem Team entwickelt zu werden, wodurch eine Anforderungshierarchie entsteht. Kommunikation ist sowohl nach oben als auch nach unten in dieser Hierarchie erforderlich, zum Beispiel zwischen Product Ownern, die auf verschiedenen Abstraktionsebenen an verwandten Anforderungen arbeiten (oder sich auf Prioritäten einigen), sowie zwischen Entwicklerinnen, beispielsweise beim Zusammenstellen von Ergebnissen zu End-to-End-Produktinkrementen.

Um Zusammenarbeit und Kommunikation angemessen zu unterstützen, müssen Anforderungen mithilfe eines logischen Backlogs verwaltet werden. Die Schlüsselidee ist, dass jede Anforderung nur an einem Ort gespeichert wird, wodurch Redundanzen oder Widersprüche vermieden werden. Dies kann auch bei einer weiteren Unterteilung des Backlogs in Team-Backlogs erreicht werden. Während grobkörnige Anforderungen in Team-Backlogs verfeinert werden, können Product Owner an Backlog-Elementen arbeiten, die noch keinem Team zugeordnet sind, oder sie können komplexe Anforderungen aufteilen und die resultierenden Backlog-Elemente zur weiteren Verfeinerung an die Teams übergeben (siehe [Nexus], [SAFe], [LeSS]). Um die Nachverfolgbarkeit zwischen Anforderungen auf verschiedenen Abstraktionsebenen zu gewährleisten, sollten Product Owner die jeweiligen Backlog Items verknüpfen.

Die Produktentwicklung wird es schwer haben, zeitnah auf Änderungen zu reagieren, wenn jedes Team auf ein kompliziertes Netz von Interaktionen mit anderen Teams angewiesen ist, um Entscheidungen abzustimmen und zu genehmigen. Es ist eine Teamstruktur erforderlich, die es Teams ermöglicht, sich um die Wertschöpfung herum selbst zu organisieren: besser auf Feedback von Stakeholdern zu reagieren, vernünftige Entscheidungen unabhängig zu treffen und End-to-End-Funktionen bereitzustellen [Reinertsen2009].

Das Aufteilen von Anforderungen ist notwendig, um grobe Anforderungen herunterzubrechen, damit sie Entwicklerinnen zugewiesen werden können. Um auslieferbare Produktinkremente mit minimalen Abhängigkeiten von anderen Teams zu liefern, sollten agile Teams an lose gekoppelten End-to-End-Features arbeiten (vgl. Feature-Teams wie in [Larman & Vodde 2017] eingeführt). Um dies zu erreichen, wird der Umfang des Produkts in kleinere, lose gekoppelte Einheiten mit intern konsistenter Funktionalität unterteilt (d.h. Feature-basierte Anforderungsaufteilung). Jede Einheit hat gut definierte funktionale Grenzen. Die Grenzen sollten klar sein, um eine effektive Zusammenarbeit zu ermöglichen. Werden Anforderungen nach diesen funktionalen Grenzen aufgeteilt, können Product Owner, die einer bestimmten Einheit zugeordnet sind, mit größerer Eigenständigkeit an Features arbeiten.

Leider ist es in vielen Fällen nicht so einfach, Anforderungen auf Basis von lose gekoppelten Einheiten von End-to-End-Funktionalitäten zu zerlegen. Aufgrund des Achitekturdesigns (z.B. Technologie, Infrastruktur, Systemkomponenten, gemeinsame Plattform, Architekturschichten wie Front- und Backend) sowie organisatorischer Überlegungen (fachliche Fähigkeiten, Teamstandort, Subunternehmer) können sich Funktionseinheiten überschneiden. Dies bedeutet, dass verschiedene agile Teams zusammenarbeiten müssen, um bestimmte Funktionen zu implementieren, und ihre jeweiligen Product Owner müssen bei den Anforderungen enger zusammenarbeiten.

Um Features gemeinsam zu implementieren, benötigen agile Teams ein gemeinsames Verständnis der Anforderungen und ihres Geschäftskontexts. Sie müssen sich auch auf bereichsübergreifende Anforderungen, Einschränkungen und gemeinsame technische Schnittstellen einigen, damit Ergebnisse verschiedener Teams in funktionierende Inkremente integriert werden können. Die Integration und das Testen von Features werden immer komplexer und die Synchronisierung von Teams mithilfe von Backlogs und Roadmaps wird noch wichtiger.

Ein anderer Ansatz besteht darin, ein separates agiles Team um bestimmte Features herum zu bilden oder sich die erforderlichen Spezialisten auszuleihen, die für die unabhängige Entwicklung bestimmter Features notwendig sind.

7.3.7 Auswirkungen der Skalierung auf RE@Agile

[IREB RE@Agile Primer] LE 4.3.5

Die in den vorherigen Abschnitten angeführten Abstraktionsschichten bedeuten, dass die Requirements-Engineering-Aktivitäten von mehreren Rollen oder Verantwortlichkeiten verwaltet werden wie z.B. Product Owner, Produktmanagerin, Portfoliomanagerin, Business-Analyst. Jede Rolle wird entsprechende Requirements-Engineering-Artefakte für ihren jeweiligen Bedarf erstellen (z.B. Epics, Features, User Stories) und auch die Rückverfolgbarkeit zwischen diesen Artefakten verwalten. Nachdem die Kommunikation mit den Stakeholdern durch verschiedene

Rollen auf verschiedenen Ebenen innerhalb der Organisation durchgeführt wird, sind auch zusätzliche Meetings für die Requirements-Engineering-Aktivitäten erforderlich (z.B. Story-Zeiten, Feature-Zeiten, System-Demos).

Da Scrum nicht leicht von sich aus skaliert, spielt Requirements Engineering eine entscheidende Rolle bei der Bestimmung, wie übergreifende Anforderungen zerlegt und entsprechend zwischen agilen Teams verteilt werden, um den jeweiligen Skalierungsansatz lebendig zu erhalten. Requirements-Engineering-Techniken helfen bei der Strukturierung von Problemanalyse und Verfeinerung von grobkörnigen Anforderungen hin zu feinkörnigen Anforderungen (wie z.B. Features und User Stories), damit diese für die einzelnen Teams geeignet sind. Ein strukturierter Ansatz wie die Anwendung einer angemessenen Abstraktion und unterschiedlicher Analyseperspektiven stellt eine solide Grundlage für eine Unterteilung der Aufgaben für die teilautonomen agilen Teams dar. Dies gilt insbesondere für Abhängigkeiten innerhalb der Anforderungen, die möglichst bald ermittelt und kurz diskutiert werden müssen, um Überflüssiges in der Entwicklung zu vermeiden.

Eine zusätzliche Herausforderung tritt auf, wenn Teams oder andere Rollen an unterschiedlichen Orten arbeiten. Die Komplexität bei der Kommunikation erhöht sich nicht nur wegen einer möglichen Zeitverschiebung oder einer anderen Sprache. In vielen Fällen liegt eine große Herausforderung in den kulturellen Unterschieden. Weil Kommunikation eine der Hauptaufgaben der Product Owner und Produktmanagerinnen ist, hat das einen signifikanten Einfluss auf die erforderlichen Fähigkeiten der Requirements-Engineering-relevanten Rollen.

7.4 Vorab- und kontinuierliche Aufgaben des Requirements Engineering im Zusammenhang mit Skalierung

[IREB RE@Agile Primer] LE 4.4

Auf einer sehr abstrakten Ebene können agile Methoden als ein kontinuierlicher iterativer Prozess charakterisiert werden, in dem das System auf der Grundlage der Backlog-Einträge entwickelt wird.

Aus Requirements-Engineering-Sicht können fünf Parameter (siehe auch die folgenden Abschnitte) identifiziert werden, die diesen Prozess antreiben.

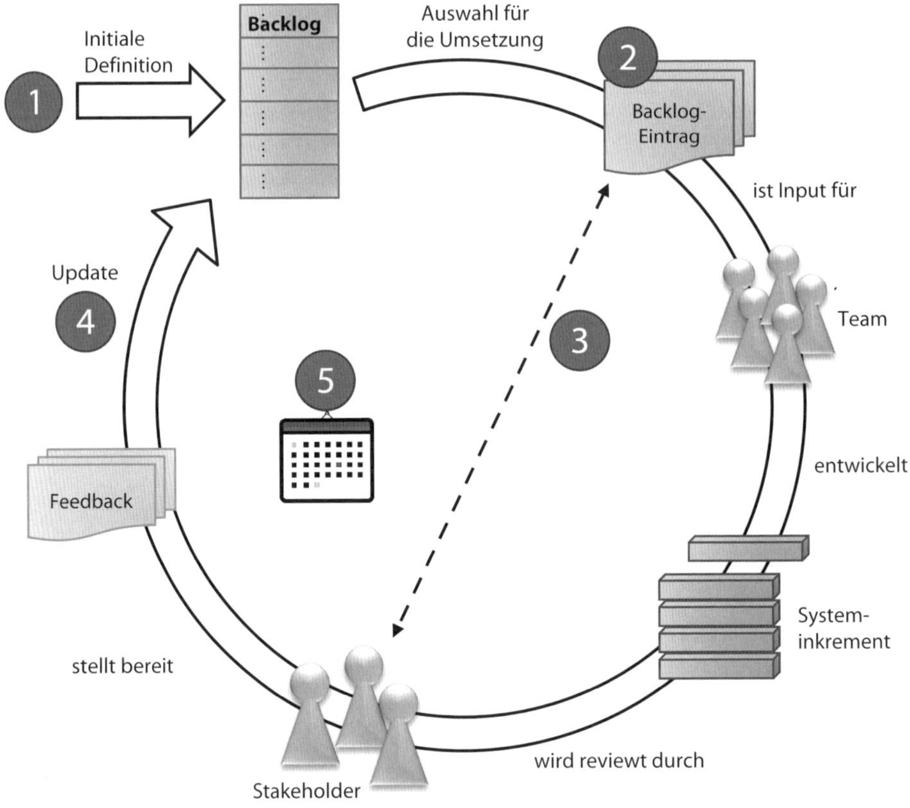

Abb. 7–3 *Kontinuierlicher Requirements-Engineering-Prozess (nach [IREB RE@Agile Primer])*

7.4.1 Initiale Requirements-Definition

[IREB RE@Agile Primer] LE 4.4.1

Vor Beginn des kontinuierlichen Entwicklungsprozesses muss ein erstes Backlog erstellt werden (siehe [Takeuchi & Nonaka 1986]). Diese initiale Definition des Backlogs wird oft auch als »Upfront-Definition« bezeichnet. Requirements Engineering wird manchmal auch so verstanden, dass festgelegt wird, dass diese Vorabspezifikation komplett und sehr detailliert für alle Requirements sein muss. In manchen älteren (nicht agilen) Methoden kann dies so interpretiert werden, es ist jedoch im agilen Umfeld anders zu sehen und muss entsprechend der Projektsituation pragmatisch interpretiert werden.

Die Basis für die anfängliche Definition des Backlogs ist die Menge an Informationen, die notwendig ist, um die erste Iteration des kontinuierlichen Entwicklungsprozesses zu beginnen.

Wann der Iterationsprozess gestartet werden soll, ist die eigentlich wichtige Entscheidung. Je nach System und Kontext kann die Ungewissheit über die Anforderungen (wenn z.B. ohne ausreichende Kenntnisse begonnen wird) zu zusätzlichen Verzögerungen, Kosten oder potenziellem Projektfehlschlag führen. Zu spät zu beginnen könnte auch negative Auswirkungen auf die Time-to-Market haben oder darauf, ob die Endbenutzerbedürfnisse zu einem bestimmten Zeitpunkt auch erfüllt werden können.

Jene Anforderungen, die hohe Auswirkungen auf die Architektur, die Gesamtdurchführbarkeit der Lösung oder auf die Wahl der zentralen Infrastruktur und Hardware haben können, sollen früher und detailliert beschrieben werden. Solche architekturrelevanten Punkte sollten jedenfalls vor der ersten Iteration erhoben und analysiert werden. Anforderungen mit geringem Einfluss auf die Entwicklung können dann während der folgenden Iterationen in einem kontinuierlichen Prozess verfeinert werden.

Innerhalb der iterativen und inkrementellen Prozesse beim agilen Vorgehen wird Requirements Engineering zum kontinuierlichen Prozess, der die Anforderungen »just in time« und so genau wie nötig für den Entwicklungszyklus liefert und verfeinert. Der Prozess ähnelt einem Trichter für die Zerkleinerung, bei dem große Teile in den Trichter gelangen, die in mittelgroße und schließlich am Ende des Prozesses in kleine Teile zerkleinert werden.

7.4.2 Detaillierungsgrad für Backlog Items

[IREB RE@Agile Primer] LE 4.4.2

Der Detaillierungsgrad eines Backlog Item beschränkt die Freiheit der Entwicklerinnen bei der Realisierung (siehe [Pichler 2010]). Alle Aspekte eines Backlog-Eintrags, die nicht definiert wurden, bilden den Entscheidungsfreiraum der Entwicklerinnen, die hier innerhalb der definierten Geschäftsgrenzen kreativer sein können.

Die verfügbaren Kompetenzen der Entwicklerinnen können als Faustregel dienen. Wenn diese über ausreichende Kompetenz verfügen, um über die Details eines bestimmten Backlog-Eintrags entscheiden zu können (z.B. die Expertise für Authentifizierung und Autorisierung ist im Team vorhanden), sollte die Entscheidung über die Details den Entwicklerinnen überlassen bleiben.

Eine andere sehr einfache Regel für die Praxis ist, dass alles, was dem Kunden im Zusammenhang mit einem Backlog-Eintrag wichtig ist, auch als Kundenanforderung erfasst werden soll. Dies muss (und soll) natürlich nicht unreflektiert geschehen und kann durchaus zu sinnvollen Diskussionen mit den Kunden über fachliche oder Designanforderungen führen. Je kompetenter die Entwicklerinnen in dem jeweiligen Thema sind, desto wertvoller wird die Diskussion und Reflexion mit den Kunden sein.

Beispiel aus der Praxis:

Wenn der Kundschaft z.B. im Rahmen der User Story »Als Projektverantwortlicher möchte ich, dass die Mitarbeitenden ihre Projektarbeitszeiten erfassen können« wichtig ist, dass Anfangs- und Ende-Zeit je Projekttätigkeit minutengenau erfasst werden können, dann ist dies ein wichtiger Detailaspekt für sie. Dies stellt daher eine Kundenanforderung dar, möglicherweise sogar eine mit einer architekturrelevanten Auswirkung. Daher muss dies als Detailanforderung zu dieser Story erfasst werden – im einfachsten Fall als Zusatznotiz oder evtl. auch als Akzeptanzkriterium, im umfangreicheren Fall möglicherweise auch schon als Skizze für ein künftiges User Interface –, die gemeinsam mit dem Designer oder der Entwicklerin erstellt wird.

Auch hier gilt wieder: Passende Requirements-Engineering-Tools erleichtern die Vorgehensweise der Erfassung und Verfeinerung der Anforderungen ganz wesentlich.

7.4.3 Validität von Backlog-Einträgen

[IREB RE@Agile Primer] LE 4.4.3

Die Kenntnis der Validität eines Backlog-Eintrags vor der Implementierung ist ein Werkzeug, um unnötige Implementierungsarbeiten zu minimieren. Eine falsche oder unvollständige Anforderung erst in der implementierten Software zu erkennen, ist ein sehr kostspieliger Ansatz der Anforderungsvalidierung.

Das Bestimmen der Validität eines Backlog-Eintrags hängt eng mit dem Detaillierungsgrad des jeweiligen Eintrags zusammen. Die Validität eines Backlog-Eintrags kann nur ermittelt werden, wenn der Eintrag genügend Details aufweist. Daher muss der Aufwand zur vorherigen Ausarbeitung und Validierung einer Anforderung verglichen werden mit dem geschätzten Aufwand für die Implementierung und die anschließende Validierung der Anforderung in der laufenden Software.

Wenn die Präferenz von Stakeholdern für einen Backlog-Eintrag mit annehmbaren Aufwand bestimmt werden kann, sollte eine Validierung stattfinden, bevor das Backlog Item realisiert wird. Typische Beispiele für derartige Anforderungen (einschließlich beispielhafter Validierungsansätze) sind: übergreifendes Design der Benutzeroberfläche (z.B. mit UI-Mock-ups), Autorisierungs- und Authentifizierungsmechanismen (z.B. mit Use-Case-Reviews), Datenstrukturen, die im System gespeichert werden müssen (z.B. mit Datenmodellreviews), und Anforderungen an Schnittstellen zu bestehenden Systemen (z.B. mit Aktivitätsdiagrammreviews oder Interaktionsdiagrammreviews).

Backlog-Einträge mit hohem Risiko (z.B. kritische Geschäftsfunktionen, sicherheitskritische Funktionen, innovative Funktionen) oder mit hohen Testkosten für die Implementierung (z.B. die Software muss in einem teuren Prototyp getestet werden) sollten vor der Implementierung validiert werden.

7.4.4 Feedback zum Backlog und dessen Aktualisierung

[IREB RE@Agile Primer] LE 4.4.4

Backlogs werden typischerweise aktualisiert basierend auf dem Feedback aus einer Überprüfungsaktivität (z.B. während des Sprint-Reviews). Ein solcher Ansatz ist in einem Umfeld von ein oder zwei kleinen Teams für kleine oder detaillierte Anforderungen möglich, für die die Auswirkungen der Veränderung analysiert und schnell erfasst werden können.

Es ist nicht ratsam, Anforderungen mit einer größeren Komplexität oder vielfachen Abhängigkeiten kurzfristig zu ändern. In einer solchen Situation kann die Anpassung des Backlogs mehr Zeit in Anspruch nehmen, die benötigten Stakeholder könnten evtl. auch nicht erreichbar sein und zusätzliche Analysen könnten notwendig werden.

Ein weiterer Faktor, der Auswirkungen auf die Änderung des Backlogs haben kann, ist der Entscheidungsprozess der Organisation. Organisationen mit längeren Entscheidungswegen (z.B. wenn das relevante Entscheidungsgremium nur einmal pro Monat zusammenkommt) können längere Zeit benötigen. Solchen Situationen müssen bei den Prinzipien der kontinuierlichen Verfeinerung beachtet und in einer Form unterstützt werden, dass trotzdem alle relevanten Stakeholder berücksichtigt werden. Bei solchen Entscheider-Meetings hilft das Requirements Engineering bei der Vorbereitung und der Entscheidungsunterstützung.

7.4.5 Zeitlicher Ablauf des Entwicklungszyklus

[IREB RE@Agile Primer] LE 4.4.5

Der letzte Parameter für den Entwicklungsprozess ist der zeitliche Ablauf bzw. die Länge der Iteration. Die Länge der Iteration hat einen signifikanten Einfluss auf die Requirements-Engineering-Aktivitäten für die Bearbeitung von Backlog-Elementen, die noch nicht in der Entwicklung sind. Ferner bestimmt die Iterationslänge die Häufigkeit, in der die Ergebnisse an die Stakeholder geliefert werden bzw. für Kunden zum Review bereitstehen. Daher erhöhen kurze Iterationslängen die Arbeitsbelastung für die Stakeholder aus folgenden Gründen:

- Die Stakeholder müssen zur Verfügung stehen, um am Backlog zu arbeiten und ausreichend Input für die nächste Iteration zu erstellen, damit die Entwicklerinnen genügend Arbeit haben.
- Die Stakeholder müssen die vom Team erstellten Ergebnisse überprufen, um dem Team Feedback zu geben.
- Die Stakeholder werden durch die vielen Kontextwechsel zwischen dem Tagesgeschäft und der Projektarbeit belastet.

Längere Iterationen reduzieren die Belastung. Jedoch wird auch die Möglichkeit der Einflussnahme auf das Backlog der Produktentwicklung reduziert.

Die Definition der Iterationslänge ist ein wichtiger Faktor und muss auch die Verfügbarkeit der Stakeholder berücksichtigen. Stakeholder sind in der Regel nicht 100 % verfügbar für Entwicklungsaktivitäten, da sie andere Aufgaben in der Organisation haben, für die das System entwickelt wird.

Als Faustregel gilt, dass eine kürzere Iterationszeit häufig Rückmeldungen und Möglichkeiten zur frühzeitigen Erkennung von Fehlern liefert, sodass kürzere Iterationen die Entwicklungsaktivitäten beschleunigen. Wenn eine kurze Zykluszeit als eine nicht akzeptable Belastung für die Stakeholder angesehen wird, sollte ein Kompromiss bezüglich der Iterationslänge gefunden werden, auch wenn diese im Vergleich zur Projektpriorität kürzer sein könnte.[1]

Ein weiterer Faktor, der Auswirkungen auf die Zykluszeit haben kann, ist die durchschnittliche Größe und Komplexität der Backlog-Einträge. Größere und komplexere Backlog-Einträge benötigen mehr Zeit für das Verstehen und die Analyse. Daher könnte die Zykluszeit erhöht werden, um größere bzw. komplexere Backlog-Elemente innerhalb einer einzigen Iteration zu behandeln.[2] Zum Beispiel, wenn das zu entwickelnde System in einem frühen Stadium ist, könnte ein längerer Zyklus ratsam sein, um dem Team mehr Zeit zu geben, ein erstes Verständnis des Systems zu erlangen.[3] Dennoch muss dieser Faktor mit dem Ziel in Einklang gebracht werden, dass kürzere Zykluszeiten definiert werden sollten, um schnelles Feedback zu erhalten. Die Entscheidung, ob eine längere oder kürzere Zykluszeit erforderlich ist, muss gemeinsam im Team getroffen werden, wobei der Bedarf an Analysezeit gegenüber dem Ziel von frühem Feedback abgewogen werden muss.

Basierend auf dem Prinzip »Inspect & Adapt« kann auch im laufenden Projekt eine Änderung der Zykluszeit vorgenommen werden. Dabei sollte jedoch beachtet werden, dass Erfahrungen aus der Vergangenheit nicht unbedingt eine Garantie für die Zukunft sind. In jedem Fall sollte eine Änderung der Zykluszeit immer vor Beginn eines Sprints festgelegt werden und nicht während eines Sprints.

---

1. Für ein Projekt mit hoher Priorität soll eine kurze Iterationslänge gewählt werden (z.B. je nach Projektart zwischen 1–3 Wochen, typischerweise 2 Wochen), damit eine enge Kopplung zwischen Kunden und den Entwicklerinnen gegeben ist und somit bei Abweichungen schnell reagiert werden kann. Für Projekte mit niedriger Priorität können längere Iterationen gewählt werden (z.B. je nach Projektart zwischen 3–6 Wochen, typischerweise 4 Wochen).
2. Auch wenn dies im Lehrplan RE@Agile Primer LE 4.4.5 so geschrieben steht und daher zur Unterstützung einer vollständigen Prüfungsvorbereitung in dieses Buch übernommen wurde, raten wir explizit davon ab, die Zykluslänge zu vergrößern, weil einige Backlog-Elemente (scheinbar) nicht in einen Zyklus passen. Besser ist es, sich Gedanken zu machen, wie die großen Backlog-Elemente so aufgeteilt werden können, dass sie auch in eine kurze Iteration passen. In der Praxis ist das fast immer möglich (siehe auch Abschnitt 3.4.2.1).
3. Dieses Beispiel aus dem Lehrplan RE@Agile Primer LE 4.4.5 halten wir daher auch für keinen ausreichenden Grund, um die Zykluslänge zu vergrößern. Im Gegenteil: Größere Zykluslängen am Anfang können dazu führen, dass es noch länger dauert, bis sich die Entwicklerinnen und die Stakeholder »finden« und ein gemeinsames Verständnis des zu entwickelnden Produkts erlangen.

8 Requirements-Engineering-Rollen

Ein wesentlicher Erfolgsfaktor für gut laufende Projekte ist die intensive Einbindung von Fachleuten und Nicht-Technikern im Requirements Engineering sowie die Kommunikation mit ihnen während des gesamten Projekts. An der Erhebung, Spezifikation und Ausarbeitung von Anforderungen sind immer unterschiedliche Personen im Fachbereich des Kunden und im Team beteiligt. Die nachfolgende Abbildung gibt einen Überblick über die Verantwortlichkeiten im Kunden- bzw. Fachbereich und im agilen Team.

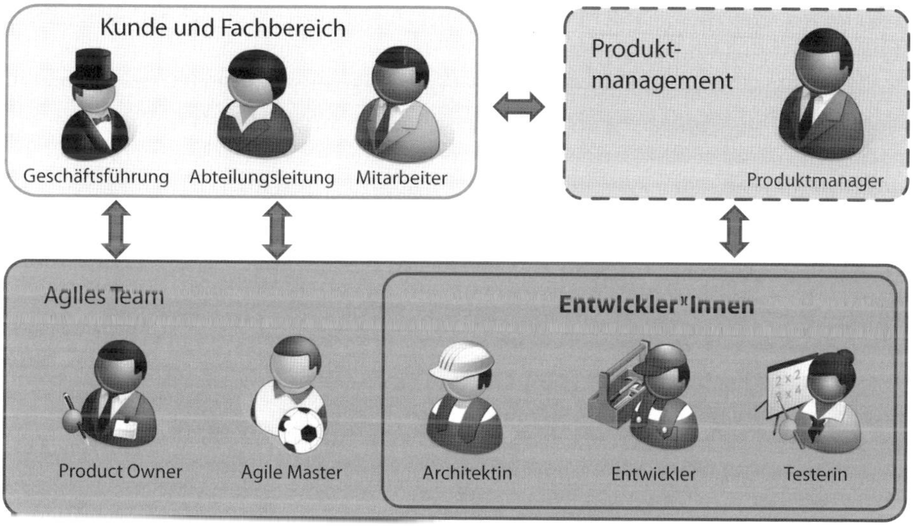

Abb. 8–1 *Unterschiedliche Rollen im Fachbereich und im agilen Team*

8.1 Product Owner

8.1.1 Product Owner als Stellvertretung des Kunden im Team

Der Product Owner (PO) ist für die Anforderungen im Product Backlog und deren Priorisierung verantwortlich. Er erstellt die Anforderungen und trifft als deren »Besitzer« alle inhaltlichen Entscheidungen. Er sorgt dafür, dass ständig ausreichend Requirements bereit für die Umsetzung sind und das Team kontinuierlich arbeiten kann. Vor jedem Sprint legt er die Reihenfolge der Stories im Backlog fest und bereitet diejenigen Stories vor, die im nächsten Sprint umgesetzt werden sollen. Dazu diskutiert er den Inhalt der Story mit dem Team genauer und legt die Akzeptanzkriterien fest.

Ist eine Story fertig umgesetzt, nimmt der Product Owner sie ab. Dies geschieht im Laufe des Sprints, sobald eine Story fertig ist, spätestens jedoch im Review-Meeting. In diesem stellt das Team die fertigen Stories vor, und der Product Owner akzeptiert diese als »fertig« oder auch nicht, wenn noch Mängel auftauchen. Sieht sich der Product Owner die fertigen Stories schon während des Sprints an und führt Tests durch, so bedeutet dies ein früheres Feedback und weniger Stress am Ende des Sprints.

Als Kundenvertreter muss der Product Owner die fachliche Welt des Kunden, dessen Ziele und Bedürfnisse sehr genau kennen. Dies ermöglicht es ihm, Entscheidungen für und im Sinne des Kunden treffen zu können, und macht die Kommunikation rund um Anforderungen sehr schnell und effizient. Lediglich wenn der Product Owner ein Detail nicht kennt und somit eine Frage nicht selbst beantworten kann, muss er andere Personen (beim Kunden) fragen.

Der Product Owner sollte ständig für das Team verfügbar sein, um Fragen zu beantworten und Feedback zu geben. Anforderungen werden so spät wie möglich spezifiziert. Viele Entscheidungen zu den Anforderungen müssen dadurch erst kurz vor oder während der Umsetzung getroffen werden. Der Product Owner muss während des gesamten Projekts an den Anforderungen arbeiten und für die Klärung von Fragen bereitstehen.

Beispiel:

In einem plangetriebenen Projekt, beispielsweise zur Erstellung einer Adressverwaltung, würde vor Beginn der Umsetzung exakt beschrieben werden, welche Attribute das Datenobjekt »Adresse« besitzt und welche Datentypen, maximale Länge etc. diese Attribute aufweisen. In agilen Projekten wird vorab lediglich angemerkt, dass es ein Objekt »Adresse« geben soll, evtl. noch ergänzt um die wichtigsten Attribute. Natürlich muss auch in agilen Projekten irgendwann definitiv entschieden werden, welche Attribute das Datenobjekt hat. Dies geschieht hier aber eben nicht zu einem frühen Zeitpunkt, sondern knapp vor oder während der Umsetzung im Sprint gemeinsam von Entwicklerinnen und Product Owner.

> Der Product Owner hat in agilen Projekten nicht weniger Arbeit mit der Spezifikation der Anforderungen als in plangetriebenen Projekten. Der Aufwand verlagert sich lediglich von einem großen Block am Beginn des Projekts hin zu laufenden kleinen Spezifikationsaufgaben und Feedbackzyklen während der gesamten Entwicklungszeit. Die ständige Verfügbarkeit des Product Owners ist deshalb ein kritischer Erfolgsfaktor.

8.1.2 Unterschiedliche Product-Owner-Verantwortlichkeiten im skalierten Umfeld

Da dem Product Owner (PO) eine besondere Verantwortung zukommt und es je PO auch mehrere zugeordnete Teams geben kann und umgekehrt, ist der Zusammenhang zwischen den PO-Verantwortlichkeiten und -Hierarchien und den Teams nachfolgend im Überblick dargestellt.

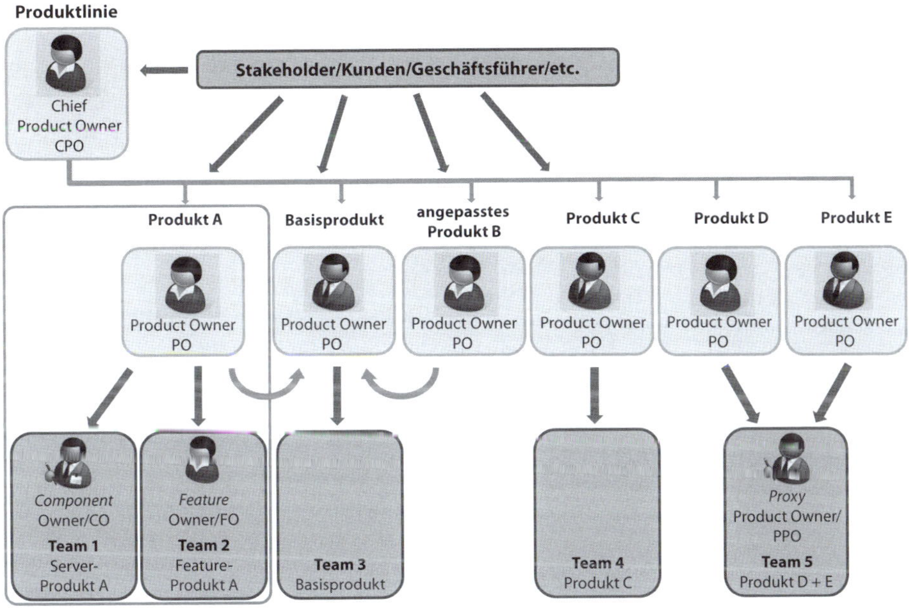

Abb. 8–2 *Unterschiedliche Product-Owner-Verantwortlichkeiten und -Hierarchien*

Folgende Situationen sind dargestellt:

- **PO ist für genau ein Produkt zuständig, das von genau einem Team entwickelt werden kann.**
  Das ist z.B. bei Produkt C der Fall. Es ist die Standardsituation und wird durch ein normales Scrum-Team abgedeckt.
- **Das Produkt ist komplexer/größer und wird in Teile aufgeteilt.**
  Diese Variante wird für Features oder Komponenten in Produkt A verwendet. Da es sich nach wie vor um ein Produkt handelt, gibt es einen PO, der dafür ver-

antwortlich ist. Aufgrund der Größe bzw. Komplexität gibt es jedoch mehrere Scrum-Teams. Um den PO organisatorisch und fachlich nicht zu überlasten, wird in diesem Fall in jedem Team ein unterstützender Component Owner (CO) bzw. Feature Owner (FO) eingesetzt, der jeweils für einen Teilbereich des Produkts zuständig ist.

- **Es gibt mehrere sehr kleine eigenständige Produkte**, die zwar fachlich getrennt sind, jedoch technologisch auf der gleichen oder ähnlichen Basis entwickelt werden.
  Aufgrund der Kleinheit der Produkte (in unserem Beispiel Produkte D + E) ist auch das jeweilige Team sehr klein (z.B. 1–3 Personen). Hier können bei gleicher technologischer Ausrichtung z.B. auch 2–3 Produkte von einem Scrum-Team entwickelt werden. Dieses Scrum-Team hat dann für jedes der Produkte einen PO – also mehrere POs. Damit das Product Backlog und das Sprint Backlog in dieser Situation koordiniert bearbeitet werden können, ist es sinnvoll, im Team einen Proxy-PO zu installieren, der die Anforderungen der unterschiedlichen POs sammelt und koordiniert und die Schnittstelle zum Umsetzungsteam ist.
- **Angepasstes Basisprodukt**
  Das Produkt (in unserem Beispiel mit B bezeichnet) wird komplett auf Basis eines anderen Produkts entwickelt und (z.B. kundenspezifisch) angepasst, sodass hier auch kein eigenes Team dafür aufgestellt wird, sondern die Arbeiten vom Basisteam durchgeführt werden. Um die Anforderungen für die individuellen Anpassungen zu spezifizieren und zu managen, wird dafür jedoch ein eigener PO eingesetzt, der sich mit dem PO des Basisprodukts abstimmt.

Weitere Hinweise und Beispiele für Beschreibungen von PO-Verantwortlichkeiten sind im Anhang B zu finden.

8.1.3 Schwierige Ausprägungen von Product Ownern

Der Visionär

Der Visionär ist allen anderen um fünf Schritte voraus. Er denkt in die Zukunft, was man noch alles Tolles machen könnte. Die aktuelle Entwicklung mit ihren Details interessiert ihn dabei nicht. Der Visionär ist begeistert von dem, was er tut, und steckt andere mit seiner Begeisterung an. Er hat den Nutzen des Kunden und das große Ganze im Blick. Diese Ausrichtung ist in jedem Team sehr wertvoll und motiviert zu Höchstleistungen.

Aufpassen muss man bei einem Product Owner dieses Typs jedoch darauf, dass er auch die Details und Fragen der aktuellen Entwicklung klärt. Es darf nicht passieren, dass diese Detailarbeit zum Team oder zu anderen Personen beim Kunden abgeschoben wird. Hier ist der Agile Master (siehe Abschnitt 8.4) gefragt, dies zu erkennen und den Product Owner immer wieder ins Hier und Jetzt zurückzuholen.

Der Teilzeit-Product-Owner

Der Teilzeit-Product-Owner hat eigentlich ganz anderes zu tun. Oft muss er die Rolle des Product Owners zusätzlich zu seinen normalen Aufgaben im Unternehmen übernehmen. Da der Teilzeit-Product-Owner mit seinem Tagesgeschäft schon ausgelastet ist, hat er kaum Zeit für das Team. Er schafft es gerade noch, z.B. jede zweite Woche einen halben Tag für das grobe Ausarbeiten von Anforderungen aufzuwenden und die wichtigsten Fragen des Teams zu beantworten. Alles andere muss warten. Dass Product Owner zu wenig Zeit haben, ist eines der häufigsten Probleme in agilen Teams und führt zu ernsthaften Schwierigkeiten. Meist liegt die Ursache nicht beim Product Owner selbst, der ja ebenfalls bemüht ist, gute Arbeit zu leisten. Er hat einfach aufgrund seiner Arbeitssituation nicht ausreichend Zeit zur Verfügung.

Hier ist der Agile Master gefordert, umgehend eine Lösung gemeinsam mit dem Product Owner und dessen Vorgesetzten zu finden. Fallweise kann ein fähiges Team sicher auch Aufgaben des Product Owners übernehmen, jedoch darf dieser seine Verantwortlichkeiten nicht auf Dauer vernachlässigen.

Der Proxy Product Owner (PPO)

Der Proxy Product Owner sieht sich selbst lediglich als Schnittstelle zum Kunden. Sämtliche Fragen leitet er an diesen weiter und trifft keine Entscheidungen selbst. Die Ursache kann hier mangelndes Fachwissen oder zu wenig Zeit sein. Oft ist dies darin begründet, dass beim Kunden alle Wissensträger schon durch andere wichtige Themen überlastet sind und man das am ehesten entbehrliche Teammitglied in das Projekt gesteckt hat. Immer wieder trifft man auch auf Product Owner, die zwar gerne entscheiden würden, dies aber nicht dürfen, da sie nicht die nötige Kompetenz und Befugnis haben, Entscheidungen zu treffen.

Der Proxy Product Owner ist zwar nicht ganz so kritisch für den Projekterfolg wie ein zeitlich kaum verfügbarer Product Owner, er verringert jedoch die Effizienz des Teams erheblich. Der Agile Master sollte gemeinsam mit dem Product Owner versuchen, die Ursachen für diese Situation herauszufinden. Ist es fehlendes Fachwissen, kann man mit Schulungen und Workshops helfen, ist es mangelnde Zeit, muss der Product Owner für das Projekt freigestellt werden. Wenn die Product-Owner-Rolle komplett mit der falschen Person besetzt wurde, muss ein rascher Austausch oder sogar Projektstopp diskutiert werden.

8.2 Chief Product Owner (CPO)[1]

Abbildung 8–2 zeigt, wie die Organisation aussehen kann, wenn mehrere Produkte von unterschiedlichen Teams entwickelt werden. Der CPO wird hier noch einmal explizit dargestellt, weil es in skalierten agilen Organisationen eine wichtige steuernde und verbindende Rolle ist.

8.2.1 Der Chief Product Owner als Dirigent mehrerer Teams

Der CPO ist für ein gesamtes Produkt verantwortlich, das von mehreren Teams umgesetzt wird. Die Rolle des CPO ist immer dann sinnvoll, wenn mehrere Teams an einem Produkt arbeiten. Der CPO ist dabei nicht Teil eines der agilen Teams. Er definiert die Features und Top-Level-Anforderungen an ein Produkt. In sehr kleinen Unternehmen, Projekten oder Produktentwicklungen, die mit nur einem einzigen Team arbeiten, wird die CPO- und Product-Owner-Verantwortlichkeit oft von ein und derselben Person wahrgenommen bzw. ist eine explizite CPO-Rolle nicht erforderlich.

Der CPO verwaltet das teamübergreifende Backlog für das Produkt. Der CPO definiert die Features für das Produkt im globalen Product Backlog. Diese Features werden von mehreren Teams gemeinsam umgesetzt und von den jeweiligen Product Ownern der Teams in Stories heruntergebrochen. Bei der Verwaltung des globalen Backlogs hat der CPO dieselben Kompetenzen und Aufgaben, wie sie der Product Owner für das Backlog des Teams hat.

Der CPO ist nach außen hin ausgerichtet. Während der Product Owner bei größeren Teamstrukturen eng in das agile Team integriert und eher eine interne Kommunikationsdrehscheibe ist, ist der CPO klar nach außen, zum Markt oder externen Kunden hin ausgerichtet. Er hat einen guten Überblick über den Markt und die Richtungen, in die sich dieser entwickelt. Er kennt die externen Kunden, deren Wünsche und Bedürfnisse und ist viel auf Messen und direkt bei Kunden unterwegs. Der CPO kennt auch die Konkurrenz sehr gut und hat immer ein Auge darauf, was diese tun.

Der CPO plant Releases. Eine zentrale Aufgabe des CPO ist die Planung von Releases für sein Produkt. Basierend auf den Marktbedürfnissen und den Wünschen der Kunden legt er fest, welche Features und groben Anforderungen in den nächsten Releases umgesetzt werden sollen. Gemeinsam mit den Product Ownern stimmt er dann diese Wünsche mit den Möglichkeiten der Teams ab und erstellt eine Release-Roadmap.

---

1. In manchen Organisationen wird diese Rolle auch als »Produktmanager« oder »Produkt-Marketing-Manager« bezeichnet. Zur Abgrenzung der agilen Rolle Chief Product Owner sind Beispiele für Rollenbeschreibungen im Anhang B zu finden.

Der CPO arbeitet laufend mit den Product Ownern der Teams zusammen. Immer wieder ändern sich die Anforderungen des Markts, die Wünsche der Kunden und die Prioritäten der bereits geplanten Features und Anforderungen. Der CPO nimmt diese Wünsche und Änderungen auf und stimmt sie mit den Product Ownern ab.

8.2.2 Schwierige Ausprägungen des Chief Product Owners

Der »Über-den-Zaun-Werfer«

Der »Über-den-Zaun-Werfer« sieht sich als Auftraggeber und Chef für die Teams. Er sagt, was er möchte, und geht dann davon aus, dass das so gemacht wird. Am liebsten wäre es ihm, wenn das Team erst mit dem fertigen Produkt wieder zu ihm kommt. Ständige Rückfragen und gemeinsames Arbeiten am Produkt sind für ihn unnötig und zeugen nur davon, dass das Entwicklungsteam nicht genug Weitblick und Verständnis für das Produkt hat. Der »Über-den-Zaun-Werfer« bringt den Entwicklerinnen viel Vertrauen entgegen und lässt ihnen viele Freiheiten, die Details der Lösung zu gestalten. Dies ist eigentlich eine gute Grundlage für eine erfolgreiche Zusammenarbeit.

Meist erkennt der Product Owner als Erster, dass die Anforderungen, die er vom CPO erhält, nicht verwendbar sind und er sehr viel Arbeit investieren muss, um sie so zu formulieren, dass das Team damit arbeiten kann. Gemeinsam mit dem Agile Master sollte der Product Owner versuchen, dem CPO klarzumachen, dass es mehr braucht als zwei visionäre Sätze zu Beginn, um ein Feature gut implementieren zu können. Die Schnittstelle zwischen Product Owner und CPO muss klar definiert werden – ebenso die Prozesse, wie die Anforderungen gemeinsam erarbeitet werden und welche Qualitätskriterien sie erfüllen müssen.

Der »technisch gebildete CPO«

Der technisch orientierte CPO hat eine technische Ausbildung mit starkem Softwarefokus hinter sich. Auch wenn diese evtl. schon viele Jahre zurückliegt, so fühlt er sich doch berufen, sich auch um technische Details zu kümmern oder sich in technische Entscheidungen einzumischen, die eigentlich die Entwicklerinnen treffen sollen. Er tut dies meist nicht böswillig, sondern möchte sein Wissen in die anstehende Umsetzung einbringen.

Diese Situation wird von den Entwicklerinnen, den zugeordneten POs und dem Agile Master wahrscheinlich schnell erkannt. Gerade bei größeren Projekten ist diese übergeordnete CPO-Rolle jedoch von Personen besetzt, die in der Unternehmenshierarchie möglicherweise recht weit oben stehen. Einem »technischen Manager« klarzumachen, dass er sich nicht zu sehr in die technischen Vorgaben einmischen soll, ist sicherlich ein sensibles Thema. Auch hier sollten sowohl die zugeordneten Product Owner als auch der Agile Master zusammenarbeiten und passende Rahmenbedingungen für das Team schaffen.

8.3 Agile Entwickler

8.3.1 Die Entwickler als Umsetzer und Berater des Product Owners

Die agilen Entwickler setzen die Anforderungen entsprechend der im Backlog vorgegebenen Priorität um. Dabei treffen die Entwickler alle Entscheidungen in Bezug auf die Umsetzung selbstständig. Sie tragen also für Themen wie Architektur, Technologien, Frameworks, Werkzeuge die volle Verantwortung.

Die Entwickler prüfen und validieren die Anforderungen gemeinsam mit dem Product Owner. Wie in vielen Softwareprojekten üblich, sind auch in agilen Projekten die Entwickler ein wesentliches Element in der Qualitätssicherung der Anforderungen. Gerade Lücken und Widersprüche in den Anforderungen werden oft erst erkannt, wenn die Entwicklerin tatsächlich den Quellcode dafür schreibt. Spätestens hier wird sichtbar, dass z.B. für eine »IF«-Entscheidung kein »ELSE« spezifiziert ist. Je besser die Entwickler die Welt des Kunden und seine Bedürfnisse kennen, desto besser werden sie als zusätzliche Validierungsinstanz wirken können.

Der Product Owner darf sich jedoch nicht darauf verlassen, dass die Entwickler fehlende Teile und Widersprüche in den Anforderungen schon finden werden und er entsprechend weniger Zeit und Energie in die Spezifikation stecken kann. Dies funktioniert nur, solange sehr gute Entwickler dabei sind, die den Fachbereich des Kunden gut kennen und nicht dazu neigen, implizite Annahmen und Entscheidungen zu treffen, ohne sie vorher mit dem Product Owner besprochen zu haben. Sind diese Punkte nicht gegeben, werden unweigerlich Anforderungen falsch oder unvollständig umgesetzt. Nicht immer sind Fehler in Anforderungen erkennbar. Zum Teil werden Lücken auch instinktiv mit Annahmen geschlossen, und die Entwickler kommen gar nicht auf die Idee, nachzufragen.

> *Ein wichtiges Prinzip im Requirements Engineering lautet daher, dass der Product Owner alles explizit ausspricht, was ihm wichtig ist. Die Entwicklerinnen wiederum fragen so lange nach, bis alle Unklarheiten für die Umsetzung beseitigt sind. Da dies stark von Personen abhängt, ist es wichtig, entsprechende Bewusstseinsbildung zu betreiben.*

Hier hilft es, wenn der Agile Master in den Sprint-Planungs-Meetings dieses Problemfeld im Auge behält und die Entwickler dazu anleitet, die Anforderungen schon vor oder spätestens am Beginn des Sprints auf Vollständigkeit, Verständlichkeit, Widerspruchsfreiheit etc. zu prüfen.

Die Entwickler schätzen Größe oder Aufwand der Anforderungen im Backlog. Ein wesentlicher Einflussfaktor auf die Sprint-Planung ist die Größe bzw. der Aufwand für die Umsetzung einer Anforderung. Die Entwickler haben die Aufgabe, für alle Backlog-Elemente die Größe bzw. den Aufwand – je nachdem, welche Art aus Sicht der Entwickler bzw. im Gesamtkontext gewählt wurde – zu schätzen. Der Product Owner muss diese Schätzung der Entwickler respektieren und darf nicht beginnen, die Schätzung nach unten zu verhandeln. Wenn sich die Entwickler zu einer geringeren Zahl überreden lassen, sind am Ende Planungsfehler vorprogrammiert.

Die Entwickler sind eine Quelle von kreativen Ideen, was mit wenig Zusatzaufwand noch alles möglich wäre. Als Gruppe von Technologieexperten kennen die Entwickler die Möglichkeiten, die das gewählte Lösungsframework bietet. Oft kommen geniale Ideen von den Entwicklern, was alles noch basierend auf dem Kontext des Kunden und den technischen Möglichkeiten realisiert werden könnte. In solchen Fällen arbeiten die Entwickler eng mit dem Product Owner zusammen, um die neuen Ideen vorzustellen. Nicht selten entstehen aus solchen Ideen Funktionen, die beim Kunden große Begeisterung hervorrufen, da er sich selbst nicht vorstellen konnte, dass dies auch noch realisiert werden kann.

Die Entwickler beraten den Product Owner, wie Anforderungen angepasst werden könnten, um sie doch noch umzusetzen. In vielen Fällen treibt ein kleines Detail an einer Anforderung die Größe bzw. den Aufwand für die Umsetzung extrem in die Höhe. Dies zu analysieren ist Aufgabe der Entwickler im Zuge der Schätzung. Werden solche Punkte gefunden, berät das Team den Product Owner, wie man die Anforderung abändern müsste, sodass sie mit weniger Aufwand umsetzbar ist. Die letzte Entscheidung hat, wie bei allen inhaltlichen Fragen zu Anforderungen, der Product Owner.

8.3.2 Schwierige Ausprägungen bei den Entwicklern

Der Supergenaue

Der Supergenaue kann erst dann mit der Umsetzung starten, wenn er ganz genau weiß, was verlangt wird. Für ihn ist es undenkbar, einfach loszulegen und zu sehen, wo man landet. Bei jedem Meeting fragt er so lange nach, bis niemand mehr Lust hat, mit ihm zu reden. Dies kann so weit gehen, dass er auch von anderen erwartet, dass sie die Themen ebenfalls in diesem Genauigkeitsgrad aufbereiten, den er selbst vorgibt.

Alles perfekt durchzudenken ist für viele Aspekte in einem Projekt Gold wert, z.B. bei der Architektur, der Qualitätssicherung oder beim Performance Tuning. Für genau diese Teile des Projekts sollte der Supergenaue federführend eingesetzt werden. Für die Umsetzung von Anforderungen müssen der Supergenaue und der Product Owner mit Unterstützung des Agile Master einen Kompromiss zwischen vollständiger Spezifikation und raschem Vorwärtskommen finden. In der Regel hilft es, dieses Problem anzusprechen und bei allen Beteiligten Verständnis und gegenseitiges Bemühen einzufordern.

Der Hacker

Der Hacker ist das genaue Gegenteil des Supergenauen. Am liebsten würde er nach fünf Minuten Planungsmeeting gleich mit dem Programmieren beginnen. Erlaubt man ihm, ein Notebook ins Meeting mitzunehmen, macht er dies auch schon während des Meetings. Während der Umsetzung will er einfach vorankommen, von Fragen und unvollständigen Anforderungen lässt er sich nicht aufhalten, Lücken füllt er mit aus seiner Sicht vernünftigen Annahmen.

Mut zum Risiko und sich auch mal trauen, mit wenig Informationen zu starten, kann gerade in agilen Projekten sehr wertvoll sein. Nur selten sind Anforderungen so weit ausspezifiziert, dass man wirklich alle Details absehen kann. Dies ist für den Hacker kein Problem. Problematisch wird es, wenn er falsche Annahmen trifft und die Umsetzung dann nichts mehr mit dem zu tun hat, was der Kunde tatsächlich braucht. Dies erkennt ein aufmerksamer Product Owner durch die zahlreichen Feedbackzyklen meist recht schnell. Hier heißt es, gemeinsam mit dem Agile Master gegenzusteuern und mit dem Hacker vorab genauer durchzusprechen, was gefordert ist. Eine gute Definition of Ready ist ebenfalls sehr wertvoll. Laufendes Anschauen der Umsetzung und viel Feedback helfen, Probleme zu vermeiden.

8.4 Agile Master[2]

8.4.1 Agile Master als Coach und Problemlöser

Der Agile Master ist für den agilen Prozess verantwortlich. Er achtet darauf, dass die gemeinsam festgelegten Regeln eingehalten werden, und stößt Anpassungen des Prozesses an. Er schützt das Team vor Störungen von außen und kümmert sich darum, dass es effizient und effektiv arbeiten kann. Der Agile Master sieht sich idealerweise als ein Moderator bzw. Coach und nicht als weisungsbefugter Manager. Dies ähnelt bezüglich seines Aufgabenfokus einem operativen Prozess- und Qualitätsmanager in herkömmlichen Organisationen. Die Kernaufgabe liegt darin, dem Team zu helfen, erfolgreich zu arbeiten. Keinesfalls ist der Agile Master verantwortlich für inhaltliche Themen. Dies ist Aufgabe des Product Owners.

Im Requirements Engineering kümmert sich der Agile Master um die Optimierung der Abläufe. Fachlich oder technisch gesehen hat der Agile Master im Requirements Engineering keine Aufgaben. Da die Position nicht der einer Projektleitung entspricht, ist der Agile Master weder für den Inhalt noch für die erfolgreiche Umsetzung der Anforderungen verantwortlich. Bei allen Meetings und während des Sprints achtet er darauf, dass alle vereinbarten Prozessschritte eingehalten werden, und fordert dies ggf. ein. Er sorgt dafür, dass der Product Owner seinen Aufgaben nach-

2. Der Begriff »Agile Master« wird in [Leffingwell 2011] am Rande erwähnt. Aus Sicht des Autors ist dies ein guter Begriff für eine übergreifende Rolle und wird deshalb im Zusammenhang mit dem Requirements Engineering aufgegriffen und genauer definiert.

kommt, Anforderungen spezifiziert und für das Team da ist. Er stellt sicher, dass das Team eng mit dem Product Owner zusammenarbeitet, bezüglich der Anforderungen ausreichend kommuniziert, diese hinterfragt und laufend umsetzt. Falls das Team mit einem Aspekt des Requirements Engineering nicht zufrieden ist, hilft der Agile Master als beratende Person dem Team, diesen Prozess zu verbessern.

Der Agile Master räumt Hindernisse aus dem Weg und schützt das Team. Im Anforderungsmanagement treten immer wieder Hindernisse auf. Es kann zum Beispiel sein, dass der Product Owner zu wenig Zeit hat, Termine kollidieren, Arbeitsmittel wie Flipcharts, Prototyping- oder Modellierungstools fehlen und Ähnliches mehr. Der Agile Master notiert sich diese Hindernisse im Daily-Standup-Meeting und beseitigt sie. Neben dem Ausräumen von Hindernissen hat der Agile Master die Aufgabe, das Team vor Änderungen an den für den aktuellen Sprint festgelegten Anforderungen oder vor neuen Anforderungen während des laufenden Sprints zu schützen. In diesem Punkt muss er auch vom Product Owner Disziplin einfordern sowie Änderungen und neue Anforderungen bis zum nächsten Sprint zurückstellen.

Der Agile Master ist Coach und Psychologe für das Team. Neben den rein formalen Prozessaspekten schaut der Agile Master auch auf das Arbeitsklima im Team. Gibt es Konflikte, so werden diese umgehend angesprochen und gemeinsam gelöst. Der Agile Master sorgt dafür, dass die Kommunikation offen und reibungslos verläuft, und unterstützt im Umgang mit schwierigen Situationen.

8.4.2 Schwierige Ausprägungen von Agile Masters

Die geheime Projektleitung

Die geheime Projektleitung weiß zwar, dass sie in einem agilen Team arbeitet, insgeheim sieht sie aber die ganze agile Vorgehensweise sehr kritisch. Diese Person findet alles chaotisch und unstrukturiert. Die erste kleine Schwierigkeit nimmt sie zum Anlass, das Ruder an sich zu reißen und endlich Führung und Linie ins Team zu bringen. Von nun an fühlt sie sich verantwortlich für den Fortschritt und treibt das Team vor sich her. Werden Entscheidungen nicht schnell genug vom Team getroffen, so entscheidet eben sie. Vor ihren Tätigkeiten als Agile Master war eine solche Person für die Leitung von nicht agilen Projekten zuständig.

Die geheime Projektleitung nimmt ihre Rolle sehr ernst und mochte einen wertvollen Beitrag zum Projekterfolg leisten. Diese Energie sollte für das Projekt auch genutzt werden. Dennoch verletzt sie durch ihr Verhalten wichtige agile Prinzipien, indem sie z.B. verhindert, dass sich das Team selbst organisieren kann. Dies muss so schnell wie möglich im Team angesprochen und aufgelöst werden. Der Agile Master ist keine Projektleitung, sondern ein Moderator, der das Team zu Entscheidungen motiviert und es schlussendlich zum Projekterfolg begleitet, aber nicht führt.

Die Mimose

Die Mimose zieht sich beim leisesten Windhauch sofort zurück. Sobald es im Projekt zu Konflikten kommt, zieht sich ein solcher Agile Master zurück, anstatt die Probleme aktiv anzugehen. Die Mimose möchte von allen gemocht werden und niemandem zu nahe treten. Wenn es in einer Besprechung etwas lauter wird und ein Problem zu eskalieren droht, sitzt die Mimose machtlos da und weiß nicht, was sie sagen soll. Insgeheim hofft sie, dass der Streit einfach von selbst wieder aufhört. Dadurch stauen sich Konflikte auf sachlicher und persönlicher Ebene auf und brechen im ungünstigsten Moment wie ein Sturm über das Team herein.

Harmonie ist in jedem Team wichtig. Der Agile Master muss darauf achten, eine harmonische und von Respekt geprägte Grundhaltung im Team aufrechtzuerhalten. Dennoch muss er Probleme und Konflikte aktiv angehen und einer Lösung zuführen. Tut er dies nicht, so muss dies im Team sofort angesprochen und behoben werden. Nur zum Teil kann ein solches Defizit des Agile Master vom Team ausgeglichen werden.

8.5 Tester

8.5.1 Der Tester als Prüfer und Qualitätsberater

Der Tester ist von Anfang an im Projekt dabei. Der Tester kann ein Mitglied des Teams oder in einem eigenen Testteam ausgelagert sein. Auch in agilen Vorgehensweisen kann es sinnvoll sein, ein eigenes Testteam zu bilden z. B. für übergeordnete Aspekte wie Integrations- und Systemtests. In jedem Fall ist es wichtig, den Tester von Beginn an einzubinden. Anforderungen sind die zentrale Grundlage für die Prüfung der Richtigkeit der Umsetzung, daher muss der Tester diese sehr genau kennen. Dies erreicht man am leichtesten, wenn er von Beginn an bei allen Meetings dabei ist.

Der Tester prüft Anforderungen vor der Umsetzung. Im Zuge dieser Vorbereitungsarbeiten der Sprint-Planung beleuchtet der Tester die Anforderungen vor allem im Hinblick auf Verständlichkeit und Testbarkeit. Gerade Tester sind meist sehr gut darin ausgebildet, Fehler zu erkennen und Widersprüche aufzudecken. Diese Fähigkeit ist auch sehr nützlich für die Erstellung von Anforderungen. Zusätzlich unterstützt der Tester den Product Owner bei der Definition der Akzeptanzkriterien, die ja die Basis für die Tests und Abnahme der Anforderungen sind.

Der Tester bringt den Bereich Testen und Qualitätssicherung in die Aufwandsschätzung ein. Bei der Schätzung müssen alle Aspekte berücksichtigt werden, die die Größe und den Aufwand beeinflussen. Dazu gehören auch alle Aufgaben rund ums Testen. Der Tester steuert hier sein Know-how bei und berücksichtigt die Testplanung, Testautomatisierung und Testausführung für jede Anforderung. Es kann z. B.

bei sicherheitskritischen Anforderungen durchaus vorkommen, dass das Testen mehr Aufwand verursacht als die eigentliche Umsetzung der Anforderung.

Der Tester prüft die korrekte Umsetzung der Anforderungen. Ist eine Anforderung fertig programmiert, prüft der Tester, ob die festgeschriebene Anforderung korrekt umgesetzt wurde. Quelle für die Prüfung ist hierbei die Anforderung selbst und die definierten Akzeptanzkriterien. In agilen Projekten ist durch die kurzen Iterationen ein hoher Automatisierungsgrad von Tests erforderlich, entsprechend automatisiert auch der Tester – wo immer sinnvoll möglich – alle von ihm durchgeführten Tests zur Prüfung der Anforderungen.

8.5.2 Schwierige Ausprägungen von Testern

Der Perfektionist

Der Perfektionist duldet keinerlei Fehler oder Unschärfen. Alles muss exakt spezifiziert, exakt umgesetzt und bis ins Kleinste getestet sein. Es geht ja schließlich darum, perfekte Qualität abzuliefern. Gerade mit den zu Beginn noch sehr groben Anforderungen hat er große Probleme.

Qualität ist in allen Projekten sehr wichtig, daher ist ein Perfektionist als Tester im Team zwar schwierig, aber möglicherweise auch ein großer Vorteil. Wiederum ist es der Agile Master, der einen möglichen Konflikt erkennen und gegensteuern muss.

8.6 Architekt

8.6.1 Der Architekt als beratende Person für das Gesamtsystem

Im Idealfall ist der Architekt Teil des agilen Teams. Es ist jedoch abhängig von der Größe der Organisation bzw. des Produkts evtl. erforderlich, einen teamübergreifenden Architekten zu definieren.

Der Architekt entwickelt eine Gesamtarchitektur, die alle bekannten Anforderungen abdeckt. Zu Beginn der Implementierungsarbeiten wird eine möglichst gute und flexible Architektur entworfen, die zumindest die für die nächsten Iterationen vorgesehenen Anforderungen abdeckt. Je aufwendiger und kostspieliger ein späteres Refactoring ist, desto mehr Aufwand sollte auch in die Planung einer tragfähigen Architektur investiert werden. In manchen Fällen ist es wirtschaftlich gar nicht mehr vertretbar, in späteren Iterationen große Umbauarbeiten an der Architektur durchzuführen. Architekt, Product Owner und Entwicklerinnen im Team arbeiten eng zusammen, um eine optimale Architektur zu finden.

Der Architekt berät den Product Owner, welche Änderungen an den Anforderungen die Architektur vereinfachen und dadurch den Aufwand senken könnten. Ähnlich wie der Entwickler berät auch der Architekt den Product Owner, welche Details an einer Anforderung die Komplexität der Architektur erhöhen und wie diese Details abgeändert werden könnten, um Komplexität und Aufwand zu reduzieren. Die letzte Entscheidung liegt natürlich wieder beim Product Owner.

Der Architekt entscheidet, welche fertigen Komponenten und Patterns für die Umsetzung der Anforderungen zum Einsatz kommen. Die Verwendung von fertigen Komponenten und Patterns kann den Aufwand in der Implementierung deutlich senken. Der Architekt verwaltet den Pool an Komponenten und Patterns und entscheidet, welche für die Umsetzung der Stories zum Einsatz kommen und welche neu entwickelt oder zugekauft werden müssen. Der Architekt sorgt auch gemeinsam mit dem Team für eine angemessene Wiederverwendbarkeit von Komponenten und Patterns.

Der Architekt schätzt ab, welche Auswirkungen eine Anforderung auf die bestehende Gesamtarchitektur hat. Kommen zu einem bestehenden System neue Anforderungen dazu, so prüft der Architekt, wie diese am besten in der bestehenden Architektur umgesetzt werden können und ob Änderungen an der Architektur notwendig sind. Gemeinsam mit dem Team lässt er dieses Wissen dann in die Größen- bzw. Aufwandsschätzung der Anforderungen einfließen.

8.6.2 Schwierige Ausprägung beim Architekten

Der Generalisierer

Der Generalisierer sucht für alles eine allgemeine Lösung, in die auch zukünftig sicher oder zumindest vielleicht irgendwann kommende Anforderungen schon mit eingeplant sind. Auch für das spezifischste Kundenproblem wird noch eine allgemeine Lösung gesucht. Es könnte ja sein, dass man diese Problemlösung irgendwann doch einmal umstellen muss oder bei einem anderen Kunden einsetzen könnte. Der Generalisierer argumentiert dabei, dass man oft mit nur wenig Mehraufwand eine allgemeine Lösung umsetzen könne und sich dann in der Zukunft viel Aufwand sparen würde. Dies ist grundsätzlich richtig, allerdings zeigt die Praxis oft, dass entweder nie eine Notwendigkeit zur erneuten Verwendung eintritt oder die realisierte generelle Lösung doch nicht so bei einem neuen Kunden verwendet werden kann.

Der Generalisierer kann sehr wertvoll sein, da er hilft, sich auf kommende Änderungen vorzubereiten, um diese mit möglichst wenig Aufwand umzusetzen. Dennoch ist hier eine sehr intensive Abstimmung mit dem Product Owner darüber notwendig, wo diese Generalisierung sinnvoll ist und wo nicht.

9 Rechtliche Themen[1]

Im Agilen Manifest wird betont, dass »Funktionierende Software höher gewertet wird als umfassende Dokumentation«. In jeder agilen Methodenbeschreibung steht, dass es besser ist, mehr zu kommunizieren, als alles im Detail niederzuschreiben. Dies ist einer der Grundgedanken der agilen Vorgehensweise und kann in einem guten und partnerschaftlich verlaufenden Projekt auch voll unterstützt werden.

In der Praxis – vor allem z. B. bei öffentlichen Ausschreibungen – gibt es viele Projektsituationen, bei denen verschiedene rechtliche Aspekte und Haftungsfragen betrachtet werden müssen, an die die Entwicklerinnen oder auch Kunden oft nicht denken. Erst im Schadensfall kommen dann die Probleme zutage, die durch schlechtes Requirements Engineering verursacht wurden. Dann ist es jedoch zu spät!

Solange alles gut und in den erwarteten Bahnen verläuft, wird kaum jemand darauf drängen, dass alles aufgeschrieben werden muss, um sich abzusichern. Wenn dann jedoch das Projekt schlecht läuft, kommt meist die Aussage: »Hätten wir das doch vorher schriftlich festgehalten und detaillierter vereinbart!«

Bei den Juristen gibt es folgendes Sprichwort: »Wer schreibt, der bleibt, und wer red't, der geht!« Dies kommt daher, dass in einem Streitfall – im schlimmsten Fall vor Gericht – alles Niedergeschriebene eine um vieles höhere Beweiskraft hat als eine mündliche Aussage.

Das ist scheinbar ein konträrer Standpunkt zum Agilen Manifest, das primär die direkte persönliche Kommunikation in den Vordergrund rückt. Es gibt die beiden Extreme: »viel reden und wenig schreiben« bis zu »möglichst alles aufschreiben, um abgesichert zu sein«. Funktionierende Software ist ein sehr hoher Wert in allen agilen Methoden, allerdings sind auch Dokumentation und Verträge wertvoll, wenn die Situation es erfordert! In der Praxis wird dies leider oft nicht ausreichend berücksichtigt und das Agile Manifest teilweise einseitig ausgelegt und als

1. Dieses Kapitel ersetzt keine rechtliche Beratung, sondern stellt die Erfahrungen des Autors als Unternehmensberater und als Gutachter in Gerichtsverfahren dar. Bei juristischen Fragen ist ein Rechtsanwalt zu konsultieren. Vom Autor wird keine Haftung übernommen.

Vorwand genommen, um in Projekten auf schriftliche Spezifikationen und den damit verbundenen Aufwand zu verzichten!

In diesem Kapitel werden einige wichtige Aspekte genauer betrachtet, um eine Entscheidungsgrundlage dafür zu bieten, welche Position zwischen diesen beiden Extremstandpunkten bezüglich Kommunikation und Dokumentation in einem konkreten Projekt abhängig von der Situation und vom Umfeld eingenommen werden kann bzw. soll.

Wann sollten Sie dieses Kapitel lesen? Dieses Kapitel ist primär dann für Sie relevant, wenn Sie sich in einer externen Kunden-Lieferanten-Beziehung mit entsprechenden Verträgen und Restriktionen wie Festpreis, Haftungsrelevanz etc. befinden oder vorhaben, ein solches Projekt zu starten.

9.1 Allgemeine rechtliche Aspekte

Warum ist das Thema Requirements Engineering aus rechtlicher Sicht überhaupt relevant?

In der Literatur (z.B. [Cohn 2010, S. 40] oder [Wirdemann 2011, S. 65]) wird z.T. explizit erwähnt, dass User Stories kein Vertrag sind. Dies ist nur bedingt richtig! Wenn nichts anderes vereinbart wurde, dann sind die schriftlich formulierten Anforderungen – auch wenn es sich »nur« um ungenau formulierte User Stories handelt – ein Bestandteil der Vereinbarung mit dem Kunden, sobald diese in das Backlog eingefügt und als zu realisieren gekennzeichnet werden, spätestens jedoch dann, wenn die Umsetzung dieser Requirements in einer beauftragten Iteration begonnen hat.

> *Es ist in jedem Fall sinnvoll, schon vor Projektbeginn eine schriftliche Vereinbarung mit dem Kunden zu treffen, welche Arten von Requirements vertraglich bindend sind und welche Requirements nur als Diskussionsgrundlage und nicht bindend angesehen werden.*

Das Ziel soll nicht sein, eine Spezifikation nur unter dem Aspekt zu schreiben, damit irgendwann vor Gericht gehen zu müssen. Es sollte jedoch vor allem bei externen Kunden-Lieferanten-Verhältnissen und bei Festpreisprojekten aus Gründen der Risikoabsicherung zumindest eine angemessene Struktur und Detailliertheit vorhanden sein, die das finanzielle und rechtliche Risiko in überschaubaren Grenzen hält.

Der Grad der Spezifikation bzw. Dokumentation ist dabei sehr individuell für die jeweilige Projektsituation und das Projektumfeld zu sehen und kann nicht für alle Projekte gleichermaßen definiert werden. Man kann natürlich auch den Standpunkt einnehmen: »Mir wird schon nichts passieren!« Die Praxis zeigt jedoch, dass mehr als die Hälfte aller Softwareprojekte (auch im agilen Umfeld) nicht so laufen wie geplant und ein Teil dieser Projekte auch komplett abgebrochen wird. Die

Situation, dass ein anfangs gutes Projekt auch im agilen Umfeld zu einem Problemprojekt und damit möglicherweise zu einem Rechtsstreit zwischen Kunde und Lieferant wird, darf vor allem bei externen Auftraggeber-Verhältnissen nicht vernachlässigt werden.

Nun gibt es natürlich auch viele »interne« Situationen, bei denen die Entwicklerinnen und der interne Kunde im selben Unternehmen sind. Hier ist die Situation meist nicht so kritisch. Die Beteiligten, die in diesem Fall ja Arbeitskollegen sind, werden sich nicht gegenseitig verklagen, wenn Requirements nicht korrekt umgesetzt wurden, sondern eine interne Lösung suchen. Typischerweise ist es bei erhöhten Aufwänden oder Schäden hier auch so, dass der Arbeitgeber den (finanziellen) Schaden zu tragen hat und die handelnden Personen als Arbeitnehmer rechtlich weitgehend geschützt sind.

Es kann jedoch für die Beschäftigten sowohl bei externen als auch bei internen Projekten eine rechtliche Relevanz geben, wenn es durch die beteiligten Personen zu grob fahrlässigen Handlungsweisen kommt und damit evtl. eine persönliche Haftung im Schadensfall eintritt. Fahrlässigkeit im Bereich des Requirements Engineering kann hier z.B. auch dadurch entstehen, dass offensichtlich sinnvolle Spezifikationen oder Analysen, z.B. eine Risikoanalyse, unterlassen werden und dadurch wichtige und risikoreiche Punkte übersehen wurden, die dann zu einem Schaden führen. Dies ist vor allem dann besonders relevant, wenn es sich vom Projektcharakter her um Projekte in einem Risikobereich, z.B. mit hohem finanziellem Schadenspotenzial oder Personenschäden im Falle eines Softwarefehlers, handelt.

Abhängig von der Art der Kooperation und dem Domänenwissen des Lieferanten muss das Requirements Engineering auch aus rechtlicher Sicht unterschiedlich betrachtet und eingestuft werden (siehe Abb. 9–1).

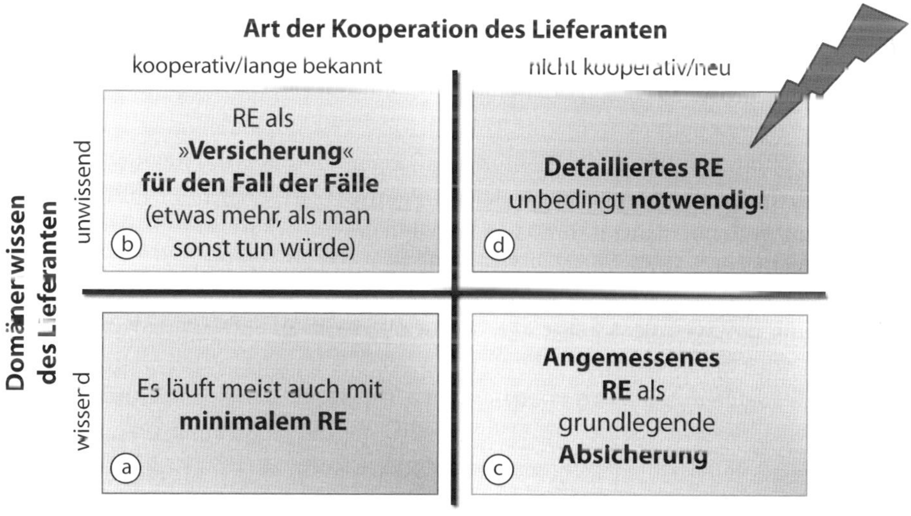

Abb. 9–1 *Requirements Engineering abhängig von der Art der Kooperation und vom Domänenwissen*

a) Wenn der Lieferant gutes Wissen in der Domäne der Auftraggeberin besitzt und kooperativ im Projekt tätig ist bzw. die handelnden Personen der Auftraggeberin schon lange bekannt sind, dann kann es auch ausreichend sein, ein minimales Requirements Engineering zu betreiben.

b) Etwas mehr muss man tun, wenn der Lieferant zwar kooperativ im Projekt agiert und die handelnden Personen der Auftraggeberin schon lange bekannt sind, jedoch der Lieferant kein gutes Wissen in der Domäne der Auftraggeberin hat. In diesem Fall ist das Requirements Engineering ähnlich wie eine Versicherung zu sehen. Ale sind froh, wenn sie es nicht benötigen, aber wenn doch eine Problemsituation auftritt, dann hat man eine Versicherung für den »Fall der Fälle«. Hier sollten daher zumindest die Risikopunkte im Projekt durch gutes nachvollziehbares Requirements Engineering abgedeckt werden – was natürlich ein entsprechendes Risikomanagement bedingt.

c) Wenn der Lieferant gutes Wissen in der Domäne der Auftraggeberin besitzt, jedoch weniger kooperativ im Projekt tätig ist bzw. die handelnden Personen der Auftraggeberin noch unbekannt sind, dann sollte auf breiter Basis ein angemessenes risikoorientiertes Requirements Engineering betrieben werden. Da ein Projekt mit neuen handelnden Personen oder mit einem schon von vornherein als wenig kooperativ agierenden Lieferanten von Beginn an als größeres Risiko eingestuft werden muss, ist es hier notwendig, ein angemessenes Requirements Engineering zur Absicherung durchzuführen.

d) Kritisch wird es, wenn der Lieferant kein Wissen in der Domäne der Auftraggeberin besitzt und weniger kooperativ im Projekt tätig ist bzw. die handelnden Personen der Auftraggeberin noch unbekannt sind. Dies sind typischerweise Hochrisikosituationen, in denen detailliertes Requirements Engineering zur Risikoabsicherung erforderlich ist. Manchmal ist es notwendig, auch mit solchen Lieferanten Geschäfte zu machen, wenn z.B. der Einkauf nur auf den Preis achtet oder sonst keine anderen Lieferanten für dieses Projekt verfügbar sind.

9.2 Vertragsbasis und Vertragserfüllungspflicht

Wenn zwei Parteien einen Vertrag schließen, dann verpflichten sie sich gegenseitig, den Vertrag zu erfüllen. Durch die Vertragserfüllung erlischt dann das Schuldverhältnis. Dies bewirkt, dass beide Teile nicht mehr durch den Vertrag aneinander gebunden sind. Auf Vertragserfüllung kann geklagt werden. Auch wenn das Vertragsverhältnis erfüllt worden ist, sind die Partner nicht rechtlos. Es knüpfen sich dann sogenannte Sekundärrechte an, beispielsweise die Gewährleistung, auf die in Abschnitt 9.3 näher eingegangen wird.

In den meisten extern beauftragten Projekten wird zwischen Kunde und Lieferant zumindest grob vereinbart, was bis wann zu liefern ist.[2] Damit entsteht für den Lieferanten eine rechtliche Pflicht, diese Vereinbarung auch zu erfüllen. Je unklarer nun ein Auftrag bzw. die zugrunde liegende Spezifikation ist, desto unklarer ist natürlich auch die rechtliche Vertragsbasis.

Beispiele für unklare Vertragsbasis:

Die Auftraggeberin könnte z. B. als sehr unklare Ausgangsbasis im Extremfall formulieren:

»Es ist ein neues Zeiterfassungssystem zu liefern.«

Aus Sicht der Vertragserfüllung ist diese recht grobe Anforderung natürlich sehr angenehm für den Lieferanten, weil dieser seine Verpflichtungen bereits damit erfüllt hat, wenn er *irgendein* neues Zeiterfassungssystem liefert, das grundsätzlich das macht, was ein Zeiterfassungssystem marktüblich kann. Der Kunde hat aufgrund der unklaren Anforderung keinen Anspruch darauf, ein bestimmtes System zu bekommen oder gar einzelne Funktionen, die ihm nicht gefallen, zu reklamieren.

Auch wenn als Vertragsbasis ein umfangreiches Product Backlog mit User Stories vereinbart wird, ist die Bandbreite der Umsetzung und der Kosten noch enorm hoch:

»Als Projektleitung möchte ich die auf das Projekt gebuchten Zeiten meiner Teammitglieder auswerten können, …«

Was bekommt die Kundschaft hier? Eine einfache fest vordefinierte Liste oder kann sie evtl. auch noch nach bestimmten frei wählbaren Feldern sortieren, gruppieren, selektieren? Werden die Daten in eine einfache ASCII-Datei als Liste ausgegeben und die Kundschaft muss sich die Daten selbst aufbereiten oder werden die Daten als optisch schön aufbereiteter und fertig ausdruckbarer Report evtl. sogar noch mit Diagrammen als Überblicksdarstellungen ausgegeben?

Die Bandbreite des Aufwands ist schon bei diesen wenigen Fragen sehr groß und kann von ein paar Stunden bis zu vielen Tagen nur für diese eine Story bedeuten.

Das Ziel des agilen Vorgehens ist es, den Vertrag bzw. das zugrunde liegende Projektziel durch eine enge Kundenkooperation trotz anfänglich unklarer Spezifikation effizienter und schneller zu erreichen. Diese Absicht ist an sich sehr gut. Faktum ist jedoch, dass in den meisten Projekten nur begrenzt Ressourcen (Personen, Zeit, Geld) vorhanden sind. Wenn also eine Spezifikation anfangs unklar ist, dann führt dies dazu, dass auch mehr Aufwand, z. B. langwierige Diskussionen, viele Spikes und Änderungen, entsteht und dadurch eine größere Anzahl von Iterationen notwendig ist, um das eigentliche Ziel der Auftraggeberin zu erreichen.

Auch wenn durch die agile Vorgehensweise der Kunde in jeder Iteration einen lauffähigen Zwischenstand abnimmt, so ist es doch oft unklar, wann tatsächlich das Projektziel erreicht ist. In vielen Projekten ist es so, dass »mit dem Essen der Appetit kommt« – also der Kunde dann, wenn er die ersten Ergebnisse sieht oder in Detaildiskussionen mit dem Lieferanten einsteigt, immer wieder zusätzliche Dinge haben möchte. Die Tendenz, dass ein Projekt letztlich mehr kostet, als man anfangs evtl. erwartet hat, ist auch beim agilen Vorgehen vorhanden. Man spart sich jedoch viele anfängliche Diskussionen und das Spezifizieren von Funktionen, die am Ende dann doch nicht umgesetzt werden.

In agilen Methoden kann das geplante Budget der Auftraggeberin auf jeden Fall eingehalten werden, da sie am Schluss jeder Iteration ein lauffähiges Produkt

2. Ausnahme von dieser Regel sind z. B. beauftragte Forschungsprojekte.

bekommt. Daher kann im Grunde das Projekt bei Erreichen der vorher festgelegten Budgetgrenze mit einem lauffähigen Ergebnis beendet werden.

Was oft vom Kunden nicht bedacht wird, ist, dass er bei Einhaltung eines definierten Zielpreises zwar ein lauffähiges Produkt bekommt, dass aber möglicherweise noch nicht alle von ihm gewünschten oder typischerweise zu erwartenden Features zu diesem Zeitpunkt realisiert wurden. An sich sollte der Kunde dies bei einer so vereinbarten Vorgehensweise auch wissen und es sollte für ihn daher in Ordnung sein. Er ist ja auch bei allen Planungen zumindest durch den Product Owner involviert und weiß jederzeit genau, was geplant bzw. umgesetzt wird und was wegfällt. In der Praxis zeigen sich jedoch hier Schwächen, die meist in der Kommunikation bzw. der Person des Product Owners begründet liegen. Zum Beispiel kommt es immer wieder vor, dass der Product Owner nicht alle Stakeholder berücksichtigt oder greifbar hat. Am Schluss kommt dann bei der Endabnahme die Abteilungsleiterin X oder der Vorstand Y dazu und akzeptiert das Ergebnis in dieser Form nicht oder der Kunde kommt mit Argumenten wie »Es war doch klar, dass das auch enthalten sein muss und wir das nicht explizit sagen mussten«. Dies geschieht häufig bei Qualitätsanforderungen wie Security, Performance, Usability etc., die erst sehr spät im Projekt oder gar erst nach der Inbetriebnahme in der Produktivumgebung getestet werden.

Auch die dem Kunden nach den rechtlichen Regelungen zustehende »üblicherweise zu erwartende Beschaffenheit« einer beauftragten Sache ist in vielen Projekten nachträglich ein großes Problem, da dies rechtlich relevant ist, jedoch hier meist für beide Vertragsseiten ein sehr großer Interpretationsspielraum offen bleibt. An sich sollte der Kunde laufend eingebunden sein und entscheiden, was gemacht wird. Solche Überraschungen am Ende eines Projekts darf es daher in guten agilen Projekten eigentlich nicht geben. Leider zeigt die Praxis, dass nicht alle Projekte so verlaufen und gewisse Stakeholder der Auftraggeberin trotz Erreichen der Kostengrenze und des aus Sicht des Lieferanten erreichten Projektziels auf weiteren Wünschen bestehen. Es müssen daher oft zusätzliche Iterationen eingeschoben werden, die das Projekt teurer machen.

Die Abweichung zwischen den vom Kunden erwarteten und den tatsächlich gelieferten Features wird bis zur Erreichung des vereinbarten oder prognostizierten Zielpreises bzw. -budgets umso größer, je ungenauer die Spezifikation am Beginn der übergreifenden Planung ist (siehe Abb. 9–2).

Abb. 9–2 *Prognostizierte vs. tatsächliche Feature-Anzahl in agilen Projekten*

Es gilt daher abzuwägen, inwieweit man nicht auch bei agilen Methoden im Vorfeld in eine Spezifikationsphase investieren sollte, damit die Gesamtprojektabweichung in einem »erträglichen« Rahmen bleibt. Als erträglicher Rahmen wird von vielen Auftraggeberinnen eine Abweichung von ±20 % angesehen. Dabei sollte die Spezifikation jedoch nicht so weit gehen, dass die Vorteile der agilen Entwicklung zunichtegemacht werden. Dies ist mitunter eine schmale Gratwanderung. Die sogenannte »Iteration 0« oder eine »Ramp-up«-Phase über die ersten 2–3 Iterationen (je nach Projektgröße), die in verschiedenen agilen Projekten eingeplant werden, zielt in diese Richtung.

Besonders kritisch wird es, wenn im Rahmen der anfänglichen groben Projektvereinbarung auch K.-o.-Kriterien vereinbart werden. Wenn diese Kriterien dann nicht bis zum Projektende erreicht werden oder sich schon zwischendurch herausstellt, dass diese nicht erreicht werden können, hat die Auftraggeberin evtl. das Recht, das Projekt abzubrechen oder auch eine Rückabwicklung durchzuführen. Das Recht der Auftraggeberin auf einen Projektabbruch oder Rückabwicklung hängt von den geltenden gesetzlichen und sonstigen getroffenen vertraglichen Vereinbarungen ab. Sollte dies jedoch wirksam werden, kann es für einen kleinen Lieferanten möglicherweise existenzbedrohend sein.

Nun sind K.-o.-Kriterien in Projekten an sich nichts Ungewöhnliches. Problematisch wird dies beim agilen Vorgehen dadurch, dass hier bewusst nicht alle offenen Punkte vorab geklärt werden, weil man sich schrittweise an die Lösung annähert. Wenn im laufenden Projekt in einer Iteration z. B. eine technische Unklarheit auftaucht, so wird versucht, diese Unklarheit durch einen technischen Spike (siehe Abschnitt 3.8.1) zu analysieren und eine Lösung dafür zu finden.

Das Ergebnis der Analyse ist jedoch nicht vorhersehbar. Es kann auch sein, dass das Problem nicht lösbar ist. Wenn der Fall eintritt, dass man in einem Spike innerhalb einer Iteration nicht zu einem brauchbaren Ergebnis kommt und noch mehr Zeit für Nachforschungen benötigen würde, dann kann evtl. noch ein weiterer Spike in der nächsten Iteration eingeplant werden. Wenn dieser auch nicht zu einem Ergebnis führt, folgt evtl. noch ein weiterer Spike wiederum in einer Folgeiteration usw.

Dadurch tritt eine Verschleppung der Klärung ein, die unter Umständen kritisch ist und viel Geld kosten kann, da man dann schon mehrere Iterationen durchgeführt hat, in denen viele andere Entwicklerinnen schon an anderen klar definierten Stories weiter implementiert und Aufwand produziert haben.

Irgendwann, wenn klar ist, dass das Problem nicht oder nicht in einer akzeptablen Zeit oder mit vertretbarem Aufwand gelöst werden kann, wird die Auftraggeberin das Projekt abbrechen, da der zugrunde liegende Vertrag nicht mehr erfüllt werden kann (siehe Abb. 9–3).

Abb. 9–3 *Kritische Wirkungskette der K.-o.-Kriterien in agilen Projekten*

Hier zeigt sich dann, ob es wirklich ein K.-o.-Kriterium war (siehe auch das Glossar im Anhang D des Buches). Viele Auftraggeberinnen stufen anfangs ein Kriterium als K.-o.-Kriterium ein. Wenn dann mit Blick auf den Projektabbruch ein großer finanzieller oder zeitlicher Zusatzaufwand evtl. auch für die Auftraggeberin im Raum steht, dann wird aus dem K.-o.-Kriterium oft ein »verzichtbares Kriterium«. Es ist daher ratsam, jedes K.-o.-Kriterium schon am Anfang zwischen Auftraggeberin und Lieferant unter dem Gesichtspunkt zu definieren und zu diskutieren, dass das Projekt bei Nichterfüllung auch wirklich abgebrochen werden kann!

Es kann daher nur dringend empfohlen werden, alle K.-o.-Kriterien vor dem Beginn eines agilen Projekts zwischen Auftraggeberin und Lieferant klar festzulegen und die Machbarkeit vor der Beauftragung zu klären.

Die Definition der K.-o.-Kriterien ist daher die Minimalspezifikation, die erstellt werden muss, bevor ein Projekt gestartet werden soll. Die Verantwortung dafür, welche Requirements als K.-o.-Kriterien angesehen werden, liegt beim Kunden bzw. dem Product Owner als dessen Stellvertretung. Der Product Owner und der Lieferant (im eigenen Interesse) sollten bestrebt sein, dass alle evtl. notwendigen Spikes für die K.-o.-Kriterien ganz am Anfang des Projekts in die erste oder die ersten Iterationen eingeplant werden und danach dann Klarheit herrscht, dass alle K.-o.-Kriterien auch erfüllt werden können.

Der Lieferant sollte von Anfang an deutlich sagen, für welche K.-o.-Kriterien die Umsetzung noch unklar ist und es deshalb noch einer Analyse (Spikes) bedarf. Zwischen Lieferant und Auftraggeberin kann in diesem Fall dann z.B. bis zur Klärung der K.-o.-Kriterien auch eine Kostenaufteilung in einem für beide vertretbaren Verhältnis vereinbart werden, sodass nicht das komplette Risiko für diese Analyseschritte beim Lieferanten liegt.

Beispiel: K.-o.-Kriterien bei agilem Vorgehen vorab geklärt

Am Anfang des Projekts hält die Auftraggeberin fest, dass die Software auch auf mobilen Geräten mit Android sowohl am Telefon als auch am Tablet ordnungsgemäß funktionieren muss.

Der Auftragnehmer hat zwar schon Erfahrung mit mobilen Geräten, jedoch nicht mit Android und kann daher nicht garantieren, dass seine geplante Client-Server-Architektur auch unter Android funktioniert. Er schlägt daher der Auftraggeberin vor, einen kleinen Prototyp, der funktional nicht viel enthält, jedoch den kompletten Architektur-Stack abbildet, zu implementieren, bevor das eigentliche Projekt startet.

Dieser Aufwand ist ein Recherche-Aufwand von ca. zehn Tagen, der im Vorfeld investiert werden muss. Da der Lieferant daraus auch für sich weiterverwendbares Wissen aufbaut, einigen sich die beiden Partner, dass jeder der Partner 50% des Aufwands trägt.

Nachdem geklärt wurde, dass es zwar für Tablets machbar ist, aber es nicht möglich ist, die gewünschte Funktionalität auch genauso auf Android-Telefonen zum Laufen zu bringen, einigen sich die beiden darauf, dass nur die Android-Tablets als K.-o.-Kriterium festgelegt und die Telefone als mögliche Option mit reduzierter Funktionalität und als Nicht-K.-o.-Kriterium mit geringer Priorität in das Backlog aufgenommen werden.

Beispiel: K.-o.-Kriterien bei agilem Vorgehen nicht vorab geklärt

Am Anfang des Projekts hält die Auftraggeberin fest, dass die Software auch auf mobilen Geräten mit Android sowohl am Telefon als auch am Tablet ordnungsgemäß funktionieren muss.

Der Auftragnehmer hat zwar schon Erfahrung mit mobilen Geräten, jedoch nicht mit Android und weiß daher nicht genau, ob seine geplante Client-Server-Architektur auch unter Android funktioniert.

Er hat Bedenken, dass er den Auftrag nicht bekommt, wenn er angibt, dass er dieses Kriterium nicht erfüllen kann, und bestätigt daher der Auftraggeberin, dass er das Kriterium umsetzen kann, in der Hoffnung, später im Projekt eine Lösung dafür zu finden.

Das Projekt wird beauftragt und startet mit einer Backlog-Planung und den ersten Iterationen von einer Länge von vier Wochen sowie einem Team von fünf Entwicklerinnen, einem Scrum Master des Lieferanten und einem Vollzeit-Product-Owner sowie diversen Ansprechpartnern nach Bedarf aufseiten der Auftraggeberin.

Der Lieferant schaut, dass er das ungeklärte K.-o.-Kriterium in der ersten Iteration einplant. Da er nicht gleich nach der Beauftragung zugeben möchte, dass noch wesentliche Punkte für ihn unklar sind, startet die erste Iteration unter anderem auch mit einer Menge von anderen Requirements. Aufgrund dieser zusätzlichen anderen Requirements, die die Auftraggeberin schon nach der ersten Iteration umgesetzt sehen möchte, kann der Lieferant die offenen Punkte in dem eingeplanten Spike noch nicht vollständig klären und es wird ein weiterer Spike in der nächsten Iteration dafür benötigt.

Nach der zweiten Iteration erkennt der Auftragnehmer, dass er das K.-o.-Kriterium nicht wie gewünscht umsetzen kann, und informiert die Auftraggeberin, dass die Lösung auf dem Android-Telefon nicht möglich ist.

Diese beruft eine Entscheidungsträgersitzung zwei Wochen später ein, bei der das Thema besprochen werden soll. In der Zwischenzeit arbeitet der Lieferant am Projekt normal weiter, in der Hoffnung, mit der Auftraggeberin einen Kompromiss aushandeln zu können.

→

Die Entscheider bestehen jedoch auf dem K.-o.-Kriterium und teilen dem Lieferanten mit, dass sie das Projekt abbrechen werden, wenn das nicht gelöst werden kann. Nachdem der Lieferant noch andere Partner von ihm zu dem Problem befragt hat und weiterhin keine Lösung in Sicht ist, wird das Projekt nun gegen Ende der dritten Iteration von der Auftraggeberin formal für gescheitert erklärt.

Die Auftraggeberin verlangt eine Rückabwicklung des Projekts mangels Aussicht auf erfolgreiche Umsetzung.

Schaden für die Auftraggeberin:
Es sind für Abstimmungen und laufende Meetings mit den Entwicklerinnen ca. 40–50 Tage interner Aufwand entstanden, die durch die fehlende schriftliche Spezifikation zum Großteil verloren sind, da sie mit einem neuen Lieferanten wieder viele dieser Diskussionen führen muss. Den Entwicklerinnen wurde im Vorfeld meist nur in den Diskussionen mündlich geschildert, wie die Prozesse der Auftraggeberin funktionieren und wie sich ihre Vertreter das System vorstellen.

Sie verliert außerdem mehrere Monate an Zeit, weil sie die Lieferantensuche und Beauftragung wieder von vorne beginnen muss.

Geschätzter interner Schaden bei der Auftraggeberin: ca. 20.000–30.000 Euro.

Kosten für den Lieferanten:
Er hatte einen Aufwand von ca. 7 Wochen × 5 Tage × 6 Team-Personen = 210 Personentage bis zum Projektabbruch, die nun nicht bezahlt werden, da das System für die Auftraggeberin nicht verwendbar ist. Es zählt hier auch nicht das Argument der agilen Entwicklung, dass ja am Ende der Iteration für die Auftraggeberin ein lauffähiges Produkt (wenn auch mit wenig Funktionalität) übergeben wurde. Da ein K.-o.-Kriterium nicht erfüllt werden kann, ist das Produkt, in welchem Stadium es sich auch immer befinden mag, für die Auftraggeberin nicht brauchbar.

Geschätzter interner Schaden beim Lieferanten: ca. 85.000 Euro.

Die Auftraggeberin wird dem Lieferanten seinen internen Aufwand und erhöhte Kosten für eine erneute Lieferantensuche (evtl. sogar auch Mehrkosten, wenn der neue Lieferant teurer ist) zusätzlich in Rechnung stellen.

Mögliche Gesamtkosten für den Lieferanten wegen Nichtklärung eines K.-o.-Kriteriums: ca. 110.000 Euro.

Es handelt sich in diesem Beispiel nur um ein kleineres Projekt mit einem einzigen agilen Team. Wenn ein größeres Projekt evtl. mit mehreren Teams parallel startet, so vervielfacht sich der Schaden natürlich.

Etwas anders gelagert, aber möglicherweise mit denselben Konsequenzen kann die Situation sein, wenn sich in einem Spike für ein K.-o.-Kriterium herausstellt, dass es zwar grundsätzlich machbar ist, jedoch enorm höhere Kosten und Aufwand für die Umsetzung nötig sind. Die Frage ist hier natürlich, wer nun die höheren Kosten dafür trägt. Wenn das K.-o.-Kriterium einigermaßen klar definiert wurde und solange diese vertraglich zugesicherte Eigenschaft nicht durch den Lieferanten erfüllt ist, ist dieser in der Vertragserfüllungspflicht und wird daher auch die erhöhten Kosten zu tragen haben. Unter Umständen können sich die endgültige Abnahme und das Ende der Vertragserfüllung hier deutlich nach hinten verschieben und große Mehrkosten für den Lieferanten bedeuten.

Wenn der Vertrag nicht bzw. nicht rechtzeitig oder nicht vollständig erfüllt wird, kann der andere Vertragspartner evtl. vom Vertrag zurücktreten und unter Umständen sogar Schadenersatzansprüche geltend machen. Je nach Vertragsgestaltung wird auch die Bezahlung des Lieferanten davon abhängen – z.B. wenn die Bezahlung erst dann fällig wird, wenn die Leistung vollständig geliefert und abgenommen wurde, also nach der letzten Iteration. Kritische Faktoren dabei sind vor allem Eigenschaften des Systems, die erst recht spät im Projekt oder überhaupt erst nach der vollständigen Umsetzung nachgewiesen werden können. Dies sind vorwiegend die nicht funktionalen Eigenschaften wie Last- und Performance-Verhalten, Security, Usability usw.

Besonders kritisch sind nicht funktionale Eigenschaften, die als K.-o.-Kriterien vereinbart werden. Diese müssen jedenfalls vor Projektstart detailliert und messbar definiert und auf Machbarkeit geprüft werden!

Formulierungen wie »Die Software soll eine gute Usability haben«, »Die Software muss ausreichend sicher sein« oder »Die Software muss eine hohe Performance aufweisen« sind zu vermeiden und führen in den meisten Fällen nachträglich zu langwierigen Diskussionen oder Streitereien, weil sowohl die Vertragsbasis als auch die typischerweise zu erwartende Beschaffenheit hier ziemlich offen sind.

9.3 Gewährleistung

Die Gewährleistungsphase beginnt nach der Vertragserfüllung, typischerweise nach der rechtlich relevanten Abnahme des Systems (siehe Abb. 9–4).

In dieser Phase muss der Lieferant dann eventuelle Fehler im bereits abgenommenen System auf eigene Kosten so lange für den Kunden kostenlos nachbessern, bis das im Auftrag bzw. in der Spezifikation vereinbarte Kriterium umgesetzt wurde.

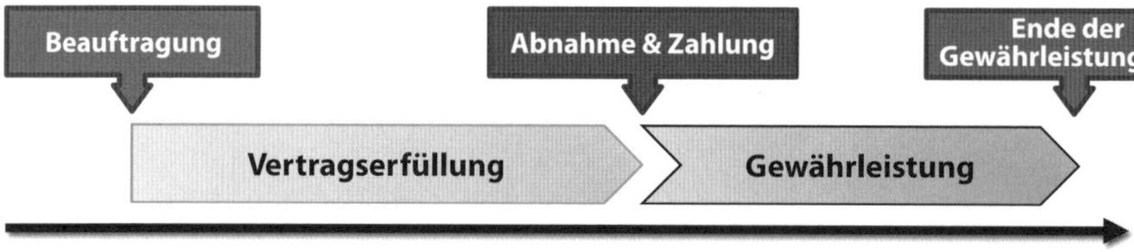

Abb. 9–4 *Vertragserfüllung und Gewährleistung*

Problematisch wird die Situation hier insofern, als durch (Zwischen-)Abnahmen bei jeder Iteration eine undurchschaubare Mischung aus Vertragserfüllung und Gewährleistungsansprüchen in einem Projekt entsteht.

Aus Sicht des Lieferanten wird eine regelmäßige Abnahme am Ende einer jeden Iteration anzustreben sein, da er dann jede Iteration gegenüber dem Kunden bezüglich Vertragserfüllung rechtlich abgesichert hat.

Für den Kunden ist eine solche Vorgehensweise ungünstig, weil dadurch evtl. die Leistungen einer Iteration bereits abgenommen sind – insbesondere dann, wenn die Iterationen auch gleich vom Kunden bezahlt werden – und damit für diese Teile die Gewährleistung zu laufen beginnt. Der Lieferant ist jedoch schon in der nächsten Iteration bei der Implementierung und ändert hier möglicherweise wieder Teile des bereits abgenommenen Systems. Nun könnte es sein, dass daher für einige Teile des Systems bereits die Gewährleistung relevant ist und für andere Teile noch die Vertragserfüllung.

Die Frage ist, wer den Aufwand für Änderungen bzw. Fehlerbehebungen trägt? Wenn nun durch die komplexen Zusammenhänge in einem größeren Softwaresystem durch die Änderungen Fehler in einem anderen Systemteil bewirkt werden, der nicht Teil des Änderungsauftrags war, ist oft unklar, ob diese Fehler nun aufgrund der Gewährleistung kostenlos vom Lieferanten behoben werden müssen oder ob dies im Rahmen der aktuellen Änderungen ein entwicklungstypischer Aufwand ist, der vom Kunden getragen werden muss. Schließlich verursachen Fehlersuche und Behebung ja auch zusätzliche, evtl. vorab nicht eingeplante Aufwände, sodass z.B. dann für den Kunden aufgrund der notwendigen Fehlerbehebung weniger Features als vorgesehen in der Iteration realisiert werden können.

Ein weiteres Problem ist, dass für die geänderten Systemteile nun – wenn eine entsprechende anderslautende Vertragsvereinbarung fehlt – die Gewährleistungsfristen nur für Änderungen an bereits abgenommenen Systemteilen neu zu laufen beginnen. Damit könnten sogar für ein einzelnes Feature oder eine Story teilweise unterschiedliche Gewährleistungsansprüche entstehen (siehe Abb. 9–5).

Dass so eine Situation im Schadensfall praktisch nicht mehr durchschaubar sein wird, ist sehr wahrscheinlich.

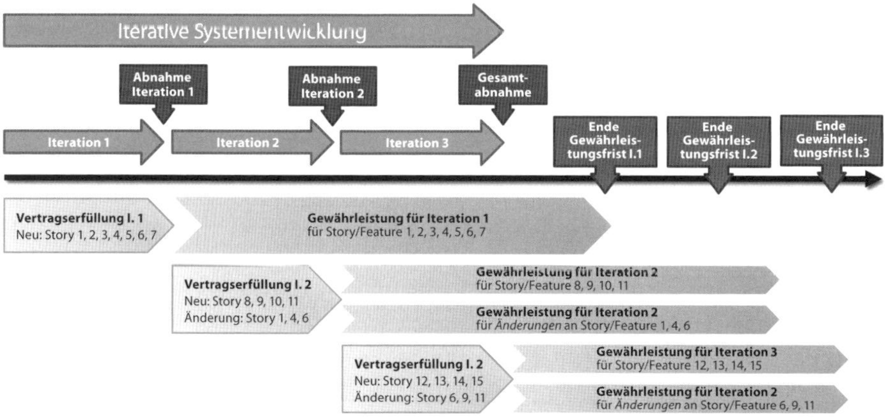

Abb. 9–5 *Problem der unterschiedlichen Gewährleistungsfristen bei agiler Entwicklung*

In den Verträgen sollten daher unbedingt auch passende Formulierungen für die Wirksamkeit von und den Umgang mit (Zwischen-)Abnahmen enthalten sein.

9.4 Agile Vorgehensweisen und Festpreis

Ein weiteres rechtliches Problem zeigt sich bei der Vereinbarung von Festpreisen in Projekten. Der Kunde möchte verständlicherweise möglichst bald wissen, was sein Vorhaben kosten wird. Zu frühen Projektzeitpunkten ist es jedoch unmöglich, eine einigermaßen haltbare Schätzung über den für ein bestimmtes Projektziel und eine grobe Feature-Menge zu erwartenden Preis abzugeben. Damit tritt in praktisch jedem Projekt, für das vor der Fertigstellung ein Festpreis vereinbart wird, das Problem auf, dass der geschätzte Preis und die Leistung nicht zusammenpassen und dass spätestens bei Überschreiten der anfangs prognostizierten Kosten die Diskussionen beginnen, wer nun den Mehraufwand bezahlt.

Es gibt mittlerweile auch diverse Abhandlungen zum Thema »agiler Festpreis«, in denen jedoch leider auch keine praktikablen Lösungen für dieses Problem angegeben werden. Möglicherweise ist dieses Thema auch nicht wirklich lösbar, sondern es wird immer ein Kompromiss sein. Durch agile Prinzipien und spezielle Vereinbarungen im Vertrag kann das Thema Festpreis zwar etwas entschärft werden, das eigentliche Problem wird dabei jedoch nicht gelöst.

Vertragsvereinbarungen bei Festpreisen

Ein Festpreis ist ja nur dann wirklich ein Festpreis, wenn sich auch bis zur Fertigstellung am Preis nichts mehr ändert.

In Softwareprojekten ist praktisch immer mit Änderungen zu rechnen. Die Auftraggeberin sollte sich hier vertraglich zumindest so weit absichern, dass nur

Änderungen, die von ihr schriftlich freigegeben werden, zu einer Kostenerhöhung oder Feature-Reduktion führen dürfen. Dies ist insbesondere deswegen wichtig, weil viele Details vor und in den Umsetzungsiterationen kommuniziert und geklärt und dann vom Team umgesetzt werden, die evtl. vorab nicht spezifiziert waren oder von der vorhandenen Spezifikation bewusst abweichen. Wenn nicht klar ist, was davon zu einer Kostenerhöhung oder evtl. zu einer Feature-Reduktion führt, könnte die Auftraggeberin mit Erreichen der Festpreisgrenze eine böse Überraschung erleben. Es sollte von Anfang an klar sein, dass alle mündlichen Abstimmungsmeetings zwar gewünscht und gut sind, jedoch die Kosten für die Auftraggeberin durch mündliche Abstimmungen in keinem Fall verändert werden.

Für die Vertragsvereinbarungen bei agilem Festpreis kann man auch auf unterschiedliche Modelle zurückgreifen, die aus Ausschreibungsverfahren teilweise schon seit Jahrzehnten bekannt sind:

- **»Kostenloser« Tausch von Features**
  Ein neues Feature kann gegen ein gleich hoch geschätztes, bereits eingeplantes, aber noch nicht realisiertes Feature ausgetauscht werden. Dies wird natürlich nur insofern sinnvoll möglich sein, wenn der Tausch der Features keine zu großen und weitreichenden Auswirkungen auf das restliche System hat, z.B. die Architektur nicht grundlegend überarbeitet werden muss.
- **Jederzeitige Ausstiegsmöglichkeit für den Kunden**
  Wenn der Kunde früher als vereinbart das Projekt beendet, wird dem Lieferanten ein Teil des verbleibenden vereinbarten Festpreises als Abschlagszahlung überwiesen, z.B. ein Betrag von 20% des dann noch nicht verbrauchten Budgets.
- **Bonussystem**
  Wenn der Lieferant mit den vereinbarten Funktionen früher fertig ist, erhält er einen Bonus von z.B. 20% des nicht verbrauchten Projektbudgets. Dieses Modell ist an sich nicht mit einem wirklichen Festpreis vereinbar, den der Lieferant ja in jedem Fall bekommt, egal wie lange er gebraucht hat. Es kann aber sinnvoll sein, wenn durch den Lieferanten im Projektverlauf Verbesserungsvorschläge gemacht werden, die den Projektverlauf maßgeblich verkürzen, z.B. wenn der Lieferant eine Möglichkeit findet, statt mit zehn Masken – wie spezifiziert – das Problem auf andere Weise mit nur einer einfachen Maske zu lösen, und dadurch eine Iteration einspart. Der Lieferant kann in diesem Fall motiviert sein, das Projekt auch schneller als geplant fertigzustellen, da er dann seine Mitarbeiter schon in anderen Projekten wieder voll einsetzen kann und trotzdem noch einen Bonus aus dem früher beendeten Projekt bekommt – also sozusagen doppelt verdient. Die Abweichung von der Spezifikation sollte aber klar zwischen Kunde und Lieferant als Kostenersparnis vereinbart werden.

- **Risikoteilung zur Risikominimierung für die Auftraggeberin, wenn der vereinbarte Preis überschritten wird.**
  Dabei wird vereinbart, dass der Lieferant bei Überschreiten des vereinbarten Festpreises einen Teil der Kosten selbst tragen muss. Eine mögliche Aufteilung wäre hier z.B. 50:50 – also dem Kunden werden nur 50 % der kalkulierten Mehrkosten in Rechnung gestellt. Voraussetzung dafür ist, dass der Kunde die Aufwandsschätzung und das Mehrpreisangebot des Lieferanten auch plausibel nachvollziehen kann. Für »echte« Zusatzwünsche, wie komplett neue Requirements, die nicht in der Spezifikation stehen, sollte die Risikoteilung natürlich nicht gelten.
- **Für komplexere Modelle könnte man auch noch die Schätzunschärfe einbeziehen.**
  Die Lieferanten müssen dabei im Rahmen der Angebotsabgabe auch ihre Schätzbandbreite, z.B. ±20 %, angeben, wobei Lieferanten mit einer geringen Bandbreite besser bewertet werden. Nach dem Auftrag wird dann z.B. bei Überschreitungen, die noch im Rahmen dieser Bandbreite liegen, eine für den Lieferanten vorteilhaftere Risikoteilung vorgenommen, z.B. 70 % der Mehrkosten können vom Lieferanten verrechnet werden. Bei Überschreiten der Schätzbandbreite wird der Preis zugunsten des Kunden stärker reduziert, z.B. können dann nur mehr 30 % der Mehrkosten vom Lieferanten verrechnet werden.

> Wenn ein Festpreis vereinbart werden soll, kann daher nur dringend empfohlen werden, neben guten kaufmännischen und rechtlichen Rahmenbedingungen auch die inhaltliche Spezifikation im Vorfeld möglichst klar zu definieren, wobei eine Schätzungenauigkeit von <20% angestrebt werden sollte.

Wenn man einen Festpreis für ein gesamtes Projekt mit einer agilen Projektabwicklung kombinieren möchte, sollten einige zusätzliche Aspekte und Hinweise beachtet werden.

Für einen Festpreis wird unbedingt Klarheit, zumindest bis zu einem akzeptablen Grad, benötigt. Daher muss eine Projektvorgehensweise gewählt werden, bei der frühestmöglich ausreichende Klarheit geschaffen wird, die aber trotzdem noch genügend Flexibilität in der Abwicklung lässt. Das erklärte Ziel im agilen Vorgehen ist es ja, auf Änderungswünsche des Kunden (die mit Sicherheit kommen werden) trotzdem noch angemessen reagieren zu können und den Kunden zufriedenzustellen.

Bei dieser Kombination müssen mehrere Ausgangskriterien erfüllt werden:

- Es muss eine ausreichend klare Vertragsbasis geschaffen werden, die grundsätzlich eine Festpreisschätzung mit einer akzeptablen Genauigkeit durch den Lieferanten zulässt.
- Die K.-o.-Kriterien müssen für beide Seiten klar definiert sein und vom Lieferanten als machbar eingestuft werden.

- Dem Kunden muss klar sein, dass sich in einem Festpreisprojekt, bei dem nachträglich Änderungen vorgenommen werden, der bei Projektende (= Erreichen des festgelegten Preises) verfügbare Umfang der Requirements auf jeden Fall verändert.
- Dem Kunden muss unbedingt bewusst sein, dass er dadurch auch weniger bekommen kann als das, was er anfangs erwartet hat!

9.5 Das Vier-Stufen-Modell für agile Festpreisprojekte

Die in Abbildung 9–6 dargestellte mehrstufige Vorgehensweise kann bei agilen Festpreisprojekten angewendet werden.

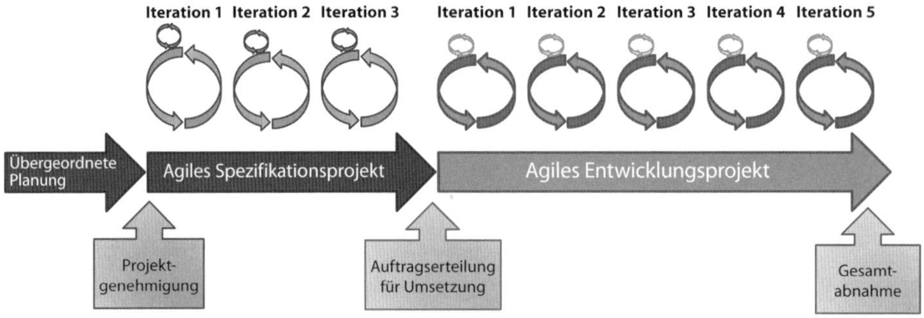

Abb. 9–6 *Mehrstufige Abwicklung eines agilen Festpreisprojekts*

9.5.1 Stufe 1: Definition der Projektziele und ersten Kundenanforderungen

Dies kann noch sehr grob geschehen (vgl. z.B. die Abschnitte 3.2.2 und 3.2.5) und stellt keine Basis für den Festpreis dar. Diese Phase dient dazu, sich über die grundsätzlichen Projektinhalte klar zu werden und damit dann geeignete Partner und Anbieter zu selektieren.

In vielen Unternehmen wird diese Phase »Projekt-Feasibility-Phase« oder »Projektantragserstellung« genannt. Oft wird dafür auch ein bestimmtes Budget vorgesehen, das für die erste Recherche und Analyse verwendet werden kann. Der Aufwand dieser Phase kann nicht vorab definiert werden, da dieser Schritt ja so lange durchgeführt werden muss, bis sich die Auftraggeberin grundsätzlich klar ist, was sie will bzw. ob sie überhaupt ein Projekt starten will. Natürlich wird es auch Situationen geben, in denen die Auftraggeberin dies nicht selbst herausfinden kann oder will. In diesen Fällen ist es hilfreich, eine beratende Fachperson aufseiten der Auftraggeberin hinzuzuziehen. Möglich ist auch eine Evaluierung von evtl. am Markt verfügbaren (Alternativ-)Lösungen, um sich ein erstes Bild zu machen. Auch die Möglichkeit, dass man in diesem Schritt zu keinem sinnvollen Ergebnis bezüglich der Projektvorstellung kommt, muss betrachtet werden. In diesem Fall endet das Projektvorhaben bereits hier.

9.5.2 Stufe 2: Agiles Erstellen der Vertragsbasis

Mit dem Ergebnis des ersten Schritts wird nun die Erstellung der Vertragsbasis (= Kundenanforderungen) begonnen.

Wenn für die Erstellung einer Vertragsbasis schon eine gute Grundlage aus dem ersten Schritt vorhanden ist, kann der Aufwand für die Spezifikationserstellung evtl. auch schon vorab genauer geschätzt werden bzw. können Angebote von Beratern oder potenziellen Lieferanten eingeholt werden, die dann mit der Auftraggeberin die Vertragsbasis erstellen.

Die Vertragsbasis kann durchaus iterativ und agil erstellt werden. Zum Beispiel könnte ein agiles Team für die Spezifikationserstellung gebildet werden, da es sowieso sinnvoll ist, alle relevanten Rollen (Kunde, Entwicklerin, Architekt, Tester, Betriebstechniker etc.) in die Spezifikationserstellung einzubinden. Es wird in diesem Fall dann kein lauffähiges Softwareartefakt geliefert, sondern eine vom Kunden akzeptierte Spezifikationsversion oder auch prototypische Softwareartefakte aus Spikes oder Masken- und Reportbeispiele zur Festlegung von Usability-Aspekten etc.

Für diesen Schritt der Spezifikationserstellung kann meist kein Festpreis abgegeben werden. Der Lieferant kann ja kaum abschätzen, was der Kunde noch für Ideen oder Wünsche hat und wann der Kunde mit der erstellten Spezifikation zufrieden ist. Dies würde evtl. funktionieren, wenn sich Lieferant und Kunde bereits länger kennen.

Bei der Spezifikationserstellung gibt es einige wichtige Punkte zu beachten:

- **Inwieweit soll ein potenzieller Lieferant in die Erstellung der Spezifikation eingebunden werden?**
  Wenn dieser eingebundene Lieferant der Favorit des Kunden für die Umsetzung ist, dann ist dies sicherlich eine gute Möglichkeit, da sich beide Partner dabei schon gut kennenlernen und vor der Beauftragung der Umsetzung für den Kunden ein definierter Ausstiegspunkt vorhanden ist, wenn es doch nicht passen sollte. Problematisch wird es dann, wenn aufgrund von Compliance-Regeln, Organisationsrichtlinien oder Gesetzen ein neutraler Wettbewerb zwischen mehreren Lieferanten notwendig ist. Hier würde der eingebundene Lieferant klar bevorzugt werden. In diesem Fall ist es daher notwendig, den in die Spezifikationserstellung eingebundenen Lieferanten dann von der Umsetzungsphase auszuschließen (siehe auch Abschnitt 9.6).
- **Was ist mit den Kosten für die Spezifikation?**
  Manchmal sind Kunden der Ansicht, dass Lieferanten die Spezifikationsleistungen als kostenlose Vorleistung für die Umsetzungsphase erbringen müssen. Dies ist an sich ein unfairer Zugang, da im Rahmen der Spezifikation eine wesentliche Leistung erbracht wird, die auch honoriert werden soll. Wenn der Kunde die Spezifikationsleistungen extra beauftragt, ist das Risiko überschaubar. Es sollte auch vereinbart werden, dass der Kunde das Recht hat, in der Spezifikationsphase jederzeit abzubrechen, wenn die Spezifikation ausreichend für die

Auftragsvergabe der Umsetzung ist oder auch wenn er das Projekt nicht durchführen möchte. Der Berater oder der eingebundene Lieferant erhält dann die Leistungen bis zu diesem Zeitpunkt abgegolten. Das Risiko ist daher jederzeit überschaubar für den Kunden.

- **K.-o.-Kriterien festlegen!**
  Es müssen vor der Beauftragung der Umsetzungsphase alle K.-o.-Kriterien definiert und auf Machbarkeit analysiert worden sein. Wenn dies nicht durch den Kunden selbst beurteilt werden kann, sollte der Berater oder der eingebundene Lieferant dies mittels Spikes durchführen. Diese Spikes sollten schon im Rahmen der Spezifikationsiterationen stattfinden, sodass bis spätestens zum Start eines Umsetzungsprojekts die Unklarheiten für alle K.-o.-Kriterien beseitigt sind.
- **Qualitätsanforderungen** sollten berücksichtigt und möglichst klar (messbar) festgelegt werden!
- **Detailliertheit der Vorabspezifikation?**
  Die Spezifikation soll bewusst nicht bis ins letzte Detail gehen, da dies ja kontraproduktiv zur agilen Vorgehensweise wäre. Durch das erhöhte Kostenrisiko in einem Festpreisprojekt sollte jedoch insgesamt darauf geachtet werden, dass die Anforderungen so spezifiziert werden, dass die Projektkosten guten Gewissens mit einer Genauigkeit von etwa ≤ 20 % festgelegt werden können, sodass es kein großes Kostenrisiko mehr gibt. Für die Kunden und Lieferanten bleibt dadurch jedoch noch ausreichend Spielraum für eine variable Zielaussteuerung im agilen Umsetzungsprojekt. Mit einer hohen Detailliertheit sollten alle K.-o.-Kriterien und die High-Risk-Anforderungen beschrieben werden. Alle anderen Themen können je nach Priorität und Risiko auch nur grob beschrieben werden.

9.5.3 Stufe 3: Festpreisangebot durch den Lieferanten

Wichtig ist hier als »Eingangsvoraussetzung«, dass die zugrunde liegende Spezifikation eine akzeptable Schätzgenauigkeit (z. B. ± 20 %) ermöglichen soll.

Die Kunden sollten dies dann auch bei einem Festpreisangebot als Projektpuffer zusätzlich budgetieren, da durch die Tatsache, dass die Spezifikation nicht zu 100 % alles beschreibt, zumindest in den noch unklar formulierten Bereichen Mehraufwände im Ausmaß der Schätzungenauigkeit zu erwarten sind, auch wenn an den zugrunde liegenden Requirements keine Änderungen mehr vorgenommen werden.

Beispiel: Zusatzaufwände trotz Festpreis und nicht geänderter Spezifikation

In der vom Kunden und Lieferanten mit Abgabe des Festpreises akzeptierten Spezifikation steht als Anforderung, dass ein »Report zur monatlichen Auswertung der Zeitdaten eines Mitarbeiters« erstellt werden soll. Eine genaue Abbildung und Beschreibung des Reports ist in der Spezifikation nicht enthalten.

Der erste Vorschlag des Lieferanten, der die Spezifikation grundsätzlich voll erfüllt, gefällt dem Kunden jedoch nicht. Er möchte zusätzliche Felder angezeigt haben, möchte vorab noch eine Selek-

→

tionsmöglichkeit in einer eigenen Maske, möchte im Report gruppieren und nach bestimmten Feldern sortieren etc.

Statt der vorab geschätzten Aufwände von zwei Tagen[3] für diesen Report sind nun vom Lieferanten fünf Tage notwendig. Die drei Tage Differenz werden dem Kunden als Mehraufwand für den besonderen Wunsch zusätzlich zum Festpreis verrechnet.

Da die Spezifikation in diesem Teilbereich keine Realisierungsdetails enthielt, hat der Kunde auch kein Recht, auf der kostenlosen Umsetzung seiner speziellen Wünsche zu bestehen. Alternativ kann ihm auch vorgeschlagen werden, diesen Mehraufwand zu kompensieren, indem ein anderes Feature aus dem Backlog, das etwa die gleiche Größe hat, dann nicht realisiert wird.

9.5.4 Stufe 4: Agile Projektabwicklung

Nach der Auswahl eines passenden Lieferanten und der Vereinbarung des vertraglichen und kaufmännischen Rahmens beginnt die Umsetzung in Form einer agilen Projektabwicklung.

Der Unterschied hier ist, dass durch die Vorabspezifikation die Bandbreite der Kosten- bzw. Anforderungsabweichungen etwas mehr eingeschränkt wird als bei einem agilen Projekt, bei dem am Anfang große Unklarheit herrscht, was die Kundschaft eigentlich möchte.

Diese Vorgehensweise ist eine gewisse Gratwanderung zwischen Vorabspezifikationsaufwand und Unschärferisiko bei der iterativen Umsetzung. Abbildung 9–7 zeigt, wie das Unschärferisiko durch die vorgeschlagene Vorgehensweise mit einem vorhergehenden agilen Spezifikationsprojekt entsprechend verringert wird.

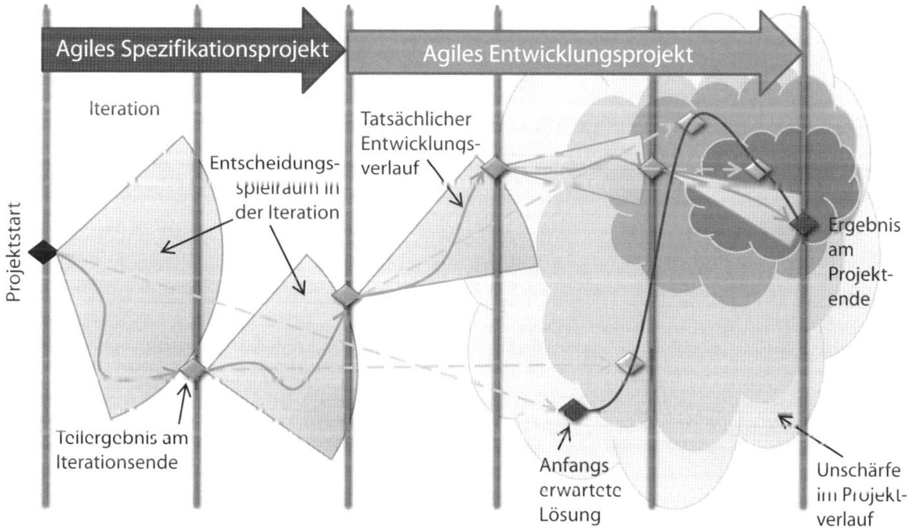

Abb. 9–7 *Risikoreduktion durch das Vier-Stufen-Modell für agile Festpreisprojekte*

3. Die Einheit »Tage« wurde hier stellvertretend gewählt. Im Grunde könnte auch mit Story Points oder einer anderen Einheit gerechnet werden. Wichtig ist nur, dass den Kunden klar ist, was eine Einheit kostet.

In »klassisch agilen« Projekten wird von der ersten Iteration an schon der Fokus auf den lauffähigen Code gelegt. In diesen Anfangsiterationen herrscht aber typischerweise sowohl auf Kunden- als auch auf Lieferantenseite noch große Unsicherheit und es besteht ein Entscheidungsspielraum, der ein entsprechendes Preisrisiko bedeutet. Bei den in den ersten Iterationen zu erwartenden Änderungen geht der hier bereits in Detaildiskussionen und Implementierungen investierte Aufwand bei nachträglichen Änderungen dann teilweise wieder verloren.

Im Vier-Stufen-Modell für agile Festpreisprojekte wird dieser Aufwandsverlust der ersten Iterationen vermieden und stattdessen dieser Aufwand dazu verwendet, die Klärung der wichtigsten unklaren Anforderungen durchzuführen und damit das Preisrisiko in einen vertretbaren Bereich (z.B. ±20%) zu bringen. Durch das Reduzieren der Codierung in den ersten Iterationen, wobei Prototypen auch im Rahmen der Spezifikationsiterationen sinnvoll sein können, konzentriert sich der Kunde stärker auf das, was er eigentlich will, und weniger auf die Implementierungsdetails, die sonst in den ersten Iterationen im Rahmen der Umsetzung diskutiert werden.

9.6 Öffentliche Ausschreibungen

Für öffentliche Ausschreibungen gelten meist recht enge rechtliche Vorgaben, die bei der Durchführung der Ausschreibung einzuhalten sind. Ein Punkt, der dabei durch die ausschreibende Organisation zu befolgen ist, ist die Neutralität und Vergleichbarkeit zwischen den Anbietern. Es darf kein Anbieter bevorzugt werden!

Wenn dies nicht gewahrt wird, kann die Ausschreibung von den Anbietern angefochten werden und der Auftraggeberin entstehen dadurch erhöhte Kosten und evtl. auch ein großer Zeitverlust durch eine erneute Ausschreibung. Die Neutralität zwischen den Anbietern ist sicherlich nicht mehr gegeben, wenn z.B. ein Anbieter mit der Erstellung der Spezifikation beauftragt wird und dieser Anbieter dann auch im weiteren Verfahren für die Umsetzung ein Angebot abgeben darf.

Ein weiteres mögliches Problem ist die Vergleichbarkeit der Angebote bei einer agilen Projektvorgehensweise. Wenn nur ein grobes Backlog bei der Ausschreibung vorliegt, ist hier keine gute Vergleichbarkeit der Angebote möglich. Der Kunde kann primär die Firmen vergleichen (Größe, Referenzen, Personen, Vertrauenswürdigkeit, versprochene Velocity etc.). Was er für den angebotenen Preis dann tatsächlich bekommt, ist jedoch nicht vergleichbar und kann in vielen Punkten zwischen den Anbietern sehr unterschiedlich sein.

Bei Festpreisprojekten ist eine unklare Spezifikation ein großes Problem, vor allem dann, wenn zusätzlich noch eine wenig kooperative Verhaltensweise des Lieferanten dazu kommt. Dies ist oft bei Ausschreibungen der Fall. Hier steht der Lieferant im Wettbewerb mit anderen Konkurrenten und von der Auftraggeberin wird ein Festpreisangebot auf Basis einer mehr oder weniger klaren inhaltlichen Spezifikation erwartet, die der Lieferant kaum beeinflussen kann. In diesen Situationen ist es sehr wahrscheinlich, dass Reibungspunkte entstehen und der Samen für spätere Projektprobleme gelegt wird.

Wenn die Spezifikation der Auftraggeberin im Rahmen einer Festpreisausschreibung unklar formuliert ist, gewinnt typischerweise der »unkooperative« Lieferant.

Warum dies so ist, zeigt der nachfolgende Unschärfetrichter in Abbildung 9–8.

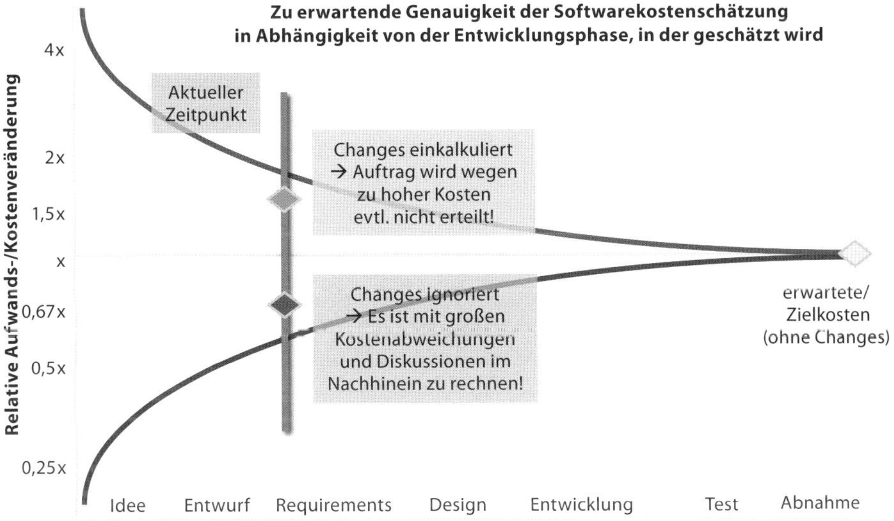

Abb. 9–8 *Unschärfetrichter bei der Aufwandsschätzung in Festpreisprojekten*

Es ist ein Faktum, dass der Preis bei ungenauen Anforderungen auch mit einer gewissen Unschärfe kalkuliert werden muss.

Im Beispiel ist der erwartete bzw. von der Auftraggeberin budgetierte Zielpreis 200.000 Euro.

Der kooperative Lieferant wird in diesem Fall auf seinen geschätzten bzw. erwarteten Zielpreis einen Sicherheitsaufschlag dazugeben, da er ja damit rechnen muss, dass von der Auftraggeberin wegen der zu diesem Zeitpunkt noch unklaren Anforderungen entsprechend viele Change Requests geltend gemacht werden, von denen sie behaupten wird, dass diese aus ihrer Sicht im Preis enthalten sein müssen. Der angebotene Preis dieses Lieferanten wird daher z.B. mit Sicherheitsaufschlag bei 290.000 Euro liegen, sodass er noch etwas Spielraum für Change Requests hat, ohne gleich mit der Auftraggeberin wegen jeder Änderung den Preis neu verhandeln zu müssen.

Der unkooperative Lieferant, der den Kunden bewusst oder aus der Notwendigkeit der Wettbewerbssituation heraus »über den Tisch ziehen« wird, wird überlegen, dass er mit einem Sicherheitsaufschlag den Auftrag auf keinen Fall bekommen wird, da er dann im Vergleich zu den anderen Lieferanten für die Auftraggeberin zu teuer anbieten wird. Er wird daher in diesem Fall einen niedrigeren Preis als den erwarteten Zielpreis angeben, unter der Annahme einer möglichst minimalistischen Umsetzung des Systems. Er wird damit rechnen, dass von der Auftraggeberin viele Change Requests geltend gemacht werden, die er dann gegen ein entsprechend hohes Zusatzentgelt verrechnen kann, wodurch er sich dann den gewährten Preisnachlass von der Auftraggeberin im Laufe des Projekts wieder zurückholt. Der angebotene Preis dieses Lieferanten wird daher z.B. bei 160.000 Euro liegen.

Welcher Lieferant wird nun die Ausschreibung gewinnen?
Natürlich wird der Lieferant mit dem geringsten Preis die Ausschreibung gewinnen, da ja beide Lieferanten den Preis auf Basis derselben (unklaren) Spezifikation abgegeben haben und damit scheinbar dieselbe Auftragsgrundlage besteht. In der Praxis wird die Auftraggeberin in diesem Fall bald merken, dass das Projekt zeitlich und preislich völlig aus dem Ruder läuft und im Endeffekt genau so viel oder mehr gekostet hat wie beim Lieferanten, der von Anfang an realistisch und kooperativ geschätzt hat.

Die Auftraggeberin muss nun als »Strafe« für diese Fehlentscheidung zum erhöhten Preis auch noch mit Streitereien mit dem Lieferanten rechnen, hat dann meist auch wegen der zeitlichen Fehleinschätzungen einen unnötigen Projektstress und muss evtl. für nachträgliche Budgeterhöhungen gegenüber ihren Geldgebern und Entscheidungsträgern argumentieren. Im schlimmsten Fall kann es sogar zu einem Projektabbruch kommen.

> Bei einer Festpreisausschreibung sollte aus den genannten Gründen daher primär auf ein mehrstufiges Modell zurückgegriffen werden, wie es in Abschnitt 9.5 beschrieben ist.

9.7 Standards und Normen

Ein wichtiger Punkt bezüglich Haftung ist das Thema Standards und Normen. Praktisch alle gängigen Standards und Normen im Umfeld der Softwareentwicklung verlangen gewisse Mindestdokumentationen und Spezifikationen für eine ordnungsgemäße Projektabwicklung.

In den letzten Jahrzehnten hat sich die Softwarebranche stärker hin zu einer qualitätsorientierten und »industriellen« Vorgehensweise bewegt. Dies wird in zahllosen Normen und Standards sichtbar, die es mittlerweile auch im Softwarebereich gibt.

Einige Normen und Standards, die für den Softwareentwicklungsbereich relevant sind:

- ISO 12207 – Referenzmodell für die Softwareentwicklung
- ISO 15504 bzw. ISO-33000-Serie – Assessmentmodell
- ISO 250xx – Softwarequalität
- ISO 9241 – Mensch-Computer-Interaktion (Usability etc.)
- ISO-29119-Serie – Softwaretesten
- ISO 14143 – Funktional Size Measurement
- ISO 21500 – Projektmanagement
- ISO 31000, ISO-49000-Serie und ISO 16086 – Risikomanagement
- IEC 61508 – Functional Safety
- CMMI – Best-Practice-Modell für die Softwareentwicklung
- COBIT – Framework (inkl. Vorgaben für Softwareentwicklung)
- OWASP – Software Assurance Maturity Model
- SAFECode – Fundamental Practices for Secure Software Development
- SSDF (Secure Software Development Framework) des NIST (National Institute for Standards and Technology)

Darüber hinaus gibt es noch viele andere Standards von Organisationen wie z. B. ISTQB®, IREB, ISAQB, IEEE, ANSI, IEC oder diverse Industriestandards (z. B. Software Development Lifecycle (SDLC) von Microsoft) sowie branchenspezifische Standards für die Softwareentwicklung (z. B. ISO 50128 für Railway oder ISPE- und FDA-Standards für Pharma und Medizin), die viele Bereiche in der Softwareentwicklung betreffen und den Stand der Technik vorgeben.

Es kann in diesem Zusammenhang auch argumentiert werden, dass von sorgfältig agierenden Vertragspartnern und Softwareexperten vorausgesetzt werden kann, dass sie die gängigen Standards zur Softwareentwicklung sowohl allgemein als auch in ihrem Branchenumfeld kennen und auch anwenden.

Insofern trifft hier sowohl den Lieferanten als auch die Auftraggeberin (im Speziellen dann, wenn sie einen Experten wie einen CIO/CTO oder eine beratende Fachperson beschäftigt) eine Verantwortung für eine ordnungsgemäße Projektvorgehensweise.

Sofern nichts anderes definiert wurde, muss davon ausgegangen werden, dass der Stand der Technik eingehalten wird. Insofern ist es sehr wichtig, die relevanten Normen und Standards zu kennen und in Projekten die Anwendung von Standards explizit anzugeben oder diese auch explizit auszuschließen (in diesem Fall ist eine entsprechende Begründung anzugeben).

Wenn der Lieferant als Experte und/oder die verantwortliche Person der Auftraggeberin ihre Verantwortung bezüglich Einhaltung einer ordnungsgemäßen Projektvorgehensweise trotz besseren Wissens, das sie in ihren Rollen haben sollten, nicht ordentlich wahrnehmen, kann dies als fahrlässig angesehen werden und damit durchaus auch zu persönlichen Haftungen führen.

Es herrscht oft die Meinung vor, dass verschiedene agile Vorgehensmodelle wie z.B. Scrum ausreichend sind für eine ordnungsgemäße Softwareentwicklung. Tatsache ist, dass Scrum, Kanban, BDD, TDD etc. allesamt einzelne Themenbereiche und Bausteine eines guten Softwareentwicklungsprozesses abdecken, jedoch keine dieser Methoden deckt alle notwendigen Bereiche für eine ordnungsgemäße Softwareentwicklung ab.

Es ist daher nicht ausreichend, sich auf den Einsatz einer etablierten Vorgehensweise wie Scrum zu berufen, um die Verantwortung einer ordnungsgemäßen Projektabwicklung zu erfüllen.

Wenn man das Beispiel Scrum betrachtet, so fehlen hier die Definitionen für viele verschiedene wichtige Themenbereiche wie Requirements Engineering, Risikomanagement, Testvorgehen etc., die allesamt essenziell wichtig sind, damit ein Entwicklungsprojekt erfolgreich wird. Wenn im Scrum Guide z.B. geschrieben steht, dass die zu erledigende Arbeit in einem Backlog verwaltet oder eine Definition of Done definiert werden soll, so ist dies im Grunde unzureichend, wenn es zum Haftungsfall oder Streitfall kommt, weil keine konkreten Aussagen über Qualität und Inhalt der Spezifikation vorgegeben werden.

Da die agilen Methoden in vielen Bereichen – vor allem im Requirements-Bereich – die Vorgehensweise (bewusst) völlig offen lassen, kann man sich im Streitfall oder bei Gericht nicht darauf beziehen und muss auf etablierte Normen und Standards zurückgreifen, die den »Stand der Technik« im jeweiligen Themenbereich darstellen und meist normative und qualitativ besser prüfbare Beschreibungen beinhalten.

Damit hat man in einem Streitfall natürlich das Problem, dass man nicht einfach sagen kann: »*Wir haben ja eine agile Vorgehensweise vereinbart – dort wird eben weniger dokumentiert und mehr direkt kommuniziert.*« Diese Aussage wird hier kaum Relevanz haben.

Auch wenn durch agile Methoden verschiedene Themen nicht explizit vorgegeben werden, so muss die Vorgehensweise in diesen Bereichen trotzdem dem Stand der Technik entsprechen, damit hier keine fahrlässige Handlungsweise vorliegt.

Sicherheitskritische Entwicklung

In den relevanten Normen zur personensicherheitskritischen Softwareentwicklung (Safety-relevant) wie z.B. IEC 61508 oder ISO 26262 ist explizit eine Vorgehensweise für die Entwicklung empfohlen. Es ist zwar angegeben, dass auch alternative

Modelle zulässig sind, wenn der Nachweis erbracht wird, dass alle Anforderungen der Norm erfüllt werden. Es ist jedoch in der Praxis schwierig und aufwendig, die agile Kernmethodik so zu erweitern, dass die Agilität nicht leidet und die Norm trotzdem erfüllt wird.

Was übrig bleibt, ist meist eine rein iterative Entwicklung in der Softwareumsetzungsphase. Alles Drumherum wie Requirements Engineering, Testen, Risikomanagement, Change Management etc. ist sehr restriktiv festgelegt und muss daher wie in der Norm vorgegeben erfüllt werden. Es sind auch viele Prozessvorgaben bezüglich Requirements und Tests enthalten, die teilweise nicht mit agilen Vorgehensweisen kompatibel sind.

Dies ist auch ein Haftungsthema: Eine Abweichung von der vorgegebenen Norm, die dann dazu führt, dass ein Schaden entsteht, kann als grobe Fahrlässigkeit ausgelegt werden.

In Safety-relevanten Projekten ist die Stakeholder-Gruppe oft auch um hohe und höchste Entscheidungsträger erweitert. Dies macht das Thema Requirements Engineering auch sehr »sequenziell«. Bei einer Anwendung agiler Vorgehensweisen würde hier das Team möglicherweise »ausgehungert« werden, weil z.B. der Vorstand eines großen Unternehmens eben nicht immer gleich Zeit hat, eine Frage zu beantworten oder eine sicherheitsrelevante Entscheidung zu treffen.

Es kann bei einer sicherheitskritischen Softwareentwicklung daher aus Haftungsgründen nicht empfohlen werden, eine Abweichung von den in der Norm angegebenen Vorgaben und Empfehlungen vorzunehmen.

9.8 Absicherung der Auftraggeberin

Welche Möglichkeiten hat die Auftraggeberin, sich für Haftungsfälle zu rüsten und gegen sie abzusichern? Im Grunde gibt es aus Prozesssicht zwei wesentliche Möglichkeiten, um das Haftungsthema für die Auftraggeberin zu minimieren: Dies sind die beiden Auftraggeber-Schnittstellenpunkte: Anforderungsdefinition und Abnahme.

Mehr spezifizieren und Risikoanalyse durchführen

Dies widerspricht *nicht* der agilen Vorgehensweise! Es muss nur mit Maß und Ziel und an den richtigen Stellen im Prozess bzw. zu den richtigen Zeitpunkten angewendet werden. Mit einem angemessen dosierten spezifikationsorientierten Vorgehen kann die Nachweisbarkeit erhöht und das Haftungsrisiko verringert werden, ohne dass der agile Prozess oder die agilen Prinzipien dadurch verloren gehen.

Natürlich kann nicht verlangt werden, dass die Auftraggeberin jede kleinste Funktion im Vorfeld komplett ausspezifiziert. Jedoch sind Funktionen, die einen sehr großen Schaden verursachen können, aus Gründen der späteren Nachweisbarkeit der Kommunikation auf jeden Fall sehr sorgfältig zu spezifizieren.

Aber welche Funktionen sind das nun? Damit im Schadensfall auch nachgewiesen werden kann, dass hier nicht einfach nur zufällig irgendwelche Funktionen gewählt wurden, sondern systematisch vorgegangen wurde, ist es notwendig, dass die Auftraggeberin eine Risikoanalyse durchgeführt hat.

Es ist daher erforderlich, dass durch die Auftraggeberin bei einer agilen Vorgehensweise jeder Eintrag in einem Product Backlog nachweislich und ausreichend risikobewertet wird. Eine »Pi mal Daumen«-Risikoeinstufung, ohne dass dabei zumindest angegeben wird, welche Risikoparameter betrachtet wurden, wird im Schadensfall nicht gerade als systematische und ordnungsgemäße Vorgehensweise gewertet werden.

Bei der Spezifikation sollte auch abhängig von der Risikoklasse festgelegt werden, welche Spezifikationsmethoden zur Anwendung kommen sollen und welcher Detaillierungsgrad ausreichend ist für eine bestimmte Risikoklasse.

Mehr und risikobasiert Testen

Die Auftraggeberin hat die Pflicht, ein System nach bestem Wissen ordentlich zu übernehmen und zu prüfen. Natürlich kann nicht verlangt werden, dass sie jede kleinste Funktion komplett durchtestet. Funktionen, die einen sehr großen Schaden verursachen können, sind jedenfalls sehr sorgfältig zu testen. Welche Funktionen das sind, wird wiederum durch die Risikobewertung festgelegt (siehe oben unter dem Abschnitt »Mehr spezifizieren und Risikoanalyse durchführen«).

Zusätzlich muss es eine Definition geben, welche Testarten und Testmethoden bei jeder möglichen Risikostufe angewendet werden sollen, und die Testfälle müssen dann auch entsprechend diesen Vorgaben spezifiziert und nachweislich durchgeführt werden.

9.9 Absicherung des Lieferanten

Welche Möglichkeiten hat der Lieferant, sich für Haftungsfälle zu rüsten und gegen sie abzusichern? Die Möglichkeiten des Lieferanten sind primär Prozessthemen und Dokumentation, um das Haftungsthema zu minimieren.

Alle relevanten Prozessthemen berücksichtigen

Agile Methoden decken oft nur einen kleinen Bereich der relevanten Prozessthemen ab und machen keine klaren Vorgaben für die fehlenden Themenbereiche wie z.B.:

- Requirements Engineering
- Risikomanagement
- Testvorgehen und Testautomatisierung
- Versions- und Konfigurationsmanagement
- Tooleinsatz

Bei »Prozesslücken« an anerkannten Standards orientieren

Der Lieferant sollte sich bei allen Themenbereichen, die durch die agilen Methodenbeschreibungen nicht explizit und ausreichend detailliert vorgegeben sind, am Stand der Technik für diese Themen orientieren. In Abschnitt 9.7 wurden einige Beispiele zum Stand der Technik angegeben.

Des Weiteren sollten auch die allgemein anerkannten Best Practices aus dem Prozessmanagement zur Anwendung kommen wie z.B. PDCA-Cycle (Plan-Do-Check-Act) oder KVP (Kontinuierlicher Verbesserungsprozess).

Relevante Kommunikation dokumentieren

Die für Haftungsfälle relevante Kommunikation sollte dokumentiert werden, damit im Schadensfall ein Nachweis über die Historie der Entwicklung erbracht werden kann. Es gilt im Schadensfall das Motto: »Wer schreibt, der bleibt!« In vielen Fällen wird es dabei ausreichend sein, wenn die wesentlichen Entscheidungen und Erkenntnisse aus einer Besprechung oder von Telefonaten gemeinsam mit den Namen der daran beteiligten Personen kurz zusammengefasst dokumentiert werden.

Erfahrene Personen zur Prozesssteuerung einsetzen

Die Steuerung des Entwicklungsprozesses ist eine Aufgabe, die viel Erfahrung erfordert. Als Agile Master, der in agilen Projekten für die Prozesse zuständig ist, sollte daher nur eine in der Softwareentwicklung erfahrene Person eingesetzt werden, die auch die Konsequenzen des Definierens oder auch Nicht-Definierens von bestimmten Prozessthemen beurteilen kann.

> *Idealerweise ist der Agile Master eine Person, die schon viele unterschiedliche Softwareprojekte erlebt hat und auch in einigen gescheiterten Projekten involviert war.*

Anhang

A Agile Methoden zur Unterstützung des Requirements Engineering

In Abschnitt 2.1 wurde ein Überblick gegeben über agile Methoden, die das Requirements Engineering im agilen Umfeld unterstützen.

Einige ausgewählte Methoden werden nachfolgend für die interessierte Leserschaft noch näher beschrieben.

A.1 Specification by Example

Definition/ Kurzbeschreibung	**Specification by Example** (SBE) ist eine Methode, die von Gojko Adzic entwickelt wurde. Sie enthält ein Set an Prozess-Patterns, die auch in anderen spezifikationsorientierten Methoden (z.B. BDD, TDD) verwendet werden können bzw. in ähnlicher Form in diesen Methoden auch vorkommen. SBE besteht aus folgenden Prozess-Patterns [Adzic 2011]: ■ Deriving scope from goals ■ Specifying collaboratively ■ Illustrating using examples ■ Refining the specification ■ Automating validation without changing specifications ■ Validating frequently ■ Evolving a documentation system
Anwendung	Die zu erstellende Software wird durch Beispiele beschrieben. Die definierten Beispiele sind damit die Requirements des Kunden an das System. SBE wird angewendet, um die Kunden auf einfache Art und Weise in die Erstellung der Requirements-Spezifikation einzubeziehen. Die ersten vier Patterns beschäftigen sich damit, wie die Kunden auf einfache Art und Weise in die Spezifikationserstellung einbezogen werden können. Die letzten drei Patterns sind im Prinzip sehr ähnlich zu TDD in Kombination mit Continuous Integration (CI).
Hinweise	Beispiele für bestimmtes Verhalten oder Funktionen eines Systems können im Grunde als konkrete Testfälle (mit Testdaten) gesehen werden. Damit ist bei dieser Methode eine große Nähe zu TDD (siehe Abschnitt A.2) und BDD (siehe Abschnitt A.3) gegeben.

SBE stellt ein Set an einfachen Prozess-Patterns zur Verfügung. Dies hat folgende Ziele bzw. Vorteile:

- Das für die Auftraggeberin richtige Produkt soll möglichst effizient erstellt werden.
- Es ist immer eine aktuelle und gültige Spezifikation und Dokumentation vorhanden.

Die Prozess-Patterns bzw. Ablaufschritte sind wie folgt definiert:

- **Deriving scope from goals**
  Voraussetzung dafür ist, dass vorher auch Geschäftsziele vereinbart werden. Nur wenn etwas erstellt wird, was auch einen Nutzen hat und ein Ziel unterstützt, ist es effektiv!
  Die Kunden sollen sich auf die Spezifikation der Ziele und des erwarteten Geschäftswerts konzentrieren. Die Entwicklerinnen sollen dann das Softwaredesign so erstellen, dass diese Ziele erfüllt werden.
- **Specifying collaboratively**
  Grundlage ist die Zusammenarbeit aller Betroffenen, das erfordert die Einbindung von Fachleuten, Entwicklerinnen, Testern etc.!
  Wenn die Kunden alleine die Spezifikation erstellen, dann führt dies meist dazu, dass wichtige Informationen beim Übergang zur Entwicklung verloren gehen und dann nach der Implementierung diverse Änderungen nötig werden.
  Die kollektive Beteiligung an der Spezifikationserstellung ist eine klare Forderung und Voraussetzung für SBE und führt dazu, dass das Wissen und die Erfahrung des gesamten Teams genutzt werden.
  Generell sind diese Kommunikation und Abstimmung aller Betroffenen zwei der wichtigsten Erfolgsfaktoren im Requirements Engineering, egal welche Methode und Vorgehensweise angewendet wird.
- **Illustrating using examples**
  Die Beschreibung des gewünschten Verhaltens durch Beispiele eignet sich sehr gut, um »in die Gänge« zu kommen und die Kundschaft und Anwender ins Boot zu holen!
  Oft ist es für Anwender schwierig, ein Requirement so umfassend und korrekt zu spezifizieren, dass es genau das Bedürfnis abdeckt. Anwender können oft leichter Beispiele aus ihrem konkreten Alltag nennen.
  Im ersten Schritt werden »Hauptbeispiele« identifiziert, also passende Fälle für den Einsatz der Funktionen, das Aussehen, das Verhalten etc. Wenn dies nicht ausreicht, um ein gemeinsames Verständnis zu erlangen, dann werden weitere Beispiele gesucht, die Sonderverhalten, Varianten, Fehlverhalten etc. beschreiben. Diese Beispiele werden dann mit den Beteiligten abgestimmt.
  Diese Methode kann sehr effizient sein, wenn es sich um aussagekräftige Beispiele handelt und die Beteiligten damit sehr schnell zu einem gemeinsamen Verständnis der Kundenbedürfnisse kommen. Wichtig dabei ist, dass das Um-

setzungsteam aufgrund der Beispiele auch wirklich ein umfassendes Bild der Wünsche des Kunden bekommt. Andernfalls kann es passieren, dass die Entwicklerinnen eine Lösung umsetzen, die nur genau die Beispiele erfüllt, jedoch darüber hinaus nicht das gewünschte Verhalten abdeckt. Dasselbe Problem besteht auch bei TDD und ist in diesem Kapitel auch mit einem Fallbeispiel dargestellt (siehe Abschnitt A.2).

- **Refining the specification**
  In diesem Schritt soll eine offene Kommunikation über die Spezifikation und die genannten Beispiele erfolgen und diese überarbeitet und verfeinert werden.

  Es passiert bei der Beispielspezifikation und -sammlung häufig, dass hier Details über Verhalten und Funktionen des Systems genannt werden, die eigentlich irrelevant sind für das, was der Kunde aus fachlicher Sicht erreichen möchte.

  Ziel in diesem Schritt ist es daher, die Spezifikation dahingehend zu überprüfen, dass das WAS beschrieben wird und nicht das WIE.

  Die in der weiteren Abstimmung und Verfeinerung erstellten Beispiele können dann als Basis für die Akzeptanztests des Kunden verwendet werden.

  Die durch SBE erstellte Spezifikation ist daher gleichzeitig Anforderungsspezifikation, Akzeptanztestspezifikation und Basis für den künftigen automatischen Regressionstest. Wenn also die Spezifikation aus irgendeinem Grund zu ändern wäre, dann muss dies nur an einer Stelle vorgenommen werden und nicht in verschiedenen Dokumenten (Requirements-Spezifikation, Testspezifikation, Entwicklerspezifikation etc.).

- **Automating validation without changing specifications**
  Die definierten und abgestimmten Beispiele werden dann als automatisierte Tests implementiert (siehe Abschnitt A.2).

  Das Ergebnis ist sozusagen eine »ausführbare« Spezifikation. Diese ist einerseits die Grundlage für die Entwicklerinnen zur Programmierung, andererseits kann damit dann im Laufe der Umsetzung ohne großen Aufwand jederzeit überprüft werden, ob die Entwicklungsergebnisse der Spezifikation entsprechen.

- **Validating[1] frequently**
  Automatisierte Spezifikationen (Tests) werden in diesem Schritt regelmäßig und häufig »gegen« das zu testende System ausgeführt, um Abweichungen zwischen der Entwicklung und der Spezifikation frühestmöglich zu erkennen. Bei begründeten Abweichungen, die keine Programmierfehler sind, sollte das Problem mit dem Kunden diskutiert und die Beispielspezifikation entsprechend angepasst werden.

1. **Hinweis:** In [Adzic 2011] wird hier der Begriff »Validierung« verwendet. Korrekterweise müsste es »Verifikation« heißen. Validierung ist immer ein geistig analytischer und kommunikativer Vorgang und kann nicht automatisiert werden (siehe auch das Glossar im Anhang D des Buches). Leider fehlt in SBE der regelmäßige Validierungsschritt. In Projekten sollte dies berücksichtigt werden und explizit auch Zeit für die Validierung vorgesehen werden.

- **Evolving a documentation system**
  Die automatisierten Spezifikationen (Tests) sollen durch regelmäßige Abstimmung und Anpassung an die Bedürfnisse der Kunden und Berücksichtigung von Änderungen im Laufe des Projekts oder Lebenszyklus zu einer »lebenden« Dokumentation entwickelt werden. Dies ist dann eine zuverlässige Informationsquelle für alle Beteiligten.

Die wesentlichen Vorteile von SBE:

- Gute Ausgangsbasis für die Erstellung von Spezifikationen durch die Formulierung von Beispielen
- Einfach und leicht verständlich für den Kunden bzw. Anwender
- Automatisierte Regressionstests sind die Basis der Spezifikation und Dokumentation. Dadurch werden die Beteiligten »automatisch« dazu angehalten, die Spezifikation immer aktuell zu halten.
- Im Idealfall hat man eine einzige, lebende Spezifikation und Dokumentation als Informationsquelle, anstatt viele verschiedene Spezifikationsdokumente pflegen zu müssen.

Einige Hinweise und Risiken:

- Für die Beispiele (Examples) gilt dasselbe wie für sonstige Requirements-Spezifikationen: Sie müssen richtig, vollständig, konsistent, ausreichend, verständlich etc. formuliert sein.
- Nur weil der Durchlauf der automatisierten Tests »grün« ist, heißt das nicht, dass alles gut ist! In diesem Fall kann es trotzdem sein, dass die Tests z.B. nicht ausreichend spezifiziert wurden und wichtige Tests fehlen, für die natürlich keine Ergebnisse angezeigt werden.
- Spezielle Frameworks zur Automatisierung sind dafür Voraussetzung.
- Es werden nicht alle Aspekte einer guten Spezifikation abgedeckt, wie Kontext, grafische Prozessmodellierung, Visualisierung etc. Dieser Ansatz ermöglicht daher nur eine reduzierte Spezifikation!
- Dieser Ansatz eignet sich primär für stark funktionsorientierte Spezifikationen.
- Für komplexe Systeme ist oft auch eine eindeutige Beschreibung von Anforderungen notwendig, die durch Specification by Example nicht erreicht werden kann. Als Beispiel sei eine Sinusfunktion erwähnt, die man mit mehreren Punkten als Beispiele beschreiben kann. Dies wird jedoch nicht ausreichend sein, damit die Programmierer dann die tatsächliche Sinusfunktion korrekt implementieren, da ohne Hintergrundwissen sehr viele Implementierungsmöglichkeiten vorhanden sind (in der einfachen Grafik z.B. eine lineare Funktion oder eine höherfrequente Schwingung), die allesamt den spezifizierten Beispielen entsprechen.

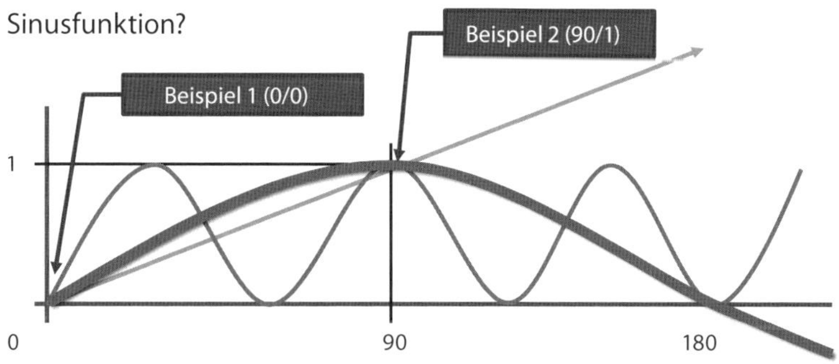

Abb. A–1 *Verschiedene Implementierungsmöglichkeiten*

Dadurch entsteht dann der Eindruck, dass mit dem Erfüllen der Beispielspezifikation bereits ein hinreichendes Ergebnis erzielt wird, was jedoch nicht der Fall sein muss. In dem kleinen Fallbeispiel in Abbildung A–1 könnte in unserem Fall die Beispielspezifikation Sinus (90) = 1 und Sinus (0) = 0 sowohl durch eine korrekte Sinusfunktion, durch eine viel höherfrequente Schwingung oder auch nur durch eine einfache Gerade, die durch die beiden Punkte geht, erfüllt werden.

Zitate von Martin Fowler zu SBE[2]:

- »Specification By Example isn't the way most of us have been brought up to think of specifications.«
- »Specifications are supposed to be general, to cover all cases. Examples only highlight a few points, you have to infer the generalizations yourself.«
- »This does mean that Specification By Example can't be the only requirements technique you use.«

2. Quelle: *http://martinfowler.com/bliki/SpecificationByExample.html.*

A.2 Test Driven Development

Definition/ Kurzbeschreibung	**Test Driven Development** (TDD, testgetriebene Entwicklung[a]) ist eine Methode, die in verschiedenen Ausprägungen in der agilen Entwicklung angewendet wird. Bei der testgetriebenen Entwicklung werden die Softwaretests konsequent vor den zu testenden Komponenten erstellt. Die Programmierer erstellen dann so lange Code, bis alle definierten Testfälle abgedeckt sind. Des Weiteren ist das regelmäßige Refactoring von Code ein integraler Bestandteil dieser Vorgehensweise.
Anwendung	Die zu erstellende Software wird durch Testfälle beschrieben. Die Testfälle sind damit nichts anderes als Requirements in einer bestimmten Form. Da Testfälle typischerweise (vor allem auch bei Testautomatisierung) weitaus detaillierter als viele Requirements sind, wird hier automatisch viel detaillierter spezifiziert als bei herkömmlichem Vorgehen. TDD könnte in diesem Sinn als »Hardcore-Requirements-Engineering« bezeichnet werden. TDD wird angewendet, um von Anfang an testbaren und wartbaren Code zu erstellen. TDD wird typischerweise auf zwei Ebenen eingesetzt: - Testen im Kleinen (Unit Tests) und - Testen im Großen (Systemtests, Akzeptanztests)
Hinweise	Für verschiedene TDD-Abwandlungen gibt es mittlerweile auch eigene Methodennamen wie z.B. ATDD (»Acceptance Test Driven Development« [Gärtner 2013]).

a. Es gibt einige feine Unterschiede zwischen TDD und dem Test-First-Ansatz. Teilweise werden die beiden Ansätze getrennt beschrieben, teilweise auch synonym verwendet (z.B. in [Wikipedia]). Die hier empfohlene Vorgehensweise verbindet beide Ansätze miteinander.

Einer der Hauptgründe für die Anwendung von TDD ist die in vielen Entwicklungsabteilungen anzutreffende schlechte Testabdeckung. Plan und Realität in den Projekten klaffen hier oft weit auseinander und gerade die Testaktivitäten sind der implizite Projektpuffer, wenn die Entwicklung doch mehr Zeit benötigt, als ursprünglich vorgesehen war (siehe Abb. A–2).

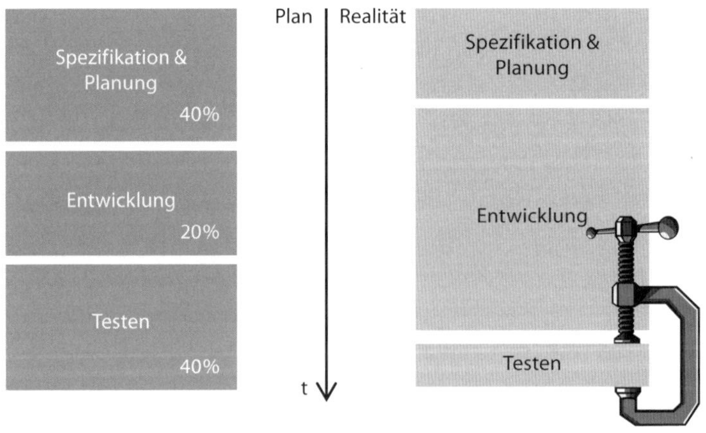

Abb. A–2 *Plan und Realität beim Testen in vielen Projekten*

Die geplante Testintensität und Testabdeckung werden oft nicht erreicht. Eine der Möglichkeiten, um dieses Problem zu vermeiden, ist die Methode TDD, bei der die Testfälle zuerst geschrieben werden müssen und kein Produktivcode erstellt werden darf, bevor nicht die dazu passenden Testfälle vorab spezifiziert und idealerweise auch implementiert wurden. Zusätzlich ist in TDD auch noch das Refactoring von Code verankert, der die Testfälle bereits positiv erfüllt (siehe Abb. A–3).

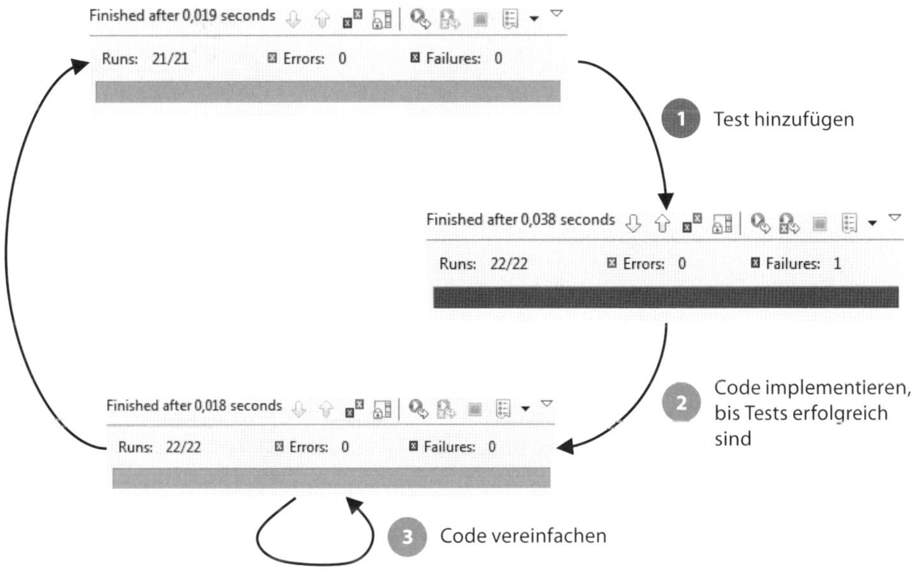

Abb. A–3 *Testgetriebener Entwicklungszyklus*

Wesentlich beim TDD ist, dass es eine sehr einfache Metrik für das Überprüfen der Erfüllung der Anforderungen gibt: Wenn die Tests bestanden werden, dann passt das Requirement! Solange die Tests nicht vollständig bestanden wurden, muss noch weiter programmiert werden.

Aber Achtung: Diese triviale Metrik birgt auch die Gefahr der »Betriebsblindheit«! Vor allem unter Zeitdruck passiert es dann, dass die Programmierer danach streben, möglichst alle Testfälle auf »Grün« zu bekommen (egal wie), und dabei nicht mehr links und rechts der Testfälle überlegen.

Die wesentlichen Vorteile von TDD:

- Es gibt weniger Risiko bei Änderungen am System, weil sie durch kleine Schritte entlang bestandener Tests erfolgen und der bestehende Code so bereits durch Tests abgesichert ist.
- TDD führt tendenziell zu besser wartbarem und erweiterbarem Programmcode.
- Die Testautomatisierung erhält einen viel größeren Stellenwert als bei anderen Vorgehensweisen.
- Die erstellten Unit Tests und Systemtests dokumentieren auch gleich das System. Was das Softwaresystem leisten soll, liegt in Form »lesbarer« und im Idealfall auch jederzeit lauffähiger Tests vor. Dies ist mit Sicherheit besser als eine schlecht gewartete Quellcodedokumentation.
- Durch TDD in Verbindung mit automatisierten Tests entsteht so etwas wie eine »ausführbare Spezifikation«.

Einige Risiken beim Einsatz von TDD:

- Ein testgetriebenes Vorgehen alleine macht noch keine guten Requirements!
- Verschiedene Aspekte des Systems können nicht automatisiert getestet und in den Build-Prozess eingebunden werden, z.B. Usability, Vollständigkeit der Anforderungen und inhaltliche Qualität der Anforderungen.
- Durch TDD werden nicht alle Aspekte einer guten Spezifikation abgedeckt, z.B. Kontext, grafische Prozessmodellierung, Visualisierung und Architektur.
- Die Spezifizierer der Testfälle müssen aufpassen, dass sie nicht zu schnell und zu tief in die Details abgleiten und Sonderfälle, Fehlersituationen etc. beschreiben.
- Eine Frage ist auch, wie sichergestellt wird, dass die Tests bzw. Spezifikationen ausreichend sind.

Beispiel zur Spezifikationstiefe in TDD:

Eine Ausgangsituation bzw. Anforderung, die im Kopf des Kunden vorhanden ist: »Die Addition von beliebigen reellen Zahlen soll implementiert werden.«

In der herkömmlichen Spezifikationsart würden wir hier eine User Story wie folgt formulieren: »Als Benutzer möchte ich zwei beliebige reelle Zahlen addieren können.«

Mit TDD müssen nun vor der Programmierung passende Tests spezifiziert werden, die diese Funktionalität so weit beschreiben, dass diese sinnvoll programmiert werden kann.

Folgende Testfälle könnten z.B. dazu spezifiziert werden:

Testfälle[a]:

ID	Input 1	Input 2	Ergebnis
1	Reelle Zahl	Reelle Zahl	Reelle Zahl aus Summe von Input 1 und Input 2
2	Reelle Zahl	keine reelle Zahl	Fehlermeldung »Keine reelle Zahl in Parameter 2 eingegeben«
3	keine reelle Zahl	Reelle Zahl	Fehlermeldung »Keine reelle Zahl in Parameter 1 eingegeben«

Man sieht in dem kleinen Beispiel schon, dass durch die Testfälle eine weitaus detailliertere Spezifikation erfolgt als durch herkömmliche Requirements-Spezifikationstechniken wie z.B. User Stories. So geht hier z.B. hervor, dass es Fehlerfälle geben kann, die mit der Ausgabe einer speziellen Fehlermeldung für diesen Fall abgefangen werden sollen.

Des Weiteren sollten zur Durchführung und Automatisierung der Testfälle konkrete Testdaten angegeben werden:

ID	Input 1	Input 2	Erwartetes Ergebnis
1	3,5	4,6	8,1
2	10,0	$cfgh	Fehlermeldung »Keine reelle Zahl in Parameter 2 eingegeben«
3	20.3.2001	130,23	Fehlermeldung »Keine reelle Zahl in Parameter 1 eingegeben«

Die testdatenorientierte Testspezifikation entspricht im Wesentlichen dem Vorgehen bei Specification by Example (siehe auch Abschnitt A.1). Die Testdatenkombinationen sind ja nichts anderes als Beispiele.

a. Weitere Testfälle für Wertebereichsüberschreitungen, Unterscheidung zwischen positiven, negativen Zahlen und 0, leere Eingaben etc. könnten evtl. noch sinnvoll sein, wurden jedoch hier aus Platzgründen nicht angegeben. Wenn alle Fehler- und Sonderfälle abgedeckt werden sollen, dann konnte man hier alleine für dieses kleine Beispiel mehr als zehn Testfälle spezifizieren.

Man muss sich bei TDD bei jedem zu spezifizierenden Element die Frage stellen, wie viele Tests nötig sind, um das Verhalten und die Funktion im Rahmen von TDD gerade ausreichend zu spezifizieren, ohne zu viel zu spezifizieren. Zu viele Testfälle bergen die Gefahr in sich, dass man zu schnell in Details abgleitet, die nicht relevant sind. Zu wenige Testfälle führen dazu, dass evtl. wichtige Teile der Funktionalität, vor allem die Behandlung von Sonder- und Fehlerfällen, nicht beschrieben werden und sich die Programmierer bei diesem Ansatz darauf verlassen, dass sie nur so viel programmieren müssen, dass die genannten Testfälle erfüllt werden.

Beispiel TDD: Requirements versus Testfallspezifikation

Ausgangssituation bzw. Anforderung, die beim Kunden vorhanden ist: »Die Sinusfunktion soll implementiert werden« (siehe auch Abb. A–1 auf Seite 361).

Mit TDD müssen passende Tests spezifiziert werden, die diese Funktionalität so weit beschreiben, dass die Entwicklerinnen diese sinnvoll programmieren können.

Folgende Testfälle könnten z.B. dazu spezifiziert werden:

Testfälle:

ID	Input	Erwartetes Ergebnis
1	90	1
2	0	0

Die Frage ist, ob diese Testfälle ausreichen?

Im Grunde könnte auch eine lineare Funktion programmiert werden, die zufällig dieselben Ergebnisse liefert wie diese beiden Testfälle.

Daher erscheint es in diesem Fall sinnvoll, noch weitere Testfälle zu spezifizieren, um das Verhalten abzusichern:

ID	Input 1	Erwartetes Ergebnis
3	45	0,7
4	135	0,7
5	180	0

Diese Testfälle stellen die Sinuskurve zwar schon näherungsweise dar, jedoch immer noch sehr lückenhaft.

Ob diese Beispielwerte in der Praxis schon ausreichen, um die Funktionsimplementierung sinnvoll abzusichern, muss im Einzelfall entschieden werden. Wenn es sich um analoge Schwingungsgleichungen handelt, bei denen diese Funktion benötigt wird, könnten z.B. diese Punkte auch durch eine Wellenfunktion getroffen werden.

Dieses Beispiel zeigt, dass mit TDD bestimmte Funktionalitäten durch die Testfälle nicht vollständig beschrieben werden können und die Testfälle nur einen punktuellen Auszug der Funktion darstellen. Dies sollte allen Beteiligten beim TDD-Vorgehen bewusst sein.

Sich nur auf die automatisierten Tests im Rahmen von TDD zu verlassen, ist daher nicht ausreichend. Dieser Ansatz ermöglicht keine vollständige Spezifikation!

Testgetriebene Entwicklung kann auch im Rahmen des Extreme Programming (XP) und anderer agiler Methoden sinnvoll eingesetzt werden. Darüber hinaus ist TDD z.B. in Verbindung mit Pair Programming anwendbar, wobei eine Person den Code schreibt und die andere die Korrektheit des Codes überwacht.

A.3 Behavior Driven Development

Definition/ Kurzbeschreibung	**Behavior Driven Developments** (BDD, verhaltensgetriebene Entwicklung) ist eine Spezifikationstechnik, bei der einerseits der Fokus sehr stark auf der Kommunikation mit den Kunden liegt und andererseits durch einen formalen Rahmen die Basis für die Automatisierung der Anforderungen als Testfälle geschaffen wird. Die Satzschablone der **User Story**: **Als** <Benutzerrolle> **will ich** <die Aktion> [, **sodass/weil** < Nutzen>] wird dabei um einen **Szenarioteil** erweitert: **Given/Gegeben** <Vorbedingung> **und** <evtl. weitere Vorbedingungen> **when/wenn** <Verhalten/Trigger> **then/dann** <Ergebnis/Nachbedingung> Diese »Sprache«, in der die strukturierten Anforderungen geschrieben werden, wird »Gherkin« (dt. »Gurke«) genannt.
Anwendung	Die Anforderungen werden in einer formalen Satzschablone erstellt, jedoch in »natürlicher Sprache«. Damit soll der Wissenstransfer zwischen Anwendern und Entwicklerinnen erleichtert werden. Die Anforderungen werden dann als Testfälle implementiert und stellen so eine gute Basis für die automatisierte Verifikation der Anforderungen dar. In der Grundstruktur – funktionaler Beschreibungsteil und Ergänzung durch Szenarioteil – ist BDD vergleichbar mit Use-Case-Beschreibungen. BDD wird angewendet, um den Kunden auf einfache Art eine Spezifikationserstellung zu ermöglichen, die dann von den Entwicklerinnen leicht weiter verwendet werden kann. Im Grunde besteht BDD aus drei groben Schritten: - Erstellung der Spezifikation mit dem Kunden auf Basis der Satzschablonen - Umsetzung der Spezifikation in Form von automatisierten Tests - Implementieren der passenden Software, die die Tests erfüllt Die letzten zwei Schritte sind im Prinzip sehr ähnlich zu TDD (siehe Abschnitt A.2).
Hinweise	Behavior Driven Development wurde erstmals 2003 durch Dan North als Reaktion auf testgetriebene Entwicklung definiert. Dan North entwickelte auch JBehave als erstes Framework für die Umsetzung von BDD. Es gibt heute für fast jede Programmierumgebung Frameworks und Erweiterungen, die die BDD-Sprache »Gherkin« umsetzen und in der jeweiligen Programmierumgebung anwendbar machen.

Ein Grund, warum BDD als Reaktion auf TDD entwickelt wurde, ist, dass die automatisierten Unit Tests bei TDD für die Anwender typischerweise schlecht lesbar sind und damit ein Kommunikationsbruch zwischen Anwendern und Entwicklerinnen vorhanden ist. Durch die vorgegebene Satzschablone erstellen die Kunden einen semiformalen »Pseudocode« im Vorfeld der Entwicklung in Form von User Stories, ergänzt durch das Verhalten (Behavior) mit Vor- und Nachbedingungen.

Die wesentlichen Vorteile von BDD (ähnlich SBE und TDD):

- Einfache Satzschablone zur Formulierung von Verhalten
- Bis zu einem gewissen Grad verständlich für den Kunden
- Es gibt weniger Risiko bei Änderungen am System, weil die Änderungen durch kleine Schritte entlang bestandener Tests erfolgen und der bestehende Code bereits durch Tests abgesichert ist.
- BDD führt tendenziell zu besser wartbarem und erweiterbarem Programmcode.
- Die Testautomatisierung erhält einen viel größeren Stellenwert als bei herkömmlichen Vorgehensweisen.
- Die erstellten Tests dokumentieren auch gleich das System.
- Durch BDD in Verbindung mit automatisierten Tests entsteht so etwas wie eine »ausführbare Spezifikation«.

Einige Hinweise und Risiken beim Einsatz von BDD:

- Für die formulierten Sätze (Szenarien) gilt dasselbe wie für sonstige Requirements-Spezifikationen: Sie müssen richtig, vollständig, konsistent, ausreichend, verständlich etc. formuliert sein.
- Nur weil der Durchlauf der daraus erstellten automatisierten Tests »grün« ist, heißt das nicht, dass alles gut ist!
- Spezielle Frameworks zur Automatisierung sind dafür Voraussetzung.
- Es werden nicht alle Aspekte einer guten Spezifikation abgedeckt, wie z.B. Architektur, Kontext, grafische Prozessmodellierung und Visualisierung. Dieser Ansatz ermöglicht daher nur eine reduzierte Spezifikation!
- Dieser Ansatz eignet sich primär für stark funktionsorientierte Spezifikationen.
- Verschiedene Aspekte des Systems können nicht automatisiert getestet und in den Build-Prozess eingebunden werden, z.B. Usability, Vollständigkeit der Anforderungen und inhaltliche Qualität der Anforderungen.
- Die Komplexität und Unübersichtlichkeit steigt sehr schnell, wenn man in die Details der Szenarien kommt, z.B. durch Kombinationen von mehreren Bedingungen, mehreren Aktionen, Sonderfällen und Fehlersituationen.

Vorgehensweise für BDD am Beispiel Cucumber (dt. »Gurke«[3]):

1. Describe behavior in plain text

```
Feature: Addition
  In order to avoid silly mistakes
  As a math idiot
  I want to be told the sum of two numbers

  Scenario: Add two numbers
    Given I have entered 50 into the calculator
    And I have entered 70 into the calculator
    When I press add
    Then the result should be 120 on the screen
```

2. Write a step definition in Ruby

```
Given /I have entered (.*) into the calculator/ do |n|
  calculator = Calculator.new
  calculator.push(n.to_i)
end
```

3. Run and watch it fail (Class Calculator missing)

```
$ cucumber features/addition.feature
Feature: Addition  # features/addition.feature
  In order to avoid silly mistakes
  As a math idiot
  I want to be told the sum of two numbers
  Scenario: Add two numbers                      # features/additi
    Given I have entered 50 into the calculator  # features/step_d
      uninitialized constant Calculator (NameError)
      ./features/step_definitons/calculator_steps.rb:2:in `Given /
      features/addition.feature:7:in `Given I have entered 50 into
    And I have entered 70 into the calculator    # features/step_d
    When I press add                             # features/additi
    Then the result should be 120 on the screen  # features/additi
```

4. Write code to make the step pass

```
class Calculator
  def push(n)
    @args ||= []
    @args << n
  end
end
```

3. Cucumber ist ein Tool für BDD mit der Codebasis »Ruby«, Quelle des Beispiels: *www.cukes.info*.

5. Run again and see the step pass

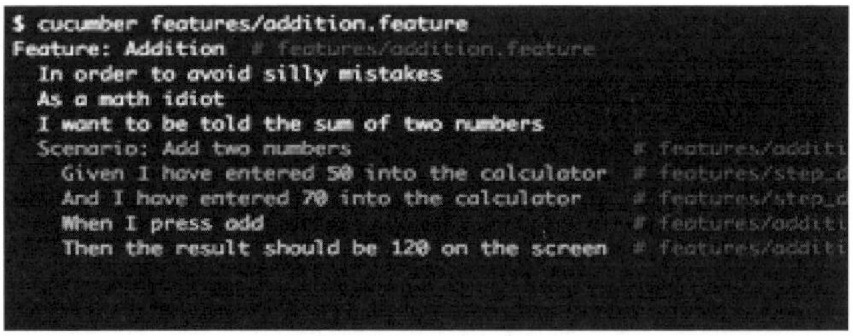

6. Repeat 2 – 5 until green like a cuke

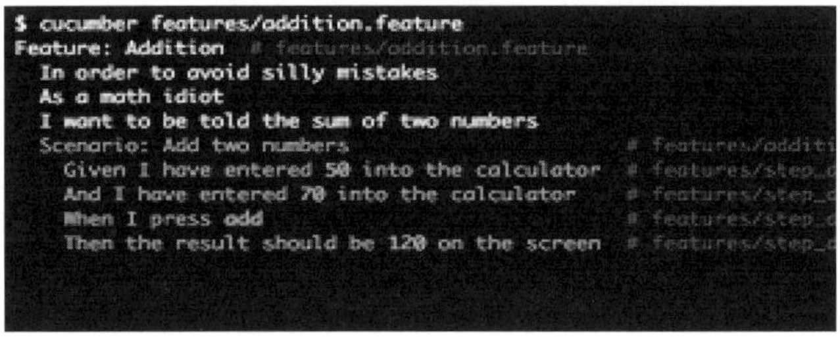

7. Repeat 1 – 6 until the money runs out

Beispiele für BDD-Spezifikation:

Abgeleitet aus den Businessprozessen am Beispiel des Prozesses »Tagesarbeitszeit und Projektzeit erfassen« ergeben sich folgende Stories, ergänzt mit BDD-Szenarien:

Story 1:

»Als Mitarbeiterin möchte ich meine Tagesarbeitszeit und die Pausen erfassen, damit ich gegenüber dem Arbeitgeber und dem Arbeitszeitgesetz meine Arbeitszeiten nachweisen kann.«

BDD-Szenario 1:

- Gegeben Kommt-Zeit ist 9:00
- und Geht-Zeit ist 17:00
- und Pausenzeit ist 30 Minuten
- wenn der Benutzer das Pausenfeld verlässt
- dann beträgt die Tagesarbeitsdauer 7,5 Stunden.

→

BDD-Szenario 2:

- Gegeben Kommt-Zeit ist 9:00
- und Geht-Zeit ist 20:00
- und Pausenzeit ist 30 Minuten
- wenn der Benutzer auf Speichern drückt
- dann wurde die zulässige maximale Tagesarbeitszeit lt. Arbeitszeitgesetz überschritten und ich bekomme einen Hinweis »zulässige Tagesarbeitsdauer laut Arbeitszeitgesetz wurde überschritten« und das Speichern ist nicht möglich.

BDD-Szenario 3:

- Gegeben Kommt-Zeit ist 9:00
- und Geht-Zeit ist 19:00
- und Pausenzeit ist 30 Minuten
- wenn der Benutzer auf Speichern drückt
- dann werden die Eingaben gespeichert und die 1,5 Stunden, die die Normalarbeitszeit übersteigen, werden auf das Zeitguthaben des Benutzers gebucht.

In dieser Art ergeben sich hier bei kurzem Nachdenken noch viele verschiedene andere Szenarien für diese User Story. Wenn man die ganzen Bedingungskombinationen und Aktionskombinationen berücksichtigt, kommen hier sehr schnell Dutzende Szenarien zusammen.

Wie man an dem kleinen Beispiel sieht, ergeben sich hier mehrere Aspekte, die die Verwaltung und Struktur der Requirements betreffen:

- Eine User Story kann aus mehreren oder vielen BDD-Szenarien bestehen.
- Die BDD-Szenarien können unterschiedliche oder auch gemeinsame Auslöser haben.
- Die BDD-Szenarien können unterschiedliche, gleiche oder ähnliche Eingangsbedingungen haben.
- Die BDD-Szenarien können unterschiedliche, gleiche oder ähnliche Aktionen oder Nachbedingungen haben.
- Die Bedingungen und Aktionen sind oft nicht nur einzeln angegeben, sondern können beliebig komplexe Kombinationen sein.

Hier zeigt sich auch eine deutliche Schwäche von BDD:
Diese Beschreibungsform wird bei vielen Szenarien und Bedingungen schnell unübersichtlich und für den Kunden nicht mehr durchschaubar.

Leider wird in den typischen Beispielen, die im Web angeführt werden, diese Komplexität nicht dargestellt, sondern hier werden meist nur Trivialbeispiele gezeigt. In der Anleitung von Dan North zum Thema BDD[4] wird angegeben, dass Szenarien auch »modularisiert« und gleiche Elemente, wie Bedingungen, Trigger, Aktionen, gekapselt werden sollen. In der Codeumsetzung ist dies durch die zugrunde liegende Programmiersprache leicht möglich und für Entwicklerinnen auch verständlich und hilfreich. Die Kunden können jedoch auf der Ebene der Spezifikation mit dieser Kapselung und Wiederverwendung in Textform meist wenig anfangen bzw. werden dadurch evtl. überfordert.

Es empfiehlt sich, bei komplexeren Ablaufstrukturen auf passende Beschreibungstechniken zurückzugreifen. Für Szenarien, die mehr als eine Bedingung oder Aktion haben, ist eine Entscheidungstabelle zur Beschreibung zu empfehlen.

Die Empfehlung ist hier, Szenarien, die aus mehr als einer Eingangsbedingung bestehen, durch Entscheidungstabellen zu spezifizieren. Daraus können dann ebenfalls automatisiert durch entsprechende Generatoren bzw. Tools der dazugehörige Quellcoderahmen und die automatisierten Testfälle erstellt werden.

4. Siehe *http://dannorth.net/introducing-bdd*.

Exkurs Entscheidungstabelle

Die Entscheidungstabelle ist nichts anderes als eine strukturiert und übersichtlich abgebildete Darstellung von Fällen einer Wenn-Dann-Formulierung oder auch einer Given-When-Then Formulierung.

		Beschreibungen		Regeln								
				R1	R2	R3	R4	R5	R6	R7	R8	…
Wenn	Bedingungen (GIVEN)	B1	Gültige Kommt-Zeit eingegeben	J	J	J	J	N	–	–		
		B2	Gültige Geht-Zeit eingegeben	J	J	J	J	–	N	–		
		B3	Gültige Pausendauer eingegeben	J	J	J	J	–	–	N		
		B4	Geht-Zeit – Kommt-Zeit – Pausendauer > Normalarbeitszeit lt. Arbeitszeitregelung	N	N	N	J	–	–	–		
		B5	Geht-Zeit – Kommt-Zeit – Pausendauer > maximale Tagesarbeitszeit lt. Arbeitszeitgesetz	N	J	N	N	–	–	–		
		B6	…	–	–	–		–	–	–		
	Trigger (WHEN)	T1	Feld verlassen	J	–	–	–	J	J	J		
		T2	Speichern gedrückt	–	J	J	J	–	–	–		
		T3	…	–	–	–	–	–	–	–		
Dann	Aktionen (THEN)	A1	Eingabe speichern & beenden			x	x					
		A2	Eingabe NICHT speichern & nicht beenden	x	x							
		A3	Tagesarbeitsdauer berechnen und neben den Zeitfeldern anzeigen	x								
		A4	Hinweis ausgeben, dass die zulässige Tagesarbeitsdauer überschritten wurde		x							
		A5	Stunden > Normalarbeitszeit auf Zeitguthaben des Benutzers buchen				x					
		A6	Hinweis ausgeben, dass kein gültiger Wert eingegeben wurde					x	x	x		
		A7	…									

Tab. A-1 *Beispiel für Entscheidungstabelle*

Damit lassen sich komplexe logische Zusammenhänge in exakter und dennoch übersichtlicher Weise abbilden.

Die Tabelle ist dazu in vier grundlegende Abschnitte strukturiert:

- **Beschreibungsteil für Bedingungen und Trigger** (links oben)
  In diesem Bereich werden die Bedingungen oder Eingangsgrößen aufgelistet, die die Entscheidung beeinflussen.
- **Regelteil** (rechts oben)
  Hier werden alle möglichen Bedingungskombinationen dargestellt, wobei jede Spalte eine eindeutige Kombination (Regel) repräsentiert.

→

- **Beschreibungsteil für Aktionen** (links unten)
  Hier werden die möglichen Aktionen bzw. Nachbedingungen angeführt.
- **Aktionsausführungsteil** (rechts unten)
  Hier werden den Bedingungskombinationen die entsprechend durchzuführende(n) Aktion(en) zugeordnet.

Man kann im Zusammenhang mit BDD die Trigger (WHEN) ebenfalls als Teil des Wenn-Teils und der Regeln betrachten. Typischerweise tritt nur immer genau ein Trigger auf.

Hinweis: Wenn man der Ansicht ist, dass es eine Kombination von Triggern als Auslöser gibt, sollte vorher geprüft werden, ob nicht doch einer der Trigger eine Bedingung für den eigentlichen Auslöser ist. Eine gleiche Bedingungskombination kann bei unterschiedlichem Trigger auch unterschiedliche Aktionen bewirken.

Im Regelteil kann zur Reduktion der Bedingungskombinationen zusätzlich zu den binären J/N-Angaben auch eine »Nicht relevant«-Kennung in Form eines Strichs »-« verwendet werden. Dies vereinfacht die Entscheidungstabellen stark, weil dadurch mehrere Bedingungskombinationen in einer Spalte zusammengefasst werden können, wenn eine Bedingung keinen Einfluss auf die durchzuführenden Aktionen hat.

Aus Entwickler- und evtl. noch mehr aus Testersicht hat die Entscheidungstabelle viele Vorteile:

- Eine Entscheidungstabelle kann zwar auch groß werden, ist jedoch bei gleichen Voraussetzungen, wie Anzahl der Bedingungen, Aktionen etc., immer übersichtlicher als eine große Anzahl von Kärtchen oder Einträgen mit textuellen Beschreibungen von Bedingungskombinationen.
- Die Testfälle und was dabei einzugeben ist bzw. das erwartete Ergebnis sind auf den ersten Blick ersichtlich: Jede Regelspalte entspricht genau einem Testfall.
- Es können automatisch oder auch manuell Plausibilitätsprüfungen vorgenommen werden:
  - Gibt es Aktionen, die noch nicht ausgeführt werden?
  - Gibt es Trigger, die niemals aktiviert werden?
  - Gibt es Regeln, denen keine Aktion zugeordnet ist?
  - Wurden alle Regelkombinationen spezifiziert?
- Man übersieht keine Ausnahmen, Sonderfälle oder alternative Bedingungskombinationen bei den Bedingungen. Oft wird in Textform nur positiv spezifiziert: »Wenn die Kommt-Zeit und die Geht-Zeit eingegeben wurden, dann ...« Was passiert jedoch, wenn eines der beiden Felder oder beide Felder nicht oder falsch ausgefüllt wurden? Ein solcher Sonderfall wird oft vernachlässigt und gerade diese Ausnahmen sind dann die Ursache von Fehlern in der Software.

B Rollenbeschreibungen – Beispiele

B.1 Product Owner (PO)

Der Product Owner (PO) bzw. Produktmanager ist der (interne) Auftraggeber und gesamtverantwortlich für das entwickelte Produkt und für die Vorgabe der Anforderungen im Product Backlog und deren Priorisierung.

Anmerkung: Diese Rolle ist nur dann gesamtverantwortlich für das Produkt, wenn es genau ein Team gibt. Wenn es mehrere Teams und einen übergeordneten Chief Product Owner gibt, dann ist der PO verantwortlich für den ihm zugeordneten Produktteil. Der in dieser Beschreibung verwendete Begriff »Produkt« meint dann den vom PO verantworteten Produktteil.

- Anzahl Personen, denen diese Rolle typischerweise zugeordnet ist: genau eine Person pro (Produkt-)Team
- Aufwand für diese Rolle typischerweise pro Woche und Person: 20–40 h

Linienverantwortung

- Leitung ggf. zugeordneter Feature/Component Owners
- Leitung ggf. zugeordneter Requirements Engineers

Assets

- Das verantwortete Produkt
- Das verantwortete Product Backlog
- Alle dazugehörenden begleitenden Produktartefakte (z.B. Spezifikationen, Architektur, Akzeptanztest-Spezifikation, Dokumentation, Planungen, Beschreibung/Flyer, Produktschulungen etc.)
- Marketinginhalte/Beschreibungen für das verantwortete Produkt

Aufgaben/Verantwortung

- Vertretung der fachlichen Auftraggeberseite und somit sämtlicher Stakeholder des Produkts
- Pflege und Steuerung des zugeordneten Product Backlog
- Priorisierung der Product Backlog Items so, dass der Business Value des Produkts maximal wird und die Möglichkeit früher Releases von Kernfunktionalität besteht, um einen schnellen Return on Investment zu erreichen
- Nach Möglichkeit Teilnahme an den Daily Scrums, um sich (passiv) über den aktuellen Stand und eventuelle Probleme zu informieren
- Nach Bedarf für Rückfragen des/der Teams bereitstehen
- Verantwortung dafür tragen, dass die richtigen Anforderungen ausreichend detailliert im Product Backlog stehen und in einer sinnvollen Reihenfolge abgearbeitet werden
- Vorbereitung des Backlogs für die nächsten Sprints (ausreichend Requirements fertig definieren für eine kontinuierliche Arbeit des Teams auch im Falle des kurzfristigen Ausfalls des PO)
- Festlegen von Akzeptanzkriterien und Durchführen der Abnahme

Was diese Rolle NICHT tut:

- Rolle des Chefs für ein Scrum-Team übernehmen
- Daily Scrums moderieren oder ungefragt dort reden
- Während des aktiven Sprints das Sprint Backlog beeinflussen (Zusatzanforderungen, Streichung von Aufgaben etc.)
- Im Projekt als Teammitglied (z.B. Entwickler, Softwarearchitekt) mitarbeiten (möglicher Interessenkonflikt!)
- Gleichzeitig die Scrum-Master-Rolle versuchen einzunehmen (möglicher Interessenkonflikt!)
- Seine Aufgabe nur zu Beginn und am Ende der Sprints wahrnehmen

Befugnisse

- Verantwortetes Product Backlog (jedoch NICHT Sprint Backlog) befüllen, ändern und (um)priorisieren
- Produktbezogene inhaltliche Vorgaben bzw. Entscheidungen treffen
- Die Abnahme des verantworteten Produkts durchführen oder verweigern, wenn es nicht der DoD entspricht
- Inhaltliche produktbezogene Punkte für die DoD vorgeben

(Mindest-)Qualifikation

- Hat umfassende fachliche und inhaltliche Kenntnisse hinsichtlich des Produkts
- Kennt die Aufgaben der PO-Rolle methodisch sehr gut (z.B. Product-Owner-Schulung und Zertifizierung)
- Kennt im Idealfall auch die Scrum-Vorgehensweise methodisch sehr gut (z.B. Scrum-Master-Schulung und Zertifizierung)
- Hat wenn möglich schon einige Jahre praktisch in agilen Projekten als PO gearbeitet

Anmerkungen

- Im Scrum-Projekt erteilt der Product Owner dem Team keine direkten Anweisungen – sonst muss der Scrum Master eingreifen.
- Detailanforderungen sollten vom PO erst zum spätesten sinnvoll möglichen Zeitpunkt spezifiziert werden, um unnötige Aufwände im Falle von Änderungen zu vermeiden, jedoch früh genug, dass das Team bei einem kurzfristigen Ausfall des PO nicht leerläuft.

B.2 Chief Product Owner (CPO)

> *Der Chief Product Owner (CPO) definiert die Vision des gesamten Produkts. Er ist der (interne) Auftraggeber und gesamtverantwortlich für das entwickelte Produkt. Der Chief Product Owner vermittelt diese Vision sowie die strategischen Anforderungen und Prioritäten allen zugeordneten Product Ownern (PO) und Teams. Er koordiniert und steuert die POs für die Umsetzung mehrerer Produktteile.*

Anmerkung. Diese Rolle ist nur dann sinnvoll, wenn ein Produkt so groß ist, dass es nicht mehr von einem Team mit einem PO umgesetzt werden kann, sondern die Entwicklungsgruppe aus zwei oder mehr Teams besteht.

- Anzahl Personen, denen diese Rolle typischerweise zugeordnet ist: genau eine Person pro Produkt
- Aufwand für diese Rolle typischerweise pro Woche und Person: 40 h

Linienverantwortung

- Leitung der zugeordneten Product Owners

Assets

- Das verantwortete Produkt, das aus mehreren Produktteilen besteht
- Das gesamte Product Backlog

- Alle dazugehörenden begleitenden Produktartefakte (z.B. Spezifikationen, Architektur, Akzeptanztest-Spezifikation, Dokumentation, Planungen, Beschreibung/Flyer, Produktschulungen etc.)
- Marketinginhalte/Beschreibungen für das verantwortete Produkt

Aufgaben/Verantwortung

- Vertretung der fachlichen Auftraggeberseite und somit sämtlicher Stakeholder des Produkts
- Pflege und Steuerung des Product Backlog
- Erstellen einer passenden Releaseplanung
- Priorisierung der Product Backlog Items so, dass der Business Value des Produkts maximal wird und die Möglichkeit früher Releases von Kernfunktionalität besteht, um einen schnellen Return on Investment zu erreichen
- Regelmäßige Abstimmung (z.B. 1× pro Woche) mit seinen POs
- Bei kritischen Features nach Möglichkeit auch Teilnahme an den Sprint-Planungs-Meetings der betroffenen Teams, um sich über den aktuellen Stand und eventuelle Probleme zu informieren
- Nach Bedarf für Rückfragen der zugeordneten POs bereitstehen
- Verantwortung dafür tragen, dass die richtigen Anforderungen in der richtigen Reihenfolge im Product Backlog stehen und die Backlog-Einträge so weit spezifiziert sind, dass die gewünschten Produktziele und Produktstrategie von den POs und den Teams bei der Umsetzung erkannt und verstanden werden.
- Vorbereitung des Backlogs für die nächsten Releases (ausreichend Requirements fertig definieren für eine kontinuierliche Arbeit des Teams auch im Falle des kurzfristigen Ausfalls des CPO)
- Festlegen von Release-Akzeptanzkriterien und Durchführen der Release-Abnahme des Gesamtprodukts

Was diese Rolle NICHT tut:

- Rolle des Chefs für ein Scrum-Team übernehmen
- Daily Scrums moderieren oder ungefragt dort reden
- Während des aktiven Sprints das Sprint Backlog beeinflussen (Zusatzanforderungen, Streichung von Aufgaben etc.)
- Im Projekt als Teammitglied (z.B. Entwickler, Softwarearchitekt) mitarbeiten (möglicher Interessenkonflikt!)
- Gleichzeitig die Scrum-Master-Rolle versuchen einzunehmen (möglicher Interessenkonflikt!)
- Seine Aufgabe nur zu Beginn und am Ende der Release bzw. Sprints wahrnehmen

Befugnisse

- Product Backlog (jedoch NICHT Sprint Backlog) befüllen, ändern und (um)priorisieren
- Produktbezogene inhaltliche Vorgaben bzw. Entscheidungen treffen
- Die Abnahme durchführen oder verweigern, wenn das Produkt nicht der DoD entspricht
- Inhaltliche produktbezogene Punkte für die DoD vorgeben

(Mindest-)Qualifikation

- Hat umfassende fachliche und inhaltliche Kenntnisse hinsichtlich des Produkts
- Hat Managementfähigkeiten
- Kennt die Aufgaben der PO-Rolle methodisch sehr gut (z. B. Product-Owner-Schulung und Zertifizierung)
- Kennt im Idealfall auch die Scrum-Vorgehensweise methodisch sehr gut (z. B. Scrum-Master-Schulung und Zertifizierung)
- Hat wenn möglich schon einige Jahre praktisch in agilen Projekten als PO gearbeitet
- Hat wenn möglich schon einige Jahre Erfahrung in der Teamleitung

Anmerkungen

- Im Scrum-Projekt erteilt auch der Chief Product Owner dem Umsetzungsteam keine direkten Anweisungen – sonst muss der Scrum Master eingreifen.
- Detailanforderungen sollten vom CPO erst zum spätesten sinnvoll möglichen Zeitpunkt spezifiziert werden, um unnötige Aufwände im Falle von Änderungen zu vermeiden, jedoch früh genug, dass die Teams bei einem kurzfristigen Ausfall des CPO nicht leer laufen.

B.3 Feature & Component Owner (FO, CO)

> Der Feature Owner (FO) bzw. Component Owner (CO) verantwortet einen Teilbereich eines Produkts in Abstimmung mit dem PO und ist diesbezüglich die fachliche Schnittstelle vom Team zum PO.

- Anzahl Personen, denen diese Rolle typischerweise zugeordnet ist: mindestens zwei Personen pro Produkt (bei einer Person gibt es keinen FO/CO, sondern nur einen PO)
- Aufwand für diese Rolle typischerweise pro Woche und Person: 10–40 h

Linienverantwortung

- Leitung ggf. zugeordneter Requirements Engineers, darüber hinaus keine

Assets

- Teile des Product Backlog, soweit es das verantwortete Feature bzw. die Komponente betrifft und diese(s) vom PO freigegeben wurde
- Sprint Backlog, soweit dies vom Scrum-Team freigegeben wurde
- Alle dazugehörenden begleitenden Produktartefakte (z.B. Spezifikationen, Architektur, Akzeptanztest-Spezifikation, Dokumentation, Planungen, Beschreibung/Flyer, Produktschulungen etc.)

Aufgaben/Verantwortung

- Pflege und Steuerung des Product Backlog, soweit dies vom PO freigegeben wurde
- Priorisierung der für diese Rolle freigegebenen Product Backlog Items so, dass der Business Value des Produkts maximal wird und die Möglichkeit früher Releases von Kernfunktionalität besteht, um einen schnellen Return on Investment zu erreichen
- Teilnahme an allen Daily Scrums, um sich (passiv) über den aktuellen Stand und eventuelle Probleme zu informieren
- Laufend für Rückfragen des Teams bereitstehen
- Verantwortung dafür tragen, dass die richtigen Anforderungen ausreichend detailliert im Product Backlog stehen und in einer sinnvollen Reihenfolge abgearbeitet werden
- Vorbereitung des Backlogs für die nächsten Sprints (ausreichend Requirements fertig definieren für eine kontinuierliche Arbeit des Teams auch im Falle des kurzfristigen Ausfalls des FO/CO)
- Erfragt und diskutiert Details mit dem Team und »transformiert« diese verständlich von der Sprache des Kunden bzw. PO in die Sprache des Teams bzw. umgekehrt
- Unterstützung des PO beim Festlegen von Akzeptanzkriterien und Durchführen der Abnahme

Was diese Rolle NICHT tut:

- Rolle des Chefs für das Team übernehmen
- Daily Scrums moderieren oder ungefragt dort reden
- Während des aktiven Sprints das Sprint Backlog beeinflussen (Zusatzanforderungen, Streichung von Aufgaben etc.)
- Gleichzeitig die Scrum-Master-Rolle versuchen einzunehmen (möglicher Interessenkonflikt!)
- Die Aufgabe nur zu Beginn und am Ende der Sprints wahrnehmen

Befugnisse

- In Abstimmung mit dem PO bzw. dem Team das Product Backlog und Sprint Backlog befüllen, ändern und (um)priorisieren
- Produktbezogene inhaltliche Vorgaben bzw. Entscheidungen für die dafür freigegebenen Backlog-Einträge treffen
- In Abstimmung mit dem PO die Abnahme durchführen oder verweigern, wenn das Produkt nicht der DoD entspricht
- Inhaltliche produktbezogene Punkte für die DoD in Abstimmung mit dem PO vorgeben

(Mindest-)Qualifikation

- Hat umfassende fachliche und inhaltliche Kenntnisse hinsichtlich des verantworteten Produktteils
- Kennt die Aufgaben der PO-Rolle methodisch sehr gut (z.B. Product-Owner-Schulung und Zertifizierung)
- Kennt im Idealfall auch die Scrum-Vorgehensweise methodisch sehr gut (z.B. Scrum-Master-Schulung und Zertifizierung)
- Hat wenn möglich schon einige Jahre in agilen Projekten als PO gearbeitet

Anmerkungen

- Der FO/CO darf inhaltliche Entscheidungen nur soweit treffen, als ihm dies vom PO übertragen bzw. freigegeben wurde.
- Der FO/CO kann ein Linienmanager sein, aber notwendig ist das nicht, sofern er in der Lage ist, die Auftraggeberseite fachlich kompetent zu vertreten und das Product Backlog im Sinne des Auftrags zu gestalten.
- Manchmal ist es hinderlich, wenn das Team einen Vorgesetzten als FO/CO hat, weil es sich dadurch in den Kompetenzen eingeschränkt fühlen könnte
- Im Scrum-Projekt erteilt der FO/CO dem Team keine direkten Anweisungen – sonst muss der Scrum Master eingreifen.
- Detailanforderungen sollten vom FO/CO erst zum spätesten sinnvoll möglichen Zeitpunkt spezifiziert werden, um unnötige Aufwände im Falle von Änderungen zu vermeiden.
- Es kann bei Bedarf noch weitere Verantwortliche für spezielle Teilbereiche geben wie Platform Owner etc.

B.4 Proxy Product Owner (PPO)

> Der Proxy Product Owner (PPO) ist meist bei einem externen Auftraggeber die fachliche Schnittstelle vom Team zum PO des Auftraggebers oder der interne Koordinator mehrerer POs bei einem Team, die mehrere kleine Produktteile entwickeln.

- Anzahl Personen, denen diese Rolle typischerweise zugeordnet ist: keine bis genau eine Person pro Team
- Aufwand für diese Rolle typischerweise pro Woche und Person: 20–40 h

Linienverantwortung

- Leitung ggf. zugeordneter Requirements Engineers

Assets

- Teile des Product Backlog, soweit dies vom PO freigegeben wurde
- Sprint Backlog, soweit dies vom Scrum-Team freigegeben wurde
- Alle dazugehörenden begleitenden Produktartefakte (z.B. Spezifikationen, Architektur, Akzeptanztest-Spezifikation, Dokumentation, Planungen, Beschreibung/Flyer, Produktschulungen etc.)

Aufgaben/Verantwortung

- Pflege und Steuerung des Product Backlog, soweit dies vom PO freigegeben wurde
- Priorisierung der für ihn freigegebenen Product Backlog Items so, dass der Business Value des Produkts maximal wird und die Möglichkeit früher Releases von Kernfunktionalität besteht, um einen schnellen Return on Investment zu erreichen
- Teilnahme an allen Daily Scrums, um sich (passiv) über den aktuellen Stand und eventuelle Probleme zu informieren
- Laufend für Rückfragen des Teams bereitstehen
- Verantwortung dafür tragen, dass die richtigen Anforderungen ausreichend detailliert im Product Backlog stehen und in einer sinnvollen Reihenfolge abgearbeitet werden
- Vorbereitung des Backlogs für die nächsten Sprints (ausreichend Requirements fertig definieren für eine kontinuierliche Arbeit des Teams auch im Falle des kurzfristigen Ausfalls des PPO)
- Erfragt und diskutiert Details mit dem Team und »transformiert« diese verständlich von der Sprache des Kunden bzw. PO in die Sprache des Teams bzw. umgekehrt
- Unterstützung des PO beim Festlegen von Akzeptanzkriterien und Durchführen der Abnahme

Was diese Rolle NICHT tut:

- Rolle des Chefs für das Team übernehmen
- Daily Scrums moderieren oder ungefragt dort reden
- Während des aktiven Sprints das Sprint Backlog beeinflussen (Zusatzanforderungen, Streichung von Aufgaben etc.)
- Gleichzeitig die Scrum-Master-Rolle versuchen einzunehmen (möglicher Interessenkonflikt!)
- Seine Aufgabe nur zu Beginn und am Ende der Sprints wahrnehmen

Befugnisse

- In Abstimmung mit dem PO bzw. dem Team das Product Backlog und Sprint Backlog befüllen, ändern und (um)priorisieren
- Produktbezogene inhaltliche Vorgaben bzw. Entscheidungen für die dafür freigegebenen Backlog-Einträge treffen
- In Abstimmung mit dem PO die Abnahme durchführen oder verweigern, wenn das Produkt nicht der DoD entspricht
- Inhaltliche produktbezogene Punkte für die DoD in Abstimmung mit dem PO vorgeben

(Mindest-)Qualifikation

- Hat umfassende fachliche und inhaltliche Kenntnisse hinsichtlich des Produkts
- Kennt die Aufgaben der PO-Rolle methodisch sehr gut (z.B. Product-Owner-Schulung und Zertifizierung)
- Kennt im Idealfall auch die Scrum-Vorgehensweise methodisch sehr gut (z.B. Scrum-Master-Schulung und Zertifizierung)
- Hat wenn möglich schon einige Jahre in agilen Projekten als PO gearbeitet

Anmerkungen

- Der Proxy-PO darf inhaltliche Entscheidungen nur insofern treffen, als ihm dies vom PO übertragen bzw. freigegeben wurde.
- Im Scrum-Projekt erteilt der Proxy-PO dem Team keine direkten Anweisungen – sonst muss der Scrum Master eingreifen.
- Detailanforderungen sollten vom Proxy-PO erst zum spätesten sinnvoll möglichen Zeitpunkt spezifiziert werden, um unnötige Aufwände im Falle von Änderungen zu vermeiden.

C Abkürzungen

ALM	Application Lifecycle Management
ANSI	American National Standards Institute
ATDD	Acceptance Test Driven Development
BDD	Behavior Driven Development
BPMN	Business Process Model and Notation
CD	Continuous Delivery
CEO	Chief Executive Officer
CI	Continuous Integration
CIO	Chief Information Officer
CMMI	Capability Maturity Model Integration
CO	Component Owner
COBIT	Control Objectives for Information and Related Technology
COSMIC	Common Software Measurement International Consortium
COTS	Commercial off-the-shelf
CPO	Chief Product Owner
CPRE	Certified Professional for Requirements Engineering
CRUD	Create-Read-Update-Delete
DAD	Disciplined Agile Delivery
DEEP	Detailed appropriately, Emergent, Estimated and Prioritized (detailliert, emergent, geschätzt, priorisiert)
DoD	Definition of Done
DoR	Definition of Ready
ERP	Enterprise Resource Planning
FDA	Food and Drug Administration (USA)
FISMA	Finish Software Measurement Association
FL	Foundation Level
FO	Feature Owner
GF	Geschäftsführung
GUI	Graphical User Interface

HR	Human Resource
IEC	International Electrotechnical Commission
IEEE	Institute of Electrical and Electronics Engineers
IFPUG	International Function Point User Group
INVEST	Independent, Negotiable, Valuable, Estimatable, Small and Testable (unabhängig, verhandelbar, werthaltig, schätzbar, klein genug (small), testbar)
IREB	International Requirements Engineering Board
iSAQB	International Software Architecture Qualification Board
ISPE	International Society for Pharmaceutical Engineering
ISTQB	International Software Testing Qualifications Board
KI	Künstliche Intelligenz
KIS	Krankenhaus-Informations-System
MAPI	Messaging Application Programming Interface
MCI	Mensch-Computer-Interaktion
MMP	Minimum Marketable Product
MVP	Minimum Viable Product
NFA	Nicht funktionale Anforderung
OMG	Object Management Group
OWASP	Open Web Application Security Project
PDCA	Plan-Do-Check-Act
PO	Product Owner
PPO	Proxy Product Owner
RE	Requirements Engineering
REQ	Requirement
REQM	Requirements Management
SaaS	Software as a Service
SAFe	Scaled Agile Framework
SBE	Specification by Example
SDLC	Software Development Lifecycle
SMART	Spezifisch, Messbar, Akzeptiert, Realistisch, Terminierbar
SPICE	Software Process Improvement and Capability dEtermination
SSDF	Secure Software Development Framework
TDD	Test Driven Development
UC	Use Case
UI	User Interface
UML	Unified Modeling Language
US	User Story
XP	Extreme Programming

D Glossar

Dieses Glossar ergänzt Begriffe, die in den für die IREB-Zertifizierung RE@Agile-relevanten öffentlichen Glossaren [IREB Glossar] und [IREB RE@Agile Glossar] nicht enthalten sind, oder ergänzt gleiche Begriffe mit Definitionen aus anderen Quellen.

Agile Master Der Agile Master ist verantwortlich für das Einhalten der agilen Prozesse. In Scrum ist dies der Scrum Master. In anderen agilen Modellen ist diese Rolle nicht so klar definiert. Es sollte in jeder agilen Vorgehensweise immer eine verantwortliche Person für die Prozesse geben.

Aktivität Lt. Lehrplan [IREB RE@Agile Primer] LE 1.3: »Nach [Meyer 2014]: Eine Aktivität ist eine reale oder geplante Ausführung eines Verfahrens.«

Anforderung = Requirement

Artefakt Ein Artefakt (von lateinisch *ars, artis* »Handwerk«, und *factum* »das Gemachte«) steht in der Softwareentwicklung für ein Produkt, das als Zwischen- oder Endergebnis in der Softwareentwicklung entsteht (in Anlehnung an [Wikipedia: Artefakt]).

In diesem Buch werden darunter z.B. Sourcecode, Unit-Testfall, Backlog-Eintrag, Text oder Kärtchen mit einer User Story, ein Use-Case-Diagramm oder eine Use-Case-Beschreibung, eine Story Map, eine fertig definierte Persona oder ein Change Request verstanden.

Best Practice Der Begriff »Best Practice«, auch Erfolgsmethode, Erfolgsmodell oder Erfolgsrezept genannt, stammt aus der angloamerikanischen Betriebswirtschaftslehre und bezeichnet bewährte, optimale bzw. vorbildliche Methoden, Praktiken oder Vorgehensweisen im Unternehmen. [Wikipedia: Best Practice]

In diesem Buch wird dazu auch der Begriff »Good Practice« synonym verwendet und es werden darunter z.B. allgemein agile Ansätze (das Agile Manifest und die agilen Prinzipien), CMMI, SPICE oder COBIT verstanden.

Eine Best Practice ist oft der Rahmen oder die Basis für alle anderen anzuwendenden Vorgehensweisen, Prinzipien, Richtlinien, Methoden etc.

Business Process Modeling Notation BPMN ist eine grafische Notation zur standardisierten Darstellung und Kommunikation von Geschäftsprozessen, die von der OMG entwickelt und gepflegt wird.

BPMN ist so gestaltet, dass sie auch maschinell durch Workflow-Systeme, die diesem Standard entsprechen, eingelesen und verarbeitet werden kann, sodass die definierten Prozesse dann auch automatisch ausgeführt werden können (siehe *http://www.bpmn.org)*.

Continuous Delivery Kontinuierliche Auslieferung (engl. Continuous Delivery, CD) bezeichnet eine Sammlung von Techniken, Prozessen und Werkzeugen, die den Softwareauslieferungsprozess (engl. Deployment) verbessern. Techniken wie Continuous Integration (CI), Testautomatisierung und kontinuierliche Installation erlauben in Kombination mit agilen Methoden die Entwicklung qualitativ hochwertiger Software. Software-Build-Jobs auf CI-Servern wie Jenkins ermöglichen ein automatisiertes Testen und Erstellen von »Nightly«- oder »Release«-Versionen. Diese Versionen können mithilfe von CD automatisiert auf Entwicklungs-, Test-, Integrations- und Produktivumgebung eingespielt werden. Die Automatisierung der Integrations- und Auslieferungsprozesse ermöglicht schnelle, zuverlässige und wiederholbare Deployments. Erweiterungen oder Fehlerkorrekturen können somit mit geringem Risiko und niedrigem manuellem Aufwand in die Produktivumgebung oder zum Kunden ausgeliefert werden. [Wikipedia: Continuous Delivery]

Continuous Integration Kontinuierliche Integration (auch fortlaufende oder permanente Integration; engl. Continuous Integration, CI) ist ein Begriff aus der Softwareentwicklung, der den Prozess des fortlaufenden Zusammenfügens von Komponenten zu einer Anwendung beschreibt. Das Ziel der kontinuierlichen Integration ist die Steigerung der Softwarequalität. Typische Aktionen sind das Übersetzen und Linken der Anwendungsteile, prinzipiell können aber auch beliebige andere Operationen zur Erzeugung abgeleiteter Informationen durchgeführt werden. Üblicherweise wird dafür nicht nur das Gesamtsystem neu gebaut, sondern es werden auch automatisierte Tests durchgeführt und Softwaremetriken zur Messung der Softwarequalität erstellt. Der gesamte Vorgang wird automatisch ausgelöst durch Einchecken in die Versionsverwaltung.

Eine Vorstufe der kontinuierlichen Integration ist der Nightly Build (nächtlicher Erstellungsprozess). In der Praxis trifft man auch auf kontinuierliche Integration, gepaart mit einem Nightly Build, um die Vorteile beider Systeme zu kombinieren. In der Methode DevOps wird diese Automatisierung auch Pipeline genannt, da die einzelnen Schritte sequentiell abgearbeitet werden. Die Pipeline ermöglicht hier, die Entwicklungsgeschwindigkeit zu erhöhen, denn schon nach wenigen Minuten erhält der Entwickler Rückmeldung, ob die Qualitätsansprüche erreicht wurden oder nicht.

Eine Weiterentwicklung der kontinuierlichen Integration stellt die Continuous Delivery (CD) [kontinuierliche Auslieferung] dar. Dabei wird in bestimmten Zeitabständen oder bei Erreichen einer bestimmten Qualitätsmetrik eine neue Version der Software ausgeliefert. [Wikipedia: Kontinuierliche Integration]

Definition of Done (DoD) Eine Definition of Done definiert eine Sammlung von Kriterien, die genau festlegen, wann eine User Story als abgeschlossen gilt. [Wirdemann 2011]

Definition of Ready (DoR) Die Definition of Ready gibt vor, in welchem Zustand User Stories sein müssen, bevor das Team diese in die Sprint-Planung und damit in die Umsetzung nimmt.

DevOps Das Wort entsteht aus der Kombination von Development und Operations. Der Begriff wurde durch Patrick Debois mit dem DevOpsDay 2009 in Ghent geprägt. Seitdem gibt es eine wachsende Community, die diese Philosophie verbreitet.

DevOps ist der Versuch, mit dem Abteilungsdenken innerhalb der IT aufzuräumen. Die Kombination zu »DevOps« symbolisiert einen Schulterschluss zwischen den Softwareentwicklern und dem IT-Betrieb. Der Grundgedanke von DevOps ist das Zusammenrücken der beiden traditionell grundverschiedenen Bereiche. Aufgrund der immer stärkeren Steuerung der Releases und Delivery durch die Softwareentwickler wird DevOps von vielen auch so interpretiert, dass der Rollout und der IT-Betrieb nun auch in die Verantwortung der Softwareentwicklung wandern und für die »IT« nur mehr die reine Infrastruktur (Hardwarewartung, Leitungen etc.) übrig bleibt.

Falsifizierbar (widerlegbar) [IREB RE@Agile Primer] LE 1.3: Eine Person mit ausreichend Hintergrundwissen kann der Aussage widersprechen bzw. anderer Meinung sein.

GUI Graphical User Interface, grafische Benutzeroberfläche eines Systems

Hilfsmittel Hilfsmittel unterstützen die Umsetzung von Methoden, Techniken und Richtlinien.

In diesem Buch werden darunter z.B. Storyboard, Kanban-Board, Taskboard, das Backlog, ein Formular zur Erstellung von Personas oder auch Checklisten wie eine fertig ausgearbeitete Definition of Done verstanden.

K.-o.-Kriterium (auch Muss-Kriterium)
Dies ist ein Kriterium, das bei Nichterfüllung in jedem Fall zum Projektabbruch führt.

Methode griechisch *methodos* = »Weg«
Eine Methode ist ein planmäßiges Verfahren [Brockhaus 2006] bzw. auf einem Regelsystem aufbauendes Verfahren zur Erlangung von [wissenschaftlichen] Erkenntnissen oder praktischen Ergebnissen [Duden 2022].

Eine Methode ist die systematische Anwendung einer oder mehrerer zusammenwirkender Techniken, um ein bestimmtes Ziel zu erreichen oder ein Artefakt zu schaffen [IREB RE@Agile Glossar].

In diesem Buch werden darunter systematische Vorgehensweisen im Rahmen der Erstellung von Software verstanden wie z.B. Test Driven Development, Behavior Driven Development, Specification by Example, Anwenden der Satzschablone bei der Definition von Requirements bzw. User Stories, Risikoanalyse von Requirements oder Stakeholder-Analyse.

Eine Methode ist eine konkretere Handlungsempfehlung als eine Praktik oder ein Prinzip. Eine Methode kann zur Umsetzung einer Richtlinie, Praktik oder Technik verwendet werden.

Methodologie Eine systematische Studie von Methoden in einem speziellen Bereich oder einer bestimmten Situation. Oder ein Set von Methoden, die in Kombination angewendet werden. [IREB RE@Agile Glossar]

Mock Ein Mock-Objekt (englisch für *Attrappe, Fälschung*) ist in der Softwareentwicklung ein Programmteil, der zur Durchführung von Modultests als Platzhalter für echte Objekte verwendet wird. [Wikipedia: Mock-Objekt]

Muss-Kriterium = K.-o.-Kriterium

Paretoprinzip Das Paretoprinzip, benannt nach Vilfredo Pareto (1848–1923), auch Pareto-Effekt oder 80-zu-20-Regel genannt, besagt, dass 80 % der Ergebnisse mit 20 % des Gesamtaufwandes erreicht werden. Die verbleibenden 20 % der Ergebnisse erfordern mit 80 % des Gesamtaufwandes die meiste Arbeit [Wikipedia: Paretoprinzip].

Praktik = Verfahren
[IREB Glossar] definiert Praktik als eine bewährte Art, bestimmte Arten von Aufgaben oder Tätigkeiten auszuführen.

Präskriptiv (vorschreibend) [IREB RE@Agile Primer] LE 1.3: Präskriptiv bedeutet, dass die Aussage eine Aktion steuert, anstatt eine Tatsache oder eine Eigenschaft darzulegen.

Prinzip Ein Prinzip ist eine
a) feste Regel, die jemand zur Richtschnur seines Handelns macht, durch die er sich in seinem Denken und Handeln leiten lässt; Grundsatz (a)
b) allgemeingültige Regel, Grundlage, auf der etwas aufgebaut ist; Grundregel; Grundsatz (b)
c) Gesetzmäßigkeit, Idee, die einer Sache zugrunde liegt, nach der etwas wirkt; Schema, nach dem etwas aufgebaut ist, abläuft. [Duden 2022]

[IREB RE@Agile Primer] LE 1.3: Nach [Meyer 2014] ist ein Prinzip eine präskriptive Aussage, die abstrakt und falsifizierbar ist.

Eine Aussage, die nicht widerlegbar ist (z. B. die ganz allgemeine Vorgabe oder der Wunsch »Es soll eine gute Benutzerfreundlichkeit erreicht werden«), sollte nicht als Prinzip für eine Handlungsanleitung verwendet werden. Ein Prinzip soll daher immer falsifizierbar sein.

In diesem Buch werden darunter z. B. die Prinzipien der agilen Softwareentwicklung, die Prinzipien des agilen Requirements Engineering oder die Prinzipien der Software-Usability verstanden. Beispiele sind das Prinzip des agilen Requirements Engineering: »Das Risiko und der zeitliche Abstand zur Umsetzung steuern den Detailgrad der Spezifikation« oder das agile Grundprinzip: »In regelmäßigen Abständen reflektiert das Team, wie es effektiver werden kann, und passt sein Verhalten entsprechend an.«

Regressionstest Eine Art änderungsbezogenes Testen, um festzustellen, ob in unveränderten Bereichen der Software Fehlerzustände eingebaut oder freigelegt wurden. [ISTQB Glossar]

Requirement Ein Requirement ist …

1. der Bedarf eines Stakeholders.
2. eine Fähigkeit oder Eigenschaft, die ein System erfüllen oder besitzen muss.
3. eine dokumentierte Repräsentation eines Bedarfs, einer Fähigkeit oder Eigenschaft gemäß 1. oder 2.

[IREB Glossar]

Richtlinie Richtlinien sind Handlungsanweisungen, die vorgeben, wie in bestimmten Situationen vorzugehen ist.

In diesem Buch werden darunter z.B. die Qualitätsanforderungen an Requirements bzw. Ziele (klar, eindeutig, messbar etc.) oder auch das Agile Manifest verstanden. Des Weiteren fallen darunter Styleguides und Guidelines für bestimmte Themenbereiche wie z.B. Usability-Styleguides oder Guidelines für die Erstellung von Unit Tests.

Spike Ein Spike ist ein kurzes Experiment der Entwickler, um über einen Bereich der Anwendung bzw. eine zugrunde liegende Technik so viel zu lernen, dass sie den Umsetzungsaufwand des Requirements abschätzen können. [Cohn 2010]

Stakeholder Eine Person oder Organisation, die direkt oder indirekt Einfluss auf ein Projekt oder ein System hat. Wobei die Einflussnahme in beide Richtungen sowohl von der Person/Organisation auf das System als auch vom System auf die Person/Organisation zu sehen ist.

Storyboard Die Storyboardtechnik wird erfolgreich zur Visualisierung von Benutzerschnittstellen zum Beispiel als Folge von Bildschirminhalten genutzt. Die Anwendung der *Storyboards* entspricht im Wesentlichen der Mock-up-Technik in der Softwareentwicklung (Papierprototypen, vgl. User Story, Anwendungsfall). [Wikipedia: Storyboard]

Ein Storyboard ist eine Folge von Bildern, von denen jedes einen Zeitpunkt bzw. Benutzerinterface-Zustand in einer visuellen »Geschichte« darstellt. Der »Leerraum« zwischen den Bildern bildet den Übergang von einem Zustand in den nächsten als Ergebnis einer Benutzeraktivität. [Greenberg et al. 2012, S. 147]

Storytelling Storytelling ist eine Praktik, die aus dem Usability Engineering kommt (vgl. [Buxton 2007]). In den agilen Methoden wird dies im Zusammenhang mit User Stories und Szenarien aufgegriffen, um die Interaktion des Systems mit dem Benutzer und den Ablauf in Form einer Geschichte anschaulich zu beschreiben. [Alexander & Maiden 2004]

Stub Ein Stub (von englisch *stub*, Stubben, Stummel, Stumpf) bezeichnet in der Softwareentwicklung einen – üblicherweise relativ einfachen und kurzen – Programmcode, der anstelle eines anderen, meist komplexeren, Programmcodes steht. Dabei ist der eigentliche Programmcode, der durch den Stub ersetzt wird, noch nicht entwickelt (Top-Down-Ansatz) oder auf einem anderen Rechner oder in einem anderen Speicherbereich. [Wikipedia: Stub]

Swimlane-Technik Bei der Prozessmodellierung angewandte Technik, in der vertikale oder horizontale Bahnen bzw. Bereiche im Prozessdiagramm sichtbar gemacht werden, die jeweils einen bestimmten betrachteten Bereich (Rolle, System etc.) darstellen. In diesem Bereich werden dann die jeweils dort zugeordneten oder ausgeführten Prozesselemente dargestellt, wodurch der Wechsel des Prozessablaufs zwischen den einzelnen Bereichen klarer ersichtlich wird.

Taskboard Das Taskboard ist die To-do-Liste des Teams, mit der das Team die Arbeit des anstehenden Sprints visualisiert und koordiniert. [Wirdemann 2011]

Technik griechisch *technikos* = »Handwerk« oder »Kunstfertigkeit«.
»Technik« bezeichnet eine besondere Art des Vorgehens oder der Ausführung einer Handlung. [Brockhaus 2006]

[IREB RE@Agile Primer] LE 1.3: Nach [Meyer 2014] wird eine Technik gleichgesetzt mit »Verfahren« und ist eine »Instanz« eines Prinzips in einem bestimmten Kontext.

In diesem Buch werden Techniken als ergänzende Beschreibung der Verfahren gesehen. Techniken werden von Verfahren verwendet und konkretisieren gemeinsam mit den Verfahren die Prinzipien. Techniken könnten somit auch als »Mittel zum Zweck« bezeichnet werden und sind typischerweise konkreter in der Aussage als Verfahren. Techniken sind z. B. Prototyping, Interviews, Codereviews, Erstellen von Unit Tests oder einer Definition of Done[1], das Erstellen von User Stories oder die Definition von Use Cases, Personas.

UI User Interface, Benutzeroberfläche eines Systems (auch nicht grafische), vgl. GUI

Universalquantor Universalquantor (= Umfassungswort = Allquantor) ist ein Wort wie: alle, keine, jeder, sämtliche, nirgends, niemals, nichts etc.

Diese Worte sind oft ein Zeichen dafür, dass zu sehr verallgemeinert wird.

Validierung Der Vorgang, um zu überprüfen, ob die dokumentierten[2] Anforderungen die Bedürfnisse der Stakeholder erfüllen. [IREB Glossar]

Im Bereich der Softwarequalitätssicherung wird unter Validierung die Prüfung der Eignung beziehungsweise der Wert einer Software bezogen auf ihren Einsatzzweck verstanden. Die Eignungsprüfung erfolgt auf Grundlage eines vorher aufgestellten Anforderungsprofils und kann sowohl technisch als auch personell geschehen (»Wird das richtige Produkt entwickelt?«). [Wikipedia: Validierung]

Hinweis: Dies beruht immer auf einem geistig analytischen und kommunikativen Vorgang und kann nicht durch Automatismen (z. B. automatische Regressionstests) durchgeführt werden – vgl. Verifikation.

---

1. Das generelle Vorgehen mit den allgemeinen Überlegungen beim Erstellen einer Definition of Done ist als Technik einzuordnen. Die konkrete Ausprägung der DoD wäre dann ein Artefakt.
2. **Hinweis:** Im Rahmen des agilen Requirements Engineering ist der Zusatz »dokumentierte« zu hinterfragen, da hier generell viele Anforderungen und Anforderungseigenschaften im Rahmen einer intensiveren Kommunikation definiert werden. Die Validierung dieser Anforderungen kann daher auch nur unmittelbar in der jeweiligen Diskussion erfolgen, da die Anforderungen ja darüber hinaus nicht explizit gemacht werden, oder aber am Ende eines Sprints, wenn das Ergebnis der Implementierung validiert wird. Hier werden die Anforderungen dann natürlich (implizit) mitvalidiert.

Verfahren [IREB RE@Agile Primer] LE 1.3: Nach [Meyer 2014] ist ein Verfahren eine »Instanz« des Prinzips, die Hinweise auf die Umsetzung des Prinzips gibt, ohne jedoch die tatsächliche Durchführung anhand einer Aktivität zu beschreiben. Ein Verfahren ist typischerweise auch präskriptiv.

In diesem Buch werden darunter in der Praxis angewendete und allgemein verbreitete Handlungsweisen wie z.B. »Jeder erstellte Code ist spätestens vor der Auslieferung an den Kunden zu testen« verstanden. Verfahren können für ihre Durchführung »Techniken« (z.B. Unit-Testen, Codereview) verwenden, vorschreiben oder beinhalten (siehe auch »Technik«).

Ein Verfahren für das agile Grundprinzip »In regelmäßigen Abständen reflektiert das Team, wie es effektiver werden kann, und passt sein Verhalten entsprechend an« könnte z.B. sein: »Am Ende eines jeden Sprints trifft sich das Team zu einer Retrospektive, um den Sprint-Verlauf zu reflektieren und gemeinsam konkrete Maßnahmen zur Verbesserung zu beschließen.« Dieses Verfahren bezieht sich auf das konkrete Vorgehensmodell Scrum und verwendet die Technik der Retrospektive.

Verifizierung oder **Verifikation** Die Prüfung ist eine der wichtigsten Aufgaben bei der Entwicklung von komplexer, umfangreicher Software und sicherheitskritischer Anwendungen. Mittels Verifikation wird festgestellt, ob ein Computerprogramm seiner Spezifikation entspricht (z.B. mit dem Hoare-Kalkül). Die Verifikation beantwortet die Frage: »Wird das Produkt richtig erstellt?« Mit Hilfe der Verifikation werden vorhandene Fehler aufgespürt. [Wikipedia: Verifizierung]

Hinweis: Verifikationen können automatisiert durchgeführt werden (z.B. durch automatische Regressionstests), da sie eine klar spezifizierte Basis haben.

Vorgehensmodell oder **Vorgehensweise** Ein Vorgehensmodell organisiert einen Prozess der gestaltenden Produktion in verschiedene, strukturierte Abschnitte, denen wiederum entsprechende Methoden und Techniken der Organisation zugeordnet sind. [Wikipedia: Vorgehensmodell]

In diesem Buch werden unter Vorgehensmodellen konkrete Handlungsanweisungen für Software-Entwicklungsorganisationen verstanden, wie z.B. Scrum, Kanban, XP, V-Modell oder Wasserfallmodell.

Wireframe Anders als ein »Mock-up« – ein visueller Prototyp – wird der Begriff Wireframe (Drahtmodell) dazu benutzt, einen sehr frühen konzeptionellen Entwurf einer Website oder eines Software-Frontends darzustellen. Dabei spielt die Gestaltung und Funktion noch keine Rolle. Das Augenmerk liegt auf der Anordnung von Elementen und der Benutzerführung (UX, Benutzererfahrung). [Wikipedia: Wireframe]

E Literatur

[AAMI 2012] Association for the Advancement of Medical Instrumentation (AAMI): *Guidance on the use of Agile practices in the development of medical device software*. Arlington, AAMI Association for the Advancement of Medical Instrumentation, 2012.

[Adolph & Bramble 2003] Adolph, S.; Bramble, P.: *Patterns for effective use cases*. Addison-Wesley, 2003.

[Adzic 2009] Adzic, G.: *Bridging the Communication Gap: Specification by Example and Agile Acceptance Testing*. Neurs Limited, 2009.

[Adzic 2011] Adzic, G.: *Specification by Example*. Manning Publications, 2011.

[Agile Alliance] Agile Alliance, *http://www.agilealliance.org*, Zugriff am 26.06.2022.

[Agile Manifesto] Manifesto for Agile Software Development, *http://agilemanifesto.org*; Zugriff am 29.05.2022.

[Alexander 2005] Alexander, I.: *A Taxonomy of Stakeholders – Human Roles in System Development*. International Journal of Technology and Human Interaction, Vol. 1, 1, 2005, S. 23–59.

[Alexander & Maiden 2004] Alexander, I.; Maiden, N.: *Scenarios, Stories, Use Cases through the System Development Life-Cycle*. John Wiley & Sons, Hoboken, NJ, 2004.

[Ambler & Lines 2012] Ambler, S.; Lines, M.: *Disciplined Agile Delivery: A Practitioner's Guide to Agile Software Delivery in the Enterprise*. IBM Press, 2012.

[Anderson 2011] Anderson, D.: *Kanban – Evolutionäres Change Management für IT-Organisationen*. dpunkt.verlag, Heidelberg, 2011.

[Balzert 1998] Balzert, H.: *Lehrbuch der Software-Technik*. Spektrum Akademischer Verlag, Heidelberg, 1998.

[Beck 2003] Beck, K.: *Test Driven Development by Example*. Addison Wesley, 2003.

[Beck 2004] Beck, K.: *Extreme Programming Explained: Embrace Change*. Addison-Wesley, 2004.

[BOSSA nova] *https://www.agilebossanova.com/*, Zugriff am 26.06.2022.

[Breuninger et al. 2021] Breuninger, J.; Kücher, F.; Misic, N.: *Künstliche Intelligenz im Requirements Engineering. Eine systematische Literaturrecherche.* Gesellschaft für Informatik. (Hrsg.): SKILL 2021, Lecture Notes in Informatics (LNI), Bonn, 2021.

[Brockhaus 2006] Brockhaus Enzyklopädie in 30 Bänden. 21. Aufl., F. A. Brockhaus, 2006.

[Buschmann et al. 2007] Buschmann, F.; Henney, K.; Schmidt, D. C.: *Pattern Oriented Software Architecture: On Patterns and Patterns Languages.* John Wiley & Sons, 2007.

[Buxton 2007] Buxton, B.: *Sketching User Experience.* Elsevier Inc., Amsterdam, 2007.

[Cockburn 1998] Cockburn, A.: *Surviving Object-Oriented Projects.* Addison-Wesley, 1998.

[Cockburn 2001] Cockburn, A.: *Writing effective use cases.* Addison-Wesley, 2001.

[Cohn 2005] Cohn, M.: *Agile Estimating and Planning.* Prentice Hall International, 2005.

[Cohn 2010] Cohn, M.: *User Stories für die agile Software-Entwicklung mit Scrum, XP u.a.* mitp-Verlag, Frechen, 2010.

[Conway 1968] Conway, M.: *How Do Committees Invent?* Datamation 14 (4): 28–31, 1968. Artikel verfügbar unter *http://www.melconway.com/Home/Conways_Law.html.*

[Duden 2022] Duden-Wörterbuch unter *https://www.duden.de/rechtschreibung/Methode*, Zugriff am 10.12.2022.

[Gärtner 2013] Gärtner, M.: *ATDD in der Praxis – Eine praktische Einführung in die Akzeptanztest-getriebene Softwareentwicklung mit Cucumber, Selenium und FitNesse.* dpunkt.verlag, Heidelberg, 2013.

[Greenberg et al. 2012] Greenberg, S.; Carpendale, S.; Marquardt, N.; Buxton, B.: *Scetching User Experiences.* Morgan Kaufmann Publishers, Waltham, MA, 2012.

[Highsmith 2004] Highsmith, J.: *Agile Project Management: Creating Innovative Products.* Addison-Wesley, 2004.

[IEEE 2008] IEEE: *IEEE 1028-2008 Standard for Software Reviews and Audits.* IEEE, 2008.

[IREB] International Requirements Engineering Board, *https://www.ireb.org/.*

[IREB CPRE FL] International Requirements Engineering Board (IREB): *Lehrplan für den IREB Certified Professional for Requirements Engineering – Foundation Level*, Version 3.0.1, Oktober 2020, *https://www.ireb.org/.*

[IREB Glossar] International Requirements Engineering Board (IREB): *A Glossary of Requirements Engineering Terminology*, Version 2.01, Oktober 2020, *https://www.ireb.org/.*

[IREB RE@Agile AL] International Requirements Engineering Board (IREB): *Lehrplan für den IREB Certified Professional for Requirements Engineering – Advanced Level RE@Agile – Practitioner/Specialist*, Version 2.0.0, Juli 2022, *https://www.ireb.org/*.

[IREB RE@Agile Glossar] International Requirements Engineering Board (IREB): *RE@Agile Glossary*, Version 1.0.5, Oktober 2021, *https://www.ireb.org/*.

[IREB RE@Agile Primer] International Requirements Engineering Board (IREB): *Lehrplan und Studienleitfaden für den IREB Certified Professional for Requirements Engineering – RE@Agile Primer*, Version 1.1.0, September 2020, *https://www.ireb.org/*.

[ISO 9000] EN ISO 9000 *Qualitätsmanagementsysteme – Grundlagen und Begriffe*. Europäisches Komitee für Normung, 2015.

[ISO 25010] ISO IEC 25010:2011 *Systems and software engineering — Systems and software Quality Requirements and Evaluation (SQuaRE) — System and software quality models*. ISO (International Organization for Standardization) and IEC (International Electrotechnical Commission), 2011.

[ISTQB Glossar] ISTQB®/GTB Standardglossar der Testbegriffe, Deutsch/Englisch, *https://glossary.istqb.org/*, Zugriff am 24.07.2022.

[Knapp et al. 2016] Knapp, J.; Zeratsky, J.; Kowitz, B.: *Sprint: How to Solve Big Problems and Test New Ideas in Just Five Days*. Simon & Schuster, 2016.

[Larman & Vodde 2017] Larman, C.; Vodde, B.: *Large-Scale Scrum. Scrum erfolgreich skalieren mit LeSS*. dpunkt.verlag, Heidelberg, 2017.

[Lawrence & Green] Lawrence, R.; Green, P.: *The Humanizing Work Guide to Splitting User Stories*, *https://www.humanizingwork.com/the-humanizing-work-guide-to-splitting-user-stories/*, Zugriff am 17.07.2022.

[Leffingwell 2011] Leffingwell, D.: *Agile Software Requirements*. Addison-Wesley, 2011.

[LeSS] Large-Scale Scrum: *http://less.works*, Zugriff am 01.02.2018.

[Long et al. 2014] Long, F.; Mohindra, D.; Seacord, R. C.; Sutherland, D. F.: *Java Coding Guidelines: 75 Recommendations for Reliable and Secure Programs*. SEI Series in Software Engineering. Pearson Education, 2014.

[Maalej et al. 2016] Maalej, W.; Nayebi, M.; Johann T.; Ruhe, G.: *Toward Data-Driven Requirements Engineering*. IEEE Software, Vol. 33, Issue 1, 2016, S. 48–54.

[Meyer 2014] Meyer, B.: *Agile! – The Good, the Hype, and the Ugly*. Springer-Verlag, 2014.

[Nexus] The Nexus™ Guide: *https://www.scrum.org/resources/nexus-guide*, Zugriff am 03.07.2022.

[Patton 2005] It's All in How You Slice, *http://www.jpattonassociates.com/wp-content/uploads/2015/01/how_you_slice_it.pdf*, Zugriff am 19.12.2022.

[Pichler 2008] Pichler, R.: *Scrum – Agiles Projektmanagement erfolgreich einsetzen.* dpunkt.verlag, Heidelberg, 2008.

[Pichler 2010] Pichler, R.: *Make the product backlog deep*, 2010, *http://www.romanpichler.com/blog/make-the-product-backlog-deep/.*

[Pichler 2013] Pichler, R.: *The Product Canvas*, 2013, *https://www.romanpichler.com/tools/the-product-canvas/*, Zugriff am 12.06.2022.

[PMI] PMI®, Project Management Institute, Inc., *http://www.pmi.org*, Zugriff am 01.02.2018.

[Pohl & Rupp 2021] Pohl, K.; Rupp, C.: *Basiswissen Requirements Engineering. Aus- und Weiterbildung nach IREB-Standard zum Certified Professional for Requirements Engineering Foundation Level.* 5. Aufl., dpunkt.verlag, Heidelberg, 2021.

[Poppendieck & Poppendieck 2003] Poppendieck, M.; Poppendieck, T.: *Lean Software Development: An Agile Toolkit.* Addison-Wesley Professional, 2003.

[Reinertsen 2009] Reinertsen, D. G.: *The Principles of Product Development Flow – Second Generation Lean Product Development.* Celeritas Publishing, 2009.

[Ries 2011] Ries, E.: *The Lean Startup: How Today's Entrepreneurs Use Continuous Innovation to Create Radically Successful Businesses.* Crown Publishing Group, 2011.

[Robertson 2003] Robertson, S.: *Stakeholders, Goals, Scope: The Foundation for Requirementsand Business Models*, 2003, *https://www.volere.org/wp-content/uploads/2018/12/StkGoalsScope.pdf*, Zugriff am 12.06.2022.

[Röpstorff & Wiechmann 2015] Röpstorff, S.; Wiechmann, R.: *Scrum in der Praxis – Erfahrungen, Problemfelder und Erfolgsfaktoren.* 2. Aufl., dpunkt.verlag, Heidelberg, 2015.

[SAFe] SAFe – Scaled Agile Framework®. Scaled Agile, Inc., *http://www.scaledAgileframework.com*, Zugriff am 24.07.2022.

[SatS] Scrum at Scale™ Framework. Scrum Inc., *https://www.scruminc.com/scrum-incs-scrum-at-scale-framework*, Zugriff am 24.07.2022.

[Schmidt 2009] Schmidt, K.: *IT-Risikomanagement.* In: Tiemeyer, E. (Hrsg.): *Handbuch IT-Management.* Carl Hanser Verlag, München, 2009, S. 537–574.

[Scrum Guide] Schwaber, K.; Sutherland, J.: *Scrum Guides. http://www.scrumguides.org*, Zugriff am 29.05.2022.

[Scrum-Glossar: Story Point] Scrum-Glossar. Scrum-Master.de: Story Point. *http://scrum-master.de/Scrum-Glossar/Story_Point*, Zugriff am 24.07.2022.

[Scrum.org] *http://www.scrum.org*, Zugriff am 12.06.2022.

[Sharma 2021] Sharma, S.: *Minimum Marketable Product: What Comes after an MVP*, 2021. Blogbeitrag auf *https://www.classicinformatics.com/*, Zugriff am 19.06.2022.

[Sheppard & Young 2006] Sheppard, J. M.; Young, W. B.: *Agility literature review: Classifications, training and testing*. Journal of sports sciences 24 (9): 919-932, 2006.

[Starke 2017] Starke, G.: *Effektive Softwarearchitekturen: Ein praktischer Leitfaden*. 8. Aufl., Carl Hanser Verlag, München, 2017.

[Takeuchi & Nonaka 1986] Takeuchi, H.; Nonaka, I.: *The new new product development game*. Harvard Business Review 64 (1), January/February 1986, S. 137–146.

[Tiwana & Keil 2004] Tiwana, A.; Keil, M.: *The One-Minute Risk Assessment Tool*. Communications of the ACM, Vol. 47, No. 11, 2004, S. 73–77.

[Unterauer 2012] Unterauer, M.: *Entwicklung einer Risikomanagementmethode für kleine und mittlere Softwareunternehmen*. Linz, 2012.

[Wiegers 2005] Wiegers, K. E.: *Software Requirements*. Microsoft Press, 2005.

[Wikipedia] Wikipedia, *http://de.wikipedia.org/*.

[Wikipedia: Artefakt] *https://de.wikipedia.org/wiki/Artefakt*, Zugriff am 24.7.2022.

[Wikipedia: Best Practice] *https://de.wikipedia.org/wiki/Best_Practice*, Zugriff am 24.07.2022.

[Wikipedia: Continuous Delivery] *https://de.wikipedia.org/wiki/Continuous_Delivery*, Zugriff am 24.07.2022.

[Wikipedia: Design Sprint] *https://en.wikipedia.org/wiki/Design_sprint*, Zugriff am 24.07.202.

[Wikipedia: Design Thinking] *https://de.wikipedia.org/wiki/Design_Thinking*, Zugriff am 23.07.2022.

[Wikipedia: Function-Point-Verfahren] *https://de.wikipedia.org/wiki/Function-Point-Verfahren*, Zugriff am 12.11.2022.

[Wikipedia: Goldplating] *https://en.wikipedia.org/wiki/Gold_plating_(project_management)*, Zugriff am 26.06.2022.

[Wikipedia: Inkrement] *https://de.wikipedia.org/wiki/Inkrement_und_Dekrement*, Zugriff am 24.07.2022.

[Wikipedia: Kanban] *https://de.wikipedia.org/wiki/Kanban*, Zugriff am 24.07.2022.

[Wikipedia: Kontinuierliche Integration] *https://de.wikipedia.org/wiki/Kontinuierliche_Integration*, Zugriff am 24.07.2022.

[Wikipedia: Lean Startup] *https://de.wikipedia.org/wiki/Start-up-Unternehmen#Lean_Startup*, Zugriff am 24.07.2022.

[Wikipedia: Minimum Viable Product] *https://de.wikipedia.org/wiki/Minimum_Viable_Product*, Zugriff am 19.06.2022.

[Wikipedia: Mock-Objekt] *https://de.wikipedia.org/wiki/Mock-Objekt*, Zugriff am 17.07.2022.

[Wikipedia: Paretoprinzip] *https://de.wikipedia.org/wiki/Paretoprinzip*, Zugriff am 12.11.2022.

[Wikipedia: Persona] *https://de.wikipedia.org/wiki/Persona_(Mensch-Computer-Interaktion)*, Zugriff am 17.07.2022.

[Wikipedia: Prototyping] *https://de.wikipedia.org/wiki/Prototyping_(Softwareentwicklung)*, Zugriff am 17.07.2022.

[Wikipedia: Scrumban] *https://en.wikipedia.org/wiki/Scrumban*, Zugriff am 17.07.2022.

[Wikipedia: SMART] *https://de.wikipedia.org/wiki/SMART_(Projektmanagement)*, Zugriff am 12.06.2022.

[Wikipedia: Storyboard] *https://de.wikipedia.org/wiki/Storyboard*, Zugriff am 17.07.2022.

[Wikipedia: Stub] *https://de.wikipedia.org/wiki/Stub_(Programmierung)*, Zugriff am 17.07.2022.

[Wikipedia: User Story] *https://de.wikipedia.org/wiki/User-Story*, Zugriff am 17.07.2022.

[Wikipedia: Validierung] *https://de.wikipedia.org/wiki/Validierung_(Informatik)*, Zugriff am 17.07.2022.

[Wikipedia: Vergessenskurve] *https://de.wikipedia.org/wiki/Vergessenskurve*, Zugriff am 17.07.2022.

[Wikipedia: Verifizierung] *https://de.wikipedia.org/wiki/Verifizierung*, Zugriff am 17.07.2022.

[Wikipedia: Vorgehensmodell] *https://de.wikipedia.org/wiki/Vorgehensmodell*, Zugriff am 17.07.2022.

[Wikipedia: Wireframe] *https://de.wikipedia.org/wiki/Wireframe*, Zugriff am 17.07.2022.

[Wiktionary: Praktik] *https://de.wiktionary.org/wiki/Praktik*, Zugriff am 17.07.2022.

[Wirdemann 2011] Wirdemann, R.: *Scrum mit User Stories*. 2. Aufl., Carl Hanser Verlag, München, 2011.

[Wolf & Roock 2021] Wolf, H.; Roock, S.: *Scrum verstehen und erfolgreich einsetzen*. 3. Aufl., dpunkt.verlag, Heidelberg, 2021.

Index

A

B

C

D

G

H

I

J

K

L

M

N

O

P

T

U